# 社会福祉士国家試験

# 受験ワークブック

## 2023 専門科目編

社会福祉士国家試験受験ワークブック編集委員会／編集

中央法規

# はじめに

　近年、社会福祉士の資格は法律面で整備が進み、児童福祉法では、児童福祉司や児童相談所長の任用資格に社会福祉士が加えられました。また、介護保険法では、地域包括支援センターの設置に伴い社会福祉士が配置されていますし、刑事施設や検察庁といった実践現場での配置も多くなってきました。さらには、スクールソーシャルワーカーにも多くの社会福祉士が任用され、新型コロナウイルス感染症の広がりによって、仕事を失ったり、生活に困窮する人々を対象にして社会福祉士が相談援助にあたっているケースも多くなりました。複合化・複雑化した個人や地域社会の中で、社会福祉士の資格の位置づけはより重要になっています。

　このような多方面での活躍に伴い、社会福祉士にはより多くの知識も要求され、受験科目数も多くなり、より合理的な受験対策が必要となってきています。

　これまでの試験の出題傾向を見てみますと、基礎的な知識はもちろん、応用力も含めてより正確な知識が求められていることがわかります。

　本書は、1994（平成6）年に登場して以来、社会福祉士国家試験の動向をいち早く踏まえた編集方針を貫いてきました。そして、多くの受験生の皆様に愛読され、合格の栄冠を得るのに大いに役立ったと、好評と信頼を得てまいりました。近年、このような受験対策書籍は書店にあふれています。しかしながら本書は、受験の王道を行くべくゆるぎのない編集方針によって、カリキュラムや試験の分析、それに基づいた重要項目など、他書の追随を許さない内容であると自負しています。また、2009（平成21）年6月に公表された「出題基準」と併せて、より受験の傾向把握に努めています。

　試験というと満点を取らなければならないような心理状態になりますが、いたずらにあせってあれもこれもと手を出し、重箱の隅をつつくような勉強方法に陥るのは望ましくありません。また、国家試験では、たとえ満点を取っても、社会福祉士の登録証に記述されるわけではありません。大切なのは、社会福祉士にふさわしいレベルに到達しているかどうかです。本書に対する信頼をもっていただき、計画的に利用していただければ、使い終えた時点であなたの力は着実に伸び、合格レベルに達していることでしょう。あせらず、じっくりと本書に取り組んでみてください。そのためには受験方法論にこだわらないで、本書の構成に従って学んでくだされ

ばと願っています。

　さらに、本書の優れた特色として、目まぐるしく変わる法制度や最新の統計調査の概要など、最先端の情報を盛り込み、テキスト等での不足を補うように編集しています。本書を活用して努力・学習された受験生がめでたく合格されることをお祈りいたします。

社会福祉士国家試験受験ワークブック編集委員会

## 社会福祉士国家試験受験ワークブック 2023［専門科目編］目次

### 社会福祉士〔専門科目編〕
1　社会調査の基礎
2　相談援助の基盤と専門職
3　相談援助の理論と方法
4　福祉サービスの組織と経営
5　高齢者に対する支援と介護保険制度
6　児童や家庭に対する支援と児童・家庭福祉制度
7　就労支援サービス
8　更生保護制度

### 社会福祉士・精神保健福祉士〔共通科目編〕
1　人体の構造と機能及び疾病
2　心理学理論と心理的支援
3　社会理論と社会システム
4　現代社会と福祉
5　地域福祉の理論と方法
6　福祉行財政と福祉計画
7　社会保障
8　障害者に対する支援と障害者自立支援制度
9　低所得者に対する支援と生活保護制度
10　保健医療サービス
11　権利擁護と成年後見制度

はじめに
本書の活用方法 … iv

# 1.　社会調査の基礎

**傾向と対策** … 2

**押さえておこう！ 重要項目** … 7

**実力チェック！ 一問一答** … 29

# 2.　相談援助の基盤と専門職

**傾向と対策** … 34

**押さえておこう！ 重要項目** … 43

**実力チェック！ 一問一答** … 79

# 3.　相談援助の理論と方法

**傾向と対策** … 84

**押さえておこう！ 重要項目** … 100

**実力チェック！ 一問一答** … 152

## 4. 福祉サービスの組織と経営

傾向と対策 … 158

押さえておこう！ 重要項目 … 166

実力チェック！ 一問一答 … 204

## 5. 高齢者に対する支援と介護保険制度

傾向と対策 … 208

押さえておこう！ 重要項目 … 221

実力チェック！ 一問一答 … 303

## 6. 児童や家庭に対する支援と児童・家庭福祉制度

傾向と対策 … 308

押さえておこう！ 重要項目 … 320

実力チェック！ 一問一答 … 375

## 7. 就労支援サービス

傾向と対策 … 380

押さえておこう！ 重要項目 … 388

実力チェック！ 一問一答 … 410

## 8. 更生保護制度

傾向と対策 … 414

押さえておこう！ 重要項目 … 420

実力チェック！ 一問一答 … 453

索 引 … 457

参考文献

# 本書の活用方法

　この『社会福祉士国家試験受験ワークブック2023　専門科目編』には、精神保健福祉士国家試験との共通科目を除いた、社会調査の基礎、相談援助の基盤と専門職、相談援助の理論と方法、福祉サービスの組織と経営、高齢者に対する支援と介護保険制度、児童や家庭に対する支援と児童・家庭福祉制度、就労支援サービス、更生保護制度の8科目を収録しています。

　本書は、社会福祉士養成課程における教育カリキュラムや、公益財団法人社会福祉振興・試験センターから示されている社会福祉士国家試験出題基準、中央法規出版の『新・社会福祉士養成講座』の最新版のテキストなどを中心に作成されています。したがいまして、テキストを十分に勉強された方は、どの科目、どの頁から始められてもかまいません。

　社会福祉士国家試験と精神保健福祉士国家試験に共通する11科目（人体の構造と機能及び疾病、心理学理論と心理的支援、社会理論と社会システム、現代社会と福祉、地域福祉の理論と方法、福祉行財政と福祉計画、社会保障、障害者に対する支援と障害者自立支援制度、低所得者に対する支援と生活保護制度、保健医療サービス、権利擁護と成年後見制度）につきましては、『社会福祉士・精神保健福祉士国家試験受験ワークブック2023　共通科目編』を併用して学習されることをお薦めいたします。

## ワークブックの構成

> このワークブックは、各科目ごとに次のように構成されています。
> ◎傾向と対策
> ◎押さえておこう！　重要項目
> ◎実力チェック！　一問一答

## 傾向と対策

### ■出題基準と出題実績

　社会福祉士の国家試験について、公益財団法人社会福祉振興・試験センター（http://www.sssc.or.jp/）より出題基準および合格基準が示されています。本書では、各科目ごとにその出題基準を掲載しています。

　また、過去にどのようなテーマの問題が出題されたのかを出題基準に基づき一覧表にまとめています。この表によって、過去5回（第30回～第34回）のおおまかな出題内容を把握してください。

　とはいえ、出題基準はあくまでも標準的な出題範囲の例示であり、必ずしも出題範囲を限定するものではなく、最新の社会福祉の動向を反映した出題も十分ありうることに留意してく

ださい。

### ■傾向

　この項では、過去5回（第30回～第34回）の国家試験を中心に、公益財団法人社会福祉振興・試験センターから示されている社会福祉士国家試験出題基準の大項目ごと、および事例について、出題傾向を分析しています。「出題基準と出題実績」の表と併せて、出題の傾向を把握するようにしてください。各科目には、それぞれ出題の特徴があります。最初にそうした傾向を把握してから勉強に取り組めば、より効果的な学習が可能となります。

### ■対策

　国家試験の出題傾向を分析して把握したうえで、第35回の国家試験に向けて、合理的に受験勉強をするためにはどこを重点的に勉強すればよいのかを示唆しています。出題頻度の高い項目や今後出題の可能性が増す事項などを示すとともに、効果的な勉強方法を提示しています。傾向を正しく把握したうえでの、適切な対策こそ、合格への近道といえるでしょう。

##  押さえておこう！　重要項目

　この項がワークブックの一番の根幹となります。重要項目は、社会福祉士養成課程における教育カリキュラムや、国家試験出題基準、中央法規出版の『新・社会福祉士養成講座』の最新版のテキストなどをもとに作成されています。項目見出しは一部最新の法令等に合わせています。

　図表化できるところはできるだけ配慮してありますが、国家試験の設問は文章で出題されます。そのために、重要項目の一文の長さは、記憶量と理解度を踏ま

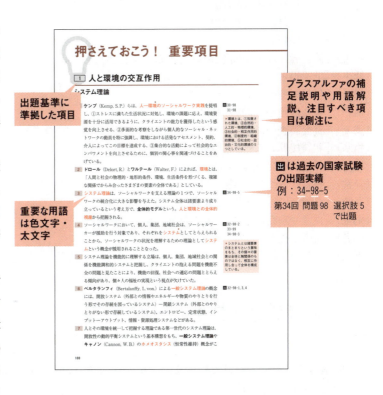

v

えたものとなっています。短文の羅列にしていないのは、文章のほうがよりよく理解できるからです。

**太文字**は、重要項目のなかでも、特に何が重要であるのかを示したり、キーワードを見つけ出すための索引代わりとして使用したりするなど、種々の活用が可能です。また、色文字は赤シートを用いて、穴埋め形式で暗記したり、内容の理解をチェックすることもできます。もちろん、重要項目だけで国家試験のすべてをカバーすることは不可能です。基礎学力養成のためには、テキストを通読したり、ほかの参考書を活用することも必要です。しかし、国家試験に合格するための最低限の知識はこの重要項目で十分だと確信しています。

2013年版より、新たに注記欄を設け、近年の動向や用語の解説などによって、よりいっそう理解を深められるようにしています。2019年版からは、💡**注目！** 欄を加えました。近年の法改正部分や出題されそうな内容をあらためて整理するために活用してください。

なお、側注の出題実績における科目名の略称については、以下のとおりです。

国家試験の科目の略称
（人体）「人体の構造と機能及び疾病」
（心理）「心理学理論と心理的支援」
（社会）「社会理論と社会システム」
（現社）「現代社会と福祉」
（地域）「地域福祉の理論と方法」
（行財）「福祉行財政と福祉計画」
（社保）「社会保障」
（障害）「障害者に対する支援と障害者自立支援制度」
（低生）「低所得者に対する支援と生活保護制度」
（保医）「保健医療サービス」
（権利）「権利擁護と成年後見制度」
（調査）「社会調査の基礎」
（相基）「相談援助の基盤と専門職」
（相理）「相談援助の理論と方法」
（経営）「福祉サービスの組織と経営」
（高齢）「高齢者に対する支援と介護保険制度」
（児童）「児童や家庭に対する支援と児童・家庭福祉制度」
（就労）「就労支援サービス」
（更生）「更生保護制度」

# 🔍 実力チェック！ 一問一答

重要項目に目を通すだけでは、まだ合格が保証されたとはいえません。知識は記憶する作業に結びつかなければなりません。一問一答はそのためのものです。あいまいな知識はかえって

混乱を招くだけです。10の不確実な知識よりも、1の確かな知識を身につければ十分合格点を取ることができます。

　2023年版では、一問一答をより充実したものにしています。過去の本書の読者からも、受験直前に一番役に立ったとのお声をいただいております。まずは、自分の実力を試すために問題を解いてみてください。また、勉強の時間がまとめてとれないときなどに、解答欄を隠して、繰り返し問題を解いてみてください。自分で覚えきれない内容があったら、自分の一問一答を作成することも必要でしょう。試験では満点を取る必要はなく、合格に必要な点数を取ればよいのです。また、復習をよりしやすくするために、「押さえておこう！　重要項目」の項目に戻れるようにその番号も記してあります。誤ったり、不安になったら復習してください。

# 2023年版の特色と法制度の主な動き

　本書は、毎年国家試験が終了すると改訂作業を行っています。近年のように、頻繁に法律の改正や、統計調査などの発表が行われると、その動向を把握するには大変な労力を要します。そのため、わかりやすく、かつ理解しやすいように、まずここで、法改正の特色などを簡単に記述します。各科目の重要項目を読む前に、法改正の内容や、制度等の主な動きを確認してください。

## ■ 2023年版の発刊にあたって

### ①　社会福祉法の改正

　2020（令和2）年6月に、「地域共生社会の実現のための社会福祉法等の一部を改正する法律」が公布され、社会福祉法が改正されました。地域共生社会の実現を図り、地域住民の複雑化・複合化した支援ニーズに対応するために福祉サービスの提供体制を整備する観点から、包括的な支援体制の整備、社会福祉連携推進法人制度の創設等が盛り込まれています。

(1)　包括的な支援体制の整備では、社会福祉法第4条第1項に新たに地域福祉推進の理念が追加されています。また、第6条第3項の追加、第106条の3の改正、第106条の4の追加などによって、地域生活課題の解決に資する包括的支援体制の整備に関する国および地方公共団体の責務、市町村が行う重層的支援体制整備事業などに関する規定が追加されています。

(2)　社会福祉法第125条などに、社会福祉事業に取り組む社会福祉法人やNPO法人等を社員として、相互の連携・協働を推進するために創設された「社会福祉連携推進法人」について規定されています。

### ② 介護保険関連の改正

「地域共生社会の実現のための社会福祉法等の一部を改正する法律」が公布されたことに伴い介護保険法の改正が行われました。①国および地方公共団体の責務に関する事項、②認知症に関する施策の総合的な推進等に関する事項、③地域支援事業に関する事項、④介護保険事業（支援）計画の見直しに関する事項、について改正が行われています。

また、2021（令和3）年1月に、「介護保険の国庫負担金の算定等に関する政令等の一部を改正する政令」が公布され、2021（令和3）年度から2023（令和5）年度までの第2号被保険者負担率は27％のままとされました。

その他、2021（令和3）年3月の介護保険法施行令の改正で、認知症の定義に関する条文が新設されています。

### ③ 老人福祉法の改正

「地域共生社会の実現のための社会福祉法等の一部を改正する法律」が公布されたことに伴い、老人福祉法が改正され、①老人福祉事業に従事する者の確保および業務の効率化等について老人福祉計画に定めるよう努める、②有料老人ホームの設置等にかかる届出事項の簡素化を図るための見直しを行うこととなりました。

### ④ 障害児・者福祉関連

2020（令和2）年5月の厚生労働省告示により、「障害福祉サービス等及び障害児通所支援等の円滑な実施を確保するための基本的な指針」が改正され、第6期障害福祉計画および第2期障害児福祉計画にかかる基本指針が見直されました。計画期間を2021（令和3）年度から2023（令和5）年度とし、地域における生活の維持および継続の推進、精神障害にも対応した地域包括ケアシステムの構築、相談支援体制の充実・強化等の見直しが行われています。

2021（令和3）年6月に、「障害を理由とする差別の解消の推進に関する法律の一部を改正する法律」が成立しました。事業者による社会的障壁の除去に関連して、配慮努力義務が配慮義務に改められました。

### ⑤ 児童福祉関連

2020（令和2）年12月に「新子育て安心プラン」が公表されました。待機児童の解消を目指し、女性の就業率の上昇を踏まえた保育の受け皿整備等を進め、2021（令和3）年度から2024（令和6）年度までに約14万人分を整備することを目標としています。

2021（令和3）年6月に、「医療的ケア児及びその家族に対する支援に関する法律」が成立しました。これは、医療技術の進歩に伴って医療的ケア児が増加し、そのための支援等が求められたことによるもので、保育所・学校等に対する支援、看護師の配置、医療的ケア児支援センターの設置などが盛りこまれています。

2021（令和3）年5月に、「子ども・子育て支援法及び児童手当法の一部を改正する法律」が公布されました。それによれば、政府は2027（令和9）年3月31日までの間、子育て支援に積極的に取り組む事業主に助成及び援助を行う事業ができることとなるなどの改正が行われました。その他、児童手当法が改正され、一定所得以上の者を支給対象外とすることとなりました。

2021（令和3）年6月に、「育児休業、介護休業等育児又は家族介護を行う労働者の福祉に関する法律及び雇用保険法の一部を改正する法律」が公布されました。それによると、「産後パパ育休」が創設され、子の出生後8週間以内に4週間まで育児休業の取得ができることとなりました。また、「産後パパ育休」を除いて、育児休業は分割して2回まで取得することが可能となるなどの改正も行われています。

## ⑥　雇用関連

2020（令和2）年3月には、「雇用保険法等の一部を改正する法律」が公布され、①高齢者の就業機会の確保および就業の促進、②複数就業者等に関するセーフティネットの整備等、③失業者、育児休業者等への給付等を安定的に行うための基盤整備等が行われています。

2020（令和2）年10月に「障害者の雇用の促進等に関する法律施行令及び身体障害者補助犬法施行令の一部を改正する政令の一部を改正する政令」により、障害者雇用率を0.1％引き下げる経過措置が廃止されました。

## ⑦　その他

(1) 2020（令和2）年6月に、「年金制度の機能強化のための国民年金法等の一部を改正する法律」が公布されました。長期化する高齢期の経済基盤の充実を目的としたもので、一部を除き2022（令和4）年4月から施行されています。①被用者保険の適用拡大、②在職中の年金受給のあり方の見直し、③受給開始時期の選択肢の拡大、④確定拠出年金の加入可能要件の見直し等に関して改正が行われました。

(2) 2020（令和2）年3月に、「生活困窮者自立支援法施行規則の一部を改正する省令」が公布されました。①生活困窮者就労準備支援事業の支援期間の見直し、②生活困窮者住居確保給付金の年齢要件撤廃、支給再開などに関して改正が行われました。

(3) 2020（令和2）年5月に、「高齢者、障害者等の移動等の円滑化の促進に関する法律の一部を改正する法律」が公布されました。これにより、①公共交通事業者など施設設置管理者におけるソフト対策の取組強化、②国民に向けた広報啓発の取組推進、③旅客特定車両停留施設へのバリアフリー基準適合義務の追加等の改正が行われました。また政令の改正により、特別特定建築物に「公立小学校等」の追加が、さらに基本方針の改正などが行われました。

(4) 2020（令和2）年6月に、社会福祉士及び介護福祉士法が改正され、介護福祉士養成施

設卒業者への国家試験義務付けにかかる現行5年間の経過措置がさらに5年間延長されました。2027（令和9）年度以降の養成施設卒業者は、国家試験に合格しなければ介護福祉士資格を得られないこととなりました。

(5) 2020（令和2）年6月に、「個人情報の保護に関する法律等の一部を改正する法律」が公布されました。①個人の権利のあり方、②事業者の守るべき責務のあり方、③データ利活用に関する施策のあり方などに関し改正されています。

(6) 2014年に、国際ソーシャルワーカー連盟総会および国際ソーシャルワーク学校連盟総会において「ソーシャルワーク専門職のグローバル定義」が採択されたことを受けて、2020（令和2）年に、日本ソーシャルワーカー連盟が「ソーシャルワーカーの倫理綱領」の改定を行い、また、日本社会福祉士会も「社会福祉士の倫理綱領」を採択しました。その後、2021（令和3）年3月に、同倫理綱領を行動レベルで具体化した「社会福祉士の行動規範」が採択されました。

(7) 2021（令和3）年5月に、「少年法等の一部を改正する法律」が公布され、2022（令和4）年4月から施行されました。これにより、家庭裁判所は、特定少年（18・19歳の者）にかかる事件は引き続き少年法が適用され、全件が家庭裁判所に送られ、家庭裁判所が処分を決定することとなりました。ただし、原則逆送対象事件に、特定少年のとき犯した死刑、無期または短期（法定刑の下限）1年以上の懲役・禁錮に当たる事件が追加されることとなりました。また、実名報道の規制を解除するなどの改正も行われました。

　なお、2018（平成30）年に公布された民法の改正が2022（令和4）年4月から施行され、成年年齢の引き下げで、18・19歳は「未成年者の取消権」を行使できない、「結婚年齢は男女とも18歳以上」などの改正が施行されましたので注意しましょう。その他、更生保護法、少年院法も改正されています。

(8) 2021（令和3）年6月に、「全世代対応型の社会保障制度を構築するための健康保険法等の一部を改正する法律」が成立しました。これは、現役世代の負担が多く給付が少ない、給付は高齢者中心という社会保障のあり方を見直したものです。後期高齢者医療の被保険者のうち、現役並み所得者以外の被保険者で、一定所得以上の者の窓口負担を2割とする改正や、子ども・子育て支援の拡充により、育児休業中の保険料の免除要件の見直しの改正などが行われました。

(9) 2021（令和3）年5月に、「良質かつ適切な医療を効率的に提供する体制の確保を推進するための医療法等の一部を改正する法律」が公布されました。それによると、2024（令和6）年4月に向けて段階的に、医師の長時間労働の短縮計画の作成などが行われることとなりました。その他、新興感染症等の拡大時における医療提供体制の確保計画の追加などの改正が行われています。


　以上のように、法制度や福祉の世界の動きは多岐にわたります。法律のなかには施行が何

年か後の法律もありますが、近年では施行前であっても出題されることもありますので、改正
内容をまとめておきましょう。

# 1

# 社会調査の基礎

# 傾向と対策

## 出題基準と出題実績

| 出題基準 | | | |
|---|---|---|---|
| 大項目 | 中項目 | 小項目（例示） | |
| 1 社会調査の意義と目的 | 1）社会調査の意義と目的 | | |
| | 2）社会調査の対象 | | |
| 2 統計法 | 1）統計法の概要 | | |
| 3 社会調査における倫理 | 1）社会調査における倫理 | | |
| 4 社会調査における個人情報保護 | 1）社会調査における個人情報保護 | | |
| 5 量的調査の方法 | 1）全数調査と標本調査 | ・母集団、標本、標本抽出<br>・その他 | |
| | 2）横断調査と縦断調査 | | |
| | 3）自計式調査と他計式調査 | | |
| | 4）測定 | ・測定の水準、測定の信頼性と妥当性<br>・その他 | |
| | 5）質問紙の作成方法と留意点 | ・ダブルバーレル質問、パーソナルな質問とインパーソナルな質問<br>・その他 | |
| | 6）調査票の配布と回収 | ・訪問面接調査、郵送調査、留め置き調査<br>・その他 | |
| | 7）量的調査の集計と分析 | ・コーディング<br>・単純集計と記述統計、質的データの関連性（クロス集計）、量的データの関連性（散布図、相関と回帰）<br>・その他 | |
| 6 質的調査の方法 | 1）観察法 | ・非参与観察法、参与観察法、統制的観察法<br>・その他 | |

※【 】内は国家試験に出題された番号です。

社会調査の基礎

| | 出題実績 | | | | |
|---|---|---|---|---|---|
| | 第30回(2018年) | 第31回(2019年) | 第32回(2020年) | 第33回(2021年) | 第34回(2022年) |
| | | ・社会調査の種類【84】 | ・社会調査の種類と意義【84】 | | |
| | | | | ・政府が行う社会調査の対象【84】 | |
| | ・統計法【84】 | | ・統計法【85】 | | |
| | | | | ・社会調査の倫理【85】 | ・社会調査の倫理や個人情報保護【84】 |
| | ・個人情報保護【85】 | | | | ・社会調査の倫理や個人情報保護【84】 |
| | ・全数調査と標本調査【86】 | | ・調査対象者の抽出【86】 | ・標本調査【86】 | |
| | ・横断調査と縦断調査【87】 | | | ・横断調査と縦断調査【87】 | ・横断調査と縦断調査【85】 |
| | ・質問紙調査の方法【88】 | ・質問紙を用いた調査【85】 | | | ・質問紙調査【86】 |
| | | ・測定と尺度【86】 | ・測定尺度【87】 | | |
| | ・質問紙の作成【89】 | | ・質問紙の作成【88】 | ・質問紙の作成に当たっての留意点【88】 | |
| | ・質問紙調査の方法【88】 | | | ・調査票の配布と回収【89】 | |
| | | ・調査票の回収後の手続き【87】・量的データの集計や分析【88】 | ・量的調査の集計と分析【89】 | | ・調査票の回収後の手続【87】・集計結果〜事例〜【88】 |
| | | | | ・観察法【90】 | ・観察法【89】 |

3

| 大項目 | 中項目 | 小項目（例示） | |
|---|---|---|---|
| | 2）面接法 | ・自由面接法、構造化面接、半構造化面接<br>・その他 | |
| | 3）質的調査における記録の方法と留意点 | | |
| | 4）質的調査のデータの整理と分析 | ・調査結果の図表化、グラウンデッドセオリーアプローチ<br>・その他 | |
| 7 社会調査の実施に当たってのITの活用方法 | 1）社会調査の実施に当たってのITの活用方法 | | |

# 傾向

　社会調査とは、社会的事象について、直接データを収集、集計・分析をすることである。社会福祉における調査の目的は、社会福祉の実態（現状およびニーズ）を把握し、対応するサービスや方策の問題を明らかにすることによって、問題解決や実践活動の改善のための資料を提供することである。したがって、社会調査は社会福祉士にとって不可欠な知識と技法であるといえよう。

　第34回試験では、7問が出題された。以下、出題基準の項目に沿って分析する。

## 1 社会調査の意義と目的

　第31回と第32回には社会調査の種類と意義、第33回には政府が行う社会調査の対象が出題された。

## 2 統計法

　第30回には現行の統計法に関して基本的な知識を求める問題、第32回には2007（平成19）年の統計法改正に関する問題が出題された。

## 3 社会調査における倫理

　第33回には主に「社会調査協会の倫理規程」から社会調査の倫理に関する出題があった。第34回には社会調査の倫理と個人情報保護に関する問題が1問出題された。

| 第 30 回(2018 年) | 第 31 回(2019 年) | 第 32 回(2020 年) | 第 33 回(2021 年) | 第 34 回(2022 年) |
|---|---|---|---|---|
| ・質的調査【90】 | ・面接法【89】 | | | ・面接法【90】 |
| | ・質的調査の記録やデータの収集方法【90】 | | | |
| ・質的調査【90】 | ・質的調査の記録やデータの収集方法【90】 | ・調査の情報の整理と分析【90】 | | |
| | | | | |

## 4 社会調査における個人情報保護

第 30 回には社会調査で得られたデータの公表、管理、匿名化などに関する問題が出題された。第 34 回には同様の個人情報保護に関する内容が社会調査の倫理とともに出題された。

## 5 量的調査の方法

この項目からは毎回 3 〜 4 問程度出題されており、近年では基本的な知識が求められる問題が多い。特に、質問紙の作成、質問紙を用いる調査方法として訪問面接調査、留置調査（配票調査）、郵送調査などの特徴、量的調査の集計・分析などが繰り返し出題されている。

第 34 回には横断調査と縦断調査、質問紙調査、調査票の回収後の手続、集計結果として中央値や最頻値、分散、範囲などに関する 4 問が出題された。

## 6 質的調査の方法

この項目からは毎回 2 問程度出題されており、観察法や面接法、質的調査の整理・分析などに関する問題が多い。

第 34 回もこれまでの傾向と同様に、観察法と面接法に関する 2 問が出題された。

## 7 社会調査の実施に当たっての IT の活用方法

この項目からは第 30 回以降出題されていない。

# 対策

　毎回、量的調査と質的調査に関する問題が大部分を占めており、第34回にはここから6問が出題されている。量的調査の方法からは、全数調査と標本調査、質問紙の作成方法や留意点、調査票の配布と回収方法、集計と分析などに関する出題が多い。また、質的調査の方法からは、観察法と面接法が繰り返し出題されており、今後もこれらの基礎的な知識を問う問題が中心になるものと思われる。

　特に、質問紙の作成や集計・分析の方法については、具体的調査において実践できるように、技法として習得することが望ましい。また、文献データベースやインターネットによる調査など、ITの活用方法やメリット、デメリットについても学習しておきたい。

　その他、社会調査における倫理や個人情報保護などについては、これまでに出題された問題を中心に学習しておく必要がある。

# 押さえておこう！　重要項目 ——

## 1　社会調査の意義と目的

### 社会調査の意義と目的

**1**　**社会調査**とは、国（政府）、地方自治体、営利法人（企業）、非営利法人
（学校・医療・福祉など）、個人（研究者・ジャーナリスト・市民など）
やその集まりなどが調査主体となって、諸課題の理解、対応策の立案な
どを目的として行う**調査対象の実態把握**についての試みを指す。

出 32-84-2

**2**　**統計調査**とは、社会事象を**量的**にとらえることを目的とした社会調査で
ある。

出 31-84-1

**3**　**市場調査**とは、**企業**の意思決定に役立てることを目的として、市場の客
観的基礎資料を得るための社会調査である。マーケット・リサーチ、ま
たはマーケティング・リサーチとも呼ばれている。

出 31-84-2

**4**　**世論調査**とは、一定の事項に対する一般大衆の意見や態度を量的に測定
し、その結果から**世論の動向**を明らかにするための社会調査である。

出 31-84-3
　 32-84-3

**5**　**社会踏査**とは、**社会的な問題**を解決するために行われる社会調査である。
19 世紀以降の産業化・都市化による急激な社会変動に伴う貧困、犯罪、
失業などの実態調査は、社会問題の解決や社会改良を行うために遂行さ
れてきた。

出 32-84-1

**6**　**センサス**とは、一定の社会集団全体を対象とした大規模な**全数調査**の総
称である。人口センサス（国勢調査）、経済センサス、農林業センサスな
どがある。

出 31-84-5

> 💡 **注目！**
> センサス（census）は、社会全体を調査対象とするため、公的機関が行うことが多い。国勢調査は総務省統計局、経済センサスは総務省・経済産業省、農林業センサスは農林水産省が管轄する。

### 社会調査の対象

**7**　**社会調査の対象**は、社会の基本的な構成要素である**個人**や、市場の構成
要素である企業などの**集団**である。

**8**　総務省が行う**労働力調査**は、わが国の就業・不就業の状況を把握するた
めの調査で、調査対象は一定の統計上の抽出方法に基づき選定された全
国約 4 万世帯である。調査時点で**求職中の人**や、就労も求職もしていな
い人も対象とする。

出 33-84-2

**9**　総務省が行う**家計調査**では、全国の世帯を調査対象としているが、**学生
の単身世帯**や外国人世帯は対象に含まれない。

出 33-84-5

**10**　厚生労働省が行う**社会保障生計調査**とは、被保護世帯の生活実態を明ら
かにするための調査で、全国の**被保護世帯**を調査対象として、一定の統

**重要項目**

計上の抽出方法に基づき選定された約1110世帯を抽出する。

# 2 統計法

## 統計法の概要

**11** 1947（昭和22）年に施行となった**統計法**は、主として、調査データのための基本的な考え方を整理した法律である。2007（平成19）年5月に改正され、2009（平成21）年4月1日より全面施行された。

**12** 2007（平成19）年の**統計法改正の目的**は、公的統計の位置づけを「行政のための統計」から「社会の情報基盤としての統計」へと転換させることであった。　　　　　　　　　　　　　　　　出 32-85-2

**13** 2018（平成30）年6月に**統計法及び独立行政法人統計センター法の一部を改正する法律**が公布された。公的統計の効率的な作成および調査票情報の活用を図るための改正であり、主な改正事項は表1のとおりである。

### 表1 「統計法及び独立行政法人統計センター法の一部を改正する法律」の主な改正事項

① 行政機関等の責務等の規定設置
　行政機関等が基本理念にのっとり公的統計を作成する責務や公的統計の作成に関し関係者等の協力を得るなどの努力義務を設けるとともに、基幹統計を作成する行政機関の長から協力要請を受けた関係者等の要請に応じる努力義務を設ける。
② 事業所母集団データベースに記録されている情報の提供を受けることができる調査の範囲等の拡大
　総務大臣が整備している事業所母集団データベースに記録されている情報を利用できる範囲について、公的統計の全ての作成主体が行う事業所に関する統計を作成するための調査に拡大する。
③ 調査票情報の提供対象の拡大　　　　　　　　　　　　　　　　　　出 32-85-1
　調査票情報の提供対象について、情報保護を徹底しつつ、学術研究の発展に資する統計の作成等を行う者等に拡大するとともに、提供した調査票情報を用いて作成された統計等の公表に関する規定を整備する。
④ 統計委員会の機能強化
　統計委員会の所掌事務に、統計および統計制度の発達および改善に関する基本的事項の調査審議、公的統計基本計画の実施状況に関する勧告等を追加するとともに、統計委員会に幹事を置く。

**14** 統計法では、調査票情報等について、適正管理義務や守秘義務、目的外利用の禁止などについて規定している（**秘密の保護**）。　　　　　　　出 32-85-5

**15** 統計法では、基本計画案など法律の定める事項について、専門的かつ中立公正な調査審議を行う統計委員会を**総務省**に設置することと規定して　出 30-84-3 / 32-85-4

> **2 統計法**

**統計法の概要**

いる（**統計委員会の設置**）。

**16** **公的統計**とは、行政機関、地方公共団体または独立行政法人等が作成する統計をいう。統計調査により作成される**調査統計**、業務データを集計することにより作成される**業務統計**、ほかの統計の結果を加工することにより作成される**加工統計**が該当する。

▶人口推計、消費者物価指数、国民経済計算などがある。

**17** **基幹統計**とは、国勢統計、国民経済計算および行政機関が作成する統計のうち重要なものとして**総務大臣**が指定した統計をいう（表2参照）。

### 表2　基幹統計一覧

(2022（令和4）年1月1日現在)

| 名　称 | | |
|---|---|---|
| **内閣府(1)** | **文部科学省(4)** | **経済産業省(7)** |
| 国民経済計算 | 学校基本統計 | 経済産業省生産動態統計 |
| **総務省(14)** | 学校保健統計 | ガス事業生産動態統計 |
| 国勢統計 | 学校教員統計 | 石油製品需給動態統計 |
| 住宅・土地統計 | 社会教育統計 | 商業動態統計 |
| 労働力統計 | **厚生労働省(9)** | 経済産業省特定業種石油等消費統計 |
| 小売物価統計 | 人口動態統計 | 経済産業省企業活動基本統計 |
| 家計統計 | 毎月勤労統計 | 鉱工業指数 |
| 個人企業経済統計 | 薬事工業生産動態統計 | **国土交通省(9)** |
| 科学技術研究統計 | 医療施設統計 | 港湾統計 |
| 地方公務員給与実態統計 | 患者統計 | 造船造機統計 |
| 就業構造基本統計 | 賃金構造基本統計 | 建築着工統計 |
| 全国家計構造統計 | 国民生活基礎統計 | 鉄道車両等生産動態統計 |
| 社会生活基本統計 | 生命表 | 建設工事統計 |
| 経済構造統計 | 社会保障費用統計 | 船員労働統計 |
| 産業連関表 | **農林水産省(7)** | 自動車輸送統計 |
| 人口推計 | 農林業構造統計 | 内航船舶輸送統計 |
| **財務省(1)** | 牛乳乳製品統計 | 法人土地・建物基本統計 |
| 法人企業統計 | 作物統計 | |
| **国税庁(1)** | 海面漁業生産統計 | |
| 民間給与実態統計 | 漁業構造統計 | |
| | 木材統計 | |
| | 農業経営統計 | （合計53） |

資料：総務省「基幹統計一覧」より作成

**18** **国民経済計算**は、**GDP統計**とも呼ばれ、わが国の**経済**の全体像を国際比較可能な形で体系的に記録することを目的に、国際連合（国連）の定める国際基準（SNA）に準拠しつつ、作成される基幹統計である。

▶「四半期別GDP速報」と「国民経済計算年次推計」の2つからなる。

**19** **国勢統計**とは、わが国の人口の状況を明らかにするため、日本に**常住**する**すべての人**（外国人も含む）を対象とする全数調査（**国勢調査**）によって作成する基幹統計である。**10**年ごとの大規模調査と、その中間に

出 30-84-2
33-84-1

**重要項目**

5年ごとに行われる簡易調査がある。

20 **国民生活基礎統計**は、統計上の抽出方法に基づいて選定された**全国の世帯および世帯員**を対象に、世帯の状況を総合的に把握するための**国民生活基礎調査**によって作成する基幹統計である。**3**年ごとの大規模調査と、中間の各年に簡易調査が行われる。　出 33-84-4

21 行政機関が行う統計調査のうち、**基幹統計調査以外の調査**のことを**一般統計調査**という。　出 30-84-1

## 3 社会調査における倫理

### 社会調査における倫理

22 **倫理規程**とは、一般社団法人社会調査協会が定めた、**社会調査に関する倫理**をまとめたものであり、研究・教育にあたる者が心がけるべき項目があげられている（表3参照）。　出 33-85-1, 2, 5　34-84-1

23 研究や調査における倫理的配慮として、第1に**研究趣旨の説明**をわかりやすくすること、第2に**調査データの用途を明示**することが求められる。　出 30-85-4　33-85-3

24 公益社団法人日本社会福祉士会が定めた**社会福祉士の倫理綱領**（68頁参照）の倫理基準のなかに、専門職としての倫理責任の1つとして、「社会福祉士は、すべての調査・研究過程で、クライエントを含む研究対象の権利を尊重し、研究対象との関係に十分に注意を払い、倫理性を確保する」ことが定められている。

25 公益社団法人日本精神保健福祉士会が採択した**精神保健福祉士の倫理綱領**の倫理基準のなかに、専門職としての責務の1つとして、「精神保健福祉士は、適切な調査研究、議論、責任ある相互批判、専門職組織活動への参加を通じて、専門職としての自律性を高める」ことが定められている。

26 社会調査の倫理として、社会福祉施設利用者の家族の実情などの聞き取り調査は、第三者が出入りしない**個室**で行う。　出 33-85-4

## 4 社会調査における個人情報保護

### 社会調査における個人情報保護

27 研究や調査における**プライバシーの尊重**や**秘密の保持**への配慮として、　出 30-85-1, 2

**4 社会調査における個人情報保護**

社会調査における個人情報保護

社会調査の基礎

### 表3　社会調査協会の倫理規程（色文字は筆者による）

第1条　社会調査は、常に科学的な手続きにのっとり、客観的に実施されなければならない。会員は、絶えず調査技術や作業の水準の向上に努めなければならない。

第2条　社会調査は、実施する国々の国内法規及び国際的諸法規を遵守して実施されなければならない。会員は、故意、不注意にかかわらず社会調査に対する社会の信頼を損なうようないかなる行為もしてはならない。

第3条　調査対象者の協力は、法令が定める場合を除き、自由意志によるものでなければならない。会員は、調査対象者に協力を求める際、この点について誤解を招くようなことがあってはならない。

第4条　会員は、調査対象者から求められた場合、調査データの提供先と使用目的を知らせなければならない。会員は、当初の調査目的の趣旨に合致した2次分析や社会調査のアーカイブ・データとして利用される場合および教育研究機関で教育的な目的で利用される場合を除いて、調査データが当該社会調査以外の目的には使用されないことを保証しなければならない。

第5条　会員は、調査対象者のプライバシーの保護を最大限尊重し、調査対象者との信頼関係の構築・維持に努めなければならない。社会調査に協力したことによって調査対象者が苦痛や不利益を被ることがないよう、適切な予防策を講じなければならない。

第6条　会員は、調査対象者をその性別・年齢・出自・人種・エスニシティ・障害の有無などによって差別的に取り扱ってはならない。調査票や報告書などに差別的な表現が含まれないよう注意しなければならない。会員は、調査の過程において、調査対象者および調査員を不快にするような発言や行動がなされないよう十分配慮しなければならない。

第7条　調査対象者が年少者である場合には、会員は特にその人権について配慮しなければならない。調査対象者が満15歳以下である場合には、まず保護者もしくは学校長などの責任ある成人の承諾を得なければならない。

第8条　会員は、記録機材を用いる場合には、原則として調査対象者に調査の前または後に、調査の目的および記録機材を使用することを知らせなければならない。調査対象者から要請があった場合には、当該部分の記録を破棄または削除しなければならない。

第9条　会員は、調査記録を安全に管理しなければならない。とくに調査票原票・標本リスト・記録媒体は厳重に管理しなければならない。

資料：一般社団法人社会調査協会ホームページ

原則として個人が特定されないように、対象者・協力者の氏名や住所、利用している施設（機関）名といった固有名詞は無作為のアルファベットで表記し、年齢は〇歳代などと示すことが望ましい。　34-84-4

28　データ管理の留意点として、個人情報を含むデータシートや記入用紙、コンピューターファイルなどは、個人を特定できる情報（氏名等）を削除したうえで管理する。また、各データファイルはパスワードプロテクションなどのセキュリティー対策を講じたうえで、慎重に取り扱う。　⊞30-85-5

29　個人情報保護の観点から住民基本台帳や選挙人名簿は原則非公開であるが、公益性が高いと認められる社会調査を目的とする場合には、閲覧することが認められている。　⊞30-85-3

### 重要項目

30 研究目的で住民基本台帳から作成した調査対象者の住所リストを、調査終了後に他の目的のために利用してはならない。　出 34-84-2

## 5 量的調査の方法

### 全数調査と標本調査

31 **量的調査**とは、調査対象の集団から、ある規模のデータを集め、その集めたデータから元の調査対象の集団の性質を統計学的に探ろうとする調査である。　出 31-90-1

32 **母集団**（調査において調べたい対象のデータ全体）のすべてのデータを集める調査のことを、**全数調査**という（図1参照）。　出 30-86-5

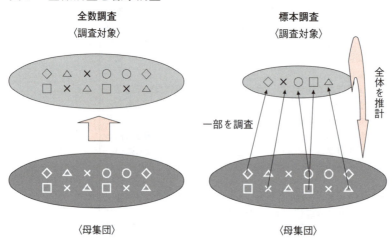

図1　全数調査と標本調査

33 **全数調査**は、調査対象者を全員くまなく調査するため、調査対象者についての**正確**で**信頼性の高い**データが得られるが、**時間**、**労力**、**費用**がかかるデメリットもある。

▶国勢調査や社会福祉施設等調査（基本票）などがある。

34 ある決まった手続きを踏んで母集団から一部を取り出した標本データの性質から母集団の性質を推定したり、母集団の性質に対する仮説を検定したりすることを**標本調査**という（図1参照）。

35 **標本調査**は、調査対象者の**一部**を調査し、その結果から**全体**を推定するため、時間、労力、費用が節減できる一方で、標本の抽出に高度の知識と技術を要する、調査の回収率が**低い**場合には母集団を反映できないなどのデメリットもある。

**5 量的調査の方法**

**全数調査と標本調査**

社会調査の基礎

**36** 母集団から選び出された調査単位ごとの個別の調査対象や研究対象を**標本**（**サンプル**）と呼び、母集団から標本を選び出す操作を**標本抽出**（**サンプリング**）という。標本抽出の方法には、大別して無作為抽出法と有意抽出法がある（表4参照）。

**表4 標本抽出（サンプリング）方法の種類**

| 無作為抽出法（確率標本抽出） | | |
|---|---|---|
| ①単純無作為抽出法 | 母集団の構成員に一連の番号をふり、乱数表などを用いて、無作為に標本を抽出する方法 | |
| ②系統抽出法 | 母集団の構成員に一連の番号をふり、最初の標本を乱数表などで無作為に選び、それ以降の標本は一定間隔で抽出する方法 | 出 32-86-4<br>33-86-3 |
| ③層化抽出法 | 母集団をいくつかの同質のグループ（層）に分割して、各層から比例配分的に抽出する方法 | |
| ④多段抽出法 | 母集団を無作為抽出して選ばれた小さな単位に分割し、それらの単位から、対象者を無作為抽出する方法 | 出 32-86-3 |
| 有意抽出法（非確率標本抽出） | | |
| ①応募法 | 募集に応じた自発的な協力者を標本とする方法 | |
| ②機縁法 | 知人など、縁故関係にある者を標本とする方法 | |
| ③スノーボール法 | 少数の調査対象者から、その知人・友人など調査協力してくれる人を標本として、雪だるま（スノーボール）式に標本数を増やす方法 | 出 32-86-5 |
| ④割当法 | 前もって条件ごとに対象者数を割り当て、そのなかで標本を抽出する方法 | |

**37** **無作為抽出法**（**確率標本抽出**）は、確率理論により、母集団から標本を**無作為**（**ランダム**）に抽出する方法であり、すべての対象が標本に選ばれる確率が等しい。母集団の性質について統計的に推測できる。**単純無作為抽出法、系統抽出法、層化抽出法、多段抽出法**などがある（表4参照）。

出 30-86-2<br>32-86-1<br>33-86-2

**38** **有意抽出法**（**非確率標本抽出**）は、代表的な標本として、**平均**や**中位**にあたると思われるものを抽出する。**偏り**のある抽出法であり、母集団の性質について統計学的に推測することはできない。**応募法、機縁法、スノーボール法、割当法**などがある（表4参照）。

出 32-86-1,5<br>33-86-4

**39** **サンプル数**とは、標本の**抽出回数**のことであり、**サンプルサイズ**とは、1回抽出した標本における**個体数**のことである。サンプルサイズの大小は、母集団を推計する**信頼度**に関係する。

出 33-86-5

**40** **標本誤差**とは、標本調査において母集団の一部だけを調査することで生

出 30-86-3

13

重要項目

じる誤差のことをいう。標本統計量と母集団統計量の間における標本誤　32-86-2
差を避けることはできない。

41 **非標本誤差**とは、回答者の**誤答**や**記入漏れ**、調査者の**入力**や**集計**ミスな　出 33-86-1
どで生じる誤差のことである。

42 **測定誤差**とは、測定した値に含まれる誤差のことである。全数調査にお　出 30-86-1, 4
いても、標本調査においても、測定誤差は生じる。

## 横断調査と縦断調査

43 **横断調査**とは、調査を**1**回行い、得られたデータ（**横断データ、クロス**　出 30-87-4, 5
**セクショナルデータ**）から確認できる傾向や変数間の関係性などを明ら　33-87-2, 5
かにする方法である（表5参照）。横断調査では、変数間の**因果関係**を特　34-85-2, 5
定することは難しい。

### 表5　クロスセクショナルデータとパネルデータ

| 名前 | 2000年での年齢 | 最高血圧 | | | |
|---|---|---|---|---|---|
| | | 2000 | 2005 | 2010 | 2015 |
| A | 66 | 120 | 115 | 126 | 132 |
| B | 68 | 108 | 119 | 132 | 130 |
| C | 82 | 140 | 162 | — | — |
| D | 77 | 132 | 148 | 143 | 152 |

‥‥‥‥クロスセクショナルデータ
―――パネルデータ
■■■■時系列データ

←2010年以降参加せず（パネルの消耗）

資料：社会福祉士養成講座編集委員会編『新・社会福祉士養成講座⑤社会調査の基礎（第3版）』中央法規出版、2013年、61頁

44 **縦断調査**とは、ある対象に対し、時間間隔をあけて複数回調査を行い、　出 30-87-1, 2
得られたデータ（**時系列データ**）から時間経過に沿って集団がもつ情報　33-87-1
量の変化を確認する方法である（表5参照）。　34-85-2, 4

45 最初に**横断調査**を行い、その対象者を**固定したまま**時間間隔をあけて何　出 33-87-3, 4
回も調査（**縦断調査**）を行うことを**パネル調査**といい、そのデータを**パ**　34-85-1, 3
**ネルデータ**と呼ぶ（表5参照）。パネル調査では、ある程度の変数間の**因**
**果関係**を推測することが可能である。

46 パネル調査における**パネルの消耗**（**摩耗**または**脱落**）とは、時間を経る　出 30-87-3
に従って、何らかの理由で標本が調査から脱落することをいう。　33-87-5
　34-85-3

47 **トレンド調査**とは、調査対象者を定義し、その定義に該当する者を標本　出 30-87-1
抽出して、一定期間ごとに調査する縦断調査の一種である。調査対象の
定義は変化しないが、標本となる対象者は**調査ごとに**変わる。

## 自計式調査と他計式調査

**48** **自計式（自記式）調査**とは、調査票に調査対象者が自分で記入する形式であり、**留置調査**や**郵送調査**、**インターネット調査**などがある。

出 31-85-1
34-86-1, 4, 5

**49** **自計式調査の特徴**として、プライベートに関する質問に答えやすいことや、規模を**大き**くしやすいことが利点で、質問項目や用語を**誤解**して記入してしまうことや、**調査対象者以外の人**が答えている場合があることなどが欠点とされる。

出 30-88-3
31-85-2, 3, 4

**50** **他計式（他記式）調査**とは、調査対象者に聞き取りをしながら、調査する人が調査票に記入する形式であり、**訪問面接調査**や**電話**による世論調査などがある。

出 30-88-4
31-85-5
34-86-2, 3

**51** **他計式調査の特徴**として、質問項目や用語を誤解することが減少し、本人であることの確認もとりやすいことが利点で、**調査員数**が多数必要であることや、社会的に望ましい内容に**同調する**回答を選びがちになることなどが欠点とされる。

出 30-88-5
31-85-2, 3, 4


## 測定

**52** **測定**とは、一定の規則や基準を用いて、調べたい対象の経験的な特性に数値や記号を与える手続きである。

出 31-86-1

**53** 測定の内容を数量で表したものを**変数（変量）**という。データが収集される変数には、**名義尺度**、**順序尺度**、**間隔尺度**、**比例（比率）尺度**の4種類がある（表6参照）。

出 31-86-5
32-87

**54** 変数間の因果関係を分析する場合、**独立変数**とは、変数や現象の間の因果関係の構造を探究する際に、結果と想定する変数や現象に対する原因や要因となるもの、結果を説明するものを指し、**従属変数**は、原因に対する結果と位置づけられるものを指す。

**55** 測定の**信頼性**とは、測定した結果に再現性（一貫性）があるかを示すものであり、**信頼性**係数として求められる。**信頼性**係数は0〜1の値をとり、1に近づくほど信頼性は高い。信頼性係数を測定する方法には、平行検査法、再検査法、折半法、内部一貫法などがある。

出 31-86-2, 4

**56** 測定の**妥当性**とは、測定したい概念や特性が、どの程度正確に測定できているかを示すものである。

出 31-86-3, 4

**57** 社会調査の測定では、**信頼性**と**妥当性**の両方が満たされていることが必要である。

出 31-86-4

重要項目

表6　変数の4つの尺度水準

| | 尺度 | 変数 | 例 | 平均値の算出 | 中央値の算出 | 最頻値の算出 |
|---|---|---|---|---|---|---|
| 質的変数（離散変数） | 名義尺度 | ・順序関係や量的関係のないカテゴリー | 性別、国籍、血液型、はい／いいえの回答 | 不可能 | 不可能 | 可能 |
| | 順序尺度 | ・順序関係のあるカテゴリー<br>・カテゴリー間の差は意味をもたない | 学歴、よい／ふつう／悪いなどの程度 | 不可能 | 可能 | 可能 |
| 量的変数（連続変数） | 間隔尺度 | ・各カテゴリーの間隔が等しく、測定値間に差の関係が成り立つもの<br>・負の値になることもある | 気温、年号 | 可能 | 可能 | 可能 |
| | 比例（比率）尺度 | ・各カテゴリーの間隔が等しく、測定値間に差や比の関係が成り立つもの<br>・絶対原点（0点）をもつ<br>・負の値になることはない | 所得（年収）、身長 | 可能 | 可能 | 可能 |

## 質問紙の作成方法と留意点

**58** **フェイスシート**は、回答者の年齢、学歴、家族構成などの属性を回答する欄である。　出32-88-5

**59** **回答者自身**の意見や行動などを尋ねる**パーソナル質問**と、**一般的**な意見や行動について尋ねる**インパーソナル質問**がある。　出30-89-3 33-88-2

**60** **キャリーオーバー効果**とは、前に配列された質問が、後の質問の回答に**偏りを与える**影響効果をいう。相互に関連のある項目はまとめるほうがよいが、キャリーオーバー効果が**出にくい配列**とするように留意する。　出30-89-2 32-88-3 33-88-5

**61** **質問紙の回答の形式**には、**自由回答法**と**選択肢法**（**制限回答法**）がある。一般的には回答しやすい**選択肢法**が用いられ、必要に応じて**自由回答法**を用いる。　出32-88-4

**62** **自由回答法**は、自由に記述して答える質問形式である。自分の意見を自由に詳細に答えることが可能であるが、その一方で、データが大量にな

ると整理や分析が困難になる。

63 **選択肢法**（**制限回答法**）とは、あらかじめ用意した選択肢から回答を選ぶ質問形式である。選択肢から回答を1つ選択する**多肢選択法**（**単数回答方式**）と、選択肢からあてはまるものを複数選択する**複数選択法**（**複数回答方式**）がある。

64 **リッカート法**とは、問題の概念に対する調査対象者の態度（認識や反応、満足の程度など）を測定する**リッカート尺度**を用いる方法である。回答は「そう思う」「どちらでもない」「そう思わない」などの表現形式で設定された複数段階の選択肢のなかから選ぶ（表7参照）。

出 30-89-4
32-88-2

**表7 リッカート法の具体例**

```
【具体例】
＜設問＞
  民生委員としての業務に満足している。
＜回答選択肢＞
  1．まったくそう思わない    2．あまりそう思わない
  3．どちらともいえない      4．まあそう思う
  5．とてもそう思う
```

資料：一般社団法人日本ソーシャルワーク教育学校連盟編『最新 社会福祉士養成講座 精神保健福祉士養成講座⑤社会福祉調査の基礎』中央法規出版、2021年、80頁

65 **SD法**とは、問題や概念に対する調査対象者の感情的なイメージを測定するための方法である。選択肢に相対する形容詞が用いられ、何段階かで設定された選択肢のなかから回答を選ぶ（表8参照）。

**表8 SD法の具体例**

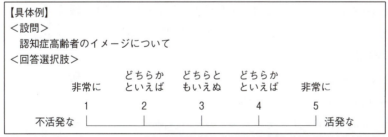

資料：一般社団法人日本ソーシャルワーク教育学校連盟編『最新 社会福祉士養成講座 精神保健福祉士養成講座⑤社会福祉調査の基礎』中央法規出版、2021年、81頁

66 1つの質問文で複数の事項を一度に尋ねようとする質問を**ダブルバーレル質問**という。回答者が混乱したり、回答の意味が判別できなくなるため、それぞれの事項ごとに質問するようにする。

出 30-89-1
32-88-1
33-88-1

67 調査者が意図している方向へ調査対象者の回答を誘導していく質問を**誘**

## 重要項目

導質問（バイアス質問）という。調査対象者の個人的な意思が反映されにくいため使用を避ける。

**68** 「サービスを利用したくないと思うことはないですか？」などの**二重否定文**や、「これまでサービスを利用したことはありませんか？」などの**否定疑問文**は誤回答につながる可能性があるため使用を避ける。　　出 33-88-4

**69** 質問文を作成するときには、一般的に固定的なイメージをもつ**ステレオタイプ**な用語を使うことは避ける。　　出 33-88-3

**70** 質問紙に設定した質問項目への回答をコンピューターソフトに入力できるように数値や記号などの**コード**に置き換えていく作業を**コーディング**という。

**71** データの整理を容易にするため、調査票にあり得る回答に、あらかじめ番号をつけておくことを**プリコーディング（プリコード）**という。自由記述や事前に数値化が困難な回答に対して、調査者が後からコードの割り当てをすることを**アフターコーディング（アフターコード）**という。　　出 32-90-2

**72** 自由回答のデータ化では、事前に用意したコード表に該当するものがない場合、新たにコードを**追加**する。　　出 34-87-3

## 調査票の配布と回収

**73** **訪問面接調査**は、調査員が個別に対象者を訪問し、**口頭**で直接質問して、その結果を**調査員**が質問紙に記入する方法である（表9参照）。　　出 30-88-2 33-89-4 34-86-5

**74** **郵送調査**は、対象者に質問紙を郵送し、記入してもらったうえで返送してもらう方法である（表9参照）。　　出 30-88-1 33-89-2 34-86-3

**75** **留置調査**は、調査員が対象者を**訪問**して質問紙を配り、回答記入の依頼をして、一定期間後に回収する方法である。文書を一定期間対象者の手元に預けるので、**配票調査**ともいう（表9参照）。　　出 30-88-4 33-89-3 34-86-2

**76** **集合（集団）調査**は、対象者を**1か所に集め**、質問紙を配布して**その場**で記入してもらい回収する方法である（表9参照）。　　出 33-89-1

**77** **電話調査**は、電話で対象者に質問し、その回答を**調査員**が調査票に記入していく**他計式（他記式）**調査である。近年では**RDD法**（Random Digit Dialing；乱数番号法）が用いられ、コンピューターで無作為に数字を組み合わせて番号をつくるため、電話帳非掲載者も調査の対象にできるようになった（表9参照）。　　出 34-86-1

▶実施が容易で迅速に行える利点があるが、電話を切られたり応答を拒否されやすい。

**78** **インターネット調査**は、インターネット上で調査票を配信して回収する方法である。費用の安さと結果が出るまでのスピードの速さがメリット　　出 34-86-1

**5 量的調査の方法**

調査票の配布と回収

社会調査の基礎

### 表 9　調査票の主な配布・回収方法

出 30-88
34-86

| | 長所 | 短所 |
|---|---|---|
| 訪問面接調査（他記式） | ①質問内容が理解されやすく、回答漏れやミスを防ぎやすい<br>②本人回答であることが確認できる<br>③回収率が高い | ①費用が高い<br>②プライバシーにかかわる質問には対応しにくい<br>③調査員との関係が回答の信頼性に影響を与え得る |
| 郵送調査（自記式） | ①大規模な調査でも実施しやすい<br>②プライバシーにかかわる質問にも対応できる<br>③費用が安い | ①質問内容への誤解、回答漏れやミスが起こる場合がある<br>②本人回答であることが確認できない<br>③回収率が低い |
| 留置調査（配票調査）（自記式） | ①費用が安い<br>②回収率が高い<br>③調査対象者の都合に合わせやすい | ①本人回答であることが確認できない |
| 集合調査（自記式） | ①質問内容が理解されやすく、回答漏れやミスを防ぎやすい<br>②本人回答であることが確認できる<br>③費用が安い<br>④回収率が高い | ①研修会や講演会などの参加者に限定されてしまう |
| 電話調査（他記式） | ①質問内容が理解されやすく、回答漏れやミスを防ぎやすい<br>②短時間で実施しやすい<br>③費用が安い | ①本人回答であることが確認できない<br>②質問数が多い、難解かつ複雑な質問には対応しにくい<br>③回収率が低い（ナンバーディスプレイ等の影響による） |
| インターネット調査（自記式） | ①短時間で実施しやすい<br>②費用が安い<br>③回収率が高い | ①インターネットの利用者に限定されてしまう<br>②本人回答であることが確認できない |

注：上記の特徴（長所と短所）については、一般的な傾向ないし目安にとどまるものである。
資料：一般社団法人日本ソーシャルワーク教育学校連盟編『最新 社会福祉士養成講座 精神保健福祉士養成講座⑤社会福祉調査の基礎』中央法規出版、2021年、89頁

であるが、インターネット上で調査対象者を公募する場合、**代表性の偏り**が生じるというデメリットがある（表9参照）。

79 **モニター調査**は、ある事柄についての意見を、一定の期間や頻度を定めて調査することである。モニターとは、**調査対象のグループ**のことをいい、モニターに対してグループインタビュー、郵送調査、インターネット調査などが実施される。

出 33-89-5

## 重要項目

# 量的調査の集計と分析

**80** 回収した質問紙への回答漏れや回答の矛盾の有無などを点検し、合理的に修正可能な回答があれば誤った回答を**修正・補正する作業**のことを**エディティング**という。　　　出 34-87-2, 4

**81** 調査票の回収後、1問も回答されていない状態の調査票は有効回答に含めず集計から除去する。　　　出 34-87-1

**82** 調査票の回収後の手続において、**無回答**や**非該当**など集計から除去する値のことを**欠損値**という。コンピューター処理する場合、調査票で記入者が回答していないところは、**欠損値**として、実際の集計には使われない数値を割り当てて入力する必要がある。　　　出 31-87-1, 3

**83** ほかの測定値から大きく外れた値のことを**外れ値（はずれ値）**といい、測定ミスやデータの入力ミスなど、原因がわかっている**外れ値**のことを**異常値**という。調査票の回収後の手続において、**異常値**は集計から必ず除去しなければならない。　　　出 31-87-5

**84** データ分析をする前に、データに入力の誤り等が含まれていないかを確認するため、予備的に集計しチェックする必要がある。　　　出 34-87-5

**85** **度数**とは、それぞれのカテゴリーや階級に属するデータの数をいい、各カテゴリーや階級の度数で表された全体の傾向（分布）を**度数分布**、それを数表に表したものを**度数分布表**と呼ぶ（表10参照）。　　　出 31-88-2　　32-89-1

#### 表10　度数分布表の例

| 身長の階級 | 度数<br>（人数） | 相対度数<br>（%） | 累積度数<br>（人数） | 累積相対度数<br>（%） |
|---|---|---|---|---|
| 155cm 未満 | 2 | 22 | 2 | 22 |
| 155cm 以上160cm 未満 | 1 | 11 | 3 | 33 |
| 160cm 以上165cm 未満 | 5 | 56 | 8 | 89 |
| 165cm 以上 | 1 | 11 | 9 | 100 |
| 総数 | 9 | 100 | | |

資料：社会福祉士養成講座編集委員会編『新・社会福祉士養成講座⑤社会調査の基礎（第3版）』中央法規出版、2013年、79頁

**86** **相対度数**とは、階級の度数を度数合計で割ったもので、合計に対する割合（%）である（表10参照）。

**87** **累積度数**とは、そのカテゴリーや階級に含まれる度数を加算して**合計（累積）**したものであり、**累積相対度数**とは、各カテゴリーや階級の累積度数の全累計度数に対する割合（%）を示したものである（表10参照）。

5 量的調査の方法

量的調査の集計と分析

**88** **代表値**とは、データの分布の特徴を顕著に示すような数値のことである。平均値（標本平均）や中央値、最頻値、最大値・最小値、パーセンタイル、四分位数などがある。

出 31-88-1
32-89-2
34-88-1, 3, 4

**89** **平均値（標本平均）**とは、通常の**算術平均**のことである。データの総和をケースの数で割った値である。

出 32-89-2

**90** **中央値**とは、データを大きさの順に並べたとき、**中央にくる値**である。ケースの数が奇数の場合は、中央にある値が中央値となり、偶数の場合は、中央に並ぶ2つのケースのデータの**平均値**をとる。

出 31-88-1
32-89-2
34-88-1

**91** **最頻値**とは、代表値の1つであり、データのなかで一番**多い**値のことである。度数分布表をつくったとき、一番度数の**大きく**なる値やカテゴリーである。

出 32-89-2
34-88-4

**92** **最大値**とは、データのうち最も大きい値のことであり、**最小値**とは、最も小さい値のことをいう。

出 34-88-3

**93** **パーセンタイル**とは、データを値の小さいものから順に並べ、**小さい**ほうから数えて何％目の標本の値かを示す数値であり、**50**パーセンタイルが中央値となる。

**94** **四分位数**とは、データを四等分したもので、第1四分位数・第2四分位数・第3四分位数の三つの数字からなる。第1四分位数を下側四分位数といい、これは、小さいほうから1：3に分ける値である（25パーセンタイル）。第3四分位数を上側四分位数ともいい、これは、小さいほうから3：1に分ける値のこと（75パーセンタイル）である。

▶第2四分位数は中央値でもあり、50パーセンタイルでもある。

**95** **散布度**とは、データにおける分布の散らばりの程度を示す指標のことである。範囲や四分位範囲、分散、不偏標本分散、標本標準偏差などがある。

出 31-88-3
34-88-2, 5

**96** **範囲**とは、データの値について、**最大値**と**最小値**の間の**差**をいい、最大値−最小値で求められる。

出 34-88-5

**97** **四分位範囲**は、第3四分位数−第1四分位数で求められる。分布の両端からそれぞれ**4**分の**1**の測定値を捨てた後の、中央の半数の測定値の範囲であり、散布度として用いられる。

**98** **分散**とは、偏差（個々のデータと平均値の差）を2乗して合計し、データの個数（n）で割って算術平均したものをいう。

出 31-88-3
34-88-2

**99** **不偏標本分散**とは、標本から母集団の分散を推定するときに用いる値である。分散が偏差の2乗の合計をデータの個数（n）で割るのに対して、不偏標本分散ではn−1で割る。

**100** **標準偏差**とは、調査データが全体としてどれぐらい平均値から離れて散

出 31-88-3

社会調査の基礎

21

## 重要項目

らばっているのかを表す指標の1つであり、分散の**平方根**をいう。　　　32-89-3

**101** **標本標準偏差**とは、不偏標本分散の平方根をいう。標本から母集団の標準偏差を推定するときに用いる値である。

**102** **歪度**とは、分布が平均値を中心に**左右対称**からどの程度ゆがんでいるのかを示す統計量である。図2に表した分布であれば、この歪度は、左より正・ゼロ・負となる。　　　出 32-89-5

**図2　歪度を表した曲線**

資料：社会福祉士養成講座編集委員会編『新・社会福祉士養成講座⑤社会調査の基礎（第3版）』中央法規出版、2013年、89頁

**103** **尖度**とは、分布の**鋭さ**の程度を評価するための統計量であり、山の尖り度と裾の広がり度を示す。

**104** **クロス集計**とは、2つ以上の変数のカテゴリーを**組み合わせて**、カテゴリーペアをつくり、すべての組み合わせの度数を集計したものである。

**105** **クロス集計表**において、**表側項目**とは表の左側に書いた項目（例：定期的な運動をしているか）、**表頭項目**とは表の上側に書いた項目（例：自覚的健康度）、**周辺度数**とは計の欄に入れるそれぞれの内訳を足し上げた数字のことをいう（表11 参照）。　　　出 31-88-4

> **クロス集計表**
> クロス集計表は、表側項目と表頭項目が交差（クロス）するように集計されており、各セルに表側項目と表頭項目の頻度などが入る。

**表11　クロス（集計）表の例**

|  |  | 自覚的健康度 |  |  |  |  | 計 |
|---|---|---|---|---|---|---|---|
|  |  | 悪い | やや悪い | ふつう | ややよい | よい |  |
| 定期的な運動をしているか | はい | 0 | 0 | 3 | 0 | 1 | 4 |
|  | いいえ | 1 | 1 | 1 | 2 | 0 | 5 |
| 計 |  | 1 | 1 | 4 | 2 | 1 | 9 |

資料：社会福祉士養成講座編集委員会編『新・社会福祉士養成講座⑤社会調査の基礎（第3版）』中央法規出版、2013年、81頁

**106** **ピアソンの積率相関係数**とは、2つの**確率変数**の関連の強さを測る指標である。値は、**−1から1**の範囲の間で変動する。確率変数とは、試行の結果によって、その値が定まる変数のことをいう。　　　出 31-88-5

**107** ピアソンの積率相関係数では、1に近いときは**散布図**（図3参照）の点は右上がりとなり、「**正の相関がある**」と表現し、−1に近いときは右下がりとなり、「**負の相関がある**」と表現する。相関係数の値が0に近い場

**注目！**
「相関がある」とは、2つの変数のとる値の間に何らかの関係があることを意味する。

### 図3　身長と体重の散布図

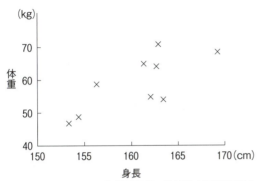

資料：社会福祉士養成講座編集委員会編『新・社会福祉士養成講座⑤社会調査の基礎（第3版）』中央法規出版、2013年、84頁

> **散布図**
> 2つの変数の大きさや量を把握するため、縦軸と横軸からなるグラフにデータをプロットした図のこと。

合は、回帰直線から離れたデータ点が多いことを意味し、「**相関が認められない**」と表現する。

**108** ピアソンの積率相関係数は、2つの変数間の**線形関係**（散布図において**直線的**な関係）を表しており、非線形関係（散布図において曲線的な関係）は表れない。　　出31-88-5

**109** **オッズ比**とは、ある事象の起こりやすさを2つの群で比較して示す尺度である。ある事象が発生する確率（p）／発生しない確率（1－p）をオッズといい、1つの群のオッズともう1つの群のオッズの比をオッズ比という。　　出32-89-5

**110** **t検定**とは、2つのグループの**平均値**の差が偶然的な誤差の範囲にあるかどうかを検証する方法である。

**111** **分散分析**とは、グループが**3**つ以上の場合に、平均値の差を分散の大きさの違いから検証する方法である。グループを識別する要素が1つの場合は**一元配置分散分析**、要素が2つの場合は**二元配置分散分析**という。

**112** **χ（カイ）2乗検定**とは、クロス集計結果が統計上有意かどうかを判断する有意確率（p）を算出する方法である。χ2乗値は、期待度数と観測度数との誤差の総計に相当し、サンプルサイズ（分析対象者数）に影響を受ける。

**113** **多変量解析**とは、それぞれの個体について2つ以上の測定値が与えられているとき、各変量を独立にではなく、相関関係を考慮に入れて同時に解析する手法の総称である。

> ▶代表的な手法には、回帰分析、重回帰分析、因子分析、クラスター分析などがある。

**114** **回帰分析**は、複数の変数間の**因果関係**を説明する手法である。独立変数と従属変数の間に一次式で表される回帰モデル（予測式）をあてはめ、従属変数が独立変数によってどれぐらい説明できるのかを定量的に分析

💡 **重要項目**

する。

**115** **重回帰分析**とは、独立変数が複数の場合の回帰分析をいう。独立変数が1つの場合の回帰分析は**単回帰分析**という。

**116** **因子分析**とは、観測された多数の変数を、少数の変数（因子）に縮約する手法である。

> **因子**
> 要因を意味する。

**117** **クラスター分析**は、類似性の高い変数同士を同じグループ（クラスター）に分類する手法である。

## 6 質的調査の方法

### 観察法

**118** **観察法**とは、対象を**全体的**にとらえる手法であり、視覚的データだけでなく、インフォーマルなインタビューや、対象者に関連する文書資料、写真、音声なども**分析対象**となる。**統制的観察法**と**非統制的（単純）観察法**がある。

> 出 33-90-2
> 34-89-4

**119** **統制的観察法**とは、観察対象のなかの特定の要因を比較的純粋な形で抜き出す目的から、ほかの要因を**規制**したり、観察場面や観察手段に**工夫**を加えたりして観察を行う方法をいう。

> 出 34-89-3

**120** **非統制的（単純）観察法**とは、観察にあたって対象や方法に**人工的操作**を加えないものをいう。**非参与観察法**と**参与観察法**とがある。

> 出 33-90-3

**121** **非参与観察法**とは、調査対象に直接関与することなく調査データを得る方法をいう。**ワンウェイミラー（マジックミラー）**やビデオカメラなどを使って、観察者と被観察者が完全に区分された環境のなかで行動を観察する。

> 出 34-89-1

**122** **参与観察法**とは、調査者自身が対象集団の**内部に入り込み**、生活体験をともにしながら比較的長期にわたって**内部**から見聞きした事象を記録にしていく方法をいう。

> 出 33-90-3
> 34-89-2

**123** 参与観察における調査者の立場は、観察に徹してその場の活動に参加しない「**完全な観察者**」、観察に重きをおいた「**参加者としての観察者**」、参加に重きをおいた「**観察者としての参加者**」、参加を重視する「**完全な参加者**」があり、この立場は調査の過程で**変化する**ことがある。

> 出 33-90-1

**124** 観察法は、**質的**データを収集するための方法であるが、**量的**データを収集するときにも用いることができる。

> 出 33-90-5

## 面接法

**125** **面接法（インタビュー）**とは、調査者と被調査者との対面的な関係において、質問と回答を通じて行われるデータの収集法をいう。被調査者の言葉をそのまま分析概念に用いる場合もある。

**126** **個別インタビュー**とは、質問項目に基づいて、個別に進められる被調査者との会話によって生成した口頭データを収集・分析し、仮説やモデルを提出しようとする研究方法である。

出 30-39-2（地域）

**127** **個別インタビューの種類**には、あらかじめ質問項目や順序を決めておいて、どの対象者に対しても同じように尋ねる**構造化面接**、質問項目は決めているが、ある程度の自由度をもって進める**半構造化面接**、質問項目などを何も決めずに行う**非構造化面接**がある。

出 30-90-3
31-89
34-90-1, 3, 4
34-39-4（地域）

**128** **非構造化面接（自由面接法）**は、面接者が被面接者の反応や状況に応じて質問の形式や順序を**自由に変えて**質問する方法をいう。面接者自身が、理論的水準が高く、調査対象についても広範で深い知識を備え、経験を重ねた**熟練者**であることが要求される。

出 31-89-1, 3
34-90-1, 4

**129** **グループインタビュー**とは、質問項目に基づいて、調査者と複数の被調査者との会話によって生成した口頭データを収集・分析し、仮説やモデルを提出しようとする研究方法である。被調査者の選定は有意標本抽出によって行われる場合が多い。

出 34-90-2

**130** **フォーカスグループインタビュー**では、検証したい仮説に対し、想定された対象者層の**条件を満たす調査対象者**を集め、グループで聞き取りを行う。

出 30-39-1（地域）
30-90-5
34-39-3（地域）

**131** 面接法では、調査者と被調査者との間に**ラポール**（信頼関係）が形成されていることが基本である。二者の間に防衛的な態度がなく、自由に意志や感情の表現ができることが望ましいが、**オーバーラポール**にならないように注意する。

出 34-89-5

**オーバーラポール**
被調査者に同一化しすぎることをいう。

## 質的調査における記録の方法と留意点

**132** 面接者は、被調査者の発言内容をメモすることに専念することより、相手が**話しやすい環境**を提供することが大切である。

出 31-90-5

**133** ボイスレコーダーやビデオカメラなどの記録機器を使用する場合、調査の**対象者に承諾を得る**必要がある。承諾が得られない場合には、メモをとらせてもらう。

出 31-90-3

重要項目

**134** 観察法におけるノートへの記録は、観察終了後に行う。観察されたことのメモをとる場合には、周囲の状況に配慮して、速やかに行うことが望ましい。　出33-90-4

**135** 録音データを逐語化したものをトランスクリプトという。要約して逐語化すると調査者の恣意的な判断が入る可能性があるため、全文の逐語化が望ましい。　出34-90-5

## 質的調査のデータの整理と分析

**136** KJ法は、川喜田二郎によって開発された発想法である。分類と集約を通して、アイデアを想起させたり、課題解決の糸口を見つけていく。①カードづくり、②グループ編成、③図解化、④文章化という基本的な手順に沿って進められる。

**137** グラウンデッドセオリーアプローチ（GTA）は、質的データから理論構築を行うための研究法である。分析方法は種類によって異なるが、ストラウス・コービン版（SC-GTA）では、①データ収集、②テキスト化、③切片化（データの細分化）、④オープン・コーディング、⑤軸足コーディング、⑥選択的コーディング、⑦理論的飽和、⑧ストーリーラインの作成という手順で行う。　出31-87-2　32-90-1　34-39-1（地域）

**138** オープン・コーディングとは、GTAの分析方法において、切片化したデータにラベル（コード）を付け、似たラベル同士を集めてカテゴリーをつくる作業をいう。　出30-90-5

**139** 軸足コーディングとは、GTAの分析方法において、カテゴリー同士を関連づけ、複数のカテゴリーを束ねるカテゴリー（現象）をつくる作業をいう。　出32-90-1

**140** 選択的コーディングとは、GTAの分析方法において、コア・カテゴリー（中核の現象）を中心に、軸足コーディングでつくられた各カテゴリーを関連づける作業をいう。

**141** GTAにおける理論的飽和とは、分析を進めた結果、これ以上新しいカテゴリー等が出てこないと判断される状態をいう。　出30-90-2

**142** GTAにおけるストーリーラインとは、さまざまなカテゴリーの相互関係をカテゴリー関連図として図解化し、それを文章化したものをいう。

**143** ドキュメント分析を行う際、公的機関の統計や文書、新聞・雑誌などのメディア文書、日記や手記などの個人的記録（私的文書）も分析の対象となる。　出31-90-4

**144** **会話分析**とは、会話の**音声**や身振り・表情などの**視覚情報**を文字に起こして、どのような**行為**を通して会話を成立させているのかを解明する方法である。

出 32-90-3

**145** 質的データを収集する観察法や面接法（インタビュー）などと、量的データを収集する質問紙調査などを組み合わせて行う調査の方法を**ミックス法（混合研究法）**という。

出 32-90-4

**146** **トライアンギュレーション**は、データ、調査者、理論、技法を意図的かつ系統的に組み合わせて行う調査方法である。

出 30-90-4

**147** **アクションリサーチ**とは、ある社会的状態を目標として、その実現へ向けた変化を志向し、その目標を共有する当事者と共同で**調査や実践を進める**ものである。**計画、実施、事実発見の循環**が基本プロセスとして提唱されており、調査者が現場に関与する調査である。質的調査だけでなく、質問紙調査のような量的調査も行う。

出 30-39-4（地域）
31-84-4
34-39-5（地域）

**148** **事例研究法（事例調査）**は、社会事象の関連を歴史的・文化的脈絡のなかで調べる際に、事柄の生成・発展の過程を明らかにしたり、個人の内面生活や欲求・関心・動機など、人間の社会的行動に意味を与えるものの詳細な理解を目的とする。

# 7 社会調査の実施に当たっての IT の活用方法

## 社会調査の実施に当たっての IT の活用方法

**149** 社会調査を行う際には、さまざまな段階で**IT**（Information Technology：情報関連技術）を活用することが考えられ、情報収集の段階では、ITの有効活用によって、より多くのデータを効率的に収集することが可能となる。

**150** 国の統計データについては、1つに集約されたポータルサイト（**e-Stat**：政府統計ポータルサイト）で閲覧することができる。

**151** 国勢調査では、2015（平成27）年の調査から**インターネット**で回答することができるようになった。

🔘 **重要項目**

---

合 格 体 験 記

## 試験勉強の足がかり

　社会福祉士国家試験は、19科目・150問の幅広い知識を要する試験ということもあり、何から手をつければよいのか、どうやって試験勉強を進めればよいのか、悩んでしまうことと思います。

　私の場合はまず、勉強を始める前に、経験者である先輩たちに試験についての経験談を聞き、どのような勉強方法で学習をしていたのか自分なりに情報を集めることから始めました。先輩たちの具体的なアドバイスはとても参考になり、思えば、この情報集めが試験勉強のよいきっかけとなり、スムーズに試験勉強に取りかかれる足がかりとなったように思います。

　試験の本番が近づくほど、国家試験への不安と緊張が出てくると思います。私は試験当日に最大限の力が発揮できるように、普段の勉強時間を実際の試験に合わせて行い、集中できる時間帯を体に覚えさせることもしました。さらに、健康的な生活サイクルを心掛け、自分の健康管理にも気を配りました。

　試験当日は、心も体も健康な状態で臨めるよう、日々の健康管理には十分気をつけ、落ち着いて試験に向かってください。みなさんの健闘を祈っています。

（愛知県　飯田正剛）

# 実力チェック！　一問一答 ————

※解答の（　　）は重要項目（P. 7〜27）の番号です。

●解答

**1** 社会的な問題を解決するために行われる調査を何というか。
▶社会踏査（ 5 ）

**2** 一定の社会集団全体を対象とした大規模な全数調査の総称を何というか。
▶センサス（ 6 ）

**3** 社会保障生計調査の調査対象は何か。
▶被保護世帯（ 10 ）

**4** 行政機関が行う統計調査のうち、基幹統計調査以外の調査のことを何というか。
▶一般統計調査（ 21 ）

**5** 調査対象者が満15歳以下である場合、誰の承諾を得なければならないか。
▶保護者、もしくは責任ある成人（ 22 （表3））

**6** 調査において、調べたい対象のデータ全体を何と呼ぶか。
▶母集団（ 32 （図1））

**7** 国勢調査のように、調査対象者を全員くまなく調査する方法を何というか。
▶全数調査（ 33 ）

**8** 調査対象者の一部を調査し、その結果から全体を推定する方法を何というか。
▶標本調査（ 35 ）

**9** すべての対象が標本に選ばれる確率が等しくなるように標本抽出する方法を何というか。
▶無作為抽出法（確率標本抽出）（ 37 （表4））

**10** 応募法、機縁法、スノーボール法、割当法などの標本抽出の方法を何というか。
▶有意抽出法（非確率標本抽出）（ 38 （表4））

**11** 標本調査において、母集団の一部だけを調査することで生じる誤差のことを何と呼ぶか。
▶標本誤差（ 40 ）

**12** 横断調査で、調査を行うのは何回か。
▶1回（ 43 ）

**13** ある対象に対し、時間間隔をあけて複数回調査を行う方法を何というか。
▶縦断調査（ 44 ）

**14** 調査票に、調査対象者が自分で記入する形式を何というか。
▶自計式（自記式）（ 48 ）

**15** 電話調査のように、調査者が質問しながら調査票に記入する形式を何というか。
▶他計式（他記式）（ 50 ）

**16** 性別のように、順序関係や量的関係のないカテゴリーに分類する尺度を何というか。
▶名義尺度（ 53 （表6））

**17** 測定したい概念や特性が、どの程度正確に測定できているかを示すものを、測定の何というか。
▶妥当性（ 56 ）

**18** 前に配列された質問が、後の質問の回答に与える影響効果を何というか。
▶キャリーオーバー効果（ 60 ）

**19** 1つの質問文で複数の事項を一度に尋ねようとする質問を何というか。
▶ダブルバーレル質問（ 66 ）

**20** 調査員が対象者を訪問して質問紙を配り、回答の記入を依
▶留置（配票）調査（ 75 ）

社会調査の基礎

# 一問一答

**●解答**

頼し、一定期間後に回収する方法を何というか。 (表9))

21 対象者を1か所に集め、質問紙を配布してその場で記入してもらい回収する方法を何というか。
▶集合（集団）調査（ 76 ）（表9））

22 ほかの測定値から大きく外れた値のことを何と呼ぶか。
▶外れ値（はずれ値）（ 83 ）

23 階級の度数を、度数合計で割ったものを何というか。
▶相対度数（ 86 ）（表10））

24 データの分布の特徴を顕著に示すような数値を何というか。
▶代表値（ 88 ）

25 データの総和をケースの数で割った値を何というか。
▶平均値（標本平均、算術平均）（ 89 ）

26 データを大きさの順に並べたとき、中央にくる値を何というか。
▶中央値（ 90 ）

27 データのなかで一番多い値を何というか。
▶最頻値（ 91 ）

28 データにおける分布の散らばりの程度を示す指標を何というか。
▶散布度（ 95 ）

29 範囲とは、最大値から何を引いた値か。
▶最小値（ 96 ）

30 ピアソンの積率相関係数の値の範囲は、−1からいくつまでか。
▶1（ 106 ）

31 ピアソンの積率相関係数において、散布図（相関図）の点が右上がりになったときの相関関係は何か。
▶正の相関関係（ 107 ）

32 観測された多数の変数を、少数の変数（因子）に縮約する手法を何というか。
▶因子分析（ 116 ）

33 調査者自身が対象集団の内部に入り、生活体験をともにしながら行う観察を何というか。
▶参与観察法（ 122 ）

34 あらかじめ質問項目や順序を決めておき、どの対象者に対しても同じように行われる面接を何というか。
▶構造化面接（ 127 ）

35 質問項目はほぼ決められているが、ある程度の自由度をもって進める面接を何というか。
▶半構造化面接（ 127 ）

36 質問項目に基づいて、調査者と複数の被調査者との会話によって生成した口頭データを収集・分析する研究方法を何というか。
▶グループインタビュー（ 129 ）

37 録音データを逐語化したものを何というか。
▶トランスクリプト（ 135 ）

38 カードづくり、グループ編成、図解化、文章化という手順に沿って進められる質的調査のデータの整理・分析方法を何というか。
▶KJ法（ 136 ）

●解答

㊴ グラウンデッドセオリーアプローチにおいて、分析を進め
た結果、これ以上新しいカテゴリー等が出てこないと判断
される状態を何というか。

▶理論的飽和（ 141 ）

㊵ 質的データを収集する方法と量的データを収集する方法を
組み合わせて行う調査を何法というか。

▶ミックス法（混合研究
法）（ 145 ）

社会調査の基礎

---

学習心理学に基づく受験勉強の進め方

COLUMN

### 視覚だけで覚えるな！

　人間は生活に必要な情報の 80％以上を視覚から取り入れており、勉強する際にも私たちは視覚
に大きく依存している。ただし、視覚だけで覚えるよりも、同時に聴覚などを使って覚える（連合
記憶）ほうが、学習は効果的である。視覚的に忘れてしまっても、聴覚などを手がかりにして、思
い出すことができるからだ。黙読ではなく、必ず音読しながら覚えるとよい。

# 2

## 相談援助の基盤と専門職

# 傾向と対策

## 出題基準と出題実績

| 出題基準 | | |
|---|---|---|
| 大項目 | 中項目 | 小項目（例示） |
| 1 社会福祉士の役割と意義 | 1）社会福祉士及び介護福祉士法 | ・定義、義務<br>・法制度成立の背景<br>・法制度見直しの背景<br>・その他 |
| | 2）社会福祉士の専門性 | |
| 2 精神保健福祉士の役割と意義 | 1）精神保健福祉士法 | ・定義、義務<br>・その他 |
| | 2）精神保健福祉士の専門性 | |
| 3 相談援助の概念と範囲 | 1）ソーシャルワークに係る各種の定義 | ・国際ソーシャルワーカー連盟（IFSW）の定義<br>・その他 |
| | 2）ソーシャルワークの形成過程 | ・慈善組織協会<br>・セツルメント運動<br>・その他 |
| 4 相談援助の理念 | 1）人権尊重 | |
| | 2）社会正義 | |
| | 3）利用者本位 | |
| | 4）尊厳の保持 | |

※【　】内は国家試験に出題された番号です。

相談援助の基盤と専門職

| | 出題実績 | | | | |
|---|---|---|---|---|---|
| | 第30回(2018年) | 第31回(2019年) | 第32回(2020年) | 第33回(2021年) | 第34回(2022年) |
| | | ・法に規定されている社会福祉士【91】 | ・法に規定されている社会福祉士の義務等【91】 | ・法に規定されている社会福祉士の義務等【91】 | ・法に規定されている社会福祉士の責務【91】 |
| | ・法に規定されている社会福祉士の業務と義務【91】 | | | | |
| | | | | | ・法に規定されている精神保健福祉士の責務【91】 |
| | ・ソーシャルワークのグローバル定義の中核となる任務【92】 | ・ソーシャルワークのグローバル定義【92】 | ・ソーシャルワークのグローバル定義【92】 | ・ソーシャルワークのグローバル定義とソーシャルワークの定義の比較変化内容【92】 | |
| | ・日本の社会福祉の発展に寄与した人物【93】 | ・ポストモダンの影響を受けたソーシャルワーク【93】<br>・日本のソーシャルワークの発展に寄与した人物【94】 | ・ソーシャルワーク実践理論を発展させた人物【93】 | ・19世紀末から20世紀初頭のセツルメント活動【94】 | ・ソーシャルワークの発展に寄与した人物とその理論【92】 |
| | | | | | |
| | ・NPO法人の職員（社会福祉士）によるストレングス視点に基づくボランティアへの発言〜事例〜【94】 | | | | ・認知症の人や障害者への意思決定支援【93】 |

| 大項目 | 中項目 | 小項目（例示） | |
|---|---|---|---|
| | 5）権利擁護 | | |
| | 6）自立支援 | | |
| | 7）社会的包摂 | | |
| | 8）ノーマライゼーション | | |
| 5 相談援助における権利擁護の意義 | 1）相談援助における権利擁護の概念と範囲 | | |
| 6 相談援助に係る専門職の概念と範囲 | 1）相談援助専門職の概念と範囲 | | |
| | 2）福祉行政等における専門職 | ・福祉事務所の現業員、査察指導員、社会福祉主事、児童福祉司、身体障害者福祉司、知的障害者福祉司<br>・その他 | |
| | 3）民間の施設・組織における専門職 | ・施設長、生活相談員、社会福祉協議会の職員、地域包括支援センターの職員<br>・その他 | |
| | 4）諸外国の動向 | | |
| 7 専門職倫理と倫理的ジレンマ | 1）専門職倫理の概念 | | |
| | 2）倫理綱領 | ・国際ソーシャルワーカー連盟（IFSW）倫理綱領<br>・その他 | |
| | 3）倫理的ジレンマ | | |

| | 第 30 回(2018 年) | 第 31 回(2019 年) | 第 32 回(2020 年) | 第 33 回(2021 年) | 第 34 回(2022 年) |
|---|---|---|---|---|---|
| | | ・アドボカシー【95】 | ・アドボカシー【94】 | | |
| | ・ノーマライゼーションの原理を8つに分けて整理した人物【95】 | | | | |
| | | | | | ・ソーシャルワークの専門職化【94】 |
| | ・民生委員法に規定されている民生委員【96】 | ・スクールソーシャルワーカーのチームアプローチに基づいた対応〜事例〜【96】 | | ・相談援助にかかわる職種の根拠法【96】 | |
| | ・母子生活支援施設の母子支援員（社会福祉士）の対応〜事例〜【97】 | ・救護施設の生活指導員による対応〜事例〜【97】 | ・社会福祉施設等において、国により配置が義務づけられている専門職【95】<br>・地域包括支援センターの社会福祉士の対応〜事例〜【97】 | ・母子生活支援施設の母子支援員（社会福祉士）の対応〜事例〜【95】 | |
| | | | ・社会福祉士が抱える倫理的ジレンマ〜事例〜【96】 | | |

| 大項目 | 中項目 | 小項目 (例示) | |
|---|---|---|---|
| 8 総合的かつ包括的な援助と多職種連携（チームアプローチを含む。)の意義と内容 | 1）ジェネラリストの視点に基づく総合的かつ包括的な援助の意義と内容 | ・多機関による包括的支援体制<br>・フォーマル／インフォーマル・社会資源との協働体制<br>・ソーシャルサポートネットワーキング<br>・その他 | |
| | 2）ジェネラリストの視点に基づく多職種連携（チームアプローチ）の意義と内容 | ・機関間相互関係<br>・利用者・家族の参画<br>・機関・団体間同士の合意形成<br>・その他 | |

# 傾向

　本科目は、相談援助に関する基礎知識や専門職の役割などについて学ぶ科目である。

　第 30 回から第 34 回試験では、それぞれ 7 問が出題された。第 34 回では、適切なものを 2 つ選ぶ問題が 1 問出題された。以下、出題基準の項目に沿って分析する。

## 1 社会福祉士の役割と意義

　第 30 回では、社会福祉士及び介護福祉士法で定められている社会福祉士の業務と義務に関する問題、第 31 回では、社会福祉士及び介護福祉士法で規定されている社会福祉士に関する問題、第 32 回では、社会福祉士及び介護福祉士法に規定されている社会福祉士の義務等に関する問題、第 33 回では、社会福祉士及び介護福祉士法に規定されている社会福祉士の業務、義務等に関する問題、第 34 回でも、社会福祉士及び介護福祉士法における社会福祉士と、精神保健福祉士法における精神保健福祉士に共通する責務に関する問題が出題された。本項目では、社会福祉士及び介護福祉士法や精神保健福祉士法の内容を押さえておくことが大切である。また、「 7 専門職倫理と倫理的ジレンマ」の項目と併せて学ぶと合理的である。

38

| | 第 30 回 (2018 年) | 第 31 回 (2019 年) | 第 32 回 (2020 年) | 第 33 回 (2021 年) | 第 34 回 (2022 年) |
|---|---|---|---|---|---|
| | | | | ・国が規定する近年の相談事業【93】 | ・病院の医療ソーシャルワーカー（社会福祉士）が行う介入レベルごとのソーシャルワーク実践〜事例〜【95】<br>・生活困窮者を対象とした自立相談支援機関で相談にあたっている相談支援員（社会福祉士）の対応〜事例〜【97】 |
| | | | | ・多職種連携の観点からの地域包括支援センターの社会福祉士の対応〜事例〜【97】 | ・社会福祉士が参加する多職種チーム【96】 |

## 2 精神保健福祉士の役割と意義

精神保健福祉士については、第 34 回で問われたように社会福祉士と精神保健福祉士との業務の相違点や連携などについて押さえておくことが重要である。

## 3 相談援助の概念と範囲

第 30 回では、「ソーシャルワークのグローバル定義」におけるソーシャルワーク専門職の中核となる任務に関する問題、第 31 回では、「ソーシャルワークのグローバル定義」における定義、中核となる原理などに関する問題、第 32 回では、「ソーシャルワークのグローバル定義」におけるソーシャルワークの発展、考え方、基盤となる知、原則、本質に関する問題、第 33 回では、「ソーシャルワーク専門職のグローバル定義」（2014 年）が「ソーシャルワークの定義」（2000 年）と比べて変化した内容に関する問題が出題された。第 34 回では出題がなかった。2014 年の「ソーシャルワーク専門職のグローバル定義」は繰り返し出題される可能性がある。併せて、2004 年の国際ソーシャルワーカー連盟と国際ソーシャルワーク学校連盟で採択されたものなどについても押さえておきたい。

傾向と対策

また、ソーシャルワークの形成過程については、第30回では、日本の社会福祉の発展に寄与した人物に関する問題、第31回では、ポストモダンの影響を受けたソーシャルワーク、日本のソーシャルワークの発展に寄与した人物に関する問題、第32回では、ソーシャルワーク実践理論を発展させた人物に関する問題、第33回では、19世紀末から20世紀初頭のセツルメント活動に関する問題、第34回では、ソーシャルワークの発展に寄与した代表的な研究者とその理論に関する問題が出題された。過去問をきちんと押さえておくことと、「現代社会と福祉」の科目と重複する内容もあるので、併せてまとめておくとよい。

## 4 相談援助の理念

本項目については、出題基準のなかで「人権尊重」「社会正義」「利用者本位」「尊厳の保持」「権利擁護」「自立支援」「社会的包摂」「ノーマライゼーション」といった内容があげられている。第30回では、NPO法人の職員（社会福祉士）によるストレングス視点に基づくボランティアへの発言に関する事例問題、ノーマライゼーションの原理を8つに分けて整理した人物に関する問題、第31回では、「アドボカシー」に関する問題、第32回では、アドボカシーに関するケースアドボカシー、コーズアドボカシー、セルフアドボカシー、シチズンアドボカシー、リーガルアドボカシーのそれぞれの内容に関する問題、第34回では、「認知症の人の日常生活・社会生活における意思決定支援ガイドライン」「障害福祉サービス等の提供に係る意思決定支援ガイドライン」における意思決定支援に関する問題が出題された。また、第34回では、「現代社会と福祉」の科目に「ノーマライゼーション」が出題されている。相談援助の理念に関しては、人権尊重、社会正義、利用者本位、尊厳の保持、権利擁護など各項目が中項目として独立して扱われてはいるが、相互に関連しているので、倫理綱領と併せて理解しておくとよい。

## 5 相談援助における権利擁護の意義

本項目は、「4 相談援助の理念」に掲げられた項目と重複する内容であるが、ここではソーシャルワーク実践としての権利擁護として、より実務的に把握しておくことが大切である。過去には、新人の施設職員に対する利用者の言動について、「尊厳」に配慮して社会福祉士がどのように提案できるかといった問題が出題された。現代社会での人権侵害の顕在化に対してどのように対応していけばよいのかを考えながら学ぶ必要がある。

## 6 相談援助に係る専門職の概念と範囲

本項目の出題基準の中項目のうち「福祉行政等における専門職」は、福祉事務所の現業員、

査察指導員、社会福祉主事、児童福祉司、身体障害者福祉司、知的障害者福祉司、「民間の施設・組織における専門職」は、施設長、生活相談員、社会福祉協議会の職員、地域包括支援センターの職員が小項目としてあげられている。第30回では、民生委員法に規定されている民生委員、母子生活支援施設の母子支援員（社会福祉士）の対応に関する事例問題、第31回では、スクールソーシャルワーカー（社会福祉士）のチームアプローチに基づいた対応に関する事例問題、救護施設の生活指導員（社会福祉士）の対応に関する事例問題、第32回では、社会福祉施設等において、国より配置が義務づけられている専門職に関する問題、第33回では、相談援助にかかわる職種の根拠法、母子生活支援施設の母子支援員（社会福祉士）の対応に関する事例問題、第34回では、ソーシャルワークの専門職化に関する問題が出題された。カー─ソンダースやエツィオーニは研究論文では取り上げられる人物であるが、受験生としては戸惑ったかもしれない。過去問が研究されていれば正解できたので問題はないであろう。民生委員は「地域福祉」の領域でまとめておくとよい。今後求められるべき社会福祉士像を描いて対応していくことが必要である。

## 7 専門職倫理と倫理的ジレンマ

　過去問を見てみると、「日本社会福祉士会の倫理綱領」を中心とした出題が多い。第32回では、病院の社会福祉士が抱える倫理的ジレンマに関する事例問題が出題された。第34回では出題がなかった。

　倫理綱領は2005（平成17）年に採択された倫理綱領が2020（令和2）年に改定され、同年6月に「社会福祉士の倫理綱領」として採択された。社会福祉士必読の資料なので、しっかりと頭に入れておく必要がある。また、細かくはなるが、行動規範についても目を通しておきたい。さらに、信頼関係、傾聴、自己決定、権利擁護といったキーワードは、事例問題を解く際にも重要なので、原理・原則についてしっかりと押さえておく必要がある。

## 8 総合的かつ包括的な援助と多職種連携（チームアプローチを含む。）の意義と内容

　第33回では、多職種連携の観点からの地域包括支援センターの社会福祉士の対応に関する事例問題が出題された。また、国が規定する相談事業としてスクールソーシャルワーカー活用事業などの相談支援事業に関する問題、第34回では、病院の医療ソーシャルワーカー（社会福祉士）が行う介入レベルごとのソーシャルワーク実践に関する事例問題、社会福祉士が参加する多職種等によって形成されるチームに関する問題、生活困窮者を対象とした自立相談支援機関で相談にあたっている相談支援専門員（社会福祉士）の対応に関する事例問題が出題された。出題基準の項目でどこに該当するか決めがたい問題もあるが、ここでまとめてお

く。

　本項目の出題基準の中項目には、「ジェネラリストの視点に基づく総合的かつ包括的な援助の意義と内容」「ジェネラリストの視点に基づく多職種連携（チームアプローチ）の意義と内容」があげられている。スクールソーシャルワーク、さらには異文化ソーシャルワークといった新しい分野への対応について問う内容も今後出題されるであろう。本項目についてはほかの科目でもカリキュラムの教育内容としてあげられているので、まとめて学習するとよい。

## ■ 事例

　第30回では、5行の事例問題が2問、第31回では、6行と3行の事例問題が各1問、第32回では、各7行の事例問題が2問、第33回では、7行と6行の事例問題が各1問、第34回では、5行と10行の事例問題が各1問出題された。第31回～第34回では、適切なものを2つ選ぶ問題もあった。じっくり読めば、解答は簡単に導き出される問題であった。昨今、児童虐待などで児童相談所の対応などが話題となっている。今後もこのような傾向が続くものと思われるので、日頃から社会福祉士としてどのように対応するかを訓練しておくことが大切である。

# 対策

　まずは、社会福祉士及び介護福祉士法、精神保健福祉士法の定義、義務といった部分を読み込んでおくことが大切である。そのうえで、2020（令和2）年に採択された社会福祉士の倫理綱領を読み、「相談援助の理念」とは何かについてじっくりと考え、それに伴う「倫理的ジレンマ」の事例に対して自分なりの方針をまとめておきたい。

　事例問題は、実務に向き合ったときにどう解決したらよいかを念頭に入れ、じっくり読めば点数がかせげる。また、「相談援助の理論と方法」とも重複する内容が多いので、両科目を合理的に勉強するとよいだろう。

# 押さえておこう！ 重要項目

## 1 社会福祉士の役割と意義

### 社会福祉士及び介護福祉士法

**1** 社会福祉士および介護福祉士は、**単独の身分法**で定められた日本で**最初**の社会福祉関係の国家資格である。

**2** 2007（平成19）年11月に、「**社会福祉士及び介護福祉士法等の一部を改正する法律**」が成立した。①近年の介護・福祉ニーズの多様化・高度化に対応し、人材の確保・資質の向上を図ることが求められていること、②フィリピンやインドネシアとの間の経済連携協定のなかで、その受入れが盛り込まれている（2014（平成26）年度からベトナムからの受入れも開始）ことなどが背景にある。これらに対応するために、①社会福祉士の**資質の確保**、②活用の**場の充実**、③総合的かつ包括的な相談援助の担い手として、地域の福祉ニーズを**的確に把握**し、必要なサービスが不足している場合にはそれらを**創出**し、地域社会で活躍することが期待されている。

出31-91

**3** 2007（平成19）年の法改正によって、社会福祉士の**定義規定の見直し**が行われた。社会福祉士は、「専門的知識及び技術をもって、（中略）福祉に関する相談に応じ、助言、指導、福祉サービスを提供する者又は医師その他の保健医療サービスを提供する者その他の関係者（福祉サービス関係者等）との**連絡及び調整その他の援助**を行うこと（相談援助）を業とする者」に改められ、ほかのサービス関係者との連絡・調整を行い、橋渡しを行うことが明確化された。

出33-91-2, 3

**4** 近年、社会福祉ニーズは、**広範化**、**深刻化**、**多様化**している。**認知症高齢者**への支援、**障害**のある人たちの地域移行や就労支援、**外国人**への地域生活支援、**受刑者**の刑務所出所後の生活支援、いわゆる**ニートやワーキングプア**の人たちへの支援、**子ども**や**高齢者**、**障害者**への**虐待**問題などに対応するために、社会福祉士には高度の専門性が必要となる。

▶利用者がサービスを選択できる契約制度を導入したことに伴い、サービスの利用支援、成年後見、権利擁護などの新しい相談援助の業務が拡大し、総合的かつ包括的に支える社会福祉士の役割が期待されてきたことによる。

### 社会福祉士の専門性

**5** 社会福祉士でない者は、社会福祉士という名称を使用してはならない。これは**名称独占**であって**業務独占**ではない（「**名称の使用制限**」社会福祉士及び介護福祉士法第48条）。資格更新の制度はない。なお、地域包括支援センターへの社会福祉士の必置は、限定的な業務独占ともいえる。

出30-91-1
　31-91-5
　33-91-1

相談援助の基盤と専門職

43

💡 **重要項目**

なお、社会福祉士でない者で社会福祉士の名称を使用した者は 30 万円以下の罰金に処せられる。

6　社会福祉士は、社会福祉士の信用を傷つけるような行為をしてはならない（「**信用失墜行為の禁止**」社会福祉士及び介護福祉士法第 45 条）。

出 32-91-3

7　社会福祉士は、**正当な理由がなく**、その**業務に関して**知り得た人の秘密を漏らしてはならない。社会福祉士でなくなった後も同様である（「**秘密保持義務**」社会福祉士及び介護福祉士法第 46 条）。秘密保持義務に違反した場合は、1 年以下の懲役または 30 万円以下の罰金に処せられる。

出 30-91-4
　 32-91-2
　 33-91-4

8　社会福祉士は、その担当する者に、福祉サービスおよびこれに関連する保健医療サービスその他のサービスが総合的かつ適切に提供されるよう、地域に即した創意と工夫を行いつつ、福祉サービス関係者等との「**連携**」を保たなければならない（社会福祉士及び介護福祉士法第 47 条第 1 項）。

出 30-91-5
　 32-91-4
　 33-91-5

9　**連携**の規定においては、特に、「**地域に即した創意と工夫**」が強調されている（社会福祉士及び介護福祉士法第 47 条第 1 項）。社会福祉士は地域住民や地域組織、ボランティア、地域の各種事業所、社会福祉協議会、行政などとの連携を図ることが必要であり、地域社会で**ネットワーク**を形成し、利用者への支援を進め、支えていくことが大切である。

10　2007（平成 19）年の改正により、「**誠実義務**」の規定が加わった。社会福祉士は、その担当する者が個人の尊厳を保持し、自立した日常生活を営むことができるよう、常にその者の立場に立って、誠実にその業務を行わなければならない（社会福祉士及び介護福祉士法第 44 条の 2）。

出 32-91-5

▶ 2010（平成 22）年の改正で、規定が一部改正され、障害者および障害児について「その有する能力及び適性に応じ」の文言が削除。

11　2007（平成 19）年の改正により、社会福祉士における「**資質向上の責務**」が新たに加わり、社会福祉士は、「社会福祉を取り巻く環境の変化による業務の内容の変化に適応するため、相談援助に関する知識及び技能の向上に努めなければならない」こととなった。つまり、社会福祉士には、資格取得後の自己研さんが求められている（社会福祉士及び介護福祉士法第 47 条の 2）。

出 31-91-1
　 32-91-1, 4
　 34-91-4

12　社会福祉士試験に**合格**した者は、社会福祉士となる**資格**を有する。社会福祉士となる資格を有する者が社会福祉士となるには、**社会福祉士登録簿**に、氏名、生年月日その他厚生労働省令で定める事項の**登録**を受けなければならない（社会福祉士及び介護福祉士法第 28 条）。

出 30-91-3

13　2011（平成 23）年に認定社会福祉士認証・認定機構が設立された。**認定社会福祉士**、**認定上級社会福祉士**の 2 種類で、社会福祉士としての一定の**実務経験**に加え、関係団体が参画する組織での**研修**を**受講**すること等の要件を満たすことによって認定される。

出 31-91-4

## ② **精神保健福祉士の役割と意義**

### **精神保健福祉士法**

**14** 1997（平成9）年に精神保健福祉士法が成立し、**精神保健福祉士**の**資格**が定められた。

**15** 精神保健福祉士法第4章には「義務等」が規定され、**「誠実義務」「信用失墜行為の禁止」「秘密保持義務」「連携等」「資質向上の責務」「名称の使用制限」**等が規定されている。これらは社会福祉士及び介護福祉士法第4章と共通する項目であるが、介護福祉士と「保健師助産師看護師法との関係」などの項目や、精神保健福祉士法第41条の「連携等」の規定で精神障害者に主治の医師があるときはその**指導**を受けなければならないとあり、異なる部分もある。 出34-91

### **精神保健福祉士の専門性**

**16** **公益社団法人日本精神保健福祉士協会**（Japanese Association of Mental Healh Social Workers；JAMHSW）は、精神保健福祉士の全国規模の職能団体で、1964（昭和39）年に設立された「日本精神医学ソーシャル・ワーカー協会」が、1997（平成9）年の精神保健福祉士法の制定を受けて1999（平成11）年に名称変更された団体である。

## ③ **相談援助の概念と範囲**

### **ソーシャルワークに係る各種の定義**

#### ■ **ソーシャルワークの定義**

**17** 2000年の国際ソーシャルワーカー連盟（IFSW）のソーシャルワークの定義は、2005（平成17）年の日本のソーシャルワーカーの倫理綱領の前文にも掲げられていたが、2014年に「**ソーシャルワーク専門職のグローバル定義**」が採択され、2020（令和2）年の社会福祉士の倫理綱領の前文では、日本もそれを拠り所とするとしている。

**18** 2000年の国際ソーシャルワーカー連盟のソーシャルワークの定義は、「ソーシャルワーク専門職は、**人間の福利（ウェルビーイング）**の増進を目指して、社会の変革を進め、人間関係における問題解決を図り、人 出33-92

**重要項目**

びとのエンパワーメントと解放を促していく。ソーシャルワークは、人間の行動と社会システムに関する理論を利用して、人びとがその環境と相互に影響し合う接点に介入する。**人権と社会正義の原理**は、ソーシャルワークの拠り所とする基盤である」としている。

19 2000年に定められたものの改定が進められ、2014年、**国際ソーシャルワーカー連盟（IFSW）**と**国際ソーシャルワーク学校連盟（IASSW）**は、ソーシャルワーク専門職のグローバル定義を採択した。それによると「ソーシャルワークは、社会変革と社会開発、社会的結束、および人々のエンパワーメントと解放を促進する、実践に基づいた専門職であり学問である。社会正義、人権、集団的責任、および多様性尊重の諸原理は、ソーシャルワークの中核をなす。ソーシャルワークの理論、社会科学、人文学、および地域・民族固有の知を基盤として、ソーシャルワークは、生活課題に取り組みウェルビーイングを高めるよう、人々やさまざまな構造に働きかける。この定義は、各国および世界の各地で展開してもよい」としている。

出 30-92
　 31-92
　 32-92
　 33-92

💡 **注目！**
ソーシャルワークの定義の改定は14年ぶり。

20 ソーシャルワーク専門職のグローバル定義は、ソーシャルワーク専門職の中核となる任務には、社会変革・社会開発・社会的結束の促進、および人々のエンパワメントと解放があるとしている。

出 31-92-2

21 ソーシャルワーク専門職のグローバル定義は、ソーシャルワークは、相互に結びついた歴史的・社会経済的・文化的・空間的・政治的・個人的要素が人々のウェルビーイングと発展にとってチャンスにも障壁にもなることを認識している、実践に基づいた専門職であり学問であるとしている。

22 ソーシャルワーク専門職のグローバル定義は、構造的障壁は、不平等・差別・搾取・抑圧の永続につながり、人種・階級・言語・宗教・ジェンダー・障害・文化・性的指向などに基づく抑圧や、特権の構造的原因の探求を通して批判的意識を養うこと、そして構造的・個人的障壁の問題に取り組む行動戦略を立てることは、人々のエンパワメントと解放を目指す**実践の中核**をなすとしている。

23 ソーシャルワーク専門職のグローバル定義は、ソーシャルワーカーは、不利な立場にある人々と連帯しつつ、専門職は、貧困を軽減し、脆弱で抑圧された人々を解放し、社会的包摂と社会的結束を促進すべく努力することとしている。

24 ソーシャルワーク専門職のグローバル定義の知の注釈で、ソーシャルワークは**複数の学問分野**をまたぎ、その境界を超えていくとある。

出 31-92-4
　 32-92-3

46

### 3 相談援助の概念と範囲

**ソーシャルワークの形成過程**

■ **ソーシャルワークの構成要素**

**25** **ソーシャルワーカー**とは、社会福祉士、精神保健福祉士などの専門職で、社会福祉学を基礎に、社会福祉実践を行う。**業務独占**ではないので、これらの実践を行っているものを、一般的に「ソーシャルワーカー」と称している。

**26** ソーシャルワーカーは、①利用者の生活の質の向上、自己実現といった**人間の福利（ウェルビーイング）**の増進、②人々の意識の変革、政策、法制度、サービス等の基準や運用方法の変革、③家族関係、地域での人間関係等の問題解決、④ソーシャル・インクルージョン、利用者へのエンパワメント、⑤社会システム理論、心理学などの応用、⑥利用者等を取り巻く環境との接点への働きかけなどを行っていく。

**27** **シーファー**（Sheafor, B. W.）と**ホレッシ**（Horejsi, C. R.）によれば、ソーシャルワーカーが専門職として活動するためには、①社会現象（個人、家族、地域）、②社会の条件や社会問題、③ソーシャルワーク専門職、④ソーシャルワーク実践についての知識が必要であり、ソーシャルワーカーの素質には、①共感、②あたたかみ、③誠実さが大切であるとされている。

**28** **コンピテンシー**とは、複雑な状況のもとで、もっている素質や要素をふさわしいときに適切に動かし、統制することができる能力のことを指し、ソーシャルワーカーに求められる能力である。**マルシオ**（Maluccio, A. N.）の知見である。

**29** **ランバート**（Lambert, M. J.）らによれば、クライエントへの援助効果の影響力は、①クライエント側の要素（参加の質、援助者の実践に対する満足度、クライエントの強みや活用できる資源）（40％）、②クライエントと援助者の関係性（30％）、③希望や期待の度合い（15％）、④用いられるアプローチ、技術（15％）との調査結果を表している。

**30** **バーカー**（Barker, R. L.）によれば、**ニーズ**とは、「身体的、心理的、経済的、文化的、社会的なもので、生存のため、ウェルビーイングのため、あるいは、自己実現のために求められるもの」と定義されている。

▶ソーシャルワーク実践を効果的なものにするには、クライエントとソーシャルワーカーの関係性が大きな影響を及ぼすことを示すものでもある。

## ソーシャルワークの形成過程

### ■ 日本の社会福祉

**31** 1929（昭和4）年に、聖路加国際病院に**浅賀ふさ**が入職した。彼女は、アメリカで**キャノン**（Cannon, I.）から専門的なトレーニングを受け、そ

出 30-93-2

の後の医療ソーシャルワークの先駆となった。

**32** **糸賀一雄**は、1946（昭和21）年に戦災で家族を失い浮浪児となって生きていた子どもたちと、知的障害のある子どもたちを支援する施設として、滋賀県大津市に**近江学園**を設立した。　出 30-137（児童）

**33** **糸賀一雄**は、『**この子らを世の光に**』という著書で「精神薄弱といわれる人たちを**世の光**たらしめることが学園の仕事である。精神薄弱な人たち自身の真実な生き方が世の光となるのであって、それを助ける私たち自身や世の中の人々が、かえって人間の生命の真実に目ざめ救われていくのだ」と指摘した。　出 30-137（児童）

## ■ 海外の社会福祉

**34** **イギリス**では、1601年に**エリザベス救貧法**が完成した。貧民を**労働能力の有無**を基準に、①有能貧民、②無能力貧民、③児童の3種類に分け、就労を強制したり、教区徒弟として送り出した。

**35** **スミス**（Smith, A.）は、1776年に『**国富論**』を著し、古典経済学の基礎を確立した。重商主義政策の矛盾の打開と自由放任主義を経済学的に展開し、「**見えざる手**」による私利と公益の一致を説いた。

**36** イギリスの新救貧法の思想的根拠は、**マルサス**（Malthus, T.）の『**人口の原理**』（1798年）におかれ、有効な貧困対策は、**人口抑制策**以外にはないとするものであった。

**37** **チャドウィック**（Chadwick, E.）は、1832年に救貧法委員会に加わり、**シーニア**（Senior, N. W.）が、労働者の資質を損なうとして救貧法の弊害を強調したのに対して、生存の危機に瀕した際に救済を受ける権利を擁護しようとした。

**38** イギリスは1834年に**新救貧法**を成立させた。内容は、①救済水準を**全国均一**とする、②有能貧民の**居宅保護を廃止**して、救済を**ワークハウス（労役場）**収容に限定する、③**劣等処遇の原則**によると決めた。　出 33-25（現社）

**39** **劣等処遇の原則**とは、救済を受ける貧民の生活水準は、最下層の独立・自立している労働者の労働、生活よりも**劣るもの**としなければならないとした原則をいう。　出 33-25（現社）

**40** イギリスで、1844年に**キリスト教青年会**（YMCA）、1855年に**キリスト教女子青年会**（YWCA）、1907年に**ベーデン-パウエル**（Baden-Powell, R.）によって**ボーイスカウト**が設立された。これらの青少年サービス団体は、後のグループワークに大きな影響を与えた。

**41** 1869年、慈善団体の連絡、調整、協力の組織化と、救済の適正化を目

的とした**慈善組織協会（COS）**が**ロンドン**で設立された。**ロック**（Loch, C.）の指導のもと、要保護者の個別訪問調査や、ケース記録を集積して救済の重複や不正受給の防止を行ったほか、**ボーザンキット**（Bosanquet, H.）によって個別訪問を行う訪問員のためのハンドブックが作成され、今日のケースワークやコミュニティ・オーガニゼーション活動、ソーシャル・アドミニストレーション技術の先駆をなした。

**42** **慈善組織化運動（COS 運動）**は、1870 年のイギリスで、無差別施与による慈善的救済の**乱立の弊害**を防止するために結成された慈善組織協会による運動である。特に**個別**の訪問指導活動は、**友愛訪問**として有名である。また、友愛訪問活動の科学化を追求し、個別処遇方法は**ケースワーク**に、慈善組織化の方法は**コミュニティ・オーガニゼーション**に発展した。

**43** **チャルマーズ**（Chalmers, T.）による**隣友運動**は、**自助**を図るための指導を重視し、"施与者であるよりも**友人**であれ"と主張し、**友愛訪問**の重要性を説いた。

**44** 都市を中心に発達した**ソーシャル・セツルメント運動**は、その指導理念を**デニスン**（Denison, E.）によって開拓された。知識と人格を兼備する有産階級の人々が**スラム地域**に住み込み、貧民と**知的および人格的接触**を通じて、福祉の向上を図ろうとするものであった。

**45** 1884 年、ロンドンで**バーネット**（Barnett）**夫妻**を中心に開始された**トインビー・ホール**が、**最初のセツルメント**となった。

**46** **ブース**（Booth, C.）は、『**ロンドン民衆の生活と労働**』全 17 巻を著した。これは、1886 年から行った 3 回にわたる調査結果の報告であり、そのなかで、市民の 30.7 ％が**貧困線以下**の生活を送っており、貧困の原因は個人的習慣ではなく、**雇用**や**環境**の問題であると指摘した。

**47** **ル・プレー**（Le Play, F.）は社会事業の基礎データを得るために調査を行い、『**ヨーロッパの労働者**』を著した。

**48** ロンドンのメソジスト派牧師である**ブース**（Booth, W.）によって 1878 年、**救世軍**が設立された。伝道と慈善に熱心に取り組み、産業革命下の生活苦にあえぐ貧民に救いの手をさしのべた。日本では、1895（明治 28）年に組織の派遣があり、**山室軍平**が入信した。

**49** 1899 年に**ラウントリー**（Rowntree, B.S.）は、**ヨーク市**において**貧困調査**を行い、1901 年に『**貧困―都市生活の研究**』を著した。さらに、1941 年には第 2 回の結果を『**貧困と進歩**』に、第 3 回の結果を 1951 年の『**貧困と福祉国家**』に著している。

---

出 33-94-1

▶トインビー・ホールは、①クラブや講座などさまざまな形態での労働者、児童の教育、②セツラー（セツルメント運動に参加した大学関係者ら）の地域社会資源への参加と地域住民の組織化による公衆衛生、教育、救済などの社会資源の動員、③社会調査とそれに基づく社会改良の世論喚起といった事業を行った。

出 30-28-4（現社）
34-26-1（現社）

**重要項目**

---

**50** ラウントリーは、第1回のヨーク市調査において、所得の総収入が肉体的能率を維持するための最低限を示す水準を**第1次貧困線**、または絶対的貧困線といっている。

**51** ラウントリーは、**第2次貧困線**として、収入が飲酒とか賭博などのように平常とは異なったものに消費されない限り、第1次貧困線以上の生活を送ることのできる水準を設定している。

**52** アメリカのセツルメント運動は、1886年の**ネイバーフッド・ギルド**に始まり、1889年には**シカゴのハル・ハウス**が**アダムス**（Addams, J.）によって始められた。ハル・ハウスの活動は、グループワークやレクリエーション療法、コミュニティワークへと発展していった。

出 33-94-2, 4

**53** 1933年、**ルーズベルト**（Roosevelt, F.）**大統領**の「**ニュー・ディール政策**」によってケースワーカーが公的機関に雇用され、ケースワークの技術形成に寄与した。さらに、1935年の社会保障法の成立でソーシャルワークの技術が発展した。ソーシャルワーク施設は民間から公立施設が増加し、**専門性と専門職の確立**に寄与した。

## ■ ソーシャルワークの専門化のきざし

**54** **リッチモンド**（Richmond, M.E.）は、**ケースワーク**を、人とその社会的環境との間に個別的な効果を意識して行う調整によって、その人のパーソナリティを発達させる諸過程からなると定義した。

出 30-100-1（相理）

**55** リッチモンドは、ケースワークを「**社会改良**」と関連づけてとらえ、位置づけていく考えをとった。

**56** リッチモンドは、「ケースワークに関して最も明らかにすべきものは、すべてに共通しているものである」として、ケースワークの「基礎的な類似点」を明確にし、「**共通基盤**」を確立していく方針をとった。

**57** リッチモンドは、1897年の全米慈善矯正会議において「応用博愛事業学校の必要性」と題する発表を行い、知識の系統的な伝達が必要であると主張した。1917年に『**社会診断**』を、1922年には『**ソーシャル・ケース・ワークとは何か**』を著し、ケースワークの体系と基本的枠組みを示した。

出 33-98-1（相理）

**58** リッチモンドは、**社会診断**を「ある特定の利用者の社会的状況とパーソナリティをできる限り明確に理解していくための試み」と定義した。

**59** リッチモンドは、**サリバン**（Sullivan, A.）から環境の力を利用して人格の発達を図る方法を学び、社会的要因や社会環境を重視すること、環境の力を利用することをケースワークに取り入れた。そして、社会的証拠

としての資料収集と比較・推論を経て、客観的分析としての社会的診断
を導き出した。

**60** ケースワークの**基礎確立期**は1920年代までを指す。イギリスの**慈善組織
化運動**による**友愛訪問**に始まり、**フレックスナー**（Flexner, A.）によっ
て「ソーシャルワーカーはいまだ**専門職**でない」と批判され、リッチモン
ドによってケースワーク理論が体系化されるまでの時期をいう。1898年
には、ニューヨーク慈善組織協会によって**博愛事業に関する講習会**が6
週間開かれ、その後の社会事業教育の端緒が開かれた。

出 34-94-5

▶ 1915年、ボルチモ
アで開催された全米慈
善矯正事業会議で批判
した。

**61** 1920年代、日本でも社会事業という名のもとソーシャルワークが動き始
め、1917（大正6）年に岡山県の**済世顧問制度**、1918（大正7）年に林
市蔵と**小河滋次郎**による大阪府の**方面委員制度**が創設された。また、**三
好豊太郎**が、1924（大正13）年に「『**ケースウォック』としての人事相
談事業**」を著し、ケースワークを社会事業の技術として位置づけている。

出 31-94-4, 5

**62** 慈善組織化運動は、ケースワークの確立、コミュニティワークにおいて
は、連絡・調整を目的とする地域組織化の重要さを指摘している。

**63** **YMCA**や**ボーイスカウト**、**セツルメント活動**や**隣保館活動**は、グルー
プワークの源流である。貧困者の多い地域にみられる青少年の問題行動
には、生育環境や教育の影響によるところが大きいという考え方から、
地域の改善と各種グループの活動を結びつける援助の形態が発展した。

出 32-32-1（地域）

**64** 1935年に**ニューステッター**（Newstetter, W.）が**グループワークの最
初の定義**を明らかにし、「グループワークとは自発的なグループ参加をと
おして、個人の成長と社会的適応を図る教育的過程である」とした。

**65** 1940年代には、**情緒障害児**など問題を抱えた子どもに対する**治療的グ
ループワーク**が発展した。

**66** アメリカの**トレッカー**（Trecker, H.B.）は、青少年健全育成がまだグ
ループワークの主要な分野であった1950年代に活躍し、その著作は翻訳
されて日本のYMCAなどのはたらきに影響を与えた。

**67** 日本のグループワークの社会福祉分野での応用、特に施設場面での具体
的展開は、社会教育の領域よりも遅れて、1945（昭和20）年以降であ
る。1948（昭和23）年から1949（昭和24）年にかけて開催された「**グ
ループワーク講習会**」が、本格的な導入の契機になった。また、**永井三
郎**によって『**グループ・ワーク—小圏（団）指導入門**』が著され、アメ
リカのグループワークが論じられた。

出 31-94-1, 3

**68** グループワークは、第2次世界大戦直後の全米社会事業会議における**コ
イル**（Coyle, G.）の報告により理論的根拠が与えられ、ソーシャルワー

重要項目

## 図 ソーシャルワークの歴史

**基礎確立期**（〜1920年代）
慈善組織化運動（友愛訪問）
↓
1898年 博愛事業に関する講習会

- リッチモンド
  - 1897年 「応用博愛事業学校の必要性」発表
  - 1899年 『貧しい人々への友愛訪問』
  - 1917年 『社会診断』
  - 1922年 『ソーシャル・ケース・ワークとは何か』
- フレックスナー 「ソーシャルワーカーはいまだ専門職でない」

**発展期**（1930年代〜1950年代）
- 診断派（フロイト）
  - 精神分析を基礎
  - 個々の精神内界に原因
  - （1930年代〜1940年代）ホリス＝心理社会的アプローチ（『ケースワーク―心理社会療法』）
- 機能派（ランク）
  - 意志心理学（パーソナリティ論）
  - 自我の自己展開
- 治療的グループワークの台頭（1940年代〜1950年代）

**統合期**（〜1960年代）
折衷主義
- パールマン
- アプティカー
  - 「リッチモンドに帰れ」
  - 自我の力（自我心理学）
  - 問題解決アプローチ

医学モデルから生活モデルへの転換

**批判期**（〜1970年代）
- 「貧困の再発見」「愛されぬ専門職」
- 新たなモデルの登場 ── 危機介入モデル、課題中心モデル、生活モデルの理論化

**再編期**（1980年代）
- 「ケースワーク機能の強化」「仲介者としての機能」
- ポストモダンのアプローチ ── ナラティブアプローチ
  解決志向アプローチ
  ジェネラリストアプローチ
  エンパワメントアプローチ
  フェミニストアプローチ
  ストレングスモデル

3 **相談援助の概念と範囲**

ソーシャルワークの形成過程

## 表1　社会福祉に関する人物と業績

| 人物名 | 業績など | |
|---|---|---|
| リッチモンド<br>(Richmond, M. E.) | ・1861〜1928<br>・ケースワークの母（アメリカ）<br>・慈善組織協会運動の指導者<br>・友愛訪問をケースワークとして理論化・体系化<br>・『社会診断』『ソーシャル・ケース・ワークとは何か』 | 出 33-98-1（相理） |
| ロビンソン<br>(Robinson, V.) | ・1883〜1977<br>・アメリカの社会福祉研究者<br>・機能的アプローチ<br>・スーパービジョンの体系化<br>・『ケースワーク心理学の変遷』 | 出 34-92-4 |
| ハミルトン<br>(Hamilton, G.) | ・1892〜1967<br>・アメリカの社会福祉研究者<br>・診断主義ケースワークの理論的体系化<br>・心理社会的アプローチ<br>・『ケースワークの理論と実際』<br>・『児童ケースワークと心理療法』 | 出 34-92-5 |
| パールマン<br>(Perlman, H. H.) | ・1905〜2004<br>・アメリカの社会福祉研究者<br>・問題解決アプローチの体系化<br>・4つのP・6つのP<br>・『ソーシャル・ケースワーク―問題解決の過程』 | 出 32-101-5（相理）<br>34-92-3 |
| バートレット<br>(Bartlett, H.) | ・1897〜1987<br>・アメリカの社会福祉研究者<br>・社会福祉に共通する構成要素＝価値・知識・介入<br>・新しい援助技術の始まり<br>・システム論を取り入れた『社会福祉実践の共通基盤』『ソーシャルワーク教育と実践におけるジェネリック―スペシフィック概念』がある | 出 32-93-5<br>33-98-4（相理） |
| ホリス<br>(Hollis, F.) | ・1907〜1987<br>・アメリカの社会福祉研究者<br>・診断主義の継承<br>・心理社会的アプローチ<br>・状況のなかの人<br>・『ケースワーク―心理社会療法』 | 出 32-101-3（相理）<br>33-98-3（相理）<br>34-92-1 |
| ジャーメイン<br>(Germain, C.) | ・1916〜1995<br>・アメリカの社会福祉研究者<br>・生活モデル<br>・生態学（エコロジー）の立場を基礎理論<br>・人と環境との交互作用過程 | 出 32-93-2<br>33-98-5（相理） |
| バイステック<br>(Biestek, F. P.) | ・1912〜1994<br>・アメリカの社会福祉研究者<br>・ケースワークの7つの原則<br>・カトリック神学に基づくケースワーク哲学 | 出 34-116（相理） |

相談援助の基盤と専門職

💡 **重要項目**

| 人物名 | 業績など | |
|---|---|---|
| ソロモン<br>(Solomon, B.) | ・エンパワメント理論（アメリカ）<br>・黒人のクライエント・システムのエンパワメント促進を具体化する方法や手段を試みる | |
| ハートマン<br>(Hartman, A.) | ・1926〜<br>・家族思考ソーシャルワーク<br>・エゴグラムとエコマップ<br>・家族アセスメント | |
| ロス<br>(Ross, M.) | ・1910〜2000<br>・カナダの社会福祉研究者<br>・組織化説（プロセス・ゴール説）<br>・『コミュニティ・オーガニゼーション─理論と原則』 | 出 32-101-2（相理） |
| ロスマン<br>(Rothman, J.) | ・1927〜<br>・地域活動を、①小地域開発モデル、②社会計画モデル、③ソーシャルアクションモデルの３つに分類<br>・マクロ・ソーシャルワークの視点から「政策実践モデル」と「運営管理モデル」を加えた | |
| コノプカ<br>(Konopka, G.) | ・1910〜2003<br>・アメリカのグループワーク研究者<br>・治療教育的グループワークの開拓者<br>・非行少年情緒障害児・入所施設入所者へのグループワーク実践<br>・14項目のグループワークの基本原理<br>・『ソーシャル・グループワーク』『入所施設におけるソーシャル・グループ・ワーク』 | 出 33-113-2（相理） |
| トレッカー<br>(Trecker, H. B.) | ・1911〜1986<br>・アメリカのグループワーク研究者<br>・グループワークの理論化に貢献<br>・青少年健全育成・YMCA 活動<br>・『ソーシャル・グループワーク─原理と実際』 | 出 33-113-4（相理） |
| シュワルツ<br>(Schwartz, W.) | ・1916〜1982<br>・アメリカのグループワーク研究者<br>・グループワークをソーシャルワークの理論に包み込む<br>・波長合わせ─契約─媒介<br>・媒介法モデル・相互作用モデル<br>・個人と社会の双方援助 | 出 32-93-3<br>33-113-5（相理） |
| コイル<br>(Coyle, G.) | ・1892〜1962<br>・グループワークの母<br>・アメリカのグループワーク研究者<br>・グループワーク実践をソーシャルワークの一方法として確立<br>・1946年の全米社会事業会議（NCSW）報告 | 出 33-113-1（相理） |
| ヴィンター<br>(Vinter, R.) | ・1921〜2006<br>・ミシガン大学（アメリカ）<br>・行動療法的グループワーク（治療的グループワーク・行動グループワーク）<br>・社会的に機能する力に問題のある人々への治療的はたらきかけ | 出 33-113-3（相理） |

3 **相談援助の概念と範囲**

ソーシャルワークの形成過程

クの分野として確立された。コイルは「**グループワークの母**」と呼ばれている。

**69** 1923年、ペンシルバニア州ミルフォードでアメリカ家族福祉協会、アメリカ病院ソーシャルワーカー協会、アメリカ児童福祉連盟などが集まり、「すべてのソーシャルワーカーは1つの専門職の一部分をなすという考え方を持ち続けられるような、十分な共通認識がさまざまな専門性の間に存在するのか」との命題の下で、ソーシャルワークを論じた**ミルフォード会議**が開催された。

**70** 1929年の**ミルフォード会議**の報告書において、ソーシャルワークにおける「**ジェネリック**」と「**スペシフィック**」のとらえ方について提起され、特にジェネリックの重要性が示された。

**71** **ジェネリック・ソーシャルケースワーク**とは、家庭、児童、障害者などの各分野に**共通**の概念、知識、方法、社会資源など、基本となる原理、過程、技術を示す基本的ケースワークをいう。

**72** **スペシフィック・ソーシャルケースワーク**とは、家庭、児童、障害者などのそれぞれの分野で行われるケースワークで、各分野に**固有**の特殊な知識や方法が求められる。実際に行われるケースワークは、すべてこのケースワークであるといえる。

## ■ソーシャルワークの発展期

**73** ソーシャルワークの**発展期**は、1950年代半ばまでを指す。1920年代から精神医学や心理学を背景に、環境から人間の内面に焦点が移行した。

**74** **フロイト**（Freud, S.）の精神分析の流れをくむ**診断派**は、クライエントの抱える問題やその原因が、社会環境よりも個々の精神内界にあるととらえ、**治療的意味**をもたせた。フロイトは、ソーシャルワーク過程を「インテーク→スタディ→社会的診断→社会的処遇」ととらえた。

**75** 1930年代になると、**ランク**（Rank, O.）の流れをくむ**機能派**は、人間のパーソナリティにおける自我の創造的統合力を認め、クライエントを中心に、援助者の属する機関の機能を自由に利用者に活用させ、自我の自己展開を助けることを課題とし、診断派と機能派の論争が始まった。

出 32-101-1（相理）

**76** **診断派**は、ソーシャルワークを「援助者がクライエントにはたらきかける過程」としてとらえ、**機能派**は「クライエントが援助者にはたらきかける過程」ととらえた。

**77** **診断派**は、援助者とクライエントとの現実的関係に加えて、非現実的な関係（感情転移と逆（感情）転移）をも重視している。

相談援助の基盤と専門職

💡 **重要項目**

---

**78** 日本では、1938（昭和13）年に**竹内愛二**が『ケース・ウォークの理論と實（実）際』を著し、アメリカの援助技術について論じ、1949（昭和24）年には**谷川貞夫**が『ケース・ウォーク要論』を著している。

出 31-94-2, 3

## ■ ソーシャルワークの統合化に向けて

**79** ソーシャルワークの**統合期**は1960年代までを指し、1954年には、マイルズ（Miles, A.）によって「リッチモンドに帰れ」と主張された。また、1950年代には、**診断派と機能派の統合**の試みがなされた。

出 34-92-5

**80** **統合期**の特色は、家族診断および家族中心にソーシャルワークの概念が広まり、さらに性格障害者に対する新しいアプローチが必要と考えられたことである。

**81** **パールマン**（Perlman, H. H.）は、診断派の立場に立ちつつ、機能派の理論を取り入れ、**アプティカー**（Aptekar, H.）は、機能派の立場に立ちつつ両者を統合した。

出 34-92-3

**82** 1960年代に入ると、ソーシャルワークは**弁護的機能**をもつとして、自分の要求や権利を自分の手で守ることのできないクライエントに代わって、彼らの権利や要求、立場を擁護しようとする動きが起こった。

**83** ソーシャルワークの**批判期**と呼ばれる1970年代までは、「**貧困の再発見**」が強調され、貧困問題を忘れた援助者を「**愛されぬ専門職**」と名づけ厳しく批判した。パールマンは、「**ケースワークは死んだ**」と自己批判している。

出 34-92-2, 3

**84** **ワーカビリティ**は、**パールマン**によって提唱され、クライエントがサービス・援助を自分にとって有効なものとし得る**可能性**のことである。これには問題解決に向かって、知的、情緒的、身体的の3つの能力が要求される。基本的なワーカビリティが**欠けている人**はクライエントとなりえないとし、ケースワーク関係が成立しないとしている。

**85** クライエントは、援助者のはたらきかけに応えられる能力（**ワーカビリティ**）が問題とされてきたが、そのような能力の低い人にも援助が可能となってきている。

**86** ワーカビリティの評価には、**臨床診断**、**原因論的診断**、**力動的診断**の3つの診断を必要とする。これによって「**4つのP**」の形態が明確化できる。

▶ 4つのP
人（Person）
問題（Problem）
場所（Place）
過程（Process）

**87** **バートレット**（Bartlett, H.）は、1959年に『ソーシャルワーク教育と実践におけるジェネリック―スペシフィック概念』を著し、ジェネリックとスペシフィックの概念の発展過程に貢献し、1970年に『社会福祉実践の共通基盤』を著し、画期的な業績と評価された。

**88** バートレットは、すべての社会福祉に共通する構成要素は、**価値・知識・**

出 32-93-5

**3　相談援助の概念と範囲**

**ソーシャルワークの形成過程**

**介入**（調整活動）の3つであり、この均衡が保たれることによってソーシャルワークはその機能を発揮できるとして、ケースワークを総合的に把握した。

89　バートレットは、社会生活機能の概念を、環境からの要求と個人が試みる対処との交換および均衡に焦点化してとらえた。

出 33-98-4（相理）

90　ジャーメイン（Germain, C.）は、**生態学的アプローチ**に立脚し、人間と交互作用する環境を物理的環境（自然界と人工世界）と社会的環境（ソーシャル・ネットワークと官僚機構）に区分した。そして、生活問題は「他者、事物、場所、組織、理論、情報、価値を含む生態系（エコシステム）の要素間の相互作用の所産」であると述べている。

出 32-93-2
　 33-98-5（相理）

91　**ベーム**（Boehm, W. W.）は、ソーシャルワークを個人とその人を取り巻く環境との間の相互作用を構成する社会関係に焦点を当てた活動によって、個人または集団内の個人の社会生活機能の強化を図るものと定義している。

出 32-93-1

92　**ソーシャルワークの再編期**と呼ばれる1980年代は、ソーシャルワークの機能の強化と補充、隣接科学の成果を取り入れた新しいケースワーク、グループワーク、コミュニティワークなど、専門分化された方法・技術と技能とが統合化されるなどの動きがみられた。

93　1970年代、**ポストモダン**の考え方により、進歩主義や主体性を重んじる近代主義、啓蒙主義を批判しそこから脱却する思想も生まれた。

出 31-93

94　ソーシャルワークは、社会資源との間の媒介者となって、クライエントのニーズや権利要求を積極的に発見し、機関の機能やサービスにつないでいく**仲介者としての機能**が重視され始めている。

95　**コンビネーションアプローチ**とは、ケースワーク、グループワーク、コミュニティオーガニゼーションを単純に合体させた統合形態で、ソーシャルワーカーがクライエントへの援助内容に応じて、適切な方法を**組み合わせて活用**する方法で、各方法論をそれぞれ専門分業化された独自の体系としつつ、ソーシャルワーカーが複数の方法を**状況に応じて活用**するものである。

96　**マルチメソッドアプローチ**とは、ケースワーク、グループワーク、コミュニティオーガニゼーションの各方法論に共通する原理や技術を抽出して、**共通基盤**を確立する方法で、各方法の**共通項の抽出**によって共通基盤を明確化し、統合化への理論を構築するものである。

97　**ジェネラリストアプローチ**とは、専門職としてのソーシャルワークの**共通基盤**を確立し、全体を特質づける枠組みを**再構築**する方法で、共通基

相談援助の基盤と専門職

57

重要項目

盤を理論的に成熟させ、そこからケースワーク、グループワーク、コミュニティオーガニゼーションの各方法をとらえ直そうとするものである。▶

98 1990年代は、エコロジカル・ソーシャルワークの流れを受け、**ジェネラリスト・ソーシャルワーク**としての体系化が進んだ。ケースワーク、グループワーク、コミュニティオーガニゼーションは、ソーシャルワークとして融合してとらえられ、ソーシャルワークの価値を基盤におきつつ、個人と環境との関係性、人間の理解、「問題」の把握、「問題解決」の方法などが単なるアプローチの域を超えて体系化された。

▶ジェネラリストアプローチは、ソーシャルワークの統合化の直接的な到達点とされる。

出 30-100-4（相理）

## 4 相談援助の理念

### 人権尊重

99 **人権**とは、人が人として**生まれながらにもっている権利**を意味する。固有性、不可侵性、普遍性がある。公益社団法人日本社会福祉士会の倫理綱領は、「社会福祉士は、すべての人々を、出自、人種、民族、国籍、性別、性自認、性的指向、年齢、身体的精神的状況、宗教的文化的背景、社会的地位、経済状況等の違いにかかわらず、かけがえのない存在として尊重する」と述べ、**人権尊重**を謳っている。

### 利用者本位

100 社会福祉サービスは、行政が行政処分によりサービス内容を決定する**措置制度**から利用者が事業者と対等な関係に基づきサービスを選択し契約する**利用制度**の時代となっている。これは、社会福祉における**利用者本位**（利用者の立場に立ち、利用者の意思を最大限尊重すること）や利用者主体の理念の具体化でもある。

101 援助過程において、法令（民法・刑法等）に違反する内容を含んだ利用者の自己決定や暴力行為は、**制限の原則**によって制限を受ける。

### 尊厳の保持

102 **尊厳の保持**とは、人間の尊厳を保ち続けることをいう。そのときの活動の根底にある価値や目指す方向の理念として**権利擁護**が存在する。

4 相談援助の理念

自立支援

## 権利擁護

**103** ソーシャルワーカーは、社会的に弱い立場におかれている人々の権利の保障を具現化する活動を行う立場の専門家である。そして、情報提供、利用者の理解への支援や判断の支援、意思表示への支援などを行う。

**104** **アドボカシー**とは、伝統的な生活習慣のなかで差別と偏見、不自由な生活を強いられてきた人々の権利を**擁護**するために、援助者が**代弁**し、意識を変革していくことをいう。

出 31-95

**105** アドボカシーは**ケース・アドボカシー**（一人の要援護者への代弁活動や権利擁護活動）と**クラス・アドボカシー**（同じ課題を抱えた特定集団に対する代弁や社会福祉制度の開発などを目指す取組み）に分けられる。

出 32-94-1, 2

▶ケース・アドボカシーをパーソナル・アドボカシー、クラス・アドボカシーをコーズ・アドボカシーやシステム・アドボカシーと呼ぶこともある。

**106** **ベイトマン**（Bateman, N.）は、**権利擁護**を行うために必要な技術として、①面接、②主張、③交渉、④自己管理、⑤法的リサーチ、⑥訴訟をあげている。

## 自立支援

**107** 社会福祉における**自立**とは、自分のことは自分で決めていくという考え方である。サービス提供者は、利用者の主体性を重んじつつ、その**自立支援**の側にまわる。

**108** **自立**には、道具的自立である**身体**的自立、**心理**的自立、**社会関係**的自立、**経済**的自立と、目的的自立である**人格**的自立がある。

**109** **自己決定の原則**の背景には、人は自ら権利に目覚め、生まれながらに自分の意思と力で決定していく能力があるという**信念**が存在する。

出 34-93

**障害者の意思決定支援**
必要な情報の説明は、本人が理解できるように工夫して行い、自己決定の尊重に基づくことが基本原則。

**110** **試しの機制**とは、クライエントが援助者を信頼できるまで何度も「試す」ことをいう。

**111** **グリッソ**（Grisso, T.）らは、治療同意判断として、①選択を伝える能力、②治療に関する情報を理解する能力、③治療による影響や結果を認識する能力、④治療選択肢を論理的に検討する能力が必要と指摘する。

**112** ソーシャルワーカーは、判断能力に支障があるクライエントに対して**自己決定**を行う権利があることを再認識し、それを可能にする支援を行うことが求められる。

出 34-93

**113** 依存的自立と自助的自立は区別する必要がある。**依存的自立**は、他者や制度に**依存**しながらも、可能な限り自己決定により生活をすることと把握される。これに対し、**自助的自立**は、自己決定に基づいて社会生活を

▶自立と依存を対立した概念ではなく、依存することによって、自立が可能になると考える必要がある。

重要項目

営み、その責任を負うことと把握される。

## 社会的包摂

114 **ソーシャル・インクルージョン**の考え方は、アルコール依存などの社会的ストレスの問題、路上での死、孤独死、自殺などの社会的孤立、外国人の排除といった問題から始まった。　　出 31-33-5（地域）

115 ヨーロッパへの移民は社会参加ができず、社会問題のひずみを受けていた。その人々の状況は**社会的排除（ソーシャル・エクスクルージョン）**であり、それを解決しようとする理念として**社会的包摂（ソーシャル・インクルージョン）**が登場した。

## ノーマライゼーション

116 **ノーマライゼーション**は、**知的障害者**の生活をできる限り通常の生活状態に近づけることから始まった。その後、**高齢者**や**障害者**など社会的に不利な立場にある人々を、当然に包含するのが通常の社会であり、誰もが暮らしたい場所でありのままに生活するという考え方となった。　　出 31-33-3（地域）

117 **ノーマライゼーション**の思想は、1959年に**デンマーク**の「1959年法」で導入された。この内閣行政令のなかに「ノーマルな生活状態にできるだけ近づいた生活をつくり出すこと」と表現されている。これは、**バンク-ミケルセン**（Bank-Mikkelsen, N.）の人間主義をもとにしたといわれている。　　出 30-95-2　34-23（現社）

118 **バンク-ミケルセン**の考え方は、知的障害児のような自己防衛力の弱い無防備な人々の生きる権利と、当たり前の人間として生き、扱われる基本的権利の確立を目指したものである。

119 スウェーデンの**ニィリエ（ニルジェ）**（Nirje, B.）の「**ノーマライゼーション原則の人間的施設管理への応用**」という論文は、アメリカの大型収容施設型福祉を批判したものである。

120 ニィリエは、**ノーマライゼーションの原理**とは、「生活環境や彼らの地域生活が可能な限り通常のものと近いか、あるいは、全く同じようになるように、生活様式や日常生活の状態を、全ての知的障害や他の障害をもっている人々に適した形で、正しく適用することを意味している」と定義している。

121 ニィリエは、ノーマライゼーションの原理に基づいて、知的障害者がノー　　出 30-95

マルな生活をするために、①１日のノーマルなリズム、②１週間のノーマルなリズム、③１年間のノーマルなリズム、④ライフサイクルでのノーマルな経験、⑤ノーマルな要求の尊重、⑥異性との生活、⑦ノーマルな経済的基準、⑧ノーマルな環境基準の **8 つの原理**をあげている。

**122** ドイツ人の**ヴォルフェンスベルガー**（Wolfensberger, W.）は『**ノーマリゼーション─福祉サービスの本質**』を著し、ノーマライゼーションの理論と実践を集大成した。そして、文化的なノーマライゼーションや社会的な役割の面でのノーマライゼーションを強調し、北米にノーマライゼーションの原理を普及させた。

# 5 相談援助における権利擁護の意義

## 相談援助における権利擁護の概念と範囲

**123** **欧州連合**（**EU**）は、社会的排除を、「貧困、生涯教育の機会や基本的能力の欠如、差別のために社会参加ができず、社会の隅に追いやられていく個人の過程で、社会や地域コミュニティの活動だけでなく、雇用、収入、教育機会が得られなくなっていくことを指す。社会的排除の状態では、日常生活に影響を与える意思決定に関与する機会が少なく、無力感ゆえに参加できない状態」と定義している。

**124** 2000（平成 12）年の厚生省（現・厚生労働省）による「**社会的な援護を要する人々に対する社会福祉のあり方に関する検討会**」の報告素案は、ソーシャル・インクルージョンという概念を導入し、社会で暮らすすべての人々を孤立や孤独、排除や摩擦から援護し、社会の一員として包み、支え合うという理念を掲げた。

**125** 2000（平成 12）年に、国際ソーシャルワーカー連盟はソーシャルワークについて定義し、そこでもソーシャル・インクルージョンの概念が導入された。ソーシャルワーカーの倫理綱領や日本社会福祉士会の倫理綱領（2005（平成 17）年）でも唱えられている。

**126** 国際ソーシャルワーカー連盟のソーシャルワークの定義において、**ソーシャル・インクルージョン**とは、「人権と社会正義は、ソーシャルワークの活動に対し、これを動機づけ、正当化する根拠を与える。ソーシャルワーク専門職は、不利益を被っている人びとと連帯して、貧困を軽減することに努め、また、傷つきやすく抑圧されている人びとを解放して社会的包含（ソーシャル・インクルージョン）を促進するよう努力する」

**注目！**

「ソーシャルワーク専門職のグローバル定義」（46 頁参照）には、「不利な立場にある人々と連帯しつつ、この専門職は、貧困を軽減し、脆弱で抑圧された人々を解放し、社会的包摂と社会的結束を促進すべく努力する」とある。

としている。

# 6 相談援助に係る専門職の概念と範囲

## 相談援助専門職の概念と範囲

**127** 価値は、**集団や社会で共有するよい性質**という意味があり、ソーシャルワーカーの実践の判断や方向性に影響を与える。ソーシャルワーカー集団としての**価値を内在化**しておくことが重要となる。

**128** **マックゴーワン**（McGowan, B. G.）と**マティソン**（Mattison, M.）は、ソーシャルワーカーの価値判断に影響する場面として表2の点を指摘した。

**表2　価値判断に影響する場面**

| |
|---|
| ①組織や機関としてどのような人を対象に、どのような方向へ向けて社会福祉サービスを提供するか。 |
| ②時間と社会資源が限られるなか、ソーシャルワーカーとしてどこへ優先的に時間を費やし、誰に優先的に社会資源を配分するか。 |
| ③すべての実践場面に適用できる科学的根拠があるわけではないし、実践の方向性を導き得る理論が多くあるわけではないため、個々の場面で適用するアプローチや方法をどう選択するか。 |
| ④ソーシャルワーカーが、個々のクライエントへの社会福祉実践を行う過程で、サービスの目的や優先順位をどのように判断して、そのときどきの言動を決断するか。 |

**129** ソーシャルワークへの**権限の委任**とは、①国や地方公共団体からの権限の委任、②職能団体や養成団体としての社会的承認、③雇用者団体や個々のサービス事業者へのソーシャルワーカーの地位の向上や待遇改善、④クライエントの承認などによって獲得していくことが求められている。

▶社会、法律、機関、制度など、専門職団体の権限をソーシャルワークに対して委任することが重要となる。

**130** **ジョンソン**（Johnson, L. C.）は、ソーシャルワーカーには、①広範なリベラル・アーツの基礎的知識、②人、人の相互作用、人が機能している社会状況についての関連する基本的な知識、③支援での相互関係、支援過程、多様な状況やシステムに合わせた適切な介入戦略などの特性に関する実践理論についての知識、④特定のグループのクライエントや特定の状況で支援をするのに必要な専門分化した知識、⑤多様な資源から得た知識を活用するうえで、考察し、想像し、創造していく能力といった知識の必要性を強調する。

**6 相談援助に係る専門職の概念と範囲**

## 相談援助専門職の概念と範囲

**131** 1915年にアメリカで開催された全米慈善矯正事業会議で、**フレックスナー**（Flexner, A.）は、「ソーシャルワークは専門職業か」というテーマで講演し、どのような専門職にも専門職として成立する共通の条件があるとした。それを専門職の属性として示し、当時の段階ではソーシャルワークは専門職に該当しないとした。　[出] 34-94-5

**132** 1957年、**グリーンウッド**（Greenwood, E.）は、専門職の属性として、①体系的理論、②専門職的権威、③社会的承認、④倫理綱領、⑤専門職的副次文化（サブカルチャー）をあげている。　[出] 34-94-2

**133** **カー–ソンダース**（Carr-Saunders, A.）と**ウィルソン**（Wilson, P. A.）は、専門職を発展のプロセスによってとらえ、確立専門職（医師、法律家など）、新専門職（エンジニアなど）、準専門職（教師、看護師、ソーシャルワーカー）、可能的専門職（病院マネージャーなど）と段階別に分類している。　[出] 34-94-3

**134** **エツィオーニ**（Etzioni, A.）は、ソーシャルワークの現状から準専門職の条件をいまだに保有しており、確立専門職に至るには、はるかに及ばない位置にあるとする。　[出] 34-94-4

**135** ソーシャルワーカーは、生活者としての人間理解を基盤に、人々の社会生活上に生じる問題に対処しながら、その生活を支援する。

**136** ソーシャルワークは、ミクロ・ソーシャルワーク（個人・家族対象）、メゾ・ソーシャルワーク（集団や公的組織対象）、マクロ・ソーシャルワーク（地域社会や社会対象）といった対象へのかかわり方が求められるようになってきた。　[出] 32-106（相理）

**137** **ベア**（Bear, B.）と**フェデリ**（Federico, R.）は、ソーシャルワークの技能を、①情報収集とアセスメント、②専門的自己の成長や活用、③個人、集団、地域社会との実践活動、④専門職評価の4つに分類している。

**138** **ソーシャルワークの対象**は、「限定された特定の利用者」という考え方から、家族や小集団・組織、地域社会まで含むものとなった。また、経済的援助などの具体的援助や、短期間の援助を求めたりする人々へと対象が広がった。

**139** **トール**（Towle, C.）は、1945年に、①食、住、健康といった肉体上の福祉、②情緒的・知的な成長の機会、③他者との関係、④精神的なニーズへの対応が、社会的目標を達成するために不可欠な要素であると述べている。　[出] 34-92-2

**140** **ジョンソン**は、人々のニーズを理解するには、人間の発達、人間の多様性、社会システム理論の3つの知識が不可欠とし、人間のニーズを異

重要項目

なった観点からとらえ、人間の複雑な状況を考察するうえでの基礎を提供してくれると指摘している。

141 白澤政和は、クライエントの「身体機能的・精神心理的状況」と「社会環境的状況」といったアセスメント項目から、「社会生活を遂行するうえで困っている状態」と、「その状態を解決する（時には維持する）べき目標・結果」といった社会生活ニーズが導き出されるとしている。

142 ソーシャルワークの過程は、①問題状況についてのアセスメント、②援助目標の設定と援助計画の作成、③援助計画の実施、④事後評価による終結、再アセスメントへのフィードバックとして把握される。　出32-97-5

143 ピンカス（Pincus, A.）とミナハン（Minahan, A.）によるソーシャルワークの機能は、表3のとおりである。　出30-100-3（相理）　33-98-2（相理）

### 表3　ピンカスとミナハンによるソーシャルワークの機能

| ①人々が問題解決能力や対処能力を高め、資源を効果的に活用できるよう援助する |
| --- |
| ②資源の存在や利用方法を知らない、または利用したがらない人々を資源に結びつける |
| ③人々が資源を利用することを妨げられている場合、人々と資源システムとの相互作用を容易にしたり、修正したり、新たにつくり出す |
| ④資源システム内の成員のニーズを充足させ、かつ資源提供能力を改善するために、資源システム内での人々の相互作用や関係を容易にしたり、修正したり、新たにつくり出す |
| ⑤社会的諸施設の開発や修正に寄与する |
| ⑥人々の生存に必要不可欠な金品の給付を行う |
| ⑦法規範からの逸脱行為をしている人々に対して、また他者の行動により害悪を受けている人々を保護するため、社会的統制機関として機能する |

144 ミラーソン（Millerson, G.）は、「専門職」の条件として、公衆の福祉、理論と技術、試験による能力証明、倫理綱領、専門職団体の組織化などをあげている。　出34-94-1

145 レヴィ（Levy, C.）は、倫理を人間関係およびその交互作用に価値が適用されたものと規定し、倫理的なソーシャルワーク実践への指針、現実の実践に関する倫理を評価していくための基準、またソーシャルワーク倫理の適用と非倫理的行為に関する苦情を裁定するための基準として倫理綱領は役立ち、人間関係における行動に直接影響を及ぼす点に特色があるとした。

146 ソーシャルワーカーの専門職協会は、コミュニティと社会における専門職の地位、協会メンバーの専門職としての行為における支柱として綱領のもつ重要性などを認めて、高度な知識や技術ゆえに自分たちの立場と

地位を守ろうとする独善的専門集団にならないために倫理綱領は作成されるとしている。

## 福祉行政等における専門職

147 日本では、社会福祉主事制度がジェネラリスト・ソーシャルワークの実践者として活躍してきた歴史があるが、近年では、社会福祉六法の枠内にとどまらず、教育福祉のスクールソーシャルワーカーや多国籍の人々を背景に異文化間ソーシャルワーク、さらには司法福祉、国際福祉など活躍の場が広がってきている（表4参照）。

148 フィールド・ソーシャルワーカー（コミュニティ・ベースド・ソーシャルワーカー）は、社会福祉協議会や地域包括支援センターなどで地域住民を対象とするのに対し、レジデンシャル・ソーシャルワーカーは、施設入所者を対象とする。

149 近年は、保健・医療の領域では、病院や診療所で働くソーシャルワーカーは退院支援を中心とし、スクールソーシャルワーカーは学校現場で活動し、さらに刑務所等の出所者に対する社会内処遇としてのソーシャルワーカーの活動など領域が広がってきている。

## 民間の施設・組織における専門職

150 施設長は、社会福祉法第66条において「社会福祉施設には、専任の管理者を置かなければならない」と規定されている。

151 施設長の資格要件としては、①社会福祉主事任用資格を有する者、②社会福祉事業の種別により2年、3年、5年以上従事した者、③全国社会福祉協議会中央福祉学院が実施する「社会福祉施設長資格認定講習課程」を受講すること、などがある。

152 生活相談員は、指定介護老人福祉施設や通所介護事業所などに配置され、利用者の相談・援助などを行う。資格は、社会福祉主事またはそれと同等の能力があると認められる者となっている。近年は社会福祉士が任用されることも多くなった。

> ▶過去「生活指導員」と呼ばれていたが、「指導」という言葉が適切でないとして名称が改められた。

153 地域包括支援センターの職員として、原則、社会福祉士、保健師、主任介護支援専門員が各1名以上配置されている。社会福祉士は、多面的な相談の対応を行い、特に権利擁護業務などが中心となる。

出 32-95-5

154 社会福祉協議会の職員として、全国社会福祉協議会に企画指導員、都道

出 33-97-2

重要項目

**表4 各社会福祉関係分野における主な相談援助専門職と職場（機関・施設）**

| 社会福祉の分野 | 相談援助専門職の主な職種 | 相談援助専門職の主な職場 |
| --- | --- | --- |
| 生活困窮者・低所得者福祉 | 査察指導員、現業員（ケースワーカー）、生活支援員、作業指導員、主任相談支援員、相談支援員、就労支援員など | 福祉事務所、社会福祉協議会、生活困窮者自立相談支援機関、救護施設、更生施設、医療保護施設、授産施設、宿所提供施設など |
| 障害者福祉 | 身体障害者福祉司、知的障害者福祉司、更生相談所相談員（ケースワーカー）、生活支援員、職業指導員、職場適応援助者（ジョブコーチ）、相談支援専門員など | 福祉事務所、身体障害者更生相談所、知的障害者更生相談所、精神保健福祉センター、社会福祉協議会、地域障害者職業センター、障害者地域生活支援センター、「障害者総合支援法」に規定される介護給付や訓練等給付にかかる事業、地域生活支援事業を行う事業所や施設など |
| 高齢者福祉 | 老人福祉指導主事、生活相談員、介護支援専門員、各機関のソーシャルワーカーなど | 福祉事務所、社会福祉協議会、地域包括支援センター、居宅介護支援事業所、養護老人ホーム、特別養護老人ホーム、軽費老人ホーム、老人デイサービスセンターなど |
| 児童福祉 | 児童福祉司、家庭児童福祉主事、児童指導員、児童生活支援員、職業指導員、児童自立支援専門員、家庭支援専門相談員（ファミリーソーシャルワーカー）、家庭相談員、児童心理司、児童虐待対応協力員など | 児童相談所、福祉事務所（家庭児童相談室）、児童館、児童家庭支援センター、社会福祉協議会、児童養護施設、児童自立支援施設、児童心理治療施設など |
| 母子・父子福祉 | 母子支援員、母子・父子自立支援員、少年指導員など | 児童相談所、福祉事務所、社会福祉協議会、母子生活支援施設、母子・父子福祉センター、母子・父子休養ホームなど |
| 医療福祉 | 医療ソーシャルワーカー（MSW）、精神科ソーシャルワーカー（PSW）など | 福祉事務所、保健所、精神保健福祉センター、一般病院、専門病院、診療所、精神科病院、精神科診療所など |
| 教育福祉 | スクールソーシャルワーカーなど | 児童相談所、教育委員会、小学校、中学校、高等学校、特別支援学校など |
| 司法福祉 | 社会復帰調整官、家庭裁判所調査官、保護観察官、法務教官、婦人相談員など | 児童相談所、家庭裁判所、保護観察所、婦人相談所、少年鑑別所、少年院、婦人保護施設、刑務所、地域生活定着支援センターなど |
| 地域福祉 | 福祉活動指導員、福祉活動専門員、日常生活自立支援事業専門員、コミュニティソーシャルワーカー、自立相談支援機関主任相談支援員など | 社会福祉協議会、地域包括支援センター、生活困窮者自立相談支援機関など |

資料：社会福祉士養成講座編集委員会編『新・社会福祉士養成講座⑥相談援助の基盤と専門職（第3版）』中央法規出版、2015年、200頁を一部改変

府県・指定都市社会福祉協議会に福祉活動指導員、市区町村社会福祉協議会に**福祉活動専門員**がおかれている。

> ▶福祉活動専門員は、社会福祉士または社会福祉主事の資格を有することが任用条件となっている。

# 7 専門職倫理と倫理的ジレンマ

## 専門職倫理の概念

**155** ソーシャルワーカーの**倫理に反する行為**として、自分の立場を利用して**自己の利益**のために、クライエントからの報酬以外の金銭や物品を受領すること、保険報酬の詐欺行為や、クライエントとの性的関係を結ぶことなどがあげられる。苦情対応システムなどを活用しながら、**ソーシャルワーカー間**で予防および対応に努める。

**156** 援助者の**自己覚知**とは、**クライエント中心**の援助関係を構成し、専心できる状況づくりをするために、人を理解する前に**自己**を理解し、私情・偏見をなくし、感情的反応を示さないようにすることなどをいう。これは、**他者**を理解しようとするとき、自己の価値基準などがはたらいて、他者をありのまま理解することが妨げられることがあるためである。

**157** **意識化の原則**とは、専門的援助の過程において、援助の言動は常に**意識化**されていなければならないとする原則をいう。

**158** **バイステック**（Biestek, F.P.）による**ケースワークの7原則**は表5のとおりである。

出 34-116（相理）

**159** クライエントが**犯罪**を犯した場合、援助者は、行為そのものには客観的に評価・判断を加えるが、クライエント自身を審判することなく受け入れ、理解する態度をとることになる。

## 倫理綱領

**160** **価値**は、何かをするのに、それがどれだけ役に立つかという程度を示すものであり、**倫理**は、行動の規範としての道徳観や善悪の基準を示すものである。価値を**行動規範**に具体化したものが倫理であり、ソーシャルワーカーのあり方や行動の規範を掲げたものを**倫理綱領**という。

### ■ 日本と海外の倫理綱領

**161** 日本社会福祉士会は、1995（平成7）年に採択した倫理綱領（**日本社会福祉士会の倫理綱領**）を2005（平成17）年に改定した。その後の2014

**重要項目**

### 表5　バイステックの7つの原則

| ①個別化 | 【クライエントを個人としてとらえる】<br>・クライエントの基本的人権の尊重と生活状況などの特殊性、問題解決能力等の独自性などを重視し、援助にあたってそれぞれのクライエントに最適の援助方法を実現しようとすること | 出 34-116-3（相理） |
|---|---|---|
| ②意図的な感情表出 | 【クライエントの感情表現を大切にする】<br>・クライエントの肯定的感情や否定的感情を表現したいというニーズを認識し、クライエントが自由に感情表現できるよう意図的にかかわること | 出 34-116-1（相理） |
| ③統制された情緒的関与 | 【援助者は自分の感情を自覚して吟味する】<br>・援助者自身の感情を吟味しつつ、クライエントには意図的に反応すること | 出 34-116-2（相理） |
| ④受容 | 【受け止める】<br>・クライエントの態度や行動を、道徳的・感情論的な立場から、批判・是認などをせず、あるがままに受け容れること | 出 34-116-4（相理） |
| ⑤非審判的態度 | 【クライエントを一方的に非難しない】<br>・クライエントを一方的に非難したり、決めつけたり、裁いてはならないということ | 出 34-116-5（相理） |
| ⑥自己決定 | 【クライエントの自己決定を促して尊重する】<br>・クライエントが自己の判断をもとに自立の方策を決定すること | |
| ⑦秘密保持 | 【秘密を保持して信頼感をつくり上げる】<br>・クライエントより知り得た事柄の守秘義務 | |

　年、国際ソーシャルワーカー連盟が「ソーシャルワーク専門職のグローバル定義」を採択したことに伴い、改定が行われ、2020（令和2）年に**「社会福祉士の倫理綱領」**として採択された。

### 表6　社会福祉士の倫理綱領（色文字は著者による）

---

**社会福祉士の倫理綱領**

2020年6月30日採択

**前文**

　われわれ社会福祉士は、すべての人が人間としての尊厳を有し、価値ある存在であり、平等であることを深く認識する。われわれは平和を擁護し、社会正義、人権、集団的責任、多様性尊重および全人的存在の原理に則り、人々がつながりを実感できる社会への変革と社会的包摂の実現をめざす専門職であり、多様な人々や組織と協働することを言明する。

　われわれは、社会システムおよび自然的・地理的環境と人々の生活が相互に関連していることに着目する。社会変動が環境破壊および人間疎外をもたらしている状況にあって、この専門職が社会にとって不可欠であることを自覚するとともに、社会福祉士の職責についての一般社会及び市民の理解を深め、その啓発に努める。

　われわれは、われわれの加盟する国際ソーシャルワーカー連盟と国際ソーシャルワーク教育学校連盟が採択した、次の「ソーシャルワーク専門職のグローバル定義」（2014年7月）を、ソーシャル

---

ワーク実践の基盤となるものとして認識し、その実践の拠り所とする。

> **ソーシャルワーク専門職のグローバル定義**
> 　ソーシャルワークは、社会変革と社会開発、社会的結束、および人々のエンパワメントと解放
> を促進する、実践に基づいた専門職であり学問である。社会正義、人権、集団的責任、および多
> 様性尊重の諸原理は、ソーシャルワークの中核をなす。ソーシャルワークの理論、社会科学、人
> 文学、および地域・民族固有の知を基盤として、ソーシャルワークは、生活課題に取り組みウェ
> ルビーイングを高めるよう、人々やさまざまな構造に働きかける。
> 　この定義は、各国および世界の各地域で展開してもよい。　　　　（IFSW；2014.7.）※注1

　われわれは、ソーシャルワークの知識、技術の専門性と倫理性の維持、向上が専門職の責務である
ことを認識し、本綱領を制定してこれを遵守することを誓約する。

## 原理
Ⅰ　（人間の尊厳）　社会福祉士は、すべての人々を、出自、人種、民族、国籍、性別、性自認、性的
　指向、年齢、身体的精神的状況、宗教的文化的背景、社会的地位、経済状況などの違いにかかわら
　ず、かけがえのない存在として尊重する。
Ⅱ　（人権）　社会福祉士は、すべての人々を生まれながらにして侵すことのできない権利を有する存
　在であることを認識し、いかなる理由によってもその権利の抑圧・侵害・略奪を容認しない。
Ⅲ　（社会正義）　社会福祉士は、差別、貧困、抑圧、排除、無関心、暴力、環境破壊などの無い、自
　由、平等、共生に基づく社会正義の実現をめざす。
Ⅳ　（集団的責任）　社会福祉士は、集団の有する力と責任を認識し、人と環境の双方に働きかけて、
　互恵的な社会の実現に貢献する。
Ⅴ　（多様性の尊重）　社会福祉士は、個人、家族、集団、地域社会に存在する多様性を認識し、それ
　らを尊重する社会の実現をめざす。
Ⅵ　（全人的存在）　社会福祉士は、すべての人々を生物的、心理的、社会的、文化的、スピリチュア
　ルな側面からなる全人的な存在として認識する。

## 倫理基準
**Ⅰ　クライエントに対する倫理責任**
1．（クライエントとの関係）社会福祉士は、クライエントとの専門的援助関係を最も大切にし、そ
　れを自己の利益のために利用しない。
2．（クライエントの利益の最優先）社会福祉士は、業務の遂行に際して、クライエントの利益を最
　優先に考える。
3．（受容）社会福祉士は、自らの先入観や偏見を排し、クライエントをあるがままに受容する。
4．（説明責任）社会福祉士は、クライエントに必要な情報を適切な方法・わかりやすい表現を用い
　て提供する。
5．（クライエントの自己決定の尊重）社会福祉士は、クライエントの自己決定を尊重し、クライエ
　ントがその権利を十分に理解し、活用できるようにする。また、社会福祉士は、クライエントの自
　己決定が本人の生命や健康を大きく損ねる場合や、他者の権利を脅かすような場合は、人と環境の
　相互作用の視点からクライエントとそこに関係する人々相互のウェルビーイングの調和を図ること
　に努める。
6．（参加の促進）社会福祉士は、クライエントが自らの人生に影響を及ぼす決定や行動のすべての
　局面において、完全な関与と参加を促進する。
7．（クライエントの意思決定への対応）社会福祉士は、意思決定が困難なクライエントに対して、
　常に最善の方法を用いて利益と権利を擁護する。
8．（プライバシーの尊重と秘密の保持）社会福祉士は、クライエントのプライバシーを尊重し秘密
　を保持する。
9．（記録の開示）社会福祉士は、クライエントから記録の開示の要求があった場合、非開示とすべ
　き正当な事由がない限り、クライエントに記録を開示する。
10．（差別や虐待の禁止）社会福祉士は、クライエントに対していかなる差別・虐待もしない。
11．（権利擁護）社会福祉士は、クライエントの権利を擁護し、その権利の行使を促進する。
12．（情報処理技術の適切な使用）社会福祉士は、情報処理技術の利用がクライエントの権利を侵害
　する危険性があることを認識し、その適切な使用に努める。
**Ⅱ　組織・職場に対する倫理責任**

1．（最良の実践を行う責務）社会福祉士は、自らが属する組織・職場の基本的な使命や理念を認識し、最良の業務を遂行する。

2．（同僚などへの敬意）社会福祉士は、組織・職場内のどのような立場にあっても、同僚および他の専門職などに敬意を払う。

3．（倫理綱領の理解の促進）社会福祉士は、組織・職場において本倫理綱領が認識されるよう働きかける。

4．（倫理的実践の推進）社会福祉士は、組織・職場の方針、規則、業務命令がソーシャルワークの倫理的実践を妨げる場合は、適切・妥当な方法・手段によって提言し、改善を図る。

5．（組織内アドボカシーの促進）社会福祉士は、組織・職場におけるあらゆる虐待または差別的・抑圧的な行為の予防および防止の促進を図る。

6．（組織改革）社会福祉士は、人々のニーズや社会状況の変化に応じて組織・職場の機能を評価し必要な改革を図る。

Ⅲ　社会に対する倫理責任

1．（ソーシャル・インクルージョン）社会福祉士は、あらゆる差別、貧困、抑圧、排除、無関心、暴力、環境破壊などに立ち向かい、包摂的な社会をめざす。

2．（社会への働きかけ）社会福祉士は、人権と社会正義の増進において変革と開発が必要であるとみなすとき、人々の主体性を活かしながら、社会に働きかける。

3．（グローバル社会への働きかけ）社会福祉士は、人権と社会正義に関する課題を解決するため、全世界のソーシャルワーカーと連帯し、グローバル社会に働きかける。

Ⅳ　専門職としての倫理責任

1．（専門性の向上）社会福祉士は、最良の実践を行うために、必要な資格を所持し、専門性の向上に努める。

2．（専門職の啓発）社会福祉士は、クライエント・他の専門職・市民に専門職としての実践を適切な手段をもって伝え、社会的信用を高めるよう努める。

3．（信用失墜行為の禁止）社会福祉士は、自分の権限の乱用や品位を傷つける行いなど、専門職全体の信用失墜となるような行為をしてはならない。

4．（社会的信用の保持）社会福祉士は、他の社会福祉士が専門職業の社会的信用を損なうような場合、本人にその事実を知らせ、必要な対応を促す。

5．（専門職の擁護）社会福祉士は、不当な批判を受けることがあれば、専門職として連帯し、その立場を擁護する。

6．（教育・訓練・管理における責務）社会福祉士は、教育・訓練・管理を行う場合、それらを受ける人の人権を尊重し、専門性の向上に寄与する。

7．（調査・研究）社会福祉士は、すべての調査・研究過程で、クライエントを含む研究対象の権利を尊重し、研究対象との関係に十分に注意を払い、倫理性を確保する。

8．（自己管理）社会福祉士は、何らかの個人的・社会的な困難に直面し、それが専門的判断や業務遂行に影響する場合、クライエントや他の人々を守るために必要な対応を行い、自己管理に努める。

注1．本綱領には「ソーシャルワーク専門職のグローバル定義」の本文のみを掲載してある。なお、アジア太平洋（2016年）および日本（2017年）における展開が制定されている。

2．本綱領にいう「社会福祉士」とは、本倫理綱領を遵守することを誓約し、ソーシャルワークに携わる者をさす。

3．本綱領にいう「クライエント」とは、「ソーシャルワーク専門職のグローバル定義」に照らし、ソーシャルワーカーに支援を求める人々、ソーシャルワークが必要な人々および変革や開発、結束の必要な社会に含まれるすべての人々をさす。

162 社会福祉士の倫理綱領では、「**原理**」のなかの「**人間の尊厳**」として、「社会福祉士は、すべての人々を、出自、人種、民族、国籍、性自認、性的指向、年齢、身体的精神的状況、宗教的文化的背景、社会的地位、経済状況などの違いにかかわらず、かけがえのない存在として尊重する」こととされている。旧倫理綱領と比較すると、民族、国籍、性

7 専門職倫理と倫理的ジレンマ

倫理綱領

自認、性的指向が加えられている。

163 社会福祉士の倫理綱領では、「**原理**」のなかの「**社会正義**」として、「差別、貧困、抑圧、排除、無関心、暴力、環境破壊などの無い、自由、平等、共生に基づく社会正義の実現をめざす」こととされている。その他「原理」では、「人権」「集団的責任」「多様性の尊重」「全人的存在」が記されている。

164 社会福祉士の倫理綱領の**倫理基準**には、①**クライエントに対する**倫理責任、②**組織・職場に対する**倫理責任、③**社会に対する**倫理責任、④**専門職としての**倫理責任の４つが掲げられている。

165 倫理基準の注目すべきものとして、「**参加の促進**」「**差別**や**虐待**の禁止」「**情報処理技術**の適切な使用」「同僚などへの敬意」「倫理綱領の理解の促進」「倫理的実践の推進」「組織内**アドボカシー**の促進」「自己管理」といったものがあげられる。組織・職場に対する倫理責任は大幅に見直されている。

166 日本社会福祉士会では、会員への支援システム、苦情対応システム、クレーム対応システムを整えている。**苦情対応システム**は、日本社会福祉士会および都道府県社会福祉士会に苦情を申し立て、綱紀委員会が審査の必要性を判断し、必要に応じて調査委員が調査を行い、理事会で**懲戒**が審議される。

▶懲戒は、厳重注意、戒告、除名があり、除名は、厚生労働省に報告されることとなっている。

167 ソーシャルワーカーは、①現実の社会が有している社会的価値、②ソーシャルワーカー個人の有している個人的価値、③専門職として有している価値、④機関が有している価値のなかで活動するが、なかでも**専門職としての価値**がほかの価値よりも優先される。

## ■ 職能団体

168 **国際ソーシャルワーカー連盟**（IFSW）は、1928年に**フランスのパリ**で設立され、現在は**スイス**に本部がある。現在、100以上の国や組織が参加しており、日本は、日本ソーシャルワーカー協会、日本社会福祉士会、日本医療ソーシャルワーカー協会、日本精神保健福祉士協会の４団体が加盟している。

169 **日本ソーシャルワーカー協会**は、ソーシャルワーカーの**職能**団体で、1960（昭和35）年に設立された。2005（平成17）年に、特定非営利活動法人（NPO）の認証を受けている。

▶入会資格は、ソーシャルワークに関心のあるほかの専門職や一般市民にも広げている。

170 日本ソーシャルワーカー協会は、ソーシャルワークが展開できる社会システムづくりに関心をもつすべての人々を対象として、調査研究事業など

各種の事業を行い、広範な人々や関係機関と協働を深めながら社会福祉の向上発展に寄与することを掲げている。

**171** **公益社団法人日本社会福祉士会**（Japanese Association of Certified Social Workers；JACSW）は、社会福祉士資格取得者の**職能**団体で、1993（平成5）年に任意団体として設立され、1996（平成8）年に社団法人化された。専門職団体としてのさまざまな教育・研究・広報等の活動を行っている。

**172** 日本社会福祉士会は、目的として「社会福祉士の倫理を確立し、専門的技能を研鑽し、社会福祉士の資質と社会的地位の向上に努めるとともに、都道府県社会福祉士会と協働して人々の生活と権利の擁護及び社会福祉の増進に寄与すること」を掲げている。

> ▶その他、権利擁護センター「ぱあとなあ」を設置し、成年後見制度の利用に関する相談や後見人候補者の紹介および受任なども行っている。

**173** **公益社団法人日本医療ソーシャルワーカー協会**は、1953（昭和28）年に結成された。1964（昭和39）年に社団法人として認可され、保健医療機関で活躍する医療ソーシャルワーカーの質の向上、保健・医療・福祉の連携、医療福祉に関する研究の推進を図ることを目的としている。

**174** **特定非営利活動法人日本スクールソーシャルワーク協会**は、1999（平成11）年に設立された。**スクール**（学校）**ソーシャルワーカー**および**スクールソーシャルワーク**に関心がある人々で構成されているNPO法人である。ソーシャルワークの観点から子どもを取り巻く環境へのはたらきかけを行うことで、子どもと学校、家庭、地域との関係の調整や再構築を図っている。そして、子どもの健全育成と生活の質の向上を図ることを目的としている。

出 31-96

**175** **独立型社会福祉士**は、社会福祉士事務所を個人開業するといった新しい実践形態である。地域住民のさまざまな生活支援活動から、成年後見人としての活動、行政などからの委託による仕事、また、社会福祉法人や企業などとの契約によるものなど多種多様な活動を行っている。

## 倫理的ジレンマ

**176** ソーシャルワーク実践における倫理的ジレンマとしては、①**守秘義務**と第三者の**利益**を守る**責任**、②**守秘義務**と**社会**に対する**責任**、③**自己決定**とクライエントの**保護責任**、④**クライエント**に対する**責任**と**所属組織**に対する**責任**、⑤**同僚**に対する**責任**と**専門性**への**責任**などが代表的な例である。これらに対しては、**倫理的判断過程**に沿って、社会資源を活用しつつ解決していく。

出 32-96

**177** ビューチャンプ（Beauchamp, T.L.）と**チャイルドレス**（Childress, J. F.）によれば、**守秘義務違反が正当化される場合**として、①第三者に及ぶ危害が極めて重大だと予測されること、②危害を起こす可能性が高いこと、③リスクのある人への警告や保護以外に選択肢がないこと、④守秘義務を破ることによって危害を予防できること、⑤患者に対する危害が最小限で許容範囲内であることをあげている。

**178** **ドルゴフ**（Dolgoff, R.）らによる**倫理的指針選別順位**によれば、①生命の保護の原則、②社会正義の原則、③自己決定、自律、自由の原則、④最小限の害の原則、⑤生活の質の原則、⑥プライバシーと守秘義務の原則、⑦誠実さと開示の原則の７つがあり、①の原則が最も重用すべきもので、次いで**番号の順**に判断していく。

**179** ソーシャルワーカーの倫理基準を示すことは、社会的認知と社会的信用の確保であり、専門職として認知される条件ともいえる。

**180** 倫理綱領には、ソーシャルワーカーの教育的役割や、人権尊重や社会正義などの価値から外れた実践を行わないよう管理する機能（モラルハザードを予防する機能）がある。苦情対応、懲戒システムはそのために存在する。

**181** 倫理綱領は、ソーシャルワーカーの活動を保障するなど外部規制の防備ともなる。

**182** 倫理綱領は、ソーシャルワーカーの倫理的ジレンマに対しての判断指針ともなる。

**183** **倫理的ジレンマ**に対して、リーマー（Reamer, F.G.）やヘップワース（Hepworth, D.H.）は表７の考え方を示した。

**表7　倫理的ジレンマに対する価値のハイラキー（ヒエラルキー）**

優位 ←

| | | |
|---|---|---|
| ① | クライエントの生命・健康・福利・生活に必要な権利 | ＞ | 守秘義務、福祉、教育、レクリエーション（追加的善） |
| ② | ある人の福利 | ＞ | ほかの人のプライバシー、自由、自己決定の権利 |
| ③ | 人々の自己決定の権利（ほかの人の福利を侵さない限り） | ＞ | 適切な知識で斟酌した教養のある自発的に決定するに値する基本的な人々の福利の権利 |
| ④ | クライエントの福利の権利 | ＞ | 法律、政策、機関の手続き |

重要項目

# 8 総合的かつ包括的な援助と多職種連携の意義と内容

## ジェネラリストの視点に基づく総合的かつ包括的な援助の意義と内容

**184** 社会福祉における**ソーシャルワーク**と**カウンセリング**の異なる点は、援助者とクライエントの間に**社会資源**が介在するか否かである。そして、その関係を調整することがソーシャルワークである。

**185** ソーシャルワークの**直接的機能**とは、**面接**などを通して利用者や家族に**直接**はたらきかけていく機能をいう。

**186** ソーシャルワークの**間接的機能**とは、**社会資源**や**環境**を活用することによって利用者に**間接的**にはたらきかけていく機能をいう。

**187 社会資源を活用**して援助するためには、利用者が自らの選択と意思によって主体的に利用できるように動機づけるべきであるが、的確な判断と評価に基づいて、援助過程に織り込むことが必要である。

**188** 社会資源の活用にあたっては、援助者は対象となる個人、家族、小集団・組織、地域住民のニーズと社会資源を結びつけ、相互の調整を行う必要がある。ほかの機関を活用するように援助していく場合には、必要に応じて**調停的役割**や**代弁的役割**をも果たすようにする。

**189 サイポリン**（Siporin, M.）は、ソーシャルワーカーはクライエントの**内的・物的・社会的な諸資源**を開発し、創造し、提供し、その活用を促進し、調整するとしている。

**190** サイポリンによれば、**資源**は、ソーシャルワークの基本的概念であり、資源を頻繁に使用することは、ソーシャルワーカーのアイデンティティの印であると明確に認識できるとし、社会資源としないで資源という広い意味で用いている。

▶「資源」という言葉は、ソーシャルワーク専門職の第一義的な社会制度的機能について、およびこの機能が遂行できるように介在する援助課題について言及したものである。

**191** サイポリンによれば、**資源**は、明確な目標を達成することとの関係で、①一個人ないしはその集団において内的なものか、外的なものか、②フォーマルなものか、インフォーマルなものか、③直ちに利用できるものか、潜在的で抽出されるものか、④ある程度コントロールできるものか、できないものかであるとしている。

**192** ソーシャルワークにおける**人と環境との関係**は、人が環境に影響を与えたり（医学モデル）、環境が人に影響を与える（社会モデル）といった原因・結果に基づく相互関係としてとらえるのではなく、人と環境との相互関係、それを基盤として展開される人の日常生活の現実に視点をおい

## 8 総合的かつ包括的な援助と多職種連携の意義と内容

### ジェネラリストの視点に基づく総合的かつ包括的な援助の意義と内容

てとらえる**生活モデル**の考え方が重視されるようになってきている。

**193** **ホリス**（Hollis, F.）は、ソーシャルワークの焦点を、全体連関的な**状況のなかにある人**としてとらえている。クライエントは身体機能・精神心理・社会環境的な側面をもつことになり、クライエントを人全体としてとらえる**ホリステックアプローチ**と称することもできる。

出 33-98-3（相理）
34-92-1

**194** **ハミルトン**（Hamilton, G.）は、「資源は『**処遇**』であり、ソーシャルワークの介入は人々が資源を建設的に活用するようにすることである」とし、さらに社会資源を具体的**サービス**と要援護者を取り巻く**環境要因**とに二分した。

出 34-92-5

▶具体的サービス（公的扶助、住宅提供、年金、医療・保健、各種社会保障サービス）。環境要因（家族や人的資源、社会教育計画、レクリエーション計画）。

**195** **ジョーダン**（Jordan, C.）と**フランクリン**（Franklin, C.）によれば、個々人は、「身体・心理（認知も含む）および情緒的な要素で構成されるシステムとしてとらえられる。同時に、個人は多様な外部のシステムである家族、拡大家族、仲間、職場ないしは学校、地域社会と相互作用しているものとしてとらえられる」としている。

**196** **ピンカス**（Pincus, A.）と**ミナハン**（Minahan, A.）は、社会資源の供給主体は、①インフォーマルあるいは自然資源システム（家族、友達、近隣、同僚、酒場の主人など）、②フォーマルな資源システム（会員の利益を広げる会員組織あるいは公的な団体）、③**社会制度的資源システム**（行政の機関やサービス、その他の社会制度）の3つに分かれるとしている。

出 30-100-3（相理）
33-98-2（相理）

**197** ソーシャルワークにおける**社会資源開発**のためには、①利用者の資源の必要と既存の制度との乖離（かいり）を把握する、②社会資源の側の変化に即した対応と、その変化を支える、③組織的対応で社会資源を開発する、④自主的な地域活動への展開を支えるといったことが求められる。

**198** **ジョンソン**（Johnson, L.C.）らは、「**影響作用**」（influence）という概念で、個人と個人を取り巻く環境、双方のシステムの変化の促進とその波及的展開、そしてその際のソーシャルワーカーの役割を指摘し、波及的展開の先には、コーズアドボカシー、ソーシャルアクションを位置づけている。そして、個人へのアプローチとそれらとが深く関係していることを指摘している。また、ジェネラリスト・ソーシャルワークの特性と媒介（ばいかい）機能は親和性が高いと指摘している。

出 32-94-2
32-97-3

**199** ジョンソンらは、「**問題**」を「**ニーズ**」に置き換え、また「**問題解決過程**」から「**成長と変化を促進するプロセス**」へと表現を変え、ジェネラリスト・ソーシャルワークにおいて前向きな思考による実践を強調している。

**重要項目**

**200** ジョンソンらは、**介入**とは、システムという考え方をもって変化を起こすワーカーの活動であるとしている。また、**介入**の概念とシステム理論とは極めて親和性が高いとしている。さらに、広域的かつ多様な要素を包含した交互作用の概念を重視するエコシステムの考え方が強調される。交互作用とは、2つの要素間に生起する複数の**相互作用**から影響を受けた**相互作用**を指す。

**201** **エコシステム**では、問題や障害といったストレスが1つの要素に起因するのではなく、上位や下位のシステムとの交互作用関係のなかで発生していると考える。　出 33-100（相理）

**202** **ストレングス・パースペクティブ（ストレングス視点）**は、個人、グループ、家族、コミュニティには「**できること**」と「**強み**」があり、また、クライエントを取り巻く環境には活用できる多くの**資源**があるという考え方をとっている。　出 30-94　　30-110（相理）

**203** **ミレイ**（Miley, K.）らは、**エンパワメントの視点**に基づくジェネラリスト実践を提唱している。問題解決からコンピテンス（対処能力）の促進への転換を強調し、対話、発見、発展という過程を示す。

**204** **サレイベイ（サリービー）**（Saleebey, D.）らによる**ストレングス・パースペクティブ**は、すべての個人、グループ、家族、地域にはストレングスがあることを指摘している。　出 30-95-4

**205** ジョンソンらは、**ストレングス・パースペクティブ**は、「クライエントのストレングスに基づく問題解決に焦点をあてたプロセスのなかにクライエントを巻き込むことによって、伝統的な問題解決過程に再び焦点をあてるものである」と指摘している。

**206** **ストレングス・パースペクティブ**は、**強み**や**強さ**、**できること**、**長所**に焦点をあて、短所や限界を探索し、問題や課題を抱えるクライエントに責任を押しつけるメカニズムを回避し、人と環境の**肯定的な面**を発見するほうへ導く。それによって、クライエントの援助過程への主体的な参画を容易にする。そして、コミュニティにある資源の活用と協働の視点をもたらす。

**207** ソーシャルワークには、**予防機能**を果すことが求められる。「**第1次予防**」は、問題の発生を未然に防ぐこと。「**第2次予防**」は、問題が大きくなると対応が困難、または大きなコストがかかる問題や課題を早期に発見し、対応すること。「**第3次予防**」は、すでに発生し顕在化している問題に対応し、さらに問題が悪化したり拡大することを防ぐことである。

**208** **総合的かつ包括的な相談援助**を実践するにあたっては、①重病や障害の

右上ヘッダー: 8 総合的かつ包括的な援助と多職種連携の意義と内容 / ジェネラリストの視点に基づく多職種連携（チームアプローチ）の意義と内容

増加、深刻な課題を抱えたケースの顕在化、②介入レベルの広範囲化、③課題発生の予防や重度化、深刻化する前の予防、④損害や被害を最小限にすることなどのリスクマネジメント機能といったことを考慮して行う。

**209** ソーシャルワーク実践過程においては、①気づく力、②情報収集力、③問題・課題の分析力、解釈力、④さまざまな視点からの支援力、⑤予防的対応力がポイントとなる。

**210** ソーシャルワーカーは、ホームレス、外国人、刑務所からの出所者、多重債務者、各種被虐待事例など、従来の社会福祉に関する法律の枠組みでは対応できなかった新しい問題にも対応していくことが求められている。

**211** ソーシャルワークにおける**新しいニーズ**とは、これまでソーシャルワーカーが支援したことのない型のクライエントが抱えるニーズ、ソーシャルワークが過去に向き合ってこなかったニーズといったものを指す。

**212** ソーシャルワーク実践における**新しいニーズへの対応**としては、①新しいニーズの発見、②新しいニーズへの速やかな対応、③新しいニーズの詳細を知る、④市民、関係者、関係団体、行政へのはたらきかけ（**ソーシャルアクション**）、⑤社会資源の開発、継続的な対応（**ソーシャル・ベンチャー**）があげられる。

出 32-97-3
33-117（相理）

## ジェネラリストの視点に基づく多職種連携（チームアプローチ）の意義と内容

**213** 近年、人々の直面している生活問題は、多様化や複雑化の傾向がある。そのため、生活支援にあたっては、**専門職や多職種の連携**による対応が必要となってきている。また、各種の職能団体が相互に連携・協働して活動することが求められ、機関や団体同士の合意形成のために、共通する倫理の確立、資質向上への取組みも行われている。

出 33-97
36-96

▶取組みへの利用者・家族の参画、一般市民との協働も深められている。

**214** **マルチシステム**は、援助の対象を、家族、グループ、施設、組織、地域などの複数の人で構成されるシステムである**マルチパーソンクライエントシステム**として把握する。また、援助する側も**マルチパーソン援助システム**として把握する。

**215** **自然発生的援助システム**とは、家族、親族、近隣住民、友人、同僚などから構成されるクライエントのエコシステムを形成するメンバーをいう。

**216** スーパービジョン、コンサルテーション、ケースカンファレンスなどは、

重要項目

マルチパーソン援助システムである。

217 ソーシャルワークにおける**総合的支援機能**とは、エコシステムの視点からクライエントと環境を把握することととらえることができる。そして、それらを分析・統合したうえで、専門知識や専門援助技術を用いる。そのためには、**専門職としての価値**に基づいた**クライエント主体**のソーシャルワークを行うことが必要である。また、クライエントの重層的システムや時間軸の理解が不可欠となる。

218 ソーシャルワークにおける**総合的支援**においては、①援助の**重層システム**を理解すること、②対処能力向上への支援、③個人や環境に対しての一体的支援、④チームアプローチ、⑤ソーシャルアクションの展開などが求められる。

219 多職種チームにおけるグループ過程の基本的要素には**タスク機能**と**メンテナンス機能**があり、両者は相互に関連しあう。

220 施設におけるソーシャルワークにおいて、**利用者の権利擁護**のためには、①権利侵害の発見、②日常において利用者一人ひとりの声を聴く、③施設も地域社会の一員であり、その生活基盤としての地域へのはたらきかけ、④利用者の自分らしい主体的な生活の実現といったことが重要となる。

221 これまでのソーシャルワーク教育は、ケースワーク、グループワーク、コミュニティワークのように援助技術によって分類されていた。そのため、クライエントが主体ではなく、ソーシャルワーカーが得意とする、または熟練している援助技術が中心となりがちであった。また、支援の決定には、限定的となる危険性があった。

---

学習心理学に基づく受験勉強の進め方　　　　　　　　　　　　　COLUMN

### 復習を繰り返せ！

　記憶には感覚記憶、短期記憶、長期記憶という、3つの種類がある。これらのうち、感覚記憶や短期記憶は貯蔵容量が小さく、しかも短期間しか保持されない。それに対して、長期記憶は貯蔵容量が無限であり、一生保持することも可能である。何を覚えるにしても最初は感覚記憶となるが、復習を繰り返すうちに感覚記憶から短期記憶へ、そして短期記憶から長期記憶へと、記憶は次第に変わっていく。つまり、復習を繰り返せば、多くの事柄を長期にわたって、覚え続けることも可能なのである。

# 実力チェック！ 一問一答

※解答の（　）は重要項目（P. 43〜78）の番号です。

●解答

① 2007（平成19）年の法改正による社会福祉士の定義規定の見直しで、社会福祉士は、助言、指導、福祉サービスを提供する者または医師その他の保健医療サービスを提供する者と何の援助を行うこととされたか。

▶連絡及び調整その他の援助（ 3 ）

② 精神保健福祉士の「連携等」において、精神障害者に主治の医師があるときは何を受けなければならないか。

▶指導（ 15 ）

③ 2014年にIFSWとIASSWにより採択された社会変革、社会開発、社会的結束などを促進し、地域・民族固有の知などを基盤とした定義を何というか。

▶ソーシャルワーク専門職のグローバル定義（ 19 ）

④ ソーシャルワーク専門職のグローバル定義は、専門職の中核となる任務として、社会変革・社会開発・社会的結束の促進のほかに何をあげているか。

▶人々のエンパワメントと解放（ 20 ）

⑤ 複雑な状況のもとで、もっている素質や要素をふさわしいときに適切に動かし、統制することのできる能力を何というか。

▶コンピテンシー（ 28 ）

⑥ 『社会診断』や『ソーシャル・ケース・ワークとは何か』を著したほか、ケースワークを「社会改良」と関連づけてとらえる考えをとったのは誰か。

▶リッチモンド（ 55, 57 ）

⑦ 1915年の全米慈善矯正事業会議で「ソーシャルワーカーはいまだ専門職でない」と批判したのは誰か。

▶フレックスナー（ 60 ）

⑧ 1929年のミルフォード会議の報告書においてソーシャルワークのとらえ方について提起されたのは何か。

▶ジェネリックとスペシフィック（ 70 ）

⑨ 人間のパーソナリティにおける自我の創造的統合力を認め、クライエントを中心に、援助者の属する機関の機能を自由に活用させ、自我の自己展開を助けることを課題としたのは何派か。

▶機能派（ 75 ）

⑩ 機能派の立場に立ちつつ、診断派の理論と統合したのは誰か。

▶アプティカー（ 81 ）

⑪ 自分の要求や権利を自分の手で守ることのできないクライエントに代わって、彼らの立場を擁護する機能を何というか。

▶弁護的機能（ 82 ）

⑫ クライエントがサービスや援助を自分にとって有効なものとする可能性のことを何というか。

▶ワーカビリティ（ 84 ）

⑬ バートレットが提唱した、すべての社会福祉に共通する構成要素は、「価値」「知識」と、もう1つは何か。

▶介入（調整活動）（ 88 ）

相談援助の基盤と専門職

79

# 一問一答

| | 問 | 解答 |
|---|---|---|
| ⑭ | 人間と交互作用する環境を物理的環境と社会的環境に区分し、生態学的アプローチを提唱したのは誰か。 | ▶ジャーメイン（ 90 ） |
| ⑮ | クライエントのニーズや権利要求を積極的に発見し、機関の機能やサービスにつないでいく機能を何というか。 | ▶仲介者としての機能（ 94 ） |
| ⑯ | 伝統的な生活習慣のなかで、差別と偏見、不自由な生活を強いられてきた人々の権利を擁護するために、援助者が代弁し、意識を変革していくことを何というか。 | ▶アドボカシー（ 104 ） |
| ⑰ | 同じ課題を抱えた特定集団に対する代弁や社会福祉制度の開発などを目指す取組みを何というか。 | ▶クラス・アドボカシー（ 105 ） |
| ⑱ | 権利擁護を行うために必要な技術として、面接、主張、交渉などをあげたのは誰か。 | ▶ベイトマン（ 106 ） |
| ⑲ | アルコール依存などの社会的ストレスの問題、路上での死、孤独死、自殺などの社会的孤立、外国人の排除といった問題から始まった概念は何か。 | ▶ソーシャル・インクルージョン（ 114 ） |
| ⑳ | ノーマライゼーションの原理に基づいて、知的障害者がノーマルな生活をするための8つの原理をあげたのは誰か。 | ▶ニィリエ（ニルジェ）（ 119，121 ） |
| ㉑ | 専門職の属性として、体系的理論、専門職的権威などをあげたのは誰か。 | ▶グリーンウッド（ 132 ） |
| ㉒ | 専門職を確立専門職、新専門職、準専門職、可能専門職と段階別分類したのは誰か。 | ▶カー－ソンダースとウィルソン（ 133 ） |
| ㉓ | 集団や公的組織を対象としたソーシャルワークを何というか。 | ▶メゾ・ソーシャルワーク（ 136 ） |
| ㉔ | ソーシャルワークの機能として、資源を利用したがらない人々を資源に結びつけることを提唱したのは誰か。 | ▶ピンカスとミナハン（ 143（表3）） |
| ㉕ | 専門職の条件として、公衆の福祉、理論と技術、試験による能力証明などをあげたのは誰か。 | ▶ミラーソン（ 144 ） |
| ㉖ | クライエントの基本的人権の尊重と生活状況などの特殊性、問題解決能力などの独自性などを重視し、援助にあたってクライエントに最適の援助方法を実現しようとする原則を何というか。 | ▶個別化の原則（ 158（表5）） |
| ㉗ | クライエントが自身の肯定的感情や否定的感情を自由に表現できるように、援助者が意図的にかかわる原則を何というか。 | ▶意図的な感情表出の原則（ 158（表5）） |
| ㉘ | ソーシャルワーク専門職のグローバル定義でソーシャルワークの中核をなすとしたのは、社会正義、人権、集団的 | ▶多様性尊重の諸原理（ 161（表6）） |

責任と、もう1つは何か。

**●解答**

29 社会福祉士の倫理綱領の「原理」の項で取り上げられているのは、「人間の尊厳」「人権」「社会正義」「集団的責任」「多様性の尊重」と、もう1つは何か。

▶**全人的存在**（ 163 ）

30 社会福祉士の倫理綱領の倫理基準は、「クライエントに対する倫理責任」「社会に対する倫理責任」「専門職としての倫理責任」と、もう1つは何か。

▶**組織・職場に対する倫理責任**（ 164 ）

31 社会福祉士が抱える倫理的ジレンマとして、クライエントに対する責任とともにあげられる責任は何か。

▶**所属組織に対する責任**（ 176 ）

32 ドルゴフらによる倫理的指針選別順位にあげられる7つの原則のうち、最も重用すべきものは何か。

▶**生命の保護の原則**（ 178 ）

33 人と環境との相互関係と、それを基盤として展開される人の日常生活の現実に視点をおいて社会福祉の援助を行う考え方を何というか。

▶**生活モデル**（ 192 ）

34 社会資源を具体的サービスと要援護者を取り巻く環境的要因に二分したのは誰か。

▶**ハミルトン**（ 194 ）

35 介入について、「システムという考え方をもって変化を起こすワーカーの活動」と定義づけたのは誰か。

▶**ジョンソンら**（ 200 ）

36 個人、グループ、家族、コミュニティには、「できること」と「強み」があり、また、クライエントを取り巻く環境には活用できる多くの資源があるという考え方を何というか。

▶**ストレングス・パースペクティブ（ストレングス視点）**（ 202 ）

37 問題解決からコンピテンスの促進への転換を強調するミレイらが提唱しているジェネラリスト実践は何の視点に基づいているか。

▶**エンパワメントの視点**（ 203 ）

38 問題の発生を未然に防いだり、課題を早期に発見し対応するといったソーシャルワークの機能は何か。

▶**予防機能**（ 207 ）

39 家族、親族、近隣住民、友人、同僚などから構成されるクライエントのエコシステムを形成するメンバーを何というか。

▶**自然発生的援助システム**（ 215 ）

40 エコシステムの視点からクライエントと環境を把握するソーシャルワークの機能は何か。

▶**総合的支援機能**（ 217 ）

相談援助の基盤と専門職

81

# 3

# 相談援助の
## 理論と方法

# 傾向と対策

## 出題基準と出題実績

| 出題基準 |||
|---|---|---|
| 大項目 | 中項目 | 小項目（例示） |
| 1 人と環境の交互作用 | 1）システム理論 | ・一般システム理論、サイバネティックス、自己組織性<br>・その他 |
| 2 相談援助の対象 | 1）相談援助の対象の概念と範囲 | |
| 3 様々な実践モデルとアプローチ | 1）治療モデル | ・効果と限界の予測 |
| | 2）生活モデル | ・効果と限界の予測 |
| | 3）ストレングスモデル | ・効果と限界の予測 |
| | 4）心理社会的アプローチ | ・効果と限界の予測 |

※【 】内は国家試験に出題された番号です。

**相談援助の理論と方法**

| | 出題実績 | | | | |
|---|---|---|---|---|---|
| | 第30回(2018年) | 第31回(2019年) | 第32回(2020年) | 第33回(2021年) | 第34回(2022年) |
| | ・ソーシャルワーク実践における人と環境のかかわり【98】 | ・ケンプらによる「人－環境のソーシャルワークの実践」【98】<br>・ピンカスらによる「4つの基本的なシステム」【100】 | ・ソーシャルワークに影響を与えたシステム理論【98】 | ・人と環境との関係に関するソーシャルワーク理論【98】<br>・家族システム論【99】 | ・システム理論に基づくソーシャルワーク対象の捉え方【98】 |
| | ・NPO法人の相談員（社会福祉士）の対応～事例～【99】<br>・社会福祉協議会の社会福祉士の対応～事例～【105】<br>・社会福祉士が個別支援を地域支援に展開していくための対応～事例～【107】<br>・相談支援専門員（社会福祉士）によるストレングス視点に基づいた対応～事例～【110】 | ・児童養護施設の家庭支援専門相談員（社会福祉士）の退所援助～事例～【109】<br>・医療ソーシャルワーカー（社会福祉士）の対応～事例～【111】<br>・医療ソーシャルワーカー（社会福祉士）の応答～事例～【114】<br>・外国人を支援する団体のソーシャルワーカー（社会福祉士）の対応～事例～【118】 | ・岡村重夫が述べた社会福祉の一般的機能【99】<br>・児童福祉司（社会福祉士）の家族システムの視点～事例～【100】 | ・エコシステムの視点に基づくソーシャルワーカー（社会福祉士）の対応～事例～【100】<br>・在日外国人支援を行う団体の相談員（社会福祉士）の対応～事例～【104】<br>・大学の障害学生支援室のソーシャルワーカー（社会福祉士）の対応～事例～【107】<br>・医療ソーシャルワーカー（社会福祉士）の応答～事例～【108】 | ・障害者支援施設の生活支援員（社会福祉士）のクライエントへの対応～【101】<br>・病院の医療ソーシャルワーカーのクライエントへの対応～【103】<br>・児童養護施設の児童指導員（社会福祉士）による退所時の対応～事例～【106】 |
| | ・モデルの確立者【100】 | | | | |
| | ・提唱者【100】 | | | ・クライエントの捉え方【106】 | |
| | ・相談支援専門員（社会福祉士）によるストレングス視点に基づいた対応～事例～【110】 | | | | |
| | | ・アプローチの介入技法【102】 | | | |

| 大項目 | 中項目 | 小項目（例示） | |
|---|---|---|---|
| | 5）機能的アプローチ | ・効果と限界の予測 | |
| | 6）問題解決アプローチ | ・効果と限界の予測 | |
| | 7）課題中心アプローチ | ・効果と限界の予測 | |
| | 8）危機介入アプローチ | ・効果と限界の予測 | |
| | 9）行動変容アプローチ | ・効果と限界の予測 | |
| | 10）エンパワメントアプローチ | ・効果と限界の予測 | |
| 4 相談援助の過程 | 1）受理面接（インテーク） | ・インテークの意義、目的、方法、留意点<br>・その他 | |
| | 2）事前評価（アセスメント） | ・アセスメントの意義、目的、方法、留意点<br>・その他 | |
| | 3）支援の計画（プランニング） | ・プランニングの意義、目的、方法、留意点<br>・効果と限界の予測<br>・支援方針・内容の説明・同意<br>・介護予防サービス計画<br>・居宅サービス計画<br>・施設サービス計画<br>・サービス利用計画<br>・その他 | |

| | 第30回(2018年) | 第31回(2019年) | 第32回(2020年) | 第33回(2021年) | 第34回(2022年) |
|---|---|---|---|---|---|
| | | | | ・アプローチ【101】 | |
| | ・アプローチ【102】 | ・アプローチ【103】 | | ・アプローチに基づく指導員（社会福祉士）の応答～事例～【103】 | ・アプローチ【100】 |
| | | | | | ・アプローチ【100】 |
| | | ・アプローチ【103】 | | | |
| | ・アプローチ【103】 | ・アプローチ【103】 | | | ・アプローチ【100】 |
| | ・ナラティブ・アプローチ【100】<br>・解決志向アプローチ～事例～【101】 | ・エコロジカルアプローチ～事例～【99】<br>・ナラティブ・アプローチ～事例～【101】<br>・解決志向アプローチ【103】<br>・フェミニストアプローチ【103】 | ・ソーシャルワーク実践理論の基礎【101】 | | ・ジャーメインによるエコロジカルアプローチの特徴【99】<br>・ナラティヴアプローチ【100】<br>・ストレングスアプローチ【100】 |
| | ・相談援助の過程におけるインテーク段階【104】 | ・アイビイのマイクロ技法【108】 | ・ソーシャルワーカー（社会福祉士）の援助の初回面接における応答～事例～【102】<br>・相談援助の過程【103】 | ・地域包括支援センターの社会福祉士の初回面接対応～事例～【102】 | ・相談援助の過程におけるインテーク面接【102】 |
| | ・相談援助におけるプランニング【116】 | | ・相談援助の過程【103】 | | |

相談援助の理論と方法

| 大項目 | 中項目 | 小項目（例示） | |
|---|---|---|---|
| | 4）支援の実施 | ・支援の意義、目的、方法、留意点<br>・その他 | |
| | 5）経過観察（モニタリング）と評価 | ・モニタリングと評価の意義、目的、方法、留意点<br>・その他 | |
| | 6）支援の終結と効果測定 | ・支援の終結と効果測定の目的、方法、留意点<br>・その他 | |
| | 7）アフターケア | ・アフターケアの目的、方法、留意点<br>・その他 | |
| 5 相談援助における援助関係 | 1）援助関係の意義と概念 | | |
| | 2）援助関係の形成方法 | ・コミュニケーションとラポール、自己覚知<br>・その他 | |
| 6 相談援助のための面接技術 | 1）相談援助のための面接技術の意義、目的、方法、留意点 | | |
| 7 ケースマネジメントとケアマネジメント | 1）ケースマネジメントとケアマネジメントの意義、目的、方法、留意点 | | |
| 8 アウトリーチ | 1）アウトリーチの意義、目的、方法、留意点 | | |

| | 第30回(2018年) | 第31回(2019年) | 第32回(2020年) | 第33回(2021年) | 第34回(2022年) |
|---|---|---|---|---|---|
| | | | ・相談援助の過程【103】 | | ・相談援助の過程における介入（インターベンション）【104】 |
| | | | | ・相談援助の過程におけるモニタリング【105】 | |
| | | | ・相談援助の過程【103】<br>・シングル・システム・デザイン法【104】 | | |
| | | | ・エイズ治療拠点病院の医療ソーシャルワーカーの応答〜事例〜【105】 | | ・相談援助の過程におけるフォローアップ【105】 |
| | | | | | ・バイステックの援助関係の原則【116】 |
| | | | ・ソーシャルワークにおける援助関係【107】 | | |
| | ・面接技法〜事例〜【108】 | | ・相談援助の面接技法【108】<br>・カデューシンが示した「会話」と「ソーシャルワーク面接」の相違【109】<br>・ドメスティック・バイオレンスの被害女性との面接の導入部分における社会福祉士の関わり〜事例〜【110】 | ・面接技法【109】 | ・相談援助の面接を展開するための技法【108】 |
| | ・ケアマネジメントの方法【109】 | | ・ケースマネジメントの範囲や目的に関するモデル【111】 | ・ケアマネジメントの過程【111】 | ・ケアマネジメントの意義や目的【109】 |
| | | ・アウトリーチ【110】 | | ・母子生活支援施設の母子支援員（社会福祉士）の家庭訪問提案の目的【110】 | |

| 大項目 | 中項目 | 小項目（例示） | |
|---|---|---|---|
| 9 相談援助における社会資源の活用・調整・開発 | 1）社会資源の活用・調整・開発の意義、目的、方法、留意点 | | |
| 10 ネットワーキング（相談援助における多職種・多機関との連携を含む。） | 1）ネットワーキング（相談援助における多職種・多機関との連携を含む。）の意義、目的、方法、留意点 | | |
| | 2）家族や近隣その他の者とのネットワーキング、サービス提供者間のネットワーキング、その他 | | |
| | 3）ケア会議の意義と留意点 | | |
| 11 集団を活用した相談援助 | 1）集団を活用した相談援助の意義、目的、方法、留意点 | | |
| | 2）グループダイナミックス、自助グループ、その他 | | |
| 12 スーパービジョン | 1）スーパービジョンの意義、目的、方法、留意点 | | |
| 13 記録 | 1）記録の意義、目的、方法、留意点 | | |
| 14 相談援助と個人情報の保護の意義と留意点 | 1）個人情報の保護に関する法律（個人情報保護法）の運用 | | |

| | 第 30 回 (2018 年) | 第 31 回 (2019 年) | 第 32 回 (2020 年) | 第 33 回 (2021 年) | 第 34 回 (2022 年) |
|---|---|---|---|---|---|
| | ・ソーシャルワークで活用されるインフォーマルな社会資源の特徴【111】<br>・社会資源のアセスメント～事例～【112】 | ・ブラッドショウのニード類型論【105】<br>・ソーシャルワークの援助過程におけるソーシャルワーカーの役割【107】<br>・相談援助における社会資源【112】 | ・避難行動要支援者への支援の役割調整等のコーディネート～事例～【112】 | ・社会福祉協議会のソーシャルワーカー（社会福祉士）によるソーシャルアクション～事例～【117】 | ・相談援助における社会資源【110】 |
| | | ・地域包括支援センターの社会福祉士が行う援助過程での対応～事例～【106】 | ・地域包括支援センターの社会福祉士が行う関係者の連携による会議～事例～【113】 | ・ネットワーク【112】 | |
| | | | | ・社会福祉協議会のソーシャルワーカー（社会福祉士）の対応～事例～【118】 | |
| | | | | | ・事例検討会進行の際の留意点【107】 |
| | ・グループワークの展開過程で用いられる援助技術【113】 | ・グループワーク【113】 | ・グループワーカーが活用する援助媒体【114】 | ・グループワークに関する人物の理論【113】 | ・グループワークの展開過程におけるソーシャルワーカーの対応【111】 |
| | ・グループワークでの社会福祉士の対応～事例～【114】 | | ・セルフヘルプグループ【115】 | | ・グループワークにおけるグループの相互作用【112】 |
| | ・ソーシャルワークにおけるスーパービジョン【115】 | ・ソーシャルワークにおけるスーパービジョン【115】 | ・グループスーパービジョン【116】 | ・スーパービジョン【114】 | ・婦人相談員によるスーパービジョン～事例～【113】 |
| | ・ソーシャルワークの記録【106】 | ・アセスメントツール【104】<br>・ソーシャルワークの記録【116】 | ・ソーシャルワークの記録【117】 | ・ソーシャルワークの記録【115】 | ・ソーシャルワークの記録【114】 |
| | ・個人情報の保護に関する法律【117】 | ・個人情報の保護に関する法律【117】 | | ・個人情報の保護に関する法律【116】 | ・個人情報の保護に関する法律【115】 |

相談援助の理論と方法

| 大項目 | 中項目 | 小項目（例示） | |
|---|---|---|---|
| 15 相談援助における情報通信技術（IT）の活用 | 1）IT活用の意義と留意点 | | |
| | 2）ITを活用した支援の概要 | | |
| 16 事例分析 | 1）事例分析の意義、目的、方法、留意点 | | |
| 17 相談援助の実際（権利擁護活動を含む。） | 1）社会的排除、虐待、家庭内暴力（DV）、ホームレスその他の危機状態にある事例及び集団に対する相談援助事例（権利擁護活動を含む。） | | |

# 傾向

　第30回から第34回試験では、それぞれ21問が出題された。第34回試験では、そのうち「適切なものを2つ」選ぶ問題が計7問あった。以下、出題基準の項目に沿って分析する。

## 1 人と環境の交互作用

　本項目では、システム理論についての理解が求められる。第30回では、ソーシャルワーク実践における人と環境のかかわりに関する問題、第31回では、ケンプらによる「人―環境のソーシャルワーク実践」に関する問題、ピンカスらによる「4つの基本的なシステム」に関する問題、第32回では、ソーシャルワークに影響を与えたシステム理論に関する問題、第33回では、人と環境との関係に関するソーシャルワーク理論、家族システム論に関する問題、第

| | 第30回(2018年) | 第31回(2019年) | 第32回(2020年) | 第33回(2021年) | 第34回(2022年) |
|---|---|---|---|---|---|
| | ・社会福祉領域における情報通信技術（ICT）の活用【118】 | | | | |
| | ・NPO法人の相談員（社会福祉士）の対応〜事例〜【99】<br>・社会福祉協議会の社会福祉士の対応〜事例〜【105】<br>・社会福祉士が個別支援を地域支援に展開していくための対応〜事例〜【107】<br>・相談支援専門員（社会福祉士）によるストレングス視点に基づいた対応〜事例〜【110】 | ・児童養護施設の家庭支援専門相談員（社会福祉士）の退所援助〜事例〜【109】<br>・医療ソーシャルワーカー（社会福祉士）の対応〜事例〜【111】<br>・医療ソーシャルワーカー（社会福祉士）の応答〜事例〜【114】<br>・外国人を支援する団体のソーシャルワーカー（社会福祉士）の対応〜事例〜【118】 | ・社会福祉士が介入しようとしているシステム〜事例〜【106】<br>・地域福祉計画の策定に向けて社会福祉士が取り組む内容〜事例〜【118】 | | ・地域包括支援センターの社会福祉士の対応〜事例〜【117】<br>・医療ソーシャルワーカー（社会福祉士）の対応〜事例〜【118】 |

34回では、システム理論に基づくソーシャルワークの対象の捉え方に関する問題が出題された。難解な用語も多いので、一般システム理論、家族システム論、サイバネティックス、自己組織性など、各用語の内容について押さえておくとよい。

　大項目である「人と環境の交互作用」を念頭に、リッチモンド、ホリス、バートレット、ジャーメイン、パールマン、キャプラン、ソロモン、ケンプ、ピンカスなどの理論の特徴を押さえておくことが重要である。

## 2 相談援助の対象

　第30回では、NPO法人の相談員（社会福祉士）の対応、社会福祉協議会の社会福祉士の対応、社会福祉士が個別支援を地域支援に展開していくための対応、相談支援専門員（社会福祉士）によるストレングス視点に基づいた対応に関する事例問題、第31回では、児童養護施設の家庭支援専門相談員（社会福祉士）の退所援助に関する事例問題、医療ソーシャル

ワーカー（社会福祉士）の対応の事例問題、同じく医療ソーシャルワーカー（社会福祉士）の応答に関する事例問題、外国人を支援する団体のソーシャルワーカー（社会福祉士）の対応に関する事例問題、第32回では、岡村重夫が述べた社会福祉の一般的機能、児童福祉司（社会福祉士）の家族システムの視点に基づいた対応に関する事例問題、第33回では、エコシステムの視点に基づくソーシャルワーカー（社会福祉士）の対応に関する事例問題、在日外国人支援を行う団体の相談員（社会福祉士）の対応に関する事例問題、大学の障害学生支援室のソーシャルワーカー（社会福祉士）の対応に関する事例問題、病院の医療ソーシャルワーカー（社会福祉士）の応答に関する事例問題、第34回では、障害者支援施設の生活支援員（社会福祉士）の夫を失ったクライエントへの対応に関する事例問題、病院の医療ソーシャルワーカー（社会福祉士）の在宅療養に切り替えることになったクライエントへの対応に関する事例問題、児童養護施設の児童指導員（社会福祉士）の就職が決まって退所する人への対応に関する事例問題が出題された。

ストレングス視点とか家族システム視点、エコシステム視点といった視点から問題を解く内容も多くなってきている。また、さまざまな施設の事例ではあるが、ソーシャルワークの基本的な原則を押さえておけば問題ないだろう。

## ③ 様々な実践モデルとアプローチ

第30回では、ソーシャルワーク実践理論（リッチモンド、治療モデルと生活モデルの提唱者、ジェネラリスト・ソーシャルワーク、ナラティブ・アプローチ）、課題中心アプローチ、エンパワメントアプローチに関する問題、解決志向アプローチに基づくスクールソーシャルワーカー（社会福祉士）の対応方法に関する事例問題、第31回では、ソーシャルワーカー（社会福祉士）がエコロジカルアプローチの視点から行う取組みに関する事例問題、ナラティブ・アプローチに基づく生活相談員（社会福祉士）の応答に関する事例問題、心理社会的アプローチの介入技法、ソーシャルワークのアプローチ（解決志向アプローチ、行動変容アプローチ、エンパワメントアプローチ、フェミニストアプローチ、課題中心アプローチ）に関する問題、第32回では、ソーシャルワーク実践理論の基礎に関する問題、第33回では、生活モデルにおけるクライエントの捉え方、機能的アプローチ、課題中心アプローチに基づく指導員（社会福祉士）の応答に関する事例問題、第34回では、ジャーメインによるエコロジカルアプローチの特徴に関する問題、ソーシャルワークのアプローチ（エンパワメントアプローチ、危機介入アプローチ、ナラティヴアプローチ、課題中心アプローチ、ストレングスアプローチ）に関する問題が出題された。

全体的には、用語の意味と各アプローチに関する人物の業績さえしっかりと押さえておけば問題はなかっただろうし、過去問を解いておくことで新問題にも対応できただろう。

## 4 相談援助の過程

受理面接に関連しては、第32回では、ソーシャルワーカー（社会福祉士）の初回面接における応答の事例問題、第33回では、地域包括支援センターの社会福祉士の初回面接対応に関する事例問題、第34回では、相談援助の過程におけるインテーク面接に関する問題が出題された。

支援の計画・実施、アフターケアなどに関連しては、第30回では、相談援助におけるインテーク段階、相談援助におけるプランニングに関する問題、第31回では、アイビイのマイクロ技法に関する問題、第32回では、相談援助の過程（プランニング、エバリュエーション、コーピング、インテーク、インターベンション）に関する問題、シングル・システム・デザイン法に関する問題、エイズ治療拠点病院の医療ソーシャルワーカーの応答に関する事例問題、第33回では、相談援助の過程におけるモニタリングに関する問題、第34回では、相談援助の過程における介入（インターベンション）に関する問題、相談援助の過程におけるフォローアップに関する問題が出題された。全体としては相談援助の過程における基礎を押さえておけば問題はなかったはずである。

本分野は、事例問題を解く際に必要とされる知識が多い重要な分野である。「[17]相談援助の実際」と区分し難い問題も多い。社会福祉士としてどうあるべきかを常に考えつつ問題を解く習慣を身につける必要があるだろう。

## 5 相談援助における援助関係

第32回では、ソーシャルワークにおける援助関係に関する問題、第34回では、バイステックの援助関係の原則についての問題が出題された。

バイステックの7原則などは、ケースワークの分野で繰り返し出題されてきた内容である。テキストを活用してしっかりと確認しておきたい。

## 6 相談援助のための面接技術

第30回では、面接技法に関する事例問題、第32回では、相談援助の面接技法、カデューシンが示した「会話」と「ソーシャルワーク面接」の相違に関する問題、ドメスティック・バイオレンスの被害女性との面接の導入部分における社会福祉士の関わりに関する事例問題、第33回では、ソーシャルワーカーが用いる面接技法の明確化、閉じられた質問、支持、開かれた質問、要約の説明に関する問題、第34回では、相談援助の面接を展開するための技法に関する問題が出題された。

「[4]相談援助の過程」の項目や「[17]相談援助の実際」の項目と重複するところでもある

傾向と対策

ので、併せてまとめておくとよい。

## 7 ケースマネジメントとケアマネジメント

第30回では、ケアマネジメントの方法に関する問題、第32回では、ケースマネジメントの範囲や目的に関するモデルについての問題、第33回では、ケアマネジメントの過程に関する問題、第34回では、ケアマネジメントの意義や目的に関する問題が出題された。

今後もさまざまな形での出題が続くものと思われるが、基本的な用語を押さえておけば十分対応できるだろう。

## 8 アウトリーチ

過去に何度も出題されている分野である。第31回では、アウトリーチの歴史や展開に関する問題、第33回では、母子生活支援施設の母子支援員（社会福祉士）の家庭訪問提案の目的に関する事例問題が出題された。

地域包括支援センターなど、地域社会で活躍するソーシャルワーカーが多くなるなかで、こうした技術は重要なものとなる。地域福祉の実践とともに、具体的な展開について押さえておく必要がある。

## 9 相談援助における社会資源の活用・調整・開発

第30回では、ソーシャルワークで活用されるインフォーマルな社会資源の特徴に関する問題、社会資源のアセスメントに関する事例問題、第31回では、ブラッドショウのニード類型論、ソーシャルワークの援助過程におけるソーシャルワーカーの役割、相談援助における社会資源に関する問題、第32回では、避難行動要支援者への支援の役割調整等のコーディネートに関する問題、第33回では、社会福祉協議会のソーシャルワーカー（社会福祉士）によるソーシャルアクションの実践に関する事例問題、第34回では、相談援助における社会資源の提供主体や活用などに関する問題が出題された。

ニード論は、過去「現代社会と福祉」で何度も出題されている。また、介護保険制度とも関連して、社会資源を活用することは社会福祉士に求められる能力である。災害が多発するなかで、今後、重要な分野となってくるので、実践的な力を養うような学習方法を身につけることが大切である。

## 10 ネットワーキング

第31回では、地域包括支援センターの社会福祉士が行う援助過程での対応に関する事例問題、第32回では、地域包括支援センターの社会福祉士が行う関係者の連携による会議に関する事例問題、第33回では、ネットワークに関して、ジェノグラム、ラウンドテーブル、多職種ネットワークなどの用語の意味内容に関する問題、社会福祉協議会のソーシャルワーカー（社会福祉士）の住民懇談会、自治会・町内会、民生委員協議会などへの対応に関する事例問題、第34回では、事例検討会進行の際の留意点に関する問題が出題された。

コーディネーションも含めて、事例を通して専門用語を選択する問題への対応が必要となっている。過去問を解きながら傾向を押さえておくとよい。

## 11 集団を活用した相談援助

第30回では、グループワークの展開過程で用いられる援助技術に関する問題、グループワークでの社会福祉士の対応に関する事例問題、第31回では、グループワークに関する問題、第32回では、グループワーカーが活用する援助媒体に関する問題、セルフヘルプグループに関する問題、第33回では、グループワークに関する人物、コイル、コノプカ、ヴィンター、トレッカー、シュワルツの業績や理論に関する問題、第34回では、グループワークの展開過程におけるソーシャルワーカーの対応に関する問題、グループワークにおけるグループの相互作用に関する問題が出題された。

これらの問題は、グループワークの基本的な問題であり、今後も出題される可能性が高いので、テキストを読んでまとめておく必要がある。

## 12 スーパービジョン

第30回では、ソーシャルワークにおけるスーパービジョンに関する問題、第31回では、ソーシャルワークにおけるスーパービジョンの目的・契約、ピアスーパービジョン、パラレルプロセス、支持的機能に関する問題、第32回では、グループスーパービジョンに関する問題、第33回では、複数のスーパーバイジーがスーパーバイザーの同席なしに行うスーパービジョンの形態に関する問題、第34回では、市役所の婦人相談員（社会福祉士）による部下の婦人相談員（社会福祉士）に対するスーパービジョンに関する問題が出題された。

本項目の内容は基本的な問題が多いので、用語の意味を押さえ、過去問の範囲でまとめておけば十分である。

傾向と対策

## 13 記録

　第30回では、ソーシャルワークの記録に関する問題、第31回では、アセスメントツール（ジェノグラム、エゴグラム、ソシオグラム、DCM、PIE）、ソーシャルワークの記録に関する基本的な問題、第32回では、ソーシャルワークの記録に関する問題、第33回では、ソーシャルワークの記録の逐語体の説明に関する問題、第34回では、ソーシャルワークの記録に関する問題が出題された。

　記録の項目については、情報の開示や秘密の保持も含めて重要項目にある用語の意味を押さえ、基本的な内容を学習しておくとよい。

## 14 相談援助と個人情報の保護の意義と留意点

　第30回では、個人情報の保護に関する法律に関する問題、第31回と第33回、第34回では、個人情報の保護に関する法律の規定内容が出題された。

　個人情報に関する項目については、2021年の官民を通じた学術研究分野における個人情報保護の規律に関連した改正がなされている。新しい法改正内容と過去問で傾向を把握することが重要である。

## 15 相談援助における情報通信技術（IT）の活用

　ITの活用に関する項目については、ほかの科目と重複する内容が多い。第30回では、社会福祉領域における情報通信技術（ICT）の活用に関する問題が出題された。

　福祉情報のITによる活用、相談援助におけるIT活用の留意点、情報弱者の問題などについてまとめておくとよい。

## 16 事例分析

　ソーシャルワーカーに必要な知識や技術は、実際の場面に応じて、知識を適用する技能にまで至らなければならない。そのためには、事例を研究、分析し、より質の高いサービスを提供する必要がある。

## 17 相談援助の実際

　毎回、事例問題の形で、あらゆる分野から出題されている。第34回では、地域包括支援センターの社会福祉士の一人暮らしの高齢者への対応、病院の医療ソーシャルワーカー（社会

福祉士）の一人暮らしの人への生活相談に関し、それぞれ事例問題として出題されている。社会福祉士とはいかに雑多、多様な相談・援助を行うのかとあらためて思い知らされよう。特に、近年は、ごみ屋敷問題など地域社会が抱えるさまざまな問題にも対応せざるを得ない。現場では毎日が真剣勝負であり、しかも失敗は許されない。過去問をじっくりと研究して判断力を身につけることが大切である。

## ■ 事例

　第34回では、事例問題が6問出題され、「相談援助の理論と方法」の科目のなかでも大きな比重を占めた。また、近年は事例問題から専門用語などを問う問題も出題され、応用力が試されるようになってきた。その他、出題された問題は、総合的な知識によるものが中心で、最近話題となっているような内容も含めて、社会福祉士として幅広く活動するためにも適切な出題であった。

　やや長文の事例もあり時間をとられた人も多かったようであるが、第34回は第33回の9問より少なかったが、事例問題は得点がかせげる問題である。限られた時間のなかで事例を読んで結論を下すのは大変であるが、合格の重要な決め手となるので気を抜かないで取り組もう。問題文が具体的な事例を想定した出題だと、単なる暗記的な学習では通用しない。今後は、具体的な事例にあたって、原理・原則を応用できるような力が身につく学習が必要である。

# 対策

　「相談援助の理論と方法」は分量も多く、分野も多岐にわたる。近年は、新しい分野の比重も大きくなってきている。エンパワメント、ケアマネジメント、ストレングスモデル、ソーシャル・インクルージョン、バルネラビリティ、さらには、今後注目される学校での支援、刑務所での支援、外国籍の人々への支援など、ジェネラリスト・ソーシャルワークの広がりも重要になってくる。また、生活支援の視点などについても、テキストなどで研究動向を理解しておくことが大切である。

　受験勉強は知識の丸暗記ではなく、福祉の現場における、その基礎的な知識に基づいた具体的な実践にあるということを忘れずに学習してほしい。

# 押さえておこう！ 重要項目

## 1 人と環境の交互作用

### システム理論

**1** **ケンプ**（Kemp, S.P.）らは、**人―環境のソーシャルワーク実践**を提唱し、①ストレスに満ちた生活状況に対処し、環境の課題に応え、環境資源を十分に活用できるように、クライエントの能力を獲得したという感覚を向上させる、②多面的な考察をしながら個人的なソーシャル・ネットワークの動員を特に強調し、環境における活発なアセスメント、契約、介入によってこの目標を達成する、③集合的な活動によって社会的なエンパワメントを向上させるために、個別の関心事を関連づけることをあげている。

出 30-98
31-98

▶環境とは、①知覚された環境、②自然的・人工的・物理的環境、③社会的・相互作用的環境、④制度的・組織的環境、⑤社会的・政治的・文化的環境の5つとしている。

**2** **ドロール**（Delort, R.）と**ワルテール**（Walter, F.）によれば、**環境**とは、「人間と社会の物理的・地形的条件、環境、生活条件を形づくる、複雑な関係でからみ合ったさまざまの要素の全体である」としている。

**3** **システム理論**は、ソーシャルワークを支える理論の1つで、ソーシャルワークの統合化に大きな影響を与えた。システム全体は諸要素より成り立っているという考え方で、**全体的モデル**という。**人と環境との全体的視座**から把握される。

出 34-98-5

**4** ソーシャルワークにおいて、個人、集団、地域社会は、ソーシャルワーカーが援助を行う対象であり、それぞれを**システム**としてとらえられることから、ソーシャルワークの状況を理解するための理論として**システム**という概念が援用されることとなった。

出 32-98-2
33-99
34-98-3

▶システムとは諸要素のまとまりという意味をもち、その個々の要素は全体と無関係のものではなく、相互に作用し合って全体を構成している。

**5** システム理論を機能的に理解する立場は、個人、集団、地域社会との関係を機能調和的システムと把握し、クライエントの抱える問題を機能不全の問題と見たことにより、機能の回復、社会への適応の問題ととらえる傾向があり、個々人の福祉の実現という視点が欠けていた。

**6** **ベルタランフィ**（Bertalanffy, L. von.）による**一般システム理論**の概念には、開放システム（外部との情報やエネルギーや物質のやりとりを行う形でその存続を図っているシステム）―閉鎖システム（外部とのやりとりがない形で存続しているシステム）、エントロピー、定常状態、インプット―アウトプット、情報・資源処理システムなどがある。

出 32-98-1, 3, 4

**7** 人とその環境を統一して把握する理論である第一世代のシステム理論は、開放性の動的平衡システムという基本構想をもち、**一般システム理論**や**キャノン**（Cannon, W.B.）の**ホメオスタシス**（恒常性維持）概念がこ

> ① **人と環境の交互作用**

### システム理論

れにあたる。これに対して第二世代システム理論として登場したのは**自己組織化論**である。生命系は、分化の低い状態から高い状態へと変化していくものであり、**自己組織性**に富んでいるシステムである。

**8** **家族システム論**は、家族を個人だけでなく家族成員間、世代、地域間の相互作用として機能する１つのシステムとして理解する。家庭内で生じる問題は、多面的にとらえられ、原因と結果が**円環的に循環**しているとする。

出 33-99
　34-98-1

**9** ソーシャルワークにおいて、人や家族、地域、施設は、**自己組織化**による維持・変動過程を把握することになり、その性向を強化する方向での援助を考えることになる。

**自己組織性**
物体や個体が、自分自身の組織や構造をつくり出す性質のこと、自発的秩序形成ともいう。

**10** 第三世代システム理論は、**オートポイエーシス論**で、自己組織化の発展形である。自律性、個体性、境界の自己決定、入力と出力の不在の４つを特色とする。

**11** **サイバネティックス**は、情報の通信と制御の観点から、広く生物、人間、機械、社会の機構を統一的に解明しようとした考え方である。**システム理論**は、一般システム理論であろうが自己組織化論であろうがサイバネティックスを含んで理論化されている。

出 32-98-5

▶ギリシャ語で「（船の）舵を取る者」を意味するギベルネテスからきている。

**12** **ピンカス**（Pincus, A.）と**ミナハン**（Minahan, A.）は、ソーシャルワークを１つのシステムととらえ、ソーシャルワーク実践では、ソーシャルワーカーは、４つのサブシステムの相互作用、①**クライエント・システム**、②**ワーカー・システム（チェンジ・エージェント・システム）**、③**ターゲット・システム**、④**アクション・システム**に関心をもつことを提唱している。

出 31-100
　33-98-2

**13** **クライエント・システム**とは、社会福祉サービスを利用している、あるいは利用していくことを必要とし、援助活動を通して問題解決に取り組もうとしている個人や家族などから構成されている小集団を指す。

出 32-100

**14** **ワーカー・システム（チェンジ・エージェント・システム）**とは、援助活動を担当するソーシャルワーカーとそのワーカーが所属する機関や施設とそれを構成している職員全体を指す。

出 31-100-4, 5

**15** **ターゲット・システム**とは、クライエントとワーカーが問題解決のために、変革あるいは影響を与えていく標的とした人々や組織体を指す。

出 31-100-1, 2, 3

▶標的は、クライエントやクライエント以外のワーカー、ワーカーが所属する機関や施設の人々、その組織体が選択される場合もある。

**16** **アクション・システム**とは、変革に影響を与えていく実行活動に参加する人々や資源のすべてを指し、実行活動のチームワークを構成することをいう。

相談援助の理論と方法

101

重要項目

## ② 相談援助の対象

## 相談援助の対象の概念と範囲

**17** パターナリズムは、援助者が問題の原因を取り除くことを優先し、主導権をとり、判断がなされるといった、善意の強制によってクライエントが従属し、依存的で対等でない関係という点で批判されてきた。

出 32-107-4

▶父権主義、父権的温存主義などと訳される。

**18** ソーシャルワークの基本原理を支える**背景思想**は、「平等主義・機会均等の思想」（ノーマライゼーションの思想）、「社会連帯の思想」（予定調和的原則）、「民主社会の思想」（民主主義の擁護、人道主義の擁護）の3つがあげられる。

**19** ケースワークの基本原理を具体化した**専門的援助関係の価値原理**として、「個別化の原理」「主体性尊重の原理」「変化の可能性の尊重の原理」があげられる。

**20** ブトゥリム（Butrym, Z.）は、ソーシャルワークの価値前提として「人間尊重」「人間の社会性」「変化の可能性」をあげている。

**21** 人間尊重とは、人間は人間であること自体で価値があることをいう。

**22** 人間の社会性とは、人間は他者との相互関係をもちながら社会生活を送っている社会的な関係であり、人間のもつ独自性を貫徹するために他者に依存する存在であることをいう。

**23** 「変化の可能性の尊重の原理」とは、どんなに重い障害があろうとも、個々人のもっている変化・成長・向上の可能性を信頼し、尊重する考え方である。

**24** ソーシャルワーク理論には、「**状況を理解するための理論**」と「**実際に援助を行う理論**」がある。状況を理解するには、システム理論やエコロジカルアプローチなどが役立つ。実際に援助を行う場合は、問題解決アプローチや課題中心アプローチなどの理論が有効となる。

**25** ボランタリーなクライエントは、問題解決に取り組もうとする気持ちや、問題解決行動を自分で行おうとする動機づけが高いといえる。したがって、問題解決は比較的容易に行うことができる。

▶相談援助の過程は、利用者との協同作業であり、利用者を可能な限り問題解決過程に参加させていくことが大切である。

**26** インボランタリーなクライエントは、他機関・他専門職からの紹介による場合と、相談することに拒否的な場合に分けられる。こうした場合、信頼関係、傾聴といった面に注意する必要がある。

102

# ③ 様々な実践モデルとアプローチ

## 治療モデル

**27** 医学モデルは、**客観的証拠（エビデンス）**を重視したもので**実証主義**に裏づけられているが、利用者が、限定された特定の人だけではなく、生活環境が異なるなど、援助対象の拡大に伴い対処できない場面が多くなった。そこで人と環境との相関関係、それを基盤として展開される人間の日常生活の現実に視点をおいて社会福祉援助を行おうとする理論が体系化された。

▶生態学的視点を援助技術に導入することで、個人だけではなく、集団に対する援助も統合的に考えられている。

## 生活モデル

**28** ケースワークは、精神医学の影響を受けた**医学モデル（治療モデル）**から、**ジャーメイン**（Germain, C.）らによって提唱された人と環境との関係やクライエントの生活実態に合わせた**生活モデル**へと変化してきた。

出 30-100-3
33-98-5

**29** **生活モデル**の特色は、①**クライエントの問題**に焦点をあてること、②**短期間**の処遇、③対処の**方法**に重点がおかれる、④**多様な介入**の方法を**クライエント**に合わせて応用し活用するなどがあげられる。

出 33-106

## ストレングスモデル

**30** **サリービー**（サレイベイ）（Saleebey, D.）によれば、**ストレングス**とは、人間は困難でショッキングな人生経験を軽視したり、苦悩を無視したりせず、このような試練を教訓にし、耐えていく能力である復元力を基本とするとしている。

出 34-100-5

**31** **ラップ**（Rapp, C.）と**ゴスチャ**（Goscha, R.）は、ストレングスモデルの原則の１つとして、**地域を資源のオアシス**としてとらえることをあげている。

**32** **ストレングスモデル**（**長所**または**強さ**活用モデル）は、**長所**あるいは**強さ**に焦点をあて、その人の**残存能力の強み**を評価するもので、クライエントの弱点や問題点のみを指摘し、その不足や欠点を補う従来の否定的なクライエント観からの脱却を図るものである。

出 30-110

**重要項目**

## 心理社会的アプローチ

**33** **ホリス**（Hollis, F.）は、アメリカの社会福祉研究者で、精神分析、自我心理学、力動精神医学をソーシャルワークのなかに応用し、『ケースワーク─心理社会療法』を著した。**診断派**に立ちつつも、「**状況のなかの人**」という視点をもとにクライエントの社会的側面の援助を含め、**心理社会的アプローチ**を確立した。

**出** 30-103-1
32-101-3
33-98-3

**34** **ハミルトン**（Hamilton, G.）は、アメリカの社会福祉研究者で、ハミルトン、**トール**（Towle, C.）らによる**診断主義ケースワーク**の理論的体系化をした。**心理社会的アプローチ**を提唱し、ケースワーク過程の中心をワーカー─クライエント関係を意識的に、また統制しつつ利用することにあるとし、クライエントに変化と成長を遂げる能力があることの自覚を促すことを強調した。

**出** 31-102
34-92-2, 5（相基）

▶ 代表的な著書に『ケースワークの理論と実際』や『児童ケースワークと心理療法』がある。

## 機能的アプローチ

**35** **タフト**（Taft, J.）や**ロビンソン**（Robinson, V.）は、**機能的アプローチ**を提唱した。基礎理論を**ランク**（Rank, O.）の説に求めている。クライエントの成長や変化をもたらす「成長の過程」を重視したクライエント中心の立場をとり、機関の機能を重視した。

**出** 30-100-2
30-103-5
32-101-4
33-101-3
34-92-4（相基）

▶ ロビンソンはスーパービジョンの体系化をし『ケースワーク心理学の変遷』を著した。

## 問題解決アプローチ

**36** **パールマン**（Perlman, H. H.）の**問題解決アプローチ**は、人の生活は問題解決過程であるという視点に立ち、自我心理学を導入し、動機づけ─能力─機会という枠組みを中心に構成されている。

**出** 32-101-5

**37** パールマンの**問題解決アプローチ**の特色は、クライエントを社会的に機能する主体的な存在としてとらえる点と、とるべき行動や選択については、問題をクライエントが扱いやすいように**部分化**して考え、小さな部分の問題に対処できることにより、全般に対処していけるようにする点、ケースワークを、施設・機関の機能を担った援助者と、問題を抱えているクライエントとの役割関係を通じて展開される、**問題解決の過程**としてとらえる点にある。

## 課題中心アプローチ

**38** **課題中心アプローチ**は、**リード**（Reid, W.J.）と**エプスタイン**（Epstein, L.）によって開発・提唱されたもので、パールマンの問題解決アプローチの影響を受け、それを基礎として発展した。標的とする問題を確定し、その問題を解決していくために取り組むべき課題を設定し、期間を限定して進めていく方法である。

出 30-102
31-103-5
33-103
34-100-4

## 危機介入アプローチ

**39** **危機介入アプローチ**は、**アグレラ**（Aguilera, D.C.）、**メズイック**（Messick, J.M.）、**セルビイ**（Selby, E.A.）の各研究者によって理論化された。精神保健分野などで発達した危機理論をケースワーク理論に導入したもので、危機に直面して情緒的に混乱しているクライエントに対して、適切な時期に積極的に危機に介入していく援助方法である。▶

出 30-103-3
34-100-2

▶近年、「いのちの電話」などの電話相談が積極的に活用されている。

**40** 危機介入アプローチは、**キューブラー–ロス**（Kübler-Ross, E.）の死の受容過程研究、**リンデマン**（Lindemann, E.）の死別による急性悲嘆反応研究、**キャプラン**（Caplan, G.）の地域予防精神医学の研究を取り入れ、短期処遇の方法として理論化された。

**41** **キャプラン**は、移民の子どもの適応過程について研究し、危機に陥りやすい状況をあらかじめとらえることにより、早期に介入することの重要性を強調した。

## 行動変容アプローチ

**42** **行動変容アプローチ**（行動理論アプローチ、行動療法アプローチ）は、学習理論をケースワーク理論に導入したもので、条件反射の消去あるいは強化によって特定の症状の解決を図るものである。クライエントの問題に焦点をおき、変化すべき行動を観察することによって、問題行動を修正しようとする考え方をいう。

出 30-103-2
31-103-2

**43** **社会生活技能訓練**（**SST**）とは、**リバーマン**（Liberman, R.P.）によって開発された技法であり、主に精神障害者のコミュニケーション行動を認知行動療法的に改善・修正することを目的としている。服薬の自己管理、人間関係をつくり出して維持していくことなどの行動を訓練する。

出 30-105-2

重要項目

## エンパワメントアプローチ

**44** **エンパワメントアプローチ**は、**ソロモン**（Solomon, B.）によってソーシャルワークに取り入れられた。人は、個人と敵対的な社会環境との相互関係によって無力な状態に陥ることが多いが、**クライエントのもっている力**に着目し、その**力**を引き出して積極的に利用、援助する。

出 30-95-1（相基）
30-103
31-103-3
34-100-1

**45** エンパワメントアプローチは、**生態学視点**に基礎づけられ、主流として集団志向が重要視されるようになってきている。

**46** **グティエレス**（Gutierrez, L.）は、エンパワメントアプローチでは**集団を通しての体験**が重要であるとした。

**47** **ナラティブ・アプローチ**（**物語**モデル）は、クライエントの語る**物語**を通して援助を行うものであり、クライエントが新たな意味の世界をつくり出すことにより、問題状況から決別させる。ストレングスモデルの一種といえる。

出 30-100-5
31-101
34-100-3

▶クライエントの現実として存在し支配している物語を、ソーシャルワーカーは、クライエントとともに協同して見出していく作業が求められる。

**48** ナラティブ・アプローチの成立背景には、伝統的な科学主義・実証主義への批判がある。主観性と実存性を重視し、現実は人間関係や社会の産物であり、人々はそれを言語によって共有しているとする**認識論**の立場に立つ。

**49** **家族システムアプローチ**は、**ハートマン**（Hartman, A.）によって提唱された。問題をめぐるシステムにはたらきかけることで、解決に向かうという前提に立ち、家族をシステムとしてとらえる。最も身近なシステムとしての家族にはたらきかけを行い、発展的変化・変容を生み出す。

出 33-99

▶生態学、一般システム理論、家族療法とソーシャルワーク実践を結びつけた。

**50** **生態学理論**（**アプローチ**）は、人間と環境（自然環境・社会環境など）の相互関係を重視し、クライエントを環境と切り離した個人としてではなく、家族・近隣・地域といった集団の一員としてとらえ、環境との相互関係でクライエントをみていく考え方である。

▶援助者は、クライエントのエンパワメントを高め、生活環境の改善や社会的抑圧からの解放、不平等の改善を目指す。

## その他のアプローチ

**51** **解決志向アプローチ**は、**ドゥ・シェイザー**（Shazer, S.D.）と**バーグ**（Berg, I.K.）らによって、1980年代に提唱された**ブリーフセラピー**（**短期療法**）の1つのアプローチである。クライエントを決して批判的にとらえずに、「**クライエントが解決のエキスパートである**」ということを中心にして、人間の強さに深い敬意を示し、直接的に解決の状態を目指して治療を進める。

出 31-14-2（心理）
31-103-1

3 様々な実践モデルとアプローチ

その他のアプローチ

## 表1　実践モデルとアプローチ

| アプローチ | 提唱者 | 理論背景 | 特　徴 |
|---|---|---|---|
| ストレングスモデル | サリービー（サレイベイ）（Saleebey, D.) | ポストモダニズム | ・サリービー（サレイベイ）によれば、ストレングスとは、人間は困難でショッキングな人生経験を軽視したり、人生の苦悩を無視したりせず、むしろこのような試練を教訓にし、耐えていく能力である復元力を基本にしているとする。<br>・ストレングスモデル（長所または強さ活用モデル）は、長所あるいは強さに焦点をあて、主体としてのクライエントを強調し、その人の残存能力の強みを見出し、それを意味づけし、評価するもので、クライエントのナラティブを尊重し、主観性、実存性を強調する。これまでのクライエントの弱点や問題点のみを指摘し、その不足や欠点を補う従来の否定的なクライエント観から脱却を図る。 |
| 心理社会的アプローチ（心理-社会モデル） | ハミルトン（Hamilton, G.)、ホリス（Hollis, F.) | パーソナリティ論<br>人格理論<br>一般システム論 | ・ハミルトンは、アメリカの社会福祉研究者で、『ケースワークの理論と実際』を著し、診断主義個別援助技術の理論を体系化し、心理社会的過程を重視し、ソーシャルワーク過程の中心をワーカー―クライエント関係を意識的に、また統制しつつ利用することとし、最大の賜は変化と成長を遂げる能力があることの自覚を促すことにあるとした。<br>・ホリスは、アメリカの社会福祉研究者で、精神分析、自我心理学、力動精神医学をソーシャルワークのなかに応用し、『ケースワーク―心理社会療法』を著した。診断派に立ちつつも、「状況のなかの人」という視点をもとにクライエントの社会的側面の援助を含め、心理社会的アプローチを確立した。<br>・受容とは、ワーカーがクライエントに対し積極的で理解ある態度を示し続けることであり、行為についての意見表明ではなく、行為の実行者に対する変わらぬ善意を示すことであるとした。 |
| 機能的アプローチ（機能主義モデル） | ロビンソン（Robinson, V.)、スモーリー（Smalley, R.)、タフト（Taft, J.) | 意志心理学<br>自我心理学 | ・「疾病の心理学」よりクライエントの成長や変化をもたらす潜在の可能性と、「成長の心理学」を重視したクライエント中心の立場をとる。<br>・援助の過程を「初期の局面、中期の局面、終結の局面」という時間的経過に従って区分した（フォーム）。<br>・機関の機能を重視する。 |
| 問題解決アプローチ（問題解決モデル） | パールマン（Perlman, H. H.) | 自我心理学（コンピテンス）<br>合理的問題解決論<br>シンボリック相互作用論<br>役割理論 | ・人の生活は問題解決過程であるという視点に立ち、自我心理学を導入し、動機づけ―能力―機会という枠組みを中心に構成する。<br>・クライエントを、社会的に機能する主体的な存在としてとらえる点と、個別援助を、施設・機関の機能を担った援助者と、問題を担っているクライエントの役割関係を通じて展開される問題解決の過程としてとらえる点に特徴がある。<br>・6つのP――① Person（援助を必要とする問題をもち、施設・機関に解決の援助を求めてくるクライエント）、② Problem（クライエントと環境との間の調整を必要とする問題）、③ Place（援助者が所属し、個別援助が具体的に展開される場所である施設・機関）、④ Process（個別援助者とクライエントとの間に築かれた相互信頼関係を媒介として展開される援助の過程）、⑤ Professional（専門家）、⑥ Provisions（制度・政策や供給される資源）。 |
| 課題中心アプローチ（課題中心モデル） | リード（Reid, W. J.)、エプスタイン（Epstein, L.) | 人間行為論 | ・標的とする問題を確定し、その問題を解決するために取り組むべき課題を設定し、期間を限定して進めていく方法である（短期処遇）。<br>・課題中心アプローチは、パールマンの問題解決アプローチの影響を受け、それを基礎として発展した。 |
| 危機介入アプローチ（危機介入モデル） | ラポポート（Rapoport, L.)、バラード、アグレア（Aguilera, D. C.)、メズイック（Messick, J. M.)、セルビイ（Selby, E. A.)、キューブラー-ロス（Kübler-Ross, E.) | 危機理論 | ・ソーシャルワーク理論に精神保健分野などで発達した危機理論を導入したもので、危機に直面して情緒的に混乱しているクライエントに対して、適切な時期に積極的に危機に介入し社会的機能の回復に焦点をあてた援助方法である（死の受容過程）。 |

相談援助の理論と方法

107

## 重要項目

| アプローチ | 提唱者 | 理論背景 | 特　徴 |
|---|---|---|---|
| 行動変容アプローチ | トーマス (Thomas, E.) | 学習理論 オペラント行動論 | ・ソーシャルワーク理論にバンデューラ (Bandura, A.) の提唱した社会的学習理論を導入したもので、条件反射の消去あるいは強化によって特定の症状の解決を図るものである。クライエントの問題に焦点をおき、変化すべき行動を観察することによって、問題行動を修正しようとする考え方である (モデリング)。<br>・援助者はクライエントの行動の原因を突き止めようとはしないし、なぜそうするのかも探ろうとはしない。問題行動の社会生活史を探ることは援助者の目的ではないとしている。 |
| エンパワメントアプローチ | ソロモン (Solomon, B.)、デュボイス (Dubois, B.)、ミレイ (Miley, K.) | 生態学、ポストモダニズム、コンピテンス概念 | ・クライエントのもっている力に着目し、その力を引き出して積極的に利用、援助することをいう。これは、アメリカにおける黒人等社会的に抑圧された人々 (マイノリティ) が失っている力を強化していこうという考え方。<br>・1976年にソロモンによって初めて用いられた、「エンパワメントは、スティグマ化されている集団の構成メンバーであることに基づいて加えられた否定的な評価によって引き起こされたパワーの欠如状態を減らすことを目指して、クライエントもしくはクライエントシステムに対応する一連の諸活動にソーシャルワーカーがかかわっていく過程である」と定義。<br>・個人的資源を高めるために必要な社会資源からの拒絶、専門的および対人的技術を習得するために必要な社会資源からの拒絶、高く評価される社会的役割からの拒絶を対象 (パワーレスネス)。<br>・エンパワメントは、長期にわたって社会的ケアを受けなければならない状況におかれているような高齢者、身体や精神に障害のある人々へのソーシャルワーク実践に拡大。<br>・「パワー」とは、ソーシャルワーク実践を統合していく重要な構成要素であり、医学モデルに基づいてクライエントシステムの病理や弱さの側面を志向するあり方を脱却するようになっていき、クライエントの健康や強さの側面を重視する「強さ志向の視点」の必要性が強調される。<br>・エンパワメントアプローチは、生態学視点に基礎づけられ、主流として集団志向が重要視される。<br>・個人、家族、組織、地域、社会が状況の改善を実現するために、個人的、対人的、政治的パワーを高めるプロセス。 |
| ナラティブ・アプローチ | ホワイト (White, M.)、エプストン (Epston, D.) | 社会構成主義 家族療法 | ・クライエントの語る物語 (ドミナント・ストーリー) を通して援助を行うものである。クライエントの現実として存在し、支配している物語を、ソーシャルワーカーは、クライエントとともに協同して見出していく作業が求められる。そして、クライエントが新たな意味の世界をつくり出す (オルタナティブ・ストーリー) ことにより、問題状況から決別させる。ストレングスモデルの一種。 |
| 家族システムアプローチ | ハートマン (Hartman, A.) | | ・問題をめぐるシステムにはたらきかけることで解決に向かうという前提に立ち、最も身近なシステムとしての家族にはたらきかけを行う。 |
| 解決志向アプローチ | ドゥ・シェイザー (Shazer, S. D.)、バーグ (Berg, I. K.) | ブリーフセラピー、アメリカン・プラグマティズム、社会構成主義 | ・ブリーフセラピー (短期療法) の1つ。ソリューション・フォーカスト・アプローチ (SFA)。<br>・人間の強さに敬意を示し、直接的に解決の状態を目指して治療する。<br>・家族発達理論 (個人が直面している生活段階の課題を家族を通して解決する)。<br>・問題が起きなかった例外的な状況に関心を向けることで問題解決能力を向上させる。 |
| 実存主義アプローチ | クリル (Krill, D.) | 実存主義 | ・ワーカーは、クライエントの選択の自由、傾注 (クライエントが語る言葉に耳を傾けて、その生きてきた世界を受容すること)、苦悩における意味に関心を向ける。<br>・自我に囚われた状態からの脱却。<br>・家族など重要な他者に関心を向け、疎外から解放。 |
| フェミニストアプローチ | ドミネリ (Dominelli, L.)、マクリード (McLeod, E.) | フェミニズム | ・女性の個人的経験世界を政治的に位置づける。<br>・公的な声としての表明。 |
| ユニタリーアプローチ | ゴールドシュタイン (Goldstein, H.) | システム理論 | ・ソーシャルワークを問題解決として把握し、社会的学習に結びつける。<br>・一般システム理論をソーシャルワーク理論に取り入れている。 |

**3 様々な実践モデルとアプローチ**

その他のアプローチ

**52** **解決志向アプローチ**における質問法には、表2のような特徴的な技法がある。

出 30-101
32-108-3

表2　解決志向アプローチにおける質問法

| 質　問　法 | 内　　　　容 |
|---|---|
| ①ミラクル・クエスチョン | **問題が解決した後の生活の様子や気持ち**について想像を促す質問。 |
| ②スケーリング・クエスチョン | これまでの経験内容や今後の見通しなどについて、**数値に置き換え、評価する質問**。 |
| ③コーピング・クエスチョン | 問題を抱えながらも、**切り抜けてきたこれまでの対処方法に目を向けること**を意図した質問。 |
| ④サポーズ・クエスチョン | 仮に解決した状況を尋ね、視野や視点、考えを現在から**未来へ移動させる**ことを狙った質問。 |

**53** **ゴールドシュタイン**（Goldstein, H.）は、ソーシャルワーク実践のアプローチとしてシステム理論を援用した**ユニタリーアプローチ**を提唱した。

出 32-93-4（相基）

**54** **ジャーメイン**と**ギッターマン**（Gitterman, A.）の**エコロジカル・モデル**は、人が生活環境と共存するための能力を対処能力（**コーピング**）、環境が人間のニーズに適応することを応答性（**レスポンス**）と呼び、対処能力が弱かったり応答性が親和しない場合に生活ストレスが発生するとした。

出 32-103-3
34-99

▶人と環境との相互作用の結果、問題が生じるとする。空間という場や時間の流れが、人々の価値観やライフスタイルに影響すると捉える。

**55** **エコロジカル・モデル**では、ソーシャルワークは、生活ストレスを改善するために、クライエントの能力が高められるよう能力付与（**エンパワメント**）を行い、周囲の環境を変えたいという動機にはたらきかけると同時に、環境に対しては組織集団による圧迫や支配的な権利の乱用を指摘し、その修正にはたらきかける一連の活動とされている。

▶ジャーメインは、エコロジカル・モデルの実践のために、利用者のエンパワメントを強調している。

**56** **エコロジカル・モデル**においては、援助者はエンパワメントを援助の中心概念とし、問題の発生している人と生活環境の接点（**インターフェイス**）を明確にし、生活ストレスを生み出しているストレッサーを解明（アセスメント）するものとしている。

出 31-99

▶環境にはたらきかける役割として、仲介者の役割、代弁者の役割、組織者の役割を強調している。

**57** **実存主義アプローチ**は、アメリカの**クリル**（Krill, D.）によってソーシャルワーク実践に適用された。実存主義アプローチでは、「疎外（そがい）」に悩み、主体的な存在として自己覚知を発達させたいという意思をもつ者を対象とする。利用者は、「他者」に関心を向けることで、自我に囚（とら）われた状態を抜け出し、**疎外から解放される**とする。

**58** **フェミニストアプローチ**は、イギリスの**ドミネリ**（Dominelli, L.）と**マクリード**（McLeod, E.）によるもので、日々の地域生活のなかで**女性**を

出 31-103-4

重要項目

抑圧し束縛している家族介護や保育などに焦点をあて、ソーシャルワーク実践が、フェミニストの視点によって進められることによって**女性**だけでなく、子どもや男性の福祉も実現するという考え方をいう。

59 ケースワークは幅広くなり、クライエント自身の認識能力や問題解決能力、対処能力、援助能力などが重視され、新しく**ピアカウンセリング**、**ソーシャルサポートネットワーク**、**セルフヘルプ**などの技術が開発されるようになった。

60 ソーシャルワークは、障害者の自立生活運動に学び、**経済的自立**や**日常生活動作（ADL）**の自立のみではなく、人格的自立や社会的自立、社会生活への参加など自立概念が変化し、**生活の質（QOL）**、人生や生活のあり方などに目が向けられるようになった。

61 ソーシャルワーク実践において、「**モデル**」「**アプローチ**」といった形でさまざまな理論が展開されているのは、北米のソーシャルワークの影響を強く受けたものである。どれが有効である、効果があるというのではなく、日本の利用者に合った実践として活用されることが望まれる。

▶課題認識への範型を「モデル」、課題解決への方法を「アプローチ」とする立場もある。

62 **ジェネラリスト・ソーシャルワーク**は、「**生活モデル**」を中核におき、「**治療モデル**」「**ストレングスモデル**」の強みを応用し、それぞれのモデルを相互に活用して、クライエントの複雑多様で、個々別々な生活をとらえ、課題を認識するという関係として把握される。

出 30-100-4
33-106

63 伝統的ケースワーク理論と、新しい援助活動実践アプローチの**共通点**は、援助が開始されてから終結までの時間的な段階を重視しているということや、**クライエント**が問題解決過程における**主役**であるとする点などがあげられる。

# 4 相談援助の過程

## 受理面接（インテーク）

64 **インテーク**は、単なる事務的な受付と混同しないために使用される。問題がもち込まれた**最初**の局面で、援助を求めて来談する援助申請者のニーズや問題が援助者・施設・機関の機能で解決緩和できるかどうかの適合性を問うものである。最初の局面で援助の一部が開始されていることであり、医療機関が診断を下すまで治療を開始しないのとは異なる。

出 32-103-4

65 インテークの段階で**申請者**（この段階ではクライエントとはいえない）は、直面する問題からもたらされる不安と、その問題を相談しようとす

出 30-104
33-102

110

受理面接（インテーク）

る機関等の職員が対応してくれるか否かなどの２つの不安を抱いている。ワーカーは自己紹介し、面接時間について了承を得るとともに、秘密を守ることを伝えて場面設定する。

66 インテークにおいて、援助者が申請者の不安を和らげるために、安易に問題解決を請け負ってしまうことのないように注意する必要がある。申請者が情緒的に混乱している場合、**感情の浄化**（カタルシス）を心がけることも１つの方法である。

出 32-10

67 **インテークのねらい**は、申請者の**主訴（主たる訴え）を傾聴**し、問題の明確化を図ることや、援助者の役割と援助者の所属機関・施設のサービス内容の明確化、当面**一緒に取り組んでいく課題**の確定、援助者の機関で援助を受けようとする**申請意思**の確認などがあげられる。ニーズを十分に表すことができるように援助していく必要がある。

出 30-104
33-105-2
34-102-2
34-105-5

▶ソーシャルワーカーの判断により専門的援助の必要性（ニーズ）として把握される。

68 インテークの段階から個別化によって必要な**情報収集**がなされる。そして、人と環境の相互作用に焦点をあてつつ問題把握がなされることになる。

69 インテークでは、相手の抱えている問題点などを明らかにすることが目的であり、相手の話をさえぎる形で名前などの**基本的情報**を得ようとすることは避ける必要がある。訴える言葉のみに耳を傾けるのではなく、表情や態度などを観察し、それを通して、主訴の背後にあるニーズの把握や利用者の状態、緊急度の理解をしていく。

出 30-104
32-110
34-102-2

70 **アイビイ**（Ivey, A.E.）は、「マイクロカウンセリング」のなかで、傾聴に有効な技法として、励まし、言い換え、感情・意味の反映、要約などの**かかわり技法**があるとしている。

出 31-108

71 インテークでは、ソーシャルワーカーがケースに対応できるかなどの**スクリーニング**が行われる。そして、サービスの提供ができないことが明らかになった場合は、他機関・施設への送致、紹介が行われる。

出 33-111-5

▶申請者の要求と関連づけて、当該機関・施設で対応できない点などをわかりやすく説明する必要がある。

72 インテーク専門のワーカー（**インテークワーカー**）が設置されている場合は、クライエントに担当者の変更を伝え、継続して援助を利用する動機づけを行う。インテークワーカーと援助担当者との連絡が密に行われないと、クライエントとの信頼関係がこわれる場合もあるので注意する。

73 援助者の役割は、クライエントの側面的支援である。そのためには、クライエントの解決すべき問題、支援実施の意味や手順などをわかりやすく説明し、合意を得る（**インフォームドコンセント**）必要がある。

▶支援の契約がこの段階でなされるとする立場もある。

**重要項目**

## 事前評価（アセスメント）

**74** **アセスメント**とは、クライエントの問題解決に対する援助を始めるにあたっての事前評価をいい、クライエントとクライエントが直面する問題と状況を確認・理解するために資料を収集し、分析・問題解決のための計画を確定していく過程を指す。クライエントが自ら問題解決への意欲をもつためには、パートナーシップに基づいて取り組む必要がある。

出 32-97-5（相基）

**75** アセスメントは、**課題分析**とも訳される。クライエントや家族の解決すべき課題（ニーズ）や希望を明らかにすることである。ニーズ等は、クライエントや家族が十分に把握しているとはいえないこともあるので、コミュニケーションを重ねることが必要である。

出 33-105-4
34-105-3

**76** **マイヤー**（Meyer, C.H.）は、アセスメントでは、情報の組織化のために解釈、類推に必要な知識・理論を習得し、理論に基づいた判断がなされるべきだと指摘している。また、アセスメントは、介入法、問題解決法を見つけ出すためのプロセスであり、それらの実現性を考え、結果予測までも含むことが大切であるとしている。

**77** **アセスメント**では、収集した情報をどのように評価し、支援目標（標的）などをどのように設定するかの検討が行われる。

**78** アセスメントによって具体的な目標などが明確にされると、次は、援助目的に向かって支援の計画が立てられる（プランニング）。支援プロセスの進行とともに展開する動的なプロセスである。

## 支援の計画（プランニング）

**79** **プランニング**とは、アセスメントと援助の実施とをつなぐ作業である。援助の具体的方法を選定し、実施計画を立て、当面の目標を設定する。クライエントと協働して策定し、クライエント自身が問題を認識し、解決方法を選択することによって、問題解決への意欲をもたせる必要がある。

出 30-116
32-103-1
34-105-4

**80** ソーシャルワーカーの援助計画は、その計画がそのまま機関の計画になる場合と、ケース検討会などを通して計画が決定される場合とがある。

出 30-116

▶この場合、ほかの専門職と連携し、矛盾のないような援助計画が立案されなければならない。

**81** ソーシャルワークの援助計画は、介護保険のケアプランなどと異なり、あらゆる制度・サービスの活用状況といった全体的調和のもとに計画が立てられることに留意すべきである。

**82** 援助全体について計画を立て支援を進めていくにあたっては、クライエントに支援方針・内容を説明することが求められる。この際、専門家と

112

していかなる効果をもって支援しているのかという**説明責任（アカウンタビリティ）**を果たしていく必要がある。

83 プランニングは、相談援助に対する援助計画のほかに、**介護予防サービス計画**、**居宅サービス計画**、**施設サービス計画**、**サービス利用計画**といった介護保険サービスによって行われるものもある。

## 支援の実施

84 **支援の実施**にあたっては、サービス事業者やインフォーマル・サポートの人たちと、**ケースカンファレンス**を開き、クライエントや家族を交えて、支援の実施について合意をとる。これで、サービス事業者やインフォーマル・サポートの人たちに対して、クライエントや家族の意向を示すことや、サービス提供実施の微調整も可能となる。

85 支援の実施にあたっては、フォーマル・サービスを提供する事業者等には法的に**守秘義務**が課せられるが、インフォーマルな人たちには法的に**守秘義務**は課せられていないので、**守秘義務**について了解を得る。

86 相談援助の過程における**契約**とは、ソーシャルワーカーとクライエントの間での社会福祉援助やサービス利用に関する合意を意味する。

87 ソーシャルワーカーには、アセスメント・援助計画策定、実施の前に、**契約**の段階を設定する立場がある。この場合、援助を開始するにあたってソーシャルワーカーの役割などを前もって**合意**することになる。

88 契約段階をアセスメント段階と援助計画段階の間に位置づける立場は、ソーシャルワークのプロセスを「関係形成」→「クライエントの問題探求」→「多角的アセスメント」→「クライエントのモチベーションを高める」段階の次に**契約**を位置づけ、次に「援助計画作成」→「計画実行」→「終結」→「評価」の過程を経るとしている。

89 契約の意義は、①援助過程において**対等な関係性**を確保し、クライエントの**自己決定権**を尊重すること、②ソーシャルワーカーとクライエントの**相互作用**が促進されること、③合意を形成する作業を通してクライエントの問題に取り組む**モチベーション**を高めることがあげられる。

90 **契約**によって、ソーシャルワーカーとクライエントは協同して問題が解決するような**目標の設定**をする。それにより、目標達成のための具体的な方法を**計画**し、その進展や結果を**評価**することができる。

▶クライエントの状況に対する理解の共有が重要である。

91 目標設定に関しては、①明確に特定化すること、②測定可能で検証できること、③現実的で**達成可能**なこと、④**時間的枠組み**を設けることなど

### 重要項目

に注意する。

**92** ソーシャルワーカーとクライエントの間には、①目標達成のための具体的行動についての合意、②目標達成に関する評価についての合意が大切となる。また、契約の内容は**口頭**で伝える場合と**文書化**する場合がある。

出 34-104-1

▶文書による場合は、契約内容が明示され、誤解が生じることを避けることができる。

**93** ソーシャルワーク実践介入の**ターゲット**は、①**人間**、②**環境**（家族環境、参加環境、地域環境、国家環境、国際環境、宇宙環境）、③**人と環境の交互作用**の3つである。

**94** **介入（インターベンション）**は、人々や社会システムおよび両者の関連性のみならず、社会的な改善・増進にかかわる課題を達成するためにとられる援助機能を伴い、社会資源の掘り起こしや開発に関与することまで含んでいる。

出 32-103-5
34-104-2

**95** **ミルン**（Milne, D.L.）は、**社会的支援介入**を表3のように提示した。

#### 表3　社会的支援介入

| ①**臨床的**介入 | 通常の専門的諸活動と重なっており、社会的支援と地域社会志向が個人治療をより効果的にし、受け入れられるような方法。 |
|---|---|
| ②**近接的**介入 | 専門家たちが関連した社会的支援の諸問題に取り組むようになったいきさつをより組織的に吟味する。分析レベルは、学校、職場そして家族または友人のレベルである。 |
| ③**遠隔的**介入 | 物質的社会的欠乏状態、健康教育そして環境デザインといったような精神保健の諸問題にどのように取り組むことができ（少なくとも認識でき）るかということに関連している。 |

**96** **ジョンソン**（Johnson, L.C.）らは、**直接的介入**と間接的介入に役立つ活動を表4のように分類している。

出 34-100-4, 5

**97** ジョンソンらによれば、ソーシャルワーカーが**政治的はたらきかけ**で用いてきた手法としては、①問題を調査し、政策決定者への事実の提示、②公聴会での証言（可能な限り事実を活用する）、③ロビー活動をしたり、立法化のプロセスに立ち会い、可能ならば投票に影響力を行使する、④最近の政策の地域での影響について、議員に情報を提示するためにサービスの提供者と連合を組む、⑤クライエントに影響を与える政策に関する、埋もれていたりまだあやふやな情報を州や国のグループと共有する、⑥社会的問題や人々のニーズに共感をもつ候補者を選挙で支援する、⑦政策決定者に事実や態度を知らせるために、手紙やEメールを送るキャンペーンを行うことなどがあるとしている。

**98** **アンダーソン**（Anderson, J.）の**基本的コンピテンシー・モデル**によれば、ソーシャルワーク過程を展開するのに必要な前提条件となる実践能

4 相談援助の過程

支援の実施

**表4　直接的介入と間接的介入に役立つ活動**

| 直接的介入 | ①人間関係の発展ができるようにする活動 |
| --- | --- |
| | ②状況のなかの人の理解ができるようにする活動 |
| | ③計画の過程での活動 |
| | ④クライエントが利用可能な資源を知って活用できるようにする活動 |
| | ⑤クライエントへのエンパワメントやイネイブリングの活動 |
| | ⑥危機状況での活動 |
| | ⑦クライエントの社会的機能を支援するための活動 |
| | ⑧援助の基礎としてクライエントとアクティビティを活用するための活動 |
| | ⑨環境のなかでのクライエントとシステムとを媒介するための活動 |
| | ⑩ソーシャルワークの臨床モデルを活用する際の活動 |
| 間接的介入 | ①環境の変化を目指す活動 |
| | ②影響力のある人を関与させる活動 |
| | ③サービスの調整（コーディネーション）に関する活動 |
| | ④プログラムの計画、展開の活動 |
| | ⑤組織を変化させるための活動 |
| | ⑥コーズアドボカシーの活動 |

▶個人やシステムが援助や支援なしには取り組むことができなかったような活動を遂行できるようにする。

相談援助の理論と方法

力として、「人と環境の相互作用の生態学的視座をすべての直接サービスの実践状況に適用する能力」と「自己覚知をすべての対人サービスの状況において専門職として自己を用いるべく利用する能力」があげられるとしている。

99 アンダーソンによれば、**ソーシャルワーク過程持続能力**としては、①セッションの**波長合わせ**と契約、②精査と明確化、③共感、④自分の感情を共有する、⑤積極性を要望する、⑥情報の提供、⑦実践理論の活用の各技能が求められるとしている。

**波長合わせ**
グループワークの最初の場面のために、メンバーがどのような気持ちで参加してくるのかを、ソーシャルワーカーがあらかじめ理解し、調整すること。

100 **コンプトン**（Compton, B.R.）らによる**介入の技法**としては、①資源を確保する（「資源を実際に提供する」「直接介入を図る」「組織化する」を含む）、②自己覚知を高める、③社会的技能を強化する、④情報にアクセスする、⑤意思決定を促進する、⑥意味を探索するという各技法をあげている。

101 全米ソーシャルワーク教育協議会は、「調査研究」のなかで、「量的・質的研究の内容は、実践のための知識を構築するための科学的、分析的、倫理的アプローチの理解を提供する。この内容は、**エビデンス・ベースド・インターベンション**（**根拠に基づく介入**）を含む経験上の基礎をおく知識の開発、利用、効果的なコミュニケーションを行う準備を学生に与える。調査研究の知識は、学生によって高品質のサービスを提供する

115

> 重要項目

ために利用され、変化を始めるために利用され、実践、政策、社会サービスを提供するために利用され、自分自身の実践を評価するために利用される」として、根拠に基づく介入を指摘している。

## 経過観察（モニタリング）と評価

**102** **経過観察（モニタリング）** は、支援開始後（介入・インターベンション）の経過を**観察・評価**することで、支援やサービス提供がきちんと行われているか、クライエントの取組みがどのように進んでいるかの**確認**が行われる。

> 出 32-97-2（相基）
> 33-105
> 34-114-2

**103** モニタリングの**手続きの流れ**は、①対象の明確化（対象者の明確化、対象問題、対象資源）、②スケジュールの設定（いつ、どこで、どのように）、③**結果**の整理をたどる。

**104** モニタリングの方法としては、クライエントの生活の場での**生活場面面接**やサービス提供者との連絡、**担当者会議**などがある。

**105** モニタリングを行った後、クライエントや家族に問題があったり、サービスの実施がうまく行われなかった場合には、**再アセスメント**によって支援計画の修正を行う。そして、新たな援助目標の設定と達成のために必要なサービス資源の提供を判断するための情報収集を行う。

**106** **再アセスメント**は、初期のアセスメントと変わりはないが、クライエントや家族の生活の継続、ソーシャルワークの支援の継続のために必要な要素が中心となる。**再アセスメント**、**支援の見直し・強化**が行われ、**モニタリング**へと展開する。

> ▶このプロセスは、必要に応じて繰り返されることになる。

**107** 再アセスメントでは、緊急的な対応の必要性、あるいは生命の危険性などを判断し、**即座に対応**することが求められる。継続的に対応する必要性があるものは、支援の視点を初期より拡大することも考える。

**108** **支援目標の再設定**では、**生活モデルの考え方**に立ち、生活の主体はクライエントや家族であり、課題に取り組んでいる彼らを支援する、課題を抱えながらも生活を続けている彼らを支援することが大切となる。

> ▶解決できない問題や課題を抱えて生活を続けなければならない状況を考慮して支援することも重要である。

**109** 援助内容の**評価**は、設定された目標が達成されているかを、クライエントと援助者や機関との間で確認することをいう。**面接**だけでなく、**記録**に残すことも必要となる。

# 支援の終結と効果測定

**110** クライエントの問題が解決できたり、問題はあるが、自身で解決できることがはっきりした場合には、支援関係の契約に基づいて支援を**終結**することになる。

> ▶日常生活に必要なサービスは継続し、相談支援のみ終結となるケースもある。また、その逆の場合もある。

**111** 支援の**終結の条件**としては、①問題がクライエントの力によって**解決された**、②問題が解決されたことについて、援助者とクライエントの判断が**一致**している、③今後いくつか解決すべき問題はあるものの、その解決はクライエントが**自ら**対応できる、④①〜③が、援助者とクライエントの**共通理解**となっていることがあげられる。

**112** 援助者側がまだ支援が必要であると判断しているにもかかわらず、クライエントが援助者や援助のネットワークから離れてしまう場合、支援の終結としてとらえるのではなく**中断**と考え、再度、クライエントとの援助関係を結べるようはたらきかけていく必要がある。

**113** 支援の終結による問題解決過程の**評価**において、援助者はクライエントの失敗なども教訓としてとらえ、クライエントの意見を取り入れて**肯定的**に**評価**するのが望ましい。

> ▶クライエントの不安を取り除き、生活の意欲を増すことになる。

**114** 支援の終結は、必ずしもクライエントが再び相談等に訪れなくなることを意味してはいない。**再利用**の**受入準備**がなされていることをクライエントに伝える必要がある。

**115** **効果測定**とは、事例やデータを集積し、**支援計画の妥当性**や**支援の効果性**を測ることをいう。クライエントや所属組織、地域や社会に対して、専門家としてどのような効果をもって支援をしているかの**説明責任（アカウンタビリティ）**を果たすためにも必要となる。

> 出 33-105-1

> ▶コストがかかることや、統制群に対して支援をしないのは倫理的に問題であるという指摘がある。

**116** **効果測定**では、①従属変数に変化が生じたかどうか、②その変化が独立変数によってもたらされたものかどうかを明確に説得力をもって示すことができる。

**117** 効果測定では、実践の事例やデータを集積し、効果測定を行い、それを根拠として次の実践に活かす**エビデンス・ベースド・プラクティス**が重要となる。

**118** **統制群実験計画法**（**集団比較実験計画法**）は、同じ問題行動のあるクライエントを、支援を実施した実験群と支援を実施しない統制群に分けて、追跡調査を通じて**2つの群を比較研究**することにより、支援の効果を明らかにしようとする方法で、普遍的な効果を測定するのに適している。

> 出 32-104-3

**119** **単一事例実験計画法**（**シングル・システム・デザイン**）は、1980年代

> 出 32-104-1

重要項目

に統制群実験計画法に代わって注目され、1人の対象者からクライエントの問題に対して因果関係を判断し、**介入（インターベンション）**の効果を測定する方法である。

120 単一事例実験計画法（シングル・システム・デザイン）は、もともと行動療法の分野で発達したもので、**支援を行う前**（ベースライン期）の問題の状態と**支援を受けた後**（インターベンション期）の問題の状態のデータをグラフ化し、介入前後の従属変数の水準を視覚的に判断し、時間の流れに沿って繰り返し観察することによって、問題の変化と支援との因果関係をとらえようとする方法である。

出 32-104-2, 4

121 **ベースライン期**と**インターベンション期**において反復測定を行うことを**反転法**といい、表5のようなデザインがある。

出 32-104-5

表5　シングル・システム・デザイン法

| AB デザイン | 介入前と介入中に測定を行い、その変化を介入の効果ととらえる方法。 |
|---|---|
| ABA デザイン | 介入前と介入中と介入後に測定し、介入中はいい状態になるが、介入を中断すると支援前の状態に戻ることを確認して、介入の継続が効果的であることを明らかにする方法。 |
| ABAB デザイン | 介入前と介入中と介入中断と再介入後に測定し、介入の再開によって効果が再現されることを明らかにしようとする方法。 |

122 **断面的（クロスセクショナル）事例研究法**とは、**複数**の事例を対象とし、調査期間を**特定の一時点に限定して**状況を調査する方法である。

123 **メタ・アナリシス法**とは、ある特定の支援方法について、これまでに行われた多くの調査結果を**統合**して、支援の効果がより**普遍的**なものであることを明らかにする方法をいう。

124 **グランプリ調査法**とは、割り当てるグループが、Aという支援を実施したグループ、Bという支援を実施したグループというように、いろいろな支援方法に**分類**し、実施結果を**比較**する方法をいう。

125 **反復実験計画法**とは、支援前の問題行動の程度を査定し、それを基本線にし、ケースワークにより生じた行動の程度の変化を、時間の経過に沿って**確認を繰り返す**方法をいう。

126 **複合技術実験計画法**とは、支援前の問題行動の程度を査定し、基本線を定めた後、いくつかの種類のケースワークを実施したことに伴う**変化を確認していく**方法をいう。

127 **複合ベースライン実験計画法**とは、いくつかの問題行動が**同時**に解決すべき問題になっているときに、問題行動ごとに基本線を定め、実施した

ケースワークによる**変化を確認する**方法をいう。

128 **自己診断測定**とは、**クライエント**による測定方法で、紙と鉛筆による自己診断測定である。単独の**クライエント**の問題を測定するために使われる。

129 相談援助における**プロセス評価**は、支援の終結プロセスで、相談援助のプロセス全体を見直し、ソーシャルワーカーの活動のプロセスを評価することが大切であり、**アウトカム評価**は、長期目標が具体的かつ明確に設定され、クライエントをはじめ関係者がその内容をしっかり共有できているかどうかが大切となる。

▶最終的な成果（エンド・プロダクト）についての評価。

130 **エバリュエーション**（**事後評価**）とは、終結の内容確認、効果測定、サービス評価など、**最終的な結果の検討**である。一定の基準・目標に合わせて問題解決の側面から実践を客観的にとらえ直すことである。

出 32-103-2

## アフターケア

131 **アフターケア**（**支援終結後の援助**）とは、**支援の終結後**、クライエントや家族に生活状況の変化があった場合には、いつでも支援を**再開できる**ような体制を整えておくこと、およびそのフォローをいう。自ら支援を申し出ることが困難なクライエントに対してのフォローアップ体制が必要となる。

出 32-105

132 **フォローアップ**は、**支援の終結後**、クライエントへの援助効果やその後の状況を**確認する**ために行われる。終結後に再び同じ問題を抱えるクライエントに有効であり、その際には、あらかじめ予定を立て、クライエントや関係者の了解を要する。

出 34-105-1

133 **地域**における**ニーズ**には、①住民の共通ニーズ、②特定の集団・組織ニーズ、③点在化しているニーズ、④**潜在化している**ニーズといったものがある。

134 ソーシャルワーカーは、ケアシステムの問題点、サービスの不足、潜在化しているニーズの発掘などについて、地域にはたらきかけ、①インフォーマル・サポートの**活用**、②社会資源の**開拓**、③各種サービスの**開発**、④**予防的対応**といった役割がある。

135 ソーシャルワーカーには、地域で気になる人に声をかけたり、見守り体制を整えたり、早期発見・早期対応などの**予防的な活動**が求められる。

136 ソーシャルワーカーには、**インフォーマル・サポート**を含む地域の対応力として**ソーシャルサポートネットワーク**の構築、関係機関との間での

**重要項目**

連携協力体制の組織化が求められる。

137 ソーシャルワーカーには、**アドボカシー**の機能を発揮し、クライエントのニーズを集約し、行政などに改善を要求するなどの**ソーシャルアクション**を起こすことが求められる。

出 32-97-3（相基）

## 5 相談援助における援助関係

### 援助関係の意義と概念

138 専門的援助の必要性は、①ソーシャルワークの価値、②他者のニーズとの関係、③ソーシャルワーカーの権限や能力の視点から判断される。その際は、クライエントの希望と**必ずしも一致するとは限らない**ことに注意しなければならない。

139 ソーシャルワークは、**人**（身体的状況、心理側面、社会的側面）と**環境**（クライエント自身の環境、社会環境、ソーシャルワーカーの機関や権限）の**交互作用**に介入し、問題解決を図っていく。

140 ソーシャルワーカーの情報収集においては、「**知りすぎないこと**」も大切である。問題解決に不必要な情報を聴くことや、個人的関心によって生活状況を聴くことはすべきではない。

141 ソーシャルワークの**基本原理**は、「**人間の尊重**」「**人間としての尊厳の重視**」である。

### 援助関係の形成方法

142 **カデューシン**（Kadushin, A.）は、**コミュニケーション**について表6のような交互作用を指摘している。

出 32-109

**表6　コミュニケーションの交互作用**

| |
|---|
| ①専門家（援助者）の言語は、素人の言語と異なる。 |
| ②人は、相手が話した内容よりも、期待していたものを聞きたいと思う。 |
| ③伝えられたメッセージは同じものでも、人の反応は異なる。 |
| ④人は反応を出す前に、コミュニケーション上でつじつまを合わせようとする。 |
| ⑤人は、受け取る過程では五感と第六感を使う。 |
| ⑥人は、身体的にも、情動的にも感じているものを常に内的に認知している。 |

**6 相談援助のための面接技術**

**相談援助のための面接技術の意義、目的、方法、留意点**

143 **信頼関係**（ラポール／ラポート）とは、クライエントと援助者の間の信頼関係を基盤とした、なごやかで親密な関係をいう。援助の展開過程においては、信頼関係を築くことが必要不可欠となる。

出 32-107-1

▶フランス語でラポール、英語でラポートと呼ばれている。

144 **相談援助の展開原理**は、**専門的信頼関係の形成**（ラポールの形成）から始まり、「援助者の基本的態度の原理」と「専門的援助関係の過程重視の原理」が展開されていくことになる。

145 **パートナーシップ**とは、援助者と被援助者がともに課題に取り組む関係性を表す。

出 32-107-2
34-104-3

146 **感受性訓練**（ST）は、グループ体験を経験するなかで本当の自分の心の動きに直面させられる訓練で、個人の成長に関心をもつ人々が集まり、小グループでの人間的出会いを通して、**自己変革**や**対人関係の傾向**に気づくことができる。

147 **エンカウンター・グループ**は、本音の部分での出会いと語り合いを志向したグループ活動で**自己覚知**を促進する方法である。これは、非言語的表現を許容し合うという共通認識で現実の自己に直面し、その作業を通して成長を図る訓練である。

148 **感情の転移**とは、クライエントが援助者に対して**無意識的**に個人的欲求の充足を求めることをいい、**逆転移**とは、援助者がクライエントとの関係において自己の個人的欲求の充足を求めることをいう。**感情の転移**は信頼関係形成に役立つこともあるが、**逆転移**は避けたほうがよい。

出 32-107-3

149 援助者は、クライエントの感情がクライエントの問題にとって、どのような意味があるのかを理解し、必要に応じて心から**共感**して反応していくことが必要である。そのためにも自身の価値観の特徴を知ることも大切となる。

150 **アンビバレンス**（**両面価値**）とは、肯定的感情と否定的感情など同一対象に**相反する感情が同時に存在する**ことをいう。

# 6 相談援助のための面接技術

## 相談援助のための面接技術の意義、目的、方法、留意点

151 ソーシャルワークの**面接の目的**は、**カデューシン**（Kadushin, A.）らによれば、何らかの課題や機能の達成のために必要な**情報**を得ることと、クライエントのニーズの充足や問題解決に向けての**協同作業**を行うことにある。また、**アクションシステム**の形成をその目的に加える立場もあ

▶ソーシャルワーカーとクライエントが協同し、ニーズ充足を目指す1つの活動の単位をつくることを指す。

る。

**152** **アクションシステム**は、クライエントが援助の過程に主体的にかかわることができるようにし、クライエントの自信や自己肯定感を支え高めて、ニーズ充足、問題解決に取り組むための自覚ができるようにすることが大切となる。

**153** カデューシンらによれば、**ソーシャルワーク面接の特性**について、①明確で意図的な目的をもつ、②ワーカーとクライエントで役割の差異がある、③時間と場所などの限定がある、④専門職の規範に規定されたルールがある、⑤一方的で特定の会話のパターンがある、⑥焦点はクライエントの利益にあてられている、⑦ワーカーには目標達成まで継続する義務がある、⑧目的のための権威と力の不平等な分配がある、⑨ワーカーとクライエントには異なる文化的背景がある場合が多い、⑩ワーカーが結果に対する責任をもつなどがあげられる。　　　🖽 32-109

**154** ジョンソン（Johnson, L.C.）らによれば、面接においてソーシャルワーカーが実行すべきことは、①傾聴・受容、②援助の姿勢・専門性の提示、③状況把握のための質問、④クライエントの抱く疑問への応答、⑤サービス利用のための説明、⑥ストレングスへの焦点づけと肯定的な方向づけ、⑦共感であるとする。

**155** ジョンソンらによれば、面接において、①行動、しぐさや表情など、クライエントが非言語的に表すメッセージ、②会話の流れ、話の一貫性のなさや前に語ったこととのギャップ、繰り返し述べられること、一番初めに語られたことと終わりに語られたことなど、クライエントが面接における会話のなかで無意識に示していることの意味、③ある言葉によってクライエントが連想すること、④クライエントがストレスや葛藤を感じるポイントなどを観察すべきであると指摘する。

**156** ジョンソンらによれば、面接での**コミュニケーションの目的**は、①ストレングスや資源を含む、援助活動に必要な情報の収集、②クライエントとそのエコシステム内のストレングスと資源を基盤とした考え、感情、ニーズ充足のための可能な方法を探ること、③感情や考えの表現、④アクションシステムの作業の構造化、⑤援助、情報や助言を提供し、励まし、必要な支持を提供することなどであるとしている。

**157** 面接においては、①傾聴、②共感（共感的理解）、③支持（援助場面でクライエントを精神的に支える）、④質問技術、⑤焦点づけと方向づけのための基本的応答技法といった**面接技術**を身につける必要がある。　🖽 33-109-3
34-108-3

**158** 相談援助で使われる面接技術に関して、渡部律子は、①場面構成、②受　🖽 30-108

**7 ケースマネジメントとケアマネジメント**

**ケースマネジメントとケアマネジメントの意義、目的、方法、留意点**

け止め・最小限の励まし・促し・非指示的リード、③明確化・認知確認、④相手の表現の繰り返し、⑤言い換え、⑥感情の反射・感情の明確化、⑦要約、⑧質問（開かれた質問、閉ざされた質問）、⑨支持・是認（ぜにん）・勇気づけ、再保証、⑩情報提供、⑪提案・助言、⑫解釈・説明、⑬焦点化・見えていない点に気づき新たな展開を開くことをあげている。また、沈黙への対処も大切となる。

32-108
33-109
34-108

**焦点化**
複雑に絡み合う多くの現実の要素をクライエントと一緒に点検して整理すること。

159 コミュニケーションの媒体としては、言葉による言語的コミュニケーションと、表情・視線・態度・身だしなみなど、言葉以外による非言語的コミュニケーションがある。

160 面接では、開かれた質問と閉ざされた（閉じた）質問を状況に応じて組み合わせることが大切であり、コミュニケーション技法を支える基本的技能として、観察法が重要となる。

出 30-108-1
32-108-5
33-109-2, 4
34-108-5

161 面接の形態には、①個別面接、②複数の人に1人のワーカーが面接する合同面接、③1つのケースに対して複数の人が別個に個別面接を並行して行う並行面接、④1つの面接に複数のワーカーが参加する協同面接などがある。

162 生活場面面接とは、クライエントの生活の場で行われる面接をいう。施設の居室、病室での面接や、居宅訪問面接などがある。

# 7 ケースマネジメントとケアマネジメント

## ケースマネジメントとケアマネジメントの意義、目的、方法、留意点

163 ケースマネジメント（ケアマネジメント）は、アメリカで1970年代にモリス（Morris, R.）らによって「ケースマネジメント」として登場し、1990年代にイギリス、その後日本に導入、介護保険制度ではケアマネジメントが用いられた。

164 ケースマネジメントは、精神衛生プログラムや高齢者福祉分野で取り入れられ、制度を利用することが困難な状態にあるクライエントに、適切な時期に適切な形態で、必要とするすべてのサービスを受けられるように各サービスの調整を図ることを目的としたものである。支援を必要とするクライエントのために1つの窓口で、すべての生活ニーズを明らかにし、合致するサービスを結びつける方法を確立しようとしてきた歴史がある。

165 ケースマネジメントの過程は、調査・社会診断・援助というソーシャル

出 30-109

相談援助の理論と方法

123

# 重要項目

ワークの過程と基本的に同じであり、①**ケースの発見**、②**アセスメント** （事前評価、スクリーニング（ケースの仕分け）に必要な情報の収集と ケースマネジメントによる支援の要否の決定）、③**ケース目標の設定とケ アプラン**（援助計画）**の作成**、④**ケアプランの実施**、⑤**モニタリング** （クライエントおよびケア提供状況についての監視およびフォローアッ プ）、⑥**再アセスメント**、⑦**終結**をたどる。

33-111

**166** クライエントの**インフォーマルな資源**との不調整は、人間関係の悪化や 地域などのインフォーマル・ネットワークから遠ざけられ、孤立する結果 となる。援助者は、クライエントが資源との関係を調整し、活用するよ う援助する必要がある。

出 30-111

**167** **ケースマネジメント**で用いられる「**ケア**」は、身辺の世話をすることだ けではない。ケースマネジメントは、クライエントの自立生活支援に必要 な**各種社会資源の調整**（コーディネーション）機能であり、これによっ てニーズの充足、生活の維持や向上が図られることになる。そのために も、サービスとの連結・調整・交渉や資源動員、クライエントの弁護の ソーシャルワーク機能が発揮されることになる。

出 32-111-3
34-109

**168** ケースマネジメント実践では、クライエント主体の地域生活を目指すた めに、**エンパワメント**の視点による支援が強調される。また、障害福祉 の分野では、障害者が地域生活を自らマネジメントできる力をつけるこ とが重視されている。

**169** **マクスリー**（Moxley, D.P.）は、アセスメントの特色として、①ニーズ を基礎にしている、②クライエントのニーズを包括的・全体的にとらえ る、③クライエントのニーズを学際的にとらえる、④クライエントが参加 する、⑤進行する過程としてとらえる、⑥システマティックにニーズをと らえる、⑦書式化された文書をつくるといったことをあげている。

**170** **ケアプラン作成の基本原則**には、①前段階で実施されたクライエントの 包括的な機能的アセスメントに基づく、②**クライエントや家族**などがそ の作成過程に参加する、③前もって決められたケース目標に向ける、④ 特定期間の計画であって**永続的ではない**、⑤フォーマルな援助とイン フォーマルな援助の双方が含まれる、⑥クライエントや家族の負担額を 意識する、⑦ケアプランは定型化された計画用紙によって文書化される の７つがあげられる。

出 30-109-3
33-111-2

▶ケアプラン作成の過 程は以下のとおり。生 活ニーズを明らかにす る→援助目標を明らか にする→支援となる社 会資源を明確にする→ 頻度や時間数を明記す る→クライエントの自 己負担額を算定する→ ケアプラン内容につい てクライエントに了解 を得る。

**171** ケアプランは、クライエントの生活課題（生活ニーズ）に基づいて作成 される。**ケースマネジメント**は、必要なサービスを的確に提供する**ニー ズ優先アプローチ**であり、サービスをクライエントにあてがう**サービス**

優先アプローチではない。

**172** **ケースマネジメントによる援助の目的**は、自分の人生を自分で責任をもって決定していくという考え方であり、**生活モデルでの自立**である。ケアマネジメントの目的は、その意味での自立を支えることにある。

**173** **ケースマネジメントによる援助**の1つに、**生活の全体性**から焦点をあてる方法がある。健康状況、介護状況、住宅状況などの状況が関連し合って、生活全体に波及しているという認識のもとでニーズをとらえ、さらに潜在的なセルフケアを活用して、ケアプランを考えていくことになる。

**174** ケースマネジメントの援助において**個別性**とは、個々人の生活にはそれぞれ異なるニーズがあることを前提に、ケアプランを考えることである。

**175** ケースマネジメントの援助において**継続性**とは、過去の状況がどのような影響を与え、さらに将来にわたってどのように影響していくかを見通し、ケアプランを考えることである。

**176** ケースマネジメントの援助において**地域性**とは、地域によってニーズや社会資源が異なることを理解して、ケアプランを考えることである。

**177** ケースマネジメントを可能にするには、地域内の**ネットワークづくり**が必要となる。各機関等の実務者間による**ケースカンファレンス**（**実務者会議**）や、各機関の代表者が集まり、今後必要とされる社会資源などについて検討する**ケースコミッティ**（**代表者会議**）といったチームアプローチを行うことで、援助はより容易となっていく。 🖽33-112

**178** カースト-アシュマン（Kirst-Ashman, K.K.）らは、ソーシャルワークとケースマネジメントの目標は同じであるとし、ともに人々の問題解決や対処の能力を促進し、資源を得、組織を人々のニーズに合わせることにより、クライエントと環境の関係を増進することが支援目標であるとしている。また、**包括的モデル**でケースマネジメントを把握すれば、ソーシャルワークと近いものとなる。 🖽32-111-2

**179** ケアマネジメント・プログラムの**最小限モデル**では、クライエントのケアプランを作成し、サービス提供者へ送致するまでの中核的な機能に焦点化したものとなる。 🖽32-111-1

**180** **利用者指向モデル**は、利用者をその中心にしたモデルを指す。**システム指向モデル**（**資源配分モデル**）は、費用効率を重視し、管理的機能、費用抑制の必要性により、一定の予算内でケアプランを立てるというケアマネジメントの考えをいう。 🖽32-111-4, 5

**181** **臨床型モデル**とは、ケアマネジメント従事者と利用者の結びつきが強く、サービスを調整する機能より利用者の**治療**を目標としているモデルであ

重要項目

る。

182 ケースマネジメントでは、ニーズの充足と問題解決を援助するために必要な資源を的確に見つけ出し、クライエントの参加を促す**リンケージ（接合）**の手法も大切となる。

出 30-109-4

183 **リファーラル**とは、スクリーニングの結果、他の機関のほうが適切な支援が行えると判断した場合に、地域の他機関に紹介することを指す。

出 33-111-4

## 8 アウトリーチ

### アウトリーチの意義、目的、方法、留意点

184 **接近困難なクライエント**（インボランタリー・クライエント、非自発的クライエント）は、自ら援助を求めない個人家族だけでなく**地域住民**、**地域社会**なども対象とする。

▶貧困・多子・アルコール依存症など多くの問題を同時に抱え、それらが複雑にからみ合い、数か所の福祉機関からサービスを受けながらも援助効果が上げにくい。

185 近年、接近困難なクライエントは、**貧困**問題を基盤とし、援助を提供する機関の連携の不具合や不適切な援助のなかで、**社会的**に形成されると指摘されている。これらの場合、個々の問題を評価し、相互の関連を考え、生活の全体像に着目して問題解決を図ることが重要である。

186 **アウトリーチ**による**ソーシャルワーク**は、慈善組織協会（COS）の友愛訪問活動に起源をもつ。接近困難なクライエントなどに対し、**援助者のほうから積極的にはたらきかけ**、クライエントに援助の必要性を感知させ、問題解決に取り組んでいく**動機づけ**の段階から始めることが求められるが、援助が始まった後も有効である。

出 31-110
32-97（相基）
33-110

187 接近困難なクライエントへの対応は、援助の手を差し伸べる根拠をはっきりとさせ、クライエントからの申請を待つのではなく、援助者が地域や家庭などの生活場面に出向いたり、学校現場におけるトラウマケアの実践での**アウトリーチ**が重要である。クライエントと接触したら、援助者からそのことを率直に伝えていく。

188 接近困難なクライエントに対しては、最初抵抗があっても、援助者の意図を押しつけていくのではなく、クライエントなりの意見を聞き、具体的な要求に誠実に対応していくことによって**不信感を取り去る**ことが大切である。

189 拒否的な態度をとるクライエントに対しては、無理に**介入**していくことは避けるべきであるが、ニーズの掘り起こし、援助者側の見守りや情報提供、サービス提供などの**具体的援助の提供**は必要である。また、地域

出 31-110-5

住民とのつながりを構築し、**ネットワークづくり**なども必要とされる。

**190** 接近困難なクライエントが示す拒否的な態度などは、社会資源から肯定的に評価されたことがないことによって形成される。援助者はクライエントのプラスの動きを**肯定的に評価**し、それを伝えることによってこれまでの人とは異なるということから、拒否感を取り去るようにするとよい。

**191** **トロッター**（Trotter, C.）によれば、アウトリーチは「ワーカーとクライエントの役割をクライエントが理解するように支援すること（**正確な役割の明確化**）、社会的にみて望ましいと思われる行動をクライエントがとることを示し、賞賛や何らかの心理的報酬によって強化していくこと（**向社会的価値のモデリングと強化**）、クライエントが定義した問題の解決に協同で取り組むことなどが有効」だとしている。

**192** **座間太郎**は、アウトリーチを可能にする要因を表7のようにあげている。また、これらへの所属機関のバックアップ体制も必要となる。

出 31-110-4, 5
33-110

表7 アウトリーチを可能にする要因

| ①**職員**に関する要因 | ・ワーカー自身が社会的孤立状態にある人がいるという認識と積極的なはたらきかけが必要であるという認識をもつ力量があること。<br>・1人のワーカーが地域に出て行ったとしても業務が回るような職員体制が必要であること。 |
| --- | --- |
| ②**サービス**に関する要因 | ・提供されるサービスの質が高いこと。 |
| ③**組織**的要因 | ・ワーカーが資源活用に関する実質的な権限をもっていること。 |
| ④**地域の状況** | ・ワーカー・機関と地域との関係がどの程度構築されているのか。 |

# 9 相談援助における社会資源の活用・調整・開発

## 社会資源の活用・調整・開発の意義、目的、方法、留意点

### ■ 社会資源

**193** **社会資源**とは、**ソーシャル・ニーズ**を充足するために活用される人材、資金、情報、施設、制度、ノウハウなどをいう。物的、人的、情報的、関係的、内的資源といった分類や、**フォーマル**なものと**インフォーマル**なものに区分できる。ソーシャルワーカーも含め幅広く援助に利用できるものはすべて社会資源といえる。

出 30-111
30-112
31-112
34-110

## 重要項目

**194** **社会資源**の**開発・活用**には、人の確立、組織化、地域社会の協同と連帯
意識の発展が不可欠である。公的な管理の制度化には必ずしもなじまな
い。

出 30-112
32-114-5
34-110

**195** 社会資源の不足・不備状態では、資源の活用、改造、再編、結合、開発
（**既存資源**の**再資源化**、**新規資源**の**開発**）の方法が考えられる。ソー
シャルワークの効果的役割も必要であるが、社会資源が十分であっても、
住民が十分にそれを活用できないときは援助技術は効果的役割を果たす。

**196** 社会資源には、①自尊心、自信といった**肯定的自己概念**、②他者から必
要とされているといった**情緒的欲求**、③達成感、美的満足、レクリエー
ションといった**個人的実現欲求**、④衣食住などの**物理的欲求**に対応する
ものがある。

**197** **ソーシャルワーク実践**では、ワーカーは、①**クライエントの力を高め
る**、②クライエントを取り巻く**環境**の力を補ったり、変えたりする、③
**個人と環境の調整を図る**といったはたらきかけを行う。

**198** **ソーシャルワーカー**の役割として、クライエントと必要な資源を結びつ
ける**ブローカー**の役割、問題解決のために利害関係者と話し合う**ネゴシ
エーター**の役割、クライエントと社会システムの不調和から生じるニー
ズに対して葛藤を解決し調整する**メディエーター**の役割などがあげられ
る。

出 31-107-1, 3, 5

### ■ ソーシャルアクション

**199** **ソーシャルアクション**は、地域の住民の要求に応えて、社会福祉関係者
の組織化を図り、既存の制度やその運営を、世論を喚起しながら改善し
ていこうとする活動をいう。

出 31-112-2
33-117

**200** ソーシャルアクションは、その源流をアメリカの**公民権運動**などに求める
ことができ、社会福祉制度、サービスの新設・改善を目指して、**議会や
行政機関などに対応を求める**組織的な対策行動およびその方法をいう。

▶ 伝統的な方法とし
て、署名、陳情、請願
などがある。

**201** 近年は、ソーシャルアクションの新しいモデルとして、地方自治体の首
長自らがアクションを住民に仕掛け、住民からの反応を自治体自らが受
け止め、福祉シフト化のバネにしていく「**セルフアクション、セルフリ
アクション型**」があげられる。

**202** 住民が問題解決のための起業主体となって事業を経営し、行政が援助を
行う「**住民・行政パートナーシップ型**」「**市民・行政協同型**」のモデル
も近年生まれている。

出 33-118

## ■ アドボカシー

**203** **代弁的機能**（**アドボカシー**）には、個々のクライエントが現に受けている直接の具体的な不正を正していく機能と、クライエントあるいはほかのすべての人々に地域社会で不利な影響を与えているような政策などを改革していく機能がある。

**204** 認知症高齢者や知的障害者にあっては、援助者は彼らに代わってニーズを表明し、意思決定を**代弁**することによって、基本的人権を守る必要がある。

出 31-95（相基）

**205** **セルフアドボカシー**は、病気や障害のある当事者が自分の権利や要求を主体的に自分自身の声と力で主張するもので、当事者自身が自ら自己変革をとげ、直接主張し行動していくことが重要である。

出 32-94-3（相基）

**206** **市民（シチズン）アドボカシー**とは、教育訓練を受けた市民と調整役としてのスタッフが障害者などの権利を守る活動をいう。

出 32-94-4（相基）

**207** **リーガルアドボカシー**とは、セルフアドボカシーや市民アドボカシーでは対応できない場合、弁護士などが法的な手段を用いてクライエントの権利を守る活動をいう。

出 32-94-5（相基）

**208** **個別援助・支援機能**（**イネーブラー**）とは、可能ならしめる人、力を添える人の意で用いられる。クライエントの問題解決へ向けての目標達成が可能となるように、側面的に支援する援助者の役割をいう。

出 31-107-4

**209** **管理・運営機能**（**マネジャー**）とは、目的をもった組織において計画や方針を示し、組織が適切に機能していくため、調整管理機能を担う援助者の役割をいう。

**210** **コンフリクト・マネジメント機能**とは、対立を相互の立場の確認と積極的な意見交換の現れとして**肯定的に受け止めていく**認識と役割をいう。所属する機関内部やほかの機関の組織や人間関係上の**コンフリクト（葛藤）を否定的にとらえないで**、問題解決に必要な交互作用と認識し、相互の立場などに理解を示し、一致点を認めるような介入を行う。

**211** **媒介的機能**（**ネットワーク**）とは、クライエントの生活と生活環境との調和を適切な方向に導き出すための役割をいう。クライエントの自己能力を活かせるような生活の場を形成し、ニーズに対する環境からの応答性が高まるような接点をつくり出していくものである。

**212** **保護的機能**（**ガーディアン**）とは、緊急介入や強制介入を実施せざるを得ない場合において、クライエントの権利擁護のために当該司法機関との交渉などを行う役割をいう。

▶利用者の権利が侵害された状態が調整や交渉で解決しない場合、福祉施設、行政機関などとも対決する。

**213** **教育的機能**（**エデュケーター**）とは、クライエントの社会的機能を高め、

出 31-107-2

**重要項目**

環境への適応能力を促進するために、クライエントに必要な情報やソーシャルスキルを学習する機会を提供する役割をいう。

## 10 ネットワーキング

### ネットワーキングの意義、目的、方法、留意点

**214** リップナック・スタンプス夫妻（Lipnack, J. & Stamps, J.）は、ネットワーキングを提唱し、「ネットワークとはわれわれを結びつけ、活動、希望、理想の分かち合いを可能にするリンクである。ネットワーキングとは、他人とのつながりを形成するプロセスである」と指摘している。

**215** ソーシャルサポートネットワークは、社会生活上の支援であるソーシャルサポートとそれを提供する社会関係としてのソーシャルネットワークからなる。クライエントを取り巻く家族、友人、近隣、ボランティアなどによる**インフォーマルな援助**、公的機関、専門職による**フォーマルな援助**に基づく援助関係の総体をいう。

出 31-106
33-112

**216** ソーシャルサポートは、人間関係における個人を支持する機能をいい、ソーシャルネットワークのなかで、クライエント本人に**有益**とみなされるネットワークを指す。

▶ 自然発生的に存在するもの、意図的につくられるもの、社会制度化されているものなどがある。

**217** ソーシャルネットワークは、個人のもつ社会関係の構造を指し、クライエント本人に有益なネットワークとそうでないネットワークがある。

出 33-112-5

**218** ソーシャルサポートネットワークは、フロランド（Froland, C.）によれば、個人ネットワーク法、ボランティア連結法、相互援助ネットワーク法、近隣地区援助者法、地域活性化法の5つの方法に分類されるとする。

**219** ソーシャルサポートネットワークは、マグワァイア（Maguire, L.）によれば、ネットワーク介入アプローチ、ケースマネジメントアプローチ、システム開発アプローチの3つに分類される。

**220** マグワァイアは、ソーシャルサポートネットワークのプロセスを、①自分の問題が不明確で不平を吐露する「**換気**」、②自分の社会関係システムの弱みや強みを把握する「**アセスメント**」、③可能性のある関係性（システム）について抱く感情について再考する「**明確化**」、④システムの開発について合理的なアプローチをする「**計画立案**」、⑤システムの変化が加えられてソーシャルサポートが促進される「**再組織化**」の各段階を経るとしている。

10 ネットワーキング

家族や近隣その他の者とのネットワーキング、サービス提供者間のネットワーキング、その他

# 家族や近隣その他の者とのネットワーキング、サービス提供者間のネットワーキング、その他

**221** 日本の地域生活支援で**連携**が必要となるのは社会福祉制度が縦割り制度であるためである。そのため、制度適用を優先する支援が行われ、制度の狭間に存在する問題への支援が弱い。

**222** 専門職が住民活動やボランティア活動を専門サービス資源の不足に対する代替と考えたり、専門職業的な使命感を押しつけてインフォーマル・サポートの特質を理解しないと、住民との連携は難しくなる。住民は、**対等なパートナー**である。

**223** **小地域福祉活動**は、地域住民が日常生活のなかで、**自治会**など地域福祉推進基盤組織によって行われる**福祉のまちづくり活動**を進める諸活動を指す。

**224** **小地域ネットワーク活動**は、**小地域福祉活動**のなかでのクライエントのニーズ発見や見守り、助け合いといった**個別の援助活動**をいう。

**225** **コーディネーション**とは、物事を調整してまとめ上げるという意味があり、クライエントのニーズに応えるために、多機関・団体の連携のもとで実現しようとする社会福祉援助活動である。保健、医療、福祉の専門職間の連携、さらには家族、近隣、ボランティアなどのインフォーマル・サポート、生活関連資源の連携をいう。既存の社会資源間の調整だけでなく、必要な支援の開発、創造も含まれる。

**226** コーディネーションは、ボランティア活動のボランティアコーディネート、福祉分野での高齢者サービス調整チームづくり、在宅介護支援センターのケアマネジメント、地域保健分野でのケアコーディネーション、地域福祉分野での地域福祉コーディネーター、利用契約制度化と福祉供給主体の多元化によるケアマネジメントでの**調整（コーディネーション）機能**といったことを背景にしている。

📖 32-112

**227** **コーディネーションの有効性**としては、クライエントにとって、①**多様なニーズ**の実現、②密室化によって生じる援助者側からの**支配的援助関係**の回避、③援助利用過程での**煩雑**さの軽減があげられる。援助者にとっても、❶専門領域の役割の**明確化**、❷新しい**役割・思考**の発見、❸**バーンアウト**防止など相互援助の獲得があげられる。

**228** **コーディネーションの構成要素**としては、情報の収集、他領域に関する知識習得や研修の機会、自機関内の連携に対する意欲の度合いといった**連携に対する知識・能力**の向上、また、連絡、送致、交渉・獲得、同行

📖 32-112

▶例えば、家族支援での複合的な問題が増加しているが、それを総合的に解決できるような法律や制度はない。

▶専門職は、その住民を支援する立場に立つことも求められる。

相談援助の理論と方法

## 重要項目

訪問、意見交換・事例検討会（ケースカンファレンス）といった日常的な援助業務における**連携の具体的手段**があげられる。

**229** **コーディネーションの問題点**としては、援助者にとって、❶連携活動による**多忙**化、❷援助者の都合のよくなるようなチームへの**同調の圧力**などがあり、クライエントにとっては、①多職種の関与による**プライバシー保護**の問題、②縦割りによる援助の**分断化**、③援助が硬直化し、過剰な**一体化**が起こる、④援助関係の拡大による**煩雑さ**があげられる。

# ケア会議の意義と留意点

## ■ ケア会議

**230** **ケア会議**の効果として、**直接的**効果と**間接的**効果がある。さらに実務者としての評価（過程評価・効果評価）領域を提示する立場がある。

## ■ ケースカンファレンス

**231** **ケースカンファレンス**での実践や決定事項に責任を負う専門職による助言やケースカンファレンスのコーディネートは、**スーパービジョン**の一種となる。

**232** **ケースカンファレンス**は、スーパーバイザー、報告者、事例提供者、援助チームのメンバー、他分野の専門職、関係機関、施設事業所の職員、当事者家族など**さまざまな考えや価値観**、**立場の異なる人**が参加して行われることに意義がある。

**233** **ケースカンファレンスの目的**は、**事例を振り返る**ことで問題解決の実現を妨げている要因・原因を明らかにすることである。また、職員の教育・研修の機会や関係機関・専門職との連携・協力・協同関係の構築、福祉課題の発見、**地域ネットワーク**の構築や**社会資源**の創造開発が目指される。

**234** **ケースカンファレンス**は、**スーパービジョン**における**スーパーバイザー**との個別協議、教育・指導訓練の場の意味で用いられていたが、日本では、医療・保健・福祉の領域で「事例検討会」「ケース会議」「ミーティング」「処遇検討会議」「事例研究会」「サービス担当者会議」「個別ケア会議」などさまざまな形で用いられている。

**235** ケースカンファレンスは、会場の手配、関係者との事前打ち合わせ、所定の様式に従った資料の作成、ポイントを絞った報告内容、資料の事前配布、当日の運営などがしっかりと行われ、次いで事例の**共有化**、論点

---

出 32-113

🔸 **注目！**

介護保険制度の地域支援事業では、包括的・継続的ケアマネジメント業務の効果的な実施のために、市町村は地域ケア会議（介護保険法上は「会議」）の設置に努めなければならないとされている（284頁参照）。

出 34-107

▶新たな事実の発見や問題解決能力を高めることなど、困難事例に対する解決・緩和の方法や技術支援のあり方の普遍化が可能となる。

の**明確化**、**検討**といった過程を経る。

## ■ 交渉

**236** **交渉**は、**アウトリーチ**をソーシャルワーカーが実践していくための**手段**となるものである。交渉には、**日常生活のサポート**としての交渉と、深刻な対立状況における**専門的**な交渉の２つがある。

**237** 交渉では、交渉の**構造**と**プロセス**を理解することが必要となる。交渉の**構造**とは、関係者は誰か、課題は何か、調整する課題の範囲と各関係者の利益あるいは損失との関係などを指す。

**238** **プレゼンテーション**の技術は、①活動にどう活かすか、②メンバーにどう還元するか、③情報や価値の活用、④成果のわかりやすい提示、⑤最重要テーマの決定、⑥関係者の位置づけ、⑦疑問点の整理、⑧連携の促進、⑨能力をどう向上させるか、⑩情報の加工と蓄積があげられる。

> ▶利害関係のある複数者によって、互いの要求を出し合い、調整しながら、物事を実現するために話し合う過程。

> ▶各々の関係者がどのような対応をするか、異なった利害に対してどのような反応をみせるか、調整過程に対する姿勢などをいう。

# 11 集団を活用した相談援助

## 集団を活用した相談援助の意義、目的、方法、留意点

### ■ グループワークの基本原理・原則

**239** **コノプカ**（Konopka, G.）は、『**ソーシャルグループワーク**』という著書で、「**ソーシャルグループワーク**とは、ソーシャルワークの１つの方法であり、意図的なグループ経験を通じて、個人の社会的に機能する力を高め、また個人、集団、地域社会の諸問題に、より効果的に対処し得るよう、人々を援助するものである」と定義している。

**240** **コノプカ**は、**傾聴**を、日常の生活でわれわれが人に耳を貸すとは違った種類のものであり、自分のことだけでなく、ほかの人のことを真剣に考えるための意識的な自立心を必要とする技術であるとした。

**241** **コイル**（Coyle, G.）は、ソーシャルグループワークとは、「任意につくられたグループで、余暇を利用してグループワーカーの援助のもとに実践される一種の**教育的活動**であり、集団的な経験を通して個人の成長と発達を図るとともに、社会的に望ましい目的のために各成員が集団を利用することである」と定義している。

**242** **トレッカー**（Trecker, H. B.）は、ソーシャルグループワークとは、「１つの方法であり、それによって社会事業団体内のグループに属する各人が、プログラム活動で成員の相互作用を指導するグループワーカーに

> 出 31-113
> 　　33-113-2

> ▶グループワーク14原則として、「個別化」「受容」「参加」「葛藤解決」「制限」などをあげている。

> 出 33-113-1

> 出 33-113-4

相談援助の理論と方法

### 重要項目

よって援助され、各自の必要と能力に応じてほかの人々と結びつき、成長の機会をもつ経験を与えられ、もって**個人**、**グループ**、および**地域社会**の成長と発展を図らんとするものである」と定義している。

**243** **シュワルツ**（Schwartz, W.）は、グループワーカーはソーシャルワークの目的を果たすためにグループの状況を用いるという立場から、社会と個人の相互依存性に着目し、ワーカーはその媒介者としての機能を果たすことを強調した「**相互作用モデル**」「**媒介モデル**」と呼ばれるソーシャルワークの一般理論をつくり上げた。
> 出 31-113-4
> 33-113-5

**244** **シュワルツ**は、**グループワークの展開過程**を、第1が準備期で波長合わせが強調され、第2が開始期で契約の段階、第3が作業期で媒介という主要な課題にワーカーが取り組み、第4が移行・終結期とした。
> 出 30-113
> 31-113-3
> 34-111

**245** **ヴィンター**（Vinter, R.）などを中心とするミシガン大学の研究者たちは、行動療法的な理論をグループワークに取り入れた。このような方法は、「**行動グループワーク**」として日本に紹介されている。
> 出 33-113-3

**246** **社会的（諸）目標モデル**は、伝統的なグループワークの実践モデルで、青少年団体、セツルメントなどで展開されるグループで活用され、グループを活用した社会問題の解決を目的としている。

**247** **治療（矯正）モデル**は、予防的およびリハビリテーション的モデル、組織モデルとも呼ばれ、小集団に参加する個人の矯正や治療を目的としている。
> ▶主に、身体的、精神的な障害のある人、犯罪者、情緒障害者、孤立している人や疎外されている人を対象としている。

**248** **相互作用モデル**は、方法論統合化の視点から、小集団を媒介としながら、個人と社会組織が互いの利益のために相互援助システムとして機能することを目的にしたものである。
> 出 33-113-3
> 34-112

**249** グループワークでは、活動の効果よりも過程が重要視されるといわれてきたが、行動療法の原理を応用した**治療的な**行動グループワークにおいては、活動の結果が過程と同様、重要になってきた。

**250** グループの成長ともいえる段階では、メンバー同士のまとまり意識や信頼関係の確立がある。自分だけでなくほかのメンバーの関心や問題を互いが強く考えるようになるグループ感情を**われわれ感情**という。

**251** グループ独自のものの考え方、行動の仕方、対処の仕方など、そのグループの共通の判断枠組みとなっているものを**グループ規範**（**集団規範**）という。
> 出 30-113-4
> 32-114-4

**252** **受容**はケースワークのみならず、グループワークにおいても重要な技術である。あるクライエントがほかのクライエントや援助者に著しく迷惑をかけるようなことがあれば、その言動は**制限**を受ける。

## 11 集団を活用した相談援助

### 集団を活用した相談援助の意義、目的、方法、留意点

**253** **グループワーク**では、クライエント同士の交わりと**相互援助**は、グループ過程を展開させる重要な構成要素である。クライエント間で同じような問題をもつ者同士が率直に語り合うなかで、ひそかに自分との対話を行い、自分の問題に対して、より新しい洞察（どうさつ）を得ることが可能になる。

出 32-114-1

**254** グループワークでは、クライエントが互いの感情を理解することにより、許容的な雰囲気のなかでは、不安や緊張、敵意が解消され、そこには心の安らぎやほかのクライエントに対する親しみが芽生えて、**連帯感**が生まれる。この**連帯感**を醸成するためには、メンバーの感情や考えを自由に表現でき、グループ全体を受容できる**許容的雰囲気**が必要である。

出 30-114

**255** グループワークにおいては、**受容・共感**の原則が重要である。援助者は、自分がクライエントを受け入れており、また共感しているという気持ちを言葉や行動で積極的に伝えていくが、積極的にはたらきかけてこないクライエントには、援助者からのはたらきかけが最も重要である。

**256** グループワークにおける**個別化の原則**とは、**クライエント**の個別化と**グループ**の個別化の２つの側面を含んでいる。

**257** **クライエント**の**個別化**とは、クライエント個々を理解するため、それぞれの特性を把握して対応することである。

**258** **グループ**の**個別化**は、あるグループをほかのグループとは異なるものとしてとらえ、その特性を把握して対応することをいう。グループ経験が個々のクライエントにどのような効果をもたらしているか、一人ひとりがどのように考え、どのように感じ、どのように行動しているかを絶えず観察することが何よりも大切である。

出 30-114

**259** ヴィンターが、グループワークでは、ワーカーはクライエント・グループの各メンバーに特定の処遇目標を設定することと述べているように、グループを構成するクライエントのニーズを把握し、そのニーズに基づいて、最善の集団経験が得られるように援助することが大切で、援助者は、**クライエントの個別化**を絶えず念頭におかなければならない。

**260** グループワークにおける**参加・協力**の原則とは、クライエントが各自の能力に応じてグループ活動に参加・協力することである。援助者はクライエントの能力に応じて参加でき、協力できる可能性をできるだけもっている活動を考え、グループの利用者の人格的交わりが可能となるよう、その活動展開においては、参加を促すはたらきかけを行っていく。

**261** グループワークにおける**制限**の原則とは、クライエントが自分や他人の生命を脅かしたり、人間関係を破壊する行動をとったりすることがないように保護し、クライエントの自我を強化し、援助者とよりよい援助関

重要項目

係を保っていくための原則である。

262 **自己活用**の原則とは、自己を援助の道具として用いることである。援助者は集団のなかでクライエントと行動をともにするが、ただ集団の過程を観察するために存在するのではなく、必要な援助をするために存在する。

263 **平行過程**の原則では、ワーカーの課題とメンバーの課題とは必ずしも一致するものではなく、両者の違いは明確に区別されなくてはならない。

264 **葛藤解決**の原則とは、グループワーカーの援助によって、グループの相互作用のなかで生じる葛藤やメンバー個人の内面的葛藤の解決を促すことである。葛藤の背後には、他者を理解しようとするエネルギーが隠れており、それを**引き出して**グループが成長する手助けをする。　　　 出 31-113-2

265 **波長合わせ**とは、シュワルツの概念であり、援助者がクライエントの生活状況、感情、ニーズなどを**あらかじめ理解する**ことをいう。　　　 出 30-113-3

## ■ グループワークの展開過程

266 社会福祉施設におけるチーム実践を推進するためには、**施設長**の**リーダーシップ**によるところが大きい。施設における援助方針がしっかり立てられ、計画的に進められていることがその前提であり、組織のバックアップのもとに行う。

267 施設の生活は集団生活であるが、その基本は個人の情緒的安定を図ることが前提である。したがって、「**集団のなかの個**」という認識のもとに個別的援助をすべきである。

> ▶集団のなかで個々人が尊重し合って快適に過ごすためには、生活の規則を設けることも必要である。

268 入所施設における援助の基点は**衣食住**の確保にあるが、それに加えて、生活の質の向上を図るため**文化的に豊かな**対応が求められる。

269 **グループワーカー**は、常にグループの**クライエントの個々人**を対象とすることと、その個々人が構成している**グループ全体**の動きに焦点をあてることを調整するために機能しなければならない。

> ▶クライエントがリーダーシップを発揮しやすいように援助することが必要であり、また、必要な社会資源をクライエントやグループが活用できるように援助する必要がある。

270 グループワーカーは、必要に応じてクライエントやグループを問題に直面させる必要がある。これはグループ場面ばかりでなく、個人面接などでも行われるので、その点からも援助者には、個別的援助の技術を欠くことができない。また、グループにおける援助者の機能を、援助者の姿勢から検討しようとするのが、**ヒューマニズム的モデル**である。

271 グループワークの**初期段階**においては、何のためにこのグループが会合し、どのような約束のもとに活動を展開していくのかなどについて、援助者とクライエントの**合意**をつくる「**契約**」または「**約束**」の作業が大切　　　 出 30-113-1
31-113-3

右上: 11 集団を活用した相談援助

集団を活用した相談援助の意義、目的、方法、留意点

である。

**272** グループワークは、個別目標を達成するために、グループのなかで、グループを通して個人にはたらきかける個別化された仕事であり、そのための援助者の順序だった仕事のやり方を**グループワーク・メソッド**と呼ぶ。

## ■ プログラム活動

**273** 効果的なグループワークの推進には、**プログラム**が必要である。展開過程で計画、立案される個々の活動を**プログラム活動**と呼ぶ。援助者は、**プログラム**を計画するうえで、側面的援助者となることが必要である。そして、常に「誰のために」「何のために」「どのように」といったクライエントの関心や援助の目的を踏まえて計画する必要がある。

出 31-113-5

**274** 援助者は、集団の目的達成に合致した**効果的なプログラム活動**を提案し、クライエントの**プログラム計画**を援助することが大切である。また、クライエントの年齢、心身の発達状態、これまでの集団経験その他を考慮して、クライエントの能力にふさわしく、満足の得られるプログラム活動を考慮する必要がある。

▶グループ状況によっては、援助者がプログラム計画を立てる場合もある。

**275** **プログラム計画**にあたって援助者は、**固定グループ**か**開放グループ**か、また、プログラム活動のもつ援助上の効果と限界について、検討しなければならない。プログラムは援助目標達成のための**手段**であって目的ではない。

## ■ グループ記録、評価等

**276** **グループ記録**は、プログラム活動がグループプロセスにどのような影響を及ぼしているか、援助者が何を契機としてクライエントの相互作用にかかわったかなどの状況と援助者の分析、所見を記述するものである。

▶援助内容の評価や点検のためばかりでなく、スーパービジョンのための資料としても用いられる。

**277** **グループ記録**は、個々のグループの**クライエントの状況**、すなわちクライエントのグループへの**参加態度**、グループの課題や問題への**対応姿勢**などの状況とそれについての援助者の所見を記述する。

**278** **プログラム活動**の**効果測定**の項目設定は、そのクライエントがどのような目的でグループをつくっているかによって異なるということに注意しなければならない。

**279** **集団の発達過程**においては、グループの誕生から終結に至る力動的関係の過程を示し、集団のまとまりが出てきて、独自のものの考え方、行動、判断、対処の仕方をつくり上げていく集団の「基準」が確立していく。

▶援助者だけで評価を行うのではなく、クライエントなどからのフィードバックを受ける。

**280** グループワークを**評価**するには、目標に照らして会合ごとに評価するこ

右端縦書き: 相談援助の理論と方法

137

とや、一定の間隔をおいて、特定の評価尺度に従って評価するなどの実践が必要である。

**281** **グリーフワーク**は、身近な人を失った悲しみをいやすために用いられるプログラムであり、死別に伴って体験されるさまざまな感情を表出させる援助がなされる。日本では、阪神・淡路大震災頃から注目され、導入されている。

▶「悲嘆（ひたん）の作業」などといわれる。

## グループダイナミックス、自助グループ、その他

**282** グループダイナミックス（**集団力学**）とは、メンバー同士の**相互作用**にはたらくさまざまな心理的力動性を研究して、集団とその成員の行動の一般的法則を解明しようとする科学で、集団活動により引き起こされる力などに注目して活用される援助技術である。

出 34-112

**283** レヴィン（Lewin, K.）などのグループダイナミックスは、従来の静的・固定的な集団理論を批判し、グループワークに理論的な影響を与えた。

▶施設におけるグループワークは、グループダイナミックスを活用し、生活意欲の向上を図る。

**284** **自助グループ**（**セルフヘルプグループ**）は、伝統的なソーシャルワークとは価値体系も方法も異なる援助といわれる。専門職から独立した組織であるが、専門職の支援を必要とする場合と、**当事者のみ**で専門職を排除する場合がある。当事者のみの場合には**エンパワメント**が強調される。**自己変容機能、相互支援機能、社会変革機能**を有する。

出 32-115

**285** 自助グループにおいては、援助されると同時に援助する関係に立つ。**リースマン**（Riessman, F.）は、これを**ヘルパー・セラピー原則**（**援助者治療原則**）とし、援助する人が最も援助を受けるという意味で用いる。

**286** **自助グループ**は、専門職や専門機関の援助を受けることがあるが、ボランティア活動の１つであり、特定の専門機関との関係はない。**サポートグループ**は、特定の専門機関から支援を受けている。構成員は、専門機関のクライエントであったり、過去にクライエントであった者で構成される。したがって、実際には参加できる人は限られていることが多い。

**287** **当事者組織**は、自助グループと共通点が多い。しかし、「**当事者**」であることを強調しているので専門職や専門機関、行政機関との関係のなかで使われている概念である。また、組織として、福祉・保健・医療サービス利用者としての**ソーシャルアクション**を強調する。

出 33-117-2

**288** **専門職の支援の度合**からみると、**自助グループ**には専門職の支援はほとんどないか、**自助グループ**が求めたときのみの関係となる。**当事者組織**は、専門職の雇用がある場合もあるので、限定的か恒常的に専門職の支

出 33-107-4

援があることになる。**サポートグループ**は、専門職の支援は欠かせないが、当事者が主体的にグループを運営する場合もある。グループワークのグループは、専門職が終始一貫してグループの活動に責任をもつことになる。

**289** アメリカやドイツなどには自助グループを専門的に支援する**セルフヘルプ・クリアリングハウス**が存在する。日本では、**セルフヘルプ支援センター**と呼ばれている。

**290** **体験的知識**とは、自助グループによって当事者の体験を蓄積し、吟味することによって生み出された知識をいう。

**291** 自助グループの抱える問題として、中心的な役割を担う活動的なリーダーにグループ運営の仕事が集中し、周辺部には多数の傍観者的な構成員が集まっているが、それを支える活動的な**フォロワー**（随 従 者）がいないことがある。

▶自助グループの、①情報の収集と提供、②相談と援助、③地域への理解を広める広報と社会教育、④調査研究を行う。

## 12 スーパービジョン

## スーパービジョンの意義、目的、方法、留意点

**292** **スーパービジョン**とは、「スーパーバイザーが、責任をもってスーパーバイジーの能力を最大限に活かしてよりよい実践ができるように援助する過程」であり、**支持的**機能、**教育的**機能、**管理的**機能がある。

出 30-115

**293** スーパービジョンの**支持的**機能は、スーパーバイジー（ワーカー・実習生）を**支える**もので、**情緒的関係**である。**バーンアウト**の防止、自己覚知の促進とそれに伴う痛みの軽減、自己実現とそれに伴う葛藤の軽減などの機能がある。

出 30-115-4
31-115-5

**294** スーパービジョンの**教育的**機能は、一人前の専門職の**養成**であり、**学習の動機づけ**を高めたり、具体的事例による理論と実践の結合、知識・技術・価値の伝授などの機能がある。

出 30-115-5

**295** スーパービジョンの**管理的**機能は、職場環境の**整備**、ワーカーが組織の一員として援助活動ができるように管理することなどである。

出 30-115-3

**296** **スーパービジョン**の**目的**は、知識や技術を身につけること、専門的な判断ができること、機関とコミュニティについて熟知し活用できること、態度や倫理を身につけることなどがあげられる。**スーパービジョン**は熟練した援助者に対しても行われる。

出 30-115-2
31-115-1

▶2014（平成26）年4月から始まった認定社会福祉士は、スーパービジョンを受けることが必須条件。

**297** 一定の組織のなかで援助活動がなされると、ストレスがたまって**燃えつ**

**重要項目**

き症候群（バーンアウト・シンドローム）がもたらされやすいが、それに対処するためには個人的対応だけに任せるのではなく、組織的レベルで支援体制を用意することが重要である。

**298** 個人スーパービジョンは、スーパーバイザーとスーパーバイジーの1対1の関係（スーパービジョン関係）で契約を結び意思の確認がなされる。事例に合わせて定期的に長期にわたってなされるものから、必要なときに不定期に行い、しかも継続的になされるスーパービジョンなど、さまざまである。スーパーバイジーの自己覚知を促すことは、面接での介入効果を上げるのに有効である。

出 31-115-2
32-116-2
33-114-4

**299** グループ・スーパービジョンとは、スーパーバイザーと複数のスーパーバイジーによる定期的なスーパービジョンをいう。グループ・アプローチはスーパービジョンの考え方を拡大したものである。事例研究などは、スーパービジョンとして用いることが多い。

出 32-116
33-114-2

**300** ライブ・スーパービジョンの特色は、記録によらず「生の」場面を両者が直接経験できることにあり、援助者がクライエントと面接しているかたわらにスーパーバイザーが座る場合や、ワンサイド・ミラーから見る場合もある。

出 33-114-3

**301** ピア・スーパービジョンは、学生同士、ワーカー同士が、互いに事例研究などを行うものをいう。自由な雰囲気のもとで自己を表現する場合に有効な方法といえる。アメリカでは、スーパーバイザーやスーパービジョン後独り立ちしたワーカーが、自主的に学習集団をつくって活動している形態をピア・スーパービジョンと呼ぶ。

出 31-115-3
33-114-1

**302** セルフ・スーパービジョンは、自分自身で行うスーパービジョンである。自分自身を客観視することにより、困難な場面から今後の見通しを得るのに効果がある。

出 33-114-5

**303** スーパービジョンにおけるスーパーバイザーとスーパーバイジーの関係は、感情面での困難が出現するが、これはソーシャルワークにおけるワーカーとクライエントの関係と類似した関係である。こうした現象をパラレルプロセスと呼ぶ。

出 31-115-4

**304** コンサルテーションは、他分野・他領域の専門的な知識や技術についての助言を受けることを指す。専門職をコンサルタント、受け手をコンサルティーと呼び、任意で対等な関係となる。

**305** コンサルテーションは、隣接した領域の専門家によってなされ、管理的機能を有しない点でスーパービジョンと区別される。

## 13 記録

## 記録の意義、目的、方法、留意点

**306** 記録業務は、ミクロレベル（ソーシャルワーカー個人の振り返りやメモ）、メゾレベル（施設・機関のスタッフとしての責任の明確化）、マクロレベル（地域への施設・機関の果たすべき責任の明示）で実施されている。

出 30-106-5

**307** 記録業務は、①記録を活用する目的を明確に設定すること、②記録目的を達成するため、作成方法と内容・様式等を決定すること、③作成された記録を効果性・効率性から見直すことで、評価・修正を行うこと、④記録の妥当性が明らかにされたものを活用することの各行動からなる管理業務である。

**308** ハミルトン（Hamilton, G.）は、診断主義の立場から、ケース記録の目的とは、①サービスを適切にするための援助、②援助の責任を果たすうえでの検討と評価を行うための管理、③知識の交換や技術向上を図るための教育・指導、④新知識を発見し、社会計画や社会予防に資するための調査であると指摘した。

**309** ケーグル（Kagle, J.D.）は、**記録の目的**は、よりよいサービスの提供にあるとし、①クライエントのニーズの明確化、②サービスの文書化、③ケースの継続の維持、④専門職間のコミュニケーションの促進、⑤クライエントとの情報の共有、⑥スーパービジョン、コンサルテーション、同僚間の再検討の促進、⑦サービスの過程とその影響をモニターすること、⑧学生とほかの専門職の教育、⑨管理上の課題に対してのデータの提供、⑩調査・研究のためのデータ提供をあげる。

出 30-106
31-116

**310** フェイスシート（フロントシート）とは、**クライエント**に関する氏名、性別、年齢、住所、職業、家族構成、紹介経路、主な問題、問題の種類などが、1枚のシートに記入されたものをいう。

**311** ケース・ヒストリー（生活史）とは、機関を利用するまでのクライエントと、その人を取り巻く状況がまとめられたものをいう。年齢や問題によって記録の重点は異なるが、クライエントの背景を知るうえで不可欠なものである。

出 33-115-1

**312** アセスメントシートは、利用者が直面している生活上の困難を解決するために、必要な情報を収集し、分析・解釈・関連づけを行い、多面的なニーズを総合的に理解するためのものである。

**313** プランニングシートは、支援計画において作成され、本人の目指す暮ら

出 32-117-1

相談援助の理論と方法

**重要項目**

しや総合的な援助の方針などを記入する。

314 記録は、クライエントと援助者との相互関係を中心に、援助、クライエントの反応、そこに生起する状況の変化についての過程が記録されていなければならない。

315 過程記録とは、時間の経過を追ってストーリー風に書いていく記録である。　出 33-115-2

316 援助が長期にわたる場合の記録では、主として援助内容と結果報告に重点がおかれた要約記録をつくることが必要である。

317 項目記録とは、**要約記録の1つ**の様式である。時間の順序によらず、いくつかの主たる項目に整理して要約し、事実の要約のために用いられる。情緒的な要素の強い面接には不向きである。

318 定期的要約記録とは、施設や機関で提供されたサービスなどを一定期間をおいて定期的に要約する様式で、公的扶助機関などの**長期に及ぶケース**において必要になる。

319 記録の文体のうち過程叙述体は、援助者とクライエントのコミュニケーションを**詳しく書き留めた**もので、圧縮叙述体は、全体を短く圧縮したもので、スーパーバイザーに見せるときなどに用いる。　出 34-114-4

320 日付に従って順に記録する過程記録は、たいてい**圧縮叙述体**である。テープレコーダーで再録した逐語記録は、**叙述体の原型**であり、現任訓練や教育でよく用いられる。　出 32-117-3　33-115-5

321 記録文の種類の1つとして要約体は、援助者の思考を通過して再整理され、素材を選択し、系統だて、主眼点を明確にしようとするものである。主に、**ケースカンファレンスに提出する記録**などに用いる。　出 33-115-3　34-114-1

322 記録文の種類の1つとして説明体は、**事実に対する援助者の解釈や考えの記述**である。クライエントの言葉や行動の事実の部分と、それに対する援助者の解釈や意見といった事実に対する解釈とを区別して記録しなければならない。主に、評価・診断・援助に関する過程記録のなかで用いる。　出 30-106-3　31-116-2　32-117-2　33-115-4　34-114-3

323 **SOAP 方式**（Subjective Objective Assessment Plan）は、**S＝主観的情報**、**O＝客観的情報**、**A＝入手した客観的事実**、**P＝計画の作成**によるもので、伝え手と読み手の双方が理解しやすい情報のやりとりが可能であるとされる。　出 31-116-4

324 記録は、日時、場所、参加者、目的、経過などが明らかになるように書いていく。また、必要に応じて図や表を用いれば、わかりやすく書くことができる。こうした記録は、有効に活用することが大切となる。　出 30-106-2　32-117-4

142

## 13 記録

### 記録の意義、目的、方法、留意点

**325** **マッピング技法**は、援助者がクライエントの抱えている問題をともに解決していくため、そこにかかわる人的・物的な社会資源あるいは家族内関係の相互関係や全体像を描き出していく**図式法**をいい、**視覚化**によって文章による説明を補う機能をもつ。

▶代表的なものに、ジェノグラム、ファミリーマップ、エコマップがある。

**326** **ハートマン**（Hartman, A.）は、**生態学的視点**から、**家族システム**とそれを取り巻くシステムの相互関連状況を明らかにするための**エコマップ**の作成を強調した。

出 32-100

**327** **エコマップ**は、**社会資源**やソーシャルサポートネットワーク、利用者や**その周囲の人々**等について図式化したものである。

**328** マッピング技法の１つである**ジェノグラム**は、**ボーエン**（Bowen, M.）によって開発された。世代関係図、家族関係図とも呼ばれ、３世代以上の拡大家族内で繰り返し伝承されてきているような問題の連鎖性を発見していくうえで有効な図式法である。

出 31-104-1
33-112-1

**329** マッピング技法の１つである**ファミリーマップ**は、家族図とも呼ばれ、家族成員間にみられる特定の関心事や問題状況を図式化したもので、家族のもつ病理性の原因分析が明らかになる。

**330** **ソシオグラム**は、成員間の選択・拒否関係を図式化して、小集団における**人間関係の構造**を明らかにするためのものである。

出 31-104-3

**331** **MDS**（Minimum Data Set）は、**介護や支援を必要とする高齢者**のためのアセスメントツールであり、**PIE**（Person-in-Environment）は、クライエントの抱える**社会生活上の問題**を記述、分類し、記録するためのツールである。

出 31-104-5

**332** **エゴグラム**は、**バーン**（Berne, E.）によって提唱され、**交流分析理論**に基づき、人間の性格を５つの心の領域に分けて分析するものである。

出 31-104-2

**333** **インターライ方式**は、**MDS**を再構築する形で開発されたアセスメント方式である。利用者の状態を把握するためのアセスメント表とアセスメントでとらえた問題を検討するための指針が書かれたケア指針からなる。

**334** **DCM**（Dementia Care Mapping）は、認知症を抱える人５名前後を共有スペースで６時間以上連続して観察し、５分ごとに**マッピング**（記録）を行い、生活の質・ケアの質を評価するものである。

出 31-104-4

**335** **自己観察記録法**とは、クライエントが援助者から指示される構造化された方法で、クライエント自身の行動の系統的査定を行う方法をいう。クライエントには、行動の頻度、時間、場所、状況、行動の継続などを詳細に記録するために小ノートが与えられ、行動が記録される。

**336** **平行的観察記録法**とは、クライエントの行動が、配偶者、友人、協同の

相談援助の理論と方法

## 重要項目

援助者などによって記録される方法をいう。

**337** 記録には、**責任の所在**をはっきりさせるために、担当者の氏名を書いておくようにする。また、記録業務を組織的にバックアップすることが重要である。

**338** 記録はクライエントに**開示**されることがある。その際ソーシャルワーカーは、自己の役割、責任などをもって援助目標と援助計画を明確化し、援助上の限界を明らかにし、**誠実に記録する**ことがクライエントをおとしめない記録ともなる。

出 30-106-4
31-116-1, 5

**339** 記録には、援助に直接関係がないと思われる情報や事務的事項などは書かない。必要以上の情報をクライエントから引き出すことは好ましくないが、**個人情報保護と情報・記録の共有**に対して前向きな作成が求められる。クライエント当人に**記録を開示**する場合、ソーシャルワーカーには、その記録に含まれる**第三者の秘密**を守ることが求められる。

---

# 14 相談援助と個人情報の保護の意義と留意点

## 個人情報の保護に関する法律（個人情報保護法）の運用

**340** 2003（平成15）年、**個人情報の保護に関する法律**（個人情報保護法）が制定された。同法では、個人情報取扱事業者は、個人情報を取り扱う場合、利用目的をできる限り特定しなければならず、特定の範囲を超える場合には、あらかじめ**本人の同意**を得なければならない旨が記されている。

出 30-117-5
31-117-4
34-115-3

**341** 個人情報保護法では、**内閣府**の外局として**個人情報保護委員会**を設けている（行政手続における特定の個人を識別するための番号の利用等に関する法律（番号法）の特定個人情報保護委員会を改組）。

**342** **個人情報保護委員会**は、**個人情報取扱事業者**、**個人関連情報取扱事業者**、**仮名加工情報取扱事業者**、**匿名加工情報取扱事業者**の**監督**を行う。また、立入検査の権限等がある。

▶報告徴収および立入検査の権限は事業所管大臣等に委任可能である。また、命令に違反した場合、1年以下の懲役または100万円以下の罰金、法人に対しては1億円に引き上げられた。

**343** 個人情報保護法は、適切な規律のもとで個人情報等の有用性を確保するために、特定の個人を識別することができないように個人情報を加工したものを**匿名加工情報**と定義し、その加工方法を定めるとともに、事業者による公表などその取扱いについての規律を設けている。

出 34-115-5

**344** 2020（令和2）年の個人情報保護法の改正で、**仮名加工情報**が導入された。これはイノベーションを促進する観点から、他の情報と照合しなけ

14 相談援助と個人情報の保護の意義と留意点

個人情報の保護に関する法律（個人情報保護法）の運用

れば特定の個人を識別することができないよう加工された（氏名などを削除した）個人情報を指す。

**345** 2015（平成27）年の個人情報保護法の改正で、個人情報を取得したときの利用目的から新たな利用目的へ変更することを制限する規定が緩和された。そして認定個人情報保護団体が個人情報保護指針を作成する際には、消費者の意見等を聴くとともに個人情報保護委員会に届け出、個人情報保護委員会は、その内容を公表することとなった。

出 33-116-4

**346** 個人情報保護法の**個人情報**とは、生存する個人に関する情報であって、①当該情報に含まれる氏名、生年月日その他の記述等（文書、図画もしくは電磁的記録（電子的方式、磁気的方式、その他人の知覚によって認識できない方式で作られる記録））に記載されもしくは記録され、または音声、動作、その他の方法を用いて表された一切の事項により特定の個人を識別することができるもの、②**個人識別符号**が含まれるもの、に該当するものである。

出 31-117-1, 2
34-115-1

▶身体の一部の特徴を電子計算機のために変換した符号、またはサービス利用や書類において対象者ごとに割り振られる符号。

**347** 2020（令和2）年の法改正で、提供元では個人データに該当しないものでも、提供先において個人データとなることが想定される情報の第三者提供について本人の同意が得られていることなどの**確認義務**が設けられた。

**348** 個人情報保護法において「**個人情報取扱事業者**」とは、**個人情報データベース**などを事業の用に供している者をいう。ただし、①国の機関、②地方公共団体、③独立行政法人等、④地方独立行政法人は除かれる。

出 30-117-1, 5
33-116-1
34-115-2, 3, 5

**349** 2015（平成27）年の個人情報保護法の改正によって、**定義**に関連した改正として、①特定の個人の**身体的特徴**を変換したもの（例：顔認識データ）等は特定の**個人を識別する情報**であるため、これを個人情報として明確化した。②本人に対する不当な差別または偏見が生じないように、人種、信条、病歴等が含まれる個人情報については、**本人の同意を得て**取得することを原則義務化し、本人同意を得ない**第三者提供の特例（オプトアウト）を禁止**した。③個人情報データベース等から利用方法をみて個人の権利利益を害するおそれが少ないものを除外した。④取り扱う個人情報が**5000人分以下の事業者**へも本法を適用することとなった。

出 30-117-2, 3
33-116-2, 3

💡 注目！

顔認識データといった身体的特徴も個人情報として明確化した。

▶2020（令和2）年の改正で、オプトアウト規定による第三者に提供できる個人データの範囲が限定され、不正取得されたデータや、オプトアウト規定により提供されたデータについては対象外となった。

**350** 個人情報保護法第3条は、**基本理念**として、「個人情報は、個人の人格尊重の理念の下に慎重に取り扱われるべきものであることに鑑み、その適正な取扱いが図られなければならない」としている。

**351** 個人情報取扱事業者は、法令に基づく場合、人の生命、身体または財産

出 31-117-3

相談援助の理論と方法

145

**重要項目**

の保護のために必要がある場合であって、本人の同意を得ることが困難
である場合などを除き、あらかじめ**本人の同意**を得ないで、要配慮個人
情報（人種・信条など不当な差別または偏見が生じる可能性のある個人
情報）を取得してはならない。

33-116-5
34-115-3

352 個人情報取扱事業者が、開示、内容の訂正、追加または削除、利用の停
止、消去および第三者への提供の停止を行うことのできる権限を有する
個人データを保有個人データという。ただし、その存否が明らかになる
ことにより公益その他の利益が害されるものは除外される。

**表8　保有個人データから除外されるもの**

①本人または第三者の生命、身体または財産に危害が及ぶおそれがあるもの
②違法または不当な行為を助長し、または誘発するおそれがあるもの
③国の安全が害されるおそれ、他国もしくは国際機関との信頼関係が損なわれるお
　それまたは他国もしくは国際機関との交渉上不利益をこうむるおそれがあるもの
④犯罪の予防、鎮圧または捜査その他の公共の安全と秩序の維持に支障が及ぶおそ
　れのあるもの

353 2021（令和3）年の個人情報の保護に関する法律の一部改正によって、
**個人情報保護法、行政機関の保有する個人情報の保護に関する法律（行
政機関個人情報保護法）、独立行政法人等の保有する個人情報の保護に
関する法律（独立行政法人等個人情報保護法）**の3本の法律が1本の法
律に統合された。それによって、地方公共団体の個人情報保護制度につ
いても統合後の法律において全国的な共通ルールを規定し、全体の所管
を個人情報保護委員会に一元化することとなった。

**注目！**

個人情報保護委員会が一
元的に当該規律を解釈運
用する。

354 2021（令和3）年の改正によって、国公立の病院、大学等には原則とし
て民間の病院、大学等と同等の規律を適用することとなった。ただし、
**開示等や行政機関等匿名加工情報の提供等**については、引き続き公的部
門の規律が適用されることとなった。

355 2021（令和3）年の改正によって、学術研究目的で個人情報を取り扱う
場合には、①**利用目的による制限**、②**要配慮個人情報の取得制限**、③**個
人データの第三者提供の制限**など、研究データの利用や流通を直接制約
し得る義務については、個人の権利利益を不当に侵害するおそれがある
場合を除き、例外規定を置くこととなった。

356 2021（令和3）年の改正によって、個人情報の定義等を国・民間・地方
で統一するとともに、行政機関等での**匿名加工情報の取り扱いに関する
規律を明確化**することとなった。

357 国は、個人情報の取扱いに関し事業者と本人との間に生じた苦情の適切

出 31-117-5

146

**14 相談援助と個人情報の保護の意義と留意点**

**個人情報の保護に関する法律（個人情報保護法）の運用**

かつ迅速な処理を図るために必要な措置を講じなければならない（個人情報保護法第10条）。

**358** 個人情報保護法では、**本人による**開示、訂正等、利用停止等の求めは、裁判所に訴えを提起できる**請求権**であることを明確化している。

**359** 個人情報保護法では、個人情報の流通の適正さを確保するために、①**オプトアウト規定**による第三者提供をしようとする場合、データの項目等を個人情報保護委員会へ届け出、個人情報保護委員会は、その内容を**公表**する。②個人情報の受領者は提供者の氏名やデータの取得経緯等を確認、記録し、一定期間その内容を保存する。また、提供者も、受領者の氏名等を記録し、一定期間保存することにより**トレーサビリティの確保**が行われる。③個人情報データベース等を取り扱う事務に従事する者または従事していた者が、不正な利益を図る目的でその個人情報データベース等を第三者に提供し、または盗用する行為を処罰する。

**360** 個人情報保護法では、個人情報保護委員会の規則に則った方法、または個人情報保護委員会が認めた国、または**本人同意**により個人情報の**外国**への第三者提供が可能である。物品やサービスの提供に伴い、日本の居住者等の個人情報を取得した外国の個人情報取扱事業者についても本法を原則適用し、国境を越えた適用ができる。また、執行に際して外国執行当局への情報提供も可能である。

▶2020（令和2）年の改正で、日本国内にある者にかかわる個人情報を取り扱う外国事業者は、罰則によって担保された報告徴収・命令の対象となった。

**361** 2020（令和2）年の法改正で、個人情報取扱事業者における個人情報を用いた業務実態の多様化や、必要な規律のあり方の変化を踏まえ、**認定個人情報保護団体制度**について、その対象事業者による個人情報の取り扱い全般に関する苦情受付、指導等を行う現行制度に加え、特定の事業活動に限定した活動を行う団体を認定できるよう制度を拡充することとなった。

**362** 医療・介護・福祉関係事業者に対して、具体的な個人情報保護のために、2016（平成28）年11月、**個人情報の保護に関する法律についてのガイドライン**（通則編）等が「新ガイドライン」として策定され、すべての分野に共通に適用されるものとなった。それに伴い、**福祉分野における個人情報保護に関するガイドライン**は廃止された。

**363** **プライバシー権**とは、「一人で放っておいてもらう権利」（自由権的性格）であったが、やがて「**自己の秘密は誰からも覗き見られたり、盗みぎきされない権利**」（**人格権的性格**）へと変わった。情報化が急速に進んだ今日では、「個人が自己の情報について、自分で管理する権利」（**自己情報コントロール権**）とも解釈されている。

▶東京地裁の「宴のあと」事件では、「私生活をみだりに公開されないという法的保障ないし権利」との判決がなされた。

重要項目

**364** 1980（昭和55）年の**経済協力開発機構（OECD）**で採択された「**プライバシー保護と個人データの国際流通に関するガイドライン**」において**OECD 8 原則**として、①収集制限の原則、②データ内容の原則、③目的明確化の原則、④利用制限の原則、⑤安全保護の原則、⑥公開の原則、⑦個人参加の原則、⑧責任の原則をあげている。

**365** 個人情報保護法の施行後、個人情報保護法の趣旨に対する誤解やプライバシー意識の高まりを受けて、必要とされる個人情報が提供されない、つまり、個人情報を保護する側面が強調され有益な活用が行われない、いわゆる**過剰反応**といわれる現象がみられるようになった。

▶これによって災害時に自力で避難することが難しい「災害弱者」の所在把握リストの作成が困難になることも考えられる。

**366** 公益社団法人日本社会福祉士会の「社会福祉士の倫理綱領」は、「プライバシーの尊重」「秘密の保持」「記録の開示」「情報の共有」に関して倫理基準と行動規範を示している。これらは、社会福祉士個人のみならず、加盟団体である**日本社会福祉士会**、社会福祉士の**雇用主である組織**、**国**や**自治体**にも課せられた規定といえる。

**367** クライエントが記録の**コピーを要求**した場合、クライエントは自分に関する記録を目にする。そのため、ソーシャルワーカーは、クライエントが記録を読む可能性を考えて、書く記録はどうあるべきかを考える必要がある。

▶自分の役割、責任と自己のアイデンティティをもって、援助目標と援助計画を明確化し、援助上の限界を明確にすることによって、クライエントをおとしめない記録が作成されることとなる。

# 15 相談援助における情報通信技術（IT）の活用

## IT 活用の意義と留意点

**368** **ICT（Information and Communication Technology；情報通信技術）**は、情報や通信に関する技術を総称する用語である。コンピュータやパソコンなどの情報機器、ゲームや業務用ソフトなどのソフトウェア、インターネットや放送、無線通信などの通信基盤、各種のサービスなどを指す。**IT（Information Technology；情報技術）**も同じ意味で用いられるが、国際的には「ICT」を用いる場合が多い。

出 30-118

**369** **福祉分野**における情報とは、クライエントと社会福祉の実践援助活動に携わる人々が必要とする社会保障、社会福祉、これらの関連領域に関するニーズ情報、サービス情報、サービス提供情報などをいう。

出 30-118-2

▶IT を利用できる人とそうでない人の間に生じる貧富などの格差をデジタル・デバイドという。

**370** 独立行政法人**福祉医療機構**が国の事業として運営している Web サイト（**WAM NET**）は、国民全般、地方自治体、福祉・介護関係の事業所といった登録ユーザーに病院・診療所、全国の介護事業者、障害福祉サー

ビス事業者、高齢者福祉施設、児童福祉施設、保育所等に関するデータベース、社会福祉法人の経営情報、介護保険地域密着型サービスの外部評価情報、厚生労働省で開催された審議会・検討会・課長会議等の行政資料などを総合的に提供している。

## IT を活用した支援の概要

**371** **介護保険法**第115条の35に定められた介護サービス情報の報告および公表の規定に基づいた**介護サービス情報公表システム**は、利用者の介護サービス選択のために義務づけられている介護サービス情報を提供している。

**372** **地方自治体（保険者）のための情報システム**は、介護保険制度の運営に必要とされる業務を支援するシステムで、被保険者の資格管理や保険料納付管理、受給者管理、給付実績管理、要介護認定、介護認定審査会運営などの情報提供を行っている。

**373** **介護保険事業者のための情報システム**は、ケアプランの作成・管理、サービス提供実績管理、介護報酬請求管理やサービス提供記録の作成と管理などを支援するシステムである。

**374** **ケアプラン作成・管理用システム**は、介護支援専門員（ケアマネジャー）が、ケアプランを作成する際に、要介護者の状態を分析・把握するアセスメントやケアプランの作成、給付限度額管理、ケアプランの変更などのために用いられる。▶

▶サービス提供実績管理システム、介護報酬請求管理システム、サービス提供記録作成管理支援システムといった活用も行われている。

**375** 障害のある人々や高齢などで身体機能の低下した人々の自立支援や生活支援のための機器や用具などは、公益財団法人テクノエイド協会の**福祉用具情報システム**や、東京大学・AT2EDプロジェクトなどで情報を入手できる。

**376** 一般に**情報弱者**とは、高齢者や障害者をいうが、情報は、非常に便利で役に立つ反面、使いこなすことが容易でないため、誰もが対応できるわけではない。そのため、誰もが情報弱者となり得る。

**377** **多職種チーム**では、メンバーが共通にアクセスできる**記録システム**をもつことによって、メンバー間の効率的な協力が可能となる。

**378** 「社会福祉士の行動規範」（公益社団法人日本社会福祉士会）では、利用者情報の電子媒体等の管理について、**厳重な管理体制**と**最新のセキュリティへの配慮**が定められている。

## 重要項目

### 16 事例分析

## 事例分析の意義、目的、方法、留意点

### ■ 事例研究

**379** **事例研究**とは、クライエントの抱える課題を事例**素材**として、課題の詳細を明らかにしたり、その原因や影響、対応を分析し、説明したりする研究方法をいう。

▶ソーシャルワーク教育、社会制度・政策、根拠に基づいた実践や説明責任のために行われる。

**380** 説明を目的とする事例研究は、課題の発生や解決、人の言動などに関して、既存の理論や概念を応用して説明し、理解を深める**理論・概念主導型**と、課題の発生や問題解決、人の言動がどのように起こるかといったことのメカニズムや因果関係について仮説を立てて説明しようとする**仮説構築型**（**理論生成型**）に分かれる。

**381** 事例研究には、事例そのものが珍しく興味深いため詳しく調べたいときに行う**固有事例研究**と、社会問題や現象に関心があり、事例を通して問題や現象がどのようなものかを研究する**手段的事例研究**がある。

**382** 事例研究は、1つの事例を深く研究する**単一事例研究**と、複数を対象とする**複数事例研究**に分かれる。

**383** **量的研究**は、研究者側が設定した質問への回答をアンケートなどを通じて多数の対象者から得る方法である。**データをすべて数量化**し統計学的に分析し、対象グループの全体的な傾向や、個人の位置づけを知ることが可能となる。

**384** **質的研究**は、観察、会話などにより、対象者の**ありのままの言葉や状況を記述**することで、対象者の視点や意味づけ、出来事の文脈やプロセスを理解する研究方法である。

**385** 一般社団法人日本社会福祉学会などの学会や研究教育機関などでは、**研究倫理指針**を適用することが求められる。厚生労働省が示している医学研究における指針（「臨床研究に関する倫理指針」「疫学研究に関する倫理指針」等）の研究者等の責務は、福祉分野でも遵守されることになる。

### ■ 事例分析

**386** **事例分析**は、事例研究の一部分である。ここでいう**分析**とは、対象を構成要素に細分化し、それぞれの要素について詳細を調べ、要素間の関係性を見出すことで、対象全体についての理解を深め、新たな見方や考え方ができるように行うものである。

**387** **固有事例**とは、自分が事例にかかわり、事例そのものに関心や問題意識をもっている事例をいい、**手段的事例**とは、何らかのテーマについて学ぶために選ばれた事例をいう。

## 17 相談援助の実際

## 社会的排除、虐待、家庭内暴力、ホームレスその他の危機状態にある事例及び集団に対する相談援助事例

**388** 相談援助の実際場面は、**個人**、**家族**にはたらきかける**ミクロレベル**、**所属機関**や**地域**にはたらきかける**メゾレベル**、**法律や制度の改正**をも視野に入れた**マクロレベル**、兄弟の誕生といった**ライフイベント**、時代的な流れの**クロノシステム**がある。

出 32-106-1, 2, 3, 4
34-95（相基）

**389** **ブロンフェンブレンナー**（Bronfenbrenner, U.）は、当事者に間接的に影響する集団関係を**エクソシステム**（エクソレベル）に区分する。2つまたはそれ以上の個人に間接的に影響する環境として **IT 社会**、**子どもの権利条約**、**学歴社会**、**児童福祉法**などをあげている。

出 32-106-5

**390** 相談援助には、**公的な社会資源**を活用する援助や、**人間関係の調整**や連携を行ったり**組織化**を意図する場合など幅広い援助の形がある。

**391** 福祉サービスの提供現場にも**リスクマネジメント**が必要とされるようになってきた。リスクマネジメントとは、ある行動に伴って生じる危険や損失を**予見**し、効果的・効率的に**予防策**を講じることをいう。

---

学習心理学に基づく受験勉強の進め方

COLUMN

### 学習の前後は何もするな！

いったん覚えた事柄も、その前に覚えた事柄によって記憶の保持が妨害されたり（順向抑制）、その後に覚えた事柄によって記憶の保持が妨害されたりする（逆向抑制）。そうすると、学習の前後は何もしないのが一番であり、また、昼休みに 30 分間勉強するよりも、目覚めた直後や寝る直前に 30 分間勉強するほうが、効果的なのである。

# 実力チェック！　一問一答

※解答の（　）は重要項目（P.100～151）の番号です。

●解答

1. ソーシャルワークを支える理論の1つで、ソーシャルワークの統合化に大きな影響を与えた理論を何というか。

   ▶システム理論（ 3 ）

2. 開放システムと閉鎖システム、エントロピー、定常状態、情報・資源処理システムなど、一般システム理論の概念を提唱したのは誰か。

   ▶ベルタランフィ（ 6 ）

3. クライエントとワーカーが問題解決のために、変革あるいは影響を与えていく標的とした人々や組織体のことを何というか。

   ▶ターゲット・システム（ 15 ）

4. ブトゥリムによるソーシャルワークの価値前提は「人間尊重」「人間の社会性」ともう1つは何か。

   ▶変化の可能性（ 20 ）

5. ジャーメインらによって提唱され、人と環境との関係やクライエントの生活実態に合わせたモデルを何というか。

   ▶生活モデル（ 28 ）

6. 「人間は、困難でショッキングな人生経験を軽視したり、苦悩を無視したりせず、このような試練を教訓にし、耐えていく能力である復元力を基本にしている」と提唱したのは誰か。

   ▶サリービー（サレイベイ）（ 30 ）

7. クライエントの長所あるいは強さに焦点をあて、その人の残存能力の強みを評価するモデルを何というか。

   ▶ストレングスモデル（ 32 ）

8. ホリスは、『ケースワーク―心理社会療法』を著し、診断派に立ちつつも、クライエントの社会的側面の援助を含め、何の視点に立ち心理社会的アプローチを確立したか。

   ▶状況のなかの人（ 33 ）

9. 『ケースワークの理論と実際』を著し、診断主義ケースワークの理論を体系化し心理社会的アプローチを提唱したのは誰か。

   ▶ハミルトン（ 34 ）

10. クライエントの成長や変化をもたらす、「成長の過程」を重視したクライエント中心の立場をとるアプローチを何というか。

    ▶機能的アプローチ（ 35 ）

11. クライエントを社会的に機能する主体的な存在としてとらえる点と、部分化の技法を用いて、ケースワークを施設・機関の機能を担った援助者と、問題を抱えているクライエントとの役割関係を通じて展開される、問題解決の過程としてとらえる点をもつアプローチを何というか。

    ▶問題解決アプローチ（ 37 ）

12. リードとエプスタインによって開発・提唱され、パールマンの問題解決アプローチの影響を受け、それを基礎として発展したアプローチを何というか。

    ▶課題中心アプローチ（ 38 ）

●解答

⑬ 危機に直面して情緒的に混乱しているクライエントに対し、適切な時期に積極的に危機に介入していくアプローチを何というか。

▶危機介入アプローチ（ 39 ）

⑭ 行動変容アプローチは、何の理論を導入しているか。

▶学習理論（ 42 ）

⑮ クライエントのもつ力を引き出し、利用するアプローチを何というか。

▶エンパワメントアプローチ（ 44 ）

⑯ クライエントの語る物語を通して援助を行い、クライエントが新たな意味の世界をつくり出し、問題状況から決別させるアプローチを何というか。

▶ナラティブ・アプローチ（物語モデル）（ 47 ）

⑰ 問題をめぐるシステムにはたらきかけ、解決に向かうという前提に立ち、最も身近なシステムとしての家族にはたらきかけを行うアプローチを何というか。

▶家族システムアプローチ（ 49 ）

⑱ 人間の強さに敬意を示し、直接的に解決の状態を目指して治療するアプローチを何というか。

▶解決志向アプローチ（ 51 ）

⑲ エンパワメントを援助の中心概念とし、問題の発生している人と生活環境の接点を明確にし、生活ストレスを生み出しているストレッサーを解明するという考え方を何というか。

▶エコロジカル・モデル（ 56 ）

⑳ 日々の地域生活のなかで女性を抑圧し束縛している家族介護などに焦点をあて、子どもや男性の福祉も実現する考え方を何というか。

▶フェミニストアプローチ（ 58 ）

㉑ インテークにおいて、申請者が情緒的に混乱している場合に心がけることは何か。

▶感情の浄化（カタルシス）（ 66 ）

㉒ 傾聴に有効な技法で、励まし、言い換え、感情・意味の反映などの基礎となる技法を何というか。

▶かかわり技法（ 70 ）

㉓ 相談援助の過程において、社会資源の掘り起こしや活用・開発に関与することを何というか。

▶介入（インターベンション）（ 94 ）

㉔ 支援開始後の経過を観察・評価することを何というか。

▶経過観察（モニタリング）（ 102 ）

㉕ モニタリングを行った後、クライエントや家族に問題があったり、サービスの実施がうまく行われなかった場合には、何を行うか。

▶再アセスメント（ 105 ）

㉖ 事例やデータを集積し、支援計画の妥当性や支援の効果性を測ることを何というか。

▶効果測定（ 115 ）

㉗ 1人の対象者からクライエントの問題に対して因果関係を

▶単一事例実験計画法（シ

相談援助の理論と方法

一問一答

|   | | ●解答 |
|---|---|---|
|   | 判断し、介入の効果を測定する方法を何というか。 | ングル・システム・デザイン）（ 119 ） |
| 28 | ベースライン期とインターベンション期において反復測定を行うことを何というか。 | ▶反転法（ 121 ） |
| 29 | 終結の内容確認、効果測定、サービス評価など、最終的な結果の検討を行うことを何というか。 | ▶エバリュエーション（事後評価）（ 130 ） |
| 30 | 支援の終結後、クライエントや家族に生活状況の変化があった場合には、いつでも支援を再開できるような体制を整えておくことなどを何というか。 | ▶アフターケア（支援終結後の援助）（ 131 ） |
| 31 | 本音の部分での出会いと語り合いを志向したグループ活動で、自己覚知を促進する方法を何というか。 | ▶エンカウンター・グループ（ 147 ） |
| 32 | クライエントが援助者に対して無意識的に個人的欲求の充足を求めることを何というか。 | ▶感情の転移（ 148 ） |
| 33 | 複雑に絡み合う多くの現実の要素をクライエントと一緒に点検して整理する面接の技術を何というか。 | ▶焦点化（ 158 ） |
| 34 | ニーズの充足と問題解決を援助するために必要な資源を的確に見つけ出し、クライエントの参加を促す手法を何というか。 | ▶リンケージ（接合）（ 182 ） |
| 35 | 接近困難なクライエントなどに対し、援助者のほうから積極的にはたらきかけるなどして、問題解決に取り組むソーシャルワークを何というか。 | ▶アウトリーチ（ 186 ） |
| 36 | 地域住民の要求に応えて、社会福祉関係者の組織化を図り、既存の制度やその運営を、世論を喚起しながら改善していこうとする活動を何というか。 | ▶ソーシャルアクション（ 199 ） |
| 37 | クライエントの問題解決に向けての目標達成が可能となるように、側面的に支援する援助者の役割のことを何というか。 | ▶個別援助・支援機能（イネーブラー）（ 208 ） |
| 38 | 所属する機関内部やほかの機関の組織や人間関係上の葛藤を否定的にとらえず、問題解決に必要な交互作用と認識し、相互の立場などに理解を示して一致点を認めるような介入を行い、対立を相互の立場の確認と積極的な意見交換の現れとして肯定的に受け止めていく認識と役割のことを何というか。 | ▶コンフリクト・マネジメント機能（ 210 ） |
| 39 | クライエントのニーズに応えるために、多機関・団体のもとで実現しようとする社会福祉援助活動を何というか。 | ▶コーディネーション（ 225 ） |

●解答

40 ソーシャルグループワークを、意図的なグループ経験を通じて、個人の社会的に機能する力を高め、個人、集団、地域社会の諸問題により効果的に対処し得るよう人々を援助するものと定義したのは誰か。

▶コノプカ( 239 )

41 シュワルツが提唱する、援助者がクライエントの生活状況、感情、ニーズなどについてあらかじめ理解しておくことを何というか。

▶波長合わせ( 265 )

42 自助グループにおいて、援助する人が最も援助を受けるというリースマンの考え方を何というか。

▶ヘルパー・セラピー原則（援助者治療原則）( 285 )

43 スーパービジョンで、職場環境を整備し、ワーカーが組織の一員として援助活動ができるようにする機能は何か。

▶管理的機能( 295 )

44 スーパーバイザーとスーパーバイジーの間で感情面の困難が出現し、ワーカーとクライエントの関係と類似した関係になる現象を何というか。

▶パラレルプロセス( 303 )

45 援助者とクライエントのコミュニケーションを詳しく書き留める記録形態は何という記録形態か。

▶過程叙述体( 319 )

46 事実に対する援助者の解釈や考えを記述する記録文の種類は何か。

▶説明体( 322 )

47 援助者がクライエントの抱えている問題をともに解決していくための一助として、そこにかかわる人的・物的な社会資源あるいは家族内関係の相互関係や全体像を描き出していく図式法を何というか。

▶マッピング技法( 325 )

48 ボーエンによって開発され、3世代以上の拡大家族内で繰り返し伝承されてきているような問題の連鎖性を発見していくうえで有効なマッピング技法は何か。

▶ジェノグラム( 328 )

49 成員間の選択・拒否関係を図式化して小集団における人間関係の構造を明らかにする技法を何というか。

▶ソシオグラム( 330 )

50 特定の個人を識別することができないように個人情報を加工して得られる個人に関する情報を何というか。

▶匿名加工情報( 343 )

相談援助の理論と方法

155

# 4

# 福祉サービスの
## 組織と経営

# 傾向と対策

## 出題基準と出題実績

| 出題基準 |||
|---|---|---|
| 大項目 | 中項目 | 小項目（例示） |
| 1 福祉サービスに係る組織や団体 | 1）社会福祉法人制度 | ・定義、役割、税制、実際<br>・その他 |
| | 2）特定非営利活動法人制度 | ・定義、役割、税制、実際<br>・その他 |
| | 3）その他の組織や団体 | ・医療法人、公益法人、営利法人、市民団体、自治会<br>・その他 |
| 2 福祉サービスの組織と経営に係る基礎理論 | 1）組織に関する基礎理論 | |
| | 2）経営に関する基礎理論 | |
| | 3）管理運営に関する基礎理論 | |
| | 4）集団の力学に関する基礎理論 | |
| | 5）リーダーシップに関する基礎理論 | |
| 3 福祉サービス提供組織の経営と実際 | 1）経営体制 | ・理事会の役割<br>・その他 |
| | 2）財源 | ・自主財源、寄付金、補助金、介護報酬<br>・その他 |
| | 3）福祉サービス提供組織のコンプライアンスとガバナンス | |
| | 4）福祉サービス提供組織における人材の養成と確保 | ・社会福祉事業に従事する者の確保を図るための措置に関する基本的な指針<br>・その他 |
| | 5）福祉サービス提供組織の経営の実際 | ・財務諸表の理解<br>・その他 |

※【　】内は国家試験に出題された番号です。

福祉サービスの組織と経営

| 出題実績 | | | | |
|---|---|---|---|---|
| 第30回(2018年) | 第31回(2019年) | 第32回(2020年) | 第33回(2021年) | 第34回(2022年) |
| ・社会福祉法人【119】【122】 | | ・社会福祉法人【119】【122】 | ・社会福祉法人【119】 | |
| | | ・特定非営利活動法人【120】【122】 | | ・特定非営利活動法人【119】 |
| | | | ・その他の組織や団体【120】 | |
| ・組織構造（形態）【120】・条件適合理論【121】 | | | ・組織に関する基礎理論【121】・動機づけの理論【122】 | ・組織に関する基礎理論【120】 |
| ・経営に関する基礎理論【121】 | ・経営に関する基礎理論【119】 | | ・経営に関する基礎理論【125】 | |
| | ・PDCA【119】 | | | |
| | | ・集団の力学の理論【121】 | ・集団の力学の理論【121】 | |
| | ・リーダーシップに関する基礎理論【120】 | | ・リーダーシップに関する基礎理論【123】 | ・リーダーシップに関する基礎理論【121】 |
| | | ・経営体制【122】 | | |
| | ・財源【121】 | ・財源【122】 | | ・財源【123】 |
| | ・コンプライアンス【119】 | ・コンプライアンス【123】 | | |
| | | ・介護サービスの人材の確保【124】 | | |
| ・財務諸表の理解【122】・その他【122】 | ・財務諸表の理解【121】 | ・財務諸表の理解【125】 | ・財務諸表の理解【124】・その他【124】 | ・財務諸表の理解【123】・その他【123】 |

| | 大項目 | | 中項目 | | 小項目（例示） | |
|---|---|---|---|---|---|---|
| 4 | 福祉サービスの管理運営の方法と実際 | 1） | 適切なサービス提供体制の確保 | | ・スーパービジョン体制<br>・サービスマネジメント<br>・チームアプローチ<br>・苦情対応、リスクマネジメントの方法<br>・その他 | |
| | | 2） | 働きやすい労働環境の整備 | | ・キャリアパス<br>・OJT や OFF-JT<br>・育児・介護休業<br>・メンタルヘルス対策<br>・その他 | |
| | | 3） | 福祉サービスの管理運営の実際 | | | |

# 傾向

　本科目は、社会福祉法人などに関する分野と、社会福祉運営管理などに関する分野、さらには財務諸表の理解、働きやすい労働環境の整備といった内容に関する知識を問う科目である。

　第30回から第34回試験では、それぞれ7問が出題された。なお、第30回試験では、事例風の問題が出題されているが、その内容は従来の出題問題と変わりがない。以下、出題基準の項目に沿って分析する。

## 1 福祉サービスに係る組織や団体

　第30回では、「社会福祉法人制度」に関する問題が1問出題され、役員選任の決議機関、経営の透明性、親族等特殊関係者の役員への選任、監事の兼務等が問われていた。なお、「福祉サービス提供組織の経営の実際」（財務諸表の理解）に関する問題のなかには、社会福祉法人における役員の報酬等の支給基準の公表に関する問題も含まれていた。

　第32回では、「社会福祉法人制度」に関する問題が2問出題された。一方は、社会福祉法人の実施事業、残余財産の帰属先、同法人の合併、自主的な経営基盤強化の必要性が問われた。他方は、同法人の事業に寄附を行った場合の所得控除、評議員会の設置が問われた。「特定非営利活動法人制度」に関する問題も2問出題された。一方は、特定非営利活動法人で最も多い活動分野、全職員のうちで給与を受ける者の数、同法人の所轄庁、同法人の実施事業、

| 第30回(2018年) | 第31回(2019年) | 第32回(2020年) | 第33回(2021年) | 第34回(2022年) |
|---|---|---|---|---|
| ・サービスマネジメント【123】<br>・サービスの質の評価、苦情対応【124】 | ・リスクマネジメントの方法【122】<br>・その他（医療の質の評価）【123】<br>・苦情対応【124】<br>・サービスマネジメント【124】 | | | ・リスクマネジメントの方法【124】 |
| ・OJTやOFF-JT、その他（人材育成にかかわる知識習得）【125】 | ・その他（人事管理）【125】 | | | ・キャリアパス【122】<br>・メンタルヘルス対策【125】<br>・その他【122】 |

同法人の設立認証の条件が問われた。他方は、同法人の社員総会に出席できない者の表決方法、同法人の非営利性が問われた。

第33回では、「社会福祉法人制度」に関する問題が1問、「その他の組織や団体」に関する問題が1問出題された。前者では、理事長の報酬の有無、収益事業の任意または義務、設立認可の所轄庁、決算書類公表の任意または義務、評議員会設置の任意または義務が問われた。後者では、社会医療法人の要件および同法人の医療保健事業に対する法人税の課税または非課税、「平成29年介護サービス施設・事業所調査」（厚生労働省）における開設（経営）主体別事業所数の構成割合、消費生活協同組合における介護保険事業実施の可能性、医療法人における収益事業実施の可能性、自治会・町内会の法人化の可能性が問われた。

第34回では、「特定非営利活動法人制度」に関する問題が1問出題され、同法人で最も多い実施事業、所轄庁、設立認証の条件、監事の兼務が問われた。

## 2 福祉サービスの組織と経営に係る基礎理論

第30回では、「組織に関する基礎理論」（組織構造または組織形態）、「経営に関する基礎理論」に関する問題が各1問出題された。前者では、特定の組織構造または組織形態の名称を問う問題が出題された。後者では、外部環境と組織構造または組織形態の変化の関係、外部環境と経営戦略の変化の関係、外部環境と経営理念・ミッションとの関係が問われた。なお、後者の問題のなかでは、コンティンジェンシー理論（条件適合理論）等にかかわる問題も含まれていた。

第31回では、「経営に関する基礎理論」「リーダーシップに関する基礎理論」に関する問題

が各1問出題された。前者では、新しい概念のCSR、CSVの理解、バランス・スコアカードの理解が問われた。なお、この問題には「管理運営に関する基礎理論」に含まれるPDCAの理解、「福祉サービス提供組織の経営と実際」のなかの「福祉サービス提供組織のコンプライアンスとガバナンス」に含まれるコンプライアンスの理解を問うものも含まれていた。後者では、ハウスのパス・ゴール理論、フィードラーの理論、ハーシーとブランチャードのSL理論、三隅二不二の理論、ブレイクとムートンのマネジリアル・グリッド論、カリスマ的リーダーシップ理論が出題された。

第32回では、「集団の力学に関する基礎理論」に関する問題が1問出題された。集団の凝集性を高める方法、集団浅慮の意味、葛藤またはコンフリクトの意味・役割、集団の凝集性のメリット・デメリットが問われた。

第33回では、「組織に関する基礎理論」と「集団の力学に関する基礎理論」に関する問題が1問、「組織に関する基礎理論（動機づけの理論）」「リーダーシップに関する基礎理論」「経営に関する基礎理論」に関する問題が各1問出題された。組織に関する基礎理論と集団の力学に関する基礎理論に関する問題では、バーナードの理論、アッシュの理論、テイラーの理論、メイヨーらの理論にかかわる問題が出題された。動機づけの理論に関する問題では、ブルームの理論、ハーズバーグの理論、マグレガーの理論、デシの理論、マクレランドの理論にかかわる問題が出題された。リーダーシップに関する基礎理論に関する問題では、三隅二不二の理論、リーダーシップの行動理論、変革型リーダーシップ理論、リーダーシップの特性理論、フォロワーシップ理論、フィードラーの理論にかかわる問題が出題された。経営に関する基礎理論に関する問題では、ドメイン、3C分析またはSWOT分析、経営理念、事業戦略または機能戦略、チャンドラーの戦略理論にかかわる問題が出題された。

第34回では、「組織に関する基礎理論」「リーダーシップに関する基礎理論」に関する問題が各1問出題された。前者では、科学的管理法、ホーソン実験、マトリックス型組織、コンティンジェンシー理論、官僚制理論が問われた。後者では、リーダーシップの特性理論、ハーシーとブランチャードのSL理論、ハウスのパス・ゴール理論、サーバント・リーダーシップおよびシェアード・リーダーシップの理解が問われた。

## 3 福祉サービス提供組織の経営と実際

第30回では社会福祉法人の財務諸表およびその他（社会福祉充実残額）の理解に関する問題が1問出題された。社会福祉充実残額の計算の義務、減価償却の対象となる資産、財務会計または管理会計の一般的定義の理解が問われた。

この大項目のなかには「福祉サービス提供組織における人材の養成と確保」という中項目が含まれているため、人材の養成にかかわる問題は、この部分で取り上げることもできるが、当該問題は 4 の「働きやすい労働環境の整備」のなかで取り上げている。

第31回では、「福祉サービス提供組織の経営の実際」と「財源」に関する問題として、社会福祉法人の財務諸表の理解と資金調達の方法に関する問題が出題された（問題文では社会福祉法人と限定していない）。純資産、貸借対照表の借方の項目、非営利組織の株式発行による資金調達、直接金融または間接金融、収益と利益（社会福祉法人会計では利用しない用語）の理解が問われた。

　第32回では、「財源」に関する問題が1問出題された。介護報酬の法定代理受領の理解が問われた。「福祉サービス提供組織のコンプライアンスとガバナンス」に関する問題も1問出題された。コンプライアンス、ディスクロージャー、アカウンタビリティ、ガバナンス、公益通報者保護の理解が問われた。「福祉サービス提供組織における人材の養成と確保」に関する問題も1問出題された。介護サービスの人材確保に関する問題として、2020（令和2）年度末に見込まれる介護人材の必要数、経済連携協定（EPA）における介護福祉士候補者の受入れの対象国、「介護に関する入門的研修」の目的、介護分野の有効求人倍率、訪問介護員および介護職員の1年間の離職率が問われた。「福祉サービス提供組織の経営の実際」に関する問題も1問出題された。社会福祉法人の財務諸表の理解に関する問題として、減価償却費、貸借対照表、管理会計、事業活動計画書の理解が問われた。

　第33回では、社会福祉法人の財務諸表およびその他（社会福祉充実残額）の理解に関する問題が1問出題された。財務会計または管理会計の一般的定義、貸借対照表の純資産または負債、減価償却、資産および負債を流動と固定に区分する基準、社会福祉充実残額の理解が問われた。

　第34回では、「福祉サービス提供組織の経営の実際」と「財源」に関する問題として、社会福祉法人の財務諸表およびその他（社会福祉充実残額）の理解と資金調達の方法に関する問題が1問出題された。クラウドファンディング、社会福祉充実残額が生じた場合に策定する計画、貸借対照表の借方項目、土地や建物が計上される貸借対照表の区分、貸借対照表の負債の理解が問われた。

## ④ 福祉サービスの管理運営の方法と実際

　第30回では、「適切なサービス提供体制の確保」に関する問題が2問、「働きやすい労働環境の整備」に関する問題が1問出題された。前者の一方では、サービス・プロフィット・チェーンの考え方、利用者のニーズや多様性に対応するための従業員または組織のあり方、サービスの提供過程と結果の質の評価等について出題された。前者の他方では、福祉サービス第三者評価事業、介護サービス情報の公表制度、苦情解決の仕組み、運営適正化委員会の設置主体等について出題された。後者では、人材育成にかかわる知識習得のモデルである経験学習モデルとSECIモデル（ナレッジマネジメント）の概要、OJT、OFF-JT、エルダー制度について出題された。

傾向と対策

第31回では、「適切なサービス提供体制の確保」に関する問題が3問、「働きやすい労働環境の整備」に関する問題が1問出題された。前者の3問とは、リスクマネジメントに関する問題、苦情対応およびサービスマネジメントに関する問題、その他（医療の質の評価）に関する問題である。リスクマネジメントに関する問題では、厚生労働省のリスクマネジメントの指針の理解が問われた。苦情対応およびサービスマネジメントに関する問題では、苦情の収集方法、第三者委員の条件、運営適正化委員会の業務、福祉サービス第三者評価の公表方法、介護サービス情報の公表方法が問われた。その他に関する問題では、ドナベディアンによる医療の質の評価方法について問われた。後者の1問は、人事管理に関する問題である。この問題では、目標管理制度、ダイバーシティ・マネジメント、成果主義、ハロー効果、職務給、の理解が問われた。

第34回では、「適切なサービス提供体制の確保」に関する問題が1問、「働きやすい労働環境の整備」に関する問題が2問出題された。前者の問題はリスクマネジメントの方法に関する問題であり、ハインリッヒの法則、リスクマネジメント、リスクコントロール、リスクファイナンスの理解を問う問題である。後者の一方では、ワークエンゲージメント、バーンアウト、目標管理制度、コンピテンシー、キャリアパスの理解が問われた。後者の他方はメンタルヘルス対策に関する問題であり、パワーハラスメントの典型例、産業医の面接指導の条件、産業医を置く条件、衛生委員会を設置する条件、ストレスチェックの結果を伝達する方法、を問う問題である。

# 対策

社会福祉施設には、措置から契約に移行することによって、経営の考え方が導入された。社会福祉施設をどのように経営していくのかは、考え方はいろいろあるにしても重要な課題となっている。そのためには、経営学と会計学について学習することが求められる。また、ほとんど毎回出題される項目を重点的に学習することも求められる。

第30回から第34回までにおいて毎回、会計学に関連する項目、つまり「財源」や「財務諸表の理解」及びその他（社会福祉充実残額）にかかわる項目は各1問以上出題された。一方、第30回から第34回までにおいて毎回、経営学（「福祉サービスの組織と経営に係る基礎理論」）に関連する項目が出題されている。第30回では2問、第31回では2問、第32回では1問、第33回では4問、第34回では2問の出題であった。

社会福祉法人、特定非営利活動法人等の制度（「福祉サービスに係る組織や団体」）に関連する問題はほぼ毎回出題され、第30回で1問、第32回で3問、第33回で2問、第34回では1問出題された。また「適切なサービス提供体制の確保」に関する問題は、第30回で2問、第31回で3問、第34回では1問出題された。さらに、「働きやすい労働環境の整備」に

関する問題は、第30回で1問、第31回で1問、第34回で2問出題された。これらの領域に関する問題もほぼ継続して出題されているので、「地域福祉の理論と方法」などの科目と併せて詳しく調べておきたい。

福祉サービスの組織と経営

# 押さえておこう！ 重要項目

## 1 福祉サービスに係る組織や団体

### 社会福祉法人制度

**1** **福祉サービス**は、**社会福祉を目的とする事業**の具体的な行為である。**社会福祉を目的とする事業**とは、社会福祉法第2条に規定する社会福祉事業、それ以外の介護保険法ならびに障害者の日常生活及び社会生活を総合的に支援するための法律（障害者総合支援法）などの社会福祉関係法令に基づく事業、およびその他の**社会福祉を目的とする事業**である。

**2** **社会福祉法**では、**福祉サービスの事業者**を、国、地方公共団体および社会福祉法人とそれ以外の主体とに区別せず、「**社会福祉を目的とする事業を経営する者**」として広く規定している。

**3** **国**および**地方公共団体**は、福祉サービスの提供主体ではなく、**制度の企画・立案**や**運営・管理**の役割を果たすべき主体とされている。

**4** **財団**は、**目的**と**資産**を基礎にして設立された法人であり、資産家が寄附をする場合や、行政が財産を提供する場合もある。

**5** **社団**とは、同じ**目的**や**理念**をもった人が集まって事業を始めようという場合に設立される。

**6** 法人の目的や理念、権限などの基本的規則を定めたものを**定款**という。

**7** 社団と財団とで共通しているのは、法人の名において、自ら契約などを行う代表者として、**理事**および法人の業務執行に対して合議して意思決定する機関として、**理事会**が設置されることである。

**8** **営利性**とは、経済活動によって得た**利益**をその構成員（社員）へ分配（配当）することを主たる目的とすることをいう。また、**公益性**とは、社会一般の**不特定多数**のための利益を高めることをいう。**社会福祉法人**には、**公益性**と**非営利性**という要件がある。

**9** **持分**とは、法人の構成員や出資者（社員）が法人の財産に対してもつ特定の権利義務、あるいはその割合を評価したときの評価額をいう。

**10** 法人の設立を行政が認める基準は、法人の種類によって異なる。この基準を主務官庁や公の機関の関与が大きい順番で並べると、**特許**主義、**認可**主義、**認証**主義、**準則**主義の順となる。

**11** 社会福祉法人は**認可**主義によって、特定非営利活動法人は**認証**主義によって、法人格を取得できる。

**12** **社会福祉法人**とは、1951（昭和26）年に制定された**社会福祉事業法**（現・**社会福祉法**）により創設された法人である。社会福祉法人は、「社

▶一般財団法人、公益財団法人、社会福祉法人、学校法人、宗教法人などがある。

▶社団には、一般社団法人、公益社団法人、株式会社などの会社（合資会社、合名会社、合同会社）、特定非営利活動法人（NPO法人）などがある。生活協同組合、農業協同組合などの協同組合も、大きくは社団の1つとみなされる。

▶定款は法人にとっての「憲法」に相当する。

▶このほかに、自由設立主義や強制主義もある。

出 30-119-2
32-119-5

**社会福祉法人制度**

会福祉事業を行うことを目的として、この法律の定めるところにより設立された法人」（同法第22条）である。また、社会福祉法人は、自主的な経営基盤の強化、福祉サービスの質の向上、事業経営の透明性の確保を図らなければならない（同法第24条）。

**13** 社会福祉法第22条でいう**社会福祉事業**とは、同法第2条で限定列挙されている第一種社会福祉事業、および第二種社会福祉事業である。

**14** **第一種社会福祉事業**は、主に社会福祉施設を経営する事業であり、経営主体が原則として国、地方公共団体、社会福祉法人に限られる。**第二種社会福祉事業**は経営主体の制限がない。

**15** 2020（令和2）年4月より、社会福祉法が一部改正され、市町村または社会福祉法人が第二種社会福祉事業として**社会福祉住居施設**（無料低額宿泊所）を開始する場合の都道府県知事への届出、都道府県による同施設の設備および運営の基準の設定等が定められた。これは貧困ビジネス対策と単独での居住が困難な人への日常生活支援を目的にした対応である。

**16** 社会福祉施設の設置者は、都道府県が条例で定める社会福祉施設の設備・構造・運営に関する**基準**を遵守しなければならない（社会福祉法第65条）。**基準**を満たしていない施設の経営者に対しては、都道府県知事は必要な措置（改善命令）を出すことができる（同法第71条）。

**17** 社会福祉法人は、社会福祉事業を行うのに必要な資産を備えなければならない（社会福祉法第25条）。社会福祉施設を設置して事業経営を行う場合には、事業開始にあたって土地と建物が必要になる。

**18** 2016（平成28）年3月、社会福祉法が改正され、社会福祉法人の所轄庁は、原則、その主たる事務所の所在地の都道府県知事であるが、以下の例外がある。①主たる事務所が市の区域内にあり、行う事業がその市の区域内を越えない社会福祉法人は市長、②主たる事務所が指定都市の区域内にある社会福祉法人であってその行う事業が1の都道府県の区域内において2以上の市町村の区域にわたるものおよび社会福祉法第109条第2項に規定する地区社会福祉協議会である社会福祉法人は指定都市の長、③社会福祉法人でその行う事業が2以上の地方厚生局の管轄区域にわたるものであって、厚生労働省令で定めるものは、厚生労働大臣となる（社会福祉法第30条）。

出 33-119-3

**19** 社会福祉法人の設立には、必要事項を取り決めたうえで定款をもって、所轄庁の認可を受ける必要がある（社会福祉法第31条）。

▶定款には、目的、名称、社会福祉事業の種類などを定める必要がある。

**20** 社会福祉法人が解散した場合の**残余財産**は、社会福祉法人その他の社会

出 32-119-3

## 重要項目

福祉事業を行う者または**国庫**に帰属する（社会福祉法第31条および第47条）。

**21** 社会福祉法人は**ほかの社会福祉法人**と合併できる（社会福祉法第48条）。吸収合併後存続する社会福祉法人（**吸収合併存続社会福祉法人**）は、吸収合併消滅社会福祉法人の一切の**権利義務**を承継する（同法第50条第2項）。

出 32-119-4

**22** 2016（平成28）年3月の社会福祉法改正によって、社会福祉法人では、理事の員数を超える数の**評議員**をおく必要があることが定められた（同法第36条第1項、第40条第3項）。すべての評議員で構成する組織が**評議員会**である（同法第45条の8第1項）。社会福祉法人は**評議員会**を必置する（同法第36条第1項）。**評議員会**は、役員（理事、監事）の選任・解任等の重要事項の決議を行う（同法第43条第1項、第45条の8等）。親族等特殊関係者の評議員への選任にかかる規定がある（同法第40条第4項・第5項）。

出 30-119-1, 3
32-122-2
33-119-5

**23** 2016（平成28）年3月の社会福祉法改正によって、社会福祉法人は、①**定款、計算書類等、財産目録等**の備え置きおよび請求があった場合にはこれを閲覧に供する必要があり（同法第34条の2第1項・第3項、第45条の32第1項・第4項、第45条の34第1項・第3項）、②定款、計算書類、事業の概要を記載した書類等を公表しなければならないとされた（同法第59条の2第1項）。この公表は**インターネット**等を利用して行う（社会福祉法施行規則第10条第1項）。

出 30-122-4
33-119-4

▶計算書類等（計算書類とその附属明細書、事業報告とその附属明細書、監査報告）。財産目録等（財産目録、役員等名簿、報酬等の支給の基準を記載した書類、事業の概要その他を記載した書類）。

**24** 社会福祉法人では、**6**人以上の理事をおく必要がある（社会福祉法第36条第1項、第44条第3項）。親族等特殊関係者の理事への選任にかかる規定がある（同法第44条第6項）。社会福祉法人が必置する**理事会**（同法第36条第1項）は、すべての理事で組織し、法人の業務執行の決定、理事の職務の執行の監督等を行う（同法第45条の13第1項・第2項）。理事会は、理事のなかから理事長および業務執行理事を選出し、双方が法人の業務を執行するが、法人の代表権をもつのは**理事長**である（同法第45条の13第3項、第45条の16第2項、第45条の17第1項）。

出 30-119-3

**25** 社会福祉法人では、**2**人以上の監事をおく必要がある（社会福祉法第36条第1項、第44条第3項）。**監事**は、**理事の業務執行の監査**、監査報告の作成、**計算書類等の監査**を行う（同法第45条の18第1項、第45条の28第1項）。監事は、理事、評議員または社会福祉法人の職員を兼務できない（同法第44条第2項）。親族等特殊関係者の監事への選任にかかる規定がある（同法第44条第7項）。

出 30-119-3, 4

**1 福祉サービスに係る組織や団体**

**社会福祉法人制度**

**26** 社会福祉法人の理事、監事、評議員の報酬などの支給の基準は、評議員会の承認を受け（社会福祉法第45条の35第2項）、**公表**しなければならない（同法第59条の2第1項第2号）。

出 30-122-5
33-119-1

**27** 2016（平成28）年3月の社会福祉法改正によって、**特定社会福祉法人**、すなわち一定規模以上の社会福祉法人で、収益30億円を超えるか、または負債60億円を超える法人（社会福祉法施行令第13条の3）は、**会計監査人**をおく必要があるとされた（社会福祉法第37条）。また、社会福祉法人は定款の定めにより**会計監査人**をおくことができる（同法第36条第2項）。**会計監査人**は**公認会計士**または**監査法人**でなければならず、社会福祉法人の計算書類等の監査を行う（同法第45条の2第1項、第45条の19第1項）。

**28** 2016（平成28）年3月の社会福祉法改正によって、社会福祉法人は、**社会福祉事業**および**公益事業**を行うにあたっては、日常生活または社会生活上の支援を必要とする者に対して、**無料または低額な料金**で、福祉サービスを積極的に提供するよう努めなければならないものとされた。これを「**地域における公益的な取組み**」という（同法第24条第2項）。

**29** 社会福祉法人は、**経営する社会福祉事業に支障がない限り**において、当該社会福祉事業のほかに、公益を目的とする事業（**公益事業**）、またはその収益を社会福祉事業もしくは**公益事業**（社会福祉法第2条第4項第4号に掲げる事業その他の政令で定めるものに限る）の経営にあてることを目的とする事業（**収益事業**）を行うことができる（同法第26条第1項）。

出 32-119-1
33-119-2

**30** 社会福祉法人では、公益性が認められるものであっても社会福祉と関係のない事業は、**公益事業**として認められない。**公益事業**は、社会福祉事業に対し従たる地位にある。剰余金は、同法人の社会福祉事業や公益事業に充当する（社会福祉法人審査基準第1の2）。

**31** 社会福祉法人の行う**収益事業**には、事業の種類について特別な制限はないが、同法人の**社会的信用を傷つける**おそれがあるもの、または**投機的**なものは、**収益事業**として適当ではない。**収益事業**は社会福祉事業に対し従たる地位にある。収益事業からの収益は、同法人の社会福祉事業または一部の公益事業に充当する（社会福祉法人審査基準第1の3）。

**32** 2016（平成28）年3月の社会福祉法改正により、社会福祉法人は、厚生労働省令で定める基準に従い、**会計処理**を行い、適時に正確な**会計帳簿**を作成しなければならないとされた。また、会計帳簿の閉鎖の時から**10**年間、その会計帳簿およびその事業に関する重要な資料を保存しなけ

福祉サービスの組織と経営

**169**

> 重要項目

ればならない（同法第 45 条の 24 第 1 項・第 2 項）。

**33** 2016（平成 28）年 3 月の社会福祉法の改正により、社会福祉法人は毎会計年度、**社会福祉充実残額**を計算し、同残額が正の値で生じる場合は**社会福祉充実計画**を策定し、**社会福祉充実事業**を実施する必要があるとされた。**社会福祉充実残額**は、基本金および国庫補助金等特別積立金を除く純資産の額から 3 種類の控除対象財産を控除して求める（社会福祉法第 55 条の 2 第 1 項、社会福祉法施行規則第 6 条の 14）。**社会福祉充実事業**とは、社会福祉事業または公益事業で、既存の事業を拡張する事業または新規の事業である（社会福祉法第 55 条の 2 第 3 項第 1 号）。

出 30-122-1
33-124-5
34-123-2

▶日常生活または社会生活上の支援を必要とする住民に対し、無料または低額な料金でその需要に応じて提供する公益事業を、地域公益事業という。

**34** 社会福祉法人には、税制優遇措置がある。収益事業は**課税**されるが、社会福祉事業は、**法人**税、**事業**税、**市町村・都道府県民**税が**非課税**である。**消費**税と**固定資産**税は、**原則、非課税**である。

**35** 社会福祉法人に**寄附**を行った個人は、**所得控除**を受けることができる。2011（平成 23）年の租税特別措置法の改正により、個人が一定の要件を満たした社会福祉法人（税額控除対象法人）に寄附金を支出した場合、この寄附金について**税額控除制度**の適用を受けることができることとなった。

出 32-122-1

▶税額控除対象法人への寄附金については、これまでの所得控除制度に加えて、税額控除制度との選択適用が可能になった。

**36** 社会福祉法人は、**社会福祉法の理念の体現者**として「個人の尊厳」「自立生活の支援」「良質なサービス提供」「地域における社会参加」の追求・実現が求められ、多様化する利用者・地域ニーズに応えるために、一法人一施設で画一的なサービスの「施設経営」からの転換が求められている。

**37** **社会福祉連携推進法人制度**の創設が 2022（令和 4）年 4 月より認められている。同制度は、社会福祉事業に取り組む社会福祉法人や特定非営利活動法人等を社員として、相互の業務連携を推進する社会福祉連携推進法人の創設にかかわる制度である。連携推進業務には、社会福祉事業の経営、人材確保および育成、設備・物資の共同購入などがある。

▶特定非営利活動法人は一定の基準に適合する場合に設立が認証される。10 人以上の社員を有する、営利を目的としない、特定の公職者または政党を支持、反対することを目的としない、等。

## 特定非営利活動法人制度

**38** **特定非営利活動法人**は、**認証**主義により法人格を取得する。特定非営利活動促進法によって法人化する団体は、所轄庁である**都道府県知事**（法人の事務所が 2 つ以上の都道府県にあるときには主たる事務所の所在地の**都道府県知事**、その事務所が 1 の指定都市の区域内のみに所在する特定非営利活動法人にあっては当該**指定都市の長**）の**認証**を得て、登記することによって活動することができる。ここでは、法律の範囲内で都道

出 32-120-3
32-120-5
34-119-2, 3, 4

府県が自主的に判断してよいとする地方自治が貫かれている。

**39** 1998（平成10）年制定の**特定非営利活動促進法**を抜本的に改正する「**特定非営利活動促進法の一部を改正する法律**」が2011（平成23）年6月に公布された。従来の**17**の活動分野に加え、観光の振興を図る活動、農山漁村または中山間地域の振興を図る活動、都道府県または指定都市の**条例**で定める活動が追加された（**20**分野）。また、法人の認定の手続きが迅速になり、**認定特定非営利活動法人制度**も見直されている。

出 32-120-1
　 34-119-1

▶内閣府の統計によると、2021（令和3）年9月30日現在、特定非営利活動法人の定款に記載された活動分野で最も多いのは「保健、医療又は福祉の増進を図る活動」である。

**40** 特定非営利活動法人を設立しようとする者は、特定の添付書類を所轄庁に提出して設立の認証を受ける。所轄庁は設立申請書を受理してから**2週間**その添付書類を公衆の縦覧に供する必要がある（特定非営利活動促進法第10条第2項）。

💡**注目！**
2021（令和3）年6月9日より、認証申請の添付書類の縦覧期間が1か月から2週間に短縮されている。

**41** 2020（令和2）年度の特定非営利活動法人に関する実態調査（内閣府）によれば、総収入に占める主な収入財源は、認定・特例認定を受けていない特定非営利活動法人の場合は、事業収益が**83.1**％、補助金・助成金が**10.9**％、寄附金は**2.4**％である。一方、認定・特例認定特定非営利活動法人の場合は、事業収益が**37.9**％、補助金・助成金が**26.1**％、寄附金が**32.2**％である。また、いずれの特定非営利活動法人の場合でも、借入先は**個人**が圧倒的に多い。

**42** 特定非営利活動法人の組織は、①法人の業務を決定する**理事・理事会**、②社員からなる**社員総会**（最高の議決機関）、③理事の業務執行状況や法人の財産状況を監査する**監事**の3つの機関からなっている。

**電磁的方法による表決**
定款に定めているところにより、書面による表決に代えて、電磁的方法により表決を行うことができる。

出 32-122-4

**43** 特定非営利活動法人の**社員**または正会員とは、同法人の構成員であり、社員総会において**一人一票**の平等な議決権（表決権ともいう）をもつ。

**44** 特定非営利活動法人には、**理事**を3人以上おかなければならない。特定非営利活動法人の**理事**は、すべて特定非営利活動法人の業務について、特定非営利活動法人を**代表**する。ただし、定款をもって、その代表権を制限することができる（特定非営利活動促進法第15条・第16条）。

**45** 特定非営利活動法人の業務は、定款に特別の定めのないときは、**理事の過半数**をもって決定する（特定非営利活動促進法第17条）。

**46** 特定非営利活動法人の**監事**は、1名以上おかれ、理事の業務執行の状況や法人の財産の状況を**監査**する。不正の行為などを発見した場合には、**社員総会**または**所轄庁**に報告する。また、その報告をするために必要がある場合には、社員総会を招集する。この監事は理事または特定非営利活動法人の職員と**兼任**できない（特定非営利活動促進法第15条・第18条・第19条）。

出 34-119-5

**重要項目**

**47** 特定非営利活動法人では、役員（理事と監事）のうち**報酬を受ける者**の数は、**役員総数**の**3分の1**以下となっている（特定非営利活動促進法第2条第2項第1号ロ）。

出 32-120-2

**48** 特定非営利活動法人は、**毎年1回**、事業報告書や計算書類▶、財産目録、年間役員名簿などを**所轄庁**に提出しなければならない（特定非営利活動促進法第29条・第30条）。所轄庁は、提出された事業報告書などを一般人にも閲覧や謄写できるようにし、法人側はそれらの書類を事務所に備え置いて、社員（会員）やその他の利害関係者が閲覧できるようにしなければならない（特定非営利活動促進法第28条）。

▶計算書類を作成する場合の会計基準には、NPO法人会計基準協議会（任意団体）が主体となって2010（平成22）年に公表したNPO法人会計基準がある。

**49** 特定非営利活動法人は、**営利性**のない法人（利益分配を行わない法人）である。その解散時の**残余財産**は、その帰属先を定款で定めている場合には、**ほかの特定非営利活動法人**等に帰属することになり、その帰属先を定款で定めていない場合には、所轄庁の認証を経て**国または地方公共団体**に譲渡することになる（特定非営利活動促進法第32条）。

出 32-122-5

**50** 特定非営利活動法人には、社会福祉法人と同様の**税制優遇措置**はない。同法人の行うほとんどの事業は、法人税法上の**収益事業**に該当し、普通法人と同様の法人税率が適用される▶（特定非営利活動促進法第70条、法人税法第66条）。

出 32-120-4

▶事業税、市町村・都道府県民税、消費税、固定資産税も課税される。

**51** **認定特定非営利活動法人制度**は、特定非営利活動法人への**寄附**を促すことで特定非営利活動法人の活動を支援することを目的としている。

**52** **認定特定非営利活動法人**は、個人や法人が寄附をした場合に**課税上有利になる**等の恩典が受けられる団体として、**都道府県知事**または**指定都市の長**が認定するものである（特定非営利活動促進法第44条）。

**53** 認定特定非営利活動法人に寄附を行った個人は、2011（平成23）年度以降に個人が認定特定非営利活動法人等に対してその認定特定非営利活動法人等の行う特定非営利活動に係る事業に関連する寄附金を支出した場合には、支払った年分の**所得控除**として**寄附金控除**の適用を受けるか、税額控除制度における**税額控除**として**寄附金控除**の適用を受けるか、いずれか有利な方法を選択できるようになった。

**54** 2016（平成28）年6月公布の「特定非営利活動促進法の一部を改正する法律」により、従来の**仮認定特定非営利活動法人**の名称が**特例認定特定非営利活動法人**に変更された。この制度では、設立後5年以内の特定非営利活動法人のうち一定の要件に適合する場合に**税制上の優遇措置**（寄附者が課税上有利になる等）が認められる（特定非営利活動促進法第59条第2号）。

1 福祉サービスに係る組織や団体

その他の組織や団体

## その他の組織や団体

**55** 1950（昭和25）年の医療法改正により生まれた**医療法人**とは、病院、診療所、介護老人保健施設または介護医療院の開設を目的として設立される法人である（医療法第39条）。医療法人の設立は、**認可**主義である。医療法人は剰余金を配当できない**非営利法人**である。

出 33-120-4

**56** 病院・診療所の開設主体は、国（独立行政法人国立病院機構、国立大学法人等）、公的医療機関（都道府県・市町村、日本赤十字社、済生会、厚生連等）、社会保険関係団体、公益法人、医療法人、私立学校法人、社会福祉法人、医療生協、会社、その他の法人（一般社団法人、一般財団法人等）、個人である。

出 32-119-2

**医療法人制度**
個人によって設立される病院・診療所の継続性を促すために生まれた。

**57** 医療法人の理事長となるための資格要件は、原則、**医師**または**歯科医師**と定められている▶（医療法第46条の6）。

▶ただし、都道府県知事の認可を受けた場合は、医師または歯科医師でない理事のうちから選出できる。

**58** 医療法人は、特定非営利活動法人と同様に法人税課税法人であるが、**特定医療法人**については、法人税19％（通常は23.2％）の軽減税率が適用され、**社会医療法人**については、医療保健事業について法人税非課税（収益事業は19％）と優遇されている。

出 33-120-1

**59** **特定医療法人**は、租税特別措置法に基づく財団または社団の医療法人で、その事業が公益の増進に著しく寄与し、かつ公的に運営されていることを**国税庁長官**が承認した法人である。

**60** **社会医療法人**の認定の要件は、同族経営の制限などの公正なガバナンス体制があること、へき地医療、救急医療等を実施していること、解散時の残余財産を国等に帰属させることなどである。利点としては、**社会医療法人債（公募債）**の発行が可能となること、**収益事業**や**第一種社会福祉事業**が実施可能となることがあげられる。▶

出 33-120-2

▶ただし、第一種社会福祉事業の特別養護老人ホーム等は実施できない。

**61** 国は、医療法人の非営利性を重視して、持分の定めのある社団医療法人から、持分のない社団医療法人、社会医療法人、特定医療法人への転換を想定している。しかし、実際は、**持分の定めのある社団医療法人**が医療法人の圧倒的多数であるため、国は2004（平成16）年の通知に基づき、社員の出資持分払戻請求権を出資額のみに制限した定款を有する社団医療法人を**出資額限度法人**として、その普及に努めることとした。

▶「いわゆる『出資額限度法人』について」（平成16年8月13日医政発第0813001号）。

**62** 2006（平成18）年の第5次医療法改正により、**基金拠出型医療法人**が制度化された。これは、社団医療法人のうち、①基金拠出という形をとって持分を認めない、②退社時に拠出額を上限として払戻できる、③法人解散時の財産等の残余は、国、地方自治体、ほかの医療法人に帰属

**重要項目**

するという特徴をもつ。

**63** 2007（平成19）年4月以降、**持分の定めのある社団医療法人**（出資額限度法人を含む）の新規設立が認められないこととなった。これにより、これまでの持分の定めのある社団医療法人（出資額限度法人を含む）に**経過措置型医療法人**という名称を付すことになった。

**64** 2015（平成27）年9月の「**医療法の一部を改正する法律**」の公布により、**地域医療連携推進法人**の認定制度が創設された。地域で良質かつ適切な医療を効率的に提供するため、病院等にかかる業務の連携を推進するための方針（医療連携推進方針）を定め、医療連携推進業務を行う一般社団法人は、都道府県知事の認定を受けることができる。

**65** 2015（平成27）年9月の医療法改正により、厚生労働省令で定める基準に該当する医療法人（負債50億円以上または収益70億円以上の医療法人、負債20億円以上または収益10億円以上の社会医療法人等）は、**医療法人会計基準**に従い計算書類を作成し、公認会計士等による**監査**を受けることが必要になった。また、事業報告書等（貸借対照表および損益計算書に限る）を**公告**する（官報、日刊新聞紙、電子公告のいずれかの方法）ことが必要になった。

**66** **営利法人**は、株式会社、合名会社、合資会社、合同会社などの**営利性**のある法人である。**非営利法人**には、財団法人、社団法人、社会福祉法人、学校法人、医療法人、特定非営利活動法人、市民団体（市民活動団体と自治会・町内会の地域団体）、協同組合等がある。　　　　　田 33-120-3

**67** 2020（令和2）年の介護サービス施設・事業所調査（厚生労働省）によれば、介護老人福祉施設の開設（経営）主体別施設数の構成割合は、**社会福祉法人**が最も多く、介護老人保健施設と介護医療院、介護療養型医療施設のそれは、**医療法人**が最も多い。介護サービス事業所の種類ごとに開設（経営）主体別事業者数の構成割合をみると、ほとんどの種類の介護サービス事業所のそれは、**営利法人**が最も多い。　　　　　田 33-120-2

**68** **市民団体**には、自分たちの利益向上、生活向上などのために運動する**市民活動団体**と特定の市町村に関する**地域団体（自治会・町内会）**が含まれる。なお自治会・町内会も法人化できる。**協同組合**は、サービスの利用者が自らの利益のために出資者となり運営する団体である。さまざまな事業分野ごとに制定された法律のもとで運営されている。　　　　　田 33-120-3, 5

## 2 福祉サービスの組織と経営に係る基礎理論

## 組織に関する基礎理論

**69** **ウェーバー**（Weber, M.）は、権力の支配の根拠として、**カリスマ的支配**、**伝統的支配**、**合法的支配**の３つを区別し、官僚制の権力の源泉が合法的支配にあると考えた。

出 34-120-5

▶合法的支配は、正規の手続きで定められた制定規則のもとで行われる支配を指す。

**70** **官僚制**は、官僚が行う支配体制だけでなく、当該体制を利用する他の組織形態も指す用語である。

**71** ウェーバーは近代官僚制の特徴として、①規則に基づく権限の原則、②**トップダウンのヒエラルキーの原則**（**階層の原則**）、③文書主義による事務処理の原則、④専門的な技能・訓練の原則などをあげている。

**72** **ライン組織**とは、トップから下位への指揮命令系統が明確な、いわゆる**ピラミッド型組織**で、意思決定は**トップダウン型**となっている。

**73** **ライン・アンド・スタッフ組織**とは、ライン組織を基本として、ライン組織のトップや各組織を補佐する専門家組織（経理部門、人事部門、研究開発部門等）を加えて位置づけるものをいう。

▶一般的に、ラインは指揮命令系統に位置づけられた役職者を指し、スタッフは指揮命令系統に属さず、役職者等をサポートする者を指す。

**74** サービス業にみられる**逆ピラミッド型組織**は、顧客重視の考え方を徹底し、顧客に向き合う第一線の担当者の役割こそが重要であり、管理者は、担当者の行動や意思決定を支援することを前提として形成される組織形態である。

▶この考え方は、小規模単位で地域に展開する福祉サービスの場合によくあてはまる。

**75** **職能別**（または**機能別**）**組織**とは、生産、販売、購買、財務などのように同種の職能別に部門化を行った組織である。**事業部制組織**や**カンパニー制組織**とは、事業別、製品別、地域別などで部門化を行った組織で、各組織が一組織として必要なほとんどの機能をもち、独立採算的な組織である。

出 30-120-2, 3

**76** **マトリックス組織**とは、「職能」と「事業」などの２つの系列を縦・横に組み合わせた形態の組織である。**プロジェクト組織**とは、複数の部門にかかわる課題を解決するために、各部門から専門知識をもつメンバーを集めて臨時的に編成される組織である。プロジェクト組織を組織内に恒常的に埋め込んだものがマトリックス組織である。

出 30-120-5
34-120-3

**77** **テイラー**（Taylor, F. W.）は、**科学的管理**の父と呼ばれ、**差別的出来高給制度**と**要素的賃率決定制度**を提唱した。**要素的賃率決定制度**は、工場内の作業を要素に分解して、それに必要な時間を研究する**時間動作研究**に基づくものである。この制度がテーラーの**課業管理**の基礎になる。

出 30-121-1
33-121-3
34-120-1

## 重要項目

**78** ホーソン実験の実質的指導者の**メイヨー**（Mayo, G. E.）や**レスリスバーガー**（Roethlisberger, F. J.）は、人間関係論の確立者とみなされている。**ホーソン実験**では、従業員の**人間的満足度**が高ければ高いほど**生産性**が高いという仮説が確かめられた。この満足度は、従業員の個人的事情と**職場状況**に依存する。

出 33-121-3, 4
34-120-2

**課業**
経験や勘に基づくのではなく、科学に基づいた公正な1日の仕事量をいう。

**79** **レスリスバーガー**によれば、集団内には能率に規定される**公式組織**の集団と感情に規定される**非公式組織**の集団がある。

出 30-120-1

**職場状況**
従業員が属している職場の仲間や上司との人間的接触、人間関係である。

**80** **動機づけ**または**モチベーション**とは、人の行動をかりたてる内的な心の動きである。モチベーションの代表的理論に、**内容理論**と**過程理論**がある。**内容理論**は、何によって動機づけられるか、どのような欲求をもっているか、その内容を特定する理論である。**過程理論**はどのようなプロセス（過程）で動機づけられていくか、そのメカニズムを特定する理論である。

**81** モチベーションの内容理論には、**マズロー**（Maslow, A.）の**欲求5段階説**がある。人間の欲求は5階層のピラミッドのように構成され、低階層の欲求が満たされると、より高い階層の欲求を欲する。5階層の欲求とは、低階層からあげると、**生理的欲求**、**安全欲求**、**社会的欲求**、**尊厳欲求**、**自己実現欲求**である。

**82** モチベーションの内容理論には、**ハーズバーグ**（Herzberg, F.）の**二要因理論**がある。**二要因理論**では、動機づけに関連する要因を**満足促進要因**と**不満足促進要因**に分ける。**満足促進要因**は、仕事の達成、責任等の職務内容要因であり、**不満足促進要因**は、給与、作業条件など不足すると不満足になる要因である。

出 33-122-2

**83** モチベーションの内容理論には、**マグレガー**（McGregor, D.）の**XY理論**がある。彼は2つの人間モデルを区別し、それぞれに合ったモチベーションの上げ方を示した。**X理論**では人間が怠け者であるため、命令・強制や厳しい賞罰によって動機づける。**Y理論**では人間が自己実現欲求をもつので、自律や責任によって動機づける。

出 33-122-3

**84** モチベーションの内容理論には、**ロック**（Lock, E.）の**目標設定理論**がある。本人が目標を受け入れた場合には、明確な目標であり、かつ達成が困難な高い目標であることが、高い意欲を生み出すとされる。

**85** モチベーションの内容理論には、**マクレランド**（McClelland, D.）の**欲求理論**がある。仕事への動機づけは、**達成欲求（動機）**、**権力欲求（動機）**、**親和欲求（動機）**、**回避欲求（動機）**の4つからなる。達成欲求は高い目標の設定と達成、権力欲求は指導的立場に立つこと、親和欲求は充実した人間関係、回避欲求は失敗や困難な状況の回避を求める。

出 33-122-5

**2 福祉サービスの組織と経営に係る基礎理論**

**組織に関する基礎理論**

**86** モチベーションの過程理論の典型として、**ブルーム**（Vroom, V.）や**ポーターとローラー**（Porter, L. W. and Lawler III, E. E.）等の**期待理論**がある。**期待理論**では人が仕事に投入した努力に応じて、どの程度の業績が上げられるか、その業績の程度に応じてどの程度の報酬が得られるかの**期待**をもつ（努力→業績期待→報酬期待）。

出 33-122-1

**87** **報酬**には、**内発的報酬**（仕事のやりがい、達成感）と**外発的報酬**（給与、賞与、昇進、昇給等）がある。期待理論では、2つの報酬への期待とその報酬がもつ魅力によってモチベーションの強度が決まるとされている。

**88** **デシ**（Deci, E.）は、自分を有能で自己決定的だと思う人は、さらなる有能さと自己決定を求めて努力するが、成果に応じた外発的報酬を付与されるとその**内発的モチベーション**が抑制されるとした。したがって、デシの**内発的モチベーション**の理論では、金銭等の外発的報酬を高めると、仕事それ自体から得られる**内発的モチベーション**が低下すると考えられている。

出 33-122-4

**89** **バーナード**（Barnard, C. I.）は、個人の制約を克服するために**協働**が生まれ、この協働システムとして**組織**をとらえている。**組織**とは、2人以上の人々の意識的に調整された活動をいう。組織成立の要件は、**組織の共通目的、目的に貢献する貢献意欲、共通目的を伝達するコミュニケーション**である。組織の存続のためには、組織目的を達成すること（その度合いが有効性）と、個人の動機を満足させること（その度合いが能率）も必要である。

出 33-121-1

**90** **コンティンジェンシー理論（条件適合理論）** とは、組織内部の状況やプロセスが外部環境の要求条件に適合していれば、その組織が環境に効果的に適応できるという環境決定論を主張する理論である。各組織がおかれる環境はそれぞれ異なるため、組織にはそれぞれ異なる組織化が必要であるから、あらゆる環境に適した**唯一最善の組織化の方法はない**。

出 30-121-1, 2
34-120-4

**91** コンティンジェンシー理論を支持する古典的研究の1つである**バーンズ**（Burns, T.）と**ストーカー**（Stalker, G. M.）の研究によれば、技術や市場の環境変化が小さく、環境の不確実性が低い状況の企業では、**機械的管理システム**（または**組織**）を利用することが有効である。一方、技術や市場の環境変化が大きく、環境の不確実性が高い状況の企業では、**有機的管理システム**（または**組織**）を利用することが有効である。

出 30-120-3, 4

▶機械的管理システムは、集権的管理、各職位の権限と責任の明確化、縦型のコミュニケーション等が特徴。有機的管理システムは、分権的管理、各職位の権限と責任の明確化の抑制、横型のコミュニケーション等が特徴。

**92** **サイモン**（Simon, H. A.）は、人間が**意思決定**して行動していると前提し、組織現象は意思決定過程の分析により明らかになると考えた。サイモンにとって意思決定は完全に合理的にできるものではなく、**制限のあ**

重要項目

る**合理性**に基づくものであるとし、当面の問題解決代替案をすべてもとうとしないこと、代替案の評価も不十分なままであること、最終的には自分の欲求を満足させるなどの代替案を選ぶことなどを示した。

**93** **シャイン**（Schein, E.）によれば、価値や人工物（行動を含む）が文化の本質の表明と考え、文化の本質を基本的仮定と考えた。シャインは、キャリアの概念には職業を追求する個人の**内的キャリア**と、組織における職業生活の全体にわたって従業員がたどる適切な発達の進路を設けようとする組織の**外的キャリア**があるとする。

**94** **アージリス**（Argyris, C.）と**ショーン**（Schön, D. A.）が定義した**組織学習**とは、環境変化に適応した行動の型を見出し、それを組織内に取り込み、共有・浸透することであり、**シングルループ学習**と**ダブルループ学習**の２つの学習形態を識別した。

> ▶組織に属する人々の学習が、組織自体の変化に反映されると、組織も学習していると表現できる。

**95** **シングルループ学習**はいったん獲得した考え方や行動の枠組みに**従って**問題解決を図ることであり、**ダブルループ学習**は既存の考え方や行動の枠組みを**捨てて新しい**考え方や行動の枠組みに取り組むことである。

**96** **ヘドバーグ**（Hedberg, B.）によれば、効率的な組織運営に必要な知識は、組織メンバー間で意識的に、活動、文化・規範、価値観のなかに埋めこまれて継承される。この知識のなかには**アンラーニング**によって獲得されるものも含まれる。ヘドバーグはこの**アンラーニング**が個人レベルにとどまらず、組織学習という組織レベルにも該当することに注目した。

> **アンラーニング**
> いったん学習したことを意識的に忘れ、学び直すこと。

**97** **実践共同体**または**実践コミュニティ**とは、特定の分野の知識の習得または知識を生み出す活動のために持続的に相互交流を行っている人々の集団のことである。**ウェンガー**（Wenger, E.）と**レイヴ**（Lave, J.）が提起した概念である。彼らは伝統的な徒弟制度における学習の多くがこの相互交流で行われていると分析し、学習は実践共同体の参加の過程であるとした。

## 経営に関する基礎理論

**98** アメリカの経営学者**チャンドラー**（Chandler, A. D.）は、**戦略**を、「基本的な長期目標を決定し、これらの諸目的を遂行するために必要な行動方式を採択し、諸資源を割り当てること」と定義した。

出 33-125-5

**99** **経営理念**とは、組織が顧客や社会に対して実現しようとしているメッセージであり、信念、理想のようなものである。経営理念は、「何のために事業を行うのか」という点を明らかにし、自分たちの存在意義や**使命**

出 33-125-3

**2 福祉サービスの組織と経営に係る基礎理論**

**経営に関する基礎理論**

（ミッション）を明確にするものである。

**100** **経営ビジョン・経営目標**は、**経営理念**に基づいて設定される。**経営理念**が社会全般に向けて抽象的に示されるのに対して、経営ビジョン・経営目標は、主として職員を含め利害関係者に対して具体的に示される。

> ▶経営理念には、顧客や社会だけでなく、職員や取引先に対する視点も欠かすことができない。

**101** **経営理念**は、長期的に**揺るがない**ものであるのに対して、**経営ビジョン・経営目標**は、環境の変化に応じて**柔軟に見直す**ものである。

> 出 30-121-5

**102** 組織内外の環境分析の一方法として**SWOT 分析**がある。これは、自組織の課題を、内部環境（自法人の組織内部の状況）と外部環境（自法人がおかれている状況）の軸と、有利な点と不利な点の軸に分類して、内部環境の有利な点を**強み**（strength）、不利な点を**弱み**（weakness）として分類し、外部環境の有利な点を**機会**（opportunity）、不利な点を**脅威**（threat）として分類する手法である。

> 出 33-125-1

**103** **SWOT 分析**は、**ミンツバーグ**（Mintzberg, H.）によって考案されたものであるが、ビジネス上の戦略策定プロセスとして明確になったのは**アンドルーズ**（Andrews, K.）の功績によると考えられている。

> ▶強みや機会をもとに、弱みや脅威をどう克服するかを考えることによって、経営戦略の立案の手法として用いることができる。

**104** **3C 分析**は、外部環境（市場・顧客）や競合の状況から自社の成功要因を導き、事業を成功に導く分析方法である。3C は、**Customer（市場・顧客）**、**Competitor（競合）**、**Company（自社）**の頭文字である。

> 出 33-125-2

**105** **アンゾフ**（Ansoff, H. I.）は、経営学のなかで、経営戦略の研究を本格的に展開し、企業のなかの意思決定を**戦略的決定**（製品市場構造を選択する決定）、**管理的決定**（企業の資源を構造化する決定）、**業務的決定**（資源利用の効率を最大化する決定）の3種類に分けた。

**106** **ポーター**（Porter, M. E.）は、事業の**競争戦略**として、**コストリーダーシップ戦略**（コスト競争で勝っていく戦略）、**差別化戦略**（差別化で競争に勝っていく戦略）、**集中戦略**（特定の分野に的を絞り経営資源を集中する戦略）の3つを識別した。

**107** **戦略**は、理念、ビジョン・目標を達成するためのものであって、**外部環境**（政策・制度、技術、利用者のニーズ、競合状況、成長性など）と**内部環境**（組織の人材、文化、技術など）に基づくもので、長期的な観点から決定される。**経営戦略**の主要な内容には、①外部環境の変化への対応、②成長戦略、③競争戦略、④経営資源の調達と配分、⑤多角化とシナジー、⑥撤退戦略などの6つがある。

> 出 30-121-4
> 33-125-4

> ▶経営戦略は3つのレベル（組織全体の戦略である全体戦略（企業戦略）、事業単位の事業戦略、人事・財務・販売などの機能別の機能戦略）に分けられる。

**108** 経営戦略の策定のための代表的手法に、**バランス・スコアカード**および**戦略マップ**の作成がある。**バランス・スコアカード**は、財務の視点、顧客の視点、業務プロセス（サービスの品質や業務内容）の視点、社員・

> 出 31-119-3

組織の学習と成長の視点（能力や意識）という４つの視点から、評価尺度（数値目標）を設定し、企業実績を評価する仕組みとして生まれた。また、この各評価尺度間の関係を整理したものを**戦略マップ**という。

**109** 経営戦略の策定のための代表的手法に、**ドメイン**の設定がある。この**ドメイン**とは、事業活動を行う領域のことで、①誰を顧客とするのか、②どのようなニーズにどのように応えるのか、③独自の能力や技術は何なのかに基づいて設定される。

出 33-125-1

▶ドメインを近視眼的にとらえると環境変化に対応できなくなることを、マーケティングの近視眼という。

**110** 戦略論の系譜のなかで、外部環境を重視する考え方を、**位置取り戦略**または**ポジションベース型戦略**という。代表例は表１のとおりである。

**表1　外部環境を重視する位置取り戦略（ポジションベース型戦略）の代表例**

| | |
|---|---|
| PPM | 各企業の商品・サービスを相対市場シェアと市場成長率に従って、**金のなる木**、**問題児**、**花形製品**、**負け犬**に分類する。 |
| ポーターの競争戦略 | 事業レベルの戦略としては、①**コストリーダーシップ戦略**、②**差別化戦略**、③**集中戦略**、の３つの戦略を基本にする。 |
| コトラーの戦略 | 業界のポジション（**リーダー**、**チャレンジャー**［２番手］、**フォロワー**［その他大勢］、**ニッチャー**［特殊な小型市場をねらう企業］）によって、異なる戦略をとるべきとする。 |

**111** 戦略論の系譜のなかで、内部環境を重視する考え方を**資源ベース型戦略**という。代表例は表２のとおりである。

**表2　内部環境を重視する資源ベース型戦略の代表例**

| | |
|---|---|
| エクセレント・カンパニー | 人と行動を重視し、権限移譲が進み、自由度の高い価値観を共有する企業文化をもつ優良企業。 |
| コア・コンピタンス | 他社が模倣することが困難で、競合する他社を圧倒的に上回るレベルの能力。 |
| ビジョナリー・カンパニー | 長期間にわたり業界で卓越した業績を残している企業群に識別される、ある種の共通的な傾向をもつ企業。 |

**112** **事業計画**とは、法人の理念に基づき設定した目的を達成するために、長期・中期・年度などの単位で定められる計画である。

**113** **事業計画**とは、具体的な到達目標と活動を明確にしたうえで行うべき**行動計画**である。目標と現状とのギャップを埋めるための**行動計画**を定め、計画の到達点を評価するための評価基準を定めることが事業計画の内容である。

**114** **CSR**（Corporate Social Responsibility）は、社会の多様な利害関係者

出 31-119-1

のさまざまな要求に対して企業が適切に対応する責任をもつことを指す。人権を尊重した適切な雇用・労働条件の設定、消費者への適切な対応、地域社会に対する貢献、地球環境への配慮などの責任が求められる。

**115** **CSV**（Creating Shared Value）は、企業の慈善活動的な行動責任を求めるCSRの限界を踏まえたうえで、企業がその事業領域に関連する活動を前提にして、社会的な課題解決と企業の競争力向上を同時に実現することを指す。

出 31-119-2

**116** **ユヌス**（Yunus, M.）は、ビジネスは利益の最大化のみを目的としていないと考え、利益の最大化を目指すビジネスとは異なるビジネスモデルとして**ソーシャル・ビジネス**を提唱した。

▶ソーシャル・ビジネスは、特定の社会的目標を追求するために行われ、その目標を達成する間に費用の回収を目指すものと定義された。

## 管理運営に関する基礎理論

**117** **PDCAサイクル**は、**Plan**（**計画**）、その計画に基づく**Do**（**実施**）、実施した結果の**Check**（**確認**）、および確認結果に基づく計画への**Act**（**処置—応急処置と真の問題を取り除く処置**）を順に繰り返し進めることによって、品質の維持、向上を図る管理手法である。これは、提唱者の名前をつけて**デミングサイクル**とも呼ばれる。

出 31-119-5

**118** **ISO 9001**とは、品質マネジメントシステムについての国際規格である。工業規格の世界的な調整と統一を図るために、**国際標準化機構**（ISO：International Organization for Standardization）が、1987（昭和62）年に最初の版を発行した。**ISO 9001**は組織の管理に必要な方針および目標を達成するための要素（**品質マネジメントシステム**）を定めることを求めている。

▶ 1947（昭和22）年2月23日に発足したスイスのジュネーブに本部をおく民間の非政府系組織である。

## 集団の力学に関する基礎理論

**119** 集団力学の創始者**レヴィン**（Lewin, K.）は、バラバラな個人が経営組織に集まるとき、そこに集団生活空間が形成されると考えた。

**120** レヴィンたちは多くの実験の結果、第1に、集団にはメンバーに対する斉一性および同調性への圧力（**集団圧力**）が生まれること、第2に、集団には個人に対して集団にとどまらせるようにはたらく力（**集団の凝集性**）が発生することを発見した。

**121** 集団が形成されると、諸個人が単に集まったというだけでは説明できない独自の特性がみられるようになる。これを集団の力学（**グループダイナ**

出 32-121-1, 2

**重要項目**

ミックス）という。この力学には、個人や組織へ好ましい影響を及ぼす正の側面と好ましくない影響を及ぼす負の側面が存在する。この負の側面として、**アッシュ**（Asch, S.）のいう**集団圧力**、**ジャニス**（Janis, I. L.）のいう**集団思考**、よからざるはたらきをする**集団の凝集性**などがある。

**122** **オールポート**（Allport, F. H.）は、他者の影響による社会的効果を表す概念として、**社会的促進**、**社会的抑制**または**社会的手抜き**等の概念を提唱した。**社会的促進**は、見物者や共同行動者の存在によって個人の行動が促進されることを指す。**社会的抑制**は、それらの存在によって個人の行動の劣化がみられることを指す。**社会的手抜き**は、社会的抑制の一例で、集団の共同作業の場合に人数が多くなるほど1人当たりの作業量が低下することを指す。

**123** ジャニスのいう**集団思考**（**集団浅慮**ともいう）とは、集団で考えるとかえって深く考えずに不合理または危険な決定がなされてしまう現象をいう。**集団の凝集性**とは、集団の結束力のことであり、よいはたらきをするものとよからざるはたらきをするものがある。組織の内部において集団間の対立が発生する場合は、よからざるはたらきの**集団の凝集性**である。

出 32-121-2, 4, 5

**124** **シェリフ**（Sherif, M.）の少年のサマーキャンプ実験（**泥棒洞窟実験**）は、2つの集団間の葛藤とその解消に関する実験であり、第1ステージ（**集団の形成**）、第2ステージ（勝ち負けのある集団対抗競技による**集団間の葛藤**）および第3ステージ（**葛藤の解消**）からなる。

出 32-121-3

**集団間葛藤**
第1ステージでは、内集団のメンバーが協力し合い、第2ステージでは、外集団と競争し、同集団のメンバーに敵対行動をとる。第3ステージでは、集団間の上位目標を設定して取り組みを進めると、敵対行動は解消し、集団同士が協力する。

**125** **集団の凝集性**を高めれば、メンバー間の感情的な絆が強くなり、集団の目標に対して協力的になり、チームの生産性や効率性が上がる。凝集性を高めるためには、集団を小規模にする、参加の障壁を作る、メンバーが共に過ごす時間を長くする、集団の外部に仮想敵を作る、成功体験をもつ、という要因が重要である。

**126** アッシュのいう**集団圧力**とは、個人としては正しい判断ができるが、多数派の力に負けて自分1人の考えを多数派に同調させることをいう。

出 33-121-2

**127** **メンタルモデル**とは、人が環境と相互作用するために必要とされる知識の枠組みであり、共有された**メンタルモデル**とは、チームメンバーがほかのメンバーと相互作用したり、チームが取り組む課題を遂行するために必要な組織化された知識の枠組みである。このモデルは**チームメンタルモデル**ともいい、チームのプロセスを円滑にし、チームのパフォーマンスを引き上げることが明らかにされている。

## リーダーシップに関する基礎理論

**128** **リーダーシップ**理論のうち、1940年代頃まで長く主流だったのはリーダーシップの**特性理論**である。これは優れたリーダーの特性、共通の資質を明らかにするもので、その典型が**ウェーバー**（Weber, M.）の**カリスマ的支配**等である。

出 33-123-5
34-121-1

**129** 1940年代以降、**リーダーシップの行動理論**が現れた。これはリーダーの行動スタイルからリーダーシップをとらえるものであり、その典型が、**オハイオ大学の研究**、**三隅二不二のPM理論**、**マネジリアル・グリッド論**等である。

出 31-120-3, 5
33-123-5

**130** 1960年代には、**リーダーシップの条件適合理論**が現れた。これはおかれている状況が異なれば、求められるリーダーシップのスタイルも**変わる**ということを明らかにするものであり、その典型が**フィードラー**（Fiedler, F.E.）の理論、**ハーシー**（Hersey, P.）と**ブランチャード**（Blanchard, K.）の**SL理論**や**ハウス**（House, R.）の**パス・ゴール理論**等である。

出 31-120-1, 2
34-121-2

**131** リーダーシップ自体ではなく、リーダーとフォロワーの相互作用に着目した理論やフォロワー自体に目を向けた**フォロワーシップ理論**も現れた。

出 33-123-4

**132** 1970年代から1980年代には、**カリスマ的リーダーシップ理論**や**変革型リーダーシップ理論**が現れた。この2つは、リーダーが進むべき目標・ビジョンを示し、自らがリスクを背負い、並はずれた行動をとる一方で、条件や環境に適合し、フォロワーの能力や感情に配慮できることを共通点としている。

出 31-120-4
33-123-2

**133** **オハイオ大学の研究**では、リーダーシップ行動は、期待を知らせる、手順に従わせる等からなる**構造づくり**と、親しみやすい態度をとる、細かな気配りをする等からなる**配慮**から説明でき、この両方の行動が高い頻度で行われることが、部下の業績と満足度が高まる傾向をもつとした。

出 31-120-2

**134** **三隅二不二**を中心とする集団力学研究所によって推進されてきた研究では、リーダーの行動が**目標達成**（performance）、**集団維持**（maintenance）の2次元で記述できるとし、それぞれを**リーダーシップP行動**、**リーダーシップM行動**と呼び、**PM理論**を提唱した。

出 31-120-3
33-123-1

**135** **マネジリアル・グリッド論**は、**ブレイク**（Blake, R.R.）と**ムートン**（Mouton, J.S.）によって提唱されたリーダーの行動スタイル論である。その行動スタイルを「**人間に対する関心**」と「**業績に対する関心**」の2軸でとらえ、それぞれの関心の度合いを9段階に分けてできる81個の格子（グリッド）を**マネジリアル・グリッド**と呼んだ。この格子のなかの

出 31-120-5

> **重要項目**

1・1型を**放任型リーダー**、1・9型を**人情型リーダー**、9・1型を**権力型リーダー**、5・5型を**妥協型リーダー**、9・9型を**理想型リーダー**、と呼んだ。

**136** **リーダーシップP行動**は、集団の目標達成のはたらきを促進し強化する行動であり、**リーダーシップM行動**とは、集団のなかで生じた人間関係の過大な緊張を解消し、激励と支持を与え、少数者に発言の機会を与え、成員相互依存を増大していく行動である。P行動の高低（P・p）とM行動の高低（M・m）を組み合わせて4つのリーダー行動（**pm**・pM・Pm・**PM**）を区別した。

> **pmのリーダー行動**
> P行動もM行動もともに弱い。成果を上げる力も集団をまとめる力も弱い。

> **PMのリーダー行動**
> P行動もM行動もともに強い。目標を明確に示し成果を上げ、集団をまとめる力もある。

> 出 31-120-2, 4
> 33-123-3

**137** **フィードラー**は、リーダーシップの行動を課題志向型と人間関係志向型に分け、どちらが業績を高めるかは、リーダーとメンバーの関係（信用や尊敬が高いかどうか）、仕事の内容（定型的かどうか）、リーダーの権限の強さ（強いかどうか）に左右される、とした。例えば、リーダーがメンバーから高く信用・尊敬され、仕事の内容が定型的であれば、課題志向型のリーダーシップ行動が、業績を高めることになる。

**138** **ハーシー**と**ブランチャード**は、部下の成熟度によって有効なリーダーシップが異なるとした。この理論は、Situational Leadership Theoryと表現されたため、**SL理論**と呼ばれている。指示的行動の高低と共労的行動の高低を組み合わせて4つのリーダーシップのスタイルを区別した。部下の成熟度合に従って4つのリーダーシップのスタイルは、**教示的リーダーシップ**、**説得的リーダーシップ**、**参加的リーダーシップ**、**委任的リーダーシップ**と変化する。

> 出 31-120-3
> 33-123-1
> 34-121-2

> **教示的リーダーシップ**
> 指示的行動が強く、共労的行動が弱い。具体的に指示し、事細かに監督する。

**139** **ハウス**の提唱した**パス・ゴール理論**では、リーダーシップの本質は、部下が目標（ゴール）を達成するために、リーダーがどのような道筋（パス）をたどればよいかを把握し、それを部下に示すことにある。その場合に考慮すべき2つの条件は、**環境的条件**（業務の明確性、経営責任体制、チーム組織など）と部下の**個人的特性**（部下の自立性、経験、能力など）である。

> 出 31-120-1
> 34-121-3

> **委任的リーダーシップ**
> 指示的行動が弱く、共労的行動も弱い。部下と合意のうえで目標を決め、部下に任せる。

**140** シェアード・リーダーシップとは、企業内の事業にかかわっているチームの一人ひとりがリーダーシップを発揮するスタイルのリーダーシップである。

> 出 34-121-5

**141** サーバン・リーダーシップとは、リーダーが組織や部下に奉仕の気持ちをもって接し、メンバーの特徴や能力を最大限に伸ばす環境づくりに力を注ぐスタイルのリーダーシップである。

> 出 34-121-4

## 3 福祉サービス提供組織の経営と実際

### 経営体制／財源

**142** 社会福祉法人における施設整備のための資金の流れにおける財源には、法人の保有する**自主財源**（現預金、有価証券、実質は預金または有価証券である各種積立金など）、寄付者からの金銭の寄付（経常経費、借入金の利息、借入金の返済、施設整備等のための寄付）と物品の寄付（固定資産等の寄付）、国・地方自治体または助成団体からの補助金・交付金、銀行などからの**借入金**がある。法人が銀行からの借入れにより資金調達することを**間接金融**という。

出 31-121-3, 4
34-123-1

▶株式会社等の法人が株式や債券等の有価証券を発行して資金調達することを直接金融という。社会福祉法人などの非営利法人は、株式発行による資金調達ができない。

**143** 社会福祉法人による施設整備においては、補助金や交付金が制度として用意されているが、それらでカバーできない施設整備費の自己負担分について、独立行政法人福祉医療機構による福祉貸付（**政策融資制度**）がある。

**144** 社会福祉法人における事業運営に伴う経常的な資金の流れにおける財源は、**公費**からの収入分と**利用者等**からの収入分に分けられる。**公費**からの収入には、措置費、介護報酬、介護給付費等、保育委託費の収入がある。**利用者等**からの収入には、利用者負担金と利用料がある。

出 32-122-3

**法定代理受領**
介護保険のサービス利用料等における負担方法を指す。要介護認定を受けた利用者がケアプランに基づいた指定サービスを受けた場合に、利用者の自己負担分（1〜3割分の費用）を除いた分について、事業者が市町村等に請求し、市町村等から支払いを受け取ることを指す。

**145** **クラウドファンディング**とは、新しい資金調達方法の1つである。インターネットを通じて不特定多数の人に資金提供を呼びかけ、資金を集める方法である。これには支援者が金銭的なリターンを得る「投資型」と金銭以外の物やサービスを受け取る「非投資型」がある。社会貢献を目的として寄附を集める方法等は「非投資型」に分類される。

### 福祉サービス提供組織のコンプライアンスとガバナンス

**146** **法人**とは、自然人（人間）固有の権利義務を、法律によって組織体そのものに人格を与え、権利能力を与えたものである。この法人が1つの人格をもって行動するための意思決定の仕組みを法人の**ガバナンス**という。

**147** **ガバナンス**は、法人の目的に沿って適切に経営されるようにすること、またはそのための監督やチェックの仕組みである。コンプライアンスを達成するためなどに重要となる。

出 31-119-4
32-123-4

**148** **コンプライアンス**とは、法人の経営者層や従業員が**法律**や**規則**およびそれらの精神を**守る**ことをいう。

出 31-119-4
32-123-1

**重要項目**

**149** **ディスクロージャー**は、企業会計の用語として利用されるだけでなく、別の意味の用語としても利用される。前者の企業会計の用語としては、経営成績、財務内容等の情報を株主に公開することを指す。後者では、国または自治体が国民の請求に応じて公文書を公開することを指す。

出 32-123-2

**150** **アカウンタビリティ**は、企業会計の用語として利用されるだけでなく、別の意味の用語としても利用される。前者の企業会計用語としての訳語は**会計責任**である。資金の委託者である株主に対して、その受託者の経営者が企業の経営成績等を説明することを指す。後者での訳語は**説明責任**である。組織または個人が自己の言動や方針、経過等について、さまざまな利害関係者に説明することを指す。

出 32-123-3

**151** **監査**は、**監査主体**により、経営者の直属組織としての内部監査部門を主体とする**内部監査**と組織の監査役（監事）を主体とする**監査役（監事）監査**と、組織の外部の公認会計士または監査法人を主体とする**財務諸表監査**または**外部監査**がある。監査には、**監査客体**により経営者の業務を客体とする業務監査と財務諸表を客体とする**財務諸表監査**がある。

▶社会福祉法人の場合には所轄庁による指導監査もある。これは法人の業務運営、会計管理等幅広い視点で、法令および通達の遵守状況を監査する。

**152** 法令違反行為を労働者が通報した場合、解雇等の不利益な取扱いから保護し、事業者の法令を遵守した経営を強化するため、**公益通報者保護法**が2004（平成16）年6月に公布された。

出 32-123-5

**153** 2005（平成17）年7月に**内閣府国民生活局**は公益通報者保護法を踏まえ、労働者からの通報を事業者内において適切に処理するための**ガイドライン**を示した。2016（平成28）年12月に**消費者庁**は、**民間事業者向けの新しいガイドライン**を示した。

▶同制度は2009（平成21）年9月に発足した消費者庁に移管されている。

## 福祉サービス提供組織における人材の養成と確保

**154** 1987（昭和62）年に**社会福祉士及び介護福祉士法**が制定され、福祉サービス分野に新たな資格制度が誕生した。1997（平成9）年には**精神保健福祉士法**が制定され、**保育士**についても、2001（平成13）年に児童福祉法が改正され、名称独占としての資格制度が法定化された。

**155** 2007（平成19）年に、社会福祉士及び介護福祉士法の改正が行われ、両資格の**定義**および**義務規定**、**資格取得方法**などの見直しが行われた。

▶いずれも、社会福祉サービスの担い手を専門職として公的に位置づけ、良質な人材の確保と育成を促進しようとする法律である。

**156** 2007（平成19）年の社会福祉士及び介護福祉士法改正において、**社会福祉士**については、「**相談援助**」の業務として、ほかのサービス関係者との**連絡・調整**を行い、**橋渡しを行う**ことが明確化された。義務規定として、①個人の尊厳の保持、②自立支援、③地域に即した創意と工夫、④

保健・医療・福祉サービス関係者等との連携、⑤資格取得後の自己研さんなどが新たに明記された。

**157** 2007（平成 19）年に 14 年ぶりに見直しされた**社会福祉事業に従事する者の確保を図るための措置に関する基本的な指針（新人材確保指針）**では、①労働環境の整備の推進等、②キャリアアップの仕組みの構築、③福祉・介護サービスの周知と理解、④潜在的有資格者等の参入の促進等、⑤多様な人材の参入・参画の促進などについての方向性を示している。

**158** 介護サービスの人材確保の取組みが進められている。2021（令和 3）年 3 月のデータでは、全産業平均の有効求人倍率が 1.10 倍に対し、「介護サービス」は 3.44 倍、「社会福祉の専門的職業」は 2.91 倍である。2021（令和 3）年 7 月に公表された**第 8 期介護保険事業計画**の介護サービス見込み量等に基づく介護職員の必要数は、2023（令和 5）年度に約 233 万人が見込まれている。厚生労働省が 2018（平成 30）年に新設した**「介護に関する入門的研修」**の目的は、介護未経験者の就業を促進することにある。**経済連携協定（EPA）**の外国人介護福祉士候補者の受入れ対象国は、インドネシア、フィリピン、ベトナムの 3 か国である。

## 福祉サービス提供組織の経営の実際

**159** 2000（平成 12）年 2 月に制定された社会福祉法人会計基準を改正した**新しい社会福祉法人会計基準**が 2011（平成 23）年 7 月に制定され、2015（平成 27）年度から強制適用されたが、2016（平成 28）年 3 月に社会福祉法人会計基準（平成 28 年厚生労働省令第 79 号）が制定され、2016（平成 28）年度から施行されている。

**160** 所轄官庁の定める会計基準または会計指針によって、組織の経営状況を示す書類の呼び方は異なる。医療法人、病院施設の会計基準や会計指針では**財務諸表**と呼ばれ、特定非営利活動法人の会計基準や会計指針では**計算書類**と呼ばれる。一般に、外部の利害関係者に対して一組の財務諸表などを報告することを目的とする会計を**財務会計**という。組織内部の経営者などに経営管理に役立つ情報を提供することを目的とする会計を**管理会計**という。

**161** 社会福祉法人の場合には、これまで**財務諸表**という呼び方が使われてきたが、今後は**計算書類**という呼び方が使われる。2011（平成 23）年制定の社会福祉法人会計基準は、**財務諸表**という用語を使用し、2016（平成 28）年制定の社会福祉法人会計基準は、**計算書類**という用語を使用して

---

出 32-124

▶2020（令和 2）年度の介護労働実態調査によると、訪問介護員、サービス提供責任者、介護職員の 1 年間の離職率は、正規・非正規職員合わせて約 15％である。

💡 注目！

2018（平成 30）年 3 月に社会福祉法人会計基準の一部を改正する省令（厚生労働省令第 25 号）が公布された。同改正では、社会福祉協議会の退職共済事業について、会計処理上の整理を行った。

▶2011（平成 23）年制定の会計基準は、法人全体が 1 つのルールを適用できるようにするために制定された。

出 30-122-3
　32-125-3
　33-124-1

▶財務会計の計算書類等は、外部の機関が定める会計基準に基づいて作成されるが、管理会計の計算書類等の作成や作成方法は各組織の決定次第である。

**重要項目**

いる。会計基準または会計指針によって書類の構成も異なるが、社会福祉法人会計基準の定める**計算書類**とは、**貸借対照表**と**事業活動計算書**と**資金収支計算書**である。

162 社会福祉法人の**貸借対照表**は、法人や施設の一定時点（通常は年度末）における**財政状態**（財産の運用形態と調達源泉）を明らかにするものである。財産の運用形態である資産と財産の調達源泉である負債および純資産は一致する。負債には、財産の返済義務をもつ調達源泉が含まれ、純資産には、財産の返済義務をもたない調達源泉が含まれる。

▶法人全体を対象とするものだけでなく、事業区分、拠点区分、サービス区分を対象とするものもある。

出 31-121-2
32-125-2, 5
33-124-2
34-123-3, 5

▶貸借対照表の借方（かりかた）（左側）は、財産の運用形態を示し、貸方（かしかた）（右側）は財産の調達源泉を示す。

**図1　貸借対照表の例（法人単位）**

借方　　　　　貸方

| 資産の部 | | 負債の部 | |
|---|---|---|---|
| 科目 | 金額 | 科目 | 金額 |
| 流動資産 | A | 流動負債 | C |
| 固定資産 | B | 固定負債 | D |
| | | 負債の部合計 | C＋D |
| | | 純資産の部 | |
| | | 基本金 | E |
| | | 国庫補助金等特別積立金 | F |
| | | その他の積立金 | G |
| | | 次期繰越活動増減差額 | H |
| | | （うち当期活動増減差額） | |
| | | 純資産の部合計 | E＋F＋G＋H |
| 資産の部合計 | A＋B | 負債・純資産の部合計 | C＋D＋E＋F＋G＋H |

必ず一致する

163 貸借対照表では、**資産**を**流動**資産（現金預金、事業未収金、短期貸付金等）と**固定**資産（土地、建物、長期貸付金、各種積立資産等）に分け、固定資産を**基本**財産とその他の固定資産に分ける。また、**負債**を**流動**負債（事業未払金、短期運営資金借入金、賞与引当金等）と**固定**負債（設備資金借入金、長期運営資金借入金、退職給付引当金等）に分ける。**純資産**を、基本金、国庫補助金等特別積立金、その他の積立金、次期繰越活動増減差額の4種類に分ける。

出 33-124-2
34-123-4

164 資産および負債を流動と固定に区分する基準は、**正常営業循環基準**と**1年基準**である。前者は、**正常な事業活動の循環過程**のある資産、負債を流動資産、流動負債として分類する。後者は、前者の基準に適合しない資産、負債のうち、期末の決算日の翌日から起算して**入金または支払い**

出 33-124-4

**3** 福祉サービス提供組織の経営と実際

**福祉サービス提供組織の経営の実際**

の期限が1年以内にある資産、負債を流動資産、流動負債として分類する。

165 社会福祉法人の純資産のうち、**基本金**は、施設の創設などにあてるための寄付金品、**国庫補助金等特別積立金**は、施設整備等のために国、自治体および民間助成団体からの補助金である。**次期繰越活動増減差額**は、法人が獲得した過去および今年度の利益（黒字）の合計額であり、**その他の積立金**は、この利益の一部を法人が任意で目的を付した積立金へと名称変更したものである。

⊞ 31-121-1

166 次期繰越活動増減差額とその他の積立金の合計額は、過去および今年度の利益の蓄積額（内部留保）に相当する。損失（赤字）を計上しない限り同蓄積額は増大する。

167 **事業活動計算書**は、今年度の利益である当期活動増減差額とその原因である収益および費用を示す。この利益は収益から費用を差し引いた差額であり、**収益**は、サービス活動収益（介護保険事業収益、障害福祉サービス等事業収益等）、サービス活動外収益、特別収益、**費用**は、サービス活動費用（人件費、事業費、事務費等）、サービス活動外費用、特別費用である。それぞれの差額は、①サービス活動増減差額、②サービス活動外増減差額、③特別増減差額である。①②の合計が経常増減差額、①～③の合計が当期活動増減差額である。当期活動増減差額は株式会社等の損益、計算書上の損益（利益または損失）に相当する。

⊞ 31-121-5
32-125-4

> **事業活動計算書**
> ①～③の各種差額とその合計額だけでなく、次期繰越活動増減差額も記載する。次期繰越活動増減差額は、過去から現在までの活動増減差額の合計である。

168 貸借対照表と事業活動計算書は、それぞれの**次期繰越活動増減差額**が同額となる。次期繰越活動増減差額の増加要因は単年度ベースの当期活動増減差額がプラスの利益となること、その利益が大きくなることである。

169 建物などの固定資産（土地等を除く）が提供するサービスを、時の経過に伴い消費していく場合、その消費分（費用）を認識・計算することを減価償却といい、固定資産の金額（取得に要した支出額）を分割してその消費分を計算する。この計算を企業会計では**費用の配分**という。消費分については、**減価償却費**として事業活動計算書に計上する一方で、貸借対照表の建物の金額をその分だけ減額する。

⊞ 30-122-2
33-124-3

170 減価償却費分の資金が法人内に留保されることを減価償却の自己金融機能という。例えば、収益と資金収入をそれぞれ100、減価償却費を10、その他の費用と資金支出をそれぞれ50とすると、利益は40（100 － 10 － 50）、資金収支差額は50（100 － 50）となり、減価償却費分の資金10が法人内に留保される。

⊞ 32-125-1

171 **資金収支計算書**における当期資金収支差額に、前期末の支払資金残高を

重要項目

加えた金額が、**当期末支払資金残高**である。この**当期末支払資金残高**は、貸借対照表の流動資産から流動負債を引いた金額と同額である。

172 資金収支計算書は、支払資金の変動額（当期資金収支差額）と、その原因である**資金収入**と**資金支出**を示す。**資金収入**は、事業活動収入（介護保険事業収入、障害福祉サービス等事業収入等）、施設整備等収入、その他の活動収入に、**資金支出**は、事業活動支出（人件費支出、事業費支出、事務費支出等）、施設整備等支出、その他の活動支出に分けられる。それぞれの差額は事業活動資金収支差額、施設整備等資金収支差額、その他の活動資金収支差額である。これらの収支差額の合計額が当期資金収支差額である。

> ▶支払資金は、貸借対照表の流動資産と流動負債を範囲とするが、次の３項目を除く。①１年基準により固定資産または固定負債から振り替えられた流動資産または流動負債、②徴収不能引当金および賞与引当金、③棚卸資産（貯蔵品を除く）。

# 4 福祉サービスの管理運営の方法と実際

## 適切なサービス提供体制の確保

173 **スーパービジョン体制**とは、専門職が組織内で援助・支援業務を行ううえでのバックアップ体制をいう。実際に行っている業務についてスーパービジョンを通して確認を行うことになる。スーパービジョンは、これを提供する**スーパーバイザー**とこれを受ける**スーパーバイジー**から構成され、**支持的**機能、**教育的**機能、**管理的**機能をもつ。

174 企業が、市場における顧客の支持を獲得し、拡大するための取組みのことを**マーケティング**という。

175 **ソーシャル・マーケティング**には、大きく２つの流れがあるといわれ、１つは、**コトラー**（Kotler, P.）の提唱した考えであり、もう１つは**レイザー**（Lazer, W.）の提唱した考えである。

176 **レイザー**は、利益追求中心のマーケティングにおける**社会性の欠如**を反省し、公害防除、地球環境保全等広い意味での社会問題解決に企業が積極的にかかわるべきことを強調する思考方法に基づきマーケティングを行うことを提唱した。

177 コトラーは、「**ソーシャル・マーケティングは、ターゲットと同様に社会（公衆衛生、安全、環境、そしてコミュニティ）に便益をもたらすターゲットの行動に対して影響を与えるために、価値を創造し、伝達し、提供させる**というマーケティングの原理および手法を適用するプロセスである」と定義した。

178 **サービス提供過程における標準化**は、サービス提供側の仕事の仕方のバ

ラツキをなくすものである。また、**継続的改善**はサービスを継続的に改善することであるが、一般に**PDCA サイクル**として表現される。このサイクルに従業員が関与することが**参加型マネジメント**である。

**179** **サービスの品質**は、サービスの**提供過程**（サービス提供時の従業員の対応や設備の使いやすさなど）の品質とサービスの**結果**（好ましい変化など）の品質に分けることができる。サービスの品質を評価するためには、サービスの提供過程と結果の双方の品質を評価する必要がある。

出 30-123-1, 4

**180** **ドナベディアン**（Donabedian, A.）は、医療の質が３つの側面から評価されることを提唱した。３つの側面とは、**構造**（病院などにおける医療機器などの物的資源、医師・看護師などの人的資源、教育・研究に関する組織的特徴）、**過程**（診療、看護、リハビリテーションなどの実際の医療行為）、**結果**（構造、過程を経た結果としての患者の状態）である。

出 31-123-1, 2, 3, 4, 5

**181** **組織のサービスに対する考え**は、職員にとって自ら提供するサービスの基本となるもので重要である。このため経営者は、組織が目指すサービスの考え方を職員に伝える必要がある。しかし、利用者やその家族のニーズに沿ったサービスを目指す場合、その人たちの最も身近にいる職員には、自分で感じ、考え、判断してサービスを提供し、それについて根拠をもって家族やほかの職員に伝える能力が求められる。一方、経営者には、そのような能力をもつ職員を育成するための職員教育と組織体制の見直しが求められる。

出 30-123-3, 5

**182** **サービス・プロフィット・チェーン**とは、ヘスケット（Heskett, J.S.）らが提唱した**従業員満足・顧客満足・業績向上**の因果関係のモデルである。従業員満足が高まれば、顧客満足が高まり、利益も高まる、という考え方である。

出 30-123-2

**183** 2001（平成 13）年３月に公表された「**福祉サービスにおける第三者評価事業に関する報告書**」を受ける形で、特別養護老人ホームなど施設種別ごとに評価項目を標準化する取組みや、各種のモデル事業などを経て、各都道府県を実施主体として**福祉サービス第三者評価制度**がスタートした。

▶同報告書では、特定のガイドラインを満たす機関が第三者評価機関になることができるとした。

**184** **福祉サービス第三者評価**は、社会福祉法人等の提供する**福祉サービスの質**を事業者および利用者以外の**公正・中立な第三者機関**が専門的かつ客観的立場から行う評価である。この第三者評価事業は、「**福祉サービス第三者評価事業に関する指針**」に基づいて行われてきている。

出 30-124-1
31-124-2

▶第三者評価の結果は、都道府県推進組織ホームページまたはWAM NET で公表される。

**185** **社会福祉事業の経営者**は、自らその提供する福祉サービスの**質の評価**を行い、常に良質かつ適切な福祉サービスの提供に努めなければならない

（社会福祉法第78条第1項）。また、**国**は、社会福祉事業の経営者が行う福祉サービスの質の向上のための措置を援助するため、サービスの質の公正かつ適切な評価の実施に資するための措置を講じるよう努めなければならない（同条第2項）。

**186** **社会福祉事業の経営者**は、その提供するサービスについて**広告**するときは、**広告**された福祉サービスの内容その他の厚生労働省令で定める事項について、著しく事実に相違する表示をし、または実際よりも著しく優良・有利であると人を誤認させる表示をしてはならない（社会福祉法第79条）。

▶誇大広告の禁止事項は、提供される福祉サービスの質その他の内容、利用者が事業者に支払う対価、契約の解除、事業者の資力・信用、事業実績に関する事項である（社会福祉法施行規則第19条）。

**187** 福祉サービスに関する**苦情処理・解決**は、次のような順序、仕組みで行われる。サービス利用者が事業者に対して苦情申立てを行うと、事業者はそれを受け付け、その内容を確認して話し合いをもつ。当事者同士の苦情解決が困難な場合は**第三者委員**（公正・中立な立場で判断できる人材）に委嘱したり、弁護士と顧問契約したりして、それらに対応をゆだねる。しかし、この事業者段階で解決が困難な場合は、**都道府県社会福祉協議会**に設置された**運営適正化委員会**の下で**事情調査、解決の斡旋**が行われる。

出 30-124-3, 4
　31-124-1, 4, 5

▶苦情の収集のためには、意見箱、アンケート調査、苦情受付担当者の配置などの情報チャンネルが必要である。

**188** 社会福祉事業の経営者は、利用者等からの**苦情の解決に努めなければならない**（社会福祉法第82条）。また、適正な運営の確保と苦情対応のための**運営適正化委員会**の設置、運営適正化委員会の業務、運営適正化委員会から都道府県知事への通知について、それぞれ社会福祉法に定められている（同法第83条～第86条）。

**189** 2006（平成18）年4月から開始された**介護サービス情報の公表制度**では、都道府県および指定都市または指定調査機関等が、各介護事業者から報告されたサービス提供の取組み方の内容について、事実かどうかの調査を行い、その結果を公表する。対象となる事業者は、1年間の介護報酬額が100万円を超える介護事業者である。

出 30-124-2
　31-124-3

**190** **リスク**とは、一般にある行動に伴って生じる危険や損失のことを指す。**リスクマネジメント**とは、そのような危機が発生する前にそのリスクを予見し、リスクを管理し、組織に与える影響を最小限に抑えることである。**リスクマネジメント**は、危機管理と訳出されることもあるが、危機管理は、クライシスマネジメントの用語が用いられ、危機が発生した後の対処を指す。

出 34-124-2, 4

▶社会福祉サービスの組織では、この事業の安定と継続のほかに、福祉サービス利用者の権利や利益の保護を最優先しなければならない。

**191** リスク対応は、**リスクコントロール**と**リスクファイナンス**に分けられる。**リスクコントロール**は大きなリスクになるのを防ごうとすることであり、

出 34-124-3, 5

**4 福祉サービスの管理運営の方法と実際**

**適切なサービス提供体制の確保**

これには**業務や作業の標準化**、ルール策定、マニュアル作成等が含まれる。**リスクファイナンス**は、事故が発生したときの**経済的損失を補てん**することであり、これには損害保険の活用等が含まれる。

**192** 厚生労働省は、「**福祉サービスにおける危機管理（リスクマネジメント）に関する取り組み指針**」（2002（平成14）年4月）を示し、リスクマネジメントの基本的視点として、「より質の高いサービスを提供することによって多くの事故が未然に回避できる」という考え方を提示した。利用者の状況や施設環境等の個別性が高いため、各施設における十分な検討と創意工夫も求められている。

出 31-122-3, 4

**193** 福祉サービス提供に関し、組織として事故・苦情発生時の対応を考えておく。その際に必要な視点は、①**ルール（手順）に則った適切な対応**を行う、②事故・苦情発生時は**誠実に、速やかに対応する**という視点である。

**194** 介護サービス提供における**事故発生の防止**および**事故発生時の必要な対応**について、介護保険施設・事業所ごとに詳細に定められている（表3参照）。事故防止の考え方については、**ハインリッヒの法則**が参考になる。

出 33-125-5
34-124-1

> **ハインリッヒの法則**
> 労働災害の経験則の1つである。1つの重大事故の背景に29の軽微な事故があり、その背景に300の異常（ヒヤリ・ハット）があるという法則である。これに従うと、軽微な事故を防いでいれば重大事故は発生しない。

### 表3　事故発生の防止および発生時の対応

| 介護老人福祉施設 | 居宅サービス事業者 |
|---|---|
| ・事故発生時の対応と報告方法等を記載した事故発生防止の指針の整備<br>・事故発生時の事実の報告とその改善策を職員に周知徹底する体制の整備<br>・事故発生防止のための委員会および職員に対する研修の定期開催<br>・市町村および入所者の家族等に対する事故発生の速やかな連絡と必要な措置の実行<br>・事故の状況および事故に対する処置の記録<br>・賠償すべき事項が発生した場合の速やかな賠償 | ・市町村および利用者の家族、利用者にかかる居宅介護支援事業者等に対する事故発生の速やかな連絡と必要な措置の実行<br>・事故の状況および事故に対する処置の記録<br>・賠償すべき事項が発生した場合の速やかな賠償<br>このほか、以下の点に留意すること<br>・事故発生時の対応方法をあらかじめ定めておくことが望ましいこと<br>・速やかに賠償を行うために損害賠償保険に加入しておくか、賠償資力を準備しておくことが望ましいこと<br>・事故原因を解明し再発防止の対策を講じること |

> **問題解決型チーム**
> 問題解決または改善についてアイディアを共有したり、提案するチーム。
> **自己管理型チーム**
> 問題解決だけではなく、その解決策を実行し、その結果に責任をもつチーム。
> **機能横断型チーム**
> 異なる分野から1つのタスクを遂行するために集まったチーム。

**195** **チーム**とは、**目的**、**目標**を共有し、**相互**に補完するスキル等を備えた**少人数の集合体**である。チームではメンバーによる努力の投入量を増やすことなく相乗効果により産出量を増やすことが可能になる。遂行される

**重要項目**

タスクによっては、個人よりもチームのほうが**高い**業績を上げることができる。チームの代表的な3タイプは、**問題解決型**チーム、**自己管理型**チーム、**機能横断型**チームである。

196 福祉の分野では、介護保険を契機に、医師だけでなくほかの職種と連携する**チームアプローチ（多職種連携）**の必要性が叫ばれてきた。**チームアプローチ**では、異なる専門性をもつ多職種がそれぞれの専門職の能力を活かして、利用者に対して総合的な援助を行う。

▶利用者を医療サービスの利用者だけでなく福祉や保健の利用者としてみて、利用者の病気を治す以上にその生活を豊かにすることを目的とする。

## 働きやすい労働環境の整備

197 **人事・労務管理**の第1のねらいは、組織戦略や経営目的を実現することであり、生産性の高い組織をつくることである。第2のねらいは、職員一人ひとりが意欲をもち日々の業務に取り組めるよう、適正な評価と処遇を実現し、ひいてはキャリアを通じて成長させ、自己実現させることである。第3のねらいは、それら全体を通じて適法性を確保することである。

▶労働組合、労使の関係の管理が必要である。

198 組織を形成する人に関するシステム（**人事システム**）とは、採用、能力開発などによって組織に必要な人材を確保・育成し、その人材を適材適所に配置し、その労働条件を整備し、働きを評価（**人事考課**）し、報酬を与える一連の管理活動である。

199 人材の採用を行う場合、人事方針に基づいて、まず、必要な職員のスキル・資質・能力、人数、必要な時期などを決める。これを**要員計画**という。

200 **配置換え**や**人事異動（ジョブ・ローテーション）**の第1の目的は、各職場の業務を遂行するのに必要としている職務や役割に必要な人材を配置していくことである。第2の目的は、職員個々が自分で新たな仕事を開拓することである。第3の目的は、職員個々の**キャリア**を開発し、その能力やスキルなどの**人材の価値**を高めることである。

201 **職場研修**は、**OJT**（職務を通じての研修）、**OFF-JT**（職務を離れての研修）および**SDS**（自己啓発援助制度）という3つの形態で行われる（表4参照）。なお、新入社員に対する**OJT**として、**エルダー制度**がある。数年年上の先輩（エルダー）が教育係となって新入社員と2人1組となり、実務指導などを行う。

出 30-125-3, 4, 5

202 人材育成の成果を高めるために指導育成者に求められる育成マインドの最重要点は、職員に良質な仕事の経験（仕事の**知識**や**ノウハウ**）を与え

**表4　職場研修の形態**

| | |
|---|---|
| OJT | 職場研修の基本であり、職場の上司や先輩が、部下や後輩を**職務を通じて**、または**職務に関連させて**指導、育成する研修。 |
| OFF-JT | 職務命令により一定期間日常**職務を離れて**行う研修。職場内で実施する場合と職場外の外部研修に派遣する場合がある。 |
| SDS | 職員の職場内外での**自己啓発活動**を職務として認知し、経済的・時間的な援助や施設等の提供を行う。 |

ることである。職場には、サービス実践や業務遂行のなかで生み出された**知識**や**ノウハウ**がある。そのいくつかは**マニュアル**や**手順書**等にまとめられる。

**203** 野中郁次郎らは、**ナレッジマネジメント**（知識創造経営）のモデルとして**SECI モデル**を提唱した。個人の経験を共有して**暗黙知**を伝える**共同化**（Socialization）、暗黙知を概念化して形式知化する**表出化**（Externalization）、形式知化されたものを組み合わせて新しい**形式知**をつくる**連結化**（Combination）、その形式知を実際に利用して新しい個人で暗黙知化する**内面化**（Internalization）からなる循環的プロセスである。個人の知識を組織で共有してより高次の知識を生み出し、それを新しい個人に内面化する。

> 出 30-125-2

> ▶言語化できないものを暗黙知、言語化されたマニュアルや手順書を形式知と呼ぶ。いずれも知的資産として伝承が必要である。

**204** コルブ（Kolb, D.）は、知識習得または学習のモデルとして**経験学習モデル**を提唱した。**経験**、経験から会得したことを観察する**省察**、観察した事柄を説明する**概念化**、その概念を新しい経験の問題解決に応用する**実践**からなる循環的プロセスである。この学習は、体系化・汎用化された知識の習得と区別される。

> 出 30-125-1

**205** **キャリアプラン**は、働くことを通じた個人の生き方の計画である。**キャリア開発**は、組織のニーズに合致した人材の育成と個人のキャリアプランの実現を目指して行われる長期的・計画的な職務開発、能力開発である。多くの場合、これは教育・研修制度と人事異動等を組み合わせた**キャリア開発プログラム**によって実施される。

**206** 組織は、複数の昇進・昇格のモデル、個人が最終的に目指すゴールまでの複数の道筋のモデルを用意している。このモデルを**キャリアパス**という。

> 出 34-122-5

**207** 個人がキャリアを選択する際に最も大切な価値観、欲求のことを**キャリアアンカー**という。組織内で昇進・昇格の可能性が行き詰まっている状態、またはそれを感じた個人がモチベーションの低下や職務開発・能力開発の機会の喪失に陥ることを**キャリアプラトー**という。

## 重要項目

**208** スポーツの分野から生まれた**コーチング**は、近年ビジネスの世界にも導入されてきている。上司と部下の間の**ビジネスコーチング**とは、上司と部下の双方向のかかわりを通して、部下の目標達成、問題解決、技術向上の促進を援助するコミュニケーションを指す。

**209** **メンタリング**とは、知識や経験の豊かな人々（**メンター**）がまだ未熟な人々（**メンティ**）のキャリア形成と心理・社会的側面に対して一定期間継続して行う支援行動である。

**210** **人事考課**とは、人事管理の適切な遂行を目的として、それに必要な職員一人ひとりの人事情報を収集・整理し、決められた基準に基づいて評価することである。

**211** 人事考課に**面談**を取り入れることが一般的になってきている。**面談**を設ける理由には、評価を能力開発やモチベーションの向上に結びつけること、評価の納得性を高めること等がある。**面談**には評価結果のフィードバックをするための**フィードバック面談**等がある。

**212** 人事考課を行う者は、**考課者訓練**を受けることが望ましい。**考課者訓練**では、自社の人事制度のシステムや目的を理解し、考課ルールを理解し、評価基準のすり合わせ等が必要となる。

**213** **360度評価**とは、通常の上司からの評価だけではなく、部下や同僚、仕事で関係のある他部門の担当者、また取引先や顧客などによる評価も行うような多方向からの評価である。

**214** **評価を行う場合の問題**として、**寛大化傾向**（甘い評価）、**中心化傾向**（平均化）、**ハロー効果**（一部の評価が全体に及ぶ）、**対比誤差**（自分に照らして相手を評価する）、**論理誤差**（評価者の論理に影響される評価）、**投射効果**（自分のもつ特性を相手ももっているかのようにみなすこと）がある。　出31-125-4

**215** 近年では、**高業績者**に共通してみられる**行動特性**を**コンピテンシー**という。この行動特性を各職務や職位のレベルに応じてモデル化し、それを評価基準として使うようになっている。　出34-122-4

**216** **ダイバーシティ・マネジメント**とは、個人間や集団間に存在する**多様性**（**ダイバーシティ**）を競争優位の源泉として生かし、組織を変革する考え方である。多様性が組織の売上や発展に貢献し、競争力優位の源泉になると考えられている。その優位性を獲得できる領域には、コスト、資源、マーケティングなどがある。　出31-125-2

**217** **ドラッカー**（Drucker, P.F.）が提唱した**目標管理制度**とは、経営管理者が組織全体の目標・方針を示し、部門（チーム）の責任者がそれを達　出31-125-1　　34-122-3

4 福祉サービスの管理運営の方法と実際

働きやすい労働環境の整備

成するための具体的な達成目標と方針を設定し、職員は自分の職務についてその実現への努力、成果の目標を定め、自己評価を通して動機づけを図る制度である。

**218** **労務管理**を狭義にとらえた場合、それは労使関係を中心とした労働条件を含む施策である。この労務管理では、表5のような優先順位で規定の遵守が必要である。

**表5　規定遵守の優先順位**

| ①法令 | 労働基準法、労働組合法、労働関係調整法の労働三法など。 |
|---|---|
| ②労働協約 | 労働組合と使用者が合意し書面にしたもの。 |
| ③就業規則 | 就業上の規律、職場秩序および労働条件の具体的内容を使用者が定めたもの。 |
| ④労働契約 | 使用者と個々の労働者の間で結ぶもので、使用者は明示すべき14項目の労働条件と採用時文書交付による明示事項として6項目を定める。 |

▶労働協約と認められるためには、書面に記すことと締結両当事者の署名または記名押印が必要となる（労働組合法第14条）。

**219** 1947（昭和22）年に制定された**労働基準法**は、労働者の**賃金**や**労働時間**、休暇等の主な**労働条件**について、**最低限の基準**を定めたものである。

**220** 使用者は、労働者に休憩時間を除き1週間につき**40**時間を超えて労働させてはならず、1週間の各日については休憩時間を除き1日につき**8**時間を超えて労働させてはならない（労働基準法第32条）。

**221** 使用者は、労働者の過半数で組織する労働組合や労働者の過半数を代表する者との**書面による協定**を結び、これを**労働基準監督署**に届け出た場合には、その協定で定めることによって**労働時間を延長し、または休日に労働させることができる**（労働基準法第36条）。

**222** 労働基準法では、**妊産婦等の特則**を定めている（第6章の2（第64条の2～第68条））。使用者は、**6**週間以内に出産する予定の女性が休業を請求した場合、その者を就業させてはならない。また、使用者は出産後**8**週間を経過しない女性を就業させてはならない（同法第65条）。

▶6週間を経過した女性が請求した場合において、医師が支障がないと認めた業務に就かせることは差し支えない。

**223** 使用者は、妊産婦が請求した場合、1日または1週間の**法定労働時間を超えて労働させてはならない**。また、妊産婦が請求した場合には**時間外・休日・深夜労働をさせてはならない**（労働基準法第66条）。

**224** 常時10人以上の労働者を使用する使用者は、決められた事項について**就業規則**を作成し、変更した場合には、**労働基準監督署**に届け出なければならない（労働基準法第89条）。

**225** また、就業規則を作成、変更する場合には、労働者の過半数で組織される労働組合、これがない場合には労働者の過半数を代表する者の**意見を**

**重要項目**

**聴かなければならない**（労働基準法第 90 条）。

226　使用者は、就業規則等を各作業場の見やすい場所に掲示し、または備えつけることなどにより、労働者に対して**周知させなければならない**（労働基準法第 106 条）。

227　2007（平成 19）年に制定された**労働契約法**は、個別の労働関係紛争を解決するための私法領域の法律を定めたものである。

228　使用者が合理的な労働条件の就業規則を労働者に**周知させていた**場合には、就業規則で定める労働条件が労働者の労働条件となるが、労働者と使用者が就業規則と異なる内容の労働条件を**個別に合意した**場合には、その合意内容が労働者の条件となるとしている（労働契約法第 7 条）。

▶同法第 12 条では、労働者と使用者が個別に合意していた労働契約が就業規則を下回る場合には、労働者の労働条件は就業規則の内容まで引き上げられる。

229　労働者と使用者との**合意**により労働者の**労働条件**は変更されるが、使用者が労働者と合意することなく、就業規則の変更により労働条件を変更する場合には、原則として**労働者の不利益に変更することができない**。

230　使用者が「**変更後**の就業規則を労働者に周知させた」ことに加え、「就業規則の変更が**合理的**なものである」という要件を満たす場合に、労働者の労働条件は**変更後**の就業規則に定める労働条件となる（労働契約法第 8 条～第 10 条）。

231　2012（平成 24）年 8 月の**労働契約法**の改正において、次の 3 つの項目のルールが追加された。①**無期労働契約**への転換、②「**雇止め法理**」の法定化、③**不合理な労働条件**の禁止である。

232　**無期労働契約**への転換とは、同一の使用者との間で有期労働契約が更新されて通年 **5** 年を超えたときは、労働者の申込みにより、**無期労働契約**に転換できるルールのことをいう（労働契約法第 18 条）。

▶契約が何度も更新される場合、使用者は正社員の解雇と同様に、合理的な理由なしに、契約更新の拒否＝雇止めができないというルール。

233　「**雇止め法理**」の法定化とは、雇止めを無効とするルールが法律に規定され、一定の場合には使用者による雇止めが認められないことをいう（労働契約法第 19 条）。

234　**育児休業、介護休業等育児又は家族介護を行う労働者の福祉に関する法律**（**育児・介護休業法**）は、1991（平成 3）年に**育児休業等に関する法律**として制定され、これまで何度も改正を重ねてきている。

235　2021（令和 3）年 6 月 9 日の育児・介護休業法等の改正により、2022（令和 4）年 4 月 1 日から 3 段階で同法律が施行される。第 1 段階の 2022（令和 4）年 4 月 1 日施行では、育児休業をしやすい雇用環境の整備（研修や相談窓口設置等）、妊娠・出産の申出者に対する育休制度等に関する個別の周知・意向確認の義務化、有期雇用労働者の育児・介護休業取得要件の緩和（「引き続き雇用された期間が 1 年以上」の要件の

▶第 2 段階の 2022（令和 4）年 10 月 1 日施行では、育児休業とは別の産後パパ育休（出生時育児休業）の創設（子の出生後 8 週間以内に 4 週間まで取得可能）、育児休業の分割取得（原則分割不可から分割して 2 回取得可能に変更）、等が予定されている。第 3 段階の 2023（令和 5）年 4 月 1 日施行では、常時雇用する労働者数が 1000 人超の企業に対する育児休業等の取得状況に関する公表の義務化が予定されている。

撤廃）がされた。

**236** **育児休業**（1歳未満の子を養育するための休業）の対象労働者は、**正規労働者**と**有期契約労働者**（2022（令和4）年4月1日以降の要件では、子が**1歳6か月**になるまで労働契約が満了することが明らかでない者）である。

**237** 育児休業の**対象となる子**は、法律上の**実子**および**養子**に加え、**特別養子縁組の監護期間中の子**、養子縁組里親に委託されている子等も含む。育児休業は、原則として子が**1**歳までで、分割して**2**回まで取得することができる（2022（令和4）年9月30日までは、原則分割取得ができない）。

**238** **介護休業**（2週間以上の常時介護を要する要介護状態の家族を介護するための休業）の対象労働者は、**正規労働者**と**有期契約労働者**（2022（令和4）年4月1日以降の要件では、介護休業開始日から**93**日を経過する日から**6**か月を経過する日までの間に労働契約が満了することが明らかでない者）である。

出 31-29-2, 3（現社）

**239** 介護休業の**対象となる家族**の範囲は、**配偶者**（**事実婚を含む**）、**父母**、**子**、**配偶者の父母**、**祖父母**、**兄弟姉妹**および**孫**である。期間は通算**93**日までであり、回数は対象1人につき**3**回を上限として分割することができる。

出 31-29-1, 4, 5（現社）

**240** **子の看護休暇**では、**小学校就学の始期**に達するまでの子を養育する労働者は、1年度に**5**日（子が2人以上の場合は**10**日）まで、病気、けがをした子の看護等のために時間単位で休暇が取得できる。

💡 注目！

2021（令和3）年1月より、「子の看護休暇」および「介護休暇」について時間単位での取得が可能となった。

**241** **介護休暇**では、**要介護状態**にある家族を介護する労働者は、1年度に**5**日（対象が2人以上の場合は**10**日）まで、介護等を行うために時間単位で休暇が取得できる。

**242** **育児のための所定外労働の制限**（残業の免除）では、**3**歳未満の子を養育する労働者は、子が**3**歳になるまで、1回の請求につき**1**か月以上**1**年以内の期間で回数に制限なく、それを請求することができる。

**243** **介護のための所定外労働の制限**（残業の免除）では、**要介護状態**にある家族を介護する労働者は、介護が不要になるまで、1回の請求につき**1**か月以上**1**年以内の期間で回数に制限なく、それを請求することができる。

**244** **育児のための短時間勤務**では、事業主は、**3**歳未満の子を養育する労働者に対して、1日の所定労働時間を原則として**6**時間とする措置を講じる義務がある。期間は子が**3**歳に達するまでである。

**重要項目**

**245** **介護のための短時間勤務**では、事業主は、要介護状態にある家族を介護する労働者に対して、所定労働時間を短縮する措置（介護休業とは別に、利用開始から3年以上の間に**2**回以上の利用を認める）を講じる義務がある。措置は、**所定労働時間を短縮**する制度、**フレックスタイム**制度、**始業・終業時刻の繰上げ・繰下げ**等である。

**246** 雇用の分野における男女の均等な機会及び待遇の確保等に関する法律（**男女雇用機会均等法**）が2006（平成18）年に改正され、セクシュアルハラスメント対策が強化された。主な改正点は、表面上差別に見えない慣行や基準が実際には一方の性に不利益となる**「間接差別」の禁止**、妊娠や出産、産前産後の休業の請求や取得を理由とした**退職強要や職種・配置転換**などの不利益な扱いの禁止、さらに女性だけでなく**男性へのセクシュアルハラスメント防止対策**を企業に義務づけるなどである。

▶男女雇用機会均等法の改正法等（2016（平成28）年3月）により、2017（平成29）年1月より事業主に対して妊娠、出産等に関するハラスメント防止措置義務が課されている。

**247** **男女雇用機会均等法施行規則の一部を改正する省令等**が2013（平成25）年12月に公布された。この改正により、①合理的な理由なく転勤要件を設けることは間接差別に該当すること、②結婚を理由に男女で異なる取扱いをすることは差別に該当すること、③職場におけるセクシュアルハラスメントには、同性に対するものも含まれることなどが明示された。

**248** 厚生労働省の「職場のいじめ・嫌がらせ問題に関する円卓会議」は、2012（平成24）年3月に**「職場のパワーハラスメントの予防・解決に向けた提言」**をとりまとめた。また、企業にパワーハラスメント防止を義務づける、改正労働施策総合推進法が2020（令和2）年6月から大企業に対して施行されている（中小企業は2022（令和4）年4月施行）。さらに2020（令和2）年1月にパワーハラスメント防止のための指針「事業主が職場における優越的な関係を背景とした言動に起因する問題に関して雇用管理上講ずべき措置等についての指針」が厚生労働省から公表されている。

出 34-125-1

**パワーハラスメント**
職務上の地位等を背景に職場環境を悪化させる行為。例えば、身体的攻撃、精神的攻撃、人間関係からの切り離し、業務上の過大な要求または過小な要求などがある。

**249** **短時間労働者の雇用管理の改善等に関する法律**（**パートタイム労働法**）は、2014（平成26）年4月に改正が行われた。改正の主なポイントは次のとおりである。①**短時間労働者の公正な待遇の確保**（正社員と差別的取扱いが禁止される短時間労働者の範囲の拡大、短時間労働者を対象とした待遇の原則の規定の創設）、②**短時間労働者の納得性を高める措置**（雇入れ時に実施する雇用管理の改善措置の説明義務の新設）、③**パートタイム労働法の実効性を高める規定の新設**（雇用管理の改善措置の規定に違反している事業主が厚生労働大臣の勧告に従わない場合に、大臣

4 福祉サービスの管理運営の方法と実際

働きやすい労働環境の整備

はその事業主名を公表することができるとする規定)。

**250** 働き方改革を推進するための関係法律の整備に関する法律(**働き方改革関連法**、平成30年法律第71号)の成立により**パートタイム労働法**は有期雇用労働者も法の対象に含めることに伴い、法律の名称も**短時間労働者及び有期雇用労働者の雇用管理の改善等に関する法律(パートタイム・有期雇用労働法)**に改正された(2020(令和2)年4月1日施行)。

▶パートタイム・有期雇用労働法では、非正規社員について、次の3点を統一的に整備した。第1は、不合理な待遇差の禁止である。第2は、労働者に対する待遇に関する説明義務の強化である。第3は、行政による事業主への助言・指導等や裁判外紛争解決手続の整備である。

**251** **昇格**とは、役職位とは切り離された**職能資格制度**において昇格基準に基づき資格が上がることであり、**昇進**とは、組織上の役職位が上がることである。**昇給**とは、個々の労働者の賃金を定められた**昇給曲線**に従って賃金を増加させていくことである。

**252** **賃金**には、職員の世間並みの生活水準を確保する側面と、経営の支払い能力からみた適正水準を確保するという側面がある。

出 31-125-3, 5

**253** 賃金体系の中心にあるのは**基本給**であり、基本給は、①**年功給**(属人給ともいわれる、年齢・勤続・学歴など属人的要素による給与)、②**職能給**(人の能力に対する給与、職務遂行能力による給与)、③**職務給**(仕事に対する給与、職務の重要度・困難度・責任度などや職種による給与)の要素から構成されている。

▶日本の伝統的な賃金制度・人事評価は、年功序列型給与・年功序列型人事評価である。成果主義による成果型給与・成果型人事評価では、職員の仕事の成果に従って、給与や処遇などに差をつける。

**254** **労働組合法**第2条で規定する**労働組合**とは、「労働者が主体となって自主的に労働条件の維持改善その他経済的地位の向上を図ることを主たる目的として組織する団体又はその連合団体」である。

**255** 労働者には**労働基本権**が認められており、**団結権**、**団体交渉権**、**争議権**などがある。このなかの**団体交渉権**とは、労働者の権利として経営者と交渉することを法的に保障した権利である。**団体交渉**とは、労働者個人が事業主と個別に交渉することに代えて、雇用・労働条件について自らが選んだ代表者を通じて経営者と交渉することである。

**256** 一定の基準に該当する事業場には、**安全委員会**や**衛生委員会**(両委員会を統合した**安全衛生委員会**)を設置しなければならない。安全委員会は業種により、常時50人以上または100人以上いずれかの労働者を使用する場合の事業場に、衛生委員会は常時50人以上の労働者を使用する場合の事業場に設置される(労働安全衛生法第17条〜第19条、労働安全衛生法施行令第8条・第9条)。また産業医は、事業場で常時使用する従業員が50人に達した日から14日以内に選任される(労働安全衛生法施行令第5条)。

出 34-125-3, 4

**257** **安全委員会**は、**総括安全衛生管理者**、**安全管理者**、**労働者**から構成され、**衛生委員会**は、**総括安全衛生管理者**、**衛生管理者**、**産業医**、**労働者**

## 重要項目

から構成され、**安全衛生委員会**は、**総括安全衛生管理者**、**安全管理者**または**衛生管理者**、**産業医**、**労働者**から構成される。

258 事業者は、労働者に対し医師による**健康診断**を行わなければならない（労働安全衛生法第66条）。また、**常時50人以上**の労働者を雇用する事業者が定期健康診断を実施した場合は遅滞なく、その結果を所轄の**労働基準監督署**に報告しなければならない（労働安全衛生規則第52条）。

259 事業者は、労働時間の状況等を考慮して、**時間外・休日労働**が一定時間以上で、疲労の蓄積が認められる労働者に対し、医師による**面接指導**を行わなければならない（労働安全衛生法第66条の8）。

出 34-125-2

260 「労働安全衛生法の一部を改正する法律」により、2015（平成27）年12月より、事業者は常時使用する労働者に対して、医師、保健師等による心理的な負担の程度を把握するための**ストレスチェック**の実施が**義務づけられた**（50人以上を雇用する事業主は義務、50人未満を雇用する事業主は当分の間努力義務）。

出 34-125-5

▶検査結果は、検査を実施した医師、保健師等から直接本人に通知される。一定の要件に該当する労働者から申出がある場合、医師による面接指導の実施と必要に応じた就業上の措置も事業者の義務である。

261 **メンタルヘルス対策**としては、**スーパービジョン**での対応のほかに、外部のカウンセリングの導入、パンフレットなどによる広報・啓発、産業医の問診、健康診断時の問診などがある。

262 精神的に不安定となる**メンタルヘルス不全**が生じる契機には、うつ病や**バーンアウト**（燃え尽き）などがある。この状態になりやすい職業として、看護師や福祉職などの対人援助職がある。

出 34-122

263 **バーンアウト**は、仕事に対して過度にエネルギーを費やした結果、疲弊的に抑うつ状態になり、仕事への興味・関心や自信を低下させた状態になることを指す。この対極の概念が**ワーク・エンゲージメント**である。これは、活力（仕事から活力を得ていきいきしている）、熱意（仕事に誇りとやりがいを感じている）、没頭（仕事に熱心に取り組んでいる）の3つがそろった状態を指す。

出 34-122-1, 2

264 心理的負荷による**精神障害**は、**労働者災害補償保険（労災保険）**の支給対象となり得る。厚生労働省は2011（平成23）年に「**心理的負荷による精神障害の認定基準**」を新たに定めている。発病した精神障害が労災認定されるのは、その発病が仕事による強いストレスによるものと判断できるものに限られる。

▶2020（令和2）年6月施行のパワーハラスメント防止対策の法制化に伴い、「心理的負荷による精神障害の認定基準」の別表1「業務による心理的負荷評価表」を一部修正し、パワーハラスメントに関する事案を評価対象とする「具体的出来事」などを明確化した。

265 **精神障害**の労災認定のためには、①**対象疾病を発病**していること、②対象疾病の発病前おおむね**6か月**の間に、業務による強い**心理的負荷**が認められること、③業務以外の心理的負荷や個体側要因により対象疾病を発病したとは認められないことの3要件すべてを満たす必要がある。

# 福祉サービスの管理運営の実際

**266** **内部統制**とは、健全に事業経営を行うための**仕組み**や**手法**のことをいう。
具体的には、組織形態や規程の整備、業務のマニュアル化や教育システムの運用、規律を守りつつ目標を達成させるための環境整備、財務報告や経理の不正防止策などがあげられる。

---

欲求心理学に基づく学習意欲の高め方 　　　　　　　　　　　　　COLUMN

**達成度を把握せよ！**

　努力の成果がみえないと、やる気も失せてしまう。つまり、どれぐらい目標（資格取得）に近づいたかを、ときどき把握することも大切なのである。達成度を把握するためには、模擬試験を活用するとよい。模擬試験に関する情報は、福祉関連の新聞・雑誌や、自治体もしくは社会福祉協議会などで得ることができる。

# 実力チェック！　一問一答

※解答の（　）は重要項目（P.166〜203）の番号です。

●解答

**1** 福祉サービスの制度の企画・立案や運営・管理の役割を果たすべき主体とされているものは何か。

▶**国および地方公共団体**（ 3 ）

**2** 社団または財団の業務執行に対して合議して意思決定するために設置される機関を何というか。

▶**理事会**（ 7 ）

**3** 経済活動で得た利益をその構成員（社員）へ分配する（配当する）ことを主たる目的とすることを何というか。

▶**営利性**（ 8 ）

**4** 社会福祉法人の理事会をけん制できる機関で、同法人の役員の選任・解任等の重要事項の決議を行う機関は何か。

▶**評議員会**（ 22 ）

**5** 社会福祉法人の監事の職務は何か。

▶**理事の業務執行および法人の計算書類等の監査**（ 25 ）

**6** 社会福祉法人は、どのような場合に社会福祉充実計画を策定し、社会福祉事業を実施する必要があるか。

▶**社会福祉充実残額が正の値で生じる場合**（ 33 ）

**7** 特定非営利活動法人の組織において必要な、3つの機関とは何か。

▶**理事・理事会、社員総会、監事**（ 42 ）

**8** へき地医療、救急医療等の実施、解散時の残余財産の国庫帰属などを認定の要件とし、公募債の発行、収益事業や第一種社会福祉事業が実施可能であることなどを利点としてもつ法人を何というか。

▶**社会医療法人**（ 60 ）

**9** 生産、販売、購買、財務などのように同種の職能別に部門化した組織形態を何というか。

▶**職能別（機能別）組織**（ 75 ）

**10** 仕事への動機づけは、達成欲求、権力欲求、親和欲求、回避欲求の4つからなると考えたのは誰か。

▶**マクレランド**（ 85 ）

**11** 組織成立の要件として共通目的、貢献意欲、コミュニケーションがあることを示し、組織存続のためには、組織目的を達成すること、個人の動機を満足させることが必要である、と述べたのは誰か。

▶**バーナード**（ 89 ）

**12** 組織が顧客や社会に対して実現しようとしているメッセージであり、信念・理想のようなものは何か。

▶**経営理念**（ 99 ）

**13** 経営理念に基づいて設定され、将来の自分たちの姿、目標を具体的に示して長期的な指針を示す一方で、環境の変化に応じて柔軟に見直すものを何というか。

▶**経営ビジョン・経営目標**（ 100, 101 ）

**14** 自組織の課題を、内部環境と外部環境の軸と、有利な点と不利な点の軸とに分類して分析を行う方法で、自組織の弱みや脅威をどう克服するか考えることによって、戦略立案

▶**SWOT分析**（ 102 ）

を行う環境分析の方法を何というか。

●解答

⑮ 企業のなかの意思決定を戦略的決定、管理的決定、業務的決定の3種類に分けたのは誰か。

▶アンゾフ（ 105 ）

⑯ 事業戦略として、コストリーダーシップ戦略、差別化戦略、集中戦略が重要であることを明らかにしたのは誰か。

▶ポーター（ 106 ）

⑰ 顧客の視点、社員・組織の学習と成長の視点等から、評価尺度を設定し、企業実績を評価する仕組みを何というか。

▶バランス・スコアカード（ 108 ）

⑱ 法人の理念に基づき設定した目的を達成するために、長期・中期・年度の単位で定められる計画を何というか。

▶事業計画（ 113 ）

⑲ 社会の多様な利害関係者のさまざまな要求に対して、企業が適切に対応する責任をもつことを何というか。

▶CSR（ 114 ）

⑳ 計画、計画に基づく実施、実施した結果の確認、確認結果に基づく処置という流れを繰り返し進めることにより、品質の維持、向上を図る管理手法を何というか。

▶PDCAサイクル（デミングサイクル）（ 117 ）

㉑ 組織の管理に必要な方針および目標を達成するための要素（品質マネジメントシステム）についての国際規格を何というか。

▶ISO 9001（ 118 ）

㉒ 集団で考えるとかえって深く考えずに不合理または危険な決定がなされてしまうことを何というか。

▶集団思考または集団浅慮（ 123 ）

㉓ リーダーの行動は目標達成と集団維持の2次元で記述できるとして、PM理論を提唱したのは誰か。

▶三隅二不二（ 134 ）

㉔ 部下の成熟度によって有効なリーダーシップのスタイルは異なるとし、4つのリーダーシップスタイルを識別したのは誰か。

▶ハーシーとブランチャード（ 138 ）

㉕ 法人の目的に沿って適切に経営されるようにすること、またはそのための監督やチェックの仕組みを何というか。

▶ガバナンス（ 147 ）

㉖ 介護サービスの人材確保の取組みとして、インドネシア、フィリピン、ベトナムの3か国の外国人介護福祉士候補者を受け入れる協定を何というか。

▶経済連携協定またはEPA（ 158 ）

㉗ 社会福祉法人会計基準に基づいて作成される財務諸表の1つで、法人や施設の一定時点における財政状態を明らかにする財務諸表を何というか。

▶貸借対照表（ 162 ）

㉘ 社会福祉法人会計基準に基づいて作成される財務諸表の1つで、法人や施設の当期活動増減差額とその原因である収益および費用を示す財務諸表を何というか。

▶事業活動計算書（ 167 ）

福祉サービスの組織と経営

一問一答

●解答

㉙ 建物などの固定資産（土地等を除く）が提供するサービスを、時の経過に伴い消費していく場合、その消費分（費用）を認識・計算することを何というか。 ▶減価償却（ 169 ）

㉚ 社会福祉法人会計基準に基づいて作成される財務諸表の1つで、法人や施設の支払資金の変動額とその原因である資金収入と資金支出を示す財務諸表を何というか。 ▶資金収支計算書（ 172 ）

㉛ 専門職が組織内で援助・支援業務を行ううえでのバックアップ体制を何というか。 ▶スーパービジョン体制（ 173 ）

㉜ 社会福祉法人等の提供する福祉サービスの質を事業者および利用者以外の公正・中立な機関が行う評価は何か。 ▶福祉サービス第三者評価（ 184 ）

㉝ 福祉サービス利用援助事業の適正な運営の確保と、福祉サービスの利用者からの苦情に適切に対応するために都道府県の社会福祉協議会に設置される委員会を何というか。 ▶運営適正化委員会（ 187, 188 ）

㉞ 異なる専門性をもつ多職種がそれぞれの専門職の能力を活かして、利用者に対して総合的な援助を行うことを何というか。 ▶チームアプローチ（多職種連携）（ 196 ）

㉟ 個人がキャリアを選択する際に最も大切な価値観、欲求のことを何というか。 ▶キャリアアンカー（ 207 ）

㊱ 人事管理の適切な遂行を目的として、職員の人事情報を収集・整理し、決められた基準に基づいて評価することを何というか。 ▶人事考課（ 210 ）

㊲ 経営管理者が組織全体の目標・方針を示し、部門の責任者がそれを達成するための具体的な達成目標と方針を設定し、職員は自分の職務の実現への努力、成果の目標を定め、自己評価を通して動機づけを図る制度を何というか。 ▶目標管理制度（ 217 ）

㊳ 労働者の賃金や労働時間、休暇等の主な労働条件について、最低限の基準を定めた法律は何か。 ▶労働基準法（ 219 ）

㊴ 労働者が主体となって自主的に労働条件の維持改善その他経済的地位の向上を図ることを主たる目的として組織する団体またはその連合団体を何というか。 ▶労働組合（ 254 ）

㊵ 労働災害の防止と労働者の安全および健康の確保、快適な職場環境の形成の促進等を目的とした法律は何か。 ▶労働安全衛生法（ 256～259 ）

206

# 5

## 高齢者に
## 対する支援と
## 介護保険制度

# 傾向と対策

## 出題基準と出題実績

| 出題基準 | | | |
|---|---|---|---|
| 大項目 | 中項目 | 小項目（例示） | |
| 1 高齢者の生活実態とこれを取り巻く社会情勢、福祉・介護需要（高齢者虐待や地域移行、就労の実態を含む。） | 1）高齢者の生活実態とこれを取り巻く社会情勢 | | |
| | 2）高齢者の福祉需要 | ・高齢者虐待の実態、高齢者の地域移行や就労の実態<br>・その他 | |
| | 3）高齢者の介護需要 | ・要介護高齢者の実態、認知症高齢者の実態<br>・その他 | |
| 2 高齢者福祉制度の発展過程 | 1）高齢者福祉制度の発展過程 | | |
| 3 介護の概念や対象 | 1）介護の概念と範囲 | | |
| | 2）介護の理念 | | |
| | 3）介護の対象 | | |
| 4 介護予防 | 1）介護予防の必要性 | | |
| | 2）介護予防プランの実際 | | |
| 5 介護過程 | 1）介護過程の概要 | | |
| | 2）介護の技法 | | |
| 6 認知症ケア | 1）認知症ケアの基本的考え方 | | |
| | 2）認知症ケアの実際 | | |
| 7 終末期ケア | 1）終末期ケアの基本的考え方 | | |

※【 　】内は国家試験に出題された番号です。

| 出題実績 | | | | |
|---|---|---|---|---|
| 第30回(2018年) | 第31回(2019年) | 第32回(2020年) | 第33回(2021年) | 第34回(2022年) |
| ・「高齢社会白書」における国際比較【126】 | | ・「高齢社会白書」における人口の高齢化の動向と将来推計【126】 | | ・「高齢社会白書」における高齢者の生活実態【126】 |
| | | ・高齢者等に関する近年の動向【127】 | | |
| | | ・介護人材確保対策【134】 | ・「高齢社会白書」における高齢者の介護【126】 | |
| ・高齢者にかかわる保健医療福祉施策の開始時期【131】 | ・高齢者の保健・福祉にかかる政策【126】 | ・高齢者保健福祉施策の変遷【128】 | ・高齢者保健福祉施策の変遷【127】 | ・高齢者保健福祉施策の変遷【127】 |
| | | | ・ロボット技術の介護利用【129】 | |
| | | ・介護予防【129】 | | |
| ・対麻痺の状態【128】<br>・右片麻痺者の食事介護【129】 | ・杖歩行（三動作歩行）【128】 | ・片麻痺の介護【130】 | ・パーキンソン病のある人への支援～事例～【128】 | ・施設における「かゆみ」のある利用者への対応～事例～【128】 |
| | ・認知症初期集中支援チーム【129】 | | | ・地域包括支援センターの社会福祉士の対応～事例～【129】 |
| | | | | ・終末期ケア【130】 |

高齢者に対する支援と介護保険制度

| 大項目 | 中項目 | 小項目（例示） | |
|--------|--------|----------------|---|
| | 2）終末期ケアにおける人間観と倫理 | | |
| | 3）終末期ケアの実際 | | |
| 8 介護と住環境 | 1）介護のための住環境 | | |
| 9 介護保険法 | 1）介護保険法の概要 | ・介護保険制度の目的、保険者と被保険者、保険料、要介護認定の仕組みとプロセス、居宅サービスの種類、施設サービスの種類、住宅改修の種類、地域支援事業、苦情処理、審査請求、介護保険制度の最近の動向<br>・地域包括ケアと介護保険制度<br>・その他 | |
| 10 介護報酬 | 1）介護報酬の概要 | ・算定の考え方<br>・請求と支払<br>・その他 | |
| 11 介護保険法における組織及び団体の役割と実際 | 1）国の役割 | | |
| | 2）市町村の役割 | | |
| | 3）都道府県の役割 | | |
| | 4）指定サービス事業者の役割 | | |
| | 5）国民健康保険団体連合会の役割 | | |
| | 6）介護保険制度における公私の役割関係 | | |
| 12 介護保険法における専門職の役割と実際 | 1）介護支援専門員の役割 | | |
| | 2）訪問介護員の役割 | | |

| | 第 30 回(2018 年) | 第 31 回(2019 年) | 第 32 回(2020 年) | 第 33 回(2021 年) | 第 34 回(2022 年) |
|---|---|---|---|---|---|
| | ・緩和ケアチームにおける社会福祉士の役割～事例～【130】 | | | | |
| | | | ・居住環境の見直し～事例～【131】 | ・住環境の整備【130】 | |
| | | ・介護支援専門員の行うサービス調整～事例～【127】<br>・要介護認定等【130】 | ・地域支援事業における介護予防・生活支援サービス事業【133】 | ・保険給付と介護報酬【131】 | ・入所施設の選択～事例～【134】 |
| | | | | ・保険給付と介護報酬【131】 | |
| | | | ・国の役割【132】 | | |
| | ・市町村の役割【127】 | | | | |
| | ・指定居宅サービス事業者の指定【132】 | | | | ・都道府県の役割【131】 |
| | ・国民健康保険団体連合会の役割【133】 | | | ・国民健康保険団体連合会の役割【132】 | |
| | ・指定介護居宅支援事業所の介護支援専門員の役割【134】 | ・介護支援専門員の役割【131】 | | | |
| | | | | | ・指定訪問介護事業所の従事者の役割【132】 |

高齢者に対する支援と介護保険制度

| 大項目 | 中項目 | 小項目（例示） | |
|---|---|---|---|
| | 3）介護職員の役割 | | |
| | 4）福祉用具専門相談員の役割 | | |
| | 5）介護相談員、認知症サポーターの役割 | | |
| | 6）介護認定審査会の委員、認定調査員の役割 | | |
| 13 介護保険法におけるネットワーキングと実際 | 1）要介護認定時における連携 | ・連携の方法<br>・連携の実際<br>・その他 | |
| | 2）サービス利用時における連携 | ・連携の方法<br>・連携の実際<br>・その他 | |
| 14 地域包括支援センターの役割と実際 | 1）地域包括支援センターの組織体系 | | |
| | 2）地域包括支援センターの活動の実際 | | |
| 15 老人福祉法 | 1）老人福祉法の概要 | ・老人福祉法に基づく措置<br>・その他 | |
| 16 高齢者虐待の防止、高齢者の養護者に対する支援等に関する法律（高齢者虐待防止法） | 1）高齢者虐待の定義 | | |
| | 2）虐待予防の取り組み | | |
| | 3）虐待発見時の対応 | | |
| 17 高齢者、障害者等の移動等の円滑化の促進に関する法律（バリアフリー新法） | 1）バリアフリー新法の概要 | | |
| 18 高齢者の居住の安定確保に関する法律（高齢者住まい法） | 1）高齢者住まい法の概要 | ・サービス付き高齢者向け住宅制度<br>・その他 | |

| | 第 30 回 (2018 年) | 第 31 回 (2019 年) | 第 32 回 (2020 年) | 第 33 回 (2021 年) | 第 34 回 (2022 年) |
|---|---|---|---|---|---|
| | | | | ・福祉用具専門相談員の支援〜事例〜【133】 | |
| | | ・介護相談員の役割【132】 | | | ・介護相談員の役割【133】 |
| | | | | | |
| | | ・地域包括支援センターの規定【133】 | | | |
| | ・地域包括支援センターの社会福祉士の対応〜事例〜【135】 | ・地域包括支援センターの社会福祉士の対応〜事例〜【135】 | | | ・地域包括支援センターの社会福祉士の対応事例【129】 |
| | | ・老人福祉法の規定内容【134】 | | ・老人福祉法の規定内容【134】 | ・入所施設の選択〜事例〜【134】 |
| | | | ・高齢者虐待の現状【135】 | | |
| | | ・地域包括支援センターの社会福祉士の対応〜事例〜【135】 | | | |
| | | | | | ・バリアフリー法【135】 |
| | | | | ・高齢者の住まいに関する法制度【135】 | |

高齢者に対する支援と介護保険制度

傾向と対策

# 傾向

　本科目では、①高齢者の生活実態とこれを取り巻く社会情勢、福祉・介護需要（高齢者虐待や地域移行、就労の実態を含む）についての理解、②高齢者福祉制度の発展過程についての理解、③介護の概念や対象および理念等についての理解、④介護過程における介護の技法や介護予防の基本的考え方についての理解、⑤終末期ケアのあり方（人間観や倫理を含む）についての理解、⑥相談援助活動において必要となる介護保険制度や高齢者の福祉・介護にかかるほかの法制度についての理解が、ねらいとしてあげられている。出題基準のなかでも、介護保険法に関する理解は必須であり、また、高齢者虐待の防止、高齢者の養護者に対する支援等に関する法律（高齢者虐待防止法）など、社会福祉士が高齢者を支援するために必要な制度の具体的内容を深く理解することが求められる。

　第34回の試験では、10問の出題のうち、「正しいものを1つ」選ぶ問題が4問、「最も適切なものを1つ」選ぶ問題が3問、「適切なものを2つ」選ぶ問題が3問あった。以下、出題基準の項目に沿って分析する。

## 1 高齢者の生活実態とこれを取り巻く社会情勢、福祉・介護需要

　第34回では、問題126で内閣府の2021（令和3）年版の高齢社会白書から、高齢者の生活実態などに関して出題された。第33回では、問題126で内閣府の2019（令和元）年版の高齢社会白書から、高齢者の死亡率、介護者の続柄、介護を頼みたい人、介護の原因、介護費用に関して出題された。第32回では、問題126で2018（平成30）年版の高齢社会白書から日本の人口の高齢化に関して出題された。また、問題127で高齢者等に関する近年の政策の動向、問題134で介護人材確保対策が出題された。第30回では、内閣府の2016（平成28）年版の高齢社会白書から国際比較調査に関して出題された。

　この分野では、まずは統計資料の確認を行うことが重要である。特に高齢者の生活実態を示す「高齢社会白書」や「国民生活基礎調査」に関しては、確実に確認しておきたい。また、高齢者等の近年の政策や連携する職種としての介護人材確保に関しても確認しておきたい。

## 2 高齢者福祉制度の発展過程

　第34回では、問題127で高齢者保健福祉施策の変遷について出題された。第33回では、問題127で高齢者の保健・福祉制度の展開について出題された。第32回では、問題128で高齢者保健福祉施策の変遷に関して出題された。また、第31回では、問題126で老人福祉法制定前から介護保険法制定までの高齢者の保健・福祉政策に関して出題された。第30回では、

高齢者にかかわる保健医療福祉施策の開始時期について出題された。

老人福祉法との関連も含め、現在の保健福祉施策に関しての発展過程を理解しておく必要がある。法改正が行われた場合には、何がどのように改正されたのかについて注目しなければならない。

## ③ 介護の概念や対象

第33回では、問題129でロボット技術の介護利用における重点課題からの出題があった。社会福祉士が連携する職種としての介護分野の現状や、介護福祉士がどのような人を対象にどのような理念をもってその業務を行っているのか、重要項目を中心に再確認しておきたい。また、介護分野におけるICT技術の活用についても確認しておきたい。

## ④ 介護予防

第32回では、問題129で介護予防の指標に関して健康寿命の概念、フレイル対策が出題された。

地域包括ケアが推進されるなかで、地域とのかかわりに関して、社会福祉士がかかわる介護予防について具体的に確認しておきたい。この分野では地域支援事業との関係も確認しておきたい。また、介護保険制度の改正内容も確認しておきたい。

## ⑤ 介護過程

介護過程の概要について、第30回から第34回での出題はなかった。介護過程の思考過程は社会福祉士の行う援助の思考過程とほぼ同様であることから、出題を恐れることはない。

介護の技法では、第34回の問題128で事例問題として施設に入所している利用者の「かゆみ」に対しての出題があった。第33回の問題128で事例問題としてパーキンソン病のある利用者の支援内容についての出題があった。第32回の問題130で片麻痺の要介護者に関する介護方法が出題された。第31回の問題128で右片麻痺者の杖歩行（三動作歩行）の際の技法について出題された。第30回の問題128で対麻痺の状態について、問題129では右片麻痺者の食事介護について出題された。

介護の技法における基本は、重要項目を中心に確認しておきたい。特に麻痺のある場合の介護技法に関しては注目しておく必要がある。

傾向と対策

## 6 認知症ケア

　第34回では、問題129で事例問題として、レビー小体型認知症のある利用者の介護者への助言の出題があった。第32回では、問題127で選択肢の一つとして「認知症施策推進総合戦略（新オレンジプラン）」における若年性認知症に関しての支援が出題された。第31回では、問題129で認知症総合支援事業における認知症初期集中支援チームに関する問題が出題された。第30回での出題はなかった。

　認知症は社会で取り組むべき課題でもあり、認知症とは何か、認知症の分類、対応の基本、認知症の予防、国の施策（新オレンジプラン～認知症施策推進大綱）、認知症ケアパス、地域における取組みなどを含めて今後も広く確認しておきたい。さらに、近年は若年性認知症への支援についても注目しておきたい。

## 7 終末期ケア

　第34回では、問題130で終末期ケアにおける考え方としての出題があった。第30回では、問題130で緩和ケアチームにおける社会福祉士の役割が事例問題として出題された。

　終末期ケアは、利用者やその介護者の最期の思いをどのように支援するか、他職種との協働が重要な分野でもある。また、国の考え方や、個人の考え方の変化についても確認しておくことが重要となる。さらに、施設における看取りのあり方やACPの実際についても確認しておきたい。

## 8 介護と住環境

　第33回では、問題130で要介護高齢者の住環境整備について出題された。第32回では、問題131で事例として居住環境について出題された。

　過去に、浴室の環境整備について出題されている。住環境が自立した生活の維持等につながるための基本を確認するとともに、重要項目からその内容を理解しておくとよい。

## 9 介護保険法

　第34回では、問題134で事例問題として入所施設選択について出題された。第33回では、問題131で保険給付と介護報酬について出題された。第32回では、問題133で地域支援事業における介護予防・生活支援サービス事業について出題された。第31回では、問題130で要介護認定等について出題された。問題127では介護支援専門員の行うサービス調整が事例として出題された。

過去の実績から、介護保険の基本を確認し、その流れを確実に理解することが求められていることがわかる。特に今後は、改正された介護保険制度に関して重点的に学ぶ必要がある分野である。


### 10 介護報酬

　第33回では、問題131で保険給付と介護報酬について出題された。

　この分野では、介護報酬に関しての基本の確認を行うことが重要である。出題実績が細かな内容でもあるが、それにとらわれると流れを誤る。まず、基本を確認し、そのうえで、何が、どのように変更されたのかを確認し、学ぶ必要がある分野である。


### 11 介護保険法における組織及び団体の役割と実際

　第34回では、問題131で都道府県の役割について出題された。第33回では、問題132で国民健康保険団体連合会の役割について出題された。第32回では、問題132で国の役割について出題された。第31回での出題はなかったが、問題130の選択肢のなかで知識を問われていた。第30回では、問題132で指定居宅サービス事業者の指定に関する都道府県の役割、問題133で国民健康保険団体連合会の役割が出題された。

　この分野は「10 介護報酬」とも関連しているところである。介護保険制度では、どのような団体が関係するのか、その団体の役割は何かを確認することで、相互の関係がわかりやすくなり、介護保険制度の全体像が理解できる。基本的な内容を確実に学ぶ必要がある。


### 12 介護保険法における専門職の役割と実際

　第34回では、問題132で指定訪問介護事業所の従事者として訪問介護員とサービス提供責任者について出題された。問題133では、サービス付き高齢者向け住宅の職員としての社会福祉士が活用できるサービスとして介護相談員の活用が出題された。

　第33回では、問題133で、福祉用具専門相談員の行う支援（事例）が出題された。第31回では、問題131で介護支援専門員の役割が出題された。問題132では介護相談員や介護相談員派遣等事業に関する出題がされた。第30回では、問題134で指定居宅介護支援事業所の介護支援専門員の役割が出題された。

　各専門職の行うことは何かという基本について確認することが重要である。法制度の変化がある場合には、その点に関しても確認することが大切である。

## 13 介護保険法におけるネットワーキングと実際

第30回から第34回での出題はなかった。介護保険法を円滑に実施するためには、ネットワーキングが重要となる。特に地域で介護保険法にかかわる関係者間がどのようにネットワークを組めばよいのかは、実践例も含めて今後も確認しておくことが重要である。

## 14 地域包括支援センターの役割と実際

第34回では、問題129で認知症のある利用者の介護者への助言としての出題がされた。第31回では、問題133で地域包括支援センターに関する介護保険法の規定が出題された。問題135では地域包括支援センターにおける社会福祉士の対応について事例問題が出題された。第30回では、問題135で地域包括支援センターにおける社会福祉士の対応について事例問題が出題された。

地域包括支援センターの役割を基本として、地域包括ケアの推進を担うために社会福祉士がどのような役割を担うのか、今後も注目し、基本を確認しておく分野である。さらに、介護保険制度の改正では、どのような役割が求められるのかも確認しておきたい。

## 15 老人福祉法

第34回では、問題134で事例問題として入所施設選択について出題された。第33回では、問題134で老人福祉法の施設、市町村の役割について出題された。第31回では、問題134で老人福祉施設の設置、老人福祉法の規定内容等に関する出題がされた。第30回では、問題131で「2 高齢者福祉制度の発展過程」と関連して保健医療福祉施策に関する出題がされた。

この分野では、老人福祉法の基本を確認するとともに、介護保険に関連する施設と老人福祉法における施設に関しては、今後も確認しておきたい。

## 16 高齢者虐待の防止、高齢者の養護者に対する支援等に関する法律

第32回では、問題135で2017（平成29）年度における虐待の状況等に関する調査結果から出題された。第31回では、問題135で「14 地域包括支援センターの役割と実際」と関連して虐待が疑われる事例への対応に関する出題があった。

この分野は高齢者の人権にかかわる内容を含み、かつ高齢者が安定した生活を維持するうえでも重要な分野である。今後も法の基本を確認することを基本とし、どのような実態がある

のか確認しておきたい。

## 17 高齢者、障害者等の移動等の円滑化の促進に関する法律

第34回では、問題135でバリアフリー法について出題された。利用者が住み慣れた地域で暮らしを継続するためにはどのような法律があるのかを確認しておきたい。2018（平成30）年に法および基本方針の改正が行われているので、確認しておきたい。

## 18 高齢者の居住の安定確保に関する法律

第33回では、問題135で高齢者の住まいに関する法制度について出題された。

高齢者の住まいは近年増加する施設でもあり、問題点も指摘されるところである。これまでに「現代社会と福祉」の科目でも高齢者の居住の安定確保に関する法律に関する問題が出題され、今後も注目しておきたい内容であった。高齢者の安定した生活を確保するためにどのような規定がされているかを確認しておく必要性がある。出題実績は少ないが、基本の確認が重要な分野である。

## 事例

第34回では、4問の出題があった。問題128では施設に入所している利用者の「かゆみ」に対しての支援内容、問題129では認知症のある利用者の家族への助言、問題133では社会福祉士が活用するサービスについて、問題134では入所施設選択についての支援内容であった。第33回では、2問の出題があった。問題128では居宅介護支援事業所における介護支援専門員が行うパーキンソン病のある利用者への支援内容、問題133では福祉用具事業者に勤務する福祉用具専門相談員の支援内容であった。第32回では、1問の出題があった。問題131で在宅における介護支援専門員が行う住環境の見直しについて出題された。第31回では、2問の出題があった。問題127では地域包括支援センターにおける介護支援専門員への相談、問題135では虐待を疑う事例が出題された。第30回では、2問の出題があった。問題130では緩和ケアチームにおける社会福祉士の主な役割、問題135では地域包括支援センターにおける社会福祉士の対応について出題された。

各回ともに、基本を踏まえたうえで、どのように対応していくかを考える内容となっている。事例問題は、一見、難解と思われがちであるが、出題内容は基本的なものが多く、事例をありのままに読み取る力が必要である。事例の解答はあくまでも、事例のなかにあるといえる。事例からの学びを深めていくことが重要である。

高齢者に対する支援と介護保険制度

# 対策

　本科目は、「高齢者に対する支援と介護保険制度」という科目名のとおり、介護保険制度からの出題が重要になることは間違いない。制度に関しては、介護保険法を確実に理解することを基本として、関連法案を確認しておきたい。そして、その法を通して、生活する高齢者やその介護者たちの姿を重ね合わせることで、具体的な生活が見えてくる。知識の単なる暗記では理解できないことが、実例を重ねることで理解できる科目といえる。

# 押さえておこう！ 重要項目 ─

## 1 高齢者の生活実態とこれを取り巻く 社会情勢、福祉・介護需要

### 高齢者の生活実態とこれを取り巻く社会情勢

**1** 日本の人口構造の高齢化は急速に進み、**高齢化率**（総人口に占める 65 歳以上の人口割合のこと）は、総務省による 2021（令和 3）年 10 月現在人口推計による推計値では、**28.9**％である。

**2** わが国の高齢化は、1970（昭和 45）年に 7％を超え、1994（平成 6）年に 14％に達している。高齢化の**倍加年数**は **24** 年である。 出32-126-2

**3** 2065（令和 47）年には、高齢化率は **38.4**％になり、国民の 2.6 人に 1 人が 65 歳以上の者となると予測される。 出32-126-5

**4** わが国の**平均寿命**は世界でもトップグループに属し、2020（令和 2）年には男性は **81.64** 歳、女性は **87.74** 歳である。これは前年より男性は 0.22 年、女性は 0.30 年**上回っている**。

**5** **健康寿命**とは、**健康な状態で生活することが期待される期間**をいう。平均寿命と健康寿命の差は日常生活に制限のある期間を意味する。平均寿命と健康寿命の差を短縮することは生活の質の低下を予防することになる。 出32-129-3

**6** 2021（令和 3）年版の高齢社会白書（内閣府）によると、**健康寿命**は 2016（平成 28）年時点で男性が 72.14 年、女性が 74.79 年となっており、2010（平成 22）年より男女共に伸びている（男性 1.72 年、女性 1.17 年）。 出34-126-2

**7** 0〜14 歳を**年少**人口、15〜64 歳を**生産年齢**人口、65 歳以上を**老年**人口という。1997（平成 9）年に**年少**人口よりも**老年**人口のほうが多くなった。総務省による 2019（令和元）年 10 月現在人口推計では、それぞれ 12.1％、59.5％、28.4％となっている。

**8** 2018（平成 30）年、後期高齢者の人口が前期高齢者を上回った。 出32-126-1

**9** 総務省の人口推計（2019（令和元）年 10 月 1 日現在）によると、全都道府県において高齢化率が最も高いのは**秋田県**、低いのは**沖縄県**である。 出32-126-3

**10** 2020（令和 2）年の人口動態統計（確定数）によると、65 歳以上の**高齢者の死因別の死亡率**で最も高いのは**悪性新生物（腫瘍）**であり、続いて**心疾患**、**老衰**、脳血管疾患、肺炎の順である。 出33-126-1

**11** 「日本の世帯数の将来推計（全国推計）（2018（平成 30）年推計）」（国立社会保障・人口問題研究所）によると、世帯主が 65 歳以上の世帯のう

**重要項目**

ち、2015（平成 27）年から 2040（令和 22）年の間に最も増加率が高いのは「**単独世帯**」、次いで「**ひとり親と子から成る世帯**」である。

**12** **世帯人員**の値の推移では、1920（大正 9）年から 1955（昭和 30）年までの間は、約 5 人前後で推移している。昭和 30 年代になってから減少しはじめ、平成期に入ると 3 人を下回って、2019（令和元）年には **2.39**人となっている。

**13** 65 歳以上の者のみで構成するか、またはこれに 18 歳未満の未婚の者が加わった世帯を**高齢者世帯**といい、1487 万 8000 世帯で全世帯の 28.7％を占める。今後の予測でも、**高齢者世帯**はすべての都道府県で増加するとされている。

**14** **一人暮らし高齢者（高齢単身）世帯**や**老夫婦世帯**の数は都市部のほうが多いが、農山村地域の過疎化も大きな問題となっている。2019（令和元）年の国民生活基礎調査によると、**一人暮らし高齢者世帯**は 736 万 9000世帯で、65 歳以上の者のいる世帯の 28.8％、高齢者世帯の 49.5％となっている。

**15** **一人暮らし高齢者率**は、2020（令和 2）年の国勢調査によると高齢者の約 5 人に 1 人（**19.0**％）であり、上昇が続いている。

📖 32-126-4

**16** 2020（令和 2）年の国勢調査によると、**一人暮らしの女性高齢者**の数・65 歳以上人口に占める割合（**440.9** 万人、**22.1**％）は男性高齢者（230.8 万人、15.0％）を大きく**上回っている**。

▶ ただし近年、一人暮らし高齢者のなかで男性高齢者の占める割合が増加傾向にある。

**17** 厚生労働省の「2019 年　国民生活基礎調査」から**生活意識の状況**を確認すると、生活が苦しい（「大変苦しい」「やや苦しい」）と答えた世帯の割合は、全世帯が **54.4**％、「高齢者世帯」が **51.7**％、となっている。

**18** 「2019 年　国民生活基礎調査」によると、**平均所得金額**は全世帯 1 世帯当たり **552.3 万**円、高齢者世帯は **312.6 万**円である。高齢者世帯で最も高かったのは、1998（平成 10）年の 335.5 万円であった。

**19** 「2019 年　国民生活基礎調査」によると、高齢者世帯における**所得の種類別割合**は、稼働所得 **23.0**％、公的年金・恩給 **63.6**％であった。**世帯主の年齢階級別**にみると、世帯主が 65 歳以上の世帯人員 1 人当たりの平均所得金額は、世帯主が 30 歳代の金額より**高い**。

**20** 2021（令和 3）年版の高齢社会白書によると、新型コロナウイルス感染症の拡大による 60 歳以上の人の生活への影響を尋ねたところ「友人・知人や近所付き合いが減った」と回答した割合は約 **5** 割であった。

📖 34-126-5

**21** 2021（令和 3）年版の高齢社会白書によると、**高齢者の就業率**は、2010（平成 22）年から 2020（令和 2）年を比較すると**伸びている**。

📖 34-126-1

222

> 1 高齢者の生活実態とこれを取り巻く社会情勢、福祉・介護需要

**高齢者の介護需要**

22 2021（令和3）年版の高齢社会白書によると、2020（令和2）年における75歳以上の運転免許保有者10万人当たりの死亡事故件数は、前年より**減少している**。

出 34-126-3

23 2021（令和3）年版の高齢社会白書によると、60歳以上の人に家族以外の親しい友人がいるかとの問いで「いる」と回答した割合は、アメリカ・ドイツ・スウェーデンと比較すると、日本が**最も低い**。

出 34-126-4

## 高齢者の福祉需要

24 65歳以上の高齢者の**有訴者率**（病気やけがなどで体の具合の悪いことを自覚している者の割合）は、2019（令和元）年の国民生活基礎調査によると、人口1000人当たり**433.6**で、日常生活に影響のある者の率は**238.1**である。

25 総務省の労働力調査によれば、2021（令和3）年の**労働力人口**は**6860**万人である。そのうち65歳以上の者は**929**万人おり、1980（昭和55）年の279万人以降**増加**傾向にある。一方、65歳以上の**労働力人口比率**は、近年、**増加**している。

> **労働力人口**
> 15歳以上人口のうち、就業者と完全失業者を合わせたものをいう。

26 **高年齢者等の雇用の安定等に関する法律**は、高齢者等の職業の安定その他福祉の増進を図るとともに経済および社会の発展に寄与することを目的とし、 27 のほか、シルバー人材センター等について定めている。

> **労働力人口比率**
> （各年齢層の労働力人口÷各年齢層人口）×100

27 企業には、**定年制の廃止**、**定年の引上げ**、**継続雇用制度**の導入のいずれかの措置を講じるよう義務づけている。これらの措置を実施済みの企業では「継続雇用制度の導入」が**8**割弱となっている。

> ▶定年は原則60歳を下回ることはできないことを規定している。

28 2021（令和3）年版の高齢社会白書（内閣府）によると、男性雇用者の場合、**非正規雇用者**の比率は65～69歳で約**7**割である。

29 2021（令和3）年版の高齢社会白書（内閣府）によると、収入のある仕事をしている60歳以上の高齢者のうち、70歳くらいまでもしくはそれ以上**働きたい者**および「**働けるうちはいつまでも**」とする者の合計の割合は約**9**割であり、65～69歳の男性の就業者の割合は、**5**割を超えている。65歳以上の高齢者の労働力人口に占める割合は、**1**割を超えている。

## 高齢者の介護需要

30 厚生労働省の2019（令和元）年度の介護保険事業状況報告（年報）に

💡 **重要項目**

よれば、介護保険制度における65歳以上の**第1号被保険者**の数（2020（令和2）年3月末現在）は、**3555**万人（対前年度30万人増、0.8%増）となっており、そのうち前期高齢者（65歳以上75歳未満）は**1726**万人（対前年度4.1万人減、0.2%減）、後期高齢者（75歳以上）は**1829**万人（対前年度33.7万人増、1.9%増）となっている。また、第1号被保険者に占める割合は、それぞれ**48.5**%、51.5%と後期高齢者がやや多くなっている。

**31** 2019（令和元）年度の1か月平均で、**サービスの受給者数**は、**567**万人（対前年度13万人増、2.3%増）で、**居宅サービス**は**384**万人（**67.7**%）、**施設サービス**は**95**万人（**16.7**%）、**地域密着型サービス**は**88**万人（**15.5**%）である。

**32** 「2019年　国民生活基礎調査の概況」によると、要介護者等において**介護が必要となった主な原因**（上位3位）は**認知症、脳血管疾患（脳卒中）、高齢による衰弱**の順である。　　出 33-126-4

**33** 同居している主な**介護者の続柄**を2019（令和元）年の国民生活基礎調査でみると、「**配偶者**」23.8%、「子」20.7%、「子の配偶者」7.5%となっている。なお、事業者からの介護の割合は12.1%である。同居している主な介護者を**性別**にみると、男性**35.0**%、女性**65.0**%と**女性**が多くなっており、**年齢階級別**にみると、男女ともに「**60〜69歳**」が28.5%、31.8%と多くなっている。　　出 33-126-2

**34** 「2019年　国民生活基礎調査」によると、同居する主な**介護者の年齢**は、60歳代が30.6%、70歳代が26.5%、80歳以上が16.2%となり、合計73.3%になる。在宅で高齢者が高齢者を介護する**老老介護**が7割以上も存在している。

**35** 2021（令和3）年版の高齢社会白書（内閣府）によれば、55歳以上の男性では**介護を頼みたい人**として最も多いのは「**配偶者**」（56.9%）であるが、女性の場合は「**ヘルパーなど介護サービスの人**」（39.5%）となっている。　　出 33-126-3

**36** 2021（令和3）年版の高齢社会白書（内閣府）によれば、55歳以上の男女で**介護が必要になった場合の費用をまかなう手段**として「**年金**」（63.7%）、「**貯蓄**」（20.5%）となっている。　　出 33-126-5

**37** 「2019年　国民生活基礎調査」によると、**要介護者等のいる世帯**は、多い順から**核家族世帯、単独世帯**、その他の世帯、三世代世帯となっている。要介護5に該当する同居介護者の**介護時間**は56.7%が「**ほとんど終日**」となっている。

**38** 「2019年　国民生活基礎調査」によると、要介護者等の**介護サービスの利用状況**は単独世帯では、**訪問系**のサービスが最も多く、配食サービスの割合もほかの世帯構造に比べて高い。三世代世帯では、通所系サービスの割合が高い。

**39** 厚生労働省によれば、**認知症者**は2012（平成24）年で約**462万人**、65歳以上高齢者の約**7人**に1人と推計され、**軽度認知障害者**の推計約**400万人**と合わせると約**4人**に1人が認知症者またはその予備群ともされる。さらに、2025（令和7）年には認知症者は約**700万人**前後になり、約**5人**に1人に上昇すると見込まれている。

> **軽度認知障害**
> MCI（Mild Cognitive Impairment）とも表記され、正常と認知症との中間の状態を表す。

### ■ 介護人材確保対策

**40** **離職した介護福祉士**には、その再就業を促進する支援を行うため、**都道府県福祉人材センター**に氏名・住所等を届け出る努力義務がある。　出32-134-1

**41** **キャリア支援専門員**は、社会福祉法に基づく**都道府県福祉人材センター**および**福祉人材バンク**に配置されており、福祉人材の確保・定着に向けて、高齢者施設や障害者施設で就労経験がある者で福祉・介護の職場へ就職を希望する者と福祉施設事業者のマッチングなどを図るために配置されている。　出32-134-3

**42** 「2025年に向けた介護人材の確保」（厚生労働省）では、介護人材の構造転換を図るために、**まんじゅう型**から**富士山型**への方針を示している。　出32-134-4

**43** 「2025年に向けた介護人材の確保」（厚生労働省）では、介護福祉士等としての介護分野への就業を支援するために、学生に対し**介護福祉士等修学資金貸付**制度の充実を図ることが示されている。　出32-134-5

# 2　高齢者福祉制度の発展過程

## 高齢者福祉制度の発展過程

### ■ 老人福祉法制定とその流れ

**44** 1962（昭和37）年、自主的な活動を行っていた老人クラブ活動を支援するための**全国老人クラブ連合会**が結成された。　出33-127-1

**45** 1963（昭和38）年に**老人福祉法**が制定された。当時の高齢化率は**6％**前後であり、高齢化社会と呼ばれる高齢化率が**7％**を超えたのは**1970（昭和45）**年である。

**46** 1963（昭和38）年制定の老人福祉法で、65歳以上の者に対する**健康診**　出30-131-3

**重要項目**

査が定められた。

**47** 1963（昭和38）年制定の老人福祉法では、在宅高齢者に対して**老人家庭奉仕員派遣制度**や養護委託、老人クラブへの助成がなされた。また、入所型施設として、養護老人ホーム、特別養護老人ホーム、軽費老人ホームが規定された。また、有料老人ホームに関する規定も設けられた。法において、養護老人ホームと特別養護老人ホームは措置制度の対象であり、軽費老人ホームは契約によって入所が決まっていた。

出 31-126-1
33-127-2

▶養護老人ホームは、経済的理由により居宅において養護を受けることが困難な老人を収容するとされた。

**48** **福祉の措置の実施者**は、**居住地の市町村**である。

出 32-128-2
34-127-1

**49** 1973（昭和48）年には、**老人医療費支給制度**（いわゆる**老人医療無料化**）が老人福祉法の一環として実施された。これは70歳以上の高齢者について医療保険の一部負担分を国と地方自治体が負担して**老人医療費**を無料にしようというものであった。

出 30-131-1
31-126-2

**50** 1982（昭和57）年に制定された**老人保健法**による**老人保健制度**は、国民が老人医療に要する費用を公平に負担することを基本的理念の1つとした。

出 30-131-2
31-126-3

**51** **老人保健法**（1982（昭和57）年）により、市町村による40歳以上の者に対する医療以外の**保健事業**（健康教育・調査、訪問指導など）の実施が規定された。

出 32-128-1
33-127-3

**52** **高齢者保健福祉推進十か年戦略（ゴールドプラン）**（1989（平成元）年）を円滑に実施するために、1990（平成2）年、**老人福祉法**の改正が行われた。老人福祉法および老人保健法では**市町村老人保健福祉計画**の策定が義務づけられた。

出 30-131-5
31-126-4

**53** 1991（平成3）年に老人保健法の改正により**老人訪問看護制度**が創設され、1992（平成4）年4月から在宅の寝たきり老人等に対して訪問看護ステーションから訪問看護が実施された。2000（平成12）年の介護保険施行後も医療保険による訪問看護の提供も行われている。

出 32-128-4

**54** 1994（平成6）年12月、「**高齢者保健福祉推進十か年戦略の見直しについて**」（**新ゴールドプラン**）により、従来のゴールドプランの全面的な見直しが行われた。

**55** 1995（平成7）年、**高齢社会対策基本法**により、高齢社会対策にかかわる基本理念が示された。

出 33-127-4

**56** 1999（平成11）年12月、新ゴールドプランが1999（平成11）年度で終了するのに伴って、新たに「**今後5か年間の高齢者保健福祉施策の方向**」（**ゴールドプラン21**）が策定された。基本的な目標として、①活力

ある高齢者像の構築、②高齢者の尊厳の確保と自立支援、③支え合う地域社会の形成、④利用者から信頼される介護サービスの確立という4点が掲げられた。

**57** 1997（平成9）年、介護保険法が制定された。高齢者のニーズに応じた総合的サービス利用のため、居宅介護支援（ケアマネジメント）が定められた。　出 34-127-2

**58** 厚生労働省老健局長の私的研究会である「高齢者介護研究会」は、2003（平成15）年6月に「2015年の高齢者介護～高齢者の尊厳を支えるケアの確立に向けて～」をまとめた。これにより、介護保険制度の実施状況を踏まえ、「高齢者の尊厳を支えるケアの確立」を目指したさまざまな検討が行われた。　出 34-127-3

**59** 2005（平成17）年、「認知症を知り地域をつくる10カ年キャンペーン」が開始され、その一環として「認知症サポーター100万人キャラバン」、認知症サポーターの養成が開始された。　出 33-127-5

**60** 「ニッポン一億総活躍プラン」（2016（平成28）年）では、介護の受け皿の整備加速、介護人材の処遇改善、多様な介護人材の確保・育成が掲げられている。　出 32-127-1

**61** 「高齢社会対策大綱」（2018（平成30）年）では、AI（人工知能）などICT（情報通信技術）の技術革新の活用に対する期待が盛り込まれている。　出 32-127-3

**62** 「認知症の人の日常生活・社会生活における意思決定支援ガイドライン」（2018（平成30）年）において、認知症の人の意思決定支援をするものとして、医療・福祉の専門職員や市町村の職員が想定されている。　出 32-127-5

**63** 2014（平成26）年の地域における医療及び介護の総合的な確保の促進に関する法律（医療介護総合確保法）において、地域包括ケアシステムが定義され、身近な地域で医療・介護・予防・生活支援・住まいが包括的に確保される体制を構築するとした。　出 34-127-4

**64** 認知症施策推進総合戦略（新オレンジプラン）において、認知症の人の事故の損害への対応が課題とされた。　出 34-127-5

# 3 介護の概念や対象

## 介護の概念と範囲

**65** 2011（平成23）年の社会福祉士及び介護福祉士法の改正により、介護

💡 重要項目

福祉士の業に、「喀痰吸引その他のその者が日常生活を営むのに必要な行為であって、医師の指示の下に行われるもの（厚生労働省令で定めるものに限る。）を含む」が加えられた。

## 介護の理念

66 介護福祉士にとって最も重要な理念は、**利用者の尊厳を支える介護**を目指すことである。また、介護福祉士は生活環境を整えるために、福祉用具を活用したり家族に介護指導を行い、利用者や家族の安全・安楽を常に配慮する必要がある。同時に、利用者の自由な生活やプライバシーを守ることと安全確保を支援する。

## 介護の対象

67 **家族支援**にあたっては、家族の状況や家族介護者のストレス、**キーパーソン**を中心とした支援のあり方を考えることが重要である。

> ▶利用者と家族の関係調整では、利用者だけでなく、家族の自己実現についても認識しておく必要がある。

### ■ロボット技術の介護利用

68 「**ロボット技術の介護利用**における重点分野（2017（平成29年）10月改訂）」（厚生労働省・経済産業省）では、自立支援による**高齢者の生活の質の維持・向上**と**介護者の負担軽減**の実現を図るため、6分野13項目（表1参照）を定め、その開発・導入を支援している。

## 4 介護予防

## 介護予防の必要性

69 介護保険の目的である自立した日常生活を目指すため、**介護予防**は、生活機能の低下がある者だけではなく、**65歳以上のすべての者**が対象となる。要支援・要介護状態の予防およびその重度化の予防・軽減に効果があり、本人の自己実現の達成を促すことや支援を必要とする期間や支援の量が減少すると考えられている。

70 2005（平成17）年の介護保険制度の改正によって、高齢者の**生活機能**の**維持**と**向上**や、**廃用症候群**による機能低下の予防、要支援・要介護状態になることを防ぐ**介護予防**を目指した施策が創設された。

> **廃用症候群**
> 長期間の臥床や活動の低下で生じる機能低下。筋萎縮、関節拘縮などを生じる。

> 出 30-7（人体）
> 33-127-3

4 介護予防

介護予防の必要性

**表1　重点分野の概要（●印が今回新たに決定した重点項目）**

| |
|---|
| (1)移乗介護 |
| 　○ロボット技術を用いて介助者のパワーアシストを行う装着型の機器　　出 33-129-4 |
| 　○ロボット技術を用いて介助者による抱え上げ動作のパワーアシストを行う非装　出 33-129-3 |
| 　　着型の機器 |
| (2)移動支援 |
| 　○高齢者等の外出をサポートし、荷物等を安全に運搬できるロボット技術を用い　出 33-129-2 |
| 　　た歩行支援機器 |
| 　○高齢者等の屋内移動や立ち座りをサポートし、特にトイレへの往復やトイレ内 |
| 　　での姿勢保持を支援するロボット技術を用いた歩行支援機器 |
| 　●高齢者等の外出等をサポートし、転倒予防や歩行等を補助するロボット技術を |
| 　　用いた装着型の移動支援機器 |
| (3)排泄支援 |
| 　○排泄物の処理にロボット技術を用いた設置位置の調整可能なトイレ　　出 33-129-5 |
| 　●ロボット技術を用いて排泄を予測し、的確なタイミングでトイレへ誘導する機 |
| 　　器 |
| 　●ロボット技術を用いてトイレ内での下衣の着脱等の排泄の一連の動作を支援す |
| 　　る機器 |
| (4)見守り・コミュニケーション |
| 　○介護施設において使用する、センサーや外部通信機能を備えたロボット技術を　出 33-129-1 |
| 　　用いた機器のプラットフォーム |
| 　○在宅介護において使用する、転倒検知センサーや外部通信機能を備えたロボッ |
| 　　ト技術を用いた機器のプラットフォーム |
| 　●高齢者等とのコミュニケーションにロボット技術を用いた生活支援機器 |
| (5)入浴支援 |
| 　○ロボット技術を用いて浴槽に出入りする際の一連の動作を支援する機器 |
| (6)介護業務支援 |
| 　●ロボット技術を用いて、見守り、移動支援、排泄支援をはじめとする介護業務 |
| 　　に伴う情報を収集・蓄積し、それを基に、高齢者等の必要な支援に活用するこ |
| 　　とを可能とする機器 |

**71** **介護予防ケアマネジメントの留意点**として、①将来の改善見込みを踏まえたアセスメントに基づいて必要なサービスを決定する、②明確な目標を介護予防ケアプランに設定する、③利用者ごとに目標を設定するところからサービスの利用まで、すべての過程を本人とサービス提供者が共有し、**本人の意欲**を高め、**自己実現**の達成を支援することがあげられる。

**72** 介護予防における**サルコペニア**とは、**加齢による筋肉量の減少した状態**であり、**フレイル**とは**加齢に伴い身体能力が低下し虚弱な状態**をいう。　　出 32-129-2,4

**73** 健康寿命延伸に向けた、予防・健康づくり推進のため、**介護予防、生活習慣病対策、フレイル対策**として、介護保険の**地域支援事業**と国民健康保険の**保健事業**との一体的な取組みが実施される。　　出 32-129-5

高齢者に対する支援と介護保険制度

229

### 💡 重要項目

## 介護予防プランの実際

**74** 2015（平成27）年に地域支援事業実施要綱が改正され、**基本チェックリスト**が、介護予防・日常生活支援総合事業の**介護予防・生活支援サービス事業の対象者**に該当するかどうかの基準として用いられている。

**75** 介護予防プランは、予防給付による介護予防支援において、**介護予防サービス計画**が作成される。また、地域支援事業の介護予防・日常生活支援総合事業の介護予防ケアマネジメント（第1号介護予防支援事業）において、**介護予防支援計画**が作成される。

**76** 予防給付における介護予防支援と、地域支援事業の介護予防・日常生活支援総合事業における介護予防ケアマネジメントは、**地域包括支援センターにおいて一体的**に行われる。それぞれの介護予防サービス計画と介護予防支援計画を総称して**介護予防サービス・支援計画**といい、**介護予防サービス・支援計画書**が活用される。

> **基本チェックリスト**
> 介護予防・日常生活支援総合事業における介護予防・生活支援サービス事業（第1号事業）の対象者に該当するかチェックするリスト。「バスや電車で1人で外出していますか」等の24の質問と体重・身長を加えた25項目で構成されている。

## 5 介護過程

## 介護過程の概要

**77** **介護過程**は、要介護者にとっての**課題解決型アプローチ**といわれ、①情報収集、②収集された情報がもつ意味の解釈と整理、③課題の明確化、④介護計画の立案、⑤介護計画の実施、⑥実施した計画の評価と修正というプロセスを系統立てて行う。このプロセスは、繰り返されるサイクルである。情報収集から課題の明確化までを**アセスメント**という。

## 介護の技法

### ■ 移動の介護

**78** 麻痺（まひ）は、障害部位によって①**四肢麻痺**（**両側上下肢の麻痺**）、②**対麻痺（つい）**（**両側下肢の麻痺**）、③**片麻痺（かた）**（**片側上下肢の麻痺**）、④**単麻痺**（**四肢のうち一肢**だけが麻痺している状態）の4種に分類できる（表2参照）。

出 30-128

**79** **ボディメカニクス**とは、人体力学や身体力学のことである。つまり、日常生活において、人間の骨格や筋肉、内臓などの身体の部位や身体部位に作用する力を有効活用して、人体の移動や動作を変換することである（表3参照）。

**5 介護過程**

介護の技法

### 表2　麻痺の分類

| 種類 | ポイント |
|---|---|
| ①四肢麻痺 | **両側上下肢**の麻痺。大脳、脳幹、頸髄などの障害によって起こる。体幹筋も麻痺するために座位保持も困難で、ほとんどの動作に介助が必要となる。 |
| ②対麻痺 | **両側下肢**の麻痺。脊髄（胸髄・腰髄）損傷によるものが多い。両側上肢は健全なので動作のほとんどを上肢で行う。 |
| ③片麻痺 | **片側上下肢**の麻痺。脳卒中、頭部外傷、脳腫瘍などによって片側の大脳や、脳幹、脊髄などに損傷を受けたときにみられる。ほとんどの動作は自立しているが、重度の場合には、バランスの保持能力が低下し、介助を要することが少なくない。 |
| ④単麻痺 | **四肢のうち一肢**だけが麻痺している状態。多くは末梢神経の損傷が原因である。基本的動作は自立しているために、介助はほとんど必要としない。 |

出 30-128-4

### 表3　ボディメカニクスの基本

・重心の位置を低くする。
・利用者に近づく。
・摩擦の抵抗を少なくし、移動する際に介護者の身体への負担を軽減するため、利用者の身体を小さくまとめる。
・足を前後左右に広げて、利用者を支える面積を広げ、支持基底面を広くとる。
・大きな筋群を使う。
・利用者を水平に動かす。
・テコの原理を利用する。

出 32-130-3

80　**杖歩行の安全**には、杖を常に健側の手で持ち、患肢のつま先より前に杖が出ないようにし、杖と患肢は同じ速度で歩く。**介護者**は、患側にバランスを崩しやすいので、杖使用者の患側、または患側の斜め後ろに立ち、いつでも支えられるように介助する。

出 32-130-5

81　杖歩行には、**三点歩行**と**二点歩行**がある。**三点歩行**では杖の次に患側の足を出し、最後に健側の足を出す。**二点歩行**では杖と患側の足を同時に出す。

出 31-128-1, 2, 5

82　麻痺のある利用者に対して、**車いすへの移乗**を行う際の原則として、健側 30 度くらいに車いすを置く。移動時には、健側を出すことで自立が支援できる。また、車いすで**段差を下る**ときは、後向きで降ろす。

出 32-130-2

83　麻痺のある利用者の介助を行う際、介護者は、原則、患側に位置し、利用者の安全を確保する。

84　麻痺のある利用者が**階段を上がる**際には、原則、健側の足から上がる。**降りる**際には、原則、患側の足から降りる。杖歩行の場合も原則は同じであるが、どちらの場合も杖を先に出す。全盲の人の階段介助では、介

出 31-128-3, 4

💡 **重要項目**

護者が先に一段降りるようにする。

85 **パーキンソン病**のある利用者では、その症状から転倒防止のため、**カーペットを固定する等**の環境をアセスメントする。

出 33-128-2

## ■ 食事・口腔衛生の介護

86 食事の形態は、利用者の身体状況や好みを十分**アセスメント**する必要がある。また、食事の際は座位姿勢の安定を図り、頸部は**前屈**位とすることが重要である。

出 30-129-1, 3
32-130-4

87 高齢者は、嚥下（えんげ）反射が低下しており、誤嚥を起こしやすいので、その予防として食事前に冷水を浸した**綿棒などで舌などを刺激**する方法や**嚥下体操**を行う。

出 30-129-2

88 **誤嚥**とは、食道狭窄（きょうさく）や重度の脳性麻痺（まひ）などによって、嚥下しにくくなり、本来胃に入る食物や飲み物が気道に入ってしまうことである。飲み込んだ食塊（しょっかい）が大きいと、気道を閉鎖してしまい、窒息死に至ることがあるので注意が必要である。片麻痺のある場合、**患側**に食べ物を入れない。

出 30-129-4

89 **パーキンソン病**のある利用者では、症状が進行すると**嚥下障害**がみられるので、状態をアセスメントすることが必要である。

出 33-128-5

90 **嚥下性肺炎（誤嚥性肺炎）**は、誤嚥により、口腔内細菌が気管内に流入することによって発症する。誤嚥しないように、**体位**や水を含ませる**タイミング**、**量**に注意する必要がある。

▶口腔ケアの不備で繁殖した細菌による誤嚥性肺炎は、高齢者の死亡原因のなかで上位。

91 麻痺がある場合には、**健側**で咀しゃくできるよう配慮する。食後は麻痺側に食物残渣がないか確認する。

出 30-129-5

92 高齢者では、食事摂取量の不足が**低栄養状態**を招くことになる。

## ■ 入浴・清潔の介護

93 入浴は、**血液の循環**をよくし、心身ともに**リラックス**させる効果がある。表4のような入浴の意義があり、また安全で安楽な入浴介助には、表5の点に注意する。

94 浴室は、石けんなどで滑りやすいため転倒や転落に注意するとともに、浴槽の中では身体が急に湯に沈まないよう**浮力**を利用し配慮する必要もある。

▶入浴前後は脱水を予防するために水分補給を勧める。

95 入浴後には爪は**柔らか**くなるので、適切な長さに切りやすくなる。

出 34-128-2

96 入浴できないときには、タオルと湯を用いて身体を拭く。これを**清拭**（せいしき）といい、**全身清拭法**、**部分清拭法**、**陰部洗浄**がある。皮膚（ひふ）の汚れを拭き取ったり、血行をよくするなどの効果がある。

▶異常の発見などもでき、疲労感は少なく爽快感が得られる。

**5 介護過程**

**介護の技法**

### 表4　入浴の意義

| 生理・身体的側面 | 心理・社会的側面 |
|---|---|
| ①皮膚の生理機能を正常に保つ。<br>②皮膚を清潔に保ち、感染を防ぐ。<br>③血液循環を促進し、各臓器の機能を高める。<br>④身体の疲労や緊張を和らげ、筋や関節を柔らかくする。 | ①爽快感、やすらぎ、楽しみを得ることで生活意欲が高まる。<br>②心の疲労や緊張を和らげる。<br>③社会や人との交流を促進させる。<br>④活動意欲が高まる。 |

出 34-128-2

資料：社会福祉士養成講座編集委員会編『新・社会福祉士養成講座⑬高齢者に対する支援と介護保険制度（第6版）』
中央法規出版、2019年、399頁

### 表5　入浴介助の際の注意点

| 入浴前 | ①体温、脈拍、呼吸、血圧などの一般状態をチェックする。<br>②湯温の目安としては、40℃程度が適温とされている（ぬるめは37〜39℃）。必ず介護従事者の肌でも確認する。<br>③心疾患や高血圧症などがある場合には、40℃以内にとどめたほうが心臓への負担が少ない。<br>④湯量は洋式浴槽25cm程度、日本式浴槽40cm程度の水位がよい。<br>⑤脱衣室や浴室の室温は24℃程度が適温である。特に冬期は日中の暖かい時間帯を選び、体温保持に努める。 |
|---|---|
| 入浴時 | ①入浴時間は15分程度とする。<br>②末梢から中心に向かって洗う。<br>③洗う順序は頭髪、顔、上肢、胸部、腹部、下肢、陰部とする。 |
| 入浴後 | ①体調のチェックをする。<br>②飲み物を補給し保温と安静に配慮する。<br>③浴槽や用具の洗浄と消毒をする。 |

97 **着脱の介助**は、①保温を図るため部屋を暖める、②介護者の手を温めておく、③一般に、介護者の手前から脱がせ着せていく、④麻痺がある場合は**健側**から脱がせ患側から着せる、⑤身体の下に**しわ**や**たるみ**をつくらないようにする、⑥和式ねまきの場合は**左前**に合わせないことなどに注意して行う。

出 32-130-1

▶脱健着患という。

98 **褥瘡**は、骨の**突出**した部分に長時間の圧迫が加わることで、その部分の血液循環障害が起こることである。**皮膚が赤くなる**ステージ1の褥瘡から始まり、腫脹、疼痛、壊死、潰瘍といったステージ4まで進行する。

▶高齢者は栄養状態が低下し治りにくいので、予防のために注意深い観察と介護が必要である。

99 **褥瘡予防**の介護技法には、定期的**体位変換**、身体の**清潔**、**摩擦**を防ぐ、**栄養状態**の改善などがある。

100 利用者の健康状態や生活の様子は、医師に情報提供できるように**書面**にまとめておくとよい。

出 34-128-5

高齢者に対する支援と介護保険制度

233

💡 **重要項目**

## ■ 排泄の介護

101 **排泄**の介護では、①言葉や態度に気をつける、②安全のためトイレに手すりなどをつける、③プライバシーを守りストレスにならないようにする、④便器、尿器を選ぶときは、排泄障害に合わせる、⑤排泄物を観察し、異常があるときは医療関係者に連絡することなどに注意する。

102 排泄の介護では、利用者の状態・状況を**アセスメント**したうえで、可能な限り**トイレ**での排泄を支援する。

103 **おむつ**を使用する場合には、利用者の**自尊心**を傷つけないような配慮が必要である。また、利用者との十分な話し合いなどが重要である。

104 **便秘**は、便が長時間にわたり大腸内に停滞し、水分が再吸収されることによって硬くなり、排便のときに困難と苦痛を伴う状態のことである。

▶便秘の予防法としては、排便習慣の確立や水分を十分にとることなどが考えられる。やむを得ず下剤を使用する場合は、医師の指示により服用する。

## ■ 薬の管理と服薬

105 粉剤、錠剤、カプセル剤などの内服薬は、水がないと溶けないが、お茶やジュースを用いるのではなく、原則としてコップ1杯の**ぬるま湯**または**水**とともに飲むようにする。薬剤は、その種類によって使用方法が異なる（表6参照）。

▶薬剤は、性質を踏まえて適切な場所に保管するように留意する。

**表6　主な与薬方法**

| 経口的与薬 | 内服薬、舌下錠 |
|---|---|
| 非経口的与薬 | 注射、吸入、坐薬、軟膏、点鼻、点眼 |

106 **薬剤の服用**に関しては、**医師の指示**が必要である。

出 33-128-3

107 利用者に処方された**薬剤**を他の利用者に使用してはならない。

出 34-128-3

## ■ 内部障害（内臓機能障害）者の介護

108 **心臓ペースメーカー**とは、心臓疾患・障害者に装着する心臓の歩調をとるためのものである。高エネルギーの電磁波を発生する電気製品、医療機器に近づかない注意が必要であり、心臓の病気そのものを治すものではない。

109 **消化管ストーマ**とは、便の排泄のためにつくった**人工肛門**のことである。ストーマ用バッグを装着して排出便を受け入れ、それを定期的に交換する。

110 **泌尿器系ストーマ**とは、尿の排泄のためにつくった**人工膀胱**のことである。尿管を用いる尿管皮膚瘻と小腸（回腸）の一部を切り離して用いる回腸導管とがある。

**5 介護過程**

**介護の技法**

111 **人工透析療法**とは、**腎不全**や薬物中毒などによる生体内の水・電解質異常、老廃物蓄積を人工的に浄化する方法である。腹膜透析と血液透析がある。

## ■ 視覚障害者の介護

112 **クロック・ポジション**とは、視覚障害者が物体の位置関係を把握し、記憶しやすくするために、**時計の文字盤の位置**を用いて説明する方法である。

113 **ガイドヘルプ**の基本姿勢として、①視覚障害者の横に並んで声かけをして、自分の**腕**（**肘よりもやや上の上腕部の位置**）を持たせる、②視覚障害者よりもガイドヘルパーが**半歩前**に出るようにして、歩行ペースを視覚障害者に合わせる、③視覚障害者を安全な側に歩行させる、④狭い通路、階段の昇り降り、車の乗り降りなどの方法を理解することなどが重要である。

## ■ 聴覚および言語障害者の介護

114 多くの**聴覚・言語障害者**は、会社に勤めながら地域社会で生活しているが、その障害のために、明瞭な発音ができず、子ども扱いされるなどの**コミュニケーション上の困難**に直面している。

115 **盲ろう者**は、①**全盲ろう**、②**盲難聴**、③**弱視ろう**、④**弱視難聴**に分けることができる。コミュニケーションの手段としては、手書き文字、手話、指文字、指点字タイプなどがある。

116 加齢に伴い、聴力は低下してくる。**老人性難聴**は、音が大脳の聴覚中枢に伝わるまでの過程が老化することによって起こる**感音性難聴**である。小さな音が聞こえにくい、音がひずんで聞こえてしまうという特徴がある。**補聴器**などを用いることで聞こえを助けることができる。

117 **難聴者とのコミュニケーション**の留意点としては、①周囲が騒がしいと聞き取りにくいので、静かな部屋で話をする、②大きな声で話しても、大きな声が聞き分けやすいとは限らない、③ゆっくり話すと唇の動きが変化してしまうので、ゆっくりと話をしないことなどである。

118 **聴力検査**は、音に対する聴力がどの程度か検査することである。この検査は、**オージオメーター**で測定される。

119 **言語障害**には、①**言語発達遅滞**（幼児期に言語を覚える前、聴覚に損傷があるとき）、②**構音障害**（口蓋裂等に運動障害、また咽頭、口腔などに異常が生ずるとき）、③**失語症**（大脳の言語中枢に異常があるとき）、④

▶クロック・ポジションを用いることで、視覚障害者の食事場面では、テーブルのどこの位置に、みそ汁やご飯などがあるのかを知らせることができる。

▶コミュニケーション上の困難を理解し、その人の人格を十分に尊重して接することが重要である。

▶身体障害者福祉法では、両方の耳の聴力レベルがそれぞれ70db（デシベル）以上の人、一耳が90db以上で他耳が50db以上の人などを聴覚障害者としている。

高齢者に対する支援と介護保険制度

235

重要項目

発声障害（発声構音器官に障害）がある。

120 聴覚・言語障害者のコミュニケーションには、①読話（口語法。相手の唇の動き、表情などで会話を理解する）、②筆談（文字によるコミュニケーション）、③手話（手の位置、型、動きなどを組み合わせる）などの手段がある。

▶アメリカにおいて聴能・口話法を総合した手指式方式である、トータル・コミュニケーションという方法もある。

## ■ 寝たきり者の介護

121 寝たきりになる主な原因は、脳卒中などの脳血管障害、老衰、骨折、高血圧、リウマチなどである。

122 全身的な合併症として、①起立性低血圧（座位をとるときに、頭部への血液の流れが減少してしまい、めまい・吐き気などを起こしやすくなる）、②吸引性肺炎・沈下性肺炎（常に仰臥位をとることによって、痰などを排泄できなくなったりして、肺内で炎症を起こす）、③尿路感染症（腎臓から尿道までの尿路が細菌に感染して炎症を起こす）がある。

123 骨粗鬆症になると、骨に「す」が入った状態になり、骨折しやすくなる。

出 30-7（人体）
33-128-4

▶パーキンソン病では自律神経障害による起立性低血圧に注意した介護が必要である。

▶予防には、日常的なカルシウム摂取と適度な運動をすることが必要である。

## ■ 事故時の対応と応急手当

124 自動体外式除細動器（Automated External Defibrillator：AED）は、倒れている人に遭遇した場合、落ち着いて、①周囲の状況が安全であるかを確認する、②意識の確認をする、③肩を叩きながら「呼びかけ」を行って反応を確認するの3点を確認して実施する。

125 慢性疾患のある高齢者などに対しては、病状急変時に備えて、日頃から主治医や看護師と相談して対応の仕方を検討し、疾病の特徴や服用薬を知っておき、かかりつけの医療機関と連絡がとれるようにする。

## ■ 睡眠の介護

126 睡眠は、健康の保持および増進にとって欠かせないものである。睡眠不足や睡眠障害などの睡眠の問題は、疲労感をもたらし、情緒を不安定にし、適切な判断力を鈍らせるなど、生活の質に大きく影響する。また、心の病気の一症状として現れることが多いことにも注意が必要である。

127 睡眠には、レム睡眠とノンレム睡眠の2種類があり、2種類の睡眠をおよそ90分サイクルで繰り返す（表7参照）。

▶高齢になるに従い、眠りのパターンが変化し、寝つきが悪く、断続的な浅い眠りになったり、早朝から目覚めるなど、熟睡感が少なくなる。

236

**表7　睡眠の種類**

| 種　類 | 状　　態 |
|---|---|
| レム睡眠 | 身体は休み、筋肉が弛緩している状態だが、脳は覚醒に近い状態にある身体の眠り。 |
| ノンレム睡眠 | 身体はある程度の筋弛緩を保ちつつ、脳は熟睡している状態にある脳の眠り。 |

# 6 認知症ケア

## 認知症ケアの基本的考え方

**128** **認知症**は、種々の脳内疾患などが原因で起こる知能障害をいう。代表的な認知症としては、**アルツハイマー型認知症**、**血管性認知症**、**レビー小体型認知症**がある（表8参照）。

**129** **認知症の中核症状**として、**記憶障害**や**見当識障害**、**判断力の障害**、**失行**、**失認**、**失語**などの症状が現れる。これは、認知症に**必ず出現する症状**であり、認知症の診断やその進行を判断する際の目安とされている。

**130** **周辺症状**は、**BPSD**（Behavioral and Psychological Symptoms of Dementia；認知症の行動・心理症状）、随伴症状、精神症状、行動障害とも呼ばれている。その具体的症状には、**妄想**(もうそう)・**幻覚**・**抑うつ**・**徘徊**(はいかい)・**不安**・**食行動異常**などがある。かつて呼ばれていた問題行動という表現は近年、不適切と考えられるようになった。

**131** **周辺症状を起こしやすい要因**として、**孤立・不安**、**身体合併症**・生理学的不調、不適切な**住環境**、認知症の進行、不適切な**コミュニケーション**、ネグレクト・過干渉、睡眠などの**生活リズムの乱れ**、不適切な**薬物**の使用などが指摘されている。

## 認知症ケアの実際

**132** **認知症介護の目標**は、認知症の特徴や心理面の変化、日常生活動作、生活歴や習慣などの情報を正しく評価し、個々の認知症高齢者に合わせた、**尊厳**ある日常生活を維持することである。

**133** 認知症高齢者は、認知症になったことへの驚き、戸惑い、自分自身が変わっていくことへのおそれ、進行する症状への無力感などのなかで生活

> **認知症**
> いったん正常に発達した知能が、後天的な脳の器質的変化によって慢性的に低下する。

**重要項目**

## 表8　代表的な認知症とその特徴

| | アルツハイマー型認知症 | 血管性認知症 | レビー小体型認知症 |
|---|---|---|---|
| 発症原因 | 脳の神経細胞が変性や減少していく原因不明の病気。 | 脳卒中の発作の後遺症として起こる認知症。 | レビー小体という物質が、大脳皮質に出現して起こるとされる。 |
| 発症年齢性差 | 40歳代から発病して、高齢になるに従って出現率が高まってくる。1：3で女性に多い。 | 初老期の50歳代より発症し、男性に多い。 | 65歳以上の高齢者に多くみられるが、パーキンソン症状によって発病する例では、40〜50歳代も少なくない。男性に多い。 |
| 進行 | 症状は軽度・中等度・高度・最高度と進行していく、進行性である。 | 治療によって症状の進行を抑えることができる。脳卒中の発作が起こるたびに階段状に認知症の程度が進行する。 | 初期には認知障害はあまり目立たない。また、パーキンソン症状が初期に出る場合と遅れて出る場合があるが、ゆっくり発症して進行する。 |
| 特徴 | 短期の記憶障害から始まり、認知症の進行に伴って、比較的保たれていた長期記憶も障害されてくる。 | 発生原因から、一様に機能が低下するのではなく、残っている正常な機能と、低下した機能が混在しているため、まだら認知症と呼ばれている。 | 注意や覚醒レベルの変動と関係する認知機能の動揺があり、夜中に突然大声を出したり、具体的で詳細な内容の幻視がみられる。また、パーキンソン症状がみられる。 |
| 症状 | 記憶障害（自分の生活史の忘れ等）、見当識障害（日時、場所、自分が今、どんな状況にいるか把握することができない）、妄想（自分の間違った考えを確信してしまう）や徘徊（自宅を宿屋などと思って別の家へ帰ろうとする等の誤認など）などの行動障害が認められる。 | 片麻痺、言語障害、頭痛、めまい、しびれ感などの神経症状を伴うことが多く、まだら認知症で、度合いは軽度である。 | 主症状として、進行性の認知機能障害、中核症状として、①注意や覚醒レベルの変動を伴う認知機能の極端な動揺、②現実的で詳細な内容が繰り返し出現する幻覚、③パーキンソン症状がある。臨床症状として、転倒を繰り返す、失神、一過性の意識障害、向精神薬に対する感受性の亢進、系統的な妄想、幻視体験、幻覚があるものもある。 |

出 34-129-1

**パーキンソン症状**
仮面様顔貌、振戦、すくみ足、つぎ足歩行などがある。

出 34-129-5

している。認知症高齢者に対して「**何もわからなくなっている人**」という認識は、認知症の理解が不十分で誤った認識である。

134 認知症の高齢者本人にはたらきかける方法として、**回想法**や**バリデーション**などがある。

135 認知症高齢者とのコミュニケーションでは、短い言葉で簡潔に情報を伝えることが大切である。また、共感的なコミュニケーションをつくること、自己実現などが**メンタルケアの原則**である。

**回想法**
高齢者の過去の思い出にはたらきかけて心理的な安定や記憶力の改善を図る。

**バリデーション**
認知症高齢者への尊敬と共感を基本として高齢者の尊厳を回復しようとする。

6 認知症ケア

認知症ケアの実際

**136** 認知症高齢者の家族へのケアでは、家族に対する受容と共感の姿勢が重要である。

**137** 認知症総合支援事業に基づく認知症初期集中支援チームは、複数の専門職が家族の訴えなどにより、認知症が疑われる人や認知症の人および家族を訪問し、アセスメント、家族支援など、初期の支援を包括的、集中的（おおむね最長で6か月）に行い、自立生活のサポートを行う。

出 31-129-1, 2, 3

**138** 認知症初期集中支援チームのメンバーは、原則、医師、保健師、社会福祉士、介護支援専門員等であって認知症の医療や介護における専門的知識および経験を有すると市町村が認めたもので、実務・相談業務等3年以上の者または認知症初期集中支援チーム員研修を受講したもの2名以上と、日本老年精神医学会・日本認知症学会の定める専門医または認知症医療を主業務とした5年以上の臨床経験を有する医師のいずれかに該当する認知症サポート医である医師1名の計3名以上である。

出 31-129-4, 5

💡 注目！
2017（平成29）年にメンバー構成に関して改正が行われた。

**139** 認知症地域支援・ケア向上事業により、市町村は認知症ケアに必要な医療・介護・生活支援サービスをコーディネートするための認知症地域支援推進員を1名以上おく。配置場所は、地域包括支援センターだけでなく市区町村本庁、認知症疾患医療センターなどにも配置できる。①状態に応じた適切なサービスが提供されるよう、施設やサービス、サポーターを活用し地域で認知症の人を支援する関係者の連携を図り、②地域の実情に応じて市町村内の認知症高齢者やその家族を支援する事業を実施する。

出 34-133-1

▶なお、対象者は以下のとおり。
・40歳以上の在宅の人
・医療サービス、介護サービスを受けていない、または中断している人
・医療サービス、介護サービスを受けているが対応に苦慮している人

▶認知症地域支援推進員は、認知症の医療や介護の専門的知識を有する、医師・保健師・看護師・作業療法士・精神保健福祉士・社会福祉士・介護福祉士などである。

**140** 「認知症施策推進5か年計画（オレンジプラン）」は、2013（平成25）年度から2017（平成29）年度までの暫定施策として、数値目標を示したものである。また、2015（平成27）年1月、厚生労働省は、「認知症施策推進総合戦略～認知症高齢者等にやさしい地域づくりに向けて～（新オレンジプラン）」を発表している（表9、表10参照）。2017（平成29）年に、2020（令和2）年度末までの数値目標の更新や施策を効果的に実行するための改訂が行われた。

**141** オレンジプランに示される認知症カフェとは、認知症のある人と家族、地域住民、専門職等の誰でもが参加でき集う場所である。また、認知症ケアパスの作成・普及により、状態に応じた適切なサービスの流れをつくることができる。

**142** 認知症サポーター養成事業は、厚生労働省の「認知症サポーター等養成事業実施要綱」に位置づけられ、新オレンジプランでは、認知症サポーター（ボランティア）による地域での日常生活、家族の支援の強化、若

出 32-127-2
33-127-5

高齢者に対する支援と介護保険制度

239

💡 **重要項目**

| 表9　新オレンジプランの基本的考え方 | 表10　新オレンジプランの７つの柱 |
|---|---|
| 認知症の人の意思が尊重され、できる限り住み慣れた地域のよい環境で自分らしく暮らし続けることができる社会の実現を目指す。 | ①認知症への理解を深めるための普及・啓発の推進<br>②認知症の容態に応じた適時・適切な医療・介護等の提供<br>③若年性認知症施策の強化<br>④認知症の人の介護者への支援<br>⑤認知症の人を含む高齢者にやさしい地域づくりの推進<br>⑥認知症の予防法、診断法、治療法、リハビリテーションモデル、介護モデル等の研究開発及びその成果の普及の推進<br>⑦認知症の人やその家族の視点の重視 |

年性認知症施策の強化が示されている。

143 2019（令和元）年、**認知症施策推進大綱**で「**共生**」と「**予防**」の施策を推進することが示された。

# 7 終末期ケア

## 終末期ケアの基本的考え方

144 死別の悲嘆にある人に対して行う支援を**グリーフケア**という。　📙 34-130-1, 4

145 **緩和ケア**は、①**全人的ケア**を提供する、②死の瞬間まで**QOL** を尊重する、③患者と家族を対象に、**死別後**のケアも行う、④ボランティアを含めたチームアプローチを行うといったホスピスケアの理念を受け継ぐ。

> **QOL**
> Quality of Life の略。「生活の質」「人生の質」「生命の質」と訳される。物理的な豊かさや身辺自立だけではなく、精神面を含めた生活全体の豊かさや自己実現を含めた概念。

## 終末期ケアにおける人間観と倫理

146 **トータルペイン**は、末期がん患者の痛みを単に身体的要因から把握するのではなく、**精神的要因、文化的要因、社会的要因、霊的要因**という４つの要素を含んだ全人的な痛みとしてとらえている。

147 **デーケン**（Deeken, A.）が提唱した「**死への準備教育（デス・エデュケーション）**」の主な目的は、人間らしい死を迎えるために、生をどのように生きるかを問うものである。　📙 34-130-2

## 終末期ケアの実際

148 **高齢者の終末期ケア**のあり方としては、高齢者の死の迎え方の希望を尊　📙 30-130-1, 2, 4, 5

重し、家族や重要他者とケアチームが意思決定のプロセスを共有することや、安らかな死が迎えられるように**多職種の連携**および**インフォーマルサポートをネットワーク化**して支援することがあげられる。

**149** **標準的な死亡診断**は、**呼吸停止**、**心拍停止**、**瞳孔反射の消失**などで行われる。

▶死亡診断書の作成は、医師の仕事である。

出32-127-4

**150** 「**人生の最終段階における医療・ケアの決定プロセスに関するガイドライン**」（厚生労働省）において、本人の意思確認ができる場合、医療・ケアの方針決定に際し、医療従事者から適切な情報の提供と説明がされ、十分な話し合いを踏まえて本人が意思決定することを基本として、文書にまとめておくものとし、また本人の意思が変化し得るものであることから、適切な情報の提供と説明により本人が意思をそのつど表明するための支援や、家族等を含めた話し合いの必要があるとしている。

▶生前の意識の清明な段階で治療拒否を表明した遺言で生前遺言をリビングウィルという。

**151** **緩和ケア**は、治療を目的とした治療に反応しなくなった疾患をもつ患者に対して行われる。社会福祉士は療養にかかわる**助成制度**や**経済的問題**への**助言**を行う。

出30-130-3
34-130-5

**152** **ACP**（アドバンス・ケア・プランニング）では、本人が医療・ケアチームと十分に話し合いを行い、本人による意思決定を尊重する。話し合いは何度も行うことができる。

出34-130-3

# 8 介護と住環境

## 介護のための住環境

**153** **高齢者が使う部屋**は、居間などから離れ過ぎないようにすることで、孤立感を避け、一方で互いのプライバシーを確保できる。

**154** **高齢者の寝室**は、1階の日当たりや眺めがよく、外部へ避難しやすい場所が望ましい。

**155** 高齢者自身が炊事をする場合は、炎が出ない調理器、操作しやすいレバー水栓などを活用し、高齢者の手指等の運動機能の低下を補うようにする。

▶トイレには寝室から最短距離で行けるようにしたほうがよく、浴室や脱衣室からも近いほうがADLの低下した高齢者は楽である。

**156** 冬季には、暖房のないトイレや浴室で急激な温度変化によって血圧が急変し、脳卒中や心筋梗塞などを引き起こす**ヒートショック**と呼ばれる症状が出る危険性がある。そのため、温度差には注意が必要である。

**157** **ポータブルトイレ**の設置は、**利用者の状態や状況をアセスメント**し位置を決める。

出33-130-5

**重要項目**

158 車いすでの移動と住居空間との関連で最も注意しなければならないことは、車いすの幅と通路や出入り口の幅員との関係である。出入り口は、有効な幅が **850**mm 以上は必要である。　　出 33-130-4

159 介護保険制度によって、**住宅改修費**として **20** 万円（1 割は自己負担（一定以上の所得を有する第１号被保険者は２割または３割））までの給付が被保険者に支払われる。

160 介護における**住環境の整備**については、表 11 のとおりである。

**表11　主な住環境の整備**

| 整備項目 | 理由等 | 主な方法 | |
|---|---|---|---|
| 段差解消 | ADL 低下により脚が上がりにくいため | ・段差を 5mm 以下にする<br>・手すりの設置<br>・段差を視覚的に明確にする | 出 33-130-1 |
| 歩行確保 | 高齢者の家庭内事故では居室内転倒による事故が目立つため | ・段差の解消<br>※カーペット等の端のめくれに注意<br>・照明の確保 | 出 33-128-2 |
| 滑りにくい床 | 転倒防止のため | ・タイル使用時は表面が粗い磁器製<br>・履物と床面の相性考慮<br>※過度な滑り止めは危険 | 出 33-130-2 |
| 手すり | 高齢者の行動の特性の把握をすることが必要なため | ・設置位置や形状に注意<br>・身体機能の時系列的変化で変更<br>・衣服の袖がからまない注意が必要 | |
| 戸 | ・握り式ノブは使いにくい<br>・ドアの開閉には身体の前後動作が必要なため | ・**レバーハンドル**が使いやすい<br>・衣服の袖がからまない注意が必要<br>・**引き戸**が使いやすい | 出 33-130-3 |
| 移動 | 外出は住居での生活からつながるため | ・スロープや段差解消機の使用<br>・スロープ→勾配**12**分の**1**を目安<br>・段差解消機→高低差 500～1300mm ある所で有効 | |
| 色彩 | ・高齢で白と黄色の区別に支障があるため<br>・青・緑色と黒色の鑑別困難になる | ・**色彩コントラスト**を明確にする | 出 33-130-1 |
| 採光と照明 | 直射日光はまぶしさが生じるため | ・**間接照明**の活用 | |
| 室温 | 外気温との差は身体に負担が大きいため | ・**適温適湿**に注意<br>・木等による直射日光遮光、温度上昇阻止、通風の考慮等 | |
| 介助スペース | 介助動作にはスペースが必要なため | ・500mm 以上の幅の空間を本人が使用<br>・介助できるスペースを必要とする | |

**161** 玄関に**腰かけ**を用意することで、靴を脱いだりするときの安全が確保できる。

**162** 片麻痺がある利用者の環境整備として、腰かけて浴槽に入るための**移乗台**の準備、立ち上がりのための**手すりを複数**取り付ける等がある。

# 9 介護保険法

## 介護保険法の概要

### ■ 介護保険法の概要

**163** 被保険者が介護保険サービスを利用したいときには、市町村に**要介護認定**または**要支援認定**を申請する。申請を受けた市町村は**認定調査**を行い、**介護認定審査会**の審査判定を経て、認定通知を出す。認定通知を受け取った被保険者は、**ケアプラン**を作成して**サービス提供事業者**に利用の申込みを行い、**契約**を交わしたうえで、サービス提供を受ける（図1参照）。

▶介護保険制度は、サービス供給主体が多様化し、競争原理がはたらくことでサービスの質の向上が図られることを目指している。

### ■ 介護保険制度の目的

**164** **介護保険法第1条**は、**法の目的**を表12のとおり定めている。

出 30-131-4

**表12　介護保険法第1条の法の目的**

> 　加齢に伴って生ずる心身の変化に起因する疾病等により要介護状態となり、入浴、排せつ、食事等の介護、機能訓練並びに看護及び療養上の管理その他の医療を要する者等について、これらの者が尊厳を保持し、その有する能力に応じ自立した日常生活を営むことができるよう、必要な保健医療サービス及び福祉サービスに係る給付を行うため、国民の共同連帯の理念に基づき介護保険制度を設け、その行う保険給付等に関して必要な事項を定め、もって国民の保健医療の向上及び福祉の増進を図ることを目的とする。

### ■ 介護保険制度の理念

**165** **個人の尊厳**とは、年齢や障害の有無にかかわらず、人として尊重され、人間らしく基本的人権を保障され、大切に処遇されることを意味する。

**166** **自立した日常生活**とは、可能な限り自分の意思で生活の仕方や人生のあり方を**選択**し、**決定**することである。

**167** **国民の共同連帯**とは、介護負担を家族のみに負わせるのではなく、**社会全体**で担っていこうとするものである。

▶介護サービスは「自立した日常生活」を支援し、支えるものである。

▶40歳以上の国民全員が介護保険料を拠出し、負担していく仕組みによって具体化されている。

高齢者に対する支援と介護保険制度

> 重要項目

### 図1　介護保険制度の仕組みの概要

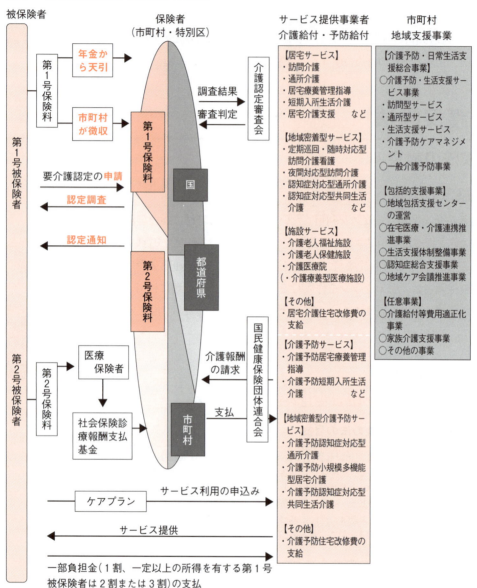

注：「保険者」の楕円内の構成は、介護保険の財源構成を表す。「仕組みの概要」であるので、すべてのサービス等を示すものではない。

資料：社会福祉士養成講座編集委員会編『新・社会福祉士養成講座⑬高齢者に対する支援と介護保険制度（第6版）』中央法規出版、2019年、129頁を一部改変

## ■ 介護保険法改正の背景と方向性

168　2005（平成17）年の介護保険法の改正において、①介護保険制度の**予防重視型システム**への転換、②**地域支援事業の創設、地域包括支援センターの設置、地域密着型サービスの創設**（認知症対応型共同生活介護

出 32-48-1, 2（行財）

**9 介護保険法**

**介護保険法の概要**

（グループホーム）・小規模多機能型居宅介護）、③**サービスの質の確保**のための情報の公表の義務化、④介護支援専門員（**5**年ごと）、指定事業者（**6**年ごと）の更新制などの改正が行われた。

**169** 2005（平成17）年10月より、在宅との負担のバランスを図るために、**居住費用と食費**を介護報酬から切り離して**自己負担**とすることになった。

**170** 2012（平成24）年4月の法改正は、高齢者が可能な限り地域でその有する能力に応じ自立した生活を営むことができるように、医療、介護、予防、住まい、生活支援サービスが切れ目なく提供されるよう**地域包括ケアシステム**の実現に向けたものである（表13参照）。

**表13　地域包括ケアシステムの実現に向けて**

| |
|---|
| ①医療と介護の連携の強化等 |
| ・医療、介護、予防、住まい、生活支援サービスが連携した地域包括ケアの推進 |
| ・日常生活圏域ごとに地域ニーズや課題の把握を踏まえた介護保険事業計画の策定 |
| ・**24時間対応の定期巡回・随時対応型サービスや複合型サービス**の創設 |
| ・保険者の判断による**予防給付**と**生活支援サービス**の総合的な実施 |
| ・介護療養型医療施設廃止期限を2018（平成30）年3月末まで猶予[注1]（新たな指定はしない） |
| ②介護人材の確保とサービスの質の向上 |
| ・介護福祉士や一定の教育を受けた介護職員等による**痰の吸引**等の実施 |
| ・介護福祉士の資格取得方法の見直しの3年間延期（2015（平成27）年度）[注2] |
| ・事業所指定の欠格要件・取消要件に労働基準法違反者の追加 |
| ・公表前の調査実施の義務づけ廃止などの介護サービス情報公表制度の見直し |
| ③高齢者の住まいの整備等 |
| ・有料老人ホーム等における前払金の返還に関する利用者保護規定の追加 |
| ・サービス付き高齢者向け住宅の供給促進（高齢者の居住の安全確保に関する法律（高齢者住まい法）の改正） |
| ④認知症対策の推進 |
| ・市民後見人の育成および活用など、市町村における高齢者の権利擁護の推進 |
| ・市町村介護保険事業計画に、地域の実情に応じた認知症支援策の盛込み |
| ⑤保険者による主体的な取組みの推進 |
| ・介護保険事業計画と医療サービス、住まいに関する計画との調和の確保 |
| ・地域密着型サービスについての公募・選考による指定 |
| ⑥保険料の上昇の緩和 |
| ・各都道府県の財政安定化基金を取り崩し、介護保険料の軽減等への活用 |

注1：2017（平成29）年6月の改正で6年間延長され、2024（令和6）年3月末まで猶予とされた。

　2：2014（平成26）年6月の法改正で、さらに1年間延期され、2016（平成28）年度施行とされたが、2016（平成28）年3月の法改正で、2022（令和4）年度に延期された。その後、2020（令和2）年6月の法改正で、さらに2027（令和9）年度に延期された。

（縦書き）高齢者に対する支援と介護保険制度

💡 重要項目

**171** **地域の自主性及び自立性を高めるための改革の推進を図るための関係法律の整備に関する法律**が 2011（平成 23）年 4 月に成立し、これにより介護保険法と老人福祉法も一部改正された（表 14 参照）。

**表14　条例で基準を定めることが可能になったサービス**

| 介護保険法で規定されているサービス | 老人福祉法で規定されているサービス |
|---|---|
| 都道府県の条例で定めることとなるサービス<br>①　基準該当居宅サービス<br>②　基準該当介護予防サービス<br>③　指定居宅サービス<br>④　指定介護老人福祉施設<br>⑤　介護老人保健施設<br>⑥　指定介護予防サービス | 都道府県の条例で定めることとなるサービス<br>①　養護老人ホーム<br>②　特別養護老人ホーム |
| 市町村の条例で定めることとなるサービス<br>①　指定地域密着型サービス<br>②　指定地域密着型介護予防サービス | |

**172** **地域における医療及び介護の総合的な確保を推進するための関係法律の整備等に関する法律（医療介護総合確保推進法）**は、地域包括ケアシステムの体制を完成させるために、医療法、介護保険法等の関係法律について所要の整備等を行うものとして、2014（平成 26）年 6 月に公布された。

**173** 2019（令和元）年、**医療保険制度の適正かつ効果的な運営を図るための健康保険法等の一部を改正する法律**が公布された。この改正では、医療および介護給付の費用の状況等に関する情報の連結解析および提供に関する仕組みの創設、高齢者の保健事業と介護予防の一体的な実施等に関して示された。

### ■ 介護保険の費用負担構造

**174** 介護保険の財源構成は、**公費**（税金）**50**％、**保険料 50**％である。公費の内訳は、**国の負担金が 25**％、**都道府県と市町村の負担金が各 12.5**％ずつである（施設等給付については、これとは異なっている）。保険料の内訳は、第 1 号被保険者と第 2 号被保険者の人口比率で 3 年ごとに変わる（図 2 参照）。　📖 30-133-5

**175** 地域密着型サービスの費用財源は、**公費負担**（国・地方公共団体）のほか、第 1 号と第 2 号被保険者の保険料があてられる。

**176** 国の調整交付金とは、介護保険の財政の調整を行うため、①第 1 号被保　📖 32-132-4

## 図2　介護保険制度の費用負担

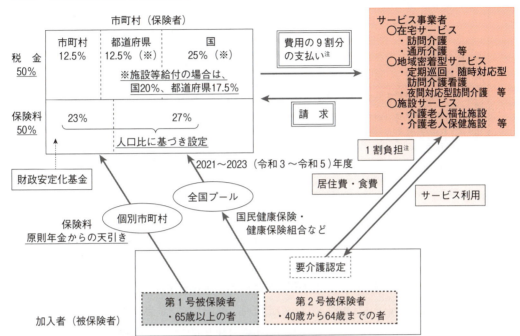

注：一定以上の所得を有する第1号被保険者は2割または3割負担。
資料：社会福祉士養成講座編集委員会編『新・社会福祉士養成講座㉑資料編（第10版）』中央法規出版、2019年、46頁を一部改変

険者の年齢階級別の分布状況、②第1号被保険者の所得の分布状況などを考慮して、国が市町村に交付する交付金のことをいう。

**177** 2005（平成17）年11月の三位一体改革によって、施設等給付費については、**都道府県交付金**が廃止された。これにより、都道府県知事が指定権限をもつ施設等給付費にかかる都道府県の費用負担が見直され、**国の負担は20**％（調整交付金を含む）、**都道府県の負担割合が12.5**％から**17.5**％となっている。対象は、介護老人福祉施設、介護老人保健施設、介護医療院、介護療養型医療施設、および特定施設の給付費である（表15参照）。

**178** 2006（平成18）年4月より、介護保険のサービスに、居宅と施設のほかに、**地域支援事業**（介護予防事業等）が加えられた。居宅給付費と地域支援事業のうち、介護予防事業の負担構造はそれまでと同じとされた。

**179** 地域支援事業のうち、**包括的支援事業の負担構造は国38.5**％、**都道府県19.25**％、**市町村19.25**％、**第1号保険料23.0**％となる。

**180** 都道府県は、市町村の介護保険の財政の安定化に資するため、**財政安定化基金**を設置している。これは、保険料の収納率の低下など、一定の事由により市町村の介護保険の財政が不足した場合、資金の交付または貸

▶介護予防・日常生活支援総合事業の実施は、国25％、都道府県12.5％、市町村12.5％、第1号保険料23％、第2号保険料27％の財源構成となる。

**重要項目**

表15　保険給付・地域支援事業の費用負担構造

| | | 国（調整交付金含む） | 都道府県 | 市町村（一般会計） | 第１号保険料 | 第２号保険料 |
|---|---|---|---|---|---|---|
| 給付費 | 居宅給付費 | 25.0% | 12.5% | 12.5% | 23.0% | 27.0% |
| | 施設等給付費 | 20.0% | 17.5% | 12.5% | 23.0% | 27.0% |
| 地域支援事業 | 介護予防・日常生活支援総合事業 | 25.0% | 12.5% | 12.5% | 23.0% | 27.0% |
| | 包括的支援事業（第１号介護予防支援事業を除く） 任意事業 | 38.5% | 19.25% | 19.25% | 23.0% | ― |

注：負担比率は、2021（令和３）年度の現況による。
資料：社会福祉士養成講座編集委員会編『新・社会福祉士養成講座⑬高齢者に対する支援と介護保険制度（第６版）』中央法規出版、2019年、144頁を一部改変

付を行う。財源は、国、都道府県および市町村（第１号被保険者の保険料）がそれぞれ **3分の1** ずつ負担する。

181 小規模市町村は保険者として、介護保険の財政の安定化を図るため、介護給付等に要する財源について、ほかの市町村と共同して、議会の議決を経て規約を定め、**調整保険料率**に基づき市町村相互間において調整する事業（**市町村相互財政安定化事業**）を行う。また、都道府県は、市町村の求めに応じ、**市町村相互財政安定化事業**にかかる必要な調整などを行う。

## ■保険者

182 介護保険制度の運営主体である**保険者**は、介護保険法第３条によって「**市町村及び特別区**」とされ、**介護保険特別会計**を設置して、介護保険に関する収入と支出を管理することとされている。

> **特別会計**
> 保険料等の特定歳入と歳出を一般会計と区別して経理することで、事業や資金運用状況を明確にする。

183 **広域連合**や**一部事務組合**などの特別地方公共団体である広域自治体についても、小規模な市町村の運営の安定化・効率化の観点から、保険者となることができる。

184 **市町村または特別区**（以下、市町村）は、介護保険事業に要する費用（財政安定化基金拠出金の納付に要する費用を含む）にあてるため、第１号被保険者から政令で定める基準に従い条例で定めるところにより算定された保険料率に基づき、**保険料を徴収**しなければならない。

> ▶保険料は所得段階別に徴収され、おおむね３年を通じ財政の均衡を保つことができるもの。

185 保険料の徴収は、**第１号被保険者**の場合、一定額以上（年額 **18 万円以上**）の年金受給者であれば年金から天引きされる**特別徴収**の方法を原則とする。**特別徴収**の対象として、老齢・退職年金のほかに、遺族年金、障害年金も加えられている。

9 介護保険法

介護保険法の概要

186 無年金者や低年金者などの場合の保険料徴収は、口座振替や納付書による**普通徴収**の方法になる。**普通徴収**は、コンビニエンスストアなど私人に委託が可能となっている。

187 第1号被保険者が属する世帯の世帯主および第1号被保険者の配偶者は、**保険料の連帯納付義務**を負う。

188 **第2号被保険者**の保険料は、医療保険者が**医療保険料と一体的に徴収**し、社会保険診療報酬支払基金に**介護給付費・地域支援事業支援納付金**として納付する。社会保険診療報酬支払基金は、市町村に対し、介護給付費交付金、地域支援事業支援交付金を交付する。

189 健康保険加入者は**事業主負担**、国民健康保険加入者は**国庫負担**がある。

### ■ 被保険者

190 保険制度における**被保険者**とは、保険料を支払うことで、その制度の目的である給付事由（保険事故）が発生したときに、その損害などに対して補償給付を受けることができる者のことである。

191 被保険者は、①市町村の区域内に住所を有する**65歳以上の者**（**第1号被保険者**）、②市町村の区域内に住所を有する**40歳以上65歳未満の医療保険加入者**（**第2号被保険者**）である。

192 **老人福祉施設**、**婦人保護施設**などに1年以上入所する場合、住所は**施設の所在地**となる。**病院**に入院する場合は、1年以上の長期入院を要すると認められる場合を除き、原則として住所は**家族の居住地**となる。

193 「日本国籍をもつ人が海外に長期滞在しており、日本に住民票がない場合」「日本国籍をもたない人が観光目的で日本国内に短期間滞在している場合」など**住所要件を満たさない場合**には、介護保険の被保険者とはならない。住民基本台帳法により、適法に3か月超在留する外国人で住所を有する者等について介護保険の被保険者となる。

194 第1号被保険者は、**被保険者資格の取得および喪失**に関する事項などを、市町村に届け出なければならない。

195 第1号被保険者の資格要件には、**住所地特例**がある。住所地特例とは、ほかの市町村に所在する住所地特例対象施設（①**介護保険施設**、②**特定施設**、③**養護老人ホーム**）に入所して、その施設の所在地に住所を変更しても、元の住所地市町村の被保険者とするという特例である（介護保険法第13条）。

196 第1号被保険者の保険料のもととなるのは**基準額**である。**基準額**は、その市町村の介護保険事業計画に基づいて算定される1年間の介護給付等

出 31-130-1

▶ただし、その市町村に住所を有する者で医療保険に加入していない者が65歳に達したときは、市町村により自動的に処理が行われるため、届出の必要はない。

高齢者に対する支援と介護保険制度

249

🔘 **重要項目**

に要する費用を賄うことができる、その必要額の23％（2021（令和3）〜2023（令和5）年度）に相当する額を、その市町村の第1号被保険者の見込み総数で割った平均額となっている。

197 保険者である市町村ごとに基準額が異なり、第1号被保険者の保険料の額も異なるが、所得に応じた**賦課率**は全国的に同様の率となっている。

198 賦課率の区分は、**9段階**が**標準**であるが、市町村によっては**9段階**以上とすることも可能である。

199 **賦課率**の段階の設定は、前年の所得に賦課される住民税が、世帯または本人ごとに非課税か、課税かによって区分される。世帯としては課税されているが、高齢者本人の年金収入等が80万円超であり非課税である人の場合が**基準額**となる。

　出 32-48-5（行財）

200 **生活保護**を受給している者の保険料は、**生活扶助費の介護保険料加算**として支給される。しかし、保護の目的を達成するために必要があるときは、保護費支給の際に福祉事務所が**天引き**し、保険者である市町村に支払うことができる。

201 生活保護を受給している40歳以上65歳未満の者が要介護状態となった場合、その多くが医療保険未加入者であるが、その場合、介護保険の被保険者ではないので介護給付を受けることはできない。しかし、それに代わって生活保護から**介護扶助**（生活保護法第15条の2）を受けることができる。また、65歳以上の被保護者は介護保険の給付が優先し、自己負担分（要した費用の1割）が**介護扶助**の対象となる。

202 **特定入所者介護サービス費**は、一定の要件を満たした人を対象に所得に応じた限度額を設け、**食費と居住費を軽減**する制度である。

　出 33-131-2

203 第2号被保険者も、年齢到達や住民基本台帳法上の届出をしたときには、介護保険法による届出があったものとみなされる。しかし、医療保険資格の取得や喪失も含めて、特に要介護認定を申請する場合以外は、市町村に**届出をする必要はない**。

204 **介護保険の適用からの除外者**は、表16の施設に入所・入院している者が対象となり、当分の間、被保険者としないという例外が設けられている（介護保険法施行法第11条、介護保険法施行規則第170条）。これは、これらの施設ではすでに介護サービスが提供されており、その重複を避けるための措置である。

## ■ 要介護認定の仕組みとプロセス

205 **介護保険給付**の対象者となるのは、**要介護状態**または**要支援状態**と認定

250

**9 介護保険法**

**介護保険法の概要**

**表16　介護保険の適用からの除外者が入所・入院する施設**

①指定障害者支援施設（障害者の日常生活及び社会生活を総合的に支援するための
　法律（障害者総合支援法）第19条第１項の規定による支給決定（生活介護および
　施設入所支援に限る）を受けて入所している身体障害者にかかるもの）
②障害者支援施設（身体障害者福祉法第18条第２項の規定により入所している身体
　障害者にかかるもので、生活介護を行うものに限る）
③医療型障害児入所施設
④医療機関（児童福祉法第６条の２の２第３項の厚生労働大臣が指定するもの）
⑤独立行政法人国立重度知的障害者総合施設のぞみの園法の規定によりのぞみの園
　が設置する施設
⑥ハンセン病療養所
⑦生活保護法に規定する救護施設
⑧労働者災害補償保険法第29条第１項第２号に規定する被災労働者の受ける介護の
　援護を図るために必要な事業にかかる施設
⑨障害者支援施設（知的障害者福祉法第16条第１項第２号の規定により入所してい
　る知的障害者にかかるもの）
⑩指定障害者支援施設（障害者総合支援法第19条第１項の規定による支給決定（生
　活介護および施設入所支援に限る）を受けて入所している知的障害者および精神
　障害者にかかるもの）
⑪障害者総合支援法第29条第１項の指定障害福祉サービス事業者であって、障害者
　総合支援法施行規則第２条の３に規定する施設（療養介護を行うものに限る）

資料：社会福祉士養成講座編集委員会編『新・社会福祉士養成講座⑬高齢者に対する支援と介護保険制度（第６版）』
　　　中央法規出版、2019年、150〜151頁

**表17　要介護・要支援状態について**

| 要介護状態<br>（介護保険法第７条第１項） | 要支援状態<br>（介護保険法第７条第２項） |
|---|---|
| 身体上または精神上の障害がある ために、入浴、排せつ、食事等の 日常生活における基本的な動作の 全部または一部について、６か月 間にわたり継続して、常時介護を 要すると見込まれる状態であっ て、要支援状態には該当せず、要 介護１から要介護５の区分のいず れかに該当するもの。 | 身体上もしくは精神上の障害があるために入 浴、排せつ、食事等の日常生活における基本的 な動作の全部もしくは一部について、６か月間 にわたり継続して常時介護を要する状態の軽減 もしくは悪化の防止に特に資する支援を要する と見込まれる状態、または身体上もしくは精神 上の障害があるために６か月間にわたり継続し て日常生活を営むのに支障があると見込まれる 状態であって、要支援１もしくは要支援２の区 分のいずれかに該当するもの。 |

された被保険者である。

**206** **要介護状態、要支援状態**とは、表17のような状態のことをいう。

**207** **要介護者**とは、①要介護状態にある **65歳以上**の者、②要介護状態にあ
る **40歳以上65歳未満**の者であって、その要介護状態の原因である身体
上または精神上の障害が**加齢**に伴って生ずる心身の変化に起因する**疾病**
であって政令で定めるもの（**特定疾病**）によって生じたものであるものを
いう（表18参照）。

▶介護保険法第１条に
おいて、介護の原因を
加齢に伴ったものに限
定していることによる。

高齢者に対する支援と介護保険制度

💡 **重要項目**

**表18　特定疾病**

①がん末期
②関節リウマチ
③筋萎縮性側索硬化症（ALS）
④後縦靱帯骨化症
⑤骨折を伴う骨粗鬆症
⑥初老期における認知症（アルツハイマー病、脳血管性認知症など）
⑦進行性核上性麻痺、大脳皮質基底核変性症、パーキンソン病
⑧脊髄小脳変性症
⑨脊柱管狭窄症
⑩早老症（ウェルナー症候群）
⑪多系統萎縮症（シャイ・ドレーガー症候群など）
⑫糖尿病性神経障害、糖尿病性腎症、糖尿病性網膜症
⑬脳血管疾患（脳出血、脳梗塞）
⑭閉塞性動脈硬化症
⑮慢性閉塞性肺疾患（肺気腫、慢性気管支炎、気管支喘息など）
⑯両側の膝関節または股関節に著しい変形を伴う変形性関節症

**208** 障害者の日常生活及び社会生活を総合的に支援するための法律による自立支援給付を利用していたものが、65歳以上になり第1号被保険者である場合、**介護保険法の給付**が優先される。

**209** **要支援者**とは、①要支援状態にある **65歳以上**の者、②要支援状態にある **40歳以上65歳未満**の者であって、その要支援状態の原因である身体上または精神上の障害が**特定疾病**によって生じたものであるものをいう。

**210** **要介護（要支援）の認定**を受けるには、申請書に被保険者証を添付し、保険者である**市町村**に申請する（介護保険法第27条第1項など）。認定の更新や区分変更などの申請の場合も同様である。

**211** 要介護（要支援）の申請は、本人に代わって表19にあげるものが**代理**で申請することができる。

**表19　要介護等の代理申請者**

①成年後見人
②家族、親族
③民生委員、介護相談員など
④地域包括支援センター
⑤指定居宅介護支援事業者、地域密着型介護老人福祉施設、介護保険施設（それぞれの指定基準に違反したことがない事業者・施設のみ）

出 30-135-2

▶審査判定業務を行うことが困難な市町村については、当該業務を都道府県に委託することが認められ、都道府県は介護認定審査会をおき、そこで審査判定が行われる。

**212** 寝たきりや認知症になっても、市町村におかれる**介護認定審査会**で「介護が必要」と認定されなければ、介護サービスは受けられない。また、予防給付を受けようとする被保険者は、要支援者に該当することについて、市町村の認定（**要支援認定**）を受けなければならない。

**9 介護保険法**

**介護保険法の概要**

**213** 市町村は、要介護認定調査などの実施等の事務について、当該事務を適正に実施することができると認められるものとして、都道府県知事が指定する**指定市町村事務受託法人**に委託することができる。法人の役員または職員には秘密保持義務などが規定されている。

**214** 申請した高齢者が**遠隔地**に住んでいる場合は、その住所地の市町村に調査を嘱託することができる。

**215** **認定調査の項目**は**74**項目で、これらの項目はADLやIADL、あるいは認知症の状態について聞いているものである。各項目について、「①介助されていない、②見守り等、③一部介助、④全介助」や、ある一定の状態が「①ない、②ときどきある、③ある」などのように回答する。▶

▶認定調査の各群については「特記事項」の欄があり、特別に記載すべきことがあれば記入できるようになっている。

**216** 認定調査票の各項目を、食事、排泄、清潔保持などの8分野に分けて時間を計算し、合計して算出された時間を**要介護認定等基準時間**という。この時間を基礎として一次判定を行う（表20参照）。

**表20 一次判定と要介護認定等基準時間**

| 区 分 | 状 態 | 要介護認定等基準時間 |
|---|---|---|
| 自立 | 非該当 | 25分未満 |
| 要支援1 | 社会的な支援を要する状態 | 25分以上32分未満 |
| 要支援2 | | 32分以上50分未満 |
| 要介護1 | 部分的な介護を要する状態 | |
| 要介護2 | 軽度な介護を要する状態 | 50分以上70分未満 |
| 要介護3 | 中等度の介護を要する状態 | 70分以上90分未満 |
| 要介護4 | 重度の介護を要する状態 | 90分以上110分未満 |
| 要介護5 | 最重度の介護を要する状態 | 110分以上 |

資料：社会福祉士養成講座編集委員会編『新・社会福祉士養成講座⑬高齢者に対する支援と介護保険制度（第6版）』中央法規出版、2019年、157頁

**217** 申請を受けた市町村は、認定調査と並行して、申請高齢者の**主治医**に対し、**意見書**の提出を求める。適切な主治医がいないときには、市町村が医師を指定したり、市町村職員である医師の診断を受けるように命じたりすることができる。

出 31-130-3

**218** 一次判定を基礎に主治医の意見書や特記事項に基づき行われる二次判定によって、要支援**1・2**、要介護**1～5**の**7**段階と**非該当**のいずれに該当するかの判定を受ける。要支援者は予防給付、要介護者は介護給付を受ける。

**219** 要介護（要支援）状態に該当した場合の通知にあたっては、要介護（要支援）状態区分が**被保険者証**に**記載**されるとともに、**認定審査会の意見**

高齢者に対する支援と介護保険制度

が付されている場合には、当該意見にかかる記載も併せて行われる。

220 要介護認定で要介護状態の軽減または悪化の防止のために必要な療養に関する事項（要支援認定では、要支援状態の軽減または悪化の防止のために必要な療養および家事にかかる援助に関する事項）に意見が付された場合は、市町村は、**介護サービス（介護予防サービス）の種類の指定**ができる。

▶指定された介護サービス以外のサービスについては、保険給付は行われない。

出 31-130-2

221 市町村は、介護認定審査会による審査判定結果通知を受けて認定し、申請した被保険者にその結果を**通知**する。認定結果通知は申請日から **30** 日以内にしなければならず、認定は申請日に**さかのぼって有効**となる。

出 31-130-4

222 要介護（要支援）認定は、**有効期間内（新規認定**の場合は、原則 **6** か月間。市町村が特に必要と認める場合にあっては、**3 ～12** か月間までの範囲内で月単位で定める期間。**更新認定**の場合は、原則 **12** か月間。市町村が特に必要と認める場合にあっては、**3 ～36** か月間までの範囲内で月単位で定める期間）に限り効力を有する。

▶更新認定後の要介護（要支援）区分が現に受けている区分と同一の場合は、上限が 48 か月間となる。

223 期間満了後においても要介護（要支援）状態に該当すると見込まれるときは、期間満了 60 日前から満了の日までの間に**要介護（要支援）更新認定**の申請をすることができる。

224 期間中要介護（要支援）度の変更がある場合は、**被保険者の申請または職権**により要介護（要支援）度の**変更の認定**が行われる。また、要介護（要支援）者に該当しなくなったときなどには、市町村は、要介護（要支援）認定の**取消し**をすることができる。

225 ほかの市町村より転入してきた者が、すでに転入前の市町村から要介護（要支援）認定を受けていた場合、**転入してから 14** 日以内に要介護（要支援）認定に関する事項を証明する書面を添えて、転入後の市町村に申請を行った場合、認定審査会の審査判定を受けることなく、要介護（要支援）認定を引き継ぐことができる。

## ■ 介護給付・予防給付・市町村特別給付

226 **介護給付**は、要介護 1 ～ 5 の認定を受けた被保険者（要介護者）が利用できるサービスであり、**12 種類の居宅サービス**、**2 種類のその他の在宅サービス**、**4 種類の施設サービス**（うち介護療養施設サービスは 2023（令和 5）年度まで）、**9 種類の地域密着型サービス**からなっている（表 21 参照）。

▶居宅サービスと地域密着型サービスについては、要介護度ごとに支給限度額が月額で定められている。

227 要支援 1・2 の認定を受けた被保険者（要支援者）に給付される**予防給付**は、居宅サービスとその他の在宅サービスについては介護給付の各

## 9 介護保険法

### 介護保険法の概要

#### 表21　介護給付サービスの種類

| 居宅サービス | ①訪問介護<br>②訪問入浴介護<br>③訪問看護<br>④訪問リハビリテーション<br>⑤居宅療養管理指導<br>⑥通所介護<br>⑦通所リハビリテーション<br>⑧短期入所生活介護<br>⑨短期入所療養介護<br>⑩特定施設入居者生活介護<br>⑪福祉用具貸与<br>⑫特定福祉用具販売 | 施設 | ①介護福祉施設サービス<br>②介護保健施設サービス<br>③介護医療院サービス<br>（④介護療養施設サービス） |
|---|---|---|---|
| | | 地域密着型サービス | ①定期巡回・随時対応型訪問介護看護<br>②夜間対応型訪問介護<br>③地域密着型通所介護<br>④認知症対応型通所介護<br>⑤小規模多機能型居宅介護<br>⑥認知症対応型共同生活介護<br>⑦地域密着型特定施設入居者生活介護<br>⑧地域密着型介護老人福祉施設入所者生活介護<br>⑨複合型サービス（看護小規模多機能型居宅介護） |
| 在宅 | ①居宅介護住宅改修<br>②居宅介護支援 | | |

#### 表22　予防給付サービスの種類

| 居宅サービス | ①介護予防訪問入浴介護<br>②介護予防訪問看護<br>③介護予防訪問リハビリテーション<br>④介護予防居宅療養管理指導<br>⑤介護予防通所リハビリテーション<br>⑥介護予防短期入所生活介護<br>⑦介護予防短期入所療養介護<br>⑧介護予防特定施設入居者生活介護<br>⑨介護予防福祉用具貸与<br>⑩特定介護予防福祉用具販売 | 在宅 | ①介護予防住宅改修<br>②介護予防支援 |
|---|---|---|---|
| | | 地域密着型サービス | ①介護予防認知症対応型通所介護<br>②介護予防小規模多機能型居宅介護<br>③介護予防認知症対応型共同生活介護 |

サービスに準じたサービスがあるが（訪問介護・通所介護を除く）、施設サービスについては利用することはできない（表22参照）。

228 **地域密着型サービス**は、介護給付の9種類のうち3種類に相当するサービスを介護予防サービスとして利用することができる（表21、表22参照）。

> ▶要支援度ごとに支給限度額が月額で定められている。

229 **市町村特別給付**は、介護保険法で定められている介護給付と予防給付のほかに、市町村独自のサービスを条例で定めて給付するサービスをいう。例えば、居宅サービスなどの月額支給限度額に独自で上乗せ（**上乗せサービス**）を行ったり、法定の介護給付・予防給付のほかに独自の種類のサービス給付（**横出しサービス**）を設けている市町村もある。

> ▶横出しサービスとしては、紙おむつの給付や食事サービス、理髪サービス、移送サービスなど、それぞれの地域の需要に応えた独自のサービスがある。

230 **指定サービス**とは、介護保険サービスの事業者として、**都道府県知事**（地域密着型サービスについては**市町村長**）の指定を受けた事業者が提供するサービスのことをいう。また、その他に各サービスについて特例

サービスがある（介護保険法第42条など）。

**231** **特例サービス**とは、表23のようなものをいう。特例サービスと認められることによって、サービス給付費の支払は償還払いではなく、事業者による代理受領が認められる。

**表23　特例サービス**

①要介護（要支援）認定の効力が発生した日（申請日）よりも前に、緊急その他やむを得ない理由で指定サービスを受けた場合で、市町村が必要であると認めるとき。

②指定サービスに相当するサービス（事業者指定の人員基準や設備・運営基準のすべてを満たしているわけではないが、そのうちの一定の基準を満たしていると認められる事業者からのサービス（基準該当サービス））を受けた場合で、市町村が必要であると認めるとき。

③離島や中山間地など指定サービスや基準該当サービスの確保が著しく困難な場所で、指定サービス・基準該当サービス以外のサービスまたはこれに相当するサービスを受けた場合で、市町村が必要であると認めるとき。これを「相当サービス」という。

**■居宅サービス**

**232** 介護保険法第8条第1項に規定する**居宅サービス**とは、表24の居宅サービスをいい、**居宅サービス事業**とは、居宅サービスを行う事業をいう。

**表24　介護保険法の居宅サービス**

| サービスの名称 | サービスの種類 |
|---|---|
| 訪問介護 | 要介護者であって、居宅（軽費老人ホーム、有料老人ホーム、養護老人ホームを含む）において介護を受けるものに対し、介護福祉士や介護職員などにより行われる入浴、排せつ、食事等の介護その他の日常生活上の世話で、厚生労働省令で定めるもの（調理、洗濯、掃除等の家事、生活等に関する相談および助言。定期巡回・随時対応型訪問介護看護または夜間対応型訪問介護に該当するものを除く）をいう。 |
| 訪問入浴介護 | 居宅要介護者に対してその居宅を訪問し、浴槽を提供して行われる入浴の介護をいう。 |
| 訪問看護 | 居宅要介護者（主治医が、病状が安定期にあり、居宅において療養上の世話などが必要であると認めたものに限る）の居宅において看護師、保健師、准看護師、理学療法士、作業療法士、言語聴覚士により行われる療養上の世話または必要な診療の補助をいう。▶ |
| 訪問リハビリテーション | 居宅要介護者（主治医が、病状が安定期にあり、医学的管理の下における理学療法等が必要であると認めたものに限る）の居宅 |

**償還払い**
サービス利用者がいったん事業者・施設に費用の全額を支払い、事業者・施設から受け取った領収書を保険者に提出して、保険給付額分の費用を受け取る仕組み。

**代理受領**
本来、被保険者に対して支払われる保険給付費用を、サービス提供者である事業者・施設が代わりに受け取ること。

▶訪問看護は、主治医の指示に基づき、病状観察・管理、清拭等清潔の保持・管理、褥瘡の処置、食事介助・栄養の管理、カテーテル等の管理、リハビリテーション、ターミナルケア、排せつ介助、療養指導などを行う。

| | | |
|---|---|---|
| | で、心身の機能の維持回復、日常生活の自立を助けるために行われる理学療法、作業療法その他必要なリハビリテーションをいう。 | |
| 居宅療養管理指導 | 居宅要介護者について、病院、診療所または薬局の医師、歯科医師、薬剤師、歯科衛生士、管理栄養士、医療機関や訪問看護ステーションの保健師、看護師、准看護師により行われる療養上の管理および指導などをいう。 | ▶病院、診療所、介護老人保健施設、介護医療院が訪問リハビリテーションを行う。 |
| 通所介護 | 居宅要介護者に対し、特別養護老人ホーム、養護老人ホームおよび老人福祉センターなどの施設または老人デイサービスセンターに通わせ、その施設において入浴、排せつ、食事等の介護、生活等に関する相談および助言、健康状態の確認、その他の日常生活上の世話、機能訓練を行うことをいう。▶ | |
| 通所リハビリテーション | 居宅要介護者（主治医が、病状が安定期にあり、施設において医学的管理の下における理学療法等が必要であると認めたものに限る）を介護老人保健施設、介護医療院、病院、診療所に通わせ、その施設において、心身の機能の維持回復を図り、日常生活の自立を助けるために理学療法、作業療法その他必要なリハビリテーションを行うことをいう。 | ▶単に「通所介護」という場合、認知症対応型通所介護に該当するものは含まれない。 |
| 短期入所生活介護 | 居宅要介護者を特別養護老人ホーム、養護老人ホーム等の施設または老人短期入所施設に短期間入所させ、その施設において入浴、排せつ、食事等の介護その他日常生活上の世話および機能訓練を行うことをいう。 | |
| 短期入所療養介護 | 居宅要介護者（病状が安定期にあり、施設に短期間入所して、看護等を必要とするものに限る）を介護老人保健施設や介護医療院、療養病床を有する病院等に短期間入所させ、看護、医学的管理の下における介護および機能訓練、その他必要な医療、日常生活上の世話を行うことをいう。 | 出33-131-4 |
| 特定施設入居者生活介護 | 特定施設（有料老人ホーム、軽費老人ホームまたは養護老人ホームであって地域密着型特定施設でないもの）に入居している要介護者について、サービス計画に基づいて行われる入浴、排せつ、食事等の介護、洗濯、掃除などの家事や、生活などに関する相談・助言、その他必要な日常生活上の世話、機能訓練および療養上の世話をいう。▶ | |
| 福祉用具貸与 | 居宅要介護者に対して厚生労働大臣が定める福祉用具（心身の機能が低下し日常生活を営むのに支障がある要介護者の日常生活上の便宜を図るための用具および要介護者の機能訓練のための用具で、日常生活の自立を助けるためのものをいう）を貸与することをいう。▶ | ▶指定を受けるには、介護支援専門員である計画作成担当者を配置しなければならない。<br><br>▶貸与は、福祉用具専門相談員の助言を受けて行われる。 |
| 特定福祉用具販売 | 居宅要介護者に対して、福祉用具のうち入浴または排せつ等に用いる特定福祉用具の販売をいう。▶ | ▶居宅介護福祉用具購入費の支給限度基準額は年間10万円である。 |

**233** **福祉用具の種目**は、表25のとおりである。

**234** **福祉用具貸与**では、貸与価格の上限設定がある。

出33-131-5

**235** **特定福祉用具の種目**は、表26のとおりである。

**重要項目**

### 表25　福祉用具の種目

①車いす
②車いす付属品
③特殊寝台
④特殊寝台付属品
⑤床ずれ防止用具（送風装置または空気圧調整装置付空気マット、水等による体圧
　分散の全身用マット）
⑥体位変換器
⑦手すり（取付工事を伴わないもの）
⑧スロープ（取付工事を伴わないもの）
⑨歩行器
⑩歩行補助つえ（松葉づえ、カナディアン・クラッチ、ロフストランド・クラッ
　チ、プラットホームクラッチ、多点杖に限る）
⑪認知症老人徘徊感知機器
⑫移動用リフト（つり具の部分を除く）
⑬自動排泄処理装置

### 表26　特定福祉用具の種目

①腰掛便座
②自動排泄処理装置の交換可能部品
③排泄予測支援機器
④入浴補助用具（入浴用椅子、浴槽用手すり、浴槽内椅子、入浴台、浴室内すの
　こ、浴槽内すのこ、入浴用介助ベルト）
⑤簡易浴槽（工事を伴わないもの）
⑥移動用リフトのつり具の部分

出 32-131-3

## ■ 在宅サービス（介護給付）

**236** 介護保険法第45条に規定する**居宅介護住宅改修**とは、居宅要介護者が
手すりの取付けなどの住宅改修を行ったとき、居宅介護住宅改修費支給
限度基準額を基礎として、改修に要した費用の100分の90（一定以上の
所得を有する第1号被保険者は100分の80または100分の70）の額が
支給される。

出 32-131-4

**237** 居宅介護住宅改修費の支給対象となる**住宅改修の種類**は、以下のとおり
である（表27参照）。

▶住宅改修には、その
性質上、限度額管理期
間はない。支給限度基
準額は原則1回で20
万円である。

### 表27　住宅改修の種類

・手すりの取付け
・段差の解消
・滑りの防止および移動の円滑化等のための床または通路面の材料の変更
・引き戸等への扉の取替え
・洋式便器等への便器の取替え
・その他これらの住宅改修に付帯して必要となる住宅改修

出 32-131-2, 5

**238** 介護保険法第8条第24項に規定する**居宅介護支援**とは、居宅要介護者が、居宅サービス、地域密着型サービス、その他日常生活を営むうえで必要な保健医療サービスや福祉サービスなどを適切に利用できるように、①**居宅サービス計画の作成**、②居宅サービス計画に基づく居宅サービスの提供が行われるように、指定居宅サービス事業者等との連絡調整など、③介護保険施設や地域密着型介護老人福祉施設への入所を要する場合の紹介などを行うことをいう。

## ■ 施設サービス

**239** **施設サービス**とは、**介護老人福祉施設、介護老人保健施設、介護医療院、介護療養型医療施設**の4つの介護保険施設から提供されるサービスをいう（表21 参照）。これらのサービスはいずれも**施設サービス計画**に基づいて行われる。

**240** **施設サービス計画**とは、介護保険施設に入所している要介護者に対して、施設から提供されるサービスの内容、その担当者、本人と家族の生活に対する意向、総合的な援助方針、健康上および生活上の問題点、解決すべき課題、提供するサービスの目標と達成時期、サービスを提供するうえでの留意事項などを定めた計画のことである（介護保険法第8条第26項）。

**241** 介護保険法第8条第27項に規定する**介護老人福祉施設**とは、老人福祉法に規定する**特別養護老人ホーム**（入所定員が30人以上であるものに限る）で、そこに入所する要介護者に対し、施設サービス計画に基づいて、**入浴、排せつ、食事などの介護、その他の日常生活上の世話、機能訓練、健康管理および療養上の世話をする**施設をいう。

**242** 介護保険法第8条第28項に規定する**介護老人保健施設**とは、心身機能の維持回復を図り居宅生活を営むことができるようにするための支援が必要な要介護者に対し、施設サービス計画に基づいて、**看護、医学的管理の下における介護、機能訓練その他必要な医療、日常生活上の世話を行う**施設として、**都道府県知事**の許可を受けたものをいう。

**243** 2017（平成29）年の介護保険法の改正で、**介護医療院**が、「日常的な医学管理が必要な重介護者の受入れ」や「看取り・ターミナル」などの機能と、「生活施設」としての機能を兼ね備えた、**新たな介護保険施設**として創設された。**介護医療院**は、介護老人保健施設と同様、介護保険法に設置根拠がある施設である（表28 参照）。**介護医療院**を開設しようとする者は、**都道府県知事の許可**を受けることになる。開設主体は、**地方公**

▶介護療養型医療施設は介護老人保健施設などへ転換が図られることになっているが、2024（令和6）年3月31日まで、介護療養型医療施設にかかる規定は、なおその効力を有することとされる。ただし、2012（平成24）年4月1日以降は、介護療養型医療施設の新設は認められない。

出 34-134-1

出 34-134-2

▶特別養護老人ホームへの新規入所者は、原則、要介護3以上の高齢者に限定されている。

出 31-44-5（行財）
　34-134-3

💡 注目！
介護医療院の創設

共団体、医療法人、社会福祉法人などの**非営利法人等**である。**介護医療院**の開設者は、都道府県知事の承認を受けた医師に当該**介護医療院**を管理させなければならない（都道府県知事の承認を受けて医師以外の者、可）。

**表28　介護医療院の定義**

| 介護医療院 | 主として長期にわたり療養が必要である要介護者に対し、施設サービス計画に基づいて、療養上の管理、看護、医学的管理のもとにおける介護および機能訓練その他必要な医療ならびに日常生活上の世話を行うことを目的とする施設として、都道府県知事の許可を受けたもの |
|---|---|
| 介護医療院サービス | 入所する要介護者に対し、施設サービス計画に基づいて行われる療養上の管理、看護、医学的管理のもとにおける介護および機能訓練その他必要な医療ならびに日常生活上の世話をいう |

244 **介護療養型医療施設**とは、**療養病床**等（医療法に規定する療養病床のうち、要介護者の心身の特性に応じた適切な看護が行われるもの、または療養病床以外の病院の病床のうち認知症要介護者の心身の特性に応じた適切な看護が行われるもの）を有する病院または診療所であって、病状が安定期にある入院要介護者に対し、施設サービス計画に基づいて、**療養上の管理、看護、医学的管理下における介護その他の世話**などを行う施設をいう。

245 サービスの提供にあたっては、当該入所者（利用者）またはほかの入所者（利用者）等の生命または身体を保護するため緊急やむを得ない場合を除き、**身体的拘束**その他入所者（利用者）の**行動を制限する行為**を行ってはならない。やむを得ず**身体拘束**等を行う場合には、その態様・時間、その際の入所者（利用者）の心身の状況や緊急やむを得ない理由を記録する（表29、表30 参照）。

▶ 身体拘束禁止規定は、「指定介護老人福祉施設の人員、設備及び運営に関する基準」等施設系サービスの運営基準の取扱方針を定める厚生労働省令で定めがある。

### ■ 地域密着型サービス

246 **地域密着型サービス**は、要介護高齢者などが身近なコミュニティのなかでサービスを利用でき、住み慣れた地域でこれまでの生活との継続性を保って暮らし続けられるように創設された（表31 参照）。

247 地域密着型サービスは、事業所所在地の**市町村**が**指定**を行い、その市町村の住民を対象としているが、状況に応じて考慮される。

248 2017（平成 29）年の介護保険法改正で、地域密着型通所介護などの地域密着型サービスについて、市町村の区域に、**定期巡回・随時対応型訪問介護看護、小規模多機能型居宅介護**などの事業所があり、①当該市町

**9 介護保険法**

**介護保険法の概要**

**表29　介護保険指定基準において禁止の対象となる具体的な行為**

1　徘徊しないように、車いすやいす、ベッドに体幹や四肢をひも等で縛る。
2　転落しないように、ベッドに体幹や四肢をひも等で縛る。
3　自分で降りられないように、ベッドを柵（サイドレール）で囲む。
4　点滴・経管栄養等のチューブを抜かないように、四肢をひも等で縛る。
5　点滴・経管栄養等のチューブを抜かないように、または皮膚をかきむしらない
　　ように、手指の機能を制限するミトン型の手袋等をつける。
6　車いすやいすからずり落ちたり、立ち上がったりしないように、Ｙ字型拘束帯
　　や腰ベルト、車いすテーブルをつける。
7　立ち上がる能力のある人の立ち上がりを妨げるようないすを使用する。
8　脱衣やおむつはずしを制限するために、介護衣（つなぎ服）を着せる。
9　他人への迷惑行為を防ぐために、ベッドなどに体幹や四肢をひも等で縛る。
10　行動を落ち着かせるために、向精神薬を過剰に服用させる。
11　自分の意思で開けることのできない居室等に隔離する。

資料：身体拘束ゼロへの手引き

**表30　身体拘束廃止のためにまずなすべきこと──五つの方針**

1　トップが決意し、施設や病院が一丸となって取り組む
2　みんなで議論し、共通の意識をもつ
3　まず、身体拘束を必要としない状態の実現をめざす
4　事故の起きない環境を整備し、柔軟な応援態勢を確保する
5　常に代替的な方法を考え、身体拘束をするケースは極めて限定的に

資料：身体拘束ゼロへの手引き

村または日常生活圏域における地域密着型サービス（地域密着型通所介護などに限る）の種類ごとの量が、**市町村介護保険事業計画**において定める**見込量**にすでに達しているか、またはその指定によってこれを超えることになるとき、または②市町村介護保険事業計画の**達成に支障**を生ずるおそれがあるときは指定をしないことができるようになった。

249 市町村は、厚生労働大臣が定める基準により算定した額に代えて、その額を超えない額を市町村の地域密着型介護サービス費の額とすることができる。

250 **複合型サービス**の組み合わせ対象のサービスは、表32 のとおりである。

## ■介護予防サービス

251 **介護予防**の取組みは、生活機能の低下の予防、維持・向上に着目して、**一次予防、二次予防、三次予防**に整理されている。一次予防で生活機能の維持・向上を図り、二次予防で生活機能低下の早期発見・早期対応、そして、三次予防で要介護状態の改善と重度化の予防となる。一次予防と二次予防は地域支援事業の介護予防事業で実施し、三次予防は介護予

💡 重要項目

## 表31　地域密着型サービスの種類

| サービスの名称 | サービスの種類 | |
|---|---|---|
| 定期巡回・随時対応型訪問介護看護 | ①居宅要介護者に対して、定期的な巡回訪問により、または随時通報を受け、その者の居宅において、介護福祉士や介護職員等による入浴、排せつ、食事等の介護その他の日常生活上の世話を行うとともに、看護師等による療養上の世話または必要な補助を行うもの、②居宅要介護者に対して、定期的な巡回訪問により、または随時通報を受け、訪問看護を行う事業所と連携しつつ、その者の居宅において、介護福祉士や介護職員等による入浴、排せつ、食事等の介護その他の日常生活上の世話等を行うもののいずれかに該当するものをいう。▶ | ▶定期巡回・随時対応型訪問介護看護に相当する地域密着型介護予防サービスはない。 |
| 夜間対応型訪問介護 | 居宅要介護者が夜間でも安心して居宅で生活できるように、夜間の定期的な巡回訪問と随時の通報による随時訪問を組み合わせ、介護福祉士や介護職員等による入浴、排せつ、食事等の介護、生活等に関する相談・助言その他の日常生活上の世話（定期巡回・随時対応型訪問介護看護に該当するものを除く）を行うことをいう。▶ | ▶夜間対応型訪問介護に相当する地域密着型介護予防サービスはない。 |
| 地域密着型通所介護 | 居宅要介護者について、老人デイサービスセンター等に通わせ、入浴、排せつ、食事等の介護、日常生活上の世話および機能回復訓練を行うことをいう。▶ | ▶地域密着型通所介護に相当する地域密着型介護予防サービスはない。 |
| 認知症対応型通所介護 | 認知症居宅要介護者を特別養護老人ホームや老人デイサービスセンターなどに通わせ、入浴、排せつ、食事等の介護、生活等に関する相談・助言、健康状態の確認や、日常生活上の世話および機能訓練を行うことをいう。 | |
| 小規模多機能型居宅介護 | 居宅要介護者について、その心身の状況、おかれている環境などに応じて、本人の選択に基づき、本人の居宅、または機能訓練や日常生活上の世話を適切に行うことができるサービスの拠点に通わせ、もしくは短期間宿泊させ、入浴、排せつ、食事等の介護、調理、洗濯、掃除等の家事、生活等に関する相談・助言、健康状態の確認や、日常生活上の世話および機能訓練を行うことをいう。▶ | ▶認知症高齢者への効果が期待されるサービスであるといわれている。 |
| 認知症対応型共同生活介護 | 認知症要介護者について、入居定員5～9人の共同生活住居において、家庭的な環境と地域住民との交流の下で入浴、排せつ、食事などの介護その他の日常生活上の世話および機能訓練を行うことをいう。▶ | ▶介護予防認知症対応型共同生活介護は、要支援2の者が利用できる。 |
| 地域密着型特定施設入居者生活介護 | 有料老人ホーム、養護老人ホーム、軽費老人ホームであって、その入居者が要介護者、その配偶者、3親等以内の親族などに限られるもの（介護専用型特定施設）のうち、入居定員が29人以下であるもの（地域密着型特定施設）に入居している要介護者に対して、サービス計画に基づいて、入浴、排せつ、食事等の介護、その他必要な日常生活上の世話、機能訓練および療養上の世話を行うことをいう。▶ | ▶地域密着型特定施設入居者生活介護に相当する地域密着型介護予防サービスはない。 |
| 地域密着型介護老人福祉施設 | 入所定員が29人以下の特別養護老人ホームであって、提供するサービスの内容などを定めた地域密着型施設サービス計画に基づいて、入浴、排せつ、食事等の介護その他の日常生活上の世話、機能訓練、健康管理および療養上の世話などを行うことを目的とする施設である。 | |

| 地域密着型介護老人福祉施設入所者生活介護 | 地域密着型介護老人福祉施設に入所する要介護者に対して、地域密着型施設サービス計画に基づいて行われる世話を行うことをいう。 |
|---|---|
| 複合型サービス | 居宅要介護者に対して、サービスを2種類以上組み合わせて提供されるサービスのうち、訪問看護および小規模多機能型居宅介護の組み合わせ（看護小規模多機能型居宅介護）など、居宅要介護者に対して一体的に提供されることが特に効果的かつ効率的なサービスの組み合わせとして厚生労働省令で定めるものをいう。 |

▶入所者は、原則、要介護3以上の高齢者に限定される。地域密着型介護老人福祉施設入所者生活介護に相当する地域密着型介護予防サービスはない。

▶厚生労働省令で定めるサービスは訪問看護および小規模多機能型居宅介護の組合せにより提供されるサービス。複合型サービスに相当する地域密着型介護予防サービスはない。

**表32　組み合わせ対象のサービス**

①訪問介護
②訪問入浴介護
③訪問看護
④訪問リハビリテーション
⑤居宅療養管理指導
⑥通所介護
⑦通所リハビリテーション
⑧短期入所生活介護
⑨短期入所療養介護
⑩定期巡回・随時対応型訪問介護看護
⑪夜間対応型訪問介護
⑫地域密着型通所介護
⑬認知症対応型通所介護
⑭小規模多機能型居宅介護

防サービス（予防給付）と介護給付で実施される。2014（平成26）年の法改正では、全国一律の予防給付のうち介護予防訪問介護と介護予防通所介護を地域支援事業に移行し、市町村が地域に合わせて柔軟性をもって効果的・効率的に展開できるようにした。

252 介護予防・生活支援サービス事業の対象者は、居宅要支援被保険者または基本チェックリスト該当者とされている（介護保険法第115条の45第1項第1号）。

253 介護予防とは、身体上または精神上の障害があるために入浴、排せつ、食事等の日常生活における基本的な動作の全部もしくは一部について、常時の介護を要する、または日常生活を営むのに支障がある状態の軽減または悪化の防止をいう（介護保険法第8条の2第2項）。

254 介護予防サービスとは、要支援1・2の認定を受けた者が利用することのできる予防給付のサービスである。居宅・在宅サービスについては、基本的に介護給付のうち同様のサービス名称（訪問介護、通所介護を除く）の頭に「介護予防」という呼び方が冠された10種類がある（表33参照）。

255 地域密着型介護予防サービスについては、介護予防認知症対応型通所介護、介護予防小規模多機能型居宅介護、介護予防認知症対応型共同生活介護の3種類である（表22（255頁）参照）。

256 介護予防福祉用具貸与にかかる福祉用具の種目は、表25（258頁）のと

💡 重要項目

## 表33　介護予防サービスの種類

| サービスの名称 | サービスの種類 |
|---|---|
| 介護予防訪問入浴介護 | 居宅において支援を受けるもの（居宅要支援者）に対して、介護予防を目的として、疾病などのやむを得ない理由で入浴に介護が必要な場合、介護予防サービス計画等に定めた期間にわたり浴槽を提供して行われる入浴の介護をいい、1回の訪問につき看護職員1人および介護職員1人をもって行う。 |
| 介護予防訪問看護 | 居宅要支援者（主治医が、病状が安定期にあり、居宅において療養上の世話などが必要であると認めたものに限る）に対して、介護予防を目的として、介護予防サービス計画等に定めた期間にわたり行われる療養上の世話または必要な診療の補助をいう。保健師、看護師、准看護師、理学療法士、作業療法士および言語聴覚士が行う。 |
| 介護予防訪問リハビリテーション | 居宅要支援者（主治医が、病状が安定期にあり、居宅において医学的管理の下における理学療法等が必要であると認めたものに限る）に対して、介護予防を目的として、介護予防サービス計画等に定めた期間にわたり行われる、理学療法、作業療法その他必要なリハビリテーションをいう。 |
| 介護予防居宅療養管理指導 | 居宅要支援者に対して、介護予防を目的として、病院等の医師、歯科医師、薬剤師、歯科衛生士、管理栄養士および看護師等により行われる療養上の管理および指導などをいう。 |
| 介護予防通所リハビリテーション | 居宅要支援者（主治医が、病状が安定期にあり、施設において医学的管理の下における理学療法等が必要であると認めたものに限る）に対して、介護予防を目的として、介護老人保健施設、介護医療院、病院、診療所に通わせ、その施設において、介護予防サービス計画等に定めた期間にわたり行われる、理学療法、作業療法その他必要なリハビリテーションをいう。 |
| 介護予防短期入所生活介護 | 居宅要支援者に対して、介護予防を目的として、特別養護老人ホーム、養護老人ホーム等の施設または老人短期入所施設に短期間入所させ、介護予防サービス計画等に定めた期間にわたり行われる、入浴、排せつ、食事等の介護、その他の日常生活上の支援および機能訓練をいう。 |
| 介護予防短期入所療養介護 | 居宅要支援者（病状が安定期にあり、施設に短期間入所して、看護等を必要とするものに限る）に対して、介護予防を目的として、介護老人保健施設、介護医療院、療養病床を有する病院等に短期間入所させ、その施設において、介護予防サービス計画等に定めた期間にわたり行われる、看護、医学的管理下における介護および機能訓練、その他必要な医療並びに日常生活上の支援をいう。 |
| 介護予防特定施設入居者生活介護 | 介護専用型特定施設を除く特定施設に入居している要支援者に対して、介護予防を目的として、その特定施設が提供するサービスの内容、これを担当する者、要支援者の健康上、生活上の問題点および解決すべき課題等の事項を定めた計画に基づき行われる入浴、排せつ、食事等の介護、洗濯、掃除等の家事、生活等に関する相談および助言その他の必要な日常生活上の支援、機能訓練並びに療養上の世話をいう。 |

▶利用者の状況により主治医の意見を確認したうえで看護職員に代えて介護職員をあてることができる。

9 介護保険法

介護保険法の概要

| 介護予防福祉用具貸与 | 居宅要支援者に対して、福祉用具のうち、介護予防に資するものとして厚生労働大臣が定めるものの貸与をいう。福祉用具専門相談員の助言を受けて行われる。貸与される種目は、福祉用具と同様である。 |
|---|---|
| 特定介護予防福祉用具販売 | 居宅要支援者に対して、福祉用具のうち、介護予防に資するものであって入浴または排せつの用に供するものその他の厚生労働大臣が定めるもの（特定介護予防福祉用具）の販売をいう。福祉用具専門相談員の助言を受けて行われる。販売される種目は、特定福祉用具と同様である。 |

**介護予防福祉用具貸与・特定介護予防福祉用具販売の種目**
基本的には要介護認定を受けた者と同様であるが、「介護保険における福祉用具の選定の判断基準について」(平成16年6月17日老振発第0617001号)において、「使用が想定しにくい状態像」「使用が想定しにくい要介護度」が示され、要支援を含む軽度の認定者には一定の制限が課されている。

おりである。

**257** 低所得者が介護保険施設や短期入所などを利用する場合、食費や居住費の負担軽減のため、補足給付として**特定入所者介護サービス費**、または**特定入所者介護予防サービス費**が支給される。

**258** 介護支援専門員は、障害のある人が**65歳**となり、介護保険サービスを利用する際には、それまで受けていた障害福祉サービス（**障害者の日常生活及び社会生活を総合的に支援するための法律**）等との調整を図り、利用者のサービスに対する相談支援を行う。

出 31-127

▶ 2015（平成27）年8月より、補足給付の支給要件として、所得のほか資産の状況もしん酌されることとなった。

## ■ 在宅サービス（介護予防）

**259** 介護保険法第57条に規定する**介護予防住宅改修**とは、居宅要支援者が手すりの取付け、段差の解消等の住宅改修を行ったとき、介護予防住宅改修費支給限度基準額を基礎として、その費用の100分の90（一定以上の所得を有する第1号被保険者は100分の80または100分の70）の額が支給される。

**260** **介護予防支援**とは、居宅要支援者が、介護予防サービス、地域密着型介護予防サービス、その他介護予防に役立つ保健医療サービスなどを適切に利用することができるように、指定介護予防支援事業者として指定を受けた地域包括支援センターの職員が、**介護予防サービス計画（ケアプラン）**を作成し、サービスが適切に提供されるようサービス事業者などと連絡調整を行うことをいう。

## ■ 地域支援事業

**261** **地域支援事業**の目的は、高齢者が**要介護状態**等になることを予防し、社会に参加しつつ、地域で**自立した**日常生活を営むことができるよう支援することである。

出 32-133-1

**262** 2011（平成23）年の介護保険法改正により、**介護予防・日常生活支援**

**総合事業**が創設された。この事業は、**市町村**の判断により、地域支援事業において、多様なマンパワーや社会資源の活用を図りながら、**要支援者・介護予防事業対象者**に対して、介護予防や配食・見守り等の生活支援サービス等を総合的に提供するものである。

263 2014（平成26）年6月の介護保険法の改正により、**介護予防・日常生活支援総合事業**は、要支援者等に対して必要な支援を行う**介護予防・生活支援サービス事業**と、住民主体の介護予防活動の育成および支援等を行う**一般介護予防事業**からなることとなった（図3参照）。

**図3　介護予防・日常生活支援総合事業（新しい総合事業）の構成**

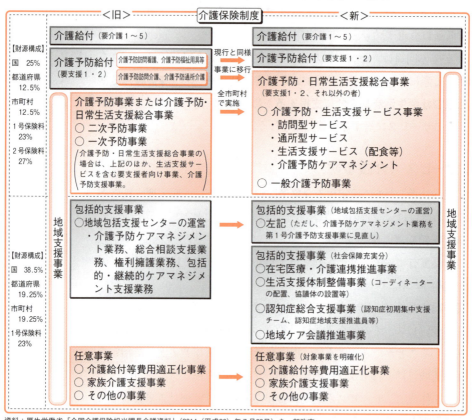

資料：厚生労働省「全国介護保険担当課長会議資料」（2014（平成26）年7月28日）を一部改変

264 2021（令和3）年4月より、一般介護予防事業における地域介護予防活動支援事業、包括的支援事業および生活支援体制整備事業については、**重層的支援体制整備事業**として実施することができることとなった。

265 2021（令和3）年4月より、介護予防・生活支援サービス事業の対象者は、**居宅要支援被保険者**（基本チェックリストに該当した者）、**継続利用**

要介護者が含まれる。

266 介護予防・日常生活支援総合事業における**一般介護予防事業の対象者**は、すべての第1号被保険者とその支援のための活動にかかわる人である。

267 介護予防・日常生活支援総合事業で行われる運動器の機能向上プログラムは、事前・事後のアセスメントが必要である。

268 2015（平成27）年4月より、**介護予防給付（介護予防訪問介護・介護予防通所介護）**は、**地域支援事業**に移行した。これによって、**市町村**が地域の実情に応じ、住民主体の取組みを含めた多様な主体による柔軟な取組みで効果的かつ効率的にサービスを提供できるとされる。

269 地域支援事業における**介護予防・生活支援サービス事業**において、通所型サービス（第1号通所事業）は日常生活上の支援または機能訓練を行うもので、保健・医療専門職による短期間で行われるサービスが実施可能である。

出 32-133-2

270 訪問型サービス（第1号訪問事業）では、旧介護予防訪問介護に相当するサービスに加え多様なサービスの提供としてA〜Dの型を用いて提供される。訪問型サービスAでは訪問介護員等が生活援助として日常生活に対する援助を行う。

出 32-133-3

271 介護予防給付が地域支援事業に移行して行われることとなったサービスも財源構成は変わらない。

出 32-133-5

272 包括的支援事業における**総合相談支援業務**では、住み慣れた地域でその人らしく生活するために、必要な支援を把握し、制度につなげる等の支援を行う。

273 包括的支援事業における**包括的・継続的ケアマネジメント支援業務**では、高齢者の生活の支援のため、地域における多職種相互の協働等による連携等を支援する。

274 2014（平成26）年の介護保険法の改正により、包括的支援事業（社会保障充実分）として、①在宅医療・介護連携推進事業、②認知症総合支援事業、③生活支援体制整備事業、④地域ケア会議推進事業が位置づけられた。

275 2020（令和2）年、地域支援事業実施要綱の一部が改正され、生活支援体制整備事業において、就労的活動支援コーディネーター（就労的活動支援員）が配置された。就労的活動の場を提供できる民間企業・団体等と就労的活動の取組みを実施したい事業者等とをマッチングし、高齢者個人の特性や希望に合った活動をコーディネートすることにより、役割

がある形での高齢者の社会参加等を促進する活動を行う。

276 2020（令和2）年、地域支援事業実施要綱の一部が改正された。認知症総合支援事業において、**認知症サポーター活動促進・地域づくり推進事業**が実施される。目的として、認知症の人ができる限り地域のよい環境で自分らしく暮らし続けることができるよう、認知症の人やその家族の支援ニーズと認知症サポーターを中心とした支援をつなぐ仕組みを地域ごとに整備し、**認知症施策推進大綱**に掲げた「**共生**」の地域づくりを推進するとされた。

277 地域支援事業の実施において、通いの場、地域包括支援センターの運営、生活支援体制整備事業については、**重層的支援体制整備事業**として実施できるようになった。

278 地域支援事業の実施において、介護予防・サービス支援事業の対象者に**継続利用要介護者**が追加された。

279 任意事業は地域の実情に応じ、創意工夫を生かした多様な事業形態が可能とされているが、地域支援事業実施要綱の2015（平成27）年4月の改正により、実施できる**対象事業**が**明確化**された。

280 **任意事業**として、**家族介護支援事業**があり、**介護知識・技術の指導**、**介護者の健康相談**、**認知症高齢者見守り事業**等を実施することができる。

## ■ 審査請求

281 要介護認定や要支援認定の結果や、保険料の決定などに**不服**がある場合、都道府県に設置されている**介護保険審査会**に対して審査請求をすることができる（介護保険法第183条）。

282 審査請求は処分があったことを知った日の翌日から起算して3か月以内に行わなければならず、この処分の取消しについての訴訟は、審査請求に対する**裁決を経た後**でなければ提起できない。

▶介護保険審査会は、①被保険者を代表する委員3人、②市町村を代表する委員3人、③公益を代表する委員3人以上で構成される。

💡 注目！
審査請求期間が、2016（平成28）年4月より、60日以内から3か月以内となった。

## ■ 苦情処理

283 **苦情処理**は、サービス事業者・施設、居宅介護支援事業者、区市町村（保険者）、国民健康保険団体連合会、都道府県などで対応されている。**国民健康保険団体連合会**の苦情処理業務は、利用者・家族などからの苦情に基づいて事実関係の調査を行い、当該の事業者・施設に対して指導・助言を行う。

# [10] 介護報酬

## 介護報酬の概要

**284** **介護報酬**とは、居宅や施設などにおける介護サービスの提供に対して、対価として支払われる報酬のことをいい、**国**が定めている。

**285** 介護報酬は、厚生労働大臣が社会保障審議会の意見を聞いて定めるとされている。　　出 33-131-1

**286** 介護サービスを提供した事業者・施設は、月ごとに提供したサービスの**単位数**を計算し、その**1**割（一定以上の所得のある第1号被保険者は**2**割または**3**割）を**利用者本人**から徴収するほか、残りを**国民健康保険団体連合会**を通して**市町村**に請求し、支払いを受ける流れとなる。

**287** 介護報酬は、**1**単位＝**10**円を原則として、サービスごと、要介護度ごとに定められ、原則**3**年ごとに見直しが行われている。　　出 33-131-3

**288** 1単位の価格については、地域ごと、サービスごとに加算されている場合がある。地域は、**1**級地から**7**級地、**その他**に分けられる。

**289** 居宅介護サービスの**支給限度額を越えて**、サービスを利用する場合の費用は、**全額利用者負担**となる。

**290** 2005（平成17）年6月の法改正によって、施設介護サービスや短期入所介護、通所介護、通所リハビリテーションなどの介護報酬から**居住費**（**滞在費**）と**食費**が外され、利用者の負担となった。ただし低所得者等には軽減措置がある。

**291** 2012（平成24）年の改定で、**介護職員による痰の吸引等の実施**が開始されたことを評価するため、介護老人福祉施設における日常生活継続支援加算、訪問介護における特定事業所**加算の算定要件**に、**痰の吸引等が必要な者が一定の割合いること**が追加された。

**292** 2012（平成24）年の改定で、介護職員の処遇改善のために実施されてきた介護職員処遇改善交付金を介護報酬に円滑に移行するために、**介護職員処遇改善加算**が設けられた。　　出 32-134-2

**293** 2018（平成30）年の介護報酬改定では、国民一人ひとりが状態に応じた適切なサービスを受けられるよう、**質が高く効率的な介護**の提供体制の整備を推進するとされた。改定率は**プラス0.54％**。

**294** 2018（平成30）年の介護報酬の改定において、介護老人福祉施設で**複数の医師を配置**するなどの体制を整備し、配置医師が施設の求めに応じ早朝・夜間または深夜に施設を訪問することに対する**加算など**が**新設**さ

重要項目

れた。

295 2019（令和元）年、介護職員の確保の定着につなげるため、経験・技能のある介護職員に対して加算される**介護職員等特定処遇改善加算**が開始された。

296 2021（令和3）年度の介護報酬改定（3年ごとの見直し）において、改定率はプラス0.70％となった。表34に、その概要を示す。

**表34　2021（令和3）年度介護報酬改定に関する概要**

| |
|---|
| 1　感染症や災害への対応力強化<br>　　感染症や災害が発生した場合であっても、利用者に必要なサービスが安定的・継続的に提供される体制の構築<br>　○日頃からの備えと業務維持に向けた取組みの推進 |
| 2　地域包括ケアシステムの推進<br>　　住み慣れた地域において、利用者の尊厳を保持しつつ、必要なサービスが切れ目なく提供されるよう取組みを推進<br>　○認知症への対応力向上に向けた取組みの推進　○看取りへの対応の充実　○医療と介護の連携の推進　○在宅サービス、介護保険施設や高齢者住まいの機能・対応強化　○ケアマネジメントの質の向上と公正中立性の確保<br>　○地域の特性に応じたサービスの確保 |
| 3　自立支援・重度化防止の取組みの推進<br>　　制度の目的に沿って、質の評価やデータ活用を行いながら、科学的に効果が裏づけられた質の高いサービスの提供を推進<br>　○リハビリテーション・機能訓練、口腔、栄養の取組みの連携・強化　○介護サービスの質の評価と科学的介護の取組みの推進　○寝たきり防止等、重度化防止の取組みの推進 |
| 4　介護人材の確保・介護現場の革新<br>　　喫緊・重要な課題として、介護人材の確保・介護現場の革新に対応<br>　○介護職員の処遇改善や職場環境の改善に向けた取組みの推進　○テクノロジーの活用や人員基準・運営基準の緩和を通じた業務効率化・業務負担軽減の推進　○文書負担軽減や手続きの効率化による介護現場の業務負担軽減 |
| 5　制度の安定性・持続可能性の確保<br>　　必要なサービスは確保しつつ、適正化・重点化を図る<br>　○評価の適正化・重点化　○報酬体系の簡素化 |
| 6　その他<br>　　介護保険施設におけるリスクマネジメントの強化、高齢者虐待防止の推進、基準費用額（食費）の見直し |

# 11　介護保険法における組織及び団体の役割と実際

## 国の役割

297　内閣が制定する法律施行令などの**政令**、厚生労働省等省庁レベルで制定される法律施行規則などの**省令**が、高齢者保健福祉の政策として大きな実効力をもつことになる。また、厚生労働省の担当部局から地方自治体に伝達される**通知**においても、地方自治体の高齢者保健福祉の施策が方

向づけられる。

**298** 国は、要介護状態の区分を定める役割を担う。

出 30-127-2

## 市町村の役割

**299** 介護保険法第3条第1項では、「市町村及び特別区は、この法律の定める
ところにより、介護保険を行うものとする」と定め、**介護保険制度の保
険者は、市町村**および**特別区**であることを明確に規定している。

> **特別区**
> 都の区のこと。現在は東
> 京都のみ。政令指定都
> 市の区とは異なる。

**300** 同条第2項では、「市町村及び特別区は、介護保険に関する収入及び支
出について、政令で定めるところにより、**特別会計**を設けなければなら
ない」と定め、介護保険の財政運営について、保険者である市町村およ
び特別区が行うことを規定している（表35参照）。

出 30-127-1
32-132-3

**301** 市町村または特別区（以下、市町村とする）は、介護者の支援事業、被
保険者が要介護状態等となることを予防するための事業、指定居宅サー
ビスおよび指定居宅介護支援の事業並びに介護保険施設の運営等のため
の**保健福祉事業**を行うことができる。なお、事業の対象者は、市町村特
別給付とは異なり、**要介護者・要支援者に限定されない**。

**302** 市町村は、**3年**を一期として、**介護保険事業計画を策定**する。また、市
町村介護保険事業計画に定めるサービス費用見込額等に基づきおおむね
3年間を通じて財政の均衡を保つように、保険料率が設定される。

**303** 2017（平成29）年の介護保険法の改正で、保険者等による**地域分析**と
**対応**が規定された。全市町村が保険者機能を発揮し、自立支援・重度化
防止に取り組むよう、①データに基づく**課題分析と対応**（介護保険事業
（支援）計画における、取り組むべき施策と目標の記載）、②適切な指標
による**実績評価**、③**インセンティブ**（交付金による報奨）の付与が制度
化されることとなった。

> 💡 **注目！**
> 地域分析と対応の規定。

**304** 2017（平成29）年6月の介護保険法の改正で、居宅サービスの指定等
に対する保険者の関与が規定された。市町村長は、都道府県知事の行う
**居宅サービスおよび介護予防サービスの指定**について、**市町村介護保険
事業計画**との調整を図る見地からの意見を申し出ることができることと
なった。また、都道府県知事は、その意見を勘案して、指定を行うにあ
たって、**事業の適正な運営**を確保するために**必要と認める条件**を付する
ことができるものとなった。

重要項目

**表35　介護保険制度における市町村および特別区の主な役割**

| | | |
|---|---|---|
| ①被保険者の資格管理に関する事務 | ・認定資格の管理<br>・被保険者台帳の作成<br>・保険証の発行・更新<br>・住所地特例の届出受付・管理 | 出 31-130-1 |
| ②要支援・要介護認定に関する事務 | ・介護認定審査会の設置<br>・要支援・要介護認定にかかる事務等 | 出 33-132-4, 5<br>出 30-133-1 |
| ③保険給付に関する事務 | ・高額介護サービス費・福祉用具購入費・住宅改修費・特例居宅介護サービス費など償還払いの保険給付<br>・市町村特別給付の実施<br>・現物給付の審査および支払（国民健康保険団体連合会に委託可能）<br>・居宅サービス計画の作成依頼の届出受付<br>・種類支給限度基準額の設定<br>・区分支給限度基準額の管理<br>・給付の適正化・他制度との給付にかかわる調整等 | |
| ④保険料の徴収に関する事務 | ・第1号被保険者の徴収料率決定<br>・普通徴収<br>・特別徴収にかかる対象者の確認・通知等<br>・滞納者への督促・滞納徴収等 | 出 30-127-4 |
| ⑤会計等に関する事務 | ・特別会計の設置<br>・市町村一般会計からの定率負担（12.5％）<br>・国庫定率負担・都道府県負担等の申請および収納 | 出 31-130-5 |
| ⑥規定や条例に関する事務 | ・介護保険制度の運営に必要な条例・規則等の制定<br>・改正等に関する事務 | |
| ⑦市町村計画の策定に関する事務 | ・介護保険事業計画の作成・変更 | 出 34-131-1 |
| ⑧事業所に関する事務 | ・地域密着型サービス事業所、居宅介護支援事業所、介護予防支援事業所における事業所指定・指導監督<br>・事業の人員・設備・運営に関する基準の制定 | 出 30-133-3 |
| ⑨地域支援事業に関する事務 | ・地域支援事業の実施<br>・地域包括支援センターの設置等<br>・介護サービス相談員派遣等事業 | 出 34-131-3, 5<br>　34-133-3 |

## 都道府県の役割

305　**都道府県**は、広域的なサービス提供体制の整備に取り組むとともに、必要な助言などによって、介護保険制度の保険者である**市町村**を適切に援助する。

306　介護保険法第5条第2項には、**都道府県の責務**として、「都道府県は、介護保険事業の運営が健全かつ円滑に行われるように、必要な助言及び

適切な援助をしなければならない」と明記されている（表36 参照）。

**表36　介護保険制度における都道府県の主な役割**

| ①市町村支援に関する事務 | ・保険者支援<br>・介護認定審査会の共同設置等の支援<br>・市町村介護保険事業計画作成に対する助言<br>・介護保険審査会の設置・運営 | 出 33-132-4, 5<br>　34-131-4<br>出 30-127-5 |
|---|---|---|
| ②事業所・施設に関する事務 | ・事業所や施設の指定・指定更新・指導監査等<br>・事業や施設の人員・設備・運営に関する基準の制定<br>・市町村が行う地域密着型特定施設入居者生活介護の指定に際しての助言・勧告等<br>・指定市町村事務受託法人の指定 | 出 30-132-1<br>　30-133-3 |
| ③介護サービス情報の公表に関する事務 | ・介護サービス事業者の調査と結果の公表<br>・公表に関する事業者に対する指導監督 | 出 34-131-2 |
| ④介護支援専門員の登録等に関する事務 | ・介護支援専門員の登録・登録更新<br>・介護支援専門員証の交付に関する事務<br>・介護支援専門員の試験および研修・更新研修の実施 | 出 30-133-4 |
| ⑤財政支援に関する事務 | ・保険給付・地域支援事業に対する費用の負担<br>・財政安定化基金の設置・運営 | 出 30-127-3<br>　33-132-1 |
| ⑥介護保険事業支援計画の策定に関する事務 | | |
| ⑦国民健康保険団体連合会の指導監督 | | |

**307** 介護保険事業計画は、介護保険の保険給付を円滑に実施するための計画であり、市町村が策定する**市町村介護保険事業計画**と都道府県が策定する**都道府県介護保険事業支援計画**がある。 出 32-132-1

**308** 介護保険法第115条の42において、都道府県知事は**指定情報公表センター**を指定し、介護サービス情報の報告の受理および公表を行わせることができるとされている。 出 32-132-5　34-131-4

## 指定サービス事業者の役割

### ■ 事業者の指定

**309** 介護保険法に基づく**指定サービス事業者**とは、**都道府県知事**の指定を受けた**指定居宅サービス事業者**、**介護保険施設**（介護老人保健施設、介護医療院は許可）、**指定介護予防サービス事業者**、**市町村長**の指定を受けた**指定地域密着型サービス事業者**、**指定居宅介護支援事業者**、**指定地域密着型介護予防サービス事業者**、**指定介護予防支援事業者**をいう。

**注目！**
指定居宅介護支援事業者の指定権限は、2018（平成30）年4月1日に市町村長に移譲された。

**310** 都道府県知事による**指定居宅サービス事業者の指定**は、介護保険法第 出 30-132-1

重要項目

70 条第 1 項に基づいて、居宅サービス事業を行う者の申請により、居宅サービスの種類ごと、また、居宅サービス事業を行う各々の事業所ごとに行われる。

311 都道府県知事は居宅介護サービス費の請求に不正がある場合、指定を取り消すことができる。また、指定居宅サービス事業者から廃業の届出があったときは公示しなければならない。　　　　　　　　　　　　出 30-132-3, 4

312 指定居宅サービスの事業の取消しを受けた事業者は、その取消しの日から 5 年を経過しない者は指定を受けることができない。　　　　　　出 30-132-5

313 指定居宅サービス事業所は 6 年ごとに指定の更新を受けなければならない。　　　　　　　　　　　　　　　　　　　　　　　　　　出 30-132-2

314 指定居宅サービス事業所の責務として、サービス利用者の介護保険被保険者証に、介護認定審査会の意見がある場合には、それに配慮したサービスを提供する。

315 指定居宅サービス事業者には、市町村、ほかの居宅サービス事業者、保健医療サービスや福祉サービス提供者との連携に努める義務がある。

316 指定居宅サービス事業者が廃止・休止をする場合、利用者が引き続きサービス利用を希望する場合には、当該事業者はサービスが継続的に提供されるよう関係者との連絡調整その他の便宜の提供が必要である。　　出 30-132-3

317 老人福祉法に規定された特別養護老人ホームは、都道府県知事に申請をして、指定介護老人福祉施設の指定を受けることができる（介護保険法第 86 条）。

318 介護老人保健施設の開設をしようとする地方公共団体、医療法人、社会福祉法人等は、都道府県知事の許可を受けなければならない（介護保険法第 94 条）。

319 介護医療院の基準については、介護療養型医療施設からの転換を進めるため、居住スペースと医療機関の併設が選択肢として用意されている。宿直の医師を兼任できるようにするなどの人員基準が緩和されるとともに、設備を共用することが可能とされている。また、病院または診療所から介護医療院に転換した場合には、転換前の病院または診療所の名称を引き続き使用できることとなった（表 37 参照）。

## ■ 事業者実態および規制

320 2020（令和 2）年の介護サービス施設・事業所調査（厚生労働省）での訪問介護事業所の経営主体は、営利法人が最も多い。

321 2008（平成 20）年 5 月に、「介護保険法及び老人福祉法の一部を改正す

## 11 介護保険法における組織及び団体の役割と実際

### 国民健康保険団体連合会の役割

**表37　介護医療院の主な利用者像等**

|  | Ⅰ型 | Ⅱ型 |
|---|---|---|
| 主な利用者像 | 重篤な身体疾患を有する者および身体合併症を有する認知症高齢者等（療養機能強化型Ａ・Ｂ相当） | 左記と比べて、容体は比較的安定した者 |
| 療養室 | 定員４人以下　床面積8.0m²／人以上<br>４人以下の多床室であってもプライバシーに配慮した環境になるよう努める | |
| 低所得者への配慮 | 補足給付の対象 | |

る法律」が成立した。**介護サービス事業者の不正事案の再発を防止**し、介護事業運営の適正化を図るため、法令遵守等の業務管理体制整備の義務づけ、事業者の本部等に対する立入検査権の創設、不正事業者による処分逃れ対策などを定めている。

#### ■ その他

322 2006（平成18）年４月から、**介護サービス情報の公表制度**が始まった。その目的は、介護サービスを利用する者が適切、円滑にサービスの利用機会を確保できるようにするため、介護サービスの内容や事業者・施設の運営状況などの情報を公表させるものである。

323 2010（平成22）年４月から、**介護サービス情報の公表制度支援事業**が実施されている。その目的には、利用者の権利擁護や、サービスの質の確保の観点からの制度施行の支援があげられ、実施主体は**都道府県**とされている。

324 介護サービス情報の公表制度の利活用として（2015（平成27）年度から）**市町村**は**地域包括支援センター**の情報の公表に**努める**とされた。

325 指定サービス事業者は、**自ら**その提供する指定居宅サービスの質の**評価**を行うなど、常に利用者の立場に立ってサービスを提供するように努めなければならないとされている。なお、介護保険法では、介護サービス事業者に第三者評価を受ける義務は課せられていない。

### 国民健康保険団体連合会の役割

326 **国民健康保険団体連合会**（以下、**国保連**）は、国民健康保険法第83条に基づき、都道府県・市町村および特別区・国民健康保険組合が共同して目的を達成するために、必要な事業を行うことを目的に設立された法人である。**国保連**は、**都道府県に１団体ずつ設立されている**（表38参

> 重要項目

照）。

**表38　国民健康保険団体連合会の役割**

- 市町村（保険者）から委託を受けて、介護給付費等（居宅介護サービス費・施設介護サービス費等）の請求に関する審査および支払
- 第一号事業支給費の請求、介護予防・日常生活支援総合事業の実施に関する費用の審査および支払
- 指定居宅サービス等の質の向上に関する調査、指定居宅サービス事業者、介護保険施設等について、利用者、家族の苦情に基づき事実関係の調査を行い、当該の事業者、施設に対して必要な指導・助言を行う（苦情処理業務）
- その他介護保険事業の円滑な運営に資する事業

出 33-132-2
出 33-132-3

**327** 指定サービス事業者および基準該当サービス事業者（以下、事業者）が利用者に提供したサービスの**介護給付費の請求は、国保連にされる**。事業者は、原則としてサービス利用料の1割（一定以上の所得を有する第1号被保険者は2割または3割）を利用者に請求し、残りを国保連に請求する。

出 30-133-2

▶所得基準は、2割負担が合計所得金額160万円以上（単身で年金収入のみの場合280万円以上）、3割負担が220万円以上（344万円以上）が相当する（厚生労働省資料）。

**328** **国保連の役割**は、市町村（保険者）から委託された介護給付費の**審査・支払**など、介護保険財政に直結する費用面での重要な役割を担っている（図4参照）。

**図4　介護給付費の請求・支払**

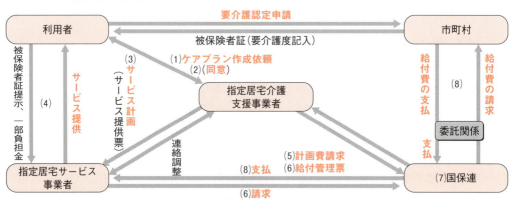

資料：神奈川県国民健康保険団体連合会「介護保険とは？」(http://www.kanagawa-kokuho.or.jp/kaigo/index.html)

**329** **介護給付費等審査委員会**は、**国保連**におかれる。この委員会では、介護給付費請求書の審査の必要があるときは都道府県知事の承認を得て、事業者に対して報告、出頭、説明等を求めることができる。

出 32-132-2

## 介護保険制度における公私の役割関係

330 **地域包括支援センター**における公私の役割は、図5のとおりである。

### 図5 地域包括支援センターにおける公私の役割

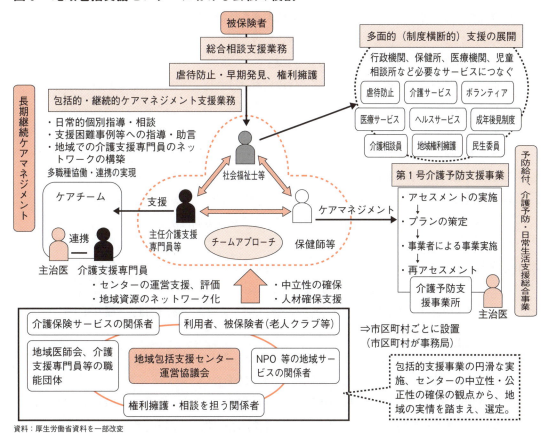

資料：厚生労働省資料を一部改変

# 12 介護保険法における専門職の役割と実際

## 介護支援専門員の役割

331 **介護支援専門員**（ケアマネジャー）とは、要介護者・要支援者からの相談に応じるとともに、要介護者等がその心身の状況等に応じて適切な居宅サービス、地域密着型サービス、施設サービス、あるいは各種の介護予防サービスを利用できるように、市町村、サービス事業者や施設との連絡調整などを行う者である。

▶要介護者等が自立した日常生活を営むのに必要な援助に関する専門的知識および技術を有する者として、介護支援専門員証が交付される。

**重要項目**

**332** 介護支援専門員の登録は、法定資格者等であって、その実務経験（5年以上）がある者で、都道府県知事が行う**介護支援専門員実務研修受講試験**に**合格**し、**介護支援専門員実務研修課程**を**修了**した者について行われる。

30-133-4

**333** 2019（令和元）年6月の介護保険法の改正で、それまで介護支援専門員に登録できない者とされていた「**成年被後見人または被保佐人**」が「**心身の故障により介護支援専門員の業務を適正に行うことができない者**として厚生労働省令で定めるもの」に改正された。

**334** 介護支援専門員は、**居宅サービス計画**の作成にあたって**サービス担当者会議**を召集する。また、**居宅サービス計画**の作成にあたってはインフォーマルサービスを含めた地域の多様なサービスを盛り込む総合的なサービス計画となるように努める。

30-134-4
31-131-3, 4
34-132-5

**335** **2005（平成17）年の介護保険法の改正**で、ケアマネジメントの見直しの方向性として、**主治医と介護支援専門員の連携**、**在宅と施設との連携**、**包括的・継続的マネジメントを確立する**ことという方向性が示された。

**336** 介護支援専門員は、利用者が医療サービスを希望する場合、**利用者の同意**を得て主治医等の意見を求めなければならない。

30-134-5
31-131-5
34-132-3

**337** 介護支援専門員は、利用者が**介護保険施設**への入所を希望する場合には、**介護保険施設**の紹介を行う。

31-131-1

**338** 介護支援専門員は、サービスの実施状況の把握（モニタリング）のため、少なくとも一月に**1**回、利用者宅を訪問しなければならない。

30-134-3

**339** 介護支援専門員は、サービス計画の原案を作成した際は**利用者・担当者**に交付し、またその内容についてサービス担当者会議を開催して担当者から**専門的意見**を求める。

30-134-1, 2

**340** **介護支援専門員の資質と専門性の向上**を図ることを基本に、2005（平成17）年の法改正では、①介護支援専門員証の**有効期間**の導入、②介護支援専門員の**研修**の強化、③**主任介護支援専門員**の創設が行われた。

**341** **主任介護支援専門員**は、**地域包括支援センター**に配置される専門職として創設された。

▶主任介護支援専門員になるには、主任介護支援専門員研修を受講しなければならない。受講資格は、①専任の介護支援専門員として5年以上の実務経験、または②ケアマネジメントリーダー養成研修修了者等であって、専任の介護支援専門員として3年以上の実務経験があることなどが求められる。

**342** **主任介護支援専門員**は、ほかの介護支援専門員に適切な**指導・助言**を行うほか、地域における包括的・継続的なケアシステムを実現するために必要な情報の収集・発信、事業所・職種間の調整を行う。また、事業所における人事・経営管理、利用者の視点に立ってフォーマル・サービスやインフォーマル・サービスの質・量を確保し、改善していく提案などを

行う。

**343** **指定居宅介護支援事業所**の介護支援専門員の役割は、利用の申込みがあった場合のサービスの種類やその内容、利用手続きの**説明**と**同意**、利用料の**受領**、正当な理由のない**提供拒否の禁止**、要介護認定の申請の援助、**居宅サービス計画の作成**などが運営に関する基準として定められている。提供に関する**記録**は、終結した日から**2年間**保存する。

出 31-131-2

**344** **施設サービス計画**を作成する介護支援専門員を、**計画担当介護支援専門員**という。その役割は、入所者の課題分析、**サービス担当者会議の開催**、施設サービス計画の作成、その実施状況の把握など、基本的には指定居宅介護支援事業所の介護支援専門員の役割と同様といえる。

## 訪問介護員の役割

**345** **訪問介護員**として、訪問介護業務に従事できる者は、国家資格者である介護福祉士、その他政令で定める者が行うとされている。その他政令で定める者とは、介護職員初任者研修および生活援助従事者研修を受けた者であり、都道府県が認定した資格となる。

出 34-132-1

**346** 訪問介護員は、利用者の心身の状況や環境等の的確な把握に努め、利用者またはその家族に対し、相談および助言を行う。

出 34-132-2

**347** **サービス提供責任者**とは、**訪問介護サービス**におけるマネジメントを行う者であり、利用者のサービス計画の作成と訪問介護員の指導を行う。サービス提供責任者は、介護福祉士、改正前の介護職員基礎研修または訪問介護員研修1級修了者、障害福祉サービス事業におけるサービス提供責任者（共生型訪問介護の提供にあたる者に限る）である。

出 34-132-4

▶ここでのマネジメントは、介護サービス、訪問介護計画書作成、サービス見直しに伴う会議開催、契約手続、職員指導、介護給付費請求業務などをいう。

**348** **サービス提供責任者**は、原則、事業者ごとに利用者の数が**40**人またはその端数を増すごとに**1**人以上配置しなくてはならない。

▶一定の人員配置条件により、サービス提供責任者の員数は利用者数50またはその端数を増すごとに1人以上とすることができる。

## 介護職員の役割

**349** 訪問介護以外の居宅サービス、地域密着型サービスおよび施設サービスで利用者の介護にあたる**ケアワーカー（介護職員）**は、介護福祉士、2013（平成25）年4月改正前の介護職員基礎研修および訪問介護員研修（1～2級）、介護職員初任者研修を受けた者のほかに、**未経験者**もいる。

🔆 重要項目

## 福祉用具専門相談員の役割

**350** **福祉用具専門相談員**とは、介護が必要な高齢者や障害者に福祉用具を貸与および販売する際に、選び方や使い方について助言する専門職である。

出 33-133

▶介護福祉士、義肢装具士、保健師、看護師、准看護師、理学療法士、作業療法士、社会福祉士、福祉用具専門相談員指定講習修了者がなる。

**351** 1993（平成5）年に、**福祉用具の研究開発及び普及の促進に関する法律**が制定され、福祉用具の研究開発及び普及を促進するための措置に関する基本的な方針が定められている。

## 介護サービス相談員、認知症サポーターの役割

**352** **介護サービス相談員**とは、2000（平成12）年度から実施された「介護相談員派遣等事業」（現在は「介護サービス相談員派遣等事業」）に位置する。これは、介護保険制度の根幹を担うべき主体である「利用者」「サービス提供者」「市町村」を対象に、介護保険制度の目的である「質量の両面にわたる介護サービスの充実」の実現を推進するため、市民が介護サービス相談員として活動することを目指すものである。

出 31-132-1, 3

▶相談員になるには、事業の実施にふさわしい人格と熱意を有し、一定水準以上の養成研修を修了することが義務づけられる。

**353** **介護サービス相談員派遣等事業**は、介護保険法における地域支援事業の**任意事業**である。実施主体は市町村である。

出 31-132-4

**354** 介護サービス相談員派遣等事業において、市町村に登録された**介護サービス相談員**が介護サービス施設・事業所等に出向いて、**利用者の疑問や不安**を受け、事業所等および行政との橋渡しをし、問題の改善やサービスの質の向上につなげる。

出 31-132-2
33-133-3

**355** **介護サービス相談員**および**事業運営事務局**は、相談者情報を市町村に提供する場合には、あらかじめ**文書**により相談者の**同意**が必要である。

出 31-132-5

**356** **認知症サポーター**とは、認知症に関する正しい知識と理解をもち、地域や職域で認知症の人やその家族を支援するボランティアをいう。**認知症サポーター養成研修**は、「認知症サポーターキャラバン」によって全国的に展開されている（2022（令和4）年3月末現在、認知症サポーター約1380.6万人）。

出 33-127-5

**357** **キャラバン・メイト**は、認知症サポーター養成講座の**企画・立案**および**実施**を行う講師役をいう。その総数は2022（令和4）年3月末で17.1万人である。

**キャラバン・メイト養成研修**
都道府県、市町村、企業（組織に属する職員に限定）などの団体による研修カリキュラムを受講することで養成される。

280

## 介護認定審査会の委員、認定調査員の役割

**358** 要介護度の新規認定の場合、市町村から**調査員**（職員）が被保険者を訪問し、本人や家族から74項目にわたる調査票による聞き取りを行う。調査票と主治医意見書をもとに介護認定審査会での審査と判定がされる。

出 30-133-1

**359** **介護認定審査会**は、保健・医療・福祉に関する**学識経験者**で構成され、**市町村長**が任命する。審査および判定の案件を取り扱う合議体は、5名程度（要介護認定の更新に関する審査・判定の場合、5名以下でも可能（ただし3名は下回らない））の委員で構成される。委員は、原則、認定調査員として従事することはできない。

**360** 介護認定審査会は**市町村**に設置されるが、**複数の市町村**で共同設置することが可能である。審査・判定では、市町村に対して被保険者の要介護（要支援）状態の軽減または悪化の防止のために必要な療養に関する事項などの意見をつけることができる。

**361** 介護認定審査会は、委員のうちから会長が指名する者より構成される合議体で、**一次判定を基礎**としながら、要介護状態に該当するか、要支援状態に該当するか、介護の必要に応じた区分について審査および判定を行う（**二次判定**）。

# 13 介護保険法におけるネットワーキングと実際

## 要介護認定時における連携

**362** 介護支援専門員の行う**ケアマネジメント**は、多職種協働・連携を実施するうえで、常に利用者、家族の立場を踏まえつつ、全人的に理解する立場にある。また、保険給付対象サービス以外のインフォーマルなサービスも視野に入れて支援を行うものである。

## サービス利用時における連携

**363** **サービス担当者会議**は、作成された支援計画書の内容の検討、総合的な支援方針、目標、内容等の共有、問題点の明確化、役割分担の確認を行うために、**介護支援専門員**が開催し、そこには**利用者、家族、主治医**や**サービス担当者**などが参加して行う。

**364** 居宅サービスにおいて、**サービス担当者会議**は、①**新規**に居宅サービス

重要項目

計画を策定した場合、②**更新認定・区分変更認定**を受けた場合、③居宅
サービス計画を**変更**した場合に行う。

# 14 地域包括支援センターの役割と実際

## 地域包括支援センターの組織体系

365 **地域包括支援センター**は、地域住民の心身の健康の保持および生活の安
定のために必要な援助を行い、保健医療の向上および福祉の増進を包括
的に支援することを目的とする。包括的支援事業等を地域において一体
的に実施する役割を担う中核的機関として設置される（介護保険法第
115条の46第1項）。

366 地域包括支援センターは、市町村の判断により担当圏域を設定して設置
することができる。また、市町村から包括的支援事業の**委託**を受けた者
も地域包括支援センターを設置することができる。

出 31-133-1, 2

▶具体的には、NPO
法人、医療法人、社会
福祉法人などがある。

367 地域包括支援センターは、**地域におけるケア体制の確立**のために、①高
齢者のニーズや相談を総合的に受け、生活維持のための支援につなげる、
②介護保険サービス以外の地域における多様な社会資源を活用する、③
高齢者の生活の質が低下しないようなサービスを提供するというはたら
きがある。

368 厚生労働省通知「地域包括支援センターの設置運営について」の2016
（平成28）年1月改正により、地域包括支援センターが適正に事業を実
施することができるように、①**適切な人員体制の確保**、②**市町村との役
割分担および連携の強化**、③**センター間における役割分担と連携の強
化**、④**効果的なセンター運営の継続**が**市町村の責務**となり、体制の整備
に努めることが強調された。

369 市町村は**介護予防ケアマネジメント**（**第1号介護予防支援事業**）につい
て、**地域包括支援センター**に委託することができる。

出 32-133-4

370 2017（平成29）年6月の介護保険法の改正では、地域包括支援セン
ターの設置者による自己評価を通じた事業の**質の向上が義務**づけられた。
市町村は、地域包括支援センターにおける事業の実施状況について、定
期的に「**評価を行う**」とともに、「**必要な措置**」を講じなければならない
こととなった。また、国において評価指標が定められるとともに、評価の
実施が市町村に義務づけられ、評価を通じて、市町村に対し、適切な人
員体制の確保を促すことになる。

出 31-133-4, 5

💡注目！
地域包括支援センターは
自己評価を行う。

282

14 地域包括支援センターの役割と実際

地域包括支援センターの活動の実際

371 地域包括支援センターの人員配置基準は、第1号被保険者の数がおおむね3000人以上6000人未満ごとに常勤専従の社会福祉士、保健師、主任介護支援専門員（主任ケアマネジャー）をそれぞれ1名おくこととされている。職員等には守秘義務が課されている。

出 31-133-3

▶ 3種類の確保が困難な状況から準ずる者としての規定がある。

372 地域包括支援センターは、指定介護予防支援事業者として、介護予防に関するケアマネジメントを行う。指定介護予防支援等の事業の人員及び運営並びに指定介護予防支援等に係る介護予防のための効果的な支援の方法に関する基準（指定介護予防支援基準）では、指定介護予防支援事業所ごとに保健師その他介護予防支援に関する知識を有する職員を、1人以上担当職員として配置しなければならないとしている。

373 地域包括支援センターは、市町村が設置した地域包括支援センター運営協議会の意見を踏まえて、適切、公正かつ中立な運営を確保する（介護保険法施行規則第140条の66第2号ロ）。

374 地域包括支援センター運営協議会の構成員については、①介護サービスおよび介護予防サービスに関する事業者および職能団体（医師、歯科医師、看護師、介護支援専門員、機能訓練指導員等）、②介護サービスおよび介護予防サービスの利用者、介護保険の被保険者、③介護保険以外の地域の社会的資源や地域における権利擁護、相談事業等を担う関係者、④地域ケアに関する学識経験者を標準として、地域の実情に応じて市町村長が選定する。

## 地域包括支援センターの活動の実際

375 地域包括支援センターは、地域住民の保健医療の向上および福祉の増進を包括的に支援するため、第1号介護予防支援事業、総合相談支援業務、権利擁護業務、包括的・継続的ケアマネジメント支援業務の4つの業務（包括的支援事業）を、地域において一体的に実施する役割を担う中核的拠点である（表39参照）。

出 30-135
34-133-4

376 2015（平成27）年4月からは、地域支援事業に在宅医療・介護連携推進事業、生活支援体制整備事業、認知症総合支援事業、地域ケア会議推進事業が位置づけられた。市町村は、これらのうち前三者の事業の全部または一部について、地域包括支援センターに委託することが可能である。

377 在宅医療・介護連携推進事業では、高齢者が医療機関を退院する際、必要に応じ、医療と介護両者の連携の調整や相互の紹介が行われる。

**重要項目**

表39 地域包括支援センターの業務

| 事業名 | 内容 |
|---|---|
| 第1号介護予防支援事業 | 基本チェックリスト該当者に対して、介護予防および日常生活支援を目的として、心身の状況、おかれている環境その他の状況に応じて、その選択に基づき、訪問型サービス（第1号訪問事業）、通所型サービス（第1号通所事業）、その他生活支援サービス（第1号生活支援事業）等適切なサービスが包括的かつ効果的に提供されるよう必要な援助を行う。 |
| 総合相談支援業務 | 地域の高齢者が住み慣れた地域で安心して、その人らしい生活が継続してできるよう、どのような支援が必要か把握し、地域における適切な保健・医療・福祉サービス、機関または制度の利用につなげる等の支援を行う。 |
| 権利擁護業務 | 地域の住民や民生委員、介護支援専門員等の支援だけでは十分に問題解決ができない、適切なサービスにつながる方法が見つからない等の困難な状況にある高齢者が、地域において、安心して尊厳のある生活ができるよう、専門的・継続的な視点から支援を行う。 |
| 包括的・継続的ケアマネジメント支援業務 | 介護支援専門員、主治医、地域の関係機関等の連携、在宅と施設の連携など、地域において、多職種相互の協働等により連携するとともに、介護予防ケアマネジメント、指定介護予防支援および介護給付におけるケアマネジメントとの相互の連携を図り、包括的・継続的なケアマネジメントを実現するため、地域における連携・協働の体制づくりや個々の介護支援専門員に対する支援等を行う。 |

出 30-135-1

出 31-135（事例）
34-133-4

**378** 地域包括支援センターにおける社会福祉士の業務として社会福祉協議会が実施する**日常生活自立支援事業**の説明をすることが含まれる。

**379** **地域ケア会議**とは、地域包括ケアシステムの実現に向けた手法で、地域包括支援センターまたは市で主催し、高齢者の**個別課題の解決**をする。さらに、**多職種**が協働することで、**地域課題の把握**、**地域づくり**、**資源開発**、**政策形成**まで一体的に取り組む。

**380** 2015（平成27）年4月から、地域包括支援センターにおいて、地域の実情を踏まえ、**基幹型センター**や**機能強化型センター**を位置づけるなど、センター間の役割分担・連携が強化された（図6参照）。

出 30-135-4

▶日常生活自立支援事業の対象は、認知症高齢者、知的障害者、精神障害者等のうち判断力が不十分な人である。

# 15 老人福祉法

## 老人福祉法の概要

### ■老人福祉法

**381** **老人福祉法**が**1963（昭和38）**年に制定され、それまで**救貧対策**が中心

**15　老人福祉法**

**老人福祉法の概要**

### 図6　地域包括支援センターの機能強化

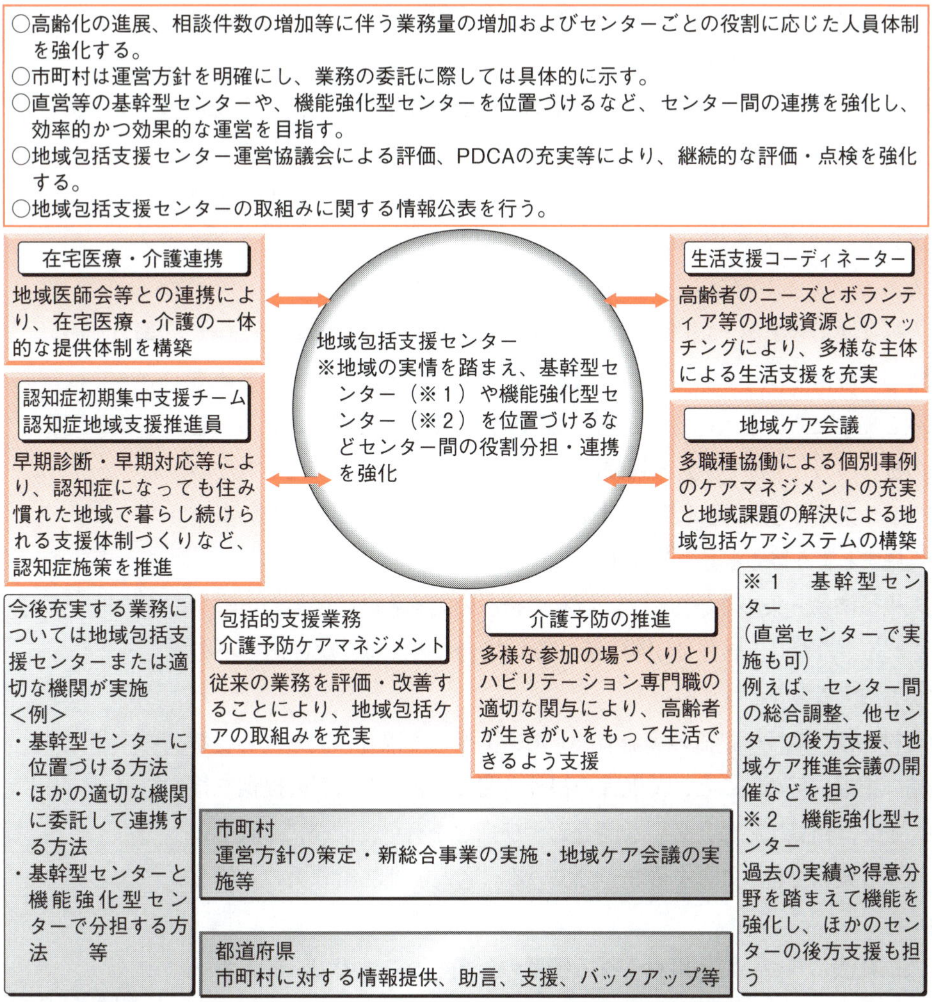

○高齢化の進展、相談件数の増加等に伴う業務量の増加およびセンターごとの役割に応じた人員体制を強化する。
○市町村は運営方針を明確にし、業務の委託に際しては具体的に示す。
○直営等の基幹型センターや、機能強化型センターを位置づけるなど、センター間の連携を強化し、効率的かつ効果的な運営を目指す。
○地域包括支援センター運営協議会による評価、PDCAの充実等により、継続的な評価・点検を強化する。
○地域包括支援センターの取組みに関する情報公表を行う。

**在宅医療・介護連携**
地域医師会等との連携により、在宅医療・介護の一体的な提供体制を構築

**認知症初期集中支援チーム 認知症地域支援推進員**
早期診断・早期対応等により、認知症になっても住み慣れた地域で暮らし続けられる支援体制づくりなど、認知症施策を推進

**地域包括支援センター**
※地域の実情を踏まえ、基幹型センター（※1）や機能強化型センター（※2）を位置づけるなどセンター間の役割分担・連携を強化

**生活支援コーディネーター**
高齢者のニーズとボランティア等の地域資源とのマッチングにより、多様な主体による生活支援を充実

**地域ケア会議**
多職種協働による個別事例のケアマネジメントの充実と地域課題の解決による地域包括ケアシステムの構築

**今後充実する業務については地域包括支援センターまたは適切な機関が実施**
＜例＞
・基幹型センターに位置づける方法
・ほかの適切な機関に委託して連携する方法
・基幹型センターと機能強化型センターで分担する方法　等

**包括的支援業務 介護予防ケアマネジメント**
従来の業務を評価・改善することにより、地域包括ケアの取組みを充実

**介護予防の推進**
多様な参加の場づくりとリハビリテーション専門職の適切な関与により、高齢者が生きがいをもって生活できるよう支援

**※1　基幹型センター**
（直営センターで実施も可）
例えば、センター間の総合調整、他センターの後方支援、地域ケア推進会議の開催などを担う
**※2　機能強化型センター**
過去の実績や得意分野を踏まえて機能を強化し、ほかのセンターの後方支援も担う

**市町村**
運営方針の策定・新総合事業の実施・地域ケア会議の実施等

**都道府県**
市町村に対する情報提供、助言、支援、バックアップ等

資料：厚生労働省資料を一部改変

であった老人福祉施策から独立し、特別養護老人ホームの設置などが規定された。

382 1972（昭和47）年には老人福祉法が改正され、老人医療施策として**老人医療費の無料化**が盛り込まれたが、1982（昭和57）年に**老人保健法**が制定され、老人医療費の増大などにより一部自己負担が導入された。

出 30-131-1, 2

▶2008（平成20）年の後期高齢者医療制度の導入に併せて、老人保健法の役割は終了した。

383 **老人福祉法の目的**は、第1条において、「老人の福祉に関する原理を明らかにするとともに、老人に対し、その心身の健康の保持及び生活の安定のために必要な措置を講じ、もって老人の福祉を図ること」とされている。

384 老人福祉に関する**基本原理**は、老人福祉法の基本的理念に掲げられる敬

高齢者に対する支援と介護保険制度

285

**重要項目**

愛、生活保障および国や地方公共団体の責務である。また、同法第1条の必要な措置とは、居宅における介護等や老人ホームへの入所などの福祉の措置全般を指すものである。

**385** 1990（平成2）年に、老人福祉法は**基本的理念が改正**され、社会的援助としての生きがい保障など従来規定に加えて、①「豊富な知識と経験を有する者として敬愛されるとともに、生きがいを持てる」生活の保障（第2条）、②老人も社会の一員として「社会的活動に参加」するように努め、「参加する」機会を与えられる（第3条）と加えられた。

**386** 老人福祉法第5条第1項において、「国民の間に広く老人の福祉についての関心と理解を深めるとともに、老人に対し自らの生活の向上に努める意欲を促すため、老人の日及び老人週間を設ける」と規定している。**老人の日**は**9**月**15**日で、**老人週間**は**9**月**15**日から**21**日までとされている（第5条第2項）。国は老人の日において、その趣旨にふさわしい事業を実施するよう努めるものとされている。

出 31-134-5

**387** 老人福祉法第5条の4第1項で、福祉の**措置**の実施者は居住地の**市町村**とされる。ただし、居住地が明らかでない場合などでは、**現在地の市町村**が実施するものとされる。

**388** **市町村**には、福祉の措置の実施者として、①老人の福祉に関し、必要な実情の把握に努めること、②老人の福祉に関し、必要な情報の提供を行い、並びに相談に応じ、必要な調査および指導を行い、並びにこれらに付随する業務を行うことを義務づけている（老人福祉法第5条の4第2項）。

**389** 老人福祉法に基づいて市町村が採る**措置の対象**となるもので、**老人ホームの入所等**にかかわる措置としては、**養護老人ホーム**、**特別養護老人ホーム**、**養護受託**、**居宅における介護等**の措置としては、**老人居宅介護等事業**等がある。

老人居宅介護等事業
老人福祉法第5条の2第2項によるもの。

**390** **都道府県**は、**老人福祉施設**を設置できる。また、**市町村**および**独立行政法人**は、あらかじめ都道府県知事に届け出て、**養護老人ホーム**または**特別養護老人ホーム**を設置することができる（老人福祉法第15条第1項・第3項）。

出 31-134-1, 4
34-134-4

**391** 老人福祉法上の**老人福祉施設**は、**特別養護老人ホーム**、**養護老人ホーム**、**軽費老人ホーム**、**老人福祉センター**と1990（平成2）年から**老人デイサービスセンター**、**老人短期入所施設**、1994（平成6）年から**在宅（老人）介護支援センター**が加えられ、**7施設**となった（図7参照）。

出 33-134-5
34-134-5

**392** **老人福祉センター**は、無料または低額な料金で各種相談に応ずるととも

286

## 図7　高齢者関連施設分類

**老人福祉法上の「老人福祉施設」**
- 老人デイサービスセンター（通所）
- 老人短期入所施設（入所）
- 養護老人ホーム（入所）
- 特別養護老人ホーム（入所）
  → 介護保険法上の介護保険施設（**指定介護老人福祉施設**）
- 軽費老人ホーム（入所）
- 老人福祉センター（利用）
- 在宅（老人）介護支援センター（利用）

**老人福祉関連施設（厚生労働省通知等）**
- 老人憩の家（利用）
- 老人休養ホーム（利用）
- 生活支援ハウス（高齢者生活福祉センター）（利用）
- 有料老人ホーム（入所）

**医療法上の施設**
- 病院の療養病床等（入院）
  → 介護保険法上の介護保険施設（**指定介護療養型医療施設**）

**介護保険法上のみに規定された施設**
- 介護老人保健施設（入所）
- 介護医療院（入所）
- 地域包括支援センター（利用）

注：指定介護療養型医療施設は2024（令和6）年3月31日までその効力を有する。

に健康増進、教養の向上およびレクリエーションの便宜を提供する。

393 **老人憩の家**は、地域の高齢者に対して、無料または低額な料金で教養の向上、レクリエーション等のための場を提供するもので、**老人クラブ**活動の拠点などとしても活用されている。

394 **老人休養ホーム**は、景勝地、温泉地などで高齢者の保健休養、安らぎと憩いの場として設置された**宿泊施設**で、利用しやすいように一般の国民宿舎よりも低料金となっている。

395 **有料老人ホーム**とは、老人を入居させ、入浴、排せつもしくは食事の介護、食事の提供その他日常生活上必要な便宜を供与（ほかに委託して供与する場合および将来において供与することを約する場合を含む）することを目的とする施設であって、老人福祉施設、認知症対応型老人共同生活援助事業を行う住居その他厚生労働省令で定める施設でないものをいう。介護保険法では、**特定施設入居者生活介護**の対象である。

396 2017（平成29）年6月の「地域包括ケアシステムの強化のための介護保険法等の一部を改正する法律」により、老人福祉法の有料老人ホームの

注目！
有料老人ホームの入居者保護のための対策強化。

**重要項目**

入居者保護のための施策の強化に関する改正が行われた（表40 参照）。

### 表40　有料老人ホームの入居者保護のための施策の強化

| |
|---|
| ①　有料老人ホームの設置者は、有料老人ホーム情報（有料老人ホームが提供する介護等の内容および有料老人ホームの運営状況に関する情報であって、有料老人ホームの選択を適切に行うために必要なもの）を、都道府県知事に対して報告しなければならない。また、都道府県知事は報告された事項を公表しなければならない。|
| ②　都道府県知事は、運営に問題のある有料老人ホームに対して、入居者保護のため特に必要と判断した場合に、「事業の制限または停止」を命令できる。|
| ③　都道府県知事は、有料老人ホームの設置者が事業の制限または停止の命令を受けたとき、その他入居者の生活の安定等を図るため必要があると認めるときは、入居者に対して、介護などを継続的に受けるために必要な助言等の援助を行うように努める。|

出 31-134-2

**397** 2017（平成29）年の老人福祉法の改正で、有料老人ホームの設置者が終身にわたって受領すべき家賃等を前払金として受領する場合の保全措置の義務対象が、2006（平成18）年4月1日以降に届出が出された有料老人ホームの入居者に限られていたが、それ以前に届出が出された有料老人ホームの入居者についても対象となった（2021（令和3）年4月から適用）。

## ■ 施設福祉サービスの体系と援助内容

**398** 老人福祉法第11条第1項において、老人ホームへの入所等について定められており、市町村は、必要に応じて、表41の措置をとらなければならないとされている。

出 33-134-3

### 表41　養護老人ホーム等の入所要件

| ①養護老人ホームの入所要件 |
|---|
| 65歳以上の者であって、環境上の理由および経済的理由により居宅において養護を受けることが困難なものをその市町村の設置する養護老人ホームに入所させ、またはその市町村以外の者の設置する養護老人ホームに入所を委託する。|
| ②措置で入所させる特別養護老人ホームの要件 |
| 65歳以上の者であって、身体上または精神上著しい障害があるために常時の介護を必要とし、かつ、居宅においてこれを受けることが困難なものが、やむを得ない事由により介護保険法に規定する地域密着型介護老人福祉施設または介護老人福祉施設に入所することが著しく困難であると認めるときは、その者をその市町村の設置する特別養護老人ホームに入所させ、またはその市町村以外の者の設置する特別養護老人ホームに入所を委託する。|

出 33-134-2

出 33-134-4

288

**老人福祉法の概要**

**399** **特別養護老人ホームに必ずおかなければならない職員**として、特別養護老人ホームの設備及び運営に関する基準では、**施設長**、**医師**（入所者に対し健康管理および療養上の指導を行うために必要な数）、**生活相談員**、**介護職員**または**看護職員**（**看護師**、**准看護師**）、**栄養士**、**機能訓練指導員**等とされている。

**400** **特別養護老人ホームの基本方針**として、入所者の処遇に関する計画に基づき、可能な限り、居宅における生活への復帰を念頭において、入浴、排せつ、食事などのさまざまな介護や相談・援助、機能訓練、健康管理、療養上の世話等を行うことによって、入所者の能力に応じ自立した日常生活を営むことができるようにすることを目指すものでなければならない、とされている。

**401** 2002（平成14）年度から、全室個室・ユニットケアのユニット型特別養護老人ホーム（**新型特養**）の運用が開始された。全室個室（広さ10.65m²以上）で、原則 **10** 人以下でユニット（生活単位）を構成し、共用スペースを設けている。

**402** 2005（平成17）年の特別養護老人ホームの設備及び運営に関する基準の改正により、特別養護老人ホームのうち入所定員が **29** 人以下であるものは**地域密着型特別養護老人ホーム**として規定され、廊下幅やサテライト型居住施設の職員の配置において基準が緩和されている。

**403** 地域密着型特別養護老人ホームの運営にあたっては、入所者、家族、地域住民の代表、地域包括支援センターの職員などからなる**運営推進会議**を設置し、おおむね2か月に1回以上、**運営推進会議**に活動状況を報告し、評価を受ける。そして、必要な要望や助言を受ける機会を設け、その記録を公表しなければならない。

**404** **養護老人ホーム**は、入所者の処遇に関する計画に基づき、**社会復帰**の促進および**自立**のために必要な指導や訓練その他の援助を行い、入所者の能力に応じ自立した日常生活を営むことを目指す。老人福祉法上の施設として措置制度が適用され、設置主体は**地方公共団体**、**地方独立行政法人**および**社会福祉法人**である。

**405** **養護老人ホーム**は、**65** 歳以上の者であって、環境上の理由および経済的理由により居宅での養護が困難な者を入所させる。

出 33-134-2

**406** **養護老人ホームの入所措置基準**のうち、**環境上の事情**については、健康状態（入院加療を要する病態でないこと）や家族や住居の状況などから、在宅で生活することが困難であると認められることを条件とする。

**407** **養護老人ホームの入所措置基準**のうち、**経済的事情**については、①生活

**重要項目**

保護を受けていること、②前年度の所得による市町村民税の所得割の額がないこと、③災害その他の事情によって世帯の状態が困窮していることのいずれかに該当することを条件とする。

408 **養護老人ホームの入所年齢**は 65 歳以上となっているが、2006（平成18）年の通知「老人ホームへの入所措置等の指針について」では、60 歳以上で特に必要があると認められるものや、60 歳未満の者でも、老衰が著しく、かつ救護施設への入所要件を満たしているが、施設に余力がないため入所できない者、初老期の認知症に該当する場合、配偶者が入所する場合等は措置される。

409 **養護老人ホーム**への入所については、入所者本人または民法に定める扶養義務者から、その負担能力に応じて入所者の措置に要する費用の全部または一部を徴収できる。

410 養護老人ホームは、20 人以上の人員を入所させることができる規模を有しなければならないが、特別養護老人ホームに併設する場合にあっては10 人以上である。養護老人ホームの居室定員は原則 1 人であるが、処遇上必要と認められる場合には 2 人とすることができる。

411 2005（平成 17）年の介護保険法の改正により、**養護老人ホーム**は、**特定施設入居者生活介護**の対象施設に追加された。介護サービスの提供に関しては、外部の介護サービス事業者から提供を受けることも可能とされた。また、職員の配置について、生活相談員、支援員、看護職員をそれぞれ最低 1 人は配置しなければならないこととされた。

412 2011（平成 23）年 5 月、**地域の自主性及び自立性を高めるための改革の推進を図るための関係法律の整備に関する法律**が公布されたことに伴い、老人福祉法の改正も行われた。従来、養護老人ホームや特別養護老人ホームの設備、運営に関する基準は、国が定める基準（厚生省令）にて決められていたが、厚生労働省令で定める基準に従い、**都道府県の条例**で定めることとなった。また、一部の規定については厚生労働省令で定める基準を参考に、都道府県が基準を決めることができるようになった。

413 **軽費老人ホームの基本方針**は、無料または低額な料金で、身体機能の低下などにより自立した日常生活を営むことについて不安があると認められる者であって、家族による援助を受けることが困難なものを入所させ、食事の提供、入浴等の準備、相談および援助、社会生活上の便宜の供与その他の日常生活上必要な便宜を提供することにより、入所者が安心して生き生きと明るく生活できるようにすることを目指すものでなければな

らない。

**414** これまでの**軽費老人ホームＡ型**、同**Ｂ型**は、経過的軽費老人ホームとして、軽費老人ホームの設備及び運営に関する基準の附則第２条以下が適用される。2008（平成20）年6月以降に開設（増築または全面的に改築された部分を含む）された軽費老人ホームでは食事が提供され、従来のＢ型のような自炊規定はなくなった（都市型軽費老人ホームを除く）。

**415** 2010（平成22）年3月の改正により、都市部における低所得高齢者対策として都市型軽費老人ホームが創設された。

**416** **高齢者生活福祉センター**は、高齢者に対して、介護支援機能、居住機能、交流機能を提供するセンターをいう。従来は、過疎地域、離島、山村等に限定されていたが、1998（平成10）年度より地域の限定が解除された。さらに、2001（平成13）年5月に「生活支援ハウス（高齢者生活福祉センター）運営事業実施要綱」として一部改正が行われ、名称変更がなされた。

**417** **シルバーサービス**とは、おおむね60歳以上の者に着目して民間部門により市場機構を通して供給される財およびサービスとされる。民間事業者により実施されるのは、訪問介護サービス、訪問入浴介護サービス、福祉用具貸与（販売）サービス、在宅配食サービスの各サービスであり、これらには1987（昭和62）年に設立された一般社団法人シルバーサービス振興会がシルバーマークのサービス基準を定めている。

## ■ 居宅における介護

**418** 老人福祉法第5条の2では、**老人居宅生活支援事業**として、老人居宅介護等事業、老人デイサービス事業、老人短期入所事業、小規模多機能型居宅介護事業、認知症対応型老人共同生活援助事業および複合型サービス福祉事業を定めている。 📖 29-134-1

**419** 老人福祉法第10条の4において、実施者である市町村は、65歳以上の者で、身体上または精神上の障害があるために日常生活を営むのに支障があるものなどが、やむを得ない事由により介護保険法に規定する介護サービスを利用することが著しく困難と認めるとき、同法第5条の2に定められる措置を行うことができるとしている。

**420** 老人福祉法第20条の8第1項において、市町村は、老人居宅生活支援事業および老人福祉施設による事業（これを「老人福祉事業」という）の供給体制の確保に関する計画（市町村老人福祉計画）を定めるものとするとされている。 📖 33-134-1

重要項目

**421** 市町村老人福祉計画では、その市町村の区域において確保すべき**老人福祉事業の量**の目標を定め、また老人福祉事業の量の確保のための方策、および老人福祉事業に従事する者の確保および資質の向上並びにその業務の効率化および質の向上のために講ずる都道府県と連携した措置に関する事項について定めるよう努める。

**422** **老人福祉法**では、表42の規定についても定められている。

**表42　老人福祉法の規定**

①市町村が設置する福祉事務所の業務
②市町村が設置する福祉事務所への社会福祉主事の配置義務
③都道府県による福祉事務所への社会福祉主事の配置
④市町村が行う措置に要する費用の支弁等

**423** **民生委員**は、老人福祉法の施行について、市町村長、福祉事務所長または社会福祉主事の事務の執行に協力する（第9条）。

出 31-134-3

## 16 高齢者虐待の防止、高齢者の養護者に対する支援等に関する法律

### 高齢者虐待の定義

**424** 2005（平成17）年11月に、**高齢者虐待の防止、高齢者の養護者に対する支援等に関する法律（高齢者虐待防止法）**が制定された。この法律は、高齢者に対する虐待が深刻な状況にあり、高齢者の**尊厳の保持**にとって高齢者に対する虐待を防止することが極めて重要であることから制定された。

**425** 高齢者虐待防止法は、高齢者虐待の防止等に関する国等の責務、虐待を受けた高齢者に対する保護のための措置、養護者の負担の軽減を図ること等の養護者に対する養護者による高齢者虐待の防止に資する支援（「**養護者に対する支援**」という）のための措置等を定めている。

**426** 高齢者虐待防止法における「**高齢者虐待**」とは、**65**歳以上の者に対し、**家庭で現に養護する者、施設等の職員**による虐待行為をいう。高齢者虐待は、表43のように定義される。

**427** 2011（平成23）年6月の障害者虐待の防止、障害者の養護者に対する支援等に関する法律の成立に伴い、高齢者虐待防止法も改正された。2012（平成24）年10月1日より、**65歳未満**の**養介護施設**入所・利用または**養介護事業**のサービス提供を受ける**障害者**については、**高齢者と**

**養介護施設**
老人福祉施設、有料老人ホーム、地域密着型介護老人福祉施設、介護老人福祉施設、介護老人保健施設、介護医療院、介護療養型医療施設、地域包括支援センター。

**養介護事業**
老人居宅生活支援事業、居宅サービス事業、地域密着型サービス事業、居宅介護支援事業、介護予防サービス事業、地域密着型介護予防サービス事業、介護予防支援事業。

### 表43　高齢者虐待の類型

| | | 養護者による高齢者虐待 | | 養介護施設従事者等による高齢者虐待 |
|---|---|---|---|---|
| 身体的虐待 | 養護者が | その養護する高齢者の身体に外傷が生じ、又は生じるおそれのある暴行を加えること | 養介護施設又は養介護事業の業務に従事する者が | 当該施設を入所・利用する、又は当該事業のサービスを受ける高齢者の身体に外傷が生じ、又は生じるおそれのある暴行を加えること |
| ネグレクト | | その養護する高齢者を衰弱させるような著しい減食又は長時間の放置、養護者以外の同居人による身体的虐待、心理的虐待又は性的虐待の放置等養護を著しく怠ること | | 当該施設を入所・利用する、又は当該事業のサービスを受ける高齢者を衰弱させるような著しい減食又は長時間の放置その他の当該高齢者を養護すべき職務上の義務を著しく怠ること |
| 心理的虐待 | | その養護する高齢者に対する著しい暴言又は著しく拒絶的な対応その他当該高齢者に著しい心理的外傷を与える言動を行うこと | | 当該施設を入所・利用する、又は当該事業のサービスを受ける高齢者に対する著しい暴言又は著しく拒絶的な対応その他当該高齢者に著しい心理的外傷を与える言動を行うこと |
| 性的虐待 | | その養護する高齢者にわいせつな行為をすること又は当該高齢者をしてわいせつな行為をさせること | | 当該施設を入所・利用する、又は当該事業のサービスを受ける高齢者にわいせつな行為をすること又は当該高齢者をしてわいせつな行為をさせること |
| 経済的虐待 | 養護者又は高齢者の親族が | 当該高齢者の財産を不当に処分することその他当該高齢者から不当に財産上の利益を得ること | | 当該施設を入所・利用する、又は当該事業のサービスを受ける高齢者の財産を不当に処分することその他当該高齢者から不当に財産上の利益を得ること |

資料：社会福祉士養成講座編集委員会編『新・社会福祉士養成講座⑬高齢者に対する支援と介護保険制度（第6版）』中央法規出版、2019年、112頁を一部改変

みなし、養介護施設従事者等による高齢者虐待に関する規定が適用されることになった。

## 虐待予防の取り組み

**428** 養護者による高齢者虐待の防止、養護者に対する支援等に関しては、①市町村による相談、助言等、②養護者による高齢者虐待を受けたと思われる高齢者を発見した場合の市町村への**通報義務**等、③通報、届け出のあった場合の市町村による**安全確認や事実確認のための措置**、地域包括支援センターその他の関係機関等との対応協議、④高齢者の**一時的保護**、⑤地域包括支援センター職員等による居所への立入調査、質問などが規

出 31-135

重要項目

定されている（図8参照）。

**429** **市町村**は、養護者による高齢者虐待の防止や養護者による高齢者虐待を受けた高齢者の保護等を適切に実施するために、これらの事務に専門的に従事する**職員を確保する**よう努めなければならない。

**430** 市町村は虐待防止のために市町村が行う高齢者や養護者に対する相談、助言、指導について、**高齢者虐待対応協力者**のうち適当と認められるものに委託することができる。

**431** 虐待を受けた高齢者について老人福祉法における**措置**により養介護施設に入所させた場合、養介護施設の長は、虐待を行った養護者からの当該高齢者との**面会を拒む**ことができる。

**432** 都道府県知事は、養介護施設従事者等による虐待の状況や措置について、毎年度**公表**する。

## ■ 高齢者虐待の現状

**433** 養介護施設従事者等による高齢者虐待は、2020（令和2）年度の調査において、**施設・事業所別**でみると、**特別養護老人ホーム**が最も多く、次いで**有料老人ホーム**であった。　出32-135-1

**434** 2020（令和2）年度の調査において、養介護施設従事者等による**虐待の種別・類型**では、「**身体的虐待**」「**心理的虐待**」「**介護等放棄**」「**性的虐待**」「**経済的虐待**」の順に多い（表44参照）。　出32-135-5

**435** 2020（令和2）年度の調査では虐待の事実が認められた施設・事業所のうち、約**25**％が**過去に指導**等を受けていた。　出32-135-3

**436** 2020（令和2）年度の調査において、養護者による虐待の被虐待高齢者の**家族形態**で最も多いのは、「**未婚の子と同居**」、次いで「**夫婦のみ世帯**」「**配偶者と離別・死別等した子と同居**」「**子夫婦と同居**」の順であった。

**437** 2020（令和2）年度の調査では、養護者による虐待の**発生要因**として虐待者の「**性格や人格（に基づく言動）**」が最も多い。　出32-135-2

**438** 2020（令和2）年度の調査では、養護者による虐待の被虐待高齢者のうち**認知症日常生活自立度Ⅱ以上**の者が**7**割を超える。　出32-135-4

**439** 2020（令和2）年度の調査では、養護者による高齢者虐待への市町村の対応として、「被虐待高齢者の保護として虐待者からの分離を行った事例」が**3**割弱、一方「分離していない事例」が約**半数**であった。

### 図8　養護者による高齢者虐待への具体的な対応

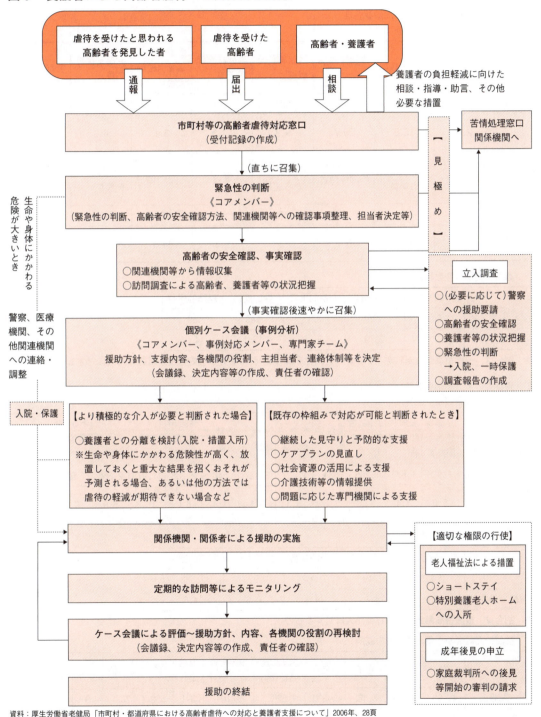

資料：厚生労働省老健局「市町村・都道府県における高齢者虐待への対応と養護者支援について」2006年、28頁

## 重要項目

### 表44　高齢者虐待防止法に基づく対応状況に関する調査

（1）養介護施設従事者等による高齢者虐待

① 相談・通報者内訳（複数回答）

|  | 本人による届出 | 家族・親族 | 当該施設職員 | 当該施設元職員 | 当該施設管理者等 | 医療機関従事者（医師含む） | 介護支援専門員 | 介護相談員 |
|---|---|---|---|---|---|---|---|---|
| 人数 | 63 | 332 | 637 | 237 | 346 | 75 | 103 | 5 |
| 割合（%） | 2.6 | 13.9 | 26.7 | 9.9 | 14.5 | 3.1 | 4.3 | 0.2 |

|  | 地域包括支援センター職員 | 社会福祉協議会職員 | 国民健康保険団体連合会 | 都道府県から連絡 | 警察 | その他 | 不明（匿名を含む） | 合計 |
|---|---|---|---|---|---|---|---|---|
| 人数 | 81 | 5 | 3 | 52 | 56 | 266 | 129 | 2,390 |
| 割合（%） | 3.4 | 0.2 | 0.1 | 2.2 | 2.3 | 11.1 | 5.4 | 100.0 |

② 虐待の種別（複数回答）

|  | 身体的虐待 | 介護等放棄 | 心理的虐待 | 性的虐待 | 経済的虐待 |
|---|---|---|---|---|---|
| 人数 | 641 | 295 | 321 | 149 | 59 |
| 割合（%） | 52.0 | 23.9 | 26.1 | 12.1 | 4.8 |

注：割合は、被虐待高齢者が特定できなかった34件を除く561件における被虐待者の総数1232人に対するもの。

（2）養護者による高齢者虐待

① 相談・通報者（複数回答）

|  | 介護支援専門員 | 介護保険事業所職員 | 医療機関従事者 | 近隣住民・知人 | 民生委員 | 被虐待者本人 | 家族・親族 | 虐待者自身 | 当該市町村行政職員 | 警察 | その他 | 不明（匿名を含む） | 合計 |
|---|---|---|---|---|---|---|---|---|---|---|---|---|---|
| 人数 | 9,760 | 1,938 | 1,673 | 1,265 | 684 | 2,427 | 3,127 | 546 | 2,288 | 11,978 | 2,666 | 50 | 38,402 |
| 割合（%） | 25.4 | 5.0 | 4.4 | 3.3 | 1.8 | 6.3 | 8.1 | 1.4 | 6.0 | 31.2 | 6.9 | 0.1 | 100.0 |

② 虐待の種別（複数回答）

|  | 身体的虐待 | 介護等放棄 | 心理的虐待 | 性的虐待 | 経済的虐待 |
|---|---|---|---|---|---|
| 人数 | 12,128 | 3,319 | 7,362 | 92 | 2,588 |
| 割合（%） | 68.2 | 18.7 | 44.1 | 0.5 | 14.6 |

注：割合は、被虐待高齢者の総数17,778人に対するもの。

③ 被虐待高齢者から見た虐待者の続柄

|  | 夫 | 妻 | 息子 | 娘 | 息子の配偶者（嫁） | 娘の配偶者（婿） | 兄弟姉妹 | 孫 | その他 | 不明 | 合計 |
|---|---|---|---|---|---|---|---|---|---|---|---|
| 人数 | 4,183 | 1,304 | 7,462 | 3,330 | 526 | 210 | 391 | 569 | 703 | 9 | 18,687 |
| 割合（%） | 22.4 | 7.0 | 39.9 | 17.8 | 2.8 | 1.1 | 2.1 | 3.0 | 3.8 | 0.0 | 100.0 |

資料：厚生労働省「令和２年度「高齢者虐待の防止、高齢者の養護者に対する支援等に関する法律」に基づく対応状況等に関する調査結果」

## 虐待発見時の対応

**440** 養介護施設従事者等による高齢者虐待の防止等に関しては、①養介護施設の設置者等による施設従事者への研修の実施、②養介護施設の設置者等による苦情処理体制の整備、③養介護施設従事者等が業務に従事する養介護施設従事者等による虐待を受けたと思われる高齢者を発見した場合の市町村への通報義務などが規定されている。

**441** 地域包括支援センターは、虐待の事例を把握した場合には、**高齢者虐待防止法**などに基づき、速やかに当該高齢者を訪問して状況を確認するなど、事例に即した適切な対応をとることとされている。

**442** 立入調査の場合も含めて、**虐待対応**としては、警察のほかに法律家のかかわりが必要な場合がある。例えば、①支援を行ううえでの法的リスクの判断、②緊急時の介入方法などを含む支援者への判例の提示、③脅しや暴力を受けている介護支援専門員等への支援（損害賠償や法的手段の行使等）などのときである。

**443** 地域包括支援センターなどでは、看護師等医療関係者を同行して、①被虐待者の健康状態・生命の危険性の判断、②支援者への医学的知識の提供および医学的管理の指導等、③脅しや暴力を受けている介護支援専門員等への支援（面接・相談・心理療法・治療等）などの点での専門性を求めることが、事実確認や支援の方向性の判断等に有効である。これらの状況を踏まえ、**虐待対応支援計画**を作成して支援を行う。

# 17 高齢者、障害者等の移動等の円滑化の促進に関する法律

## バリアフリー新法の概要

**444** 1994（平成 6）年に制定された高齢者、身体障害者等が円滑に利用できる特定建築物の建築の促進に関する法律（**ハートビル法**）と、2000（平成 12）年に成立した高齢者、身体障害者等の公共交通機関を利用した移動の円滑化の促進に関する法律（**交通バリアフリー法**）は、2006（平成 18）年の高齢者、障害者等の移動等の円滑化の促進に関する法律（バリアフリー新法）に統廃合された（表 45 参照）。

**445** **バリアフリー新法**は、高齢者、障害者等の自立した日常生活および社会生活を確保することの重要性から、高齢者、障害者等の移動上および施

---

**バリアフリーとユニバーサルデザイン**

バリアフリーは、公共の建物、段差の解消等ハード面から考えられており、ユニバーサルデザインは、バリアフリーの理念が発展し、年齢・能力・性別にかかわらずすべての人の心やソフト面を対象としたものである。

💡 **重要項目**

**表45　高齢者に関係する近年の住宅政策**

| 2005（平成17）年 | ユニバーサルデザイン政策大綱 | 「どこでも、だれでも、自由に、使いやすく」の考え方を踏まえ、施設ハード面に加え、心のバリアフリー等のソフト面を加えた総合的な施策推進を示した。 |
|---|---|---|
| 2006（平成18）年 | 高齢者、障害者等の移動等の円滑化の促進に関する法律（バリアフリー新法）（施行） | 「ハートビル法」と「交通バリアフリー法」の統合と強化を図った法律で、高齢者や障害者等の移動上および施設の利用上の利便性、安全性の向上の促進を図り、公共の福祉の増進に資することを目的としている。障害の対象の拡大。道路・都市公園・福祉タクシー等の対象エリアの拡大・追加。バリアフリー施策の持続的・段階的な発展を目指した。 |
| | 住生活基本法（施行） | 「住宅建設計画法」に代わって制定された法律。国民への良質な住宅の供給や居住環境の形成等が示された。 |

資料：社会福祉士養成講座編集委員会編『新・社会福祉士養成講座⑬高齢者に対する支援と介護保険制度（第6版）』中央法規出版、2019年、454頁を一部抜粋、一部改変

　　設の利用上の利便性および安全性の向上の促進を図り、公共の福祉の増進に資することを目的とするものである（表46参照）。

**446** 2018（平成30）年、移動等円滑化の促進に関する**基本方針**が改正され、国および国民の責務として「**共生社会の実現**」「**社会的障壁の除去**」を明確化した。

**447** 移動等円滑化の促進に関する基本方針が2020（令和2）年6月に改正され、2025（令和7）年度末までのバリアフリー化の目標値が示された。基本方針において**対象となる施設等**は、**駅**や**車両等公共交通機関**、**歩行空間**、**公共建築物**、**公園**などである。

> 💡 **注目！**
> バリアフリー化の目標値が示された。

**448** 移動等円滑化基準において、公共用通路の出入口の幅は90cm以上としなければならない。ただし、構造上やむを得ない場合は、80cm以上とすることができる。

出 34-135-2

**449** 公共交通事業者等は、必要な情報提供や職員に対するバリアフリーに関する教育訓練を行うよう努めなければならない（バリアフリー新法第8条）。

出 34-135-3

**450** 市町村は、旅客施設を中心とした地区や高齢者、障害者などが利用する施設が集中する地区において、**基本構想**（バリアフリー基本構想）を作成する。

出 34-135-4

**451** 移動等円滑化基本構想に位置づけられた事業の実施状況等の調査・分析や評価は、おおむね**5年**ごとに行わなければならない。

出 34-135-5

17 高齢者、障害者等の移動等の円滑化の促進に関する法律

バリアフリー新法の概要

## 表46　高齢者、障害者等の移動等の円滑化の促進に関する法律の枠組み

**【目的・基本方針】**

●高齢者、障害者等の円滑な移動および建築物等の施設の円滑な利用を確保するため、主務大臣による基本方針並びに旅客施設、建築物等の構造および設備の基準の策定のほか、市町村が定める重点整備地区において、高齢者、障害者等の計画段階からの参加を得て、一体的な整備を推進するための措置等を定める。
●2025（令和7）年度末までのバリアフリー目標値が設定されている。

**【関係者の責務】**

・関係者と協力して施策の持続的かつ段階的な発展（スパイラルアップ）を図る【国】
・心のバリアフリー化の促進【国民、国】
・移動等の円滑化の促進のために必要な措置の確保【施設設置管理者等】
・移動等の円滑化に関する情報提供の確保【国】

**【基準適合義務等】**

●以下の施設について、新設等に際し移動等円滑化基準に適合させる義務、既存の施設の場合には基準に適合させる努力義務
　・旅客施設および車両等（鉄道、バス、航空機、旅客船、福祉タクシー）
　・一定の道路（努力義務はすべての道路）
　・一定の路外駐車場
　・都市公園の一定の公園施設（園路等）
　・特別特定建築物（百貨店、病院、福祉施設等の不特定多数または主として高齢者、障害者等が利用する特定建築物で特に移動等円滑化が必要なものとして政令で定めるもの）
●特別特定建築物でない特定建築物（事務所ビル等の多数が利用する建築物）の建築等に際し、移動等円滑化基準に適合させる努力義務（地方公共団体が条例により義務化可能）
●移動等円滑化誘導基準に適合する特定建築物の建築等の計画の認定制度

**【重点整備地区における移動等の円滑化の重点的・一体的な推進】**

●基本構想策定（市町村）
　・旅客施設、官公庁施設、福祉施設その他高齢者、障害者等が生活上利用する施設の所在する一定の地区を重点整備地区として指定し、地区内の移動等の施設や経路の円滑化の計画を策定
●事業の実施
　・公共交通事業者、道路管理者、路外駐車場管理者、公園管理者、特定建築物の所有者、公安委員会が基本構想に沿って事業計画を作成し、事業を実施する義務（特定事業）
　・基本構想に定められた特定事業以外の事業を実施する努力義務
●住民等の計画段階からの参加の促進を図るための措置
　・基本構想策定時の協議会制度（施設を利用する高齢者、障害者等を含む）の設置
　・住民等からの基本構想の作成提案制度を創設
●支援措置
　・公共交通事業者が作成する計画の認定制度
　・認定を受けた事業に対し、地方公共団体が助成を行う場合の地方債の特例等

資料：社会福祉士養成講座編集委員会編『新・社会福祉士養成講座⑬高齢者に対する支援と介護保険制度（第6版）』中央法規出版、2019年、120頁を一部改変

💡 重要項目

# 18 高齢者の居住の安定確保に関する法律

## 高齢者住まい法の概要

**452** 2001（平成13）年に、**高齢者の居住の安定確保に関する法律（高齢者住まい法）** が制定され、高齢者円滑入居賃貸住宅の登録制度、高齢者向け優良賃貸住宅の供給促進、終身建物賃貸借制度、民間賃貸住宅市場の整備などが設けられ、居住の安定確保等が図られることとなった。

**453** 2011（平成23）年4月、高齢者住まい法の一部改正がなされ、**高齢者円滑入居賃貸住宅**の登録制度、**高齢者向け優良賃貸住宅**の供給計画の認定制度が廃止された。

▶ サービス付き高齢者向け住宅に一本化し、都道府県知事による登録制度が創設された。

出 32-128-5

**454** 2011（平成23）年4月、高齢者住まい法の一部改正では、**サービス付き高齢者向け住宅の登録制度**の創設のほかに、**終身建物賃貸借制度**の見直し、高齢者居住支援センターの指定制度の廃止などが行われた（図9参照）。

**455** 終身建物賃貸借制度は、賃借人が死亡することで賃貸借契約が終了する借家制度で、**60歳以上**の高齢者が対象とされる。

出 33-135-4

**456** 2016（平成28）年に高齢者住まい法の一部が改正され、都道府県だけでなく**市町村**も**高齢者居住安定確保計画**を策定すると、**サービス付き高齢者向け住宅**の登録基準を強化・緩和できるようになった。

**457** **サービス付き高齢者向け住宅**は、高齢者の居住の安定を確保するため、バリアフリー構造等を有し、介護・医療と連携して、高齢者を支援するサービスを提供する住宅である。高齢者向けの**賃貸住宅事業**または**有料老人ホーム**を行う者が、都道府県知事の登録を受ける。

**458** サービス付き高齢者向け住宅の事業者は、その義務として入居者に対して**契約**前に書面を交付しなければならない。また、入居契約に従って**高齢者生活支援サービス**を提供しなければならない。

**459** **有料老人ホーム**は、サービス付き高齢者向け住宅として**登録**することが可能であり、登録されたものは、**老人福祉法での届出**（事業内容等と、その変更、廃止・休止の届出）の義務は適用されない（老人福祉法の有料老人ホームの特例は表47参照）。

**460** シルバーハウジングにおいては、**ライフサポートアドバイザー**が配置され、シルバーハウジングに居住している高齢者に対し、必要に応じ生活指導・相談、安否確認、一時的な家事援助、緊急時対応等のサービスを行う。

出 33-135-3

## 図9　高齢者住まい法の改正概要

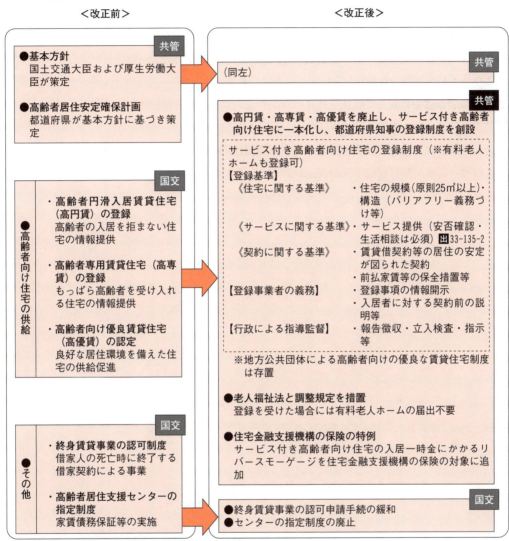

注：「国交」は国土交通省の略、「共管」は国土交通省・厚生労働省共管制度の略。
資料：国土交通省「改正高齢者住まい法の概要」

### 表47　老人福祉法の特例について（有料老人ホームの場合）

サービス付き高齢者向け住宅については、
○ 食事、介護、家事、健康管理のいずれかのサービスを提供しているサービス付き高齢者向け住宅
　→ 有料老人ホームに該当する。
○ 安否確認・生活相談のみのサービス付き高齢者向け住宅
　→ 有料老人ホームには該当しない。

461　2007（平成19）年7月に、**住宅確保要配慮者に対する賃貸住宅の供給の促進に関する法律**が制定された。これは、低額所得者、被災者、高齢

**重要項目**

者、障害者、子どもを育成する家庭等の住宅確保要配慮者は、民間賃貸住宅市場において入居制限が行われているなど、その居住水準が比較的低い状況にある場合が少なくないことから、住生活基本法の理念にのっとり、住宅確保要配慮者に対する賃貸住宅の供給の促進を図るため、国および地方公共団体の責務などを規定したものである。

462 **住宅確保要配慮者**に対して居住支援に取り組む法人（**住宅確保要配慮者居宅支援法人**）は、都道府県知事に申請、指定される。 出 33-135-1

463 地方公共団体は、住宅確保要配慮者に対する賃貸住宅の供給の促進に関する計画（**都道府県賃貸住宅供給促進計画**および**市町村賃貸住宅供給促進計画**）を作成できる。 出 33-135-5

# 実力チェック！ 一問一答 ————

※解答の（　）は重要項目（P. 221〜302）の番号です。

●解答

① 65歳以上の高齢者の死亡率で最も高いのは何か。

▶ 悪性新生物（腫瘍）（ 10 ）

② 一人暮らし高齢者は、男性と女性ではどちらが多いか。

▶ 女性（ 16 ）

③ 2003（平成15）年に、介護保険制度の実施状況を踏まえ、「高齢者の尊厳を支えるケアの確立」を目指してまとめられたのは何か。

▶ 「2015年の高齢者介護〜高齢者の尊厳を支えるケアの確立に向けて〜」（ 58 ）

④ 2011（平成23）年の社会福祉士及び介護福祉士法の一部改正に伴い、介護福祉士が医師の指示の下に行える行為は何か。

▶ 喀痰吸引その他日常生活を営むのに必要な行為（ 65 ）

⑤ 要支援・要介護状態になることを防ぐことを目指した事業は何か。

▶ 介護予防（ 70 ）

⑥ 情報収集、解釈と整理、課題の明確化、介護計画の立案、実施、評価、修正の一連の過程を何というか。

▶ 介護過程（ 77 ）

⑦ 両側下肢の麻痺を何というか。

▶ 対麻痺（ 78 （表2））

⑧ 移動介護時に支持基底面を広くとる、利用者に近づく等の注意点はどのような原理に基づくものか。

▶ ボディメカニクス（ 79 （表3））

⑨ 麻痺のある利用者の杖による三点歩行時、杖の次に出すのは、患側・健側どちらを先に出すことを基本とするか。

▶ 患側（ 81 ）

⑩ 本来胃に入るべき食物や飲み物が気道に入ってしまい、肺炎の原因となる状態を何というか。

▶ 誤嚥（ 88, 90 ）

⑪ 心疾患や高血圧症のある場合の適切な湯温は何度か。

▶ 40℃以内（ 93 （表5））

⑫ 長時間の圧迫により血液循環障害を起こした状態を何というか。

▶ 褥瘡（ 98 ）

⑬ 心臓の歩調をとるための機器で、体内に埋め込むものは何か。

▶ 心臓ペースメーカー（ 108 ）

⑭ 腎不全や薬物中毒などにより生体内の水・電解質異常、老廃物蓄積を人工的に浄化する療法は何か。

▶ 人工透析療法（ 111 ）

⑮ 音が大脳の聴覚中枢に伝わるまでの過程で生じる難聴を何というか。

▶ 感音性難聴（ 116 ）

⑯ 長期仰臥時の利用者を座位にする際などに起きる、頭部への血液循環が減少して起きる症状は何か。

▶ 起立性低血圧（ 122 ）

⑰ 腎臓から尿道までの尿路に細菌感染が生じることで起きる感染症は何か。

▶ 尿路感染症（ 122 ）

高齢者に対する支援と介護保険制度

303

一問一答

●解答

⑱ 身体はある程度の筋弛緩を保ちつつ、脳は熟睡している状態にある眠りは何か。
▶ノンレム睡眠（ 127 （表7））

⑲ 片麻痺、言語障害、頭痛などの症状が出る認知症は何か。
▶血管性認知症（ 128 （表8））

⑳ パーキンソン症状を特徴にもつ認知症は何か。
▶レビー小体型認知症（ 128 （表8））

㉑ 脳の器質的障害が原因で、その症状として記憶障害や見当識障害があり、認知症診断の目安となる症状を何というか。
▶中核症状（ 129 ）

㉒ 若年性認知症施策の強化を柱の１つとした施策は何か。
▶「認知症施策推進総合戦略（新オレンジプラン）」（ 140 （表10））

㉓ 冬季に、暖房のないトイレや浴室で出る危険性のある症状を何というか。
▶ヒートショック（ 156 ）

㉔ 介護保険の財源構成において、保険料による割合は何％か。
▶50％（ 174 （図2））

㉕ 第１号被保険者の保険料を年金から天引きする方法は何か。
▶特別徴収（ 185 ）

㉖ 介護保険制度の第２号被保険者に該当するのは40歳以上65歳未満の年齢のほかに、どのような条件が必要か。
▶医療保険加入者（ 191 ）

㉗ 65歳以上の生活保護の被保護者の介護保険利用者負担部分は何によって支払われるか。
▶介護扶助（ 201 ）

㉘ 障害者で自立支援給付を利用していたものが65歳以上になった場合、優先される給付は何法のものか。
▶介護保険法（ 208 ）

㉙ 介護給付を受けようとする被保険者は、要介護の認定をどこに申請するのか。
▶市町村（ 210 ）

㉚ 介護認定における認定調査の調査項目は何項目か。
▶74項目（ 215 ）

㉛ 要支援１または２と判断された者が受けられる給付は何か。
▶予防給付（ 227 ）

㉜ 保険給付には、介護給付と予防給付のほかに何があるか。
▶市町村特別給付（ 229 ）

㉝ 病院等の医師、看護師、管理栄養士等により行われる療養上の管理および指導などは何か。
▶居宅療養管理指導（ 232 （表24））

㉞ 特別養護老人ホーム等に短期入所させ、入浴等の日常生活上の世話を行うのは何か。
▶短期入所生活介護（ 232 （表24））

㉟ 特定施設入居者生活介護の対象となるのは養護老人ホーム、有料老人ホームのほかに何があるか。
▶軽費老人ホーム（ 232 （表24））

㊱ 2017（平成29）年に介護保険施設として創設されたものは
▶介護医療院（ 243 （表

304

●解答

何か。

28))

37 夜間対応型訪問介護、小規模多機能型居宅介護などが盛り込まれたサービスは何か。

▶地域密着型サービス（ 246 （表31））

38 介護予防訪問看護において、看護職種（保健師、看護師、准看護師）以外で訪問を行う職種は何か。

▶リハビリテーション職（理学療法士、作業療法士、言語聴覚士）（ 254 （表33））

39 要介護認定の結果に不服がある場合の申立てはどこにするのか。

▶介護保険審査会（ 281 ）

40 介護保険の利用者の自己負担の割合は原則、何割か。

▶1割（一定以上の所得のある第1号被保険者は2割または3割）（ 286 ）

41 市町村が介護保険事業計画を策定するのは、何年を一期とするか。

▶3年（ 302 ）

42 指定居宅サービス事業者の指定を行うのは誰か。

▶都道府県知事（ 309 ）

43 介護保険上の指定介護老人福祉施設となるために必要な指定は誰に受けるか。

▶都道府県知事（ 317 ）

44 要介護者等からの相談に応じ、居宅サービスや地域密着型サービスなどを利用できるように、市町村、サービス事業者と連絡調整を行う者は誰か。

▶介護支援専門員（ 331 ）

45 介護福祉士等の資格者が講習を受けなくても、福祉用具等の選び方や使い方について助言できる職種を何というか。

▶福祉用具専門相談員（ 350 ）

46 認知症に関する正しい知識と理解をもち、地域や職域で認知症の人やその家族を支援するボランティアを何というか。

▶認知症サポーター（ 356 ）

47 無料または低額な料金で各種相談に応じ、また健康増進、教養の向上、レクリエーションの便宜を提供する施設を何というか。

▶老人福祉センター（ 392 ）

48 高齢者虐待防止法における高齢者とは、何歳以上の者をいうか。

▶65歳以上（ 426 ）

49 地域包括支援センターは、虐待の事例を把握した場合、何の法律に基づいて適切な対応をとることになるか。

▶高齢者虐待の防止、高齢者の養護者に対する支援等に関する法律（高齢者虐待防止法）など（ 441 ）

50 高齢者や障害者等の円滑な移動や、建築物等の施設の安全性の向上などを目的とした法律は何か。

▶高齢者、障害者等の移動等の円滑化の促進に関す

一問一答

●解答
る法律（バリアフリー新法）（ 444 （表45）, 445 （表46））

合格体験記

## 必要なのは自分に合った勉強方法を見つけること

　試験勉強を進めていくにあたり、私は、「自分に合った勉強方法を見つけること」が必要だと感じました。そこで、まずは過去の国家試験解説集と受験ワークブックを購入し、とにかく最初は一度、一昨年の過去問題を解き、実際の試験の問題に慣れることから始めました。そして、最終的には、①過去問題を科目別に、年度の新しいものから解く→②問題を解いたら、問題の解答・解説で出題のポイントとなる部分を把握する→③出題部分を受験ワークブックで確認し、本文を繰り返し読んで内容を理解する（マーキングして、2回目以降の確認で復習する）、といった勉強方法を確立させました。

　私は、この①～③までの過程を、5回繰り返して行いました。科目ごとに解き、何回も繰り返すことで、苦手な科目、記憶が不確かな部分や理解が不十分な部分がみえてくるので、自分の知識を確実なものにするために、受験ワークブックの本文を何度も読み返す、ノートに書き出す、友達や先生に聞く、暗記するなど、自分なりの習得方法で実力を伸ばすのもよいと思います。

　しかし、個人的な勉強方法だけでは、どれだけの知識がついているのかわかりにくく不安に感じると思います。そこで、定期的に行われる模擬試験を利用し、自身の結果を受け止め、その後の勉強に活かしていくことをお勧めします。模擬試験には、近年の福祉の動向が出題されている場合が多いので、模擬試験についても復習をし、ポイントを押さえておくとよいでしょう。

（市立美濃病院医療ソーシャルワーカー　井戸杏子）

# 6

## 児童や家庭に対する支援と児童・家庭福祉制度

# 傾向と対策

## 出題基準と出題実績

| 出題基準 | | | |
|---|---|---|---|
| 大項目 | 中項目 | 小項目（例示） | |
| 1 児童・家庭の生活実態とこれを取り巻く社会情勢、福祉需要（一人親家庭、児童虐待及び家庭内暴力（DV）、地域における子育て支援及び青少年育成の実態を含む。）と実際 | 1）児童・家庭の生活実態とこれを取り巻く社会情勢 | ・少子化の進行<br>・少年犯罪<br>・家庭の育児機能の低下<br>・子どもの貧困対策の推進<br>・いじめ防止対策の推進<br>・その他 | |
| | 2）児童・家庭の福祉需要（一人親家庭、児童虐待、家庭内暴力（DV）、地域における子育て支援及び青少年育成の実態を含む。） | ・児童・家庭の福祉需要の実態、一人親家庭の実態、児童虐待の実態、家庭内暴力（DV）の実態、地域における子育て支援及び青少年育成の実態<br>・子ども・子育て支援<br>・就学前の子どもに関する教育、保育等の総合的な提供の推進<br>・母子家庭の母及び父子家庭の父の就業の支援<br>・その他 | |
| 2 児童・家庭福祉制度の発展過程 | 1）児童・家庭福祉制度の発展過程 | | |
| 3 児童の定義と権利 | 1）児童の定義 | | |
| | 2）児童の権利 | | |
| 4 児童福祉法 | 1）児童福祉法の概要 | ・児童福祉法の目的、児童福祉施設の種類、里親制度、障害児支援、児童福祉制度に係る財源、児童福祉サービスの最近の動向<br>・その他 | |
| 5 児童虐待の防止等に関する法律（児童虐待防止法） | 1）児童虐待防止法の概要 | ・児童虐待防止法の目的、児童虐待の定義、虐待予防の取組、虐待発見時の対応<br>・その他 | |

※【 】内は国家試験に出題された番号です。

| | 出題実績 | | | | |
|---|---|---|---|---|---|
| | 第30回(2018年) | 第31回(2019年) | 第32回(2020年) | 第33回(2021年) | 第34回(2022年) |
| | | | | ・子どもの貧困対策の推進に関する法律【141】 | ・ヤングケアラーへのスクールソーシャルワーカーの対応〜事例〜【136】 |
| | ・幼保連携型認定こども園【136】 | ・地域における子どもとその家庭および妊産婦等を対象とした支援【139】 | ・「子ども虐待による死亡事例等の検証結果等について」【136】 | ・2016(平成28)年時点におけるひとり親世帯等の実態【136】<br>・子育て支援にかかる法律【140】 | ・児童相談所における児童虐待相談対応件数【138】<br>・若年妊婦等支援事業での相談員の対応〜事例〜【139】 |
| | ・障害児福祉の発展に貢献した人物【137】 | | ・ナチスドイツによる強制収容所で子どもたちと死をともにしたとされる人物【137】 | | |
| | ・児童の権利に関する条約【138】 | | | | |
| | ・母子生活支援施設【139】<br>・里親支援専門相談員【142】 | ・医療型障害児入所施設【136】<br>・医療型児童発達支援〜事例〜【141】 | ・里親制度【138】<br>・要保護児童対策地域協議会【140】 | ・2019(令和元)年に改正された児童福祉法の規定【137】<br>・子育て支援にかかる法律【140】 | ・児童福祉法に定められた事業【137】<br>・児童養護施設入所児童の家庭環境調整【140】 |
| | ・虐待が疑われる長期欠席児童への市子ども家庭課の対応〜事例〜【140】 | ・虐待が疑われる保育園児への保育所の初動対応〜事例〜【137】 | ・虐待が疑われる小学生への学校の対応〜事例〜【141】 | ・2019(令和元)年に改正された児童虐待防止法の規定【137】 | |

児童や家庭に対する支援と児童・家庭福祉制度

| 大項目 | 中項目 | 小項目（例示） | |
|---|---|---|---|
| 6 配偶者からの暴力の防止及び被害者の保護に関する法律（DV防止法） | 1）DV防止法の概要 | ・DV防止法の目的、DVの定義、家庭内暴力発見時の対応<br>・その他 | |
| 7 母子及び寡婦福祉法 | 1）母子及び寡婦福祉法の概要 | ・母子及び寡婦福祉法の目的、母子寡婦福祉資金、母子福祉施設、母子寡婦福祉制度に係る財源、母子寡婦福祉サービスの最近の動向<br>・その他 | |
| 8 母子保健法 | 1）母子保健法の概要 | ・母子保健法の目的、母子健康手帳、養育医療の種類、母子保健制度に係る財源、母子保健サービスの最近の動向<br>・その他 | |
| 9 児童手当法 | 1）児童手当法の概要 | ・児童手当の種類、児童手当に係る財源、児童手当制度の最近の動向<br>・その他 | |
| 10 児童扶養手当法 | 1）児童扶養手当法の概要 | ・児童扶養手当の種類、児童扶養手当に係る財源、児童扶養手当制度の最近の動向<br>・その他 | |
| 11 特別児童扶養手当等の支給に関する法律（特別児童扶養手当法） | 1）特別児童扶養手当法の概要 | ・特別児童扶養手当の種類、特別児童扶養手当に係る財源、特別児童扶養手当制度の最近の動向<br>・その他 | |
| 12 次世代育成支援対策推進法 | 1）次世代育成支援対策推進法の概要 | | |
| 13 少子化社会対策基本法 | 1）少子化社会対策基本法の概要 | | |
| 14 売春防止法 | 1）売春防止法の概要 | ・婦人相談所、婦人保護施設、婦人相談員<br>・その他 | |
| 15 児童・家庭福祉制度における組織及び団体の役割と実際 | 1）国の役割 | | |
| | 2）市町村の役割 | | |
| | 3）都道府県の役割 | | |
| | 4）家庭裁判所の役割 | | |
| | 5）民生委員と児童委員の役割 | | |
| | 6）児童・家庭福祉制度における公私の役割関係 | | |

| | 第 30 回(2018 年) | 第 31 回(2019 年) | 第 32 回(2020 年) | 第 33 回(2021 年) | 第 34 回(2022 年) |
|---|---|---|---|---|---|
| | | | | ・配偶者暴力相談支援センター相談員の対応〜事例〜【138】 | |
| | | ・母子及び父子並びに寡婦福祉法の規定内容【138】 | | | |
| | | | ・母子健康包括支援センターの業務【139】 | ・子育て支援にかかる法律【140】 | |
| | | | | ・児童手当の支給先〜事例〜【139】 | |
| | | | | | |
| | | | | | |
| | | | | ・子育て支援にかかる法律【140】 | |
| | | | | | |
| | | ・特別養子縁組を成立させることのできる組織・機関【140】 | | ・子どもにかかわる専門職等【142】 | |
| | ・児童委員の職務【141】 | | | ・子どもにかかわる専門職等【142】 | |

| 大項目 | 中項目 | 小項目（例示） | |
|---|---|---|---|
| 16 児童・家庭福祉制度における専門職の役割と実際 | 1）保育士の役割 | | |
| | 2）家庭支援専門相談員の役割 | | |
| 17 児童・家庭福祉制度における多職種連携、ネットワーキングと実際 | 1）医療関係者との連携 | ・連携の方法<br>・連携の実際<br>・その他 | |
| | 2）教育関係者との連携 | ・連携の方法<br>・連携の実際<br>・その他 | |
| | 3）労働施策関係者との連携 | ・連携の方法<br>・連携の実際<br>・その他 | |
| 18 児童相談所の役割と実際 | 1）児童相談所の組織体系 | | |
| | 2）児童相談所と市町村の連携 | | |
| | 3）児童相談所の活動の実際 | | |

# 傾向

　本科目は、子育て家庭への支援など、新たな角度の内容が多く盛り込まれている。

　第30回から第34回試験では、それぞれ7問が出題された。以下、出題基準の項目に沿って分析する。

| | 第30回(2018年) | 第31回(2019年) | 第32回(2020年) | 第33回(2021年) | 第34回(2022年) |
|---|---|---|---|---|---|
| | | | | ・子どもにかかわる専門職等【142】 | |
| | | | | ・子どもにかかわる専門職等【142】 | |
| | | | ・児童相談所の設置および業務【142】 | ・2019（令和元）年の児童福祉法改正（児童相談所関連）【137】 | |
| | | ・児童相談所の相談に関する統計【142】 | | | ・ネグレクトにより乳児院に入所している子どもへの児童相談所の児童福祉司の対応〜事例〜【141】<br>・児童相談所の一時保護【142】 |

## 1 児童・家庭の生活実態とこれを取り巻く社会情勢、福祉需要と実際

　第30回では、幼保連携型認定こども園に関する問題、第31回では、地域における子どもとその家庭および妊産婦等を対象とした支援に関する問題、第32回では、「子ども虐待による死亡事例等の検証結果等について（第14次報告）」に関する問題、第33回では、2つの統計調査をもとに2016（平成28）年時点におけるひとり親世帯等の実態に関する問題、子育て支援にかかる各法律の規定内容、子どもの貧困対策の推進に関する法律に関する問題、第34回では、いわゆるヤングケアラーの小学6年生の男児が病気の母親の手伝いや妹の世話で学

校を休むことが多いと相談を受けたスクールソーシャルワーカー（社会福祉士）の対応に関する事例問題、児童相談所における児童虐待相談対応件数に関する問題、若年妊婦等支援事業の担当者である母子健康包括支援センターの相談員（社会福祉士）の対応に関する事例問題が出題された。「児童虐待の実態」もこの項目の内容に含まれているが、これは「⑤児童虐待の防止等に関する法律」の項目と、児童・家庭の福祉需要の項目も児童福祉法の保育所等に関連して一緒にまとめておくとよい。

このところ、実態や調査の状況が連続して出題されている。第34回でも近年、社会的に問題となっているヤングケアラーに関して出題され、社会情勢の動向を把握しておく必要がある。また、全体的に精神医学的な知識や心理学の知識も求められているので、応用力を身につけておくことが重要である。

## ② 児童・家庭福祉制度の発展過程

本項目は、児童福祉の歴史に関する項目である。第30回では、障害児福祉の発展に貢献した人物に関する問題、第32回では、児童権利条約の精神に多大な影響を与え、ナチスドイツによる強制収容所で子どもたちと死をともにしたとされる人物に関する問題が出題された。ヤヌシュ・コルチャック（Korczak, J.）は、日本では「コルチャック先生」として有名ではあるが、難しいと感じた人もいたかもしれない。

「現代社会と福祉」の分野と重なる内容や過去問の内容が繰り返し出題されているので、どこがポイントになるのかを押さえる必要がある。また、歴史は年号を暗記するのではなく、流れとして理解しておくとよい。

## ③ 児童の定義と権利

第30回では、意見表明権と児童の権利に関する条約についての問題が出題された。各法の対象とする年齢規定は過去にも類似の内容が出題されている。また、児童の権利に関する条約は重要であり、制定の経過や主要な条文に目を通しておく必要がある。

## ④ 児童福祉法

第30回では、母子生活支援施設、里親支援専門相談員に関する問題、第31回では、医療型障害児入所施設、医療型児童発達支援に関する問題、第32回では、里親制度、要保護児童対策地域協議会に関する問題、第33回では、2019（令和元）年に改正された児童福祉法の規定に関する問題、子育て支援にかかる法律として児童福祉法の規定内容に関する問題、第34回では、児童福祉法に定められた事業の説明に関する問題、児童養護施設入所児童の家庭

環境調整に関する問題が出題された。その他にも児童福祉法の知識が求められる問題が出題されている。

　本項目については、児童福祉法の条文を通読し、よく出題されるところを本書でまとめておくとよい。


## ⑤ 児童虐待の防止等に関する法律
## ⑥ 配偶者からの暴力の防止及び被害者の保護等に関する法律

　第30回では、長期欠席児童への市子ども家庭課の対応に関する事例問題、第31回では、虐待が疑われる保育園児への保育所の初動対応に関する事例問題、第32回では、虐待が疑われる小学生への学校の対応に関する事例問題、第33回では、2019（令和元）年に改正された児童虐待の防止等に関する法律（児童虐待防止法）の規定に関する問題、配偶者暴力相談支援センター相談員の対応に関する事例問題が出題された。

　昨今、児童虐待による事件はあとをたたない。児童相談所や行政、学校の対応も問われている。2008（平成20）年11月の改正で児童福祉法に新たに設けられた児童養護施設の職員等による「被措置児童等の虐待の防止等」、2011（平成23）年の民法の改正による親権停止の創設などやそれに関連した児童福祉法の改正、2019（令和元）年6月の特別養子縁組にかかる民法や児童福祉法の改正、同年の児童虐待防止対策の強化を図るための児童福祉法や児童虐待防止法の改正などについても併せてまとめておくとよい。


## ⑦ 母子及び父子並びに寡婦福祉法

　本項目は、子どもと家庭にかかわる女性福祉という面からとらえていく内容である。第31回では、母子及び父子並びに寡婦福祉法の規定内容に関する問題が出題された。

　本項目については、近年、父子家庭が施策の対象に盛り込まれ、母子及び寡婦福祉法が母子及び父子並びに寡婦福祉法と改正された。自立支援に関する内容や法の総則に目を通しておくとよい。


## ⑧ 母子保健法

　第32回では、母子健康包括支援センター（子育て世代包括支援センター）の業務に関する問題、第33回では、子育て支援にかかる法律として母子保健法の規定内容に関する問題が出題された。

　母子保健法は条文の数も多くないので、通読して内容をしっかりと理解しておくとよい。

|9| **児童手当法**
|10| **児童扶養手当法**
|11| **特別児童扶養手当等の支給に関する法律**

　第33回では、児童手当の支給先に関する事例問題が出題された。

　本項目については、児童手当法、児童扶養手当法、特別児童扶養手当等の支給に関する法律の3つの内容を混乱しないようにまとめておく必要がある。また、2012（平成24）年や2021（令和3）年の児童手当法の一部を改正する法律の概要を押さえておくとよい。

|12| **次世代育成支援対策推進法**
|13| **少子化社会対策基本法**

　第33回では、子育て支援にかかる法律として次世代育成支援対策推進法の規定内容に関する問題が出題された。両法律および施策の動向については、次世代育成支援および児童と家庭に対する支援として注目しておく必要がある。少子化社会への対応として、生後4か月までの乳児がいる家庭を訪問し、子育て支援の情報提供などを行う「こんにちは赤ちゃん事業」などと併せてまとめておくとよい。

|14| **売春防止法**

　第30回から第34回では出題がなかった。売春防止法については、婦人保護施設が家庭内暴力に伴うシェルターの役割を果たしている現状があることなどをしっかりと理解しておくことが重要である。

|15| **児童・家庭福祉制度における組織及び団体の役割と実際**

　第30回では、児童委員の職務に関する問題、第31回では、特別養子縁組を成立させることのできる組織・機関に関する問題、第33回では、子どもにかかわる専門職等に関する問題が出題された。

　本項目については、市町村や家庭裁判所など、各機関の業務と役割についてまとめておくことが重要である。

## 16 児童・家庭福祉制度における専門職の役割と実際
## 17 児童・家庭福祉制度における多職種連携、ネットワーキングと実際

第33回では、子どもにかかわる専門職等に関する問題が出題された。

本項目については、各専門職の役割や多職種連携のあり方などについてまとめておくとよい。


## 18 児童相談所の役割と実際

第31回では、児童相談所の相談に関する統計の問題、第32回では、児童相談所の設置および業務に関する問題、第33回では、2019（令和元）年の児童福祉法改正内容に関連して児童相談所の業務や設置に関する問題、第34回では、児童相談所における一時保護に関する問題、ネグレクトにより乳児院に入所している子どもへの児童相談所の児童福祉司（社会福祉士）の考える支援方針に関する事例問題が出題された。

近年、児童相談所の活動は多岐にわたり、かつ、重要な組織となっている。2011（平成23）年の児童福祉法改正に伴う児童相談所長の役割、2019（令和元）年の児童福祉法改正による特別養子縁組への児童相談所長の関与、DV防止法の関係機関として児童相談所が含まれることについて注目するとともに、実践的な内容も含めてまとめておきたい。


## 事例

第30回では、事例問題が1問と紹介文から人物を判断する問題が1問、第31回では、短文の事例問題が2問と文章を読んで「次の説明文に該当するもの」を選ぶ問題が1問、第32回では、問題文を読んでそれに該当する人物を選ぶ問題が1問、短文の事例を読んでその対応を選ぶ問題が1問、第33回では、事例問題が2問出題された。第34回では、事例問題が3問出題された。第30回では、虐待が疑われる長期欠席児童への市こども家庭課の対応に関する問題と、施設の創設や著作から該当する人物を選ぶ問題が出題された。第31回では、虐待が疑われる保育園児への保育所の初動対応に関する問題、障害を有する状態となって退院後に利用するサービスに関する問題、説明文より2016（平成28）年の児童福祉法改正により設けられた市区町村子ども家庭総合支援拠点を選ぶ問題が出題された。第32回の小学校の対応に関する問題は、昨今いじめや虐待でマスコミなどで話題となっているような事例であった。また、人物の紹介文は、過去にも出題されている。事例文とはいえないが、文章を理解し解釈する問題として今後もこのような内容の出題が続くものと思われるので、社会福祉士としての対応などを中心に学習しておきたい。第33回では、配偶者暴力相談支援センターの相談

員の対応に関する問題と、児童養護施設入所児童における児童手当の支給先に関する問題が出題された。第34回のスクールソーシャルワーカーの対応は、いじめやヤングケアラー問題などで近年重要な資格となったソーシャルワーカーの現実の問題として対応が問われる出題であった。また、若年妊婦への支援は、近年内密出産として社会的に問題となっている事例を思わせるものでもあった。ネグレクトされた乳児の問題も多発する社会問題と重なっている。

　これらの事例は、各回実際に想定される事例であり、現場に即した知識を身につけるようにしたい。

# 対策

　児童福祉の歴史を理解することは、児童福祉の全体像を理解するために不可欠である。また、日本の歴史だけでなく、アメリカの第1回ホワイトハウス会議、ジェネバ（ジュネーブ）児童権利宣言、アメリカの児童憲章、日本の児童憲章、国連の児童の権利宣言、児童の権利に関する条約、国連「子どものための世界サミット」宣言を順番に押さえておき、それぞれの特色が何かをまとめておくとよい。

　本科目にとって、法制度の学習は必須のものと考えられる。第33回では、「子育て支援」に関する各法律や子どもの貧困対策の推進に関する法律などの横断的な内容も問われている。第34回では、児童福祉法の各種事業が問われている。対策としては、近年の児童福祉法の改正内容の特徴、児童手当法の改正部分などの条文内容の学習および児童家庭の福祉に関する施策の学習が必須条件といえる。

　そのほかに、障害者の日常生活及び社会生活を総合的に支援するための法律（障害者総合支援法）、少子化や次世代育成、児童虐待などに関する法律と施策、2012（平成24）年8月に成立した子ども・子育て支援法など、いわゆる子ども・子育て関連3法とその2015（平成27）年4月からの施行内容、2013（平成25）年6月に成立した子どもの貧困対策の推進に関する法律、2014（平成26）年5月の児童福祉法の改正（小児慢性特定疾病に関する内容）、同年の児童買春・児童ポルノ禁止法改正、2015年3月末までの時限立法であった次世代育成支援対策推進法の10年間の延長とその改正内容、2016（平成28）年6月の児童福祉法の一部改正、それに伴う売春防止法、母子及び父子並びに寡婦福祉法、母子保健法、児童虐待防止法のそれぞれの改正内容、同年同月の「障害者の日常生活及び社会生活を総合的に支援するための法律及び児童福祉法の一部を改正する法律」、2017（平成29）年6月の「児童福祉法及び児童虐待の防止等に関する法律の一部を改正する法律」の改正内容、2018（平成30）年6月の児童扶養手当法の改正内容、同年12月の成育過程にある者及びその保護者並びに妊産婦に対し必要な成育医療等を切れ目なく提供するための施策の総合的な推進に関する法律（成育基本法）、2019（令和元）年6月の特別養子縁組に関連した民法や児童福祉法の改正は「権利擁護の成年後見制度」の科目といっしょにまとめておくとよい。また、同年5月の

子ども・子育て支援法の改正、同年6月の「児童虐待防止対策の強化を図るための児童福祉法等の一部を改正する法律」による児童福祉法や児童虐待防止法の改正、同年同月の子どもの貧困対策の推進に関する法律の改正、同年12月の母子保健法の改正、2020（令和2）年に公表された「新子育て安心プラン」「少子化社会対策大綱」、児童福祉法の改正、2021（令和3）年6月の「医療的ケア児及びその家族に対する支援に関する法律」（医療的ケア児支援法）の制定などについても注目しておく必要がある。

　具体的な学習方法としては、今後も新しい法律や法改正部分から出題される可能性が高いので、『国民の福祉の動向』（厚生統計協会）や官報などで法の動きをチェックしておくとよい。また、さまざまな統計数値の変化などについてもまとめておきたい。

　さらに、時事問題として、事例問題に社会福祉士としての対応が問われている。児童虐待などはこのところマスコミによく登場する注目の分野である。日頃から新聞などに目を通しておくことが大切である。

# 押さえておこう！　重要項目

## 1 児童・家庭の生活実態とこれを取り巻く社会情勢、福祉需要と実際

### 児童・家庭の生活実態とこれを取り巻く社会情勢

**1** **合計特殊出生率**とは、**一人の女性が生涯に生むと推定される子どもの数**をいい、わが国では人口維持に必要とされる **2.1** を割っている。1989（平成元）年は **1.57** ショックといわれ、その後も低下を続け、2005（平成 17）年の人口動態統計では **1.26** となった。2010（平成 22）年は **1.39**、2020（令和 2）年は **1.33** となっている。

**2** **年少人口**は 1988（昭和 63）年に総人口の 20 ％を割り、2020（令和 2）年の出生数は **84 万 835** 人で戦後最低となっている。

**3** **諸外国の合計特殊出生率**は、アメリカ 1.71（2019 年）、フランス 1.84（2019 年）、スウェーデン 1.70（2019 年）、イギリス 1.65（2019 年）、ドイツ 1.54（2019 年）、イタリア 1.27（2019 年）、韓国 0.92（2019年）となっている。

**4** わが国の**乳児死亡率**は、2020（令和 2）年の人口動態統計によると、出生 1000 人に対して 1.8 となり、世界でも最低率国になっている。また、**妊産婦死亡率**は、2020（令和 2）年に出生 10 万対 2.7 で、世界でも最低率のグループに入っている。

**5** **乳児死亡の原因**は、1960 年代頃までは肺炎・腸炎などの感染症が第 1位であったが、2004（平成 16）年以降、先天奇形、変形および染色体異常が第 1 位となっている。

**6** 文部科学省は、「児童生徒の問題行動・不登校等生徒指導上の諸問題に関する調査」のなかで、**いじめ**とは、当該児童生徒が、一定の人間関係のあるほかの生徒から、心理的、物理的な攻撃を受けたことにより、心身の苦痛を感じているもの。なお、起こった場所は学校の内外を問わないと定義している。

**7** 2020（令和 2）年度の**いじめの認知件数**は、51 万 7163 件となっている。小学校が 42 万 897 件、中学校が 8 万 877 件で、学校総数に対し、いじめを認知した学校の割合は、小学校が **86.4** ％、中学校が **82.2** ％である。発見のきっかけは、全体ではアンケート調査など学校の取組みによる発見が **55.4** ％と最も多い。

**8** 近年は、キレやすく感情がコントロールできない子どもが増加している。非行少年にはあたらないが、タバコや飲酒、家出などによって補導され

---

**合計特殊出生率**
「15〜49 歳までの女性の年齢別出生率を合計したもの」で、一人の女性がその年齢別出生率で一生の間に生むとしたときの子どもの数に相当する。

**年少人口**
0 〜14 歳までの人口。

---

た**不良行為少年**は、2009（平成21）年以降、ほぼ横ばいで推移していたが、2012（平成24）年に11年ぶりに100万人を下回り、2020（令和2）年は33万3182人となっている。

9　2013（平成25）年6月に**子どもの貧困対策の推進に関する法律**が制定され、2019（令和元）年6月の改正により目的と基本理念の充実が図られた。貧困の状況にあるすべての子どもが健やかに育成される環境を整備するとともに、教育の機会均等が保障され子ども一人ひとりが夢や希望をもつことができるよう、子どもの貧困解消に向けて児童の権利に関する条約の精神にのっとり、対策を総合的に推進することを目的とする。

出 33-141

💡 **注目！**

子どもの「将来」だけでなく「現在」に向けた対策、貧困解消に向けて、児童の権利条約の精神がもち込まれた。また、市町村は貧困対策計画の策定の努力義務が課された。

## 児童・家庭の福祉需要

10　「平成28年度全国ひとり親世帯等調査」によれば、**母子世帯数**は**123万2000**世帯、**父子世帯数**は**18万7000**世帯となっている（推計値）。**年間収入**（2015（平成27）年の1年間の収入）は、母子世帯**348万**円、父子世帯**573万**円平均となっている。

▶母子世帯のパート・アルバイト等の割合は43.8％、正規の職員の割合は44.2％となっている。

11　「平成28年度全国ひとり親世帯等調査」によると、**母子世帯のひとり親になった理由**は、死別が**8.0**％、生別が**91.1**％（うち離婚が**79.5**％）である。

出 33-136-1

12　「令和元年国民生活基礎調査」によれば、**母子世帯数**は、ここ10年で微増減はあるが、**おおよそ横ばい**で推移している。

出 33-136-3

13　「令和元年国民生活基礎調査」によれば、「子どもがいる現役世帯」のうち、**大人が一人の世帯の相対的貧困率**は、**48.1**％となっている。

出 33-136-4

14　2012（平成24）年9月に**母子家庭の母及び父子家庭の父の就業の支援に関する特別措置法**が成立した。子育てと就業との両立が困難であること、就業に必要な知識および技能を習得する機会を必ずしも十分に有してこなかったこと等の母子家庭の母がおかれている特別の事情、子育てと就業との両立が困難であること等の父子家庭の父がおかれている特別の事情にかんがみ、母子家庭の母および父子家庭の父の就業の支援に関する特別の措置を講じ、母子家庭および父子家庭の福祉を図ることを目的とする。

▶2003（平成15）年公布の「母子家庭の母の就業の支援に関する特別措置法」は母子家庭の母のみが対象であったが、新法では父子家庭の父も対象とされた。

15　**児童相談所における児童虐待の相談対応件数**は、2020（令和2）年度の福祉行政報告例によると**20万5044**件であり年々増加している。内容別相談件数は、心理的虐待（**12万1334**件）と最も多く、次いで身体的虐待（**5万35**件）、保護の怠慢ないし拒否（**3万1430**件）、性的虐待

出 31-142-1, 2
34-138

## 重要項目

（2245件）の順であり、ここ数年、心理的虐待が増加している。**警察等**からの通告が最も多く、次いで近隣・知人となっている。

**16** **児童への主な虐待者**は、2020（令和2）年度では、実母（**47.4**％）が最も多く、実父（**41.3**％）、実父以外の父（**5.3**％）、実母以外の母（**0.4**％）である。

**17** **被虐待児童の年齢**をみると、2020（令和2）年度では、**3**歳が1万4195件（6.9％）、次いで**2**歳が1万3885件（6.8％）と多くなっている。

**18** 1999（平成11）年に**児童買春、児童ポルノに係る行為等の処罰及び児童の保護等に関する法律**（児童買春・児童ポルノ禁止法）が制定された。国外犯を含めた児童に対する性的搾取・性的虐待の処罰等を規定し、心身に有害な影響を受けた児童に対し、児童相談所による一時保護、施設入所等の保護のための規定を盛り込んでいる。

**19** 児童買春・児童ポルノ禁止法には、児童の心身に有害な影響を与える目的をもって、これを自己の支配下に置く行為などについて、**国外犯処罰規定**がある。

**20** 2014（平成26）年6月、児童買春・児童ポルノ禁止法は、法律の題名が、**児童買春、児童ポルノに係る行為等の規制及び処罰並びに児童の保護等に関する法律**に改められた。また、児童ポルノの定義や、学術研究、報道等に関し適用上の注意規定が明確化された。

**21** 2014（平成26）年の児童買春・児童ポルノ禁止法の改正では、自己の性的好奇心を満たす目的での児童ポルノ所持等についての罰則が**1**年以下の懲役または**100**万円以下の罰金となった。

**22** 2021（令和3）年に全国の警察が認知した**配偶者からの暴力（ドメスティック・バイオレンス：DV）**は、**8万3042**件で、保護命令は1334件となっている。

**23** 2012（平成24）年8月、幼児期の学校教育・保育、地域の子ども・子育て支援を総合的に推進するため、**子ども・子育て関連3法**が公布された。一部を除いて2015（平成27）年4月から施行された。

▶ 3法とは、「子ども・子育て支援法」「認定こども園法の改正法」「関係法律の整備法」である。

**24** 2018（平成30）年12月に**成育過程にある者及びその保護者並びに妊産婦に対し必要な成育医療等を切れ目なく提供するための施策の総合的な推進に関する法律**（成育基本法）が公布された（2019（令和元）年12月1日施行）。これは、成育過程にある者等に対し必要な成育医療等を切れ目なく提供するための施策を総合的に推進するため、成育医療等の提供に関する施策に関し、基本理念、国、地方公共団体等の責務等、基本

注目！

成育基本法の制定。次代の社会を担う成育過程にある者への成育医療等の提供などを定める。

方針の策定について定め、成育医療等の提供に関する施策を規定したものである。

**25** 成育基本法において**成育過程**とは、出生に始まり、新生児期、乳幼児期、学童期および思春期の各段階を経て、大人になるまでの一連の成長の過程をいう。**成育医療等**とは、妊娠、出産および育児に関する問題、成育過程の各段階において生ずる心身の健康に関する問題等を包括的にとらえて適切に対応する医療および保健ならびにこれらに密接に関連する教育、福祉等にかかるサービス等をいう。

**26** 成育基本法により、政府は、**成育医療等の提供に関する施策の総合的な推進に関する基本的な方針**（成育医療等基本方針）を定めなければならない。また、厚生労働省に**成育医療等協議会**をおき、成育医療等基本方針の案を作成しようとするときは、同協議会の意見を聴くものとなった。

**27** 2021（令和3）年に**医療的ケア児及びその家族に対する支援に関する法律（医療的ケア児支援法）**が制定された。それにより、日常生活および社会生活を営むために恒常的に医療的ケア（人工呼吸器による呼吸管理、喀痰吸引その他の医療行為）を受けることが不可欠である児童（18歳以上の高校生等を含む）に対して、国・地方公共団体の責務、保育所や学校における医療的ケアその他の支援、医療的ケア児支援センターの設置などが定められた。

> 💡 **注目！**
> 医療技術の進歩に伴って医療的ケア児が増加した。その支援法である。

# 2 児童・家庭福祉制度の発展過程

## 児童・家庭福祉制度の発展過程

**28** 1924年の国際連盟の**ジェネバ（ジュネーブ）児童権利宣言**は、前文と5か条からなり、①心身の正常な発達権、②愛護と保護の保障、③救済の最優先性、④搾取からの保護、⑤人類への奉仕を目指す児童の育成を定めている。

**29** **ジェネバ（ジュネーブ）児童権利宣言**は、「人類は、児童に対し、最善のものを与える義務を負う」との児童の権利宣言の理念が最も早く明文化されたものである。

**30** **アメリカの第1回ホワイトハウス（白亜館）会議**は、1909年に**セオドア・ルーズベルト**（Theodore Roosevelt）によって開かれ、要扶養児童問題が論じられ、「**家庭は文明の最高の創造物**」と宣言された。

出 32-137-3

**31** 1951（昭和26）年に制定されたわが国の**児童憲章**は、**世界児童憲章案**

**重要項目**

（1922 年）、**ジェネバ（ジュネーブ）児童権利宣言**（1924 年）、**アメリカ児童憲章**（1930 年）を参照して、児童福祉法の基本理念を徹底するために作成されたものである。

**32** 1959 年の国連の**児童の権利宣言**は、前文と 10 か条の本文からなり、1924 年の**ジェネバ（ジュネーブ）児童権利宣言**、1948 年の**世界人権宣言**の流れをくむものである。

**33** 国連の**児童の権利宣言**は、**前文**で基本的人権の尊重など国連憲章の精神を再確認し、世界人権宣言の人間の平等と自由な権利も再強調している。また、人類は児童に対し、最善のものを与える義務を負うとしている。

**34** 国連の**児童の権利宣言**は、「児童が、幸福な生活を送り、かつ、自己と社会の福利のためにこの宣言に掲げる権利と自由を享有することができるようにするため」に公布されたものである。

**35** 1989（平成元）年に国連総会で採択された**児童の権利に関する条約**は、児童の能力、年齢、成熟度などを考慮してあり、一定の制限下ではあるが、児童自身が権利の実践主体として参加していくべきであるとの思想が読みとれる。また、第 1 条では、「児童」を **18** 歳未満のすべての者と定義している。

▶日本は、1994（平成6）年に国会の承認を得て批准した。

**36** **日本の児童救済事業から児童の福祉への歴史**のなかで、大きな影響を与えた人物と業績、行動などに関しては、聖徳太子（悲田院）、赤沢鍾美（あつとみ）（私立静修学校）、**石井十次**（じゅうじ）（**岡山孤児院**）、**留岡幸助**（とめおかこうすけ）（**家庭学校**）、**石井亮一**（**滝乃川学園**）、**野口幽香・森島峰**（**二葉幼稚園**）、**糸賀一雄**（**近江学園、びわこ学園、「この子らを世の光に」**）、**高木憲次**（**整肢療護園、肢体不自由児の父**）、小林提樹（島田療育園）、福井達雨（止揚学園）、水上勉（「拝啓池田総理大臣殿」）、カナダのキャロル（Carroll, A. K.）（児童福祉マニュアル）などがあげられる。

田 30-137

**37** **欧米における児童救済保護、権利、福祉の歴史**で大きな影響を与えた人物としては、フランスの**ルソー**（Rousseau, J. J.）（「エミール」）、イギリスの**オーエン**（Owen, R.）（性格形成学院、幼児学校）、**バーネット**（Barnett, S.）（**セツルメント運動、トインビー・ホール**）、**ボウルビィ**（Bowlby, J.）（**愛着・アタッチメント、ホスピタリズム**）、**バーナード**（Barnardo, T. J.）（**バーナードホーム**）、イタリアの**モンテッソリー**（Montessori, M.）（**特殊児童学校**）、ドイツの**フレーベル**（Fröbel, F.）（遊びを中心とした幼児教育施設、幼稚園）、スウェーデンの**ケイ**（Key, E.）（「児童の世紀」）、アメリカの**アダムス**（Addams, J.）（**セツルメント運動、ハル・ハウス**）、ポーランドの**ヤヌシュ・コルチャック**（Korc-

田 32-107-5（相理）
32-137

zak, J.）（**子どもの権利、児童の権利に関する条約、ホロコースト**）などがいる。

# ③ 児童の定義と権利

## 児童の定義

38 **新生児**とは、**母子保健法**第6条によると、**出生後** 28 日を経過しない乳児をいう。

39 **乳児**とは、**児童福祉法**第4条、**母子保健法**第6条によると、1 歳に満たない者をいう。

40 **未熟児**とは、**母子保健法**第6条によると、身体の発育が未熟のまま出生した乳児であって、正常児が出生時に有する諸機能を得るに至るまでのものをいう。また、同法第18条は、体重 2500 g 未満の**低体重児**の市町村への届出を規定している。

41 **幼児**とは、**児童福祉法**第4条、**母子保健法**第6条によると、満1歳から**小学校就学の始期**に達するまでの者をいう。

42 **子ども**とは、就学前の子どもに関する教育、保育等の総合的な提供の推進に関する法律（認定こども園法）によると、**小学校就学の始期**に達するまでの者とされている。

43 **幼稚園**は、満3歳以上小学校就学始期に達するまでの幼児を保育し、適当な環境を与えて、その心身の発達を目的とするものである。

44 **学童**とは、児童福祉法上に規定はないが、義務教育期間の小学校に通う児童とされている。

45 **少年**とは、**児童福祉法**第4条、**少年法**第2条に規定があり、**児童福祉法**では、小学校就学の始期から満 18 歳に達するまでの者とあり、**少年法**では 20 歳に満たない者をいう。

46 **児童**とは、**児童福祉法**第4条によると、満 18 歳に満たない者とされ、乳児、幼児、少年に分けられる。**母子及び父子並びに寡婦福祉法**第6条では、20 歳に満たない者とされている。**児童扶養手当法**第3条では、18 歳に達する日以後の最初の3月 31 日までの間にある者または 20 歳未満で政令で定める程度の障害の状態にある者としている。

47 **障害児**とは、**児童福祉法**第4条に、身体に障害のある児童、知的障害のある児童、**精神に障害のある児童**（発達障害児を含む）、治療方法が確立していない疾病等（難病等）のある児童と規定されている。

重要項目

48 **保護を要する児童（要保護児童）**とは、**保護者のない**児童または**保護者に監護**させることが不適当であると認められる**18**歳未満の者をいう。

49 **保護者の養育に欠ける児童**とは、保護者のない児童、虐待されている児童、その他環境上養護を要する児童の3つに区分される。

50 **保護者のない児童**とは、父母との死別、父母の生死不明、保護者から遺棄されている児童、保護者が長期拘禁されている児童、ひとり親があっても養護の必要な児童などをいう。

51 **環境上養護を要する児童**とは、心身の病気、保護者の無関心などにより、衣食住が十分に与えられなかったり、愛情ある養育が受けられない児童を指す。

## 児童の権利

52 1989（平成元）年の**児童の権利に関する条約**は、前文13項目と本文3部54か条からなっている。前文は、ジェネバ（ジュネーブ）児童権利宣言、国連の児童の権利宣言、世界人権宣言にのっとって、基本的人権の尊重などを規定している。そして、生命権、生存・発達の確保、名前・国籍の取得権をはじめ、生存、発達、保護、市民的自由、特に困難な状況下の子どもへの具体的な権利内容が定められている（表1参照）。

**表1　児童権利条約における4大権利**

| 生存権 | 健康・医療の権利（第24条）、医療施設等に措置された児童の定期的審査（第25条）、社会保障への権利（第26条）、生活水準への権利（第27条） |
|---|---|
| 発達権 | 家庭的な環境への権利（第7条～第11条・第18条・第20条・第21条）、障害児の権利（第23条）、教育への権利（第28条・第29条）、休息・遊び・文化的芸術的生活への参加の権利（第31条） |
| 保護権 | 親による虐待・放任・搾取からの保護（第19条）、経済的搾取・有害労働からの保護（第32条） |
| 市民的自由権 | 意見表明権（第12条）、表現・情報の自由（第13条）、思想・良心・宗教の自由（第14条）、結社・集会の自由（第15条） |

53 **児童の権利に関する条約**は、児童の定義、児童への差別の禁止、児童の最善の利益、親からの分離禁止、障害児の権利などが網羅的に規定されている。また、児童の保護を受ける権利をすべての国々の児童に保障されるべきだとして**受動的権利**を打ち出す一方で、人権保障の必要性を確認し、**能動的権利**も明確にしている。

54 児童の権利に関する条約の能動的権利としては、児童の**意見表明権**、表　出 30-138

現・情報の自由、思想・良心および宗教の自由、集会および結社の自由などなども規定されている。これらの権利の行使にあたっては表2のような制約がある。

**表2　権利の行使にあたっての制限内容**

| 条　文 | 権利の行使にあたっての制限内容 |
|---|---|
| 児童の意見表明権（第12条） | 児童の年齢および成熟度に従って考慮される |
| 表現・情報の自由（第13条） | 他者の基本的権利または信用の尊重<br>国の安全、公の秩序または公衆の健康もしくは道徳の保護 |
| 思想・良心・宗教の自由（第14条） | 公共の安全、公の秩序、公衆の健康もしくは道徳、他者の基本的権利・自由の保護 |
| 結社・集会の自由（第15条） | 国の安全もしくは公共の安全、公の秩序、公衆の健康もしくは道徳、他者の基本的権利・自由の保護 |

55 児童の権利に関する条約では、児童の養育および発達に対する**第一次責任**は**親**にあり、その**親**が養育責任を果たすための国の援助、家庭環境の重視と児童の最善の利益等を強調しているほか、監護を受けている間における**虐待**からの保護を定めている点でも画期的である。

# 4 児童福祉法

## 児童福祉法の概要

### ■ 児童福祉法

56 いわゆる「児童福祉六法」とは、**児童福祉法、児童扶養手当法、特別児童扶養手当等の支給に関する法律、母子及び父子並びに寡婦福祉法、母子保健法、児童手当法**をいう。

57 1947（昭和22）年に制定された**児童福祉法**は、**18歳に満たない者、妊産婦**までも対象とし、次代の社会の担い手である児童一般の健全な育成および福祉の積極的増進を基本とする。

58 2010（平成22）年12月の**児童福祉法**の改正で、①児童福祉法を基本として身近な地域での支援充実（障害種別等で分かれている**施設**の一元化、**通所サービス**の実施主体を都道府県から市町村へ移行）、②放課後等デイサービス・保育所等訪問支援の創設、③在園期間の延長措置の見直し（18歳以上の入所者については、障害者自立支援法で対応するよう見直し、その際、現に入所している者が退所させられることのないようにす

▶児童福祉法は第3条「原理の尊重」で、児童に関するさまざまな法令の根底にあって、これらを総括し、支配するという重要な地位を与えられている。

# 重要項目

る）が行われ、**障害児**支援の強化がなされた。

**59** 2016（平成28）年6月の児童福祉法の改正で、第1条において「全て児童は、**児童の権利に関する条約**の精神にのっとり、適切に養育されること、その生活を保障されること、愛され、保護されること、その心身の健やかな成長及び発達並びにその自立が図られることその他の福祉を等しく保障される**権利**を有する」ことが規定された。

> 💡 **注目！**
> 児童福祉法の理念の明確化等が行われた。

**60** 2016（平成28）年6月の児童福祉法の改正で第2条第1項において、「全て国民は、児童が良好な環境において生まれ、かつ、社会のあらゆる分野において、児童の年齢及び発達の程度に応じて、その意見が尊重され、その**最善の利益**が優先して考慮され、心身ともに健やかに育成されるよう」努めるものとすることとされ、同条第2項において、児童の**保護者**は、児童を心身ともに健やかに育成することについて第一義的責任を負うものとすることとされた。

**61** 児童福祉法第5条にいう**妊産婦**とは、**妊娠中**または出産後**1**年以内の女子をいう。保健指導は、妊産婦の配偶者も対象となる。

**62** 児童福祉法第6条にいう**保護者**とは、**親権**を行う者、**未成年後見人**その他の者で児童を現に**監護**する者をいう。

**63** 2014（平成26）年5月の児童福祉法改正（2015（平成27）年1月施行）で、**小児慢性特定疾病**の医療費助成（**小児慢性特定疾病医療費**）に要する費用の2分の1を国が負担することが規定され、医療費の自己負担割合も従来の3割から2割に引き下げられた。対象となる疾病は、現在788疾病である（2021（令和3）年11月から）。

## ■ 児童福祉施設等の種類

**64** 児童福祉法にいう**児童福祉施設**とは、助産施設、乳児院、母子生活支援施設、保育所、幼保連携型認定こども園、児童厚生施設、児童養護施設、障害児入所施設、児童発達支援センター、児童心理治療施設、児童自立支援施設、児童家庭支援センターの12種類である（表3参照）。

出 34-141-1

**65** 2012（平成24）年4月から、知的障害児施設、知的障害児通園施設、盲ろうあ児施設、肢体不自由児施設および重症心身障害児施設として、障害種別等に分かれていた障害児施設は、重複障害に対応するとともに、身近な地域で支援を受けられるよう、入所による支援を行う施設は**障害児入所施設**となり、通所による支援を行う施設は**児童発達支援センター**にそれぞれ一元化された。

出 30-58-3（障害）

**66** 障害児入所施設は、**福祉型障害児入所施設**と**医療型障害児入所施設**に区

出 31-136-1

4 児童福祉法

児童福祉法の概要

分された（表3参照）。

34-141-5

## 表3　児童福祉施設の種類

| 施設の種類 | | 施設の目的および対象者 |
|---|---|---|
| 助 産 施 設 | | 保健上必要があるにもかかわらず、経済的理由により入院助産を受けることができない妊産婦を入所させて助産を受けさせる。 |
| 乳 児 院 | | 乳児（保健上、安定した生活環境の確保その他の理由により特に必要のある場合には、幼児を含む）を入院させて、これを養育し、あわせて退院した者について相談その他の援助を行う。 |
| 母 子 生 活 支 援 施 設 | | 配偶者のない女子またはこれに準ずる事情にある女子およびその者の監護すべき児童を入所させて、これらの者を保護するとともに、これらの者の自立の促進のためにその生活を支援し、あわせて退所した者について相談その他の援助を行う。 |
| 保 育 所 | | 日々保護者の委託を受けて、保育に欠けるその乳児または幼児を保育する。 |
| 幼保連携型認定こども園 | | 満3歳以上の幼児に対する教育および保育を必要とする乳幼児に対する保育を一体的に行い、健やかな成長が図られるよう適当な環境を与え、心身の発達を助長する。 |
| 児 童 養 護 施 設 | | 保護者のない児童（乳児を除く。ただし、安定した生活環境の確保その他の理由により特に必要のある場合には、乳児を含む）、虐待されている児童その他環境上養護を要する児童を入所させて、これを養護し、あわせて退所した者に対する相談その他の自立のための援助を行う。 |
| 障害児入所施設 | 福祉型 | 障害児を入所させて、保護、日常生活の指導および独立自活に必要な知識技能の付与を行う。 |
| | 医療型 | 障害児を入所させて、保護、日常生活の指導および独立自活に必要な知識技能を付与するとともに治療を行う（医療法に規定する病院設備を設ける）。 |
| 児童発達支援センター | 福祉型 | 障害児を日々保護者の下から通わせて、日常生活における基本的動作の指導、独立自活に必要な知識技能の付与または集団生活への適応のための訓練を行う。 |
| | 医療型 | 障害児を日々保護者の下から通わせて、日常生活における基本的動作の指導、独立自活に必要な知識技能の付与または集団生活への適応のための訓練を行うとともに治療を行う。 |
| 児 童 心 理 治 療 施 設 | | 家庭環境、交友関係など環境上の理由で社会生活が困難となった児童を短期間入所させ、または保護者のもとから通わせて、社会生活に適応するために必要な心理治療、生活指導を行い、あわせて退所した者について相談その他の援助を行う。 |
| 児 童 自 立 支 援 施 設 | | 不良行為をなし、またはなすおそれのある児童および家庭環境その他の環境上の理由により生活指導等を要する児童を入所させ、または保護者のもとから通わせて、個々の児童の状況に応じて必要な指導を行い、その自立を支援する。 |
| 児童厚生施設 | 児童館 | 児童に健全な遊びを与えて、その健康を増進し、または情操を豊かにする。 |
| | 児童遊園 | 児童に健全な遊びを与え、その健康を増進し情操を豊かにするとともに、事故による傷害の防止を図る。 |
| 児童家庭支援センター | | 地域の児童の福祉に関する各般の問題につき、児童に関する家庭その他からの相談のうち、専門的な知識および技術を必要とするものに応じ、必要な助言を行うとともに、市町村の求めに応じ、技術的助言その他必要な援助を行うほか、保護を要する児童またはその保護者に対する指導を行い、あわせて児童相談所、児童福祉施設等との連絡調整等を総合的に行い、地域の児童、家庭の福祉の向上を図る。 |

67 児童発達支援センターは、**福祉型児童発達支援センター**と**医療型児童発** 🔼31-141-5

**達支援センター**に区分された。障害児を日々保護者の下から通わせて、

児童や家庭に対する支援と児童・家庭福祉制度

重要項目

支援が提供される（表3参照）。

**68** 2000（平成12）年6月の改正で、助産施設および母子生活支援施設は、従来の措置制度から利用者が希望する施設を都道府県等に申し込み、利用する方式に改められ、2001（平成13）年4月から実施されている。

**69** 乳児院の職員には、施設長、小児科の経験を有する医師または嘱託医、看護師、保育士、個別対応職員、家庭支援専門相談員、栄養士、調理員等が配置されている。直接子どもにかかわる看護師の職員配置基準は、児童福祉施設の設備及び運営に関する基準では乳児および満2歳に満たない幼児おおむね1.6人につき1人とされているが、一部保育士や児童指導員に代えることもできる。

出 32-95-4（相基）

**70** 母子生活支援施設は1997（平成9）年の改正により母子寮から母子生活支援施設に改称された（表3参照）。児童が満20歳になるまで保護者からの申込みがあり、かつ必要と認めるときは、引き続き母子を在所させることができる。

出 30-67-1（低生）
30-139
30-139-4
32-95（相基）

**71** 母子生活支援施設には、施設長、母子支援員、嘱託医、少年を指導する職員、調理員をおかなければならない。

出 32-95-2（相基）
32-95（相基）

**72** 児童厚生施設は、児童館と児童遊園の2種類があり、第二種社会福祉事業であり、利用施設である。

**73** 児童館は、小型児童館、児童センター、大型児童館（A～C型）がある。遊戯室、図書室、集会室、相談室、交流スペースなどを設けなければならない。

**74** 児童館で児童の指導にあたる職員を児童の遊びを指導する者という。児童館は子育て家庭の支援、異年齢児との交流など、地域における児童健全育成のための拠点となっている。

出 31-136-3

**75** 児童遊園とは、児童館と同様の目的を有する屋外型の施設で、広場、ブランコ、砂場などの遊具が置かれ、児童公園の補完的役割も担っている。

**76** 養護施設は、児童福祉法の改正によって1997（平成9）年に児童養護施設と改称された（表3参照）。

**77** 児童養護施設における家庭環境の調整は、児童の家庭の状況に応じ、親子関係の再構築などが図られるよう行わなければならない。

出 34-140-1

**78** 児童福祉施設の設備及び運営に関する基準によれば、児童養護施設の児童の居室1室の定員は4人以下となっている。

**79** 児童養護施設には、施設長、児童指導員、嘱託医、保育士、個別対応職員、家庭支援専門相談員、栄養士、調理員等が配置される。直接子どもにかかわる児童指導員および保育士の職員配置基準は、児童福祉施設の

設備及び運営に関する基準では2歳未満児1.6人につき1人、3歳未満児2人につき1人、3歳以上の幼児4人につき1人、それ以上の子どもについては5.5人につき1人以上とされている。

▶必要に応じて心理療法を担当する職員を配置する。

80 2000（平成12）年からは地域小規模児童養護施設が創設され、児童養護施設に入所する子どものうち、本体施設から離れた家庭的な環境の下で養育することが適切なものを対象に、地域の一般住宅に5、6人の子どもが2人以上の職員の援助を受けて生活している。

81 2016（平成28）年6月の児童福祉法の改正により、情緒障害児短期治療施設は児童心理治療施設と改称された（表3参照）。

出 31-136-2

82 児童自立支援施設には、職員は、施設長、児童自立支援専門員、児童生活支援員、嘱託医、精神科の経験を有する医師または嘱託医、個別対応職員、家庭支援専門相談員、栄養士、調理員等が配置され、児童福祉施設の設備及び運営に関する基準では児童自立支援専門員および児童生活支援員はおおむね児童4.5人につき1人以上とされている。心理療法を行う必要がある児童が10人以上いる場合は、心理療法を担当する職員を配置する。

83 1997（平成9）年の児童福祉法の改正により、児童福祉施設に新たに児童家庭支援センターが加えられた（表3参照）。

出 31-139-1

▶施設を退所した児童のアフターケアも実施されている。

84 児童家庭支援センターの職員には守秘義務規定が設けられている。また、児童相談所長または都道府県は、児童またはその保護者を児童家庭支援センターの職員に指導させ、または指導を委託する措置をとることができる。

85 1997（平成9）年の児童福祉法の改正で新たに加わった児童自立生活援助事業とは、いわゆる「自立援助ホーム」が法制化されたものである。義務教育終了後の児童等からの申込みがあったときは、児童養護施設、児童自立支援施設等の施設入所の措置を解除された者等の自立を図るため、共同生活を営むべき住居において相談その他の日常生活上の援助および生活指導、就業の支援を行うことを都道府県ができるものとした事業である。

出 31-141-3
34-137-4

86 2016（平成28）年6月の児童福祉法の改正で、大学の学生等であって満20歳に達した日から満22歳に達する日の属する年度の末日までの間にあるもの（満20歳に達する日の前日において児童自立生活援助が行われていたものに限る）が児童自立生活援助の対象とされた。

87 児童養護施設、児童自立支援施設、児童心理治療施設、乳児院、母子生活支援施設の長は、入所者に対し、計画的な自立支援を行うため、個々

出 30-139-4

の入所者に対する自立支援計画を策定しなければならない。

88 児童福祉法第 31 条などによれば、都道府県は、母子生活支援施設、児童養護施設、障害児入所施設、児童心理治療施設または児童自立支援施設に入所した児童については満 20 歳に達するまで在所させることができる。

89 2004（平成 16）年の児童福祉法の改正で、退所した者についての相談援助等が、乳児院、母子生活支援施設、児童養護施設、情緒障害児短期治療施設（現・児童心理治療施設）、児童自立支援施設に加えられた。

90 2004（平成 16）年 4 月から、児童養護施設等で小規模グループケアが実施されている。これは、小規模なグループによるケア（養育）を行う体制を整備し、児童養護施設等のケア形態の小規模化を推進し、できる限り家庭的な環境のなかで職員との個別的関係を重視した体制で行われるケアである。

▶ケアの単位は、児童養護施設は原則 6 人、乳児院は 4 〜 6 人、児童心理治療施設および児童自立支援施設は 5 〜 6 人である。

91 児童福祉施設の長は、都道府県知事または市町村長から措置または助産の実施、母子保護の実施の委託を受けたときは、正当な理由がない限りこれを拒むことはできない。

92 児童養護施設、障害児入所施設、児童心理治療施設および児童自立支援施設の各児童福祉施設の長、小規模住居型児童養育事業を実施する者、里親は、学校教育法に規定する保護者に準じて、施設入所中の児童を就学させなければならない。

93 2019（令和元）年の児童福祉法改正で、児童相談所長、児童福祉施設長、小規模住居型児童養育事業における養育者および里親は、監護、教育および懲戒に関し必要な措置をとることができる児童に対し、体罰を加えることはできないこととなった。

## ■障害児支援

94 2010（平成 22）年 12 月の児童福祉法の改正で、障害児施設支援について見直しが行われた。障害者自立支援法（現・障害者の日常生活及び社会生活を総合的に支援するための法律（障害者総合支援法））の児童デイサービスや、児童福祉法の知的障害児通園施設、肢体不自由児通園施設などの通所サービスが、障害種別による区分をなくし、実施主体は市町村とされ児童福祉法の障害児通所支援として再編された。

95 障害児通所支援には、児童発達支援、医療型児童発達支援、放課後等デイサービス、居宅訪問型児童発達支援、保育所等訪問支援がある（表 4 参照）。

#### 4 児童福祉法

児童福祉法の概要

### 表4　障害児通所支援の種類

| 種類 | 行われる支援 | |
|------|-------------|---|
| 児童発達支援<br>（第6条の2の2第2項） | 障害児につき、児童発達支援センター等の施設に通わせ、日常生活における基本的な動作の指導、知識技能の付与、集団生活への適応訓練その他の便宜を供与する。 | 出 34-137-1 |
| 医療型児童発達支援<br>（第6条の2の2第3項） | 上肢、下肢または体幹の機能の障害のある児童につき、医療型児童発達支援センター等に通わせ、児童発達支援および治療を行う。 | |
| 放課後等デイサービス<br>（第6条の2の2第4項） | 就学している障害児につき、授業の終了後または休業日に児童発達支援センター等の施設に通わせ、生活能力の向上のために必要な訓練、社会との交流の促進その他の便宜を供与する。 | 出 31-141-2<br>34-137-2 |
| 居宅訪問型児童発達支援<br>（第6条の2の2第5項） | 重度の障害の状態その他これに準ずるものにある障害児であって、児童発達支援、医療型児童発達支援または放課後等デイサービスを受けるために外出することが著しく困難なものにつき、当該障害児の居宅を訪問し、日常生活における基本的な動作の指導、知識技能の付与、生活能力の向上のために必要な訓練その他の便宜を供与する。 | |
| 保育所等訪問支援<br>（第6条の2の2第6項） | 保育所その他の児童が集団生活を営む施設等に通うまたは乳児院その他の児童が集団生活を営む施設等に入所する障害児につき、その施設を訪問し、その施設における障害児以外の児童との集団生活への適応のための専門的な支援その他の便宜を供与する。 | 出 33-140-4<br>34-137-3 |

96 障害児通所支援を受けた場合、**障害児通所給付費**が市町村から支給される。

97 2010（平成22）年12月の児童福祉法の改正で、知的障害児施設や、盲ろうあ児施設などの入所サービスが、**障害児入所支援**（福祉型・医療型）として再編された。

98 障害児入所支援を受けたとき、障害児の保護者に対して都道府県から、食事の提供に要する費用、居住または滞在に要する費用その他の日常生活に要する費用等および治療に要する費用（入所特定費用）を除き、**障害児入所給付費**が支給される。障害児入所支援を受けた場合の利用者負担については、利用者の**負担能力**に応じたもの（**応能負担**）を原則とする。

出 31-136-4

99 **高額障害児入所給付費**とは、障害児入所給付費の自己負担額が著しく高額であるときに支給され、**特定入所障害児食費等給付費**とは、障害児入所支援を受けている障害児の保護者のうち、所得が低い者に対し、食費・居住費が支給される制度である。

100 2017（平成29）年の児童福祉法の改正で、**共生型サービス**が創設され

児童や家庭に対する支援と児童・家庭福祉制度

た（施行は 2018（平成 30）年）。**共生型サービス**とは、福祉に携わる人材に限りがあるなかで、地域の実情に合わせて人材をうまく活用しながら適切にサービス提供を行うという観点などから創設された、**介護保険**と**障害福祉**両方の制度に相互に共通するサービスのことである（表5参照）。

**表5　共生型障害児通所支援**

| 介護保険サービス | | 障害福祉サービス等 |
|---|---|---|
| 通所介護<br>地域密着型通所介護 | ⇔ | 児童発達支援（※1）<br>放課後等デイサービス（※1） |
| 療養通所介護 | ⇔ | 児童発達支援（※2）<br>放課後等デイサービス（※2） |
| （看護）小規模多機能型<br>居宅介護（予防を含む）<br>・通い | ⇒ | 児童発達支援（※1）<br>放課後等デイサービス（※1） |

※1　主として重症心身障害児を通わせる事業所を除く。
※2　主として重症心身障害児を通わせる事業所に限る。
資料：厚生労働省資料

101 2010（平成22）年12月の児童福祉法改正で、障害児施設の在園期間延長措置の見直しが行われた。**18歳以上の障害児施設入所者**については、障害者自立支援法で対応することとなった。

102 2016（平成28）年6月の児童福祉法改正で、障害児支援のニーズの多様化へのきめ細かな対応として、①**医療的ケア**を要する障害児が適切な支援を受けるための自治体の保健・医療・福祉等の連携促進の努力義務、②障害児のサービスにかかる提供体制の計画的な構築を推進するための自治体における**障害児福祉計画**の策定といった支援が拡充された。

> ▶①は2016（平成28）年6月施行、②は2018（平成30）年4月施行。

## ■ 児童福祉サービスの動向

103 最近の児童養護施設は、養育者のない児童から、実親がいるにもかかわらず虐待、離婚、母親の蒸発、児童の置き去りなどにより養育が受けられない児童が増えている。

104 児童養護施設入所時に両親またはいずれかの親が存在した割合は**9**割であり、入所理由は、虐待など家庭環境を理由とするものが**4**割を超えている。

105 児童養護施設の**入所児童の数**は、福祉行政報告例によると、2021（令和3）年3月には2万3634人、施設数は612か所ある。

106 児童養護施設入所児童のうち、**中学校卒業や高校中退等で就職する児童**　　出 34-140-5

については、卒業や就職を理由として安易に措置解除することなく、継続的な養育を行う必要性の有無により判断すること、また、措置を解除し就職したのち離職した児童などに対して訪問指導を充実させ、場合により再措置の実施を行うこととされている。

107 児童養護施設入所児童には、進学のための特別育成費の制度が設けられているが、高校進学率は一般家庭に比べて低い（2020（令和2）年5月現在、高校等進学率は一般児童98.8％、施設児童94.9％）。なお、大学等に進学する児童（2020（令和2）年5月現在、大学等進学率は、一般児童52.7％、施設児童17.8％）で家庭復帰が難しい場合、学業を修了するまで施設から通学しても差し支えない。

## ■ 児童福祉法関連事業

108 **子育て支援事業**には、**放課後児童健全育成事業、子育て短期支援事業、乳児家庭全戸訪問事業、養育支援訪問事業、地域子育て支援拠点事業、一時預かり事業、病児保育事業、子育て援助活動支援事業（ファミリー・サポート・センター事業）** がある。子育て支援事業は、第二種社会福祉事業である。子どもの虐待が増加する背景として親の孤立に起因する子育ての不安や負担感があり、それを軽減するためのものであり、訪問型のサービスが特色となっている。

109 1976（昭和51）年から都市児童健全育成事業として、児童クラブを設置し、留守家庭児童対策が行われてきたが、1991（平成3）年から放課後児童対策事業となり、1997（平成9）年の児童福祉法改正によって**放課後児童健全育成事業**となった。

110 **放課後児童健全育成事業（放課後児童クラブ）** とは、**小学校**に就学している児童を対象に、保護者が労働等により、**昼間、家庭にいない**場合に、授業終了後に児童館などを利用して、適切な遊びおよび生活の場を与えて、その健全な育成を図る事業である。

111 **市町村**は、放課後児童健全育成事業を行うことができる。また、国、都道府県および市町村以外の者は、あらかじめ厚生労働省令で定める事項を市町村長に届け出て、放課後児童健全育成事業を行うことができる。

112 2018（平成30）年9月、従来の放課後子ども総合プランに代わって**新・放課後子ども総合プラン**が策定された。これは、共働き家庭等の「**小1の壁**」を打破するとともに、「**待機児童**」を解消し、すべての児童が放課後等を安全・安心に過ごし、多様な体験・活動を行うことができるよう、文部科学省と厚生労働省が協力し、**放課後児童健全育成事業（放課後児**

注目！
新・放課後子ども総合プランの策定。

**重要項目**

童クラブ）および**放課後子供教室**の計画的な整備等を進めるために目標を設定し新たなプランを策定するものである。

113 **新・放課後子ども総合プラン**に掲げる目標（2019（平成31・令和元）~2023（令和5）年）として、放課後児童クラブは、2021（令和3）年度末までに約25万人分を整備、2023（令和5）年度末までに計約30万人分の受け皿を整備する。新たに開設する約80％は小学校内で実施する。

114 新・放課後子ども総合プランでは、**放課後児童クラブ**と**放課後子供教室**の両事業をすべての小学校区で一体的にまたは連携して実施、うち小学校内で一体型として1万か所以上で実施することを目指す。

115 **子育て短期支援事業**とは、児童を養育している家庭の保護者が、**疾病**などの事由によって家庭における児童の養育が**一時的**に困難となった場合および母子が経済的な理由により**緊急一時的**に保護を必要とする場合などに、一定期間、養育・保護するものである。市町村が実施主体となる**短期入所生活援助（ショートステイ）事業**と**夜間養護等（トワイライトステイ）事業**がある。

▶出 34-137-5

▶児童養護施設、母子生活支援施設、乳児院、保育所、保育士、里親などによって行われる。

116 **乳児家庭全戸訪問事業**とは、市町村（特別区を含む）の区域内における原則として生後**4**か月に至るまでの乳児のいる家庭を**保健師**や**助産師**などが訪問し、①子育てに関する**情報**の提供、②乳児およびその保護者の**心身の状況**および**養育環境**の把握、③**養育についての相談**に応じ**助言**その他の**援助**を行う事業をいう。

▶出 33-140-5
33-142-3
34-136-4

117 **養育支援訪問事業**とは、乳児家庭全戸訪問事業の実施その他により把握した、①保護者の養育を支援することが特に必要と認められる児童（**要支援児童**）、②保護者に監護させることが不適当であると認められる児童およびその保護者、③出産後の養育について出産前において支援を行うことが特に必要と認められる妊婦（**特定妊婦**）に対し、その養育が適切に行われるよう、**要支援児童**等の居宅において、助産師や保健師などによって養育に関する相談、指導、助言その他必要な支援を行う事業をいう。

▶出 31-141-1
33-142-3

118 **地域子育て支援拠点事業**とは、乳児または幼児およびその保護者が**相互の交流を行う場所**を開設し、子育てについての**相談**、**情報の提供**、**助言**その他の援助を行う事業をいう。

▶出 31-139-4

119 **一時預かり事業**とは、家庭において保育を受けることが一時的に困難となった乳児または幼児について、主として**昼間**において、保育所その他の場所で一時的に預かり、必要な保護を行う事業をいう。

4 児童福祉法

児童福祉法の概要

120 **病児保育事業**とは、保育を必要とする乳児・幼児または保護者の労働もしくは疾病その他の事由により家庭において保育を受けることが困難となった**小学校**に就学している児童であって、疾病にかかっているものについて、保育所、認定こども園、病院、診療所その他厚生労働省令で定める施設において、保育を行う事業をいう。

121 **子育て援助活動支援事業**とは、児童の一時預かり・保護や外出の移動支援を受けることを希望する者と当該援助を行うことを希望する者（援助希望者）との連絡および調整ならびに援助希望者への講習の実施その他の必要な支援を行う事業をいう。

122 2010（平成22）年12月の児童福祉法改正で、障害児が受けるサービスの利用計画を作成するため、障害児支援利用援助および継続障害児支援利用援助からなる**障害児相談支援事業**が創設された。

123 児童養護施設等に入所している児童が施設を退所した場合、親等の保証人が得られず就職やアパート等の貸借にあたって支障が生じることがないように、**身元保証人確保対策事業**が定められている。

## ■ 保育所等

124 **保育所**は、第**二**種社会福祉事業の児童福祉施設として、児童自身の福祉を図ることを目的とし、法定資格を有する保育士が配置されている。

125 1997（平成9）年の児童福祉法改正により、**保育所への入所の仕組み**が変わった。従来、市町村による**措置**であったが、市町村と保護者との**契約**となった。

126 2012（平成24）年の児童福祉法改正（2015（平成27）年4月施行）により、保育を必要とする場合、保育を必要とする子どものすべての施設・事業の利用について、**市町村**が利用の調整を行う。また、認定こども園、公立保育所、地域型保育は、**市町村**の調整のもとで施設・事業者と利用者の間の契約とし、私立保育所は市町村と利用者の間の契約とし、保育料の徴収は市町村が行うこととなった（図1参照）。

127 保育所は、保護者の労働または疾病などの事由により、**保育を必要とする**乳児、幼児または児童を保育する。

128 保育所には、**保育士**、**嘱託医**および**調理員**をおき、**保育士**は、乳児おおむね3人につき1人以上、満1歳以上満3歳に満たない幼児おおむね6人につき1人以上、3歳以上は20人につき、4歳以上は30人につき、それぞれ1人以上配置される。保育所1か所につき2人を下回ることはできない。

児童や家庭に対する支援と児童・家庭福祉制度

**保育を必要とする場合**
フルタイムのほかパートタイムなどすべての就労、求職活動、就学、虐待やDVのおそれがあることなど、従来の「保育に欠ける事由」より拡大された。

337

> 重要項目

### 図1　保育を必要とする場合の利用手順

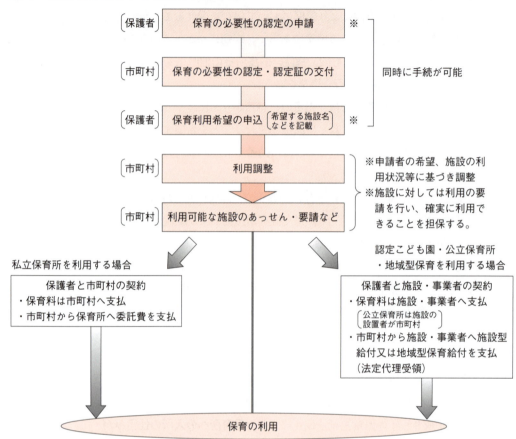

資料：厚生労働省

129 **保育時間**は、1日につき8時間を原則とするが、フルタイムの就労を想定した**保育標準時間**、パートタイムの就労を想定した**保育短時間**の2区分が設定され、就労実態等に応じて利用することが可能な最大限の枠として保育必要量が設定されている。

保育短時間
最大1月200時間（1日当たり8時間まで）

保育標準時間
最大1月275時間（1日当たり11時間まで）

130 **私立保育所の運営費**は、市町村が支弁した費用から利用者負担額を控除したものを国2分の1、都道府県4分の1、市町村4分の1で負担する。公立保育所に関する運営費は、2004（平成16）年より一般財源化され、公費負担分は市町村が負担する。

131 2004（平成16）年の児童福祉法の改正により、都道府県または市町村の長は、収入の確保および本人またはその扶養義務者の便益の増進に寄与すると認める場合に限り、**保育料の収納事務**を**私人**に委託できる。

132 認可保育所の**設置者**は、地方公共団体、社会福祉法人、宗教法人、学校法人、NPO、その他の法人、企業、個人である。

# 4 児童福祉法

## 児童福祉法の概要

133 2006（平成18）年6月に、**就学前の子どもに関する教育、保育等の総合的な提供の推進に関する推進に関する法律**（認定こども園法）が制定された。これにより、就学前の教育、保育ニーズに対応し、幼稚園と保育所の両機能を併せもった**認定こども園**制度が創設された。

134 **認定こども園**は、認定こども園法による就学前児童に対する教育・保育サービスで**都道府県知事**または**指定都市・中核市の長**が認定する。

▶2021（令和3）年4月現在の認定件数は、8585件となっている。

出 30-136-1, 5

135 子ども・子育て支援制度の実施に伴い**幼保連携型認定こども園**について、認可・指導の一本化、**学校**および**児童福祉施設**、第二種社会福祉事業を行う施設としての法的位置づけ、財政措置の**施設型給付**への一本化が行われた。

136 2021（令和3）年4月時点で、**保育所**の利用児童数は、幼保連携型認定こども園の利用児童数を上回っている。

137 認定こども園は、地域の実情に応じて、図2の4類型が定められている。

### 図2 認定こども園法の改正について

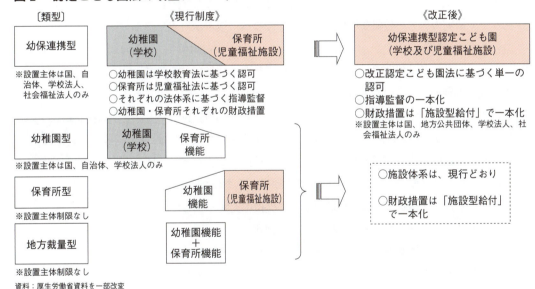

資料：厚生労働省資料を一部改変

138 **幼保連携型認定こども園の設置者**は、**国、地方公共団体、学校法人、社会福祉法人**とされ、**国、地方公共団体**以外の者は都道府県知事により認可を受ける。施設に設置される**保育教諭**は、幼稚園教諭と保育士の両方の資格が必要とされる。

出 30-136-2

▶片方の資格でもよい要件の緩和の特例は、2024（令和6）年度末までとなっている。

139 2012（平成24）年に制定された「子ども・子育て関連3法」に基づく制度として、**市町村**が実施主体となる**子ども・子育て支援制度**が2015（平成27）年4月から始まった。

出 33-140-1

## 重要項目

**140** 子ども・子育て支援制度では、**幼稚園**は、3歳～小学校就学前を対象とし、小学校以降の教育の基礎をつくるための幼児期の教育を行う学校と位置づけられる。また**保育所**は、0歳～小学校就学前を対象とし、就労などのため家庭で保育のできない保護者に代わって保育する施設と位置づけられる。

**141** 子ども・子育て支援制度では、**認定こども園**は、**教育**と**保育**を一体的に行う施設で幼稚園と保育所の機能や特長を併せ持ち、地域の子育て支援も行う。0歳～小学校就学前を対象とし、認可手続きの簡素化などにより新たな設置、幼稚園・保育所からの移行をしやすくすることとなった。

**142** 子ども・子育て支援制度では、新たに**地域型保育**が新設された。施設より少人数（原則20人以下）の単位で、主に**0～2**歳の子どもを預かる事業である。市町村の認可事業で待機児童の多い都市部、子どもが減っている地方の双方で身近な保育の場と位置づけられる。**家庭的保育**（定員5人以下）、**小規模保育**（定員6～19人）、**事業所内保育**（会社の事業所の保育施設など）、**居宅訪問型保育**（1対1を基本とし、障害・疾患などで個別のケアが必要な場合や施設がなくなった地域が対象）の4つのタイプがある。

**143** 子ども・子育て支援制度では、**子どものための教育・保育給付**として、小学校就学前の子どもの保護者に対し、認定こども園、幼稚園、保育所を通じた共通の給付である**施設型給付**、小規模保育等への給付である**地域型保育給付**が創設された（表6参照）。認定こども園法の改正では、認定こども園制度の改善が行われ、その他児童福祉法の改正など、地域の実情に応じた子ども・子育て支援の充実などが盛り込まれた。

**144** 子ども・子育て支援制度では、地域の子育て支援の充実を図るため**地域子ども・子育て支援事業**が創設された（表7参照）。

**145** 子ども・子育て支援制度では、**市町村**が実施主体となり、地域のニーズに基づき5年間を計画期間とする**市町村子ども・子育て支援事業計画**を策定し、給付・事業を実施することとなった。都道府県・国は、制度面、財政面などで市町村を重層的に支える。

**146** 子ども・子育て支援制度では、地方公共団体、事業主代表、労働者代表、子育て当事者、子育て支援当事者等（事業者）が、子育て支援の政策プロセスなどに参画関与する仕組みとして国（内閣府）に**子ども・子育て会議**を設置する。なお、市町村では地方版子ども・子育て会議の設置を努力義務としている。

**147** 2016（平成28）年3月に子ども・子育て支援法が改正され、**仕事・子**

**地域型保育給付の対象**
小規模保育、家庭的保育、居宅訪問型保育、事業所内保育がある。

33-140-1

4 児童福祉法

児童福祉法の概要

## 表6　施設型給付費等の支給を受ける子どもの認定区分

| 認定区分 | 給付の内容 | 利用定員を設定し、給付を受けることとなる施設・事業 |
|---|---|---|
| 満3歳以上の小学校就学前の子どもであって、2号認定子ども以外のもの（1号認定子ども）<br>（子ども・子育て支援法第19条第1項第1号） | 教育標準時間 | 幼稚園<br>認定こども園 |
| 満3歳以上の小学校就学前の子どもであって、保護者の労働または疾病その他の内閣府令で定める事由により家庭において必要な保育を受けることが困難であるもの（2号認定子ども）<br>（同第19条第1項第2号） | 保育短時間<br>保育標準時間 | 保育所<br>認定こども園 |
| 満3歳未満の小学校就学前の子どもであって、保護者の労働または疾病その他の内閣府令で定める事由により家庭において必要な保育を受けることが困難であるもの（3号認定子ども）<br>（同第19条第1項第3号） | 保育短時間<br>保育標準時間 | 保育所<br>認定こども園<br>小規模保育等 |

資料：厚生労働省資料を一部改変

育て両立支援事業が創設された。事業所内保育業務を目的とする施設等の設置者に対し助成および援助が行われる。

148 2019（令和元）年5月の子ども・子育て支援法の改正で、子ども・子育て支援の内容および水準について、すべての子どもが健やかに成長するように支援するものであって、良質かつ適切なものであることに加え、子どもの保護者の経済的負担の軽減に適切に配慮されたものとする旨の基本理念が追加された。

> 💡 注目！
> 子ども・子育て支援法の改正。子育てのための施設等利用給付創設。

149 2019（令和元）年5月の子ども・子育て支援法の改正で、子育てのための施設等利用給付が創設された。対象施設等を利用した際に要する費用の支給をするもので、市町村は、子どものための教育・保育給付の対象外である幼稚園、特別支援学校の幼稚部、認可外保育施設、預かり保育事業、一時預かり事業、病児保育事業、子育て援助活動支援事業であって、市町村の確認を受けたものに支給する。

> ▶ 費用は、国2分の1、都道府県4分の1、市町村4分の1の負担。

150 子育てのための施設等利用給付の支給要件は、3歳から5歳まで（小学校就学前まで）の子どもまたは0歳から2歳までの住民税非課税世帯の子どもで保育の必要性がある子どもであって市町村の認定を受けたものである。

151 市町村は、保育を必要とする乳児・幼児に対し、必要な保育を確保するために必要があると認めるときは、当該市町村における保育所および幼保連携型認定こども園の整備に関する市町村整備計画を作成することができる。

152 市町村長は、保育の実施に対する需要の状況等に照らし適当であると認

💡 重要項目

### 表7　地域子ども・子育て支援事業の概要について

| 利用者支援事業 | 子どもやその保護者に、地域の施設や子育て支援事業等の情報提供を行い、必要に応じ相談・助言、関係機関との連絡調整等を実施する |
|---|---|
| 地域子育て支援拠点事業 | 乳幼児やその保護者が相互の交流を行う場所を開設し、子育てについての相談、情報の提供、助言その他の援助を行う |
| 妊婦健康診査 | 妊婦の健康の保持・増進を図るため、健康診査として、①健康状態の把握、②検査計測、③保健指導を実施し、妊娠期間中の適時に必要に応じた医学的検査を実施する |
| 乳児家庭全戸訪問事業 | 生後4か月までの乳児のいるすべての家庭を訪問し、子育て支援に関する情報提供や養育環境等の把握を行う |
| 養育支援訪問事業 | 養育支援が特に必要な家庭に対して、その居宅を訪問し、養育に関する指導・助言等を行うことにより、適切な養育の実施を確保する |
| 　子どもを守る地域ネットワーク機能強化事業 | 要保護児童対策地域協議会等による要保護児童等に対する支援の機能を強化する |
| 子育て短期支援事業 | 保護者の疾病等の理由により家庭において養育を受けることが一時的に困難となった児童について、児童養護施設等に入所させ、または里親等に委託し必要な保護を行う（短期入所生活援助事業（ショートステイ）および夜間養護等事業（トワイライトステイ）） |
| 子育て援助活動支援事業（ファミリー・サポート・センター事業） | 乳幼児や小学生等の児童を有する子育て中の保護者を会員として、児童の預かり等の援助を受けることを希望する者と援助を行うことを希望する者との相互援助活動に関する連絡、調整を行う |
| 一時預かり事業 | 家庭において保育を受けることが一時的に困難となった乳幼児について、主として昼間に、認定こども園、幼稚園、保育所、地域子育て支援拠点等において、一時的に預かり、必要な保護を行う |
| 延長保育事業 | 保育認定を受けた子どもについて、通常の利用日・利用時間以外の日・時間において、認定こども園、保育所等において保育を実施する |
| 病児保育事業 | 病児について、病院・保育所等に付設された専用スペース等において、看護師等が一時的に保育等をする |
| 放課後児童健全育成事業（放課後児童クラブ） | 保護者が労働等により昼間家庭にいない小学校に就学している児童に対し、授業の終了後に小学校の余裕教室、児童館等を利用して適切な遊びや生活の場を与えて、その健全な育成を図る |
| 実費徴収にかかる補足給付を行う事業 | 保護者の世帯所得の状況等を勘案して、施設等に対して保護者が支払うべき日用品、文房具その他の必要な物品の購入に要する費用や行事への参加に要する費用等を助成する |
| 多様な主体が本制度に参入することを促進するための事業 | 民間事業者の参入の促進に関する調査研究その他多様な事業者の能力を活用した特定教育・保育施設等の設置または運営を促進するための事業 |

資料：厚生労働省資料を改変

めるときは、**公私連携型保育所**の運営を継続的かつ安定的に行うことができる能力を有するものであると認められるもの（法人に限る）を、その申請により、**公私連携保育法人**として指定することができる。

**153** **認可外保育施設**とは、2001（平成13）年の児童福祉法改正によって保育所と同様の業務を目的とする施設（1日に保育する乳幼児数が5人以

下の小規模施設、事業所内保育施設、事業者が顧客のために設置する施設、親族間の預かり合い、幼稚園併設施設、公立施設を除く）として新たに規定された施設であって、**都道府県知事**等から認可を受けていないものをいう。

**154** 子育てに対する親の意識や期待が多様化し、ベビーシッターなどの個別的保育サービスなどの企業化が生じ、1991（平成3）年には**社団法人全国ベビーシッター協会**（現・**公益社団法人全国保育サービス協会**）が結成された。

**155** 2020（令和2）年に策定された**新子育て安心プラン**では、2021（令和3）年度から2024（令和6）年度末までの4年間で約14万人分の保育の受け皿を整備し、女性の就業率の上昇に対応、保育士の確保、地域の特性に応じた支援や子育て資源の活用を推進するとしている。

### ■ 要保護児童の保護措置

**156** **要保護児童を発見した者**は、市町村、都道府県の設置する**福祉事務所**もしくは**児童相談所**または児童委員を介して市町村、都道府県の設置する**福祉事務所**もしくは**児童相談所**に**通告**しなければならない。

> ▶ 罪を犯した満14歳以上の児童については、家庭裁判所に通告しなければならない。

出 31-139-5
　32-140-1

**157** 2004（平成16）年の児童福祉法の改正によって、地方公共団体は、要保護児童の適切な保護を図るため、必要な情報の交換を行うとともに要保護児童等に対する支援の内容に関する協議を行う**要保護児童対策地域協議会**をおくことができるようになった（同法第25条の2）。

> ▶ 2007（平成19）年の改正により、要保護児童対策地域協議会の設置は努力義務となった。

**158** 2008（平成20）年の児童福祉法の改正により、**要保護児童対策地域協議会**が支援の内容を協議する対象に、要支援児童、その保護者、特定妊婦が追加された。

**159** **地方公共団体の長**は、要保護児童対策地域協議会を構成する関係機関等から1つに限り**要保護児童対策調整機関**を指定する。関係機関との連絡調整を行う要保護児童対策調整機関の調整担当者は、厚生労働大臣が定める基準に適合する**研修**を受けなければならない。

出 32-140-2, 3

**160** 子どもの安全確保のため必要と認められる場合、**児童相談所長や都道府県知事**は**一時保護**を行う（児童福祉法第33条）。保護者や児童の同意がなくても行うことができる。

出 30-140-3
　30-141-4
　32-142-3
　34-136-5
　34-142-1
出 30-140-5

**161** 2011（平成23）年6月、民法が改正され、①親権の一時停止制度（**親権**の行使が困難または不適当なため子どもの利益を害する場合、2年以内の**親権停止**）の導入、②親権喪失制度の要件（虐待または悪意の遺棄、子どもの利益を著しく害する）の明確化、③親権喪失または**親権停止**の

## 重要項目

請求者（子ども本人、未成年後見人、未成年後見監督人）の追加、④懲戒権の制限（子どもの利益のための監護・教育に必要な範囲に限定）と深刻な児童虐待への対応が行われた。

▶それ以外の請求権者として親族、検察官がある。

**162** 2011（平成 23）年 6 月、民法の改正が行われ、**法人**または**複数**の未成年後見人を選任することができるようになった。さらに、児童福祉法が改正され、里親委託中等の親権者等がいない児童の親権を**児童相談所長**が行うこととする等の措置が講じられた。

**163** 児童福祉施設の長は、入所中の児童または児童以外の満 20 歳に満たない者で**親権**を行う者または未成年後見人のないものに対し、**親権**を行う者または未成年後見人があるに至るまでの間、**親権**を行う。

▶ただし、民法第 797 条による縁組の承諾をするには、都道府県知事の許可を要する。

**164** 2011（平成 23）年 6 月の児童福祉法の改正で、児童相談所長、児童福祉施設の長等の権限が強化された。親権者または未成年後見人がある児童等についても、監護・教育・懲戒に関し、その児童の福祉のために必要な措置をとることができ、親権者または未成年後見人はその措置を不当に妨げることができないとされた。また、児童等の安全を確保するため緊急の必要があるときは親権者または未成年後見人の**意に反して**必要な措置をとることができるとされた。

**165** 2017（平成 29）年 6 月に児童福祉法が改正され（施行は 2018（平成 30）年 4 月 2 日）、虐待を受けている児童等の保護者に対する指導への司法関与が盛り込まれた。①里親委託・施設入所の措置の承認（児童福祉法第 28 条）の申立てがあった場合に、**家庭裁判所**が都道府県等に対して保護者指導を**勧告**することができることとなり、都道府県等は保護者への指導の結果を家庭裁判所に**報告**することとなった。②①の**勧告**を行い、**却下の審判**をする場合（在宅での養育）においても、家庭裁判所が都道府県等に対して保護者指導を**勧告**することができることとなった。③①および②の場合において、家庭裁判所は、**勧告**した旨を保護者に**通知**することとなった（図 3 参照）。

**166** 2017（平成 29）年 6 月に児童福祉法が改正され（施行は 2018（平成 30）年 4 月 2 日）、児童相談所長等が行う**一時保護**の期間は、これまでと同様に原則として一時保護を開始した日から **2 か月**を超えてはならないが、親権者等の意に反して **2 か月**を超えて行う場合には、**家庭裁判所の承認**を得なければならないこととなった（保護者の児童虐待の場合の措置、親権喪失・親権停止の審判の請求、未成年後見人解任の請求がある場合は除く）。

31-83-3（権利）
32-142-2
34-142-3

💡**注目！**
2017（平成 29）年 6 月の児童福祉法改正で「都道府県児童福祉審議会の意見を聴かなければならない」から「家庭裁判所の承認を得なければならない」と改正された。

## 図3　保護者に対する指導への司法関与

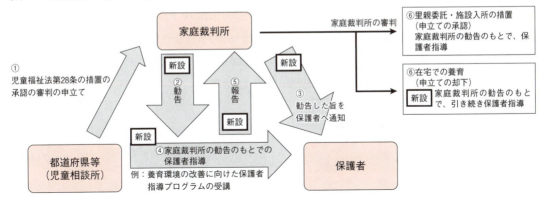

## ■ 里親制度

**167** **里親制度の特色**は、児童養護施設等における集団養護と異なり、個人家庭で個別的で濃密な人間関係のなかで継続的な育成が保たれることにある。2002（平成14）年10月から、虐待など家庭での養育に欠ける児童を、温かい愛情と正しい理解をもった家庭のなかで養育する里親制度の有意義さが認識され、その拡充がなされた。

**168** 2008（平成20）年に児童福祉法が改正され、同法第6条の4の里親の定義が見直された。これは、里親制度を社会的養護の受け皿として拡充するため、**養子縁組を前提としない里親**（**養育里親**）を制度化したことによる。

**169** 2016（平成28）年6月の児童福祉法の改正で、里親委託および養子縁組の推進に関する事項が加わった。**養子縁組里親**名簿の作成、養子縁組の相談援助を都道府県の業務とすること、養子縁組里親の欠格要件の設定などが盛りこまれた。

注目！
養子縁組里親の法定化が行われた。

**170** 厚生労働省通知「里親委託ガイドラインについて」で、社会的養護が必要な子どもを里親家庭に委託することにより、社会的養護を家庭的な環境で行えるとして、社会的養護では、里親委託を優先して検討するべきであるという**里親委託優先の原則**を示している。

出 34-141-2

**171** 児童福祉法第6条の4第1項に規定する**里親**は、養育里親と親族里親、養子縁組里親をいう。ここでは里親は、児童について、養育のみをする場合と親族が里親になる場合、養子縁組をする場合に区分されている。

出 32-138-5

▶児童福祉法において児童とは18歳未満の者をいう（必要と認めるときは満20歳まで）。

**172** 都道府県知事、指定都市市長、中核市市長は、親族里親を認定する際には、**都道府県児童福祉審議会**の意見を聴くことが義務づけられている。また、施設入所等の措置の決定およびその解除等にあたって、児童もし

重要項目

くはその保護者の意向が当該措置と一致しないとき、または都道府県知事が必要と認めるときは、**都道府県児童福祉審議会**の法律の専門家、医師、教育関係者などによる少人数の部会の意見を聴かなければならない。

173 里親の種類は、**養育里親**、**親族里親**、**専門里親**のほか、養子縁組によって養親となることを希望する**養子縁組里親**がある（表8参照）。　出32-138-1

表8　日本における里親の種類

| 里親の種類 | | 対象児童 | | 登録の有効期間 | 養育できる要保護児童の最大人数 | 研修義務 |
|---|---|---|---|---|---|---|
| **養育**里親 | **専門**里親 | 要保護児童 | | 5年 | 4人 | あり |
| | | | 被虐待児・非行児・障害児である要保護児童 | 2年 | 4人（ただし、被虐待児・非行児・障害児は2人まで） | あり |
| **親族**里親 | | 次の要件に該当する要保護児童①当該親族里親が扶養義務者およびその配偶者である②児童の両親等が死亡、行方不明、拘禁などの状態により養育が期待できない | | — | 4人 | 必要に応じて |
| **養子縁組**によって**養親**となることを希望する里親 | | 要保護児童 | | 5年 | 4人 | あり |

注：里親が同時に養育する児童（実子・養子等を含む）は6人を超えることはできない。

174 **養育里親**は、2008（平成20）年の児童福祉法改正により、同法に明文化された。養育里親とは、要保護児童を養育することを希望し、かつ、都道府県知事が行う養育里親研修を修了し、経済的に困窮していない者という要件を満たす者である。なお、同法に規定する養育里親名簿への登録が必要となる。

175 **親族里親**とは、要保護児童の**扶養義務者**およびその配偶者である**親族**であり、かつ両親その他要保護児童を現に監護する者が死亡、行方不明または拘禁等の状態となったことにより、これらの者による養育が期待できないと認められる児童を養育する里親として里親認定を受けた者をいう。なお、**扶養義務者**でないおじ・おば等については養育里親を適用し、里親研修の受講を要件とし、里親手当を支給する。　出32-138-3

176 1年以内の期間で要保護児童の養育を行う短期里親については、2009（平成21）年3月31日をもって区分がなくなった。

177 **専門里親**とは、2年以内の期間を定めて、要保護児童のうち、児童虐待

等の行為により心身に有害な影響を受けた児童、非行のある児童または障害児等を養育するものとして養育里親名簿に登録されたものをいう。

**178** 専門里親は、養育里親として**3**年以上委託児童の養育の経験を有するか、**3**年以上児童福祉事業に従事した者であって都道府県知事が適当と認めた者などで、専門里親研修課程を修了しているなどといった要件に該当する必要がある。

▶なお、同時に委託できる被虐待児・非行児・障害児の人数は2人を超えることはできない。

**179** 厚生労働省通知「里親制度の運営について」によれば、知識、経験を有する等児童を適切に養育できると認められる者については、必ずしも配偶者がいなくても、里親として認定して差し支えなく、また、一人の里親希望者について異なった種類の里親を重複して認定しても差し支えない。

出 32-138-2, 4

**180** 里親と里子の間に民法上の親子関係を成立させるためには、家庭裁判所への養子縁組の届出を必要とする。

出 31-140

**181** 2019（令和元）年の児童福祉法改正で、特別養子縁組手続に、養親候補者のほか、児童相談所長も第1段階の手続きの申立人または参加人として主張・立証できることとなった。

💡注目！
養親候補者の負担を軽減。

**182** 2016（平成28）年12月、**民間あっせん機関による養子縁組のあっせんに係る児童の保護等に関する法律**（特別養子縁組あっせん法）が公布された。同法は、養育者との永続的な関係に基づいて行われる家庭における養育を児童に確保し、養子縁組あっせん事業を行う者について許可制度を導入し、その業務の適正な運営を確保するための規定を定め児童の保護を図り、民間あっせん機関による適正な養子縁組のあっせんの促進をすることを目的とするものである。

💡注目！
民間あっせん機関による養子縁組にかかる児童の保護について、あっせん事業に許可制度が導入された。

**183** 特別養子縁組あっせん法では、民間の事業者が、養親希望者と18歳未満の児童との間の養子縁組をあっせんすることについて都道府県知事による許可制度が導入され、許可基準、手数料、第三者評価などについて規定された。

**184** 特別養子縁組あっせん法では、養子縁組のあっせんは児童の最善の利益を最大限に考慮し、可能な限り日本国内で児童が養育されるように行わなければならないとされている。

**185** 特別養子縁組あっせん法では、相談支援、縁組成立前養育、縁組成立後の支援など、あっせんにかかる業務について規定され、無許可で事業を行った者等については、罰則規定が設けられた。

**186** 特別養子縁組あっせん法では、民間あっせん機関が適切に養子縁組のあっせんにかかる業務を行うために厚生労働大臣が指針を公表するもの

とされた。

187 2004（平成16）年の児童福祉法の改正で、同法第47条第3項に、里親は、受託中の児童で親権を行う者、または未成年後見人のあるものについても、監護、教育および懲戒に関し、その児童の福祉のため必要な措置をとることができると規定され、**権限が明確化**された。

188 里親の一時的な休息のための援助（**レスパイトケア**）は、委託児童を養育している里親家庭が一時的な休息のための援助を必要とする場合に、乳児院、児童養護施設等またはほかの里親を活用して当該児童の養育を行うものである。

189 2008（平成20）年の児童福祉法の改正で、**小規模住居型児童養育事業**（**ファミリーホーム**）が制度化された。これは、同法第27条第1項第3号の措置にかかる児童について、委託児童の自主性を尊重し、豊かな人間性および社会性を養うことなどを目的とし、保護者のない児童または保護者に監護させることが不適当であると認められる児童（要保護児童）の養育に関して相当の経験を有する者、養育里親として2年以上同時に2人以上の委託児童の養育経験を有する者などの**住居において行う**事業のことをいう。

▶社会福祉法の第二種社会福祉事業である。

190 2012（平成24）年から里親を支援する機能をもたせるために児童養護施設や乳児院に**里親支援専門相談員**が配置されている。

出 30-142

## ⑤ 児童虐待の防止等に関する法律

## 児童虐待防止法の概要

### ■ 児童虐待防止法の目的

191 2000（平成12）年5月に成立した**児童虐待の防止等に関する法律**（児童虐待防止法）は、2004（平成16）年4月に一部改正され、特に児童の安全確保などに警察の協力が必要な場合、児童相談所長に**警察署長への援助要請を義務づけた**ほか、虐待を受けたと思われる児童を発見した者は、速やかに**通告する義務**を課すなどの措置が講じられた。

192 2007（平成19）年6月にも児童虐待防止法の改正が行われ、特に第1条の目的に「**児童の権利利益の擁護に資すること**」が明記された。

193 児童虐待防止法は、児童の人権を著しく侵害し、その心身の成長および人格の形成に重大な影響を与える児童に対する虐待の禁止、児童虐待の**予防および早期発見**その他の児童虐待の防止に関する国および地方公共

団体の責務、児童虐待を受けた児童の保護および自立の支援のための措置等を定め、児童虐待の防止等に関する施策を促進し、児童の権利利益の擁護に資することを目的とする。

## ■ 児童虐待の定義

**194** 児童虐待防止法第2条（**児童虐待の定義**）は、保護者（親権を行う者、未成年後見人その他の者で、児童を現に監護するものをいう）がその監護する児童（18歳に満たない者をいう）について行う表9に掲げる行為を「**児童虐待**」としている。

出 31-83-5（権利）

**表9　児童虐待となる行為**

| ①児童の体に外傷が生じ、または生じるおそれのある暴行を加えること。（**身体的虐待**） |
|---|
| ②児童にわいせつな行為をすることまたは児童をしてわいせつな行為をさせること。（**性的虐待**） |
| ③児童の心身の正常な発達を妨げるような著しい減食または長時間の放置、保護者以外の同居人による①②または④に掲げる行為と同様の行為の放置その他の保護者としての監護を著しく怠ること。（**ネグレクト**） |
| ④児童に対する著しい暴言または著しく拒絶的な対応、児童が同居する家庭における配偶者に対する暴力（配偶者（事実婚を含む）の身体に対する不法な攻撃であって生命または身体に危害を及ぼすもの、およびこれに準ずる心身に有害な影響を及ぼす言動をいう）その他の児童に著しい心理的外傷を与える言動を行うこと。（**心理的虐待**） |

**195** 児童虐待防止法第3条（**児童に対する虐待の禁止**）は、何人も、児童に対し、虐待をしてはならないと規定している。

## ■ 虐待予防の取組

**196** 児童虐待防止法第4条（**国および地方公共団体の責務等**）は、国および地方公共団体の責務として、①**児童虐待の予防および早期発見**、②迅速かつ適切な児童虐待を受けた児童の保護および**自立の支援**（児童虐待を受けた後18歳となった者に対する**自立の支援**を含む）、③児童虐待を行った保護者に対する**親子の再統合**の促進への配慮、④児童虐待を受けた児童が家庭等で生活するために必要な配慮をした適切な指導および支援を行うため、関係省庁等相互間その他関係機関および民間団体の間の連携の強化および民間団体の支援を明記している。

**197** 2007（平成19）年の改正により、児童虐待防止法第4条の国および地方公共団体の責務に、児童虐待を受けた児童等に対する「医療の提供体

💡 **注目！**
2019（令和元）年の児童虐待防止法の改正により、児童虐待防止の強化を図るべき関係機関の連携の例示として、関係地方公共団体相互間並びに市町村、児童相談所、福祉事務所、配偶者暴力相談支援センター、学校及び医療機関の間が明記された。

制の整備」と、「児童虐待を受けた児童がその心身に著しく重大な被害を受けた事例の分析」が加わった。また、**児童の親権を行う者**は、児童を心身ともに健やかに育成することについて**第一義的責任**を有するものであって、親権を行うにあたっては、できる限り児童の利益を尊重するよう努めなければならないこととされた。

198 2019（令和元）年の児童虐待防止法の改正で、児童虐待を受けた児童が住所等を**移転**する場合、**移転**前の住所等を管轄する児童相談所長は、**移転**先の児童相談所長に速やかに情報提供を行うとともに、情報提供を受けた児童相談所長は、要保護児童対策地域協議会が速やかに情報交換を行うことができるための措置等を講ずるものとなった。

## ■ 虐待発見時の対応

199 児童虐待防止法第5条（**児童虐待の早期発見等**）では、**学校**、**児童福祉施設**、**病院**、**都道府県警察**、**婦人相談所**、**教育委員会**、**配偶者暴力相談支援センター**その他関係団体、**学校の教職員**、**児童福祉施設の職員**、**医師**、**歯科医師**、**保健師**、**助産師**、**看護師**、**弁護士**、**警察官**、**婦人相談員**その他関係者は、児童虐待を発見しやすい立場にあることを自覚し、**児童虐待の早期発見**に努めなければならないとしている。

▶2019（令和元）年の改正で新たに警察官、婦人相談員が加わった。

200 2019（令和元）年の児童虐待防止法第5条の改正で、学校、児童福祉施設の職員等は、正当な理由がなく、その職務に関して知り得た児童虐待を受けたと思われる児童に関する**秘密**を漏らしてはならないこととなった。

201 児童虐待防止法第6条（**児童虐待に係る通告**）は、**児童虐待を受けたと思われる児童を発見した者**は、速やかに、これを市町村、都道府県の設置する**福祉事務所**もしくは**児童相談所**または児童委員を介して市町村、都道府県の設置する**福祉事務所**もしくは**児童相談所**に**通告**しなければならないとしている。

出 30-140
31-137
32-141

202 刑法の秘密漏示罪の規定その他の**守秘義務に関する法律の規定**は、児童虐待を受けたと思われる児童を発見した場合における通告をする義務の遵守を妨げるものと解釈してはならないとされている。

203 児童虐待防止法第7条は、市町村、児童相談所または福祉事務所が児童虐待を受けたと思われる児童の発見の通告を受けた場合、当該通告を受けた市町村、児童相談所または福祉事務所の所長、所員その他の職員、および当該通告を仲介した児童委員はその職務上知り得た事項であって当該通告をした者を特定させるものを**漏らしてはならない**としている。

| | 5 児童虐待の防止等に関する法律 |
| --- | --- |

**児童虐待防止法の概要**

204 児童虐待防止法第8条（**通告または送致を受けた場合の措置**）は、市町村または都道府県の設置する福祉事務所が児童虐待を受けたと思われる児童の発見の通告を受けたときは、市町村または福祉事務所の長は、必要に応じて近隣住民、学校の教職員、児童福祉施設の職員その他の者の協力を得つつ、当該児童との面会その他の当該児童の**安全の確認**を行うための措置を講ずるとともに、必要に応じて児童相談所への送致などを行うものとしている。

205 2007（平成19）年の改正により、児童虐待防止法第8条の2に**出頭要求**が新設された。都道府県知事は、児童虐待が行われているおそれがあると認めるときは、保護者に対し、児童を同伴して出頭することを求め、児童相談所の職員等に必要な調査または質問をさせることができることとなった。

> ▶都道府県知事は、保護者が出頭の求めに応じない場合、立入調査その他の必要な措置を講ずることができる。

出 30-140-4
31-83-2（権利）

206 児童虐待防止法第9条（**立入調査等**）は、都道府県知事は、児童虐待が行われているおそれがあると認めるときは、児童委員または児童の福祉に関する事務に従事する職員をして、児童の**住所または居所**に立ち入り、**必要な調査**または**質問をさせる**ことができるとしている。

> ▶その場合、身分を証明する証票を携帯し、関係者の請求があった場合は提示しなければならない。

207 2007（平成19）年の改正により、児童虐待防止法第9条の2に**再出頭要求**が規定された。**都道府県知事**は、保護者が正当な理由なく立入調査を拒否した場合、児童虐待が行われているおそれがあると認めるときは、当該保護者に対し、当該児童を同伴して**出頭**することを求め、**児童相談所**の職員等に必要な調査または質問をさせることができることとなった。

出 31-83-2（権利）

💡 **注目！**

2016（平成28）年6月の児童虐待防止法の改正で、臨検・捜索について保護者が再出頭の求めに応じないことを要件としないものとすることとなった。

208 2007（平成19）年の改正により、児童虐待防止法第9条の3以下に**臨検、捜索等**が規定された。**都道府県知事**は、保護者が正当な理由なく立入調査を拒むなどの場合において、児童虐待が行われている疑いがあるときは、児童の安全の確認を行い、またはその安全を確保するため、児童の住所または居所の所在地を管轄する地方裁判所、**家庭裁判所**または簡易裁判所の裁判官があらかじめ発する**許可状**により、**児童相談所**の職員等に児童の住所もしくは居所に**臨検**させ、**解錠して立ち入ること**を可能にした。また、児童を**捜索**させることができることとなった。

209 児童虐待防止法第10条（**警察署長に対する援助要請等**）は、児童相談所長は、児童の安全の確認または一時保護の場合に、必要があると認めるときは、当該児童の住所または居所の所在地を管轄する**警察署長に対し援助**を求めることができる。都道府県知事が、職員に立入調査もしくは質問をさせる、または臨検などをさせようとする場合についても同様である。また、必要に応じて迅速かつ適切に、**警察署長に対し援助**を求め

# 重要項目

なければならないとしている。

**210** 児童虐待防止法第11条（**児童虐待を行った保護者に対する指導等**）は、児童虐待を行った保護者について、児童福祉司、社会福祉主事、児童委員または児童家庭支援センターの職員等により行われる指導は、**親子の再統合への配慮**その他の児童虐待を受けた児童が家庭等で生活するために必要な配慮の下に行われ、当該保護者は、指導を受けることが**義務**であるとし、この指導を受けないときは、都道府県知事は、当該保護者に対し、指導を受けるよう**勧告**することができるとしている。

**211** 2007（平成19）年の改正により、児童虐待防止法第11条に、児童虐待を行った保護者に対する指導にかかる勧告に従わなかった場合には、当該保護者の児童について、**都道府県知事**が**一時保護、強制入所措置**その他の必要な措置を講ずる旨が明記された。

▶これにより、児童相談所は、一時保護した児童に対し、親の面会を制限できる強制的な施設入所に切り替えたり、最終的には接近禁止命令も出せることとなった。

出 33-137-1

**212** 2019（令和元）年の児童虐待防止法第11条の改正で、都道府県知事または児童相談所長は、児童虐待を行った保護者について指導を行う場合は、児童虐待の再発を防止するため、**医学**的または**心理学**的知見に基づく指導を行うよう努めるものとなった。さらに、都道府県は、保護者への指導を効果的に行うため、児童の**一時保護**等（**介入**的対応）を行った児童福祉司等**以外の者**に当該児童にかかる保護者への指導を行わせることなどの措置を講じなければならないこととなった。

**213** 2007（平成19）年の改正により、児童虐待防止法第12条以下に**面会等の制限**等が規定された。一時保護および同意施設入所措置の場合にも、強制施設入所措置の場合と同様に、**児童相談所長**等は、児童虐待を行った保護者について当該児童との面会または通信を制限することができることとなった。

出 34-142-5

**214** 児童虐待防止法第12条の2は、児童虐待を受けた児童について、**保護者の同意を得て施設入所等の措置がとられた場合**において、その児童を再び保護者に引き渡した場合には児童虐待が行われるおそれがあると認められるにもかかわらず保護者が引き渡しを求めること、保護者が児童への面会または通信の制限に従わないことなどの事情から、児童の施設入所等の措置をとることが保護者の意に反し、これを継続することが困難であると認めるときは、**児童相談所長**は、当該児童に**一時保護**を行い、または適当な者が委託して、**一時保護**を行わせることができるとしている。

出 34-142-2

▶この場合、速やかに施設入所等の措置を要する旨を都道府県知事に報告しなければならないとされ、保護者の同意を得て保護したケースでも面会等の制限ができるとしている。

**215** 児童虐待防止法第12条の4により、**接近禁止命令**が規定され、都道府県知事または児童相談所長は、入所措置または一時保護の場合において、

面会および通信の全部が制限されているときは、児童虐待を行った保護者に対し、当該児童の身辺へのつきまとい、またはその住居等の付近での徘徊を禁止することを命ずることができる。**接近禁止命令**は、**半年**を限度とする。

▶この命令の違反につき罰則が設けられ、1年以下の懲役または100万円以下の罰金が科される。

**216** 2017（平成29）年6月に児童虐待防止法第12条の4が改正され、接近禁止命令を行うことができる場合が拡大された。親権者等の意に反して施設入所等の措置がとられている場合にのみ行うものであったが、**一時保護**や**同意**のもとでの**施設入所**等の措置の場合にも行うことができることとされた。

💡 **注目！**

接近禁止命令の拡大。

**217** 2007（平成19）年の児童虐待防止法の改正により同法第13条が改正され、都道府県知事は、施設入所等の措置を解除するにあたっては、児童虐待を行った保護者の指導にあたった**児童福祉司**等の意見を聴くとともに、当該保護者に対しとられた措置の効果、児童虐待が行われることを予防するためにとられる措置について見込まれる効果などを勘案しなければならないこととなった。

**218** 2016（平成28）年の児童虐待防止法の改正で同法第13条が改正され、都道府県知事は、児童虐待を受けた児童についてとられた施設入所等の措置等を解除するときは、当該児童の保護者に対し、**親子の再統合**の促進等を支援するために必要な助言を行うことおよび当該助言にかかる事務を民間に委託することができるものとすることとなった。

**219** 2016（平成28）年6月の児童虐待防止法の改正で、同法第13条の2において、都道府県知事は、児童虐待を受けた児童についてとられた施設入所等の措置等を解除するときまたは当該児童が一時的に帰宅するときは、必要と認める期間、関係機関との緊密な連携を図りつつ、当該児童の**安全の確認**を行うとともに、当該児童の**保護者からの相談**に応じ、必要な支援を行うものとすることとなった。

**220** 2016（平成28）年6月の児童虐待防止法の改正で、同法第13条の4により、児童の**医療**、**福祉**または**教育**に関係する機関および関連する職務に従事する者は、市町村長等から児童虐待の防止等にかかる児童等に関する資料等の提供を求められたときは、当該資料等を提供することができるものとすることとなった。

▶当該資料または情報にかかる児童、保護者または第三者の権利利益を不当に侵害するおそれがあると認められるときは、この限りでない。

**221** 児童虐待防止法第13条の5に**都道府県児童福祉審議会**等への報告が規定されている。都道府県知事は、**都道府県児童福祉審議会**等に、立入調査、臨検および捜索並びに一時保護の実施状況、児童の心身に著しく重大な被害を及ぼした事例等を報告しなければならないこととなった。

**重要項目**

**222** 児童虐待防止法第 14 条は、児童の親権を行う者は、児童のしつけに際して、体罰を加えることその他民法の規定による監護および教育に必要な範囲を超える行為により児童を懲戒してはならず、児童の親権の適切な行使に配慮しなければならないものとし、さらに、児童虐待に係る暴行罪、傷害罪、その他の犯罪について、当該児童の親権を行う者であることを理由として、その責を免れることはないと規定している。　出 33-137-3

**223** 児童虐待防止法第 15 条で、民法に規定する親権喪失の制度は、児童の虐待防止および児童虐待を受けた児童の保護の観点からも適切に運用されなければならないとしている。

## ■ その他

**224** 2007（平成 19）年の児童福祉法の改正により、**立入調査を正当な理由なく拒否した場合の罰金**が、**30** 万円以下から **50** 万円以下に引き**上**げられた。

**225** 2008（平成 20）年の児童福祉法の改正によって、施設内虐待（被措置児童虐待）の禁止が明文化された。これは小規模住居型児童養育事業に従事する者、里親もしくはその同居人、乳児院、児童養護施設、障害児入所施設、情緒障害児短期治療施設（現・児童心理治療施設）もしくは児童自立支援施設の長、その職員、指定医療機関の管理者その他の従業者、児童を一時保護する施設を設けている児童相談所の所長、その施設の職員、または児童の一時保護の委託を受けてその業務に従事する者（施設職員等）が、委託された児童、入所する児童または一時保護を加え、もしくは加えることを委託された児童（被措置児童等）に対して行う虐待行為の禁止である。

**226** 施設内虐待にあたる行為とは、表 10 の行為をいう。また、施設職員等は、被措置児童等虐待その他被措置児童等の心身に有害な影響を及ぼす行為をしてはならないと規定された。

**227** 2008（平成 20）年の児童福祉法の改正によって、施設内虐待を発見した者の通告義務が規定された。被措置児童等虐待を受けたと思われる児童を発見した者は、速やかに、これを都道府県の設置する福祉事務所、児童相談所、都道府県の行政機関、都道府県児童福祉審議会、もしくは市町村または児童委員を介して、都道府県の設置する福祉事務所、児童相談所、都道府県の行政機関、都道府県児童福祉審議会、もしくは市町村に通告しなければならないこととなった。

**228** 児童虐待防止法の成立に伴い、児童福祉法の一部が改正され、**児童福祉**

## 6 配偶者からの暴力の防止及び被害者の保護等に関する法律

### DV 防止法の概要

#### 表10　施設内虐待にあたる行為

| |
|---|
| ①被措置児童等の身体に外傷が生じ、または生じるおそれのある暴行を加えること。 |
| ②被措置児童等にわいせつな行為をすること、または被措置児童等をしてわいせつな行為をさせること。 |
| ③被措置児童等の心身の正常な発達を妨げるような著しい減食、または長時間の放置、同居人もしくは生活をともにするほかの児童による①②または④に掲げる行為の放置、その他の施設職員等としての養育、または業務を著しく怠ること。 |
| ④被措置児童等に対する著しい暴言、または著しく拒絶的な対応その他の被措置児童等に著しい心理的外傷を与える言動を行うこと。 |

司および児童相談所長の任用資格に社会福祉士が加えられた。

**229** 児童虐待予防の取組みとしては、2000（平成 12）年に児童虐待防止市町村ネットワーク事業が創設され、2004（平成 16）年には要保護児童対策地域協議会として児童福祉法において法定化されている。

**230** 児童虐待の発生予防としては、親子の孤立の予防、不安感や負担感の除去、早期段階での潜在的子育て支援ニーズの発見が重要であり、訪問型（アウトリーチ型）のサービスが必要である。

# 6 配偶者からの暴力の防止及び被害者の保護等に関する法律

## DV 防止法の概要

### ■ DV 防止法の目的、DV の定義

**231** 2001（平成 13）年 4 月に、**配偶者からの暴力の防止及び被害者の保護等に関する法律**（DV 防止法）が制定された。これは配偶者からの暴力（ドメスティック・バイオレンス：DV）にかかる通報、相談、保護、自立支援等の体制を整備し、配偶者からの暴力の防止および被害者の保護を図ることを目的としている。

**232** DV 防止法は、国および地方公共団体が DV 防止や被害者の保護等の活動を行う民間団体に対して、必要な援助を行うように努めることを定めている。

**233** DV 防止法は、2004（平成 16）年 6 月に改正され、第 1 条の定義において、**配偶者からの暴力**とは、配偶者からの身体に対する暴力またはこれに準ずる心身に有害な影響を及ぼす言動をいうとともに、離婚後

◆ 重要項目

に元配偶者から引き続き受けるこれらの暴力や言動も含めることとなった。

234 2013（平成25）年の改正で、DV防止法は、**生活の本拠をともにする交際**（いわゆる同棲）をする関係にある相手からの暴力および当該暴力を受けた者について準用されることとなった。

235 都道府県は、当該都道府県が設置する婦人相談所その他の適切な施設において、当該各施設が配偶者からの暴力の防止および保護のために相談・指導、緊急時における同伴者を含めた安全の確保・一時保護、施設利用、就業の促進、住宅の確保など、**配偶者暴力相談支援センター**としての機能を果たすようにすることと規定している。

出 33-138

▶市町村にはこれらの努力義務を規定している。

■ **家庭内暴力発見時の対応**

236 **被害者の保護**として、①配偶者からの暴力等を受けている者を発見した者は、**配偶者暴力相談支援センター**または警察官への通報の**努力義務**、②警察官は被害の防止のため暴力の制止、被害者の保護等必要な措置をとることの**努力義務**、③福祉事務所による被害者の自立支援のために必要な措置を講ずることの**努力義務**などを規定している。

237 **配偶者暴力相談支援センター**、**都道府県警察**、**福祉事務所**、**児童相談所**その他の関係機関は、DV被害者およびその同伴する家族の保護を行うにあたって、その適切な保護が行われるよう、相互に連携を図りながら協力するよう努めるものとされている。

出 33-138-5

💡 **注目！**
2019（令和元）年の「児童虐待防止対策の強化を図るための児童福祉法等の一部を改正する法律」により、児童相談所が明記された。

238 2007（平成19）年改正で、裁判所による**保護命令制度の拡充**が行われた。①被害者が暴力または生命等に対する脅迫を受けた場合、当該配偶者に対する保護命令、②面会、行動の監視、電話等接近禁止の保護命令（接近禁止命令の効力が生じた日から6か月間）、③被害者の**親族**等への接近禁止命令（接近禁止命令の効力が生じた日から6か月間）がある。

▶保護命令に違反した者は1年以下の懲役または100万円以下の罰金に処するとしている。

# 7 母子及び父子並びに寡婦福祉法

## 母子及び父子並びに寡婦福祉法の概要

### ■ 母子及び父子並びに寡婦福祉法

239 **母子福祉法**は、1964（昭和39）年に制定され、1981（昭和56）年に母子家庭に加えて、母子家庭の母であった**寡婦**を対象として**母子及び寡婦福祉法**となった。これは、母子家庭等および**寡婦**に対して、その生活の

356

安定と向上のために必要な措置を講じるものである。2002（平成14）年の改正で、**父子家庭**も対象に加えられた。

**240** 2014（平成26）年4月、母子及び寡婦福祉法が改正され、同年10月より、名称が**母子及び父子並びに寡婦福祉法**と改称されることとなった。これに関連して、母子自立支援員は**母子・父子自立支援員**に、母子福祉施設は**母子・父子福祉施設**に、母子福祉団体は**母子・父子福祉団体**に、などと改められることとなった。

**241** **母子・父子自立支援員**は、母子及び父子並びに寡婦福祉法に基づくもので、母子家庭等の福祉に関する身近な相談員として、**相談**に応じ、その**自立**に必要な情報提供および指導、職業能力の向上および**求職活動**に関する支援を行う。

**242** 母子家庭の経済的自立を図ることを目的として、**母子福祉資金の貸付制度**がある。**配偶者のいない女子**で20歳未満の児童を扶養している者またはその扶養している児童が対象となる。

**243** **寡婦福祉資金**は、**配偶者のない女子**であって、かつて**配偶者のない女子**として民法第877条の規定により児童を扶養していたことのある者を対象としている。

**244** 2014（平成26）年4月の母子及び寡婦福祉法の改正により、**父子福祉資金制度**（父子家庭に修学資金、生活資金等を貸し付ける制度）が創設された。

**245** 2014（平成26）年4月の母子及び寡婦福祉法の改正では、都道府県等による母子家庭等への支援措置の積極的・計画的な実施、自立支援教育訓練給付金および高等職業訓練促進給付金への**公課禁止**など、母子家庭等への支援の強化が図られた。

**246** **母子家庭等就業・自立支援センター事業**は、ハローワークの就業情報の提供とは別に、母子家庭の母等に対する就業相談、就業支援講習会、就業情報の提供等、家庭の事情に応じた就業支援サービスを提供している。また、母子生活支援施設と連携しながら、母子家庭等の地域生活の支援や養育費の取決めを促進するなどの専門相談も行っている。

### ■ 母子・父子福祉施設

**247** **母子及び父子並びに寡婦福祉法**に規定される**母子・父子福祉施設**として、**母子・父子福祉センター**（各種相談、生業指導、技能習得、内職あっせんなどを行う施設）、**母子・父子休養ホーム**（無料または低額な料金で、レクリエーションや休養のための便宜を供与する施設）があり、

---

**母子福祉資金**
事業開始または継続資金、児童の修学資金または就学および就職支度資金、生活資金、住宅資金等の12種類が設けられている。

▶ 都道府県知事、市長および福祉事務所を管理する町村長等が委嘱し、福祉事務所におかれる。

出 31-138-2,5

出 31-138-3

出 31-138-1

出 30-97-3（相基）

▶「母子家庭等就業・自立支援事業」のなかに「一般市等就業・自立支援事業」と並んで位置づけられている。

出 30-67-3（低生）

児童や家庭に対する支援と児童・家庭福祉制度

重要項目

第二種社会福祉事業となっている。

248 2002（平成 14）年母子及び寡婦福祉法の一部が改正され、母子家庭居宅介護等事業が、母子家庭等日常生活支援事業に改められ、対象者として父子家庭の父親が追加された（2014（平成 26）年 10 月からは、母子家庭日常生活支援事業と父子家庭日常生活支援事業となった）。さらに、寡婦居宅介護等事業も寡婦日常生活支援事業に改められ、実施場所が拡大されることとなった。これらは、第二種社会福祉事業である。

▶市町村は、母子家庭や父子家庭に対して、母子及び寡婦福祉法に基づき認可保育所の入所選考にあたって特別の配慮をしなければならない。

## ⑧ 母子保健法

### 母子保健法の概要

249 1965（昭和 40）年に制定された母子保健法は、母性並びに乳児および幼児の健康の保持増進を図る目的で制定された。母子健康手帳の交付（市町村への妊娠の届出を行った者に交付）、1 歳 6 か月児健診、3 歳児健診、未熟児養育医療などが規定されている。

250 1994（平成 6）年の母子保健法の改正で、1997（平成 9）年から母子保健施策の実施主体が市町村に一元化されたことで、都道府県は、市町村の行う母子保健に関する事業の実施の連絡調整、指導および援助を行う役割を担うこととなった。

251 2016（平成 28）年 6 月の母子保健法の改正で、母子健康センターは、母子健康包括支援センターに変更され同法に定める母子保健施設として、市町村が必要に応じて設置することとされている。母子保健に関する各種の相談ならびに母性および乳幼児の保健指導、助産、2016（平成 28）年からは、母子保健に関する支援に必要な実情の把握および関係機関との連絡調整を行うこと等が事業として追加された。

出 31-139-2
32-139-2
32-140-5
34-139

💡 注目！
母子健康センターが母子健康包括支援センターに名称変更された。市町村は設置に努めなければならない。

252 2019（令和元）年 12 月に母子保健法が改正され、市町村は、心身の状態に応じた保健指導、療養に伴う世話または育児に関する指導、相談その他の援助を必要とする出産後 1 年を経過しない女子および乳児につき、次に掲げる産後ケア事業（表 11 参照）を行うよう努めなければならないこととなった（2021（令和 3）年 4 月 1 日から施行）。

253 健やか親子 21 は、21 世紀の母子保健の主要な取組みを提示するビジョンであり、関係者、関係機関・団体が一体となって推進する国民運動計画である。2001（平成 13）年から 2014（平成 26）年までを実施期間とした。そして 2015（平成 27）年 4 月からの 10 か年計画として健やか親

358

8 母子保健法

母子保健法の概要

表11　産後ケア事業

① 病院、診療所、助産所などで、産後ケアを行うもの（産後ケアセンター）に産後ケアを必要とする出産後1年を経過しない女子および乳児を短期間入所させ、産後ケアを行う事業
② 産後ケアセンターなどに産後ケアを必要とする出産後1年を経過しない女子および乳児を通わせ、産後ケアを行う事業
③ 産後ケアを必要とする出産後1年を経過しない女子および乳児の居宅を訪問し、産後ケアを行う事業

子21（第2次）が実施されることとなった。

254 1977（昭和52）年から始まった**1歳6か月児健康診査**（満1歳6か月を超え満2歳に達しない幼児）および**3歳児健康診査**（満3歳を超え満4歳に達しない幼児）は、**市町村**が実施主体で、保健センター、母子健康包括支援センター、公民館などで行われている。結果は母子健康手帳に記載される。異常が疑われた場合は、精密健康診査が公費で行われる。

255 **先天性代謝異常等検査**は、フェニルケトン尿症等の先天性代謝異常、**先天性副腎過形成症**および**先天性甲状腺機能低下症**に関して行われている。これらを放置すると知的障害などの症状をきたすので、**新生児マススクリーニング検査（タンデムマス法）**を行い、異常を早期に発見し、その後の治療・生活指導等につなげることにより、知的障害等の心身障害を予防することを目的とする。これらの疾患が発見されれば、18歳になるまで**小児慢性特定疾病医療費**で医療援護が行われる。

256 市町村長は未熟児について、養育上必要があると認めるときは、医師、保健師等の職員に**訪問指導**を行わせることができる。

257 母子保健法第20条に基づく**未熟児養育医療**は、出生時体重2000g以下、あるいはその他の症状があり、医師が入院養育の必要を認めたものに対し、指定された養育医療機関での医療の給付またはその費用の公費負担をする。保健師等による訪問指導が行われている。

258 1992（平成4）年から**母子健康手帳**は、保健所から市町村に交付事務が移された。この手帳には妊娠・出産・育児に関する注意事項、妊娠中から児童が6歳になるまでの健康状態を記録する。

▶その他の健康診査としては、妊産婦健康診査や乳幼児健康診査がある。さらに2019（令和元）年の改正で、市町村は、当該市町村外に居住していた乳幼児等の健康診査に関する情報提供を求めることができることとなった。

出 31-141-4

▶2013（平成25）年4月から、実施主体が都道府県等から市町村に移行した。

児童や家庭に対する支援と児童・家庭福祉制度

## 重要項目

### 9 児童手当法

#### 児童手当法の概要

**259** 1971（昭和46）年に成立した**児童手当法**は、何度かの制度改正を経て、2006（平成18）年の改正で、支給対象は小学校修了前まで延長された。2010（平成22）年から、児童手当に代わり子ども手当が実施され、支給対象は**中学校修了前**までに拡大された。そして、2012（平成24）年の「児童手当法の一部を改正する法律」によって実質的に「児童手当」制度の復活となった（表12参照）。

出 30-55-1（社保）

▶支給に要する費用の一部には、事業主からの拠出金が充てられている。

**表12　児童手当の支給額**

| ①所得制限限度額未満である者 | |
|---|---|
| 　3歳未満 | 月額1万5000円 |
| 　3歳以上小学校修了前（第1子・第2子） | 月額1万円 |
| 　3歳以上小学校修了前（第3子以降） | 月額1万5000円 |
| 　中学生 | 月額1万円 |
| ②所得制限限度額以上である者　当分の間の特例給付（附則に規定。2022（令和4）年10月支給分より所得が一定額以上は対象外） | 月額5000円 |

※　所得制限限度額は、年収960万円（夫婦・児童2人世帯）を基準に設定（政令で規定）し、2012（平成24）年6月分から適用。

**260** **児童手当**の支給には、①**日本国内**に住んでいる場合に支給、②児童と**同居、監護、生計を同じくする**者に優先的に支給、③未成年後見人がいる場合にはその者に支給、④施設入所等の場合は**施設の設置者**や**里親**などに支給などのルールがある。

出 33-139

### 10 児童扶養手当法

#### 児童扶養手当法の概要

**261** 1961（昭和36）年11月に**児童扶養手当法**が制定された。同法は、父母の離婚などで、**父または母**と生計を同じくしていない児童（**18**歳に達する日以後の最初の3月31日までにある者。障害のある場合は**20**歳未満の者）が育成される家庭（**ひとり親家庭**）の、生活の安定と自立の促進に寄与し、児童の福祉の増進を図ることを目的に手当を支給する制度で

出 30-55-5（社保）

ある。

**262** 児童扶養手当は、表13のいずれかに該当する場合に手当が支給される。また、父または母がいない、もしくは監護をしない場合などに、その児童を養育する（その児童と同居して、これを監護し、かつ、その生計を維持することをいう）**養育者**に対して支給される。

**表13　児童扶養手当の支給要件**

| 母がその児童を監護している場合（母に手当支給） | 父がその児童を監護し、かつ、**生計を同じくしている場合**（父に手当支給） |
|---|---|
| ①父母が婚姻を解消した児童<br>②父が死亡した児童<br>③父が一定程度の障害の状態にある児童<br>④父の生死が明らかでない児童<br>⑤その他①から④に準ずる状態にある児童で政令で定めるもの（父が1年以上遺棄している児童、父が1年以上拘禁されている児童、父が裁判所からのDV保護命令を受けた児童など） | ①父母が婚姻を解消した児童<br>②母が死亡した児童<br>③母が一定程度の障害の状態にある児童<br>④母の生死が明らかでない児童<br>⑤その他①から④に準ずる状態にある児童で政令で定めるもの（母が1年以上遺棄している児童、母が1年以上拘禁されている児童、母が裁判所からのDV保護命令を受けた児童など） |

**263** 2010（平成22）年5月の児童扶養手当法の改正において、同年8月から**父子家庭の父**にも児童扶養手当が支給されることとなった。

**264** 2014（平成26）年4月の児童扶養手当法の改正により、これまで児童扶養手当の支給対象外とされていた**公的年金等の受給者等**について、同年12月より、**公的年金等**の額が児童扶養手当の額より低い場合、差額について支給されることとなった。

**265** 2016（平成28）年5月の児童扶養手当法の改正により、児童が2人以上のひとり親家庭の経済的負担の軽減することを目的に、**第2子**にかかる加算額および**第3子**以降にかかる加算額が増額された。

▶ 2017（平成29）年4月から加算額についても、物価スライドが適用されている。

**266** 2018（平成30）年6月に児童扶養手当法が改正され、児童扶養手当の支払回数について、現行の年**3**回（4月、8月、12月）から年**6**回（1月、3月、5月、7月、9月、11月）に変更された（2019（令和元）年9月施行）。

**267** 2020（令和2）年の児童扶養手当法改正で、児童扶養手当の額が障害年金等の額を上回る場合、これまで児童扶養手当を受給できなかったが、2021（令和3）年3月分から**子の加算部分**との差額を児童扶養手当として受給できるようになった（**子の加算部分**と同額分は支給停止）。

重要項目

# 11 特別児童扶養手当等の支給に関する法律

## 特別児童扶養手当法の概要

268 1964（昭和39）年に、**特別児童扶養手当等の支給に関する法律（特別児童扶養手当法）**が制定された。

269 **特別児童扶養手当**は、20歳未満の障害児を監護する父母または養育者に支給され、**特別障害者手当**は、20歳以上で在宅であって、著しく重度の障害にあるため日常生活に常時特別の介護を要する者に支給される。障害等級が1級に該当する場合は支給額が高く設定される。

270 **障害児福祉手当**は、障害児のうち、さらに重度の障害の状態にあるため、日常生活において常時の介護を必要とする在宅の20歳未満の重度障害児に支給される。なお、施設入所している場合は、支給されない。

# 12 次世代育成支援対策推進法

## 次世代育成支援対策推進法の概要

271 1999（平成11）年12月の「少子化対策推進関係閣僚会議」（「閣僚会議」）において、**少子化対策推進基本方針**が決定された。これは、政府が中長期的に進めるべき総合的な少子化対策の指針として策定されたもので、仕事と子育ての両立の負担感や子育ての負担感を緩和・除去し、安心して子育てができるようなさまざまな環境整備を進めることにより、21世紀の日本を家庭や子育てに夢や希望をもつことができる社会にしようとすることを基本的な考え方としている。

272 2003（平成15）年7月に、**次世代育成支援対策推進法**が成立した。次世代育成支援対策推進法の特徴は、表14のとおりである。

273 2014（平成26）年4月、次世代育成支援対策推進法が改正された。同法の有効期限が10年延長され、また、2015（平成27）年4月より、次世代育成支援対策の実施状況が優良な事業主に、厚生労働大臣による**新たな認定（特例認定）**制度が創設されることとなった。認定を受けた場合、一般事業主行動計画の策定・届出義務に代えて、次世代育成支援対策の実施状況の公表が義務づけられる。

**13 少子化社会対策基本法**

**少子化社会対策基本法の概要**

**表14　次世代育成支援対策推進法の特徴**

| ①基本理念 |
|---|
| 　父母その他保護者が子育ての第一義的責任を有すると同時に、子育てに伴う喜びが実感されるよう配慮されること。 |
| ②国および地方公共団体の責務 |
| 　国は「行動計画策定指針」を定める。都道府県および市町村はその「指針」に基づく行動計画を策定すること。また、相互に連携を図りながら、次世代育成支援対策の推進に努める。 |
| ③事業主の責務 |
| ㋑一般事業主（常時雇用労働者**101**人以上）行動計画の**策定義務**。また、行動計画を公表および労働者に周知しなければならなくなった（なお、常時雇用労働者100人以下の一般事業主の場合は「努力義務」としている）。 |
| ㋺特定事業主（国および地方公共団体の機関等政令で定めるもの）の行動計画の策定。また、特定事業主行動計画の職員への周知や少なくとも年１回実施状況を公表しなければならなくなった。 |
| ④行動計画の内容 |
| 　市町村および都道府県は、行動計画策定指針に即して、**5**年ごとに、地域における子育ての支援、母性並びに乳児および幼児の健康の確保および増進、子どもの心身の健やかな成長に資する教育環境の整備、子どもを育成する家庭に適した良質な住宅および良好な居住環境の確保、職業生活と家庭生活との両立の推進その他の次世代育成支援対策の実施に関する**行動計画**を策定することができる。また、定期的に実施状況に関する評価を行うことなどの見直しが行われた。 |
| ⑤次世代育成支援対策推進センターの設置 |
| ⑥次世代育成支援対策地域協議会を組織 |

出 33-140-3

出 33-140-2

児童や家庭に対する支援と児童・家庭福祉制度

# 13 少子化社会対策基本法

## 少子化社会対策基本法の概要

274 2003（平成15）年7月、**少子化社会対策基本法**が制定された。同法は、急速に少子化が進展し、21世紀の国民生活に深刻かつ多大な影響を及ぼすものであることにかんがみ、このような事態に対し、長期的な視点に立って的確に対処するため、①少子化社会において講ぜられる施策の基本理念、②国および地方公共団体の責務、③少子化に対処するために講ずべき施策の基本となる事項その他の事項を定めた（表15参照）。

275 少子化社会対策基本法に基づき、2004（平成16）年6月に**少子化社会対策大綱**が策定された。2010（平成22）年1月には「大綱」として「**子ども・子育てビジョン**」が、2015（平成27）年には「**少子化社会対策大綱～結婚、妊娠、子供・子育てに温かい社会の実現をめざして～**」が

363

💡 重要項目

**表15　少子化対策の主な流れ**

| 1994(平成6)年 | 「今後の子育て支援のための施策の基本的方向について」(エンゼルプラン)の策定 |
|---|---|
| 1999(平成11)年 | 「少子化対策推進基本方針」「新エンゼルプラン」の策定 |
| 2002(平成14)年 | 「少子化対策プラスワン」提言 |
| 2003(平成15)年 | 「少子化社会対策基本法」「次世代育成支援対策推進法」の成立 |
| 2004(平成16)年 | 「少子化社会対策大綱」「子ども・子育て応援プラン」の策定 |
| 2006(平成18)年 | 「新しい少子化対策について」(少子化社会対策会議決定) |
| 2007(平成19)年 | 「子どもと家族を応援する日本」重点戦略検討会議発足および重点戦略を決定 |
| 2010(平成22)年 | 「子ども・子育てビジョン」閣議決定 |
| 2015(平成27)年 | 「少子化社会対策大綱〜結婚、妊娠、子供・子育てに温かい社会の実現をめざして〜」閣議決定 |
| 2020(令和2)年 | 「少子化社会対策大綱〜新しい令和の時代にふさわしい少子化対策へ〜」閣議決定 |

閣議決定された。

276 2020(令和2)年に**少子化社会対策大綱**（4次）が策定され、①結婚・子育て世代が将来にわたる展望を描ける環境をつくる、②多様化する子育て家庭の様々なニーズに応える、③地域の実情に応じたきめ細かな取組みを進める、④結婚、妊娠・出産、子供・子育てに温かい社会をつくる、⑤科学技術の成果など新たなリソースを積極的に活用するなどが盛りこまれた。

# 14 売春防止法

## 売春防止法の概要

277 **売春防止法**は、1956（昭和31）年に成立し、**20歳以上の女子**を対象に、売春の禁止、刑事処分、補導処分、保護更生について規定している。売春行為自体は処罰せず、売春させることを業としたり、周旋や場所の提供などの売春助長行為を処罰の対象としている。

278 **婦人相談所**は、売春防止法第34条によるもので、各**都道府県**に設置が義務づけられている。各種の相談をはじめ、医学的・心理学的・職能的な判定やそれに基づく支援、一時保護などを主な業務としている。

⊞ 30-45-4（行財）

279 **婦人保護施設**は、売春防止法第36条によるもので、婦人相談所長の行う保護の決定に基づいて（本人の申出か同意が必要）、要保護女子を収容

保護し、その**自立更生**を図る施設で、公立と民間によるものがあり、第**一種社会福祉事業**である。近年は、DV による**シェルター**の役割を果たしている。

280 **婦人相談員**は、売春防止法第35条によるもので、都道府県は**必置**、市は**任意設置**とされている。2018（平成30）年4月現在では全国で1500人おり、地方公務員である。婦人相談所を中心として関係機関と連携をとり、暴力被害女性の早期発見、相談、支援などを担っている。

281 2016（平成28）年の売春防止法の改正で**婦人相談所長**が、要保護女子であって配偶者のない女子等である者およびその者の監護すべき児童について、児童福祉法に規定する母子保護の実施が適当であると認めたときは、都道府県知事等に報告し、または通知するものとすることとなった。

# 15 児童・家庭福祉制度における組織及び団体の役割と実際

## 国の役割

282 2001（平成13）年の省庁再編で、中央児童福祉審議会は**社会保障審議会**に統合された。

283 国は、政令の定めるところにより、**児童福祉施設**（助産施設、母子生活支援施設および保育所を除く）を設置するものとされている。

## 市町村の役割

284 2004（平成16）年の児童福祉法改正によって、同法第10条は、**市町村の業務**の規定に改められた。市町村は、児童および妊産婦の福祉に関し、必要な実情の把握、相談、調査、個別的または集団的に必要な指導などを行う。児童相談所のような専門的判定を必要としない比較的軽い事例が中心となる。

▶福祉事務所は、児童相談所長からの委嘱を受けて必要な調査も行っている。

出 31-139-3

285 2016（平成28）年6月の児童福祉法の改正で、市町村は、児童および妊産婦の福祉に関する業務を行う場合、実情の把握、情報の提供、相談、調査、指導、関係機関との連絡調整その他必要な支援を行うための拠点（**市区町村子ども家庭総合支援拠点**）の整備に努めなければならないこととされた（児童福祉法第10条の2）。

🔆 重要項目

286 市町村は、都道府県知事にあらかじめ届けることで児童福祉施設を設置
できる。なお、国、都道府県、市町村以外の者が施設を設置する場合は、
都道府県知事の**認可**を要する。

## 都道府県の役割

287 都道府県・指定都市には**児童福祉審議会**（または、地方社会福祉審議会
児童福祉専門分科会）を**設置しなければならない**が、市町村は**任意設置**
である。

288 **児童福祉審議会**は、児童、妊産婦および知的障害者の福祉に関する事項
を調査・審議し、それぞれが属する行政機関の諮問に答え、意見を述べ
ることができる。

289 2004（平成16）年の児童福祉法の改正によって、同法第11条は**都道府
県の業務**の規定に改められ、市町村に対する必要な援助を行うことなど
が規定された。

290 都道府県が設置しなければならない児童福祉施設は、**児童自立支援施設**
であり、その他の施設は**条例**により設置される。

▶都道府県の社会福祉
事業団などに経営委託
するものもある。

291 都道府県知事は、児童相談所の一時保護などの業務の質の評価を行うこ
となどにより、業務の質の向上に努めなければならない。

🔲 34-142-4

292 2011（平成23）年5月、地域の自主性及び自立性を高めるための改革
の推進を図るための関係法律の整備に関する法律が公布されたことに伴
い、児童福祉法の改正も行われた。従来、**児童福祉施設等の設備、運営
に関する基準**は、国が定める基準（厚生労働省令）にて決められていた
が、今後は厚生労働省令で定める基準に従い、**都道府県の条例**で定める
こととなる。また、一部の規定については厚生労働省令で定める基準を
参考に、都道府県が基準を決めることができるようになった。

## 家庭裁判所の役割

293 **家庭裁判所**は、保護者による児童虐待などの場合の措置に関して、保護
者が同意しない場合の承認の申立てが都道府県からあった場合は、期限
を定めて、当該申立てにかかる保護者に対する指導の措置に関し、報告
および意見を求めることができるものとしている。

294 保護者による児童虐待などの場合の措置の終了後、家庭その他の環境の
調整を行うため、当該保護者に対し指導の措置をとることが相当である

と認めるときは、当該保護者に対し指導の措置をとるべき旨を都道府県に勧告することができる。

295 家庭裁判所は、14歳未満の触法少年、虞犯少年については、都道府県知事または児童相談所長から送致を受けたときに限り、審判に付することができる（少年法第3条第2項）。審判に付された少年および保護者は、付添人を選任できる。

## 民生委員と児童委員の役割

296 児童委員は、市町村の区域におかれ、民生委員法による民生委員が、児童委員を兼ねている。都道府県知事の推薦によって、厚生労働大臣が委嘱し、任期は3年である。児童委員は、その職務に関し、都道府県知事の指揮監督を受ける。 出 30-34-1, 3, 5（地域）

297 都道府県知事は、児童委員の研修を実施しなければならない。

298 児童委員の職務については児童福祉法第17条に、適格要件等については「民生委員・児童委員選任要領」に定められている。

299 2001（平成13）年の児童福祉法改正によって、**児童委員の職務の明確化**がなされた。児童委員は、表16の職務を行う。 出 30-141

**表16　児童委員の職務**

| ①児童および妊産婦につき、その生活および取り巻く環境の状況を把握しておくこと、また、サービスを適切に利用するために必要な情報の提供その他の援助および指導を行うこと。 |
|---|
| ②児童および妊産婦にかかる社会福祉を目的とする事業を経営する者または児童の健やかな育成に関する活動を行う者と密接に連携し、その事業または活動を支援すること。 |
| ③児童福祉司または福祉事務所の社会福祉主事の行う職務に協力すること。 |
| ④児童の健やかな育成に関する気運の醸成に努めること。 |

出 33-142-4

300 2001（平成13）年の児童福祉法の改正によって主任児童委員が法定化された。児童福祉法第16条は、「厚生労働大臣は、児童委員のうちから、主任児童委員を指名する」とし、民生委員法第6条第2項は、「都道府県知事及び民生委員推薦会は、民生委員の推薦を行うに当たっては、当該推薦に係る者のうちから児童福祉法の主任児童委員として指名されるべき者を明示しなければならない」と規定している。

▶原則として55歳未満の者を推薦するよう努めることとされている。

301 主任児童委員は、児童委員の職務について、児童の福祉に関する機関と児童委員（主任児童委員である者を除く）との連絡調整を行うとともに、 出 30-34-4（地域）

## 重要項目

児童委員の活動に対する援助および協力を行う。また、区域を担当せず、地域における児童健全育成活動の中心となって、積極的に活動することが期待されている。

302 2000（平成12）年6月の児童福祉法の改正で、児童委員は、その担当区域における児童および妊産婦に関し、必要な事項について児童相談所長に通知するときにおいて、緊急の必要があると認める場合には、**市町村長を経由しない**ことができることとなった。また、要保護児童を発見した者が、当該児童を福祉事務所または児童相談所に通告する場合に、**児童委員を介して**行うことができることとされた。

### 児童・家庭福祉制度における公私の役割関係

303 1964（昭和39）年から**福祉事務所**に**家庭児童相談室**を設置し、家庭における適正な児童養育などのために家庭児童福祉の業務に従事する社会福祉主事と家庭相談員が配置されている。また、1989（平成元）年からは都道府県中央児童相談所に**子ども・家庭110番**が整備されている。

304 **保健所**は、療育医療の給付、養育医療の給付に伴う事務、身体に障害のある児童に対する療育指導などを行っている。1997（平成9）年4月からは、療育の対象に、疾病によって長期にわたり療養を必要とする児童が加えられた。

## 16 児童・家庭福祉制度における専門職の役割と実際

### 保育士の役割

305 **保育士**の定義は、**児童福祉法**第18条の4によれば、「登録を受け、保育士の名称を用いて、専門的知識及び技術をもって、児童の保育及び児童の保護者に対する保育に関する指導を行うことを業とする者」をいう。

306 **保育士の資格**は、都道府県知事の指定する保育士を養成する学校その他の施設（指定保育士養成施設）を卒業した者、保育士試験に合格した者に与えられる。**保育士試験**は、毎年1回以上**都道府県知事**が行う。なお、保育士となる資格を有する者が保育士となるには、都道府県に備える保育士登録簿に氏名などを**登録**しなければならない。

出 33-142-5

▶ 2001（平成13）年の児童福祉法改正で、保育士の業務に児童の保護者への指導が規定された。

## 家庭支援専門相談員の役割

**307** **家庭支援専門相談員（ファミリーソーシャルワーカー）**は、入所児童の早期家庭復帰等を図ることを目的に、入所前から退所後のアフターケアに至る総合的な家庭調整をする。また、退所後の児童に対する継続的な生活相談も行う。

**308** 家庭支援専門相談員は、1999（平成11）年に**乳児院**に配置され、その後2004（平成16）年に**常勤化**された。また、児童養護施設、児童心理治療施設、児童自立支援施設にも配置されるようになった。

出 30-139-5

# 17 児童・家庭福祉制度における多職種連携、ネットワーキングと実際

**309** 要保護児童対策地域協議会設置・運営指針によって、**地域協議会のモデル**が示されている。これは、児童福祉関係、保健医療関係、教育関係、警察司法関係、人権擁護関係、配偶者からの暴力関係のほか、NPO・ボランティア・民間団体によって構成され、被虐待児童、要保護児童に限らず非行児童、要支援児童およびその保護者、特定妊婦の支援協議も含まれている（図4参照）。

**310** 子ども家庭福祉における多職種連携としては、子どものもつ複合的なニーズをチームアプローチによって実践する動きがみられる。また、「**保育**」「**教育**」「**ソーシャルワーク**」が一体的に実践され始めている。例えば、保育と教育の関係では幼保一元化の観点から、双方の資格を取得した人材養成が行われ、保育とソーシャルワークの関係では、社会福祉士受験資格取得に必要な実務経験に、児童養護施設での保育士の相談援助業務の経験も加えられている。

**311** 教育分野においては、**スクールソーシャルワーク**の制度化が図られている。不登校やいじめなどでの教員負担の軽減、家庭・地域といった社会環境上の要因がいじめなどの背景にあり、福祉の専門化が求められている。

出 34-136

> 重要項目

#### 図4　地域協議会のモデル

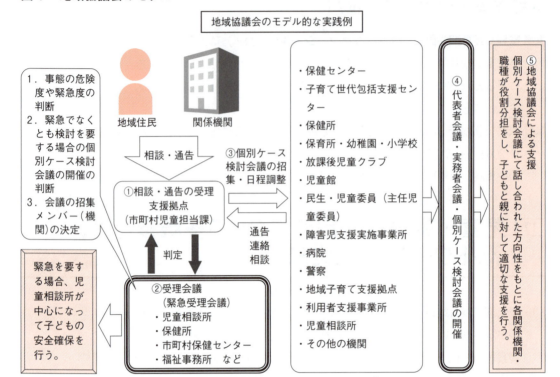

## 18 児童相談所の役割と実際

### 児童相談所の組織体系

312 **児童相談所**は、児童に関する家庭その他からの相談のうち、**専門的**な知識および技術を必要とするものに応じ、児童およびその家庭につき必要な調査ならびに**医学**的、**心理学**的、**教育学**的、**社会学**的および**精神保健**上の**判定**を行い、それに基づいて必要な**指導**を行い、児童の**一時保護**および一時保護解除後の環境調整・状況把握等による**安全の確保**を行う。

▶外国人の児童も含むすべての児童を対象としている。

出 32-142-5

313 児童相談所は、所長、児童福祉司、相談員、児童心理司、医師、心理療法担当職員、児童指導員、保健師、保育士などの職員からなる。また、2019（令和元）年の同法の改正により、児童の健康等のため所員に**医師**および**保健師**が各1名含まれなければならないこととなった（2022（令和4）年4月施行）。

314 **児童相談所の所長適格者**は、**医師**であって精神保健に関して学識を有する者、大学において心理学等の学科を修めた者、**社会福祉士**、**児童福祉**

司たる資格を得た後2年以上所員として勤務した者などがあげられる。2004（平成16）年12月の法改正で、厚生労働大臣の定める基準に適合する研修を受けなければならなくなった。

315 **児童福祉司**は**児童福祉法**に規定され、養成校を卒業するか、講習会の課程修了者、大学で心理学・教育学・社会学を修めた者（厚生労働省令で定める施設において1年以上児童福祉に関する相談援助業務に従事したもの）、医師、社会福祉士、社会福祉主事として2年以上児童福祉に関する相談援助業務に従事した講習会修了者などから任用される。

出 33-96-3（相基）

▶2019（令和元）年の法改正で児童福祉司の数の基準は、各児童相談所の管轄区域内の人口、児童虐待にかかる相談件数などにより政令で定める。

316 児童相談所には、児童福祉司としておおむね5年以上勤務し指定の研修を受けた者で、ほかの児童福祉司が職務を行うため必要な専門的技術に関する指導および教育を行う児童福祉司（**指導教育担当児童福祉司**）を配置しなければならない。

317 **児童心理司**と**相談員**は、児童相談所の**専門職員**である。児童心理司は、「心理に関する専門的な知識及び技術を必要とする指導をつかさどる所員」として、主に心理学的判定業務を担当する。資格は、精神保健の学識経験をもつ医師、大学で心理学を専修する学科またはそれに相当する課程を修めて卒業した者、またはこれに準ずる資格を有する者等と規定している。また、相談員は「相談及び調査をつかさどる所員」で児童福祉司の資格を要する。

318 児童相談所には法律に関する業務のために、**弁護士**の配置またはこれに準ずる措置を行うものとされている。

319 2007（平成19）年の少年法の改正に伴って、児童相談所は、家庭裁判所からの送致だけでなく、**警察官からの送致**も受け付け、援助活動を進めることとなった。

320 児童相談所は、**都道府県**と**指定都市**に**設置義務**があり、2006（平成18）年4月からは児童相談所を設置する市として政令で定める市についても、児童相談所を設置できることとなった。2016（平成28）年の児童福祉法の改正で、政令で定める**特別区**は児童相談所を設置するものとすることとなった。2021（令和3）年7月現在、225か所ある。

出 30-45-3（行財）
32-142-1
33-137-4

▶2019（令和元）年の児童福祉法改正で、都道府県知事等は、児童相談所が行う業務の質の評価を行うことなどにより、業務の質の向上に努めなければならなくなった。

## 児童相談所と市町村の連携

321 2004（平成16）年の児童福祉法の改正により、住民に身近な市町村が、児童に関する家庭その他からの相談に応じることとなったことから、**児童相談所の役割**は、**専門的**な知識および技術を必要とする相談への対応

**重要項目**

や市町村相互間の**連絡調整**、市町村に対する**情報の提供**その他必要な**援助**などを行うこととなった。

## 児童相談所の活動の実際

### ■児童相談所の業務

**322** 児童相談所に寄せられる**相談の種類**は、大きく分けると**養護**相談（児童虐待相談を含む）、**障害**相談、**非行**相談、**育成**相談、**保健**相談、その他の相談に分類される。

**323** 2020（令和2）年度の対応総数は **52** 万 **7272** 件で、前年度より1万7426件減少している。総数の内訳は、**養護**相談が **28** 万 **985** 件（**53.3**％）と最も多く、次いで障害相談が **16** 万 **2351** 件（**30.8**％）となっている（表17参照）。

**表17　児童相談所の相談対応件数**

| 年度＼種別 | 総数 | 養護相談 | 非行相談 | 障害相談 | 育成相談 | 保健相談 | その他の相談 |
|---|---|---|---|---|---|---|---|
| 2016（平成28）年度 | (100%)<br>457,472 | (40.3%)<br>184,314 | (3.1%)<br>14,398 | (40.5%)<br>185,186 | (10.0%)<br>45,830 | (0.4%)<br>1,807 | (5.7%)<br>25,937 |
| 2017（平成29）年度 | (100%)<br>466,800 | (41.9%)<br>195,786 | (3.0%)<br>14,110 | (39.6%)<br>185,032 | (9.3%)<br>43,446 | (0.4%)<br>1,842 | (5.7%)<br>26,664 |
| 2018（平成30）年度 | (100%)<br>504,856 | (45.3%)<br>228,719 | (2.6%)<br>13,333 | (37.4%)<br>188,702 | (8.6%)<br>43,594 | (0.3%)<br>1,644 | (5.7%)<br>28,864 |
| 2019（令和元）年度 | (100%)<br>544,698 | (49.2%)<br>267,955 | (2.3%)<br>12,410 | (34.8%)<br>189,714 | (7.8%)<br>42,441 | (0.3%)<br>1,435 | (5.6%)<br>30,743 |
| 2020（令和2）年度 | (100%)<br>527,272 | (53.3%)<br>280,985 | (2.0%)<br>10,615 | (30.8%)<br>162,351 | (7.4%)<br>38,908 | (0.2%)<br>1,269 | (6.3%)<br>33,144 |

資料：厚生労働省「福祉行政報告例」

**324** 児童相談所が行う**在宅指導**は、専門的な助言指導、カウンセリング・心理療法・ソーシャルワーク等を継続する継続指導、ほかの機関へのあっせんといった措置によらない指導と、児童福祉司指導・児童委員指導・児童家庭支援センター指導等といった児童福祉法第26条、第27条に基づく措置による指導などがある。

**325** 児童の里親への委託、各児童福祉施設への**入所措置**は、**都道府県・指定都市**の権限であるが、**児童相談所長**に委任されている。また、**児童相談所長**が提出する都道府県知事への報告書には、児童の家庭環境ならびに措置についての児童および保護者の意向を記載しなくてはならない。

**326** 1997（平成9）年の児童福祉法の改正により、**都道府県知事**は、**少年法**

の保護処分の決定を受けた児童につき、当該決定に従って児童自立支援施設に入所させる措置（保護者の下から通わせて行うものを除く）または児童養護施設に入所させる措置をとらなければならなくなった。

327 1998（平成10）年、2005（平成17）年に児童相談所運営指針が改正され、その指針のなかで、児童相談所は、児童を施設に入所させる措置をとる際、児童の権利や施設生活の規則などについて、年齢に応じて児童の権利ノートやパンフレットを活用するなどして説明することや児童自身が児童相談所に相談できること、施設の苦情解決の仕組みについて説明しなければならないとされた。

328 2007（平成19）年の児童相談所運営指針の改正では、児童虐待の対応を迅速かつ的確に行うために、①虐待に関する情報については、すべて虐待通告として受理し、緊急受理会議の開催の徹底、②安全確認を行う時間ルールの設定（48時間以内が望ましい）、③市町村においても安全確認を行うこと、④すべての在宅虐待事例に関する定期的フォローなどを明記した。

329 2010（平成22）年の児童相談所運営指針の改正で、虐待ケースとして児童相談所で管理する児童で、保育所や学校に在籍する児童については、定期的な情報提供や、個別ケース検討会議の開催などにより、状況把握、対応方針の検討を組織的に行うこととされた。

330 都道府県・指定都市の委任を受けた児童相談所長は、家庭裁判所の審判に付することが適当であると認める児童を、家庭裁判所に送致する措置をとらなければならない。

331 児童相談所長は、非行や虐待により在宅の指導が困難なケースで、親権者または後見人が施設入所に反対している場合に、施設入所をさせる必要があるといったとき、家庭裁判所に送致したり、親権喪失の審判、未成年後見人の選任および解任を家庭裁判所に請求することができる。 出 32-142-4

332 2004（平成16）年の児童福祉法の改正により、都道府県は、保護者の児童虐待等の場合の措置に関して、保護者が同意しない場合であっても、家庭裁判所の承認を得て、2年を限度に児童福祉施設への入所措置をとることができることとなった。ただし、当該入所措置にかかる保護者に対する指導措置の効果等に照らし、当該入所措置を継続しなければ著しく児童の福祉を害するおそれがあると認めるときは、家庭裁判所の承認を得て、当該期間を更新することができる。

333 児童相談所長は、棄児（捨て子）・家出や虐待児童等の緊急保護、処遇決定のための行動観察、短期の集中的な心理療法・生活指導等を行う短 出 30-140-3
30-141-4
34-142-2

重要項目

期入所指導を目的として児童の一時保護を行う必要がある場合、**児童相談所付設の一時保護所**において一時保護し、または適当な者に委託して一時保護を行うことができる。

334 2011（平成23）年6月の児童福祉法の改正により、児童相談所長は、一時保護を加えた児童で親権者または未成年後見人がないものに対し親権者または未成年後見人があるに至るまでの間、**親権**を行うことになった。

335 児童相談所長は、一時保護が行われた児童で親権者または未成年後見人があるものについても、監護・教育・懲戒に関し、その児童の福祉のために必要な措置をとることができ（**体罰**は禁止）、親権者または未成年後見人はその措置を不当に妨げることができない。また、児童の安全を確保するため緊急の必要があるときは親権者または未成年後見人の**意に反**して必要な措置をとることができる。

336 **児童相談所長**は、児童の親権者にかかる**親権喪失、親権停止**もしくは**管理権喪失**の**審判の請求**を行うことができる。　出 32-142-4

337 **児童相談所長**は、親権を行う者のない児童について、その福祉のため必要があるときは、**未成年後見人の選任の請求**をしなければならない。

338 **児童相談所長**は、小規模住居型児童養育事業者または里親に委託中の児童で親権者または未成年後見人のないものに対し、親権者または未成年後見人があるに至るまでの間、**親権**を行う。

339 2019（令和元）年の児童福祉法改正で、**都道府県（児童相談所）**は、児童の権利保護の観点から、**一時保護**の解除後の家庭等の環境の調整等により、児童の安全確保をすることが義務づけられた。　出 33-137-5

340 **児童相談所長**は、保護者または警察官が家庭裁判所に送致通告するよりも児童福祉法の措置にゆだねたほうが適当であると認めた少年、家庭裁判所が児童福祉法の措置を相当と認めた少年についての援助を行う（少年法第6条第2項・第18条）。

# 実力チェック！ 一問一答 ————

※解答の（　）は重要項目（P.320～374）の番号です。

●解答

① 2013（平成25）年に制定された、子どもが生まれ育った環境によって将来を左右されないようにするための法律を何というか。

▶ 子どもの貧困対策の推進に関する法律（ 9 ）

② 児童相談所における児童虐待の内容別相談件数のなかで最も多い虐待は何か。

▶ 心理的虐待（ 15 ）

③ 医療的ケア児およびその家族の支援のために制定された法律は何か。

▶ 医療的ケア児及びその家族に対する支援に関する法律（医療的ケア児支援法）（ 27 ）

④ 児童の権利に関する条約において明確化されている、児童の意見表明権や表現の自由、思想・良心および宗教の自由、集会および結社の自由などの権利を何というか。

▶ 能動的権利（ 54 （表2））

⑤ 児童福祉六法は、児童福祉法、児童扶養手当法、母子及び父子並びに寡婦福祉法、母子保健法、児童手当法のほかにあと1つは何か。

▶ 特別児童扶養手当等の支給に関する法律（ 56 ）

⑥ 2016（平成28）年の児童福祉法の改正で同法の条文に、ある条約が盛り込まれたが、これは何か。

▶ 児童の権利に関する条約（ 59 ）

⑦ 障害児入所施設は、福祉型障害児入所施設ともう1つは何と区分されたか。

▶ 医療型障害児入所施設（ 66 （表3））

⑧ 障害児を日々保護者の下から通わせて支援が提供され、福祉型と医療型に分かれるのは何か。

▶ 児童発達支援センター（ 67 （表3））

⑨ 2016（平成28）年の児童福祉法の改正で情緒障害児短期治療施設は何と改称されたか。

▶ 児童心理治療施設（ 81 （表3））

⑩ 地域の児童の福祉に関する各般の問題に対して、専門的知識・技術を必要とするものに助言等を行うところはどこか。

▶ 児童家庭支援センター（ 83 （表3））

⑪ 障害児につき、児童発達支援センター等に通わせ日常生活における基本的な動作の指導を行うのは何か。

▶ 児童発達支援（ 95 （表4））

⑫ 放課後児童クラブ、放課後子供教室の計画的な整備等を推進するために新たに策定されたのは何か。

▶ 新・放課後子ども総合プラン（ 112 ）

⑬ 児童養護施設等に入所している児童が施設を退所した場合に、親等の保証人が得られないことで、就職やアパート等の貸借にあたって支障が生じることがないように支援する事業を何というか。

▶ 身元保証人確保対策事業（ 123 ）

⑭ 就学前の子どもの教育・保育サービスとして認可・指導監督が一本化され、学校および児童福祉施設としての法的位

▶ 幼保連携型認定こども園（ 135 ）

児童や家庭に対する支援と児童・家庭福祉制度

375

# 一問一答

●解答

置づけがなされたのは何か。

⑮ 子ども・子育て支援制度により新設され、家庭や施設で少人数の子どもを預かる事業を何というか。

▶地域型保育（ 142 ）

⑯ 子ども・子育て支援制度により新設され、認定こども園、幼稚園、保育所の利用について共通に行われる給付は何か。

▶施設型給付（ 143 ）

⑰ 児童福祉法では、地方公共団体は、要保護児童の適切な保護を図るため、必要な情報の交換を行ったり、要保護児童等に対する支援の内容に関する協議を行ったりするために、何をおくことができるとされているか。

▶要保護児童対策地域協議会（ 157 ）

⑱ 子どもの安全確保のため必要と認められる場合、誰が一時保護を行うか。

▶児童相談所長、都道府県知事（ 160 ）

⑲ 親権の行使が困難または不適当なため子どもの利益を害する場合、家庭裁判所はどのような審判を行うか。

▶2年以内の親権停止（ 161 ）

⑳ 里親委託・施設入所の措置の承認の申立てがあった場合、都道府県に対して保護者指導を勧告することができるのはどこか。

▶家庭裁判所（ 165（図3）)

㉑ 養子縁組里親名簿の作成、養子縁組の相談援助を行うのはどこか。

▶都道府県（ 169 ）

㉒ 養子縁組あっせん事業を許可制度にすることなどを規定した法律は何というか。

▶民間あっせん機関による養子縁組のあっせんに係る児童の保護等に関する法律（特別養子縁組あっせん法）（ 182 ）

㉓ 里親を支援する機能をもたせるために児童養護施設などに配置される相談員を何というか。

▶里親支援専門相談員（ 190 ）

㉔ 児童虐待の防止等に関する法律（児童虐待防止法）では、児童虐待を発見した者は速やかに何をする義務があるか。

▶通告する義務（ 191 ）

㉕ 児童虐待防止法において、児童の親権を行う者は、児童を心身ともに健やかに育成することについて、何の責任を有するものとされているか。

▶第一義的責任（ 197 ）

㉖ 都道府県知事または児童相談所長は、強制入所措置、親権者等の同意のもとでの施設入所措置がとられている場合、一時保護の場合、面会や通信の全部が制限されているときは、児童虐待を行った保護者に対し、当該児童の身辺へのつきまといや、その住居等の付近での徘徊を禁止することができるが、これを何というか。

▶接近禁止命令（ 215, 216 ）

●解答

27 児童福祉施設等において、児童の身体に外傷が生じたり、生じるおそれのある暴行を加えたり、わいせつな行為をしたり、させたりすることなどを何というか。

▶施設内虐待（被措置児童虐待）（ 225 , 226 （表 10 ））

28 母子家庭の経済的な自立を図ることを目的とした制度は何か。

▶母子福祉資金の貸付制度（ 242 ）

29 母性、乳児、幼児の健康の保持増進を図ることを目的とし、母子保健法に基づき交付される手帳を何というか。

▶母子健康手帳（ 249 , 258 ）

30 母子保健法に基づき、母子保健に関する各種相談・支援に必要な情報の把握などを行うのはどこか。

▶母子健康包括支援センター（ 251 ）

31 父が障害の状態にある児童の母がその児童を監護している場合に、監護している母などに支給される手当は何か。

▶児童扶養手当（ 261 , 262 （表 13 ））

32 重度の障害の状態にあるため、日常において常時の介護を必要とする在宅の 20 歳未満の重度障害児に支給される手当を何というか。

▶障害児福祉手当（ 270 ）

33 次世代育成支援対策推進法に基づいて、常時雇用労働者 101 人以上の事業の事業主に策定が義務づけられている計画を何というか。

▶一般事業主行動計画（ 272 （表 14 ））

34 少子化に対処するために講じられる施策の基本理念等を定め、2003（平成 15）年に制定された法律を何というか。

▶少子化社会対策基本法（ 274 ）

35 売春防止法によって都道府県に設置が義務づけられ、各種相談などを行う機関はどこか。

▶婦人相談所（ 278 ）

36 児童、妊産婦および知的障害者の福祉に関する事項を調査・審議し、それぞれが属する行政機関の諮問に答え、意見を述べることができる機関を何というか。

▶児童福祉審議会（ 288 ）

37 入所児童の早期家庭復帰等を図ることを目的に、入所前から退所後のアフターケアに至る総合的な家庭調整をする者を何というか。

▶家庭支援専門相談員（ファミリーソーシャルワーカー）（ 307 ）

38 児童に関する家庭その他からの相談のうち、専門的な知識および技術を必要とするものに応ずること、児童およびその家庭について必要な調査や医学的、心理学的、教育学的、社会学的および精神保健上の判定を行うこと、それに基づいて必要な指導を行うこと、児童の一時保護を行うことなどを主な業務とする機関を何というか。

▶児童相談所（ 312 ）

39 児童相談所におかれ、ほかの児童福祉司が職務を行うにあたって専門的技術に関する指導等を行う児童福祉司を何と

▶指導教育担当児童福祉司（ 316 ）

377

一問一答

●解答

称するか。

㊵ 親権者、未成年後見人がある一時保護された児童の監護・教育・懲戒に関し、その児童のために必要な措置をとることができる者は誰か。

▶児童相談所長（ 335 ）

合格体験記

### 周囲や家族の協力は不可欠

　私は社会福祉士と精神保健福祉士の国家試験にダブル合格することができました。しかしながら合格への道のりは決して楽なものではありませんでした。一度は社会福祉士の試験に失敗し、通り一遍の勉強方法では合格できないことを思い知らされました。この悔しい思いが自分自身を頑張らせたのかもしれません。不合格の原因を考えてみると過去問を解くだけではダメだということがわかりました。

　今回は早い時期から、最新のテキストを詳細に読み込んでいきました。覚えたことを忘れないようにメモを書いてトイレや台所、冷蔵庫等、目につく所に貼って事あるごとに音読しました。自分なりに基礎をマスターできたと実感できた後で過去問に取り組みました。過去問と全く同じ問題は出題されませんが、基礎知識として理解しておくべき事項がさらに明らかになります。特に読み込みが不十分であった点、自分の理解が誤っていた点などは過去問を解くことによって弱点がさらけ出され、どこに勉強の重点をおくべきか自ずとわかってきました。この繰返しにより自信をもてるようになりました。

　10月からは、ワークブックの重要項目をチェックしました。インターネットを活用した情報収集も大変有意義でした。

　最後に申し上げたいことは、受験に対する周囲の理解・協力です。受験勉強は決して一人で完結できませんし、スランプに陥ることもあります。家族の協力は不可欠です。ハードルは高いですが、努力は必ず報われるものです。

（訪問介護員　戸井田一美）

# 就労支援サービス

**7**

# 傾向と対策

## 出題基準と出題実績

| 出題基準 | | | |
|---|---|---|---|
| 大項目 | 中項目 | 小項目（例示） | |
| 1 雇用・就労の動向と労働施策の概要 | 1）雇用・就労の動向 | ・労働市場の動向<br>・ライフスタイルに応じた多様な働き方<br>・障害者の雇用・就労を取り巻く情勢<br>・その他 | |
| | 2）労働法規の概要 | | |
| 2 就労支援制度の概要 | 1）生活保護制度における就労支援制度 | ・生活保護授産施設<br>・被保護者就労支援事業<br>・自立支援プログラム<br>・ハローワークの取組<br>・その他 | |
| | 2）障害者福祉施策における就労支援制度 | ・就労移行支援事業<br>・就労継続支援事業A型<br>・就労継続支援事業B型<br>・その他 | |
| | 3）障害者雇用施策の概要 | ・障害者雇用率制度、職業リハビリテーションの実施体制等<br>・その他 | |
| 3 就労支援に係る組織、団体の役割と実際 | 1）国の役割 | | |
| | 2）市町村（福祉事務所）の役割 | | |
| | 3）都道府県の役割 | | |
| | 4）ハローワークの役割と活動の実際 | | |

※【 】内は国家試験に出題された番号です。

| 出題実績 | | | | |
|---|---|---|---|---|
| 第30回(2018年) | 第31回(2019年) | 第32回(2020年) | 第33回(2021年) | 第34回(2022年) |
| | ・労働に関する行政統計【143】 | | ・労働と福祉に関する概念【143】<br>・障害者の雇用・就労の動向【144】 | |
| | | ・日本の労働法制【143】 | | ・日本国憲法の勤労等の規定【143】<br>・求職者支援法【145】 |
| ・生活困窮者自立支援法による自立相談支援事業【144】 | ・被保護者就労準備支援事業【144】 | | | |
| | ・就労移行支援事業【145】 | | | ・就労移行支援事業、就労継続支援事業A型・B型【144】 |
| ・障害者雇用率制度【143】 | | ・障害者雇用率制度【144】 | ・障害者雇用促進法の概要【145】 | |
| ・障害者就業・生活支援センターによる支援〜事例〜【146】 | | | | |
| ・生活困窮者自立支援法による自立相談支援事業【144】 | | | | |
| ・生活困窮者自立支援法による自立相談支援事業【144】 | | | | |

就労支援サービス

| 大項目 | 中項目 | 小項目（例示） | |
|---|---|---|---|
| | 5）職業リハビリテーション機関の役割と活動の実際 | ・ハローワークにおける障害者の職業相談・職業紹介<br>・地域障害者職業センターにおける職業リハビリテーション<br>・障害者就業・生活支援センターの取組<br>・その他 | |
| | 6）障害福祉サービス事業所・障害者支援施設の役割 | | |
| 4　就労支援に係る専門職の役割と実際 | 1）生活保護制度に係る専門職の役割 | ・現業員の役割<br>・その他 | |
| | 2）障害者福祉施策に係る専門職の役割 | ・サービス管理責任者の役割<br>・就労支援員の役割<br>・その他 | |
| | 3）職業リハビリテーションに係る専門職の役割 | ・職場適応援助者（ジョブコーチ）<br>・障害者職業カウンセラー<br>・その他 | |
| 5　就労支援分野との連携と実際 | 1）ハローワークとの連携（生活保護制度関連） | ・生活保護制度におけるハローワークとの連携の方法、連携の実際<br>・その他 | |
| | 2）障害者雇用施策との連携 | ・職業リハビリテーション機関との連携の方法、連携の実際<br>・その他 | |
| | 3）障害者福祉施策との連携 | ・障害福祉サービス事業所・障害者支援施設との連携の方法、連携の実際<br>・その他 | |
| | 4）教育施策との連携 | ・特別支援学校との連携の方法、連携の実際<br>・その他 | |

| | 第 30 回(2018 年) | 第 31 回(2019 年) | 第 32 回(2020 年) | 第 33 回(2021 年) | 第 34 回(2022 年) |
|---|---|---|---|---|---|
| | | ・障害者就業・生活支援センター、障害者職業能力開発校、地域障害者職業センター、ハローワークの根拠法と業務【145】 | | | ・ |
| | ・職場適応援助者（ジョブコーチ）の役割【145】 | | ・福祉事務所の就労支援員の業務【145】 | | ・福祉事務所の現業員による就労支援〜事例〜【146】 |
| | ・障害者就業・生活支援センターによる支援〜事例〜【146】 | ・障害者就業・生活支援センターによる支援〜事例〜【146】 | ・障害者就業・生活支援センターによる就労定着支援〜事例〜【146】 | ・総合相談窓口の相談員が連携する機関〜事例〜【146】 ・総合相談窓口の相談員が連携する機関〜事例〜【146】 | ・福祉事務所の現業員による就労支援〜事例〜【146】 |

就労支援サービス

# 傾向

第30回から第34回試験では、それぞれ4問が出題された。以下、出題基準の項目に沿って分析する。

## 1 雇用・就労の動向と労働施策の概要

雇用・就労の動向では、厚生労働省が発表する「障害者雇用促進法に基づき事業主等に求められる障害者の雇用状況の集計結果」と「労働力調査」「労働経済白書」等からの出題がある。第33回は、就労移行支援から一般就労への移行率、就労継続支援B型事業所の月額平均工賃、特別支援学校高等部卒業者の就職者数割合、特例子会社の認定企業数、民間企業の法定雇用率達成企業の割合が問われた。第31回は、完全失業率、有効求人倍率、「雇用均等基本調査」から男性の育児休業取得率が問われ、また、平均年間総労働時間、労働組合の組織率について出題された。第33回はほかに、労働と福祉に関する概念として、フレキシキュリティ、ワークフェア、ワーク・ライフ・バランス、OFF-JT、アンペイドワークの用語について出題された。

労働法規に関しては、第34回で、日本国憲法の勤労に関する規定として、職業選択の自由（第22条）、団体行動権（第28条）が問われた。あわせて男女同一賃金、労働時間の定めなども問われたが、平易な問題であった。第32回の日本の労働法制として日本国憲法の労働三権、労働者災害補償保険法、雇用保険法、最低賃金法、労働契約法の出題と類似のものといえるだろう。

また、第34回では「求職者支援法」の対象者、申込み先、職業訓練受講給付金の額、制度創設時期、職業訓練の期間が問われたが、細かい内容を含んでおり、やや難しかった。

## 2 就労支援制度の概要

この項目は、毎回出題があり、第34回は、「障害者総合支援法」に基づく就労移行支援事業、就労継続支援事業（A型・B型）の概要が出題された。就労継続支援A型事業では、最低賃金法が適用されるという基本的な問題であった。第33回は、障害者雇用促進法の概要として、職業リハビリテーションの原則、法定雇用率と障害者雇用納付金、基本的理念、障害者に対する差別の禁止等、幅広く出題された。第31回は、就労支援を担う機関として、就労移行支援事業所の根拠法と業務内容が問われた。また、被保護者就労準備支援事業の内容に関する出題は、基本的なものであった。障害者雇用率制度に関しては、第32回、第30回ともに、法定雇用率、障害者雇用納付金制度、未達成企業に対するペナルティ、特例子会社等、

基礎的知識が問われた。

## 3 就労支援に係る組織、団体の役割と実際

　第31回で、地域障害者職業センター、障害者就業・生活支援センター、障害者職業能力開発校、ハローワークの根拠法と業務内容が出題されたが、基本レベルの問題であった。

　第30回は、生活困窮者自立支援法による自立相談支援事業を行う組織・機関を問う基本問題であった。

## 4 就労支援に係る専門職の役割と実際

　第32回は、福祉事務所の就労支援員の具体的業務が出題された。就労支援に携わる他機関の専門職の業務との区別が問われた。

　第30回は、職場適応援助者（ジョブコーチ）の役割が出題された。支援対象者本人だけでなく、事業所や職場の同僚等に対するはたらきかけなど、幅広い活動の理解が問われたが、難易度は高くなかった。

## 5 就労支援分野との連携と実際

　第34回では、福祉事務所における就労支援の進め方に関する事例問題が出題され、公共職業安定所（ハローワーク）と連携した生活保護受給者等就労自立促進事業や公共職業訓練、自立支援プログラム等の活用が問われた。

　第33回は、若年無業者からの就労相談に対して連携を検討する機関として地域若者サポートステーションを選択させる出題であった。

　第32回は事例問題で、障害者就業・生活支援センターの支援担当職員による就労定着支援のための取組みが出題された。

　第31回の事例問題では、障害者就業・生活支援センターの就業支援担当者が、職場の人間関係に悩む障害者への支援において他職種・機関といかに連携するかが問われた。

　いずれも支援対象者の特性と主訴を正しくとらえ、各機関とマッチングできるかどうかが問われた。

## 事例

　各回1題が短文の事例問題である。

　第34回は、就労に不安を抱える被保護者に対する福祉事務所の現業員の行う就労支援の進

め方が問われた。公共職業安定所（ハローワーク）と連携した事業の概要や生活保護受給との関係など、生活保護制度にも係る制度の知識が求められる出題であった。

　第33回は、就労経験のほとんどない若年無業者からの就労の相談に対して、総合相談窓口の相談員が連携を検討する機関が問われた。支援対象者の年齢や状況を踏まえた適切な連携先を選ぶことが求められるものであった。

　第32回は、障害者就業・生活支援センターの支援担当職員による支援の内容が問われた。仕事内容が変わったことにより、出勤意欲がなくなった利用者が、就労を継続できるように関係者の連携を考えさせるものであった。

　第31回と第30回は、障害者就業・生活支援センターにおける相談内容に応じた適切な連携先（社会資源）や本人への対応を選ばせるものであった。各機関・組織の業務内容の正しい理解が求められるとともに、本人の主訴を正しく受け止めるという相談援助技術の基本問題でもあった。

# 対策

　制度に関しては、障害者の雇用の促進等に関する法律（障害者雇用促進法）を基本として、障害者雇用率制度、障害者雇用納付金制度の確実な理解が必要である。特に、法定雇用率の算定対象については、精神障害者が加わったことや法定雇用率の引き上げなど改正が続いており、沿革を含めて理解しておきたい。また、最新の労働統計や障害者の雇用に関する統計への目配りを忘れず、最新の数字と大まかな動きを押さえておく必要がある。

　障害者の就労支援に関しては、職業リハビリテーションの実施体制として、ハローワークの役割や、各種センターの目的、業務内容を整理し、そこに配置される専門職の役割を把握しておくとよい。特に障害者就業・生活支援センターは出題頻度が高く、要注意である。支援対象者を想定し、活用できる機関やサービス、機関や専門職の協働場面（支援チーム）の基本的な動きがイメージできることが求められる。例えば、短文事例のなかで、適用できる制度、活用できる資源が判断できるレベルでの学習が必要である。

　生活保護における被保護者就労支援事業や自立支援プログラムでは、自立の定義、プログラム実施のプロセス、福祉事務所とハローワークの連携とそこにかかわる専門職について理解しておきたい。いずれもテキスト等で示される図を手がかりにして全体像をつかみ、職種名や事業名と内容を確実に理解しよう。加えて、就労支援にあたっては、本人の同意や動機づけが大切であり、強制や義務づけがなじまないことも踏まえておきたい。

　近年、福祉施策と労働施策が連携してさまざまな施策を展開している。生活保護受給者等就労自立促進事業、試行雇用（トライアル雇用）、失業者に対する「求職者支援制度」、生活困窮者自立支援法における「生活困窮者就労準備支援事業」などの動きをつかんでおくこと

も必要である。ひきこもりの若年者は、生活困窮者の予備群とも考えられており、若年の不安定就労者への支援と併せて、今後も出題が予測される。それらの取組みのなかでは、就労による経済的自立を唯一の目的とするのではなく、就労意欲の喚起や社会参加を通じて徐々にステップアップを図るなどの支援が含まれていることもつかんでおきたい。

　また、今後も短文の事例問題の出題が予想される。対象となる人と状況に合わせて、複数の制度やサービスのなかから最も適切なものを選ぶという制度の理解を問うもの、相談場面での利用者本位の対応を選ぶ実践的なスキルなど、総合的な判断が求められるようになってきている。それぞれの制度、サービスの目的、対象者、利用要件などの概要の整理と併せて、社会福祉士の倫理に基づく判断ができるようにしておこう。

# 押さえておこう！　重要項目

## ☑1 雇用・就労の動向と労働施策の概要

### 雇用・就労の動向

**1** **ディーセント・ワーク**とは、**権利**が保障され、**十分な収入**を得、適切な**社会的保護**のある**生産的**な仕事（働きがいのある人間らしい仕事）に従事することを意味する。

**2** 2007（平成19）年、「ワーク・ライフ・バランス憲章」が策定された。**ワーク・ライフ・バランス**とは、「一人ひとりがやりがいや充実感を持ちながら働き、仕事上の責任を果たすとともに、**家庭**や**地域生活**などにおいても、人生の各段階に応じて多様な生き方が選択・実現できる」ことである。

出 33-143-1, 5

▶仕事と生活の調和と訳される。

**3** **フレキシキュリティ**とは、労働市場が労働者を解雇しやすくなる一方で、失業しても生活が保障され、再雇用に向けた訓練・教育を受けることのできる労働政策である。

出 33-143-1

**4** **ワークフェア**とは、社会保障の給付の条件として**就労**や職業訓練の義務づけをするものである。

出 33-143-2

**5** 厚生労働省「**雇用均等基本調査**」（2020（令和2）年度）によれば、**育児休業取得率**は、男性**12.65**％、女性**81.6**％である。

出 31-143-4

**6** 労働力調査において**労働力人口**とは、**15歳以上**の人口のうち**就業者**と**完全失業者**を合わせたもの**をいう。完全失業者**とは、①**仕事がなくて**調査週間中仕事をしていない、②**仕事があれば**すぐ就業できる、③調査週間中に**求職活動**や**事業開始**の準備をしていた、の3条件を満たす者をいう。

**7** 2022（令和4）年公表の総務省「**労働力調査**」（基本集計、2021（令和3）年平均）によれば、労働力人口比率（**15**歳以上人口に占める労働力人口の割合）は**62.1**％、**完全失業率**（労働力人口に占める完全失業者の割合）は**2.8**％で、11年ぶりに上昇した2020（令和2）年平均と同率だった。

出 31-143-1

**8** 厚生労働省「**一般職業紹介状況**（職業安定業務統計）」によれば、2021（令和3）年の**有効求人倍率**は1.13倍で、2010（平成22）年から連続して上昇していたが、3年連続で低下した。

出 31-143-2

▶2009（平成21）年から2013（平成25）年は、1倍未満だった。

**9** 1990年代以降、「**正規以外の職員・従業員**」（いわゆる非正規社員）の割合が増加した。2014（平成26）年以降、雇用者総数の37％台で推移しており、2020（令和2）年に37.1％となったが、2021（令和3）年は**36.7**％（男性**21.8**％、女性**53.6**％）となり、前年度から0.4ポイン

出 30-16-3（社会）

388

雇用・就労の動向

10 「労働力調査」によれば、若年無業者の状態にある若者は、2021（令和3）年は **57** 万人であり、前年より12万人減少した。「若年層のパート・アルバイト及びその希望者」（いわゆる**フリーター**）は、**137** 万人（2021（令和3）年平均）で前年より1万人増加した。

▶15～34歳の非労働力人口のうち、家事も通学もしていない者。

11 厚生労働省の「令和3年障害者雇用状況の集計結果」（2021（令和3）年6月1日現在）によると、**民間企業**（**43.5** 人以上規模の企業）に雇用されている障害者の数は **59** 万 **7786** 人で、前年に比べて **1** 万 **9494** 人増加した（図1参照）。

▶障害別にみると、身体障害者35万9067.5人、知的障害者14万665.0人、精神障害者9万8053.5人であり、2004（平成16）年以降18年連続で過去最高となっている。

### 図1　実雇用率と雇用されている障害者の数の推移

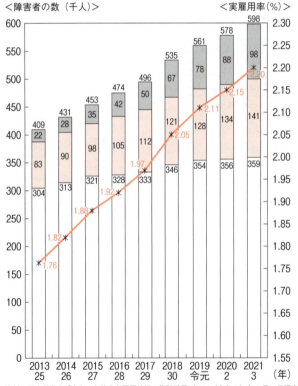

資料：厚生労働省「令和3年障害者雇用状況の集計結果（2021（令和3）年6月1日現在）」を一部改変

12 2021（令和3）年6月1日現在の障害者の法定雇用率達成企業割合は **47.0** ％である。**法定雇用率達成企業割合**は、1000人以上規模企業が最も高く、55.9％で、すべての規模の区分で前年より低下した。

出 33-144-5

13 **民間企業における障害者の実雇用率**は、**2.20** ％となっている。公的機関における実雇用率は、国の機関では **2.83** ％、都道府県の機関で **2.81** ％、市町村の機関で **2.51** ％、都道府県等の教育委員会は **2.21** ％である

▶実雇用率も1000人以上規模企業が最も高く、2.42％である。

（2021（令和3）年6月1日）。

14 文部科学省「学校基本調査」によると、2021（令和3）年3月の**特別支援学校高等部**の卒業者のうち就職者の割合は**21.0**％で、**61.6**％は福祉施設や医療機関に入所・入院している実態がある。その背景には、生徒の障害の重度・重複化、生徒や保護者の一般雇用に対する不安などがある。

出 33-144-3

## 労働法規の概要

15 日本国憲法第27条および第28条は、勤労等に関して規定している。概要は表1のとおり。

### 表1　憲法の勤労等に関する規定

| 第22条第1項 | 公共の福祉に反しない限り、居住、移転、職業選択の自由を有する。 |
|---|---|
| 第27条第1項 | 国民は、勤労の権利を有し、義務を負う。 |
| 第27条第2項 | 賃金、就業時間、休息その他の勤労条件に関する基準は、法律で定める。 |
| 第27条第3項 | 児童は、これを酷使してはならない。 |
| 第28条 | 勤労者の団結権、団体交渉権、団体行動権を保障する。 |

出 34-143-2

出 34-143-3, 4

出 34-143-1

出 32-143-1
34-143-5

16 **労働基準法**は、労働者の労働条件についての**最低基準**を定めたもので、**同居の親族**のみを使用する事業や**家事使用人**を除き、すべての労働者（職業の種類を問わず、事業または事業所に使用され、賃金を支払われる者）に適用される。

▶使用者は、国籍、信条、社会的身分を理由として労働条件について差別的取扱いをしてはならない。

17 **労働基準法**は、使用者は、労働者に、休憩時間を除き**1週間について40時間**を超えて労働させてはならないと規定している。

出 32-143-5
34-143-4

18 **労働協約**は、**労働組合**と**使用者**との間の集団的な労働条件の取り決めであり、書面を作成し、両者が署名または記名押印して効力を生じる。

19 労働協約は、法令に反してはならず、**就業規則**は、労働協約に反してはならない。反した部分は無効となる。

20 **雇用保険**は、労働者が**失業**（被保険者が離職し、労働の意思および能力を有するにもかかわらず、職業に就くことができない状態）した場合や労働者の雇用継続が困難となる事由が生じた場合に必要な給付を行う**失業等給付**のほか、**育児休業給付**、**雇用保険二事業**（**雇用安定事業・能力開発事業**）を行っている。

出 32-143-3

▶雇用保険に関する実務は、ハローワークが担っている。

21 **求職者支援法**は、雇用保険の失業等給付を受給できない**特定求職者**に対

出 34-145-1, 4

> ▶雇用保険の被保険者や失業給付の受給資格者を除き、学卒未就業者も含まれる。

し、職業訓練の実施、**職業訓練受講給付金**の支給等により、就職の促進、職業・生活の安定を目指すもので、2011（平成23）年10月に施行された。

**22** 求職者支援法に基づく求職者制度の申込みは、公共職業安定所（ハローワーク）で行い、認定職業訓練または公共職業訓練等を受けたときは、月10万円の職業訓練受講給付金の支給を受けることができる。

出 34-145-2, 3, 5

**23** **最低賃金法**に基づく**地域別最低賃金**は、**厚生労働大臣または都道府県労働局長**が、中央最低賃金審議会または地方最低賃金審議会の意見を聴いて決定する。

出 32-143-4

# 2 就労支援制度の概要

## 生活保護制度における就労支援制度

**24** 生業扶助では、生業に就くために必要な技能を修得する経費（技能修得費）として教育訓練講座等の授業料、教科書・教材費や資格検定等に要する費用に対応している。

**25** **被保護者就労支援事業**（生活保護法第55条の7）は、就労に関する相談、面接指導、ハローワークへの同行などの就労支援や職場定着支援を行うものである。支援にあたっては、アセスメントに基づき、**自立活動確認書**を作成して活用する。

> ▶本人の同意を得て福祉事務所が作成を支援する。

**26** 就労意欲が低い、生活習慣に課題があるなど、一般就労が困難な被保護者に対しては、**被保護者就労準備支援事業**として、就労準備支援担当者が就労意欲の喚起や日常生活習慣の改善の支援を行う。

出 31-144

> ▶日常生活自立および社会生活自立に関する支援が含まれる。

**27** **福祉専門職との連携支援事業**は被保護者の就労支援に関して、障害者の就労支援のノウハウを活用して、福祉専門職が支援対象者のアセスメントやフォローアップを実施するものである。

**28** 2005（平成17）年から生活保護制度における就労支援として、**自立支援プログラム**が導入された。要保護者に対する自立の助長の新たな仕組みとして、就労による経済的自立を中心とする**就労自立支援**だけでなく、自分で健康や生活管理を行う**日常生活自立支援**や社会的つながりを回復・維持する**社会生活自立支援**を含む自立支援の考え方が示された。

出 30-68-4（低生）
34-146-5

**29** 自立支援プログラムは、被保護者の年齢別・世帯構成別などの現状と自立阻害要因を把握し、類型化したうえで組織的に支援を行うために**福祉事務所**が作成するものである。

出 34-146-5

> ▶被保護者の同意を得るもので、参加を強制できない。

391

## 重要項目

**30** **就労支援プログラム**は、自立支援プログラムの1つであり、福祉事務所の実践経験や活用できる社会資源などの条件を考慮して作成する**個別支援プログラム**を活用して実施される。自立支援プログラムに基づいた自立・就労支援の流れは、図2のとおりである。

**図2 自立支援プログラムに基づく自立・就労支援の流れ**

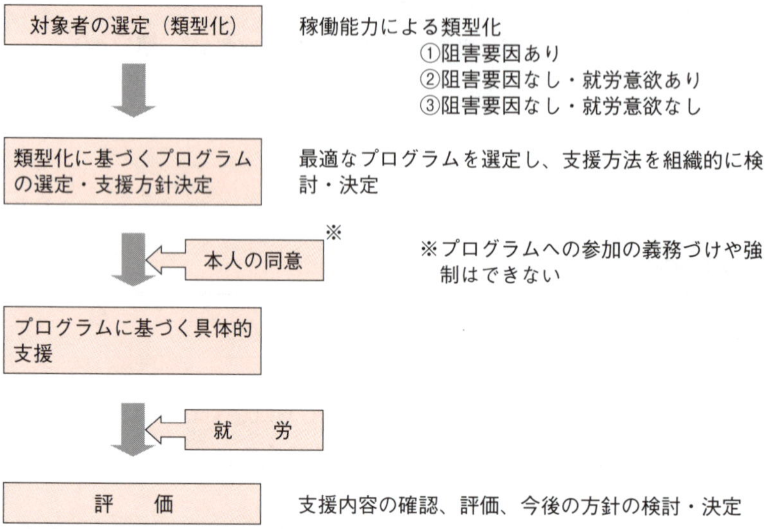

```
対象者の選定（類型化）        稼働能力による類型化
        │                       ①阻害要因あり
        ▼                       ②阻害要因なし・就労意欲あり
類型化に基づくプログラム         ③阻害要因なし・就労意欲なし
の選定・支援方針決定           最適なプログラムを選定し、支援方法を組織的に検
        │                       討・決定
        ▼     本人の同意 ※
                                ※プログラムへの参加の義務づけや強
プログラムに基づく具体的            制はできない
支援
        │
        ▼     就　労
        
      評　価                   支援内容の確認、評価、今後の方針の検討・決定
```
資料：東京都福祉保健局生活福祉部保護課作成の資料を一部改変

**31** 就労支援プログラムには、**就労支援員**等を活用した支援プログラム、福祉事務所の地区担当ケースワーカーによる求職活動の支援（地区担当員援助プログラム）、**就労意欲形成プログラム**などがある。

**32** **生活保護受給者等就労自立促進事業**は、地方公共団体（福祉事務所等）とハローワークの間で、支援の対象者、対象者数、目標、支援方法、関係機関の役割分担等に関する**協定**を締結するなどして連携体制を整備し、生活保護受給者等に綿密な支援を行い、就労による自立の実現を目指すものである。支援対象および実施体制は図3、表2のとおりである。

　出 34-146-4

**33** 生活保護受給者等就労自立促進事業は、**福祉事務所**に**ハローワーク**の常設窓口設置など**ワンストップ型**の支援体制を整備し、**生活保護受給者**や**生活困窮者**等に対する就労支援や職場定着へのフォローアップを実施する。

**34** **試行雇用（トライアル雇用）**は、職業経験、技能、知識等から安定的な就職が困難な求職者のうちハローワークや一定要件を満たす職業紹介事業者、大学等の紹介を受けた対象者を**短期間試行的**に雇用し、企業と労働者の**相互理解**を深め、その後の**常用雇用**への移行や雇用のきっかけづくりを目指すものである。概要は表3のとおりである。

▶原則3か月の有期雇用契約である。

## 図3　生活保護受給者等就労自立促進事業

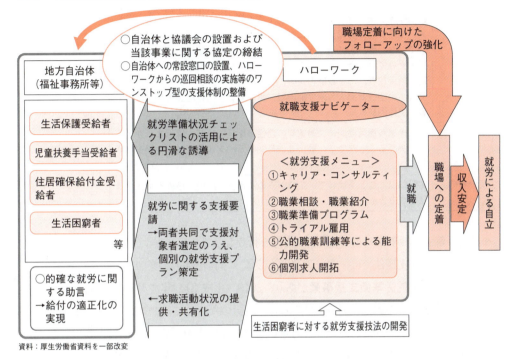

資料：厚生労働省資料を一部改変

## 表2　生活保護受給者等就労自立促進事業

| 支援対象 | 生活保護受給者、児童扶養手当受給者、住居確保給付金受給者、生活困窮者自立支援法に基づく自立相談支援事業による支援を受けている生活困窮者等のうち、次の①〜④をすべて満たす者<br>①稼働能力を有する者、②就労意欲が一定程度ある者、③就労にあたって著しい阻害要因がない者、④事業への参加に同意している者 |
|---|---|
| 実施体制 | 支援対象者ごとに就労支援チームを設置して実施<br>①事業担当責任者：ハローワークに設置。管轄区域内の支援状況の把握や事業全体の管理を担当<br>②就職支援ナビゲーター：ハローワークに設置。支援プランの策定、メニューの選定・実施、就労支援、就労後のフォローアップ等を担当<br>③福祉部門担当コーディネーター：福祉事務所等に設置。支援候補者の選定、就労意欲等の確認、準備的はたらきかけ、ハローワークの就職支援ナビゲーターへの支援要請等を担当 |
| 支援の実施 | 支援の要請（福祉事務所からハローワークへ）⇒就労支援チームによる面接による支援対象者の選定⇒支援プランの策定、準備メニューの選定、支援メニューの選定等 |

出 33-67（低生）

**35** **生活困窮者自立支援法**（2015（平成27）年4月施行）では、**市**および**福祉事務所を設置する町村**または**都道府県**の**必須事業**として**生活困窮者自立相談支援事業**を定めている。これは、就労支援等の相談、情報提供

出 30-144

# 重要項目

**表3　試行雇用（トライアル雇用）**

| 対象労働者 | ①離転職を繰り返している者、②1年を超えて離職している者、③妊娠、出産または育児を理由に離職し、1年を超えて安定した職業に就いていない者、④55歳未満で、ハローワーク等で担当制による個別支援を受けている者、⑤就職支援にあたって特別の配慮を有する者（生活保護受給者、母子家庭の母等、父子家庭の父、日雇労働者、季節労働者、中国残留邦人等永住帰国者、ホームレス、住居喪失不安定就労者、生活困窮者） |
|---|---|
| 事業主のメリット | トライアル雇用期間に、対象者の適性等を見極めて本採用するかどうかを決めることができ、最大3か月間トライアル雇用助成金が支給される。 |
| 労働者のメリット | 実際に働くことを通じて、企業が求める適性や能力・技術を把握することができる。 |

や助言、就労訓練事業の利用のあっせん等を行うものである。

36　生活困窮者自立支援法では、福祉事務所を設置する自治体の事業の1つに、**生活困窮者就労準備支援事業**があり、2019（平成31）年4月からは任意事業から**努力義務**に引き上げられた。就労のための**基礎的能力が低く**、ハローワークの職業紹介等の対象になりにくい人を「雇用による就業が**著しく困難**な生活困窮者」として、一般就労に必要な基礎能力を身につけるための計画的・集中的な支援を行う。

> 💡 **注目！**
> 任意事業から努力義務へ引上げ。

37　生活困窮者自立支援法による**生活困窮者就労訓練事業**は、一般の事業所での雇用による就業を継続して行うことが困難な生活困窮者を対象に、一般就労に向けて個々人の就労支援プログラムを作成し、就労支援担当者による**支援つきの就労・訓練**の機会を提供し、中・長期的な支援を行うものである。**中間的就労**とも呼ばれ、都道府県等から**認定**を受けた民間事業者が自主事業として実施する。

> ▶支援期間は、最長で1年が想定されている。

> ▶雇用契約を結ぶ支援付雇用型と雇用契約のない非雇用型がある。

38　生活困窮者自立支援法に基づく**自立相談支援機関**には、主任相談支援員、相談支援員、**就労支援員**が配置される。就労支援員は、就労意欲の喚起、履歴書の作成や面接対策の指導、個別求人開拓などを担当する。

## 障害者福祉施策における就労支援制度

39　日本では、障害ゆえに一般の労働市場から取り残されることが予想される障害者に対して、**福祉的就労**に導くための福祉施策を整備しつつ、**職業リハビリテーション**の体系化や、事業主に障害者雇用を義務づけ、雇用就労（**一般就労**）に誘導する労働施策を制度化してきた。

> **福祉的就労**
> 一般企業への就労が困難な人に障害等に配慮して提供される就労の場。

40　**福祉的就労**には、障害者の日常生活及び社会生活を総合的に支援するた

**2 就労支援制度の概要**

**障害者福祉施策における就労支援制度**

めの法律（障害者総合支援法）に基づく**就労移行支援事業、就労継続支援事業（A型）、就労継続支援事業（B型）**、地域活動支援センターのほか、地域障害者共同作業所がある。

▶A型は原則、雇用契約を結ぶ。

**41** 障害者総合支援法による就労支援サービスのプログラムである**就労移行支援事業、就労継続支援事業（A型）、就労継続支援事業（B型）、就労定着支援事業**の4類型は、**日中活動支援**の**訓練等給付**で行われる。それぞれの事業の概要は表4のとおりである。

出 31-145-3
32-146-1
34-144-1, 2, 5

**表4 障害者総合支援法による就労支援事業**

| | 就労移行支援事業 | 就労継続支援事業（A型） | 就労継続支援事業（B型） | 就労定着支援事業 |
|---|---|---|---|---|
| 利用者 | 企業等への就労希望者または在宅等での就労等で、個人の適性に応じた就労等が見込まれる障害者のうち65歳未満の者または65歳に達する前5年間障害福祉サービス支給決定等のある65歳以上の者 | 就労移行支援事業で企業就労に結びつかなかった者、現在雇用関係をもたない者、**特別支援学校**卒業者で企業就労に結びつかなかった者のうち、将来的に雇用契約の可能な65歳未満の障害者または65歳に達する前5年間障害福祉サービス支給決定等のある65歳以上の者 | 就労移行支援事業で企業就労に結びつかなかった者、現在雇用関係をもたない者のうち、将来的に雇用契約の可能な障害者（該当しない者も50歳以上や障害基礎年金1級受給者は利用可） | 就労移行支援等の利用を経て、一般就労して6か月を経過した障害者で、就労に伴う環境変化によって生活上の課題が生じている者 |
| 支援内容 | ・**一般就労**等への移行に向けて、作業や実習、職場開拓、就労後の職場定着のための支援<br>・**通所**が原則<br>・**個別支援計画**に基づく職場実習等のサービスを組み合わせた実施 | ・原則、**雇用契約に基づく通所**による就労の場の提供<br>・本人の同意のもとに作成した**個別支援計画**に基づく支援の実施 | ・**雇用契約はないが、就**労や生産活動の機会を設ける<br>・本人の同意のもとに作成した**個別支援計画**に基づく支援の実施 | ・自宅や事業所を訪問し、生活面での課題を把握<br>・企業や関係機関との連絡調整<br>・**個別支援計画**に基づく課題解決に向けた支援の実施 |
| 利用期間 | ・**2**年間の標準利用期間のほか、**6**か月の職場定着支援<br>・市町村審査会の個別審査で必要が認められれば最大1年間の利用延長可 | **制限なし** | **制限なし** | **3**年間を上限 |
| 基準等 | サービス管理責任者、職業指導員および生活支援員、就労支援員の配置 | ・利用者**10**人以上<br>・雇用契約を結んだ利用者は**労働法規**の適用 | ・平均工賃が工賃控除額程度の水準を上回ること | サービス管理責任者、就労定着支援員の配置 |

**42** **障害者基本計画**（**第4次**）は、2018（平成30）年度からの5年間を対象として、雇用・就業の基本的考え方として、多様な就業の機会を確保するとともに、就労支援の担い手の育成等を図り、一般就労が困難な者に対しては福祉的就労の底上げにより工賃の水準の向上を図るなどの総

▶2020（令和2）年度の就労継続支援B型事業所の月額平均工賃は1万5776円である。

**就労支援サービス**

## 重要項目

合的な支援の推進をあげている。

43 障害者基本計画（第4次）では、**成果目標**として、就労支援を受けた障害者の一般就労への移行数、一定規模以上の企業で雇用される障害者数、障害者就労施設等の物品等優先購入実績等が示されている。

▶2019（令和元）年度の就労移行支援から一般就労への移行者数は約1.3万人である。

44 **国等による障害者就労施設等からの物品等の調達の推進等に関する法律（障害者優先調達推進法）**により、**国・独立行政法人**には障害者就労施設等から物品等を**優先的に調達**するよう努める責務がある。**地方公共団体等**には、受注機会の増大を図るための措置を講ずるよう努める責務がある。

注目！
2018（平成30）年3月に第4次計画が閣議決定された。

45 障害者優先調達推進法では、障害者就労施設等に対して、物品等の購入者等への情報提供や物品の質の向上・供給の円滑化に努めることを規定している。このことと併せ、障害者就労施設等には、**市場ニーズ**に合った製品開発等の努力も求められる。

## 障害者雇用施策の概要

46 **障害者の雇用の促進等に関する法律（障害者雇用促進法）**は、障害者の雇用の促進と職業の安定を図ることを目的とし、①**障害者雇用率制度**、②**障害者雇用納付金制度**、③**職業リハビリテーションの推進**を中心とする施策を講じることなどを定めている。法制度の沿革は表5のとおりである。

出 33-145-1

47 障害者雇用促進法に規定する「**障害者**」は、**身体障害、知的障害**または**精神障害（発達障害**を含む）その他の心身の機能の障害があるため、長期にわたり、職業生活に相当の制限を受け、または職業生活を営むことが著しく困難な者をいう。職業リハビリテーション機関では、**難病患者、高次脳機能障害者**についても支援の対象となっている。

48 事業主は、労働者の募集及び採用について、障害者に対して、障害者でない者と**均等な機会**を与えなければならない（障害者雇用促進法第34条）。

出 33-145-5

49 事業主は、賃金の決定、教育訓練の実施、福利厚生施設の利用その他の待遇について、障害者であることを理由とする**不当な差別的扱い**を禁止されている。

50 **障害者雇用率制度**とは、民間企業、国・地方公共団体は、障害者雇用促進法施行令に定める割合（**法定雇用率**）に相当する数**以上**の**障害者**を雇用しなければならないことを定めた制度である。法定雇用率は、企業全

出 32-144-1

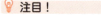注目！
精神障害者が雇用率の算定対象に。

**2 就労支援制度の概要**

**障害者雇用施策の概要**

### 表5 障害者雇用促進に関する制度の沿革

| 年 | 法の成立と主な改正経過 | 主な内容 |
|---|---|---|
| 1960（昭和35）年 | 身体障害者雇用促進法制定 | 企業の障害者雇用の努力義務 |
| 1976（昭和51）年 | 身体障害者雇用促進法改正 | 身体障害者の雇用義務化 |
| 1987（昭和62）年 | 障害者の雇用の促進等に関する法律（障害者雇用促進法）に題名改正 | ・知的障害者も実雇用率にカウント<br>・職業リハビリテーションの推進の法定化<br>・特例子会社制度 |
| 1992（平成4）年 | 障害者雇用促進法一部改正（1993（平成5）年施行分） | ・精神障害者の雇用に助成金<br>・重度知的障害者をダブルカウント<br>・重度障害者の短時間労働者をカウント |
| 1997（平成9）年 | 障害者雇用促進法一部改正 | ・知的障害者の雇用義務化<br>・精神障害者の短時間労働者の雇用助成 |
| 2002（平成14）年 | 障害者雇用促進法一部改正 | ・特例子会社制度のいっそうの充実<br>・職場適応援助者事業の創設 |
| 2006（平成18）年 | 障害者雇用促進法一部改正 | 精神障害者を実雇用率にカウント |
| 2008（平成20）年 | 障害者雇用促進法一部改正 | ・障害者雇用納付金制度適用対象企業を拡大<br>　常用労働者201人以上（2010（平成22）年7月から施行）<br>　常用労働者101人以上（2015（平成27）年4月から施行）<br>・雇用率制度に短時間労働者を追加<br>・雇用率算定のグループ適用制度<br>・重度でない障害の短時間労働者をカウント（2010（平成22）年7月から施行） |
| 2013（平成25）年 | 障害者雇用促進法施行令一部改正 | ・法定雇用率を0.2％引上げ |
| 2013（平成25）年 | 障害者雇用促進法一部改正 | ・障害者に対する差別の禁止および合理的配慮の提供義務（2016（平成28）年4月から施行）<br>・苦情処理・紛争解決の援助（2016（平成28）年4月から施行）<br>・精神障害者の雇用義務化（2018（平成30）年4月から施行） |
| 2017（平成29）年 | 障害者雇用促進法施行令一部改正 | ・法定雇用率を0.2％（2021（令和3）年4月までにさらに0.1％）引上げ |
| 2019（令和元）年 | 障害者雇用促進法一部改正 | ・民間事業主に対して障害者雇用納付金制度に基づく特例給付金を支給（2020（令和2）年4月から施行）<br>・障害者雇用率の確認のための書類の保存義務（2019（令和元）年9月から施行） |
| 2021（令和3）年 | 障害者雇用促進法施行令一部改正（2017（平成29）年）の一部改正 | 法定雇用率を0.1％引上げ（2021（令和3）年3月から施行） |

体について計算され、その詳細は、表6、表7のとおりである。

**51** **精神障害者**（精神障害者保健福祉手帳所持者）については、2018（平成　　　出 30-143-1

30）年4月から、法定雇用率の算定基礎に加えられた。2006（平成18）

年4月から実雇用率の算定対象となっていた。

**52** 身体障害者または知的障害者である**短時間労働者**（週20時間以上30時　　　出 32-144-3

就労支援サービス

💡 重要項目

### 表6　法定雇用率

| 民間企業 | 一般の民間企業（**43.5**人以上規模の企業） | **2.3**% |
| | 特殊法人等（労働者数**38.5**人以上規模の特殊法人および独立行政法人） | **2.6**% |
| 国・地方公共団体（**38.5**人以上規模の機関） | | **2.6**% |
| 都道府県等の教育委員会（**40**人以上規模の機関） | | **2.5**% |

※カッコ内はそれぞれの割合によって1名以上の障害者を雇用しなければならないこととなる企業の規模

資料：社会福祉士養成講座編集委員会編『新・社会福祉士養成講座⑱就労支援サービス（第2版）』中央法規出版、2010年、40頁を一部改変

💡 **注目！**
2021（令和3）年3月から、法定雇用率はそれぞれ0.1％ずつ引き上げられた。

出 30-143-5
　33-145-3

間未満）を雇用した場合は、1人で**0.5**人分として実雇用率を算定する（**ハーフカウント**）。

53 **精神障害者**である短時間労働者（週20時間以上30時間未満）であって、雇い入れから3年以内または精神障害者保健福祉手帳取得から3年以内の者、かつ、2023（令和5）年3月31日までに雇い入れられ、精神障害者保健福祉手帳を取得した者については、対象者1人を1人分として実雇用率を算定する（2023（令和5）年3月31日までの特例措置）。

💡 **注目！**
精神保健福祉手帳所持者は対象者1人を1人分に。

**重度身体障害者**
身体障害者手帳1～2級の者と、3級該当の障害を2以上有する者。

54 **重度身体障害者**、**重度知的障害者**を雇用した場合、1人で**2**人分として実雇用率を算定することができる（**ダブルカウント**）。

出 30-143-2

55 **企業**は、雇用障害者数が**法定雇用障害者**数以上となるようにしなければならない。**法定雇用障害者**数の算式は、次のとおりである。

### ＜算式＞

$$\boxed{法定雇用障害者数} = \boxed{\begin{array}{c}企業全体の常用労働者数＋\\短時間労働者数×0.5\end{array}} × \boxed{障害者雇用率}$$

＊計算で生じた1人未満は切り捨て。

56 **障害者雇用納付金制度**は、障害者雇用促進法に基づき障害者雇用率未達成の企業（常用雇用労働者数101人以上）から**障害者雇用納付金**を徴収し、障害者を多く雇用する企業に**障害者雇用調整金**や**報奨金**を支給して経済的な負担を軽減し、障害者雇用の水準を高めることを目的とする制度である（図4参照）。

出 30-143-4
　32-144-2,4
　33-145-2

▶納付に関する特例や免除の制度はなく、雇用率未達成企業は必ず納入しなければならない。

57 厚生労働大臣は、法定雇用率未達成企業に対し、対象障害者の雇入れに関する計画の作成を命ずることができる。事業主が勧告に従わないときは、企業名を公表することができる。

出 32-144-5

58 **ハローワーク**は、**就職を希望する**障害者の求職登録を行う。専門職員や職業相談員が**ケースワーク方式**で、障害の種類・程度に応じたきめ細か

▶担当制による個別支援

## 2 就労支援制度の概要

障害者雇用施策の概要

### 表7　企業における雇用障害者数

| 労働者 | 障害の種類 | 障害の程度 | 算定数 |
|---|---|---|---|
| 常用労働者（短時間労働者を除く） | 身体障害者 | 重度 | 1人を**2**人として算定（ダブルカウント） |
| | | 重度以外 | 1人を**1**人として算定 |
| | 知的障害者 | 重度 | 1人を**2**人として算定（ダブルカウント） |
| | | 重度以外 | 1人を**1**人として算定 |
| | 精神障害者 | | 1人を**1**人として算定 |
| 短時間労働者 | 身体障害者 | 重度 | 1人を**1**人として算定 |
| | | 重度以外 | 1人を**0.5**人として算定（ハーフカウント） |
| | 知的障害者 | 重度 | 1人を**1**人として算定 |
| | | 重度以外 | 1人を**0.5**人として算定（ハーフカウント） |
| | 精神障害者 | | 1人を**0.5**人として算定（ハーフカウント） |
| | | 特例措置 | 1人を**1**人として算定 |

注1：常用労働者とは、以下のいずれかの者をいう。
　①期間の定めなく雇用されている労働者
　②一定の期間（例えば、1週間、2か月、6か月等）を定めて雇用されている労働者であって、その雇用期間が反復更新され、過去1年以上の期間について引き続き雇用されている労働者または採用の時から1年以上引き続き雇用されると見込まれる労働者
　③日々雇用される労働者であって、雇用契約が日々更新されて、過去1年以上の期間について引き続き雇用されている労働者または採用の時から1年以上引き続き雇用されると見込まれる労働者
　2：短時間労働者とは、原則として、常用労働者であって、1週間の所定労働時間が20時間以上30時間未満である者をいう。
　3：精神障害者については、精神障害者保健福祉手帳所持者のみが算定対象となる。
　4：精神障害者である短時間労働者の特例措置は、以下のすべてに該当する者をいう。
　①精神障害者たる短時間労働者
　②次のいずれかに該当する者
　　a．新規雇入れから3年以内の者
　　b．精神障害者保健福祉手帳の交付日から3年以内の者
　③次のいずれにも該当する者
　　a．2023（令和5）年3月31日までに雇い入れられた者
　　b．2023（令和5）年3月31日までに精神障害者保健福祉手帳の交付を受けた者

資料：社会福祉士養成講座編集委員会編『新・社会福祉士養成講座⑱就労支援サービス（第2版）』中央法規出版、2010年、41頁を一部改変

▶ハローワークによる職業紹介は無料である。

な**職業相談・紹介**、**職場定着指導**を行っている。

**59** **特例子会社制度**とは、企業の支配下にある子会社が、一定の要件を備える場合、親会社の**一部門**とみなして、その子会社の雇用する障害者を親会社の雇用数に**合算する**ことを認めるものである（図5参照）。

出 30-143-3
33-144-4

▶2021（令和3）年6月に認定を受けている企業は562社である。

**60** 障害者雇用促進法では、**職業リハビリテーション**の機関として、障害者

💡 重要項目

### 図4　障害者雇用納付金制度の概要

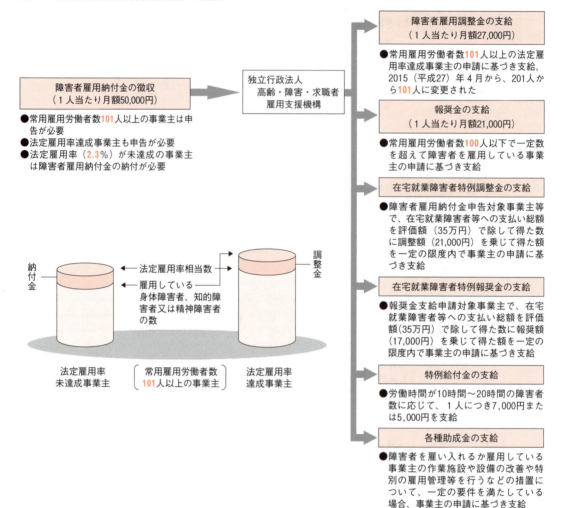

資料：社会福祉士養成講座編集委員会編『新・社会福祉士養成講座⑱就労支援サービス（第2版）』中央法規出版、2010年、42頁を一部改変

職業センター（障害者職業総合センター、広域障害者職業センター、地域障害者職業センター）、障害者就業・生活支援センター等の設置を規定している。

▶ほかに職業能力開発促進法に基づく職業能力開発校がある。

## 3　就労支援に係る組織、団体の役割と実際

### 国の役割

61　国は、雇用施策におけるナショナル・ミニマム達成のために、全国的な観点から必要な施策として、雇用保険事業や雇用施策・就労支援施策等

▶実務はハローワークが担っている。

### 図5　特例子会社制度の概念図

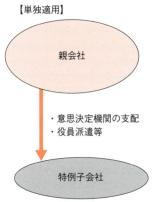

資料：社会福祉士養成講座編集委員会編『新・社会福祉士養成講座⑱就労支援サービス（第3版）』中央法規出版、2013年、71頁

の計画・基準の策定などを行う。

**62** **都道府県労働局**は、労働契約や賃金の支払など労働条件に関すること、労働者の保護・福利厚生に関すること、労働力需給の調整に関すること、高齢者の雇用確保・障害者の雇用促進に関すること等を担っている。

出 30-146

▶厚生労働省の地方部局（国の出先機関）である。

## 市町村（福祉事務所）の役割

**63** 市町村は、地域の保健・福祉・教育・生活などのサービスと連携して、高齢者・障害者・母子家庭の母等の就職困難者を地域において支援する役割を担う。

**64** 福祉事務所は、ハローワークとの間で**生活保護受給者等就労自立促進事業**に関する協定を**締結**し、生活保護受給者、児童扶養手当受給者、住居確保給付金受給者、生活困窮者等のうちから対象者を**選定**し、**ハローワーク**と**連携**して就労支援チームによる支援を実施する。

出 34-146-4

**65** 市および福祉事務所を設置する町村または都道府県には、生活困窮者自立支援法による**自立相談支援事業**を行う責務があり、ハローワークや教育機関と連携を図って実施することが求められている。運営は社会福祉法人やNPO法人等に委託することができる。

出 30-144

▶委託先は、社会福祉協議会が最も多い。

**重要項目**

## 都道府県の役割

**66** 都道府県は、広域的な観点からの事業展開や連絡調整的な役割、専門的な事業の実施や市町村への支援を担う。都道府県には、**生活福祉・就労支援協議会**が設置され、就労支援の目標等の決定、関係機関の役割分担等の明確化、効果的な支援方法の検討等を行っている。

**67** 都道府県・指定都市・中核市が実施主体となり、母子家庭の母などに対して、**母子家庭等就業・自立支援センター**による就労支援を行っている。就業相談、就業支援講習会の実施、就業情報提供のほか、養育費の取決めなどの専門相談を実施する事業がある。

## ハローワークの役割と活動の実際

**68** ハローワーク（公共職業安定所）は、**厚生労働省設置法**に基づいて**国**が設置する労働行政機関である。**職業安定法**において、雇用の安定を図るために必要な業務を行い、**無料**で公共に奉仕することとされている。生活保護受給者も利用できる。　📖31-145-5

**69** ハローワークは、障害者の就労に関して、①**職業相談・職業紹介**、②**雇用率達成指導**、③**職場定着・継続雇用の支援**、④**関係機関との連携**を実施している。

**70** ハローワークの職業紹介では、①障害者を原則3か月間の短期試用の形で受け入れることによって事業主の障害者雇用のきっかけをつくり、一般雇用への移行を促進する**障害者トライアル雇用**（障害者試行雇用）、②精神障害者等につき、短時間就業から一定期間をかけて就業時間延長を図って職場適応を進める**障害者短時間トライアル雇用**などの支援策が活用されている。

**71** 障害者トライアル雇用（障害者試行雇用）を実施した事業主には**障害者トライアル雇用助成金**、障害者短時間トライアル雇用を実施した事業主には**障害者短時間トライアル雇用助成金**がそれぞれ支給される。▶

▶ハローワークなどの紹介で障害者等を雇用する雇用主には、特定求職者雇用開発助成金の制度等がある。

**72** ハローワークは、毎年、各企業の障害者雇用状況を**把握**し、雇用率未達成の事業主に対して**雇用率未達成指導**を実施する。その際に、雇用率未達成企業からの求人開拓、未達成企業への職業紹介を行うほか、雇用率が著しく低い企業に対して**雇用計画の作成**を命じ、計画に沿った雇用率の達成を指導する。　📖32-145-2

**73** ハローワークによる**雇用率未達成指導**を繰り返し受けても改善がみられ　📖32-144-5

ない場合、**障害者の雇用の促進等に関する法律**（障害者雇用促進法）に基づいて、**厚生労働大臣**が**企業名を公表**することができる。

74 ハローワークの職業紹介では、障害者の求人の確保のために、障害者に適した求人の開拓のほか、一般求人のうち障害者に適した求人については、障害者求人への転換を進め、求人者と求職者が一堂に会する**就職面接会**などを開催している。

## 職業リハビリテーション機関の役割と活動の実際

75 **障害者職業総合センター**は、高度の職業リハビリテーション技術の**研究・開発**、**専門職員の養成**などを行う。

76 都道府県に設置する**地域障害者職業センター**では、障害者に対する**職業評価**、**職業指導**、**職業準備訓練**、**職場適応援助**などの専門的な職業リハビリテーション、事業主に対する雇用管理に関する**助言**などを行っている。

出 31-145-4

▶障害者雇用促進法に基づいて設置される。

77 地域障害者職業センターでは、職業評価をもとに職業リハビリテーション計画を策定し、必要に応じてセンター内での作業体験、社会生活技能訓練、職業準備講習を通じて**職業準備支援**を行う。

出 32-146-4

78 地域障害者職業センターは、障害者に対するサービス、事業主に対するサービス、その双方に同時に行うサービスのほか、ネットワークの醸成、**ジョブコーチ（職場適応援助者）による支援**なども行う（表8参照）。

79 **障害者就業・生活支援センター**は、**障害者雇用促進法**に基づいて**都道府県知事が指定する社会福祉法人**や**NPO法人等**が運営し、就職や職場定着が困難な障害者を対象に、身近な地域で、雇用、保健福祉、教育等の関係機関との連携の拠点として連絡調整などを行いながら、就業や就業に伴う日常生活、社会生活上の相談・支援を一体的に行う。就業支援担当者と生活支援担当者が配置されている。

出 31-145-1

▶2021（令和3）年4月現在、全国に336か所ある。

80 障害者就業・生活支援センターの業務は、表9のとおりである。

81 **障害者職業能力開発校**は、**職業能力開発促進法**に基づく施設であり、国・都道府県の行う職業訓練の1つとして、重度障害者等に対して、障害の態様に配慮した普通職業訓練または高度職業訓練を行う。

出 31-145-2
　　32-145-4
　　32-146-3

## 障害福祉サービス事業所・障害者支援施設の役割

82 障害者の日常生活及び社会生活を総合的に支援するための法律（**障害者**

💡注目！
就労定着支援事業は2018（平成30）年4月に新設された。

💡 重要項目

### 表8　地域障害者職業センターの業務

| | | |
|---|---|---|
| 障害者に対して | 職業評価・職業リハビリテーションカウンセリング | 職業能力等の評価、相談を行い、就職・職場適応のために必要な支援内容・方法等を含む「職業リハビリテーション計画」を策定する。 |
| | 職業準備支援 | センター内での作業体験、職業準備講習、社会生活技能訓練等で、労働習慣の体得、作業遂行能力の向上、コミュニケーション・対人対応力の向上を図る。 |
| | 知的障害者判定・重度知的障害者判定 | 知的障害者判定・重度知的障害者の判定を行う。判定を受けた者は、障害者雇用算定制度等の雇用対策上の対象となる。 |
| 事業主に対して | | 障害者雇用の相談・情報提供、事業主のニーズ・雇用管理上の課題分析を行う。必要に応じて「事業主支援計画」の作成による、雇用管理に関する専門的助言・援助の実施をする。 |
| 障害者・事業主に対して | 精神障害者総合雇用支援 | 精神障害者の新規雇入れ、職場復帰、雇用継続のためのニーズに対する専門的・総合的支援、主治医、産業医等との連携による支援、職場復帰のコーディネートや「リワーク支援計画」に基づくリワーク支援を行う。 |
| | ジョブコーチによる支援 | 障害者の円滑な職場適応のために事業所にジョブコーチを派遣し、障害者、事業主等に対して直接的・専門的な支援を行う。 |
| 関係機関に対して | 関係機関に対する助言・援助 | 障害者就業・生活支援センター、就労移行支援事業等関係機関に対し、職業リハビリテーションに関する専門的・技術的な助言、援助を行う。 |
| | 就業支援基礎研修 | 就労移行支援事業者、福祉機関、医療等の就業支援担当者に対し、効果的な職業リハビリテーションの実施に必要な研修を実施する。 |
| ネットワークの醸成 | | ハローワーク、関係機関等との連携のもとで、医療・保健・福祉・教育等の機関・施設に対する地域就業支援基礎講座、地域職業リハビリテーション推進フォーラム等を開催、地域職業リハビリテーションネットワークの醸成を図る。 |

**総合支援法**) に基づく就労支援サービスは、障害福祉サービス事業（**就労移行支援事業、就労継続支援事業A型、B型、就労定着支援事業**）と**地域活動支援センター**である。

83 **「工賃向上計画」を推進するための基本的な指針**（平成24年4月11日障発0411第4号）により、**就労継続支援B型事業所には**、工賃向上計画の**作成**が求められている。具体的方策として、職員等の意識改革、商品開発や市場開拓、職場環境の改善等があげられている。

**4 就労支援に係る専門職の役割と実際**

**生活保護制度に係る専門職の役割**

### 表9 障害者就業・生活支援センターの業務

| 職業準備訓練のあっせん | 障害者職業総合センター、地域障害者職業センター、職業準備訓練を適切に行うことができると認められる事業主が行う職業準備訓練のあっせんを行う。 |
|---|---|
| 職場実習のあっせん | 支援対象障害者の就職に有効と認める場合、事業所を活用し、職場への適合性を見極めることを目的とした短期の職場実習のあっせんを行う。 |
| 就職に向けた準備 | 求職登録をしていない支援対象障害者の求職登録の指導、雇用の可能性がある場合の事業所に対して助成等の支援措置の説明を行う。 |
| 雇用管理の助言 | センターの支援で就職した者や在職中の支援対象者から相談があった場合で、事業主の雇用改善が必要なケースにおいて、事業主に対する雇用管理に関する助言を行う。 |
| 関係機関との連絡調整 | 支援対象者の問題解決のため、ほかの関係機関と支援の調整、過去の支援実施状況の情報収集、今後の支援の実施方法についての情報交換等を行う。 |
| 職場定着支援 | 就職先の事業所との間で密接に連絡をとり合い、定期の状況把握調査等を通じて定着状況の把握に努め、関係機関との連絡調整を行う。 |
| 生活面の支援 | 職業紹介に必要な生活習慣の形成や日常生活の自己管理のための助言、健康・金銭管理、住居の確保や福祉サービスの利用調整、余暇活動の指導・助言などを行う。 |

出 31-146-3

出 31-146-1, 2
32-146-5

# 4 就労支援に係る専門職の役割と実際

## 生活保護制度に係る専門職の役割

84 福祉事務所の**生活保護ケースワーカー**は、**自立支援プログラム**に基づく就労支援プログラムの**対象者**を選定し、**支援方針**を策定したうえで、本人の同意を得て、具体的な**支援プログラム**を実施する。

▶就労支援にあたっては、対象者が地域の社会資源を活用しながら、自主的な求職活動ができるように支援する。

85 福祉事務所は、**生活保護受給者等就労自立促進事業**の実施のために、**福祉部門担当コーディネーター**を配置する。**福祉部門担当コーディネーター**は、**ケースワーカー**、**査察指導員**または被保護者就労支援事業の**就労支援員**等が担当する。主な業務は、表2（393頁）のとおりである。

出 33-67-4（低生）

86 ハローワークには、**就職支援ナビゲーター**が配置され、**産業カウンセラー**などの有資格者や有識者が委嘱を受けて、支援対象者に対してマンツーマンで就職支援をするとともに、福祉事務所の**福祉部門担当コーディネーター**と連携しながら福祉事務所との協働で就労支援を行う。

出 33-67-2, 3（低生）

87 **福祉事務所における就労支援員を活用した就労支援プログラム**では、**就**

出 32-145-1

💡 **重要項目**

労能力・意欲が一定程度ある被保護者に対し、**就労支援員**が個々の状況に応じてハローワークへの**同行**や**面接の受け方**、**履歴書の書き方の練習**など、就労に向けた支援を実施する。

## 障害者福祉施策に係る専門職の役割

88 障害者の日常生活及び社会生活を総合的に支援するための法律（**障害者総合支援法**）による就労支援サービスの提供にあたっては、すべての事業所にサービスの進行や状況の対応を管理する**サービス管理責任者**を配置し、**個別支援計画**を作成しなければならない。

▶施設長などとは別に事業の統括を担当する。

89 障害者総合支援法による就労支援サービスでは、**就労支援員**、**職業指導員**、**生活支援員**が配置されている（表10参照）。

### 表10　指導員・支援員の業務内容

| 職種 | 配置先 | 業務内容 |
|---|---|---|
| 就労支援員 | 就労移行支援事業所 | サービス管理責任者を補佐し、個別支援計画に基づき、施設外実習・就労や雇用前提の企業実習、定着支援等を計画・実施。現場での当事者と事業所、企業・家族との関係を調整する。 |
| 職業指導員 | 就労移行支援事業所・就労継続支援事業所 | サービス管理責任者を補佐し、主にサービス実施事業所での作業について、個別支援計画に沿った職業指導を実施し、家族との関係を調整する。 |
| 生活支援員 | 就労移行支援事業所・就労継続支援事業所 | サービス管理責任者を補佐し、個別支援計画に基づき、主にサービス提供事業所での安定した就業生活の維持を図るとともに、地域生活移行等に関する相談を実施、必要なサービスを調整する。 |

## 職業リハビリテーションに係る専門職の役割

90 **ハローワーク**には、就労支援のために多くの職員が配置されている（表11参照）。

91 **職場適応援助者（ジョブコーチ）**は、障害者の職場適応を容易にするため、職場に派遣されてきめ細かな人的支援を行う。支援期間は約1〜8か月（標準2〜4か月）で、初期は週3〜4日の訪問で不適応課題の改善を図るなどの集中支援を行い、適性を見ながら職場での支援ノウハウなどを見定めて支援主体を雇用部署に移行させていく。

▶支援の対象となる障害者は障害の種別で限定されない。

92 **職場適応援助者（ジョブコーチ）**は、支援対象となる障害者への直接的

出 30-145

**4** 就労支援に係る専門職の役割と実際

職業リハビリテーションに係る専門職の役割

表11　ハローワークの職員

| 職業指導官・就職促進指導官 | 求職する障害者に対する職業指導、職業相談、職業紹介、職場定着指導、企業に対する障害者の求人受付、求人情報の提供や相談。 |
|---|---|
| 雇用指導官 | 事業所に対して、障害者雇用率の達成や障害者の雇用促進に向けた助言・指導。 |
| 就職支援ナビゲーター | 求職する障害者の障害状況や適性を把握し、職業紹介に必要な援助を明確化。雇用指導官に協力し、障害者の求人の開拓等。 |
| 職業相談員（障害者職業相談担当） | 障害者・家族に対し、職業相談・援助や家庭訪問等により安定した職業生活を送るための相談。職場適応の状況把握や関係施設における求職状況の把握等。 |
| 職業相談員（求人開拓担当） | 障害者雇用率未達成企業を中心に求人の開拓。事業所に対する制度等の情報提供。 |
| 雇用トータルサポーター | 精神障害・発達障害のある求職者への専門的な立場からのカウンセリング、事業主に対する精神障害者・発達障害者の特性や職場適応に関する助言。 |
| 障害者就労支援コーディネーター | 障害者就労支援チームによる支援において、福祉施設や特別支援学校と連携して、就職希望者と就労支援の状況の把握、支援計画の作成・実施、関係機関との連絡調整等。 |

な支援だけでなく、**家族**に対しても安定した職業生活のためのかかわり方の助言などの支援を行う。**事業所側に対しては**、事業主に対する**雇用管理**の助言、配置や職務内容の設定に関する助言などを行い、事業所の同僚や上司に対して障害理解の啓発や障害者とのかかわり方・指導方法等の助言などを実施する。

▶ジョブコーチ養成研修は、高齢・障害・求職者雇用支援機構等が実施している。

93 ジョブコーチは、支援にあたって**ジョブコーチ支援計画書**を作成し、障害者本人・事業主・関係機関等の同意をもって支援を開始する。

出 32-145-5

94 職場適応援助者（ジョブコーチ）は、①**地域障害者職業センター**に配置されるもの（**配置型**）、②主に社会福祉法人が経営する**福祉施設**等に配置されるもの（**訪問型**）、③**一般企業事業所**に配置されるもの（**企業在籍型**）の3類型がある。

95 地域障害者職業センターには**障害者職業カウンセラー**が配置され、職業評価や職業リハビリテーションカウンセリングなどの専門的な知識・技術に基づいた職業リハビリテーションサービスを実施している。

96 **障害者就業・生活支援センター**の**就業支援担当職員**は、障害者の就業や日常生活上の問題について必要な**指導・援助**を行う（表9参照）。

97 **障害者の雇用の促進等に関する法律**（**障害者雇用促進法**）により、**5**人以上の障害者を雇用する事業所は、**障害者職業生活相談員**を置き、職業

**重要項目**

生活全般における相談・指導を行うことが義務づけられている。従業員のなかから選任される。

## 5 就労支援分野との連携と実際

### ハローワークとの連携（生活保護制度関連）

**98** **生活保護受給者等就労自立促進事業**においては、福祉事務所を中心とする福祉行政とハローワークが協定等に基づいて協働し、**就労支援チーム**を結成して、個人ごとのきめ細かな就労支援を実施する。　出34-146-4

**99** **就労支援チーム**は、ハローワークの就職支援ナビゲーター、生活保護受給者等就労自立促進事業担当責任者、福祉事務所の就職支援コーディネーター、生活保護ケースワーカー、母子・父子自立支援員、母子・父子自立支援プログラム策定員などで構成される。

### 障害者雇用施策との連携

**100** **公共職業訓練**は、**職業能力開発促進法**第4条第2項に基づいて国および都道府県により行われる事業であり、ハローワークや、障害者職業センターなどの**連携**のもとで実施される。離職者訓練、在職者訓練、学卒者訓練がある。その事業のなかの**障害者の態様に応じた多様な委託訓練事業**は、**一般企業**や**NPO法人**などが実施可能であり、ハローワークがあっせんを行っている。　出32-146-3

▶都道府県に障害者職業訓練コーディネーターを配置し、訓練をコーディネートする。

**101** **地域若者サポートステーション**は、15歳以上49歳以下の無業者本人とその保護者を対象として、キャリアコンサルタントなどによる専門的相談、コミュニケーション訓練、協力企業への就労体験等を通じた就労支援を行っている。　出33-146

▶NPO法人や株式会社等が運営し、全国に177か所ある。

### 障害者福祉施策との連携

**102** **指定障害福祉サービス事業者**、**指定障害者支援施設**等の設置者、指定一般相談支援事業者および**指定特定相談支援事業者**（指定相談支援事業者）には、市町村、ハローワーク、その他の職業リハビリテーションの措置を実施する機関、教育機関などと緊密な連携を図りつつ、障害福祉サービスや相談支援を障害者等の意向、適性、障害の特性その他の事情

に応じ、常に障害者等の立場に立って効果的に行う努力義務がある。

103 **地域障害者就労支援事業**は、福祉施設などを利用する障害者の福祉的就労から一般就労への移行促進のため、就職を希望する障害者を対象に、**ハローワーク**が中心となって**障害者就労支援チーム**を設置し、地域の関係機関と連携しながら就職準備から職場定着までの支援を行うものである。

▶障害者の日常生活及び社会生活を総合的に支援するための法律第42条、第51条の22に規定されている。

104 **就労継続支援Ａ型事業者**は、利用者との間で**雇用契約を結ぶ**ため、**ハローワーク**を通じた求人手続きができる。ただし、福祉サービス事業であるため、一般的な企業の求人趣旨とは異なる。

▶福祉施設等での訓練（作業）を継続しながら、事業所での「組み合せ実習」なども実施する。

105 **障害者福祉サービス機関**は、一般就労を希望する障害者に対して、障害者福祉センターの職業能力相談やハローワークでの就労相談などを支援したり、就労支援機関につなぐ支援を行う。

▶職業生活の開始に向けて、生活支援が必要な場合は、居住の場の確保や近隣との調整などを行う。

## 教育施策との連携

106 **特別支援学校**では、生徒の実態に応じた多様な職業教育の実施のほか、企業等での現場実習に取り組んでいる。また、**個別の教育支援計画**を策定し、ハローワークや地域障害者職業センター等の労働関係機関、医療・福祉関係機関と連携しながら、学校生活から社会生活への円滑な移行を進めることとしている。

出 32-146-2

107 都道府県労働局とハローワークを中心とする**福祉、教育、医療から雇用への移行推進事業**では、福祉施設等の施設長等や特別支援学校の教師、生徒・保護者等を対象とする就労支援セミナーの開催、事業所見学会、職場実習のための事業所面接会などを通して在学中からの就労支援を行っている。また、就労支援に関する助言等を行う企業関係者を**障害者就労アドバイザー**として登録、配置している。

▶障害者就労支援基盤整備事業から移行した。

# 実力チェック！ 一問一答

※解答の（　）は重要項目（P. 388〜409）の番号です。

●解答

① 権利が保障され、十分な収入を得、適切な社会的保護のある生産的な仕事に従事することを何というか。
▶ ディーセント・ワーク（ 1 ）

② 2020（令和2）年度の男性の育児休業取得率はどれくらいか。
▶ 12.65 %（ 5 ）

③ 労働者の労働条件についての最低基準を定め、すべての労働者に適用される法規は何か。
▶ 労働基準法（ 16 ）

④ 被保護者就労支援事業で活用する被保護者のアセスメントと同意に基づいて作成される確認書の名称は何か。
▶ 自立活動確認書（ 25 ）

⑤ 生活保護制度における自立支援プログラムがめざす自立支援は、就労自立支援、日常生活自立支援ともう1つは何か。
▶ 社会生活自立支援（ 28 ）

⑥ 生活保護制度における自立支援プログラムにおいて、世帯の状況と自立阻害要因の類型化によって、プログラムを作成する機関はどこか。
▶ 福祉事務所（ 29 ）

⑦ 福祉事務所とハローワークが協定により就労支援チームを設置して実施する、生活保護受給者等に対する就労支援事業の名称は何か。
▶ 生活保護受給者等就労自立促進事業（ 32 ）（図3, 表2）, 33 ）

⑧ 生活困窮者自立支援法に基づく自立相談支援機関で就労支援を担当する職種は何か。
▶ 就労支援員（ 38 ）

⑨ 障害者総合支援法による就労支援サービスは、就労移行支援事業、就労継続支援事業（A型）、就労継続支援事業（B型）ともう1つは何か。
▶ 就労定着支援事業（ 41 （表4））

⑩ 就労移行支援事業の標準利用期間は、最大24か月以内であるが、職場定着支援の期間はどれくらいか。
▶ 就労後6か月（ 41 （表4））

⑪ 障害者総合支援法における就労支援事業のうち、利用者が労働法規の適用を受ける事業は何か。
▶ 就労継続支援事業（A型）（ 41 （表4））

⑫ 障害者就労施設等が製作した物品について、国や独立行政法人が優先的に調達するよう努めることを規定している法律は何か。
▶ 国等による障害者就労施設等からの物品等の調達の推進等に関する法律（障害者優先調達推進法）（ 44 ）

⑬ 障害者の雇用促進と職業の安定を図ることを目的とし、障害者雇用率制度、障害者雇用納付金制度などを定めた法律は何か。
▶ 障害者の雇用の促進等に関する法律（障害者雇用促進法）（ 46 ）

⑭ 民間企業における障害者の法定雇用率は何%か。
▶ 2.3 %（ 50 （表6））

⑮ 実雇用率を算定する際の身体障害者または知的障害者の短
▶ 20 時間以上 30 時間未満

時間労働者の週当たりの労働時間は何時間か。

**⑯** 障害者雇用率未達成企業から納付金を徴収し、障害者を多く雇用する企業に障害者雇用調整金や報奨金を支給する制度は何か。

**⑰** 就職を希望する障害者の求職登録を行い、ケースワーク方式で職業相談・紹介、職場定着指導を行う国の機関は何か。

**⑱** 企業の支配下にある子会社が、一定の要件のもとで親会社の一部門とみなされ、子会社の雇用する障害者を親会社の雇用数に合算する制度は何か。

**⑲** 都道府県や指定都市・中核市が実施主体となって、母子家庭の母などに対して就労支援を行う組織は何か。

**⑳** ハローワークの職業紹介で、障害者を原則3か月間の短期試用で受け入れ、障害者雇用のきっかけをつくり、一般雇用への移行を促進する制度は何か。

**㉑** 精神障害者等に対して短時間就業から一定期間をかけて就業時間延長を図りながら職場適応を進める支援策は何か。

**㉒** ハローワークが障害者雇用率を達成していない企業に対して行う指導は何か。

**㉓** 都道府県に設置され、障害者に対する職業評価、職業指導、職場適応援助などの専門的な職業リハビリテーションを行う組織は何か。

**㉔** 障害者の雇用・保健福祉・教育等の関係機関との連携拠点として、就業・生活面の一体的な相談支援、職業準備訓練のあっせんを行う機関は何か。

**㉕** 職業能力開発促進法に基づいて、重度障害者等に対して障害の態様に配慮した職業訓練を行う機関は何か。

**㉖** 生活保護受給者等就労自立促進事業の実施のためにハローワークに設置され、マンツーマンで就職支援をする専門職は何か。

**㉗** 障害者の職場適応を容易にするため職場に派遣されて、障害者・事業主等に直接・間接的な支援を行うのは誰か。

**㉘** 職場適応援助者（ジョブコーチ）は、社会福祉法人が経営する福祉施設、一般企業事業所のほか、どこに配置されるか。

●解答
( 52 )

▶**障害者雇用納付金制度**
( 56 （図4））

▶**ハローワーク**( 58 )

▶**特例子会社制度**( 59 )

▶**母子家庭等就業・自立支援センター**( 67 )

▶**障害者トライアル雇用（障害者試行雇用）**
( 70 )

▶**障害者短時間トライアル雇用**( 70 )

▶**雇用率未達成指導**
( 72 )

▶**地域障害者職業センター**
( 76 )

▶**障害者就業・生活支援センター**( 79 , 80 （表9））

▶**障害者職業能力開発校**
( 81 )

▶**就職支援ナビゲーター**
( 86 )

▶**職場適応援助者（ジョブコーチ）**( 91 , 92 )

▶**地域障害者職業センター**
( 94 )

411

## 一問一答

●解答

㉙ 地域障害者職業センターに配置され、職業評価や職業リハビリテーションカウンセリング等を行う専門職の名称は何か。

▶障害者職業カウンセラー（ 95 ）

㉚ 福祉施設などを利用する障害者の福祉的就労から一般就労への移行促進のため、ハローワークを中心とする障害者就労支援チームを設置して実施する事業は何か。

▶地域障害者就労支援事業（ 103 ）

---

**合格体験記**

### 工夫で壁を乗り越える

　私は、8月頃からワークブックと過去問題集を併用して勉強を始めました。わからないことはテキストや小六法などで調べて書き込んだりし、資料としてまとめるようにしました。試験問題の文章に慣れることや、自分でまとめる作業をしたほうが覚えられると思い、そうしました。

　「得意科目と不得意科目では、比重のかけ方を変える」「A5、A6の紙に覚えにくいことを要約して書き、トイレなどに貼る」「ボードを用意し、フックをつけて繰り返し目にとまるようにする」「参考書や事典、六法にインデックスを付ける」など、いろいろな工夫をしました。最後には、過去問題集とワークブックを科目ごとに切り離してまとめたものを使って勉強しました。

　受験するからには、1度で受かりたいと思っていました。プレッシャーもありましたが、受験のために仕事を1年間休止したことで、背水の陣で臨むことができました。

　年齢による暗記力の低下が、受験にはハードルとなりましたが、飽きるほど繰り返すことで乗り切れました。私より年齢の高い方が身近で合格されていたので、それも励みになりました。

　受験勉強は不安や怠け心との葛藤で、その過程は自分自身を知る過程だと思います。自分をアセスメントすることが、自分に合った勉強方法につながり、合格に結びつきます。これから受験する皆さん、きつい言葉かもしれませんが、「敵は自分のなかにあり！」と心得てください。

（介護支援専門員・社会福祉士　戸田光広）

# 8

# 更生保護制度

# 傾向と対策

## 出題基準と出題実績

| 出題基準 | | | |
|---|---|---|---|
| 大項目 | 中項目 | 小項目（例示） | |
| 1 更生保護制度の概要 | 1）制度の概要 | ・意義、歴史、更生保護法制<br>・刑事司法・少年司法と更生保護<br>・その他 | |
| | 2）保護観察 | ・目的、方法、対象、内容、運用状況<br>・その他 | |
| | 3）生活環境の調整 | ・目的、機能、手続き、関係機関との連携<br>・その他 | |
| | 4）仮釈放等 | ・仮釈放と仮退院、意義、許可基準、手続き<br>・その他 | |
| | 5）更生緊急保護 | ・目的、対象、期間、内容、手続き<br>・その他 | |
| 2 更生保護制度の担い手 | 1）保護観察官 | ・役割、任用と配属<br>・その他 | |
| | 2）保護司 | ・使命、役割、身分、組織<br>・その他 | |
| | 3）更生保護施設 | ・運営主体、役割<br>・その他 | |
| | 4）民間協力者 | ・更生保護女性会、BBS会、協力雇用主<br>・その他 | |
| 3 更生保護制度における関係機関・団体との連携 | 1）刑事司法・少年司法関係機関との連携 | ・裁判所、検察庁、矯正施設との連携<br>・その他 | |
| | 2）就労支援機関・団体との連携 | ・保護観察所、矯正施設、公共職業安定所、協力雇用主<br>・その他 | |
| | 3）福祉機関・団体との連携 | ・福祉事務所、児童相談所<br>・その他 | |
| | 4）その他の民間団体との連携 | ・日本司法支援センター（法テラス）、自助グループ、被害者支援団体<br>・その他 | |
| 4 医療観察制度の概要 | 1）制度の概要 | ・目的、導入の経緯、対象者、処遇の流れ、保護観察所の役割<br>・その他 | |

※【 】内は国家試験に出題された番号です。

| 出題実績 | | | | |
|---|---|---|---|---|
| 第30回(2018年) | 第31回(2019年) | 第32回(2020年) | 第33回(2021年) | 第34回(2022年) |
| ・更生保護制度【147】<br>・触法少年【149】 | | | ・少年司法制度【148】 | ・更生保護【147】 |
| | ・保護観察【147】 | ・保護観察【147】 | ・保護観察～事例～【150】 | |
| | | ・生活環境の調整～事例～【150】 | | ・少年院に収容中の者に対する生活環境の調整【148】 |
| | | | | ・仮釈放～事例～【149】 |
| | | ・更生緊急保護【148】 | | |
| ・保護観察官【148】 | ・保護観察官【148】 | | ・保護観察官【147】 | |
| ・保護司【148】 | ・保護司【148】 | ・保護司【149】 | ・保護司【147】 | |
| ・更生保護施設【148】 | | | | |
| ・触法少年【149】 | | | ・家庭裁判所と少年司法【148】 | |
| | ・就労支援機関・団体との連携【149】 | | | |
| | ・福祉機関・団体との連携【149】 | | | |
| | | | ・医療観察制度【149】 | |

| 大項目 | 中項目 | 小項目（例示） | |
|---|---|---|---|
| | 2）審判の手続きと処遇内容 | ・精神保健審判員、精神保健参与員、生活環境の調査、生活環境の調整、精神保健観察<br>・その他 | |
| | 3）社会復帰調整官 | ・役割、任用と配属<br>・その他 | |
| | 4）関係機関・団体との連携 | | |
| 5 更生保護における近年の動向と課題 | 1）近年の動向と課題 | ・刑務所出所者等総合的就労支援対策、各種処遇プログラムの導入、高齢者・障害者等の社会復帰・再犯防止施策、更生保護のあり方を考える有識者会議等<br>・その他 | |

# 傾向

　現代社会において、犯罪者のなかに知的障害がある者がいたり、高齢者の再犯率が高いといった問題が生じている。これはある意味で社会福祉の問題であり、検察庁や刑事施設に社会福祉士が配属されたり、刑務官として活躍している状況も生まれている。このような状況は、社会福祉士の活動領域が広がってきたということであり、今後さらに重要な分野となっていくものと考える。

　第30回から第34回試験では、それぞれ4問が出題された。以下、出題基準の項目に沿って分析する。

## 1 更生保護制度の概要

　第30回では、更生保護制度の根拠法、刑事政策上の位置づけ、対象者、事務の所掌、機関、触法少年についての問題、第31回では、保護観察の主体、保護観察対象者に関する問題、第32回では、保護観察、生活環境の調整（事例）、更生緊急保護に関する問題、第33回では、少年司法制度、保護観察に関する事例問題、第34回では、更生保護の目的、根拠法、管轄などに関する問題、少年院に収容中の者に対する生活環境の調整に関する問題、仮釈放に関する事例問題が出題された。学習内容としては、「刑事司法のなかの更生保護」「少年司法と更生保護」「保護観察」「仮釈放等」「更生緊急保護」「恩赦」といった各制度の概要を理解しておくことが求められる。また、「生活環境調整」「犯罪被害者等支援」「犯罪予防」といった具体的な動きも押さえておく必要がある。さらには、基本法である「更生保護法」を通

| 第 30 回(2018 年) | 第 31 回(2019 年) | 第 32 回(2020 年) | 第 33 回(2021 年) | 第 34 回(2022 年) |
|---|---|---|---|---|
| | | | ・精神保健観察【149】 | |
| ・社会復帰調整官の業務～事例～【150】 | ・社会復帰調整官【150】 | | | ・社会復帰調整官の業務～事例～【150】 |
| | | | ・薬物再乱用防止プログラム～事例～【150】 | |

読しておくことが、より理解を深める決め手となるだろう。

## ② 更生保護制度の担い手

　社会福祉の歴史のなかで、保護司の役割は大きなものがあった。過去の出題では、この歴史について部分的に問われたこともあった。第 30 回では、保護観察官の配置、保護司の身分・職務、更生保護施設への委託・運営についての問題、第 31 回では、保護観察官の配置・採用、保護司と保護観察官の関係、保護司への委嘱、保護司の活動拠点に関する問題、第 32 回では、保護司の職務、給与、指揮監督、年齢層などに関する問題、第 33 回では、保護観察官の配置、職務、保護司の身分、保護司と保護観察官の関係、保護司の職務に関する問題が出題された。第 34 回では出題がなかった。

　ここでは、「保護観察官」「保護司」「民間協力者」をきちんと位置づけ、さらに「更生保護施設」の入所者、処遇、職員の活動などについて押さえておくことが重要である。

## ③ 更生保護制度における関係機関・団体との連携

　第 30 回では、触法少年に対する警察・児童相談所長・家庭裁判所の対応に関する問題、第 31 回では、更生保護の機関と就労支援および福祉機関・団体との連携に関する問題が出題された。第 33 回では、少年司法制度に関連して、家庭裁判所と審判、保護処分に関する問題が出題された。第 32 回と第 34 回では出題がなかった。「権利擁護と成年後見制度」「児童や家庭に対する支援と児童・家庭福祉制度」の科目の出題基準にも、家庭裁判所の役割が学ぶべき項目として掲げられている。

傾向と対策

司法の関与は、虐待などに対応する場合でも重要となってきており、地方裁判所、家庭裁判所、検察庁、警察などの役割を理解しておくことが求められている。その他、「矯正施設との連携」「就労支援機関・団体との連携」などは、社会復帰の問題とからめて理解しておく必要がある。

## 4 医療観察制度の概要

2003（平成15）年に成立した心神喪失等の状態で重大な他害行為を行った者の医療及び観察等に関する法律（医療観察法）を中心とした項目である。第30回では、医療観察の対象者に対する社会復帰調整官が行う業務に関する事例問題、第31回では、社会復帰調整官の配属、生活環境の調整、関係機関との連携などに関する問題、第32回では、「障害者に対する支援と障害者自立支援制度」の科目で医療観察制度に関する問題、第33回では、医療観察法が定める医療観察制度に関する問題、第34回では、社会復帰調整官の業務に関する事例問題が出題された。特に、保護観察所の役割や社会復帰調整官については、全体の流れをよく理解しておく必要がある。

これらの内容は、過去、精神保健福祉士国家試験のなかで出題されている。特に、医療観察法については、これまで毎回必ず出題されていた。また、社会復帰調整官についても、事例問題とからめて出題されるなど、重要項目である。

## 5 更生保護における近年の動向と課題

第33回では保護観察に関する事例問題のなかで、薬物再乱用防止プログラムに関する問題が出題された。第34回では出題がなかった。本項目は、再犯防止などの観点からみた社会福祉士の役割、地域社会との関連、生活支援といったさまざまな内容が考えられる。これらについては、日頃から新聞やインターネットなどを通じて理解しておきたい。

## 事例

第30回では、社会復帰調整官の業務に関する事例問題、第32回では、保護観察所が行う生活環境の調整に関する事例問題、第33回では、保護観察中の指導監督、薬物再乱用防止プログラムなどに関する事例問題、第34回では、仮釈放に関する事例問題、社会復帰調整官の業務に関する事例問題が出題された。今後も具体的な場面を想定して解く事例が出題されそうであるが、まずは、基本的な用語を押さえておくことと過去問を研究しておくことが大切である。

# 対策

　まずは、テキストを通読することが必要である。また、近年は細かな知識が求められている。そのためには、選択肢への確実な知識によって、最後に残る正解を導き出すようなテクニックも必要となってくる。出題数は、過去５回とも４問であり、今後も多くはならないだろうが、確実に解答するためには、参考に精神保健福祉士国家試験の過去の問題も解いておきたい。

　2014（平成26）年６月の少年院法、少年鑑別所法について、施策のポイントなどをまとめておくとよい。また、2016（平成28）年に「再犯の防止等の推進に関する法律」（再犯防止推進法）、2021（令和３）年には、「少年法等の一部を改正する法律」が成立した。ほかにも、犯罪が新聞やインターネットなどで日々取り上げられている。さらに、裁判員制度の記事も多い。そうした記事などのなかにひそむ問題を意識的に読みとるようにしておけば、相当な実力が身につくだろう。

更生保護制度

# 押さえておこう！　重要項目

## 1 更生保護制度の概要

## 制度の概要

### ■更生保護制度

**1** **犯罪者の処遇**については、「矯正」と呼ばれる**施設内処遇**と、「更生保護」と呼ばれる**社会内処遇**に大別される。

出 30-147-2
34-147-3

**2** **更生保護**は、犯罪をした者および非行のある少年に対し、**社会内**において適切な処遇を行うことにより、再び犯罪をすることを防ぎ、または非行をなくし、自立と改善更生を助け、社会を保護し、個人および公共の福祉を増進することを目的とする。

出 30-147-3

**3** 更生保護の主たる内容は、①**仮釈放**、②**保護観察**、③身体の拘束を解かれた者に対する**更生緊急保護**、④**恩赦**、⑤**犯罪予防活動**である。

出 34-147-1

**4** 更生保護は、**国**が所管する**刑事施策**の1つであるが、**地域社会**と深い関わりを有する。したがって、**保護司**はもちろんのこと、地方公共団体、民間協力雇用主、民間ボランティアとの連携・ネットワークの構築などが重要視されている。

出 30-147-2

**5** **更生保護制度の運用**については、もともと密行性の性格が強かったために、国民や地域社会の理解が十分に得られていなかった。また、保護観察官の人数が極端に少ないため、民間の保護司にその大半を依存しすぎていて、制度そのものが脆弱化しているともみられている。

**6** 更生保護制度の当面の課題として、保護観察の充実強化、仮釈放の抜本的見直し、担い手のあり方の再構築、地域社会の理解拡大などがあげられている。

**7** **司法福祉**とは、司法的機能と福祉的機能を併せ持つ**家庭裁判所調査官**が少年事件や家庭事件に関与する領域をいう。

**8** **警察が検挙した事件**は、微罪処分や道路交通法違反によって反則金が納付された場合を除き、**検察官に送致**される。**検察官**は、犯罪の成否、処罰の要否などを考慮して、事件を起訴するかどうかを決める。

▶不起訴となることが多いが、起訴された事件は、略式手続により罰金または科料が科される場合と、公判手続により裁判になる場合とに分かれる。

**9** 2006（平成18）年5月、受刑者の人権を尊重しつつ、状況に応じた適切な処遇を行うことを目的とした**刑事収容施設及び被収容者等の処遇に関する法律**が施行された。これにより、社会福祉の専門家として、精神および身体疾患のある受刑者を多く収容する医療刑務所に**精神保健福祉士**が、大刑務所や検察庁に**社会福祉士**が配置されるようになった。

**10** 2021（令和3）年に**刑法犯検挙**された14歳以上20歳未満の少年は

420

1万4818人で、1992（平成4）年以降、1998（平成10）年と2003（平成15）年の2つのピークをつくり、徐々に**減少**している。この期間は、1951（昭和26）年、1964（昭和39）年、1983（昭和58）年をピークに増減を繰り返し、戦後第4のピークとなる。

**11** 2020（令和2）年度の児童相談所における非行相談1万615件のうち、**家庭裁判所送致**は171件である。

**12** 児童福祉法は、罪を犯した満**14**歳以上の児童については、**家庭裁判所**に**通告**しなければならないとしている。

**13** **少年法**は、非行のある**少年自身**の行為を問うものであるのに対し、**児童福祉法**は、**保護者**の責任を重視した考え方である。

**14** 1939（昭和14）年に、**司法保護事業法**（1950（昭和25）年の更生緊急保護法の施行に伴い廃止）が制定され、司法保護団体が法制化された。これにより、各地の保護団体で採用されていた保護司の前身といえる司法保護委員が、司法大臣により選任される全国的な制度となった。

**15** 1949（昭和24）年に**犯罪者予防更生法**、1950（昭和25）年に**更生緊急保護法**（1995（平成7）年に更生保護事業法に改編）、**保護司法**、1954（昭和29）年に**執行猶予者保護観察法**が制定された。また、1952（昭和27）年には、更生保護行政に関する保護観察所などの各機関が設置された。

▶犯罪者予防更生法で「更生保護」の言葉が法律上初めて使用された。

**16** 2005（平成17）年に、**心神喪失等の状態で重大な他害行為を行った者の医療及び観察等に関する法律**（**医療観察法**）が施行された。これは、心神喪失または心神耗弱の状態で重大な他害行為を行った者の社会復帰を促進することを目的とする法律である。

**17** 2007（平成19）年に、**更生保護法**が成立した。これは、**犯罪者予防更生法**と**執行猶予者保護観察法**が整理・統合されたものである。

📖 30-147-1
34-147-4

**18** 2014（平成26）年6月、少年の特性に応じた処遇と再犯防止策、少年非行対策の推進のために**少年院法**が抜本的に改められ新しい法律として制定され、さらに**少年鑑別所法**も独立した法律として制定された。

💡**注目！**
再犯率上昇のなかで再犯防止のために制定された。

📖 34-147-2

**19** 2016（平成28）年12月、**再犯の防止等の推進に関する法律**が制定された。国民の理解と協力を得つつ、犯罪をした者等の円滑な社会復帰を促進すること等による再犯の防止等が犯罪対策において重要であるため、**基本理念**を定め、**国**および**地方公共団体**の責務を明らかにし、施策を定め総合的かつ計画的に推進して国民が犯罪による被害を受けることを防止し、安全で安心して暮らせる社会の実現に寄与することを目的としたものである。

**重要項目**

### 表1　更生保護の沿革

| 年　号 | 沿　革 |
|---|---|
| 1772年 | ・イギリス　民間保護団体設立 |
| 1776年 | ・アメリカ　釈放者保護組織「不幸な囚人を助けるフィラデルフィアの協会」設立 |
| 1790年 | ・江戸石川島に人足寄場をつくる |
| 1841年 | ・アメリカ　ボストンの靴屋ジョン・オーガスタスによる更生見込の釈放者保護事業をマサチューセッツ州が政策の機関として州費支出 |
| 1877年 | ・イギリス　全国保護協議会開催。保護団体の監督を内務大臣として中央集権化 |
| 1880年 | ・旧刑法制定（1885年施行）→釈放者に対する警察監視制度規定 |
| 1888年 | ・大日本監獄協会設立→釈放者保護事業推進<br>・最初の保護会「出獄人保護会社（静岡勧善会）」が金原明善によって設立 |
| 1889年 | ・明治政府民間保護団体の設立勧奨 |
| 1897年 | ・原胤昭「原寄宿舎」設立→全国67か所に保護団体設立（1927年に745か所となる） |
| 1905年 | ・執行猶予制度導入 |
| 1922年 | ・起訴猶予制度導入<br>・18歳未満対象の旧少年法成立→少年保護司の観察設立 |
| 1939年 | ・司法保護事業法制定<br>　①保護を受ける対象者を明らかにし、これらの者に対する保護の方法を標準化<br>　②民間保護団体に対する監督指導を規定<br>　③司法保護制度委員会を設けて民間有志の協力を求めた（司法保護委員は司法大臣によって選任） |
| 1948年 | ・少年院法（旧少年院法）制定 |
| 1949年 | ・犯罪者予防更生法制定→更生保護の機関と保護観察所設置 |
| 1950年 | ・更生緊急保護法制定（司法保護事業法を廃止）<br>・保護司法制定（法務大臣が任命する非常勤国家公務員。無給（実費弁償）の民間ボランティア。保護観察官の補助者） |
| 1952年 | ・保護観察所など更生保護行政に関する各機関設置 |
| 1954年 | ・執行猶予者保護観察法制定 |
| 1995年 | ・更生緊急保護法が更生保護事業法へと改編 |
| 1998年 | ・保護司法改正→保護司組織法定化 |
| 2003年 | ・心神喪失等の状態で重大な他害行為を行った者の医療及び観察等に関する法律（医療観察法）成立<br>　→医療観察制度の創設<br>　→社会復帰調整官を保護観察所に配置 |
| 2004年 | ・犯罪被害者等基本法制定 |
| 2006年 | ・刑事収容施設及び被収容者等の処遇に関する法律制定 |
| 2007年 | ・更生保護法成立→犯罪者予防更生法と執行猶予者保護観察法を整理・統合 |
| 2014年 | ・少年院法（新少年院法）制定<br>・少年鑑別所法制定 |
| 2016年 | ・刑の一部執行猶予制度導入<br>・再犯の防止等の推進に関する法律制定 |
| 2021年 | ・少年法等の一部を改正する法律 |

**20** **再犯の防止等の推進に関する法律**は、第5条で、国および地方公共団体は、再犯の防止等に関する施策が円滑に実施されるよう、相互に連携を図らなければならないこと、第7条第1項で、政府は、再犯の防止等に関する施策の推進に関する計画（**再犯防止推進計画**）を定めなければならないこと、第8条第1項で、都道府県および市町村は、再犯の防止等に関する施策の推進に関する計画（**地方再犯防止推進計画**）を定めるよう努めなければならないこと。

**21** **再犯の防止等の推進に関する法律**第22条第1項で、国は、再犯の防止等に関する施策の重要性について、国民の理解を深め、その協力を得られるよう必要な施策を講ずるものとすると規定している。

## ■ 少年法

**22** **少年法**では、非行を犯した少年（20歳に満たない者）に対してできるだけ処罰ではなく、**教育的手段**により更生を図ることを目的としている（図1参照）。

**23** 2000（平成12）年の少年法の改正において、**刑事処分可能年齢**の**16**歳から**14**歳への引下げ、被害者等の陳述機会の保障などの法改正が行われた。

**24** 2021（令和3）年の少年法の改正によって、18・19歳の者は、**特定少年**として引き続き少年法の適用対象とし、すべての事件が家庭裁判所に送られ、家庭裁判所が処分を決定することとなった。

> 💡 **注目！**
> 特定少年は、少年法の適用対象である。

**25** 2021（令和3）年の少年法の改正によって、**特定少年**については、原則逆送対象事件に、これまでの16歳以上の少年のとき犯した故意の犯罪行為により被害者を死亡させた罪の事件に加えて、18歳以上の少年（**特定少年**）のとき犯した**死刑、無期又は短期（法定刑の下限）1年以上の懲役・禁錮に当たる罪の事件**が追加されることとなった。**現住建造物等放火罪、強制性交等罪、強盗罪、組織的詐欺罪**などがこれにあたる。

**26** 2021（令和3）年の少年法の改正によって、**特定少年**は、**逆送されて起訴された場合**の刑事裁判では、原則として**20歳以上の者と同様**に取り扱われることとなった。例えば、有期の懲役が科される場合、17歳以下の少年は最長15年以下の範囲で刑の長期と短期を定める不定期刑が言い渡されるが、**特定少年**は、20歳以上と同様、最長30年以下の範囲で**定期刑**が言い渡されることとなった。

**27** 2021（令和3）年の少年法の改正によって、**特定少年**が逆送されて起訴された場合は、略式手続の場合を除き、犯人の**実名・写真等の報道**（推

🔆 重要項目

### 図1 非行少年に対する手続の流れ

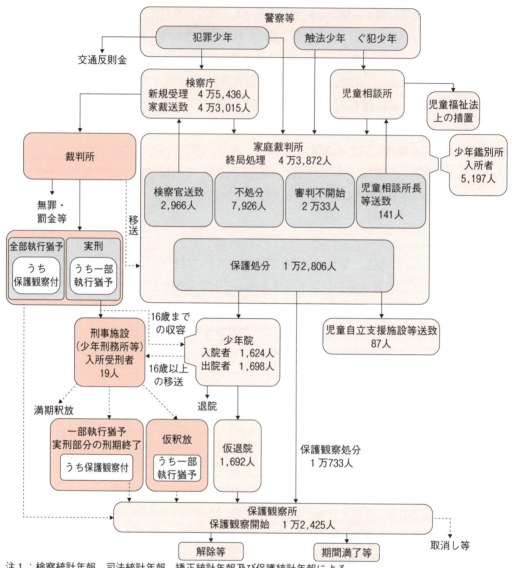

注1：検察統計年報、司法統計年報、矯正統計年報及び保護統計年報による。
2：「検察庁」の人員は、事件単位の延べ人員である。例えば、1人が2回送致された場合には、2人として計上している。
3：「児童相談所長等送致」は、知事・児童相談所長送致である。
4：「児童自立支援施設等送致」は、児童自立支援施設・児童養護施設送致である。
5：「出院者」の人員は、出院事由が退院又は仮退院の者に限る。
6：「保護観察開始」の人員は、保護観察処分少年及び少年院仮退院者に限る。
資料：法務省法務総合研究所編『令和3年版 犯罪白書～詐欺事犯者の実態と処遇～』2021年

知報道）の**禁止が解除**されることとなった。

**28** 2021（令和 3）年の少年法の改正によって、**特定少年**の保護処分は、**少年院送致、2 年間の保護観察**（遵守事項に違反した場合、少年院に収容することが可能）、**6 か月の保護観察**となり、家庭裁判所は、犯した罪の責任を超えない範囲内でいずれかを選択することとなった。

**29** **非行**とは、法律や社会倫理規範などからの逸脱行動をいう。犯罪や犯罪までには至らない行為、非社会的行動などを含めて把握するのが最近の傾向である。

**30** 少年法における審判に付すべき少年とは、**14** 歳（刑事責任年齢）以上**20** 歳未満の罪を犯した少年（**犯罪少年**）、**14** 歳未満で刑罰法令に触れる行為をした少年（**触法少年**）、**20** 歳未満で一定の事由があって、将来罪を犯す虞のある少年（**虞犯少年**）の 3 種である。

出 30-149
33-148-1

**31** 犯罪少年は、**少年法**に基づく刑事司法手続きが適用される。通常は、**警察**に補導され、**検察庁**を経て、多くの少年自身は在宅のまま**家庭裁判所**に書類だけが送られる。**14** 歳以上 **16** 歳未満の少年は、**検察官への逆送**により、刑事裁判での処罰を受けることもある。**16** 歳以上で重大事件を犯したときは、**検察官へ逆送**され、**刑事処分**となる。実刑と判決されると、**16** 歳になるまでは少年院、その後は少年刑務所で受刑する。

**32** **虞犯少年**の一定の事由とは、①保護者の正当な監督に服しない性癖のあること、②正当な理由がなく家庭に寄りつかないこと、③犯罪性のある人もしくは不道徳な人と交際し、またはいかがわしい場所に出入りすること、④自己または他人の徳性を害する行為をする性癖のあること、のいずれかの事由にあてはまり、その性格または環境に照らして、将来、罪を犯し、または刑罰法令に触れる行為を行う虞がある少年を指す。

**33** **14 歳未満で刑罰法令に触れる行為を行った少年**（**触法少年**）は、**児童福祉法上の措置**が優先される。警察に補導され、**児童相談所**などに通告されたり、**児童自立支援施設**などへの入所措置がなされることもある。なお、**触法少年**、14 歳未満の**虞犯少年**は、非行内容が重大でかつ、少年が事件を否認しているときなどは**都道府県知事**または**児童相談所長**から**家庭裁判所**へ事件が送致され審判が開かれる。

出 30-149-3
33-148-2

▶家庭裁判所は、おおむね 12 歳から少年院に送致の保護処分をすることができる。

**34** **虞犯少年**は、**14** 歳未満では、児童福祉法上の措置が優先される。**14** 歳以上 **18** 歳未満では家庭裁判所へ送致されることもある。**18** 歳以上では、家庭裁判所へ直接送致されることとなる。

**35** 少年の刑事事件において、**死刑**をもって処断すべきときは、**無期刑**を科すことになる（少年法第 51 条第 1 項）。**18** 歳以上であれば、**死刑**が言い

渡されることもある。

**36** 警察官は、客観的な事情から合理的に判断して、触法少年であると疑うに足りる相当の理由のある者を発見した場合に、必要があるときは、事件について調査でき、触法少年に対する警察官の質問や証拠の押収と捜索などの調査権がある。

出 30-149-1, 2

▶虞犯少年に対しての警察の調査権は認められない（少年法第6条の2等）。

**37** 警察官は、調査の結果、触法少年が一定の重大犯罪にかかる刑罰法令に触れる行為を行ったと思料するときは、調査にかかる書類とともに事件を児童相談所長に送致しなければならない。

出 30-149-1, 2

**38** 都道府県知事または児童相談所長は、送致を受けた事件については、原則として、家庭裁判所送致の措置をとらなければならない（少年法第6条の6、第6条の7）。

出 30-149-4

**39** 家庭裁判所は、決定の時に14歳に満たない少年にかかる事件については、特に必要と認める場合に限り、少年院送致の保護処分をすることができる（少年法第24条第1項）。

出 30-149-5
33-148-5

**40** 家庭裁判所は、保護観察の保護処分を受けた少年が、警告を受けたにもかかわらず、なお遵守すべき事項を遵守せず、その程度が重いとして保護観察所の長からの申請があった場合、またその保護処分によっては本人の改善および更生を図ることができないと認めるときは、決定をもって、児童自立支援施設等送致または少年院送致の保護処分をしなければならない（少年法第26条の4）。

出 33-148-5

▶保護観察中の遵守事項違反を理由にした少年院送致などが可能である。

**41** 家庭裁判所は、一定の重大犯罪にかかる犯罪少年または触法少年の事件の審判について、観護措置がとられている場合において、事案の内容、保護者の有無その他の事情を考慮し、必要があると認めるときは、弁護士である付添人を付することができる（少年法第22条の3）。

▶身柄を拘束された少年に対しては、国費で弁護士（付添人）を付けることができる。

## ■ 少年院・少年鑑別所

**42** 2014（平成26）年6月に少年院法（新少年院法）が制定された。これは、旧少年院法が1949（昭和24）年の施行後、約65年間抜本的改正がなされていなかったこと、2006（平成18）年に刑事収容施設法の成立に伴い成人矯正において人権尊重と適切な処遇・施設運営の透明性の確保等が実現したことにより、少年院の矯正教育、少年の権利義務、職員の権限等に関する規定にも明確化の必要性などが求められたことによるものである。

💡 注目！

在院者・在所者の権利義務関係などを明確化した。

**43** 新少年院法には、①再非行防止に向けた処遇の充実、②適切な処遇の実施、③社会に開かれた施設運営の推進を中心にすえ、矯正教育の基本的

制度の法定化、社会復帰支援の実施、少年の権利義務・職員の権限の明確化、保健衛生・医療の充実、不服申立制度の整備、施設運営の透明性の確保について盛り込まれた。

44 **少年院法の目的**は、少年院の適正な管理運営を図るとともに、**在院者の人権**を尊重しつつ、その特性に応じた適切な**矯正教育**その他の在院者の健全な育成に資する処遇を行うことにより、在院者の改善更生および円滑な社会復帰を図ることである。

45 **少年院**は、**保護処分**の執行を受ける者、少年院において**懲役**または**禁錮の刑**の執行を受ける者等を収容し、これらの者に対し矯正教育その他の必要な処遇を行う施設である。  33-148-4

46 少年院の種類は、**第1種**、**第2種**、**第3種**、**第4種**があり、在院者の法的地位、心身の障害の程度、犯罪的傾向、年齢に応じて在院者を収容する（表2参照）。

**表2 少年院の種類**

| 第1種 | 保護処分の執行を受ける者であって、心身に著しい障害がないおおむね12歳以上23歳未満のもの（第2種に該当する者を除く） |
|---|---|
| 第2種 | 保護処分の執行を受ける者であって、心身に著しい障害がない犯罪的傾向が進んだおおむね16歳以上23歳未満のもの |
| 第3種 | 保護処分の執行を受ける者であって、心身に著しい障害があるおおむね12歳以上26歳未満のもの |
| 第4種 | 少年院において刑の執行を受ける者 |

47 少年院には、これを視察し、その運営に関し、少年院の長に対して意見を述べるものとして、**少年院視察委員会**が設置される。

48 2014（平成26）年6月、**少年鑑別所法**が制定された。これは、少年鑑別所に関して、旧少年院法に数か条の規定があるのみであったため、役割（鑑別・観護処遇・地域社会への知見の還元）を明確にするために独立した法律として制定された。

💡**注目！**
少年鑑別所の機能を発揮できるよう独立の法を制定した。

49 **少年鑑別所法の目的**は、少年鑑別所の適正な管理運営を図るとともに、鑑別対象者の鑑別を適切に行うほか、**在所者の人権**を尊重しつつ、その者の状況に応じた適切な**観護処遇**を行い、ならびに非行および犯罪の防止に関する援助を適切に行うことである。

**観護処遇の原則**
在所者の観護処遇にあたっては、懇切にして誠意のある態度をもって接することにより在所者の情操の保護に配慮するとともに、その者の特性に応じたはたらきかけを行うことによりその健全な育成に努め、医学、心理学、教育学、社会学等の専門的知識・技術を活用して行う。

50 少年鑑別所は、鑑別対象者の鑑別を行い、少年法の観護の措置がとられて少年鑑別所に収容される者等を収容し、これらの者に対し必要な観護処遇を行い、ならびに非行および犯罪の防止に関する援助を行う施設で

重要項目

ある。

**51** 少年鑑別所の長は、**家庭裁判所、地方更生保護委員会、保護観察所の長、児童自立支援施設の長、児童養護施設の長、少年院の長**または**刑事施設の長**からの求めに応じ、保護処分または少年法の措置にかかる事件の調査または審判を受ける者、保護処分の執行を受ける者、懲役または禁錮の刑の執行を受ける 20 歳未満の者の鑑別を行う。

出 33-148-3

**52** 少年鑑別所には、これを視察し、その運営に関し、少年鑑別所の長に対して意見を述べるものとして、**少年鑑別所視察委員会**が設置される。

## ■ 恩赦

**53** **恩赦**とは、行政権の作用によって、刑事の確定裁判の内容を**変更**させ、その効力を**変更**もしくは**消滅**させる、または国家刑罰権を**消滅**させる行為をいう。

**54** 恩赦は、表3の**4つの機能**があげられる。

表3　恩赦の機能

①法の画一性に基づく具体的不妥当の矯正
②事情の変更による裁判の事後変更
③ほかの方法をもってしては救い得ない誤判の救済
④有罪の言渡しを受けた者の事後の行状に基づく、いわゆる刑事政策的な裁判の変更もしくは資格の回復

**55** 恩赦は、**大赦、特赦、減刑、刑の執行の免除**および**復権**を総称したものである。政令によって一律に行われる**政令恩赦**、特定の者に対して個別に審査して行われる**個別恩赦**がある（表4参照）。

表4　大赦、特赦、減刑、刑の執行の免除、復権

| | 政令恩赦 | 個別恩赦<br>（常時恩赦、特別基準恩赦） |
|---|---|---|
| 大赦 | ○ | |
| 特赦 | | ○ |
| 減刑 | ○ | ○ |
| 刑の執行の免除 | | ○ |
| 復権 | ○ | ○ |

**大赦**
政令で定めた罪について、有罪の言渡しを受けた者にその効力を失わせ、まだ有罪の言渡しを受けない者には公訴権を消滅させるもの。

**特赦**
有罪の裁判が確定した者に対し有罪の言渡しの効力を失わせるもの。

**復権**
有罪の言渡しを受けたことによる資格制限を回復させるもの。

**56** **中央更生保護審査会**とは、法務省におかれ、法務大臣に対して個別恩赦の実施について申出等の権限を有する機関である。

> 1 更生保護制度の概要

制度の概要

## ■ 被害者等支援

**57** 2000（平成12）年に、**犯罪被害者等の権利利益の保護を図るための刑事手続に付随する措置に関する法律**が制定され、2008（平成20）年には、**犯罪被害者等給付金の支給等による犯罪被害者等の支援に関する法律**の改正が行われた。犯罪被害者が犯罪と福祉の谷間に放置されることがないよう、その保護が図られることとなった。特に前者は、被害者等が公判手続を**傍聴**できるよう裁判所が配慮しなければならないこと、また、一定の要件の下で被害者等に**公判記録の閲覧**、**謄写**を認めることが規定されている。さらに、**刑事和解**という制度も設けられている。

**58** 2004（平成16）年12月に、**犯罪被害者等基本法**が成立した。犯罪被害者等のための施策に関し、基本理念を定め、国、地方公共団体および国民の責務を明らかにするとともに、犯罪被害者等のための施策の基本となる事項を定めることなどにより、犯罪被害者等のための施策を総合的かつ計画的に推進し、犯罪被害者等の**権利利益の保護**を図ることを目的とするものである。

**59** 2005（平成17）年12月に、**犯罪被害者等基本計画**が閣議決定され、犯罪被害者等の意見などが集約され、国が取り組むべき具体的な施策等が示された。

**60** 2021（令和3）年3月に第4次犯罪被害者等基本計画が閣議決定された。計画期間を2026（令和8）年度末までの5か年とした。

**61** 犯罪被害者等基本法第3条において、**基本理念**を表5のとおり規定している。

### 表5　犯罪被害者等基本法の基本理念

①すべて犯罪被害者等は、個人の尊厳が重んぜられ、その尊厳にふさわしい処遇を保障される権利を有する。
②犯罪被害者等のための施策は、被害の状況および原因、犯罪被害者等がおかれている状況その他の事情に応じて適切に講ぜられるものとする。
③犯罪被害者等のための施策は、犯罪被害者等が、被害を受けたときから再び平穏な生活を営むことができるようになるまでの間、必要な支援等を途切れることなく受けることができるよう、講ぜられるものとする。

**62** 更生保護における**犯罪被害者等施策**は、①仮釈放等審理における**意見等聴取制度**、②保護観察対象者に対する**心情等伝達制度**、③更生保護における**被害者等通知制度**（加害者の処遇状況等に関する通知）、④犯罪被害者等に対する**相談・支援**の4つからなる。

**心情等伝達制度**
被害者等が保護観察所を通し加害者に対し、被害に関する心情、おかれている状況などを伝える制度。

429

## 重要項目

### ■ 犯罪予防

**63** **犯罪予防活動**は、犯罪発生の原因を除去し、または犯罪の抑止力となる条件を強化促進することによって、犯罪の発生を未然に防止する活動をいう。犯罪の原因となる社会環境にはたらきかける活動、社会のなかの犯罪抑止力となる条件を強化、促進する活動などがある。

**64** 貧困に起因する犯罪を防止するためには**経済施策**が必要であり、倫理観の低下に起因する犯罪を防止するためには**教育施策**が必要であるが、これらを犯罪予防活動とは呼ばない。

**65** 更生保護法第1条は、「犯罪予防の活動の促進等を行い」と規定し、同法第29条第2号は、保護観察所の所掌事務として「犯罪の予防を図るため、世論を啓発し、社会環境の改善に努め、及び地域住民の活動を促進すること」と規定し、法のなかに犯罪予防活動を位置づけている。

**66** **保護司法**第1条では、犯罪の予防のため、世論の啓発に努めることを保護司の使命として規定している。また、同法第8条の2で、保護司の職務として、保護司会の計画に定める犯罪予防活動等であって、保護観察所の長の承認を得たものを行うことを規定している。

**67** **保護観察所による犯罪予防活動**は、①広報活動などによる世論の啓発、②犯罪を誘発する有害環境など社会環境の改善、③BBS会、更生保護女性会などとの連携・協力、地域住民の活動の促進などによって行われる。

**68** **社会を明るくする運動**は、1949（昭和24）年の犯罪者予防更生法（更生保護法の施行により廃止）施行時に、その法律の思想に共鳴した東京・銀座の商店街の有志によって7月13日から1週間にわたって「銀座フェアー」として、最初に実施され、1951（昭和26）年からは「社会を明るくする運動」となった。

▶ 1952（昭和27）年以降、毎年7月1日から1か月にわたる月間運動になった。

**69** 「社会を明るくする運動」は、国の各省庁、地方公共団体、経済・産業団体、教育機関、報道機関、ボランティア団体等、関係機関・団体の参加により、推進委員会を結成して実施される。

**70** 2021（令和3）年の「第71回"社会を明るくする運動"」では、次の目標などを掲げている（表6参照）。

## 保護観察

**71** **保護観察**とは、犯罪者や非行少年本人に、本来自助の責任があることを認め、就職または定住等に関する補導援護をするとともに、善行の保持

30-147-5
31-147-4
32-147-1

**1 更生保護制度の概要**

**保護観察**

### 表6 「第71回"社会を明るくする運動"」の目標など

| この運動が目指すこと | ・犯罪や非行を防止し、安全で安心して暮らすことのできる明るい地域社会を築くこと<br>・犯罪や非行をした人が再び犯罪や非行をしないように、その立ち直りを支えること |
|---|---|
| この運動において力を入れて取り組むこと | 犯罪や非行をした人を、再び地域社会に受け入れ、望まない孤独や社会的孤立などの生きづらさという課題に我が事としてかかわるコミュニティの実現に向け、次のことに力を入れて取り組む。<br>・犯罪や非行をした人の立ち直りを支え、再犯を防止することの大切さや、更生保護の活動について、デジタルツールも活用するなどして、広く周知し、理解を深めてもらうための取組<br>・犯罪や非行の防止や、犯罪や非行をした人の立ち直りにはさまざまな協力の方法があることを示し、多くの人に協力者として気軽に参加してもらうための取組<br>・保護司、更生保護女性会会員、BBS会員、協力雇用主等の更生保護ボランティアのなり手を増やすための取組<br>・民間協力者と地方公共団体と国との連携を強化しつつ、犯罪や非行をした人が、仕事、住居、教育、保健医療・福祉サービスなどに関し必要な支援を受けやすくするためのネットワークをつくる取組<br>・犯罪や非行が起こらないよう、若い人たちの健やかな成長を期する取組 |

などを**指導監督**しながら改善更生を図ることで、再犯を防ぎ、非行をなくす社会内処遇と呼ばれる。**法務省**の地方支分部局として全国の地方裁判所の管轄区域ごとにおかれ、本人の住所地を管轄する**保護観察所**がつかさどる（図2参照）。

**72** **指導監督**は、保護観察の権力的・監督的な性格を有する（表7参照）。

**73** 保護観察対象者は、表8のように区分される。①から④は**更生保護法**に規定されている。なお、⑤は**売春防止法**に規定されているが、保護観察は希有な状態が続いている。

**74** 保護観察対象者は、更生保護法第50条の**一般遵守事項**（表9参照）と同法第51条の**特別遵守事項**（表10参照）を遵守しなければならない。違反した場合は、家庭裁判所への申請により施設送致、刑事施設への収容などの不良措置がとられ、成績良好な場合には、解除や退院、仮解除、不定期刑の終了などの良好措置がとられる。

出 31-147-1
32-147-4, 5

**75** **特別遵守事項**は、**保護観察所の長**または**地方更生保護委員会**が定める。必要であれば、新たに設定したり、変更したりできるほか、必要でなくなれば取り消す。対象者の改善更生のために特に必要と認められるために設定される。

出 32-147-2

**76** 2013（平成25）年6月の更生保護法の改正により、特別遵守事項にお

## 重要項目

### 図2 保護観察所が保護観察を開始するまでの流れ（概要）

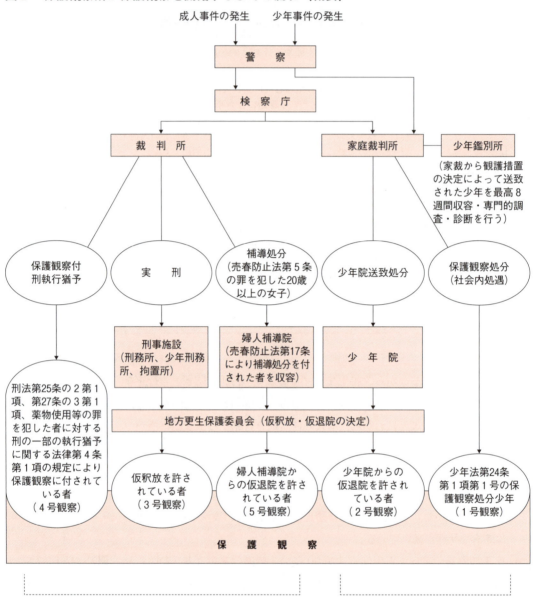

資料：法務省ホームページ（http://www.moj.go.jp/）中の図「保護観察の流れ」を参考にして作成

### 表7 指導監督の方法

①面接その他の適当な方法により保護観察対象者と接触を保ち、その行状を把握する
②保護観察対象者が遵守事項を遵守し、ならびに生活行動指針に即して生活し、および行動するよう、必要な指示その他の措置をとる
③特定の犯罪的傾向を改善するための専門的処遇を実施する

## 表8　保護観察対象者の種類と期間

| | | |
|---|---|---|
| ①保護観察処分少年 | 少年法第24条第1項第1号の保護処分に付されている少年（1号観察）。当該少年が20歳になるまで。その期間が2年に満たない場合は2年とされ、20歳を超える場合もある。 | 出 31-147-5<br>32-147-3 |
| ②少年院仮退院者 | 少年院からの仮退院を許されている者（2号観察）。収容期間満了まで。26歳を超えない範囲で収容期間が定められていると成人に達していても収容期間に達するまで保護観察に付される。 | 出 31-147-5 |
| ③仮釈放者 | 仮釈放を許されている者（3号観察）。刑期が満了するまでの間。 | 出 31-147-2 |
| ④保護観察付執行猶予者 | 刑法第25条の2第1項、第27条の3第1項、薬物使用等の罪を犯した者に対する刑の一部の執行猶予に関する法律第4条第1項の規定により保護観察に付されている者（4号観察）。刑の執行猶予期間満了までの間。 | 出 31-147-3<br>💡注目！<br>再犯率が高い薬物依存者の更生や社会復帰につなげるために対象が拡大された。 |
| ⑤婦人補導院仮退院者 | 婦人補導院からの仮退院を許されている者（5号観察）。補導処分の残期間が満了するまでの期間。 | |

## 表9　一般遵守事項（更生保護法第50条）

出 33-150-1, 3

| | |
|---|---|
| ① | 再び犯罪をすることがないよう、または非行をなくすよう健全な生活態度を保持すること |
| ② | 次に掲げる事項を守り、保護観察官および保護司による指導監督を誠実に受けること<br>イ　保護観察官または保護司の呼出しまたは訪問を受けたときは、これに応じ、面接を受けること<br>ロ　保護観察官または保護司から、労働または通学の状況、収入または支出の状況、家庭環境、交友関係その他の生活の実態を示す事実であって指導監督を行うため把握すべきものを明らかにするよう求められたときは、これに応じ、その事実を申告し、またはこれに関する資料を提示すること |
| ③ | 保護観察に付されたときは、速やかに、住居を定め、その地を管轄する保護観察所の長にその届出をすること（仮釈放等または保護観察付一部猶予にあたり居住すべき住居を特定された場合および特別遵守事項として宿泊すべき特定の場所を定められた場合は除く） |
| ④ | ③の届出にかかる住居（仮釈放等または保護観察付一部猶予にあたり居住すべき住居を特定された場合には当該住居、転居許可を受けた場合には当該許可にかかる住居）に居住すること（特別遵守事項として宿泊すべき特定の場所を定められた場合は除く） |
| ⑤ | **転居**または**7**日以上の旅行をするときは、あらかじめ、保護観察所の長の許可を受けること |

💡注目！
保護観察付一部猶予者が、仮釈放中の保護観察に引き続き保護観察に付されたときは、居住すべき住居を特定された場合、特定遵守事項として宿泊すべき場所を定められた場合を除き、仮釈放中の保護観察の終了時に居住することとされていた届出にかかる住居につき届出したものとみなされる。

💡 **重要項目**

### 表10　特別遵守事項（更生保護法第51条・第51条の2）

| | |
|---|---|
| ① | 犯罪性のある者との交際、いかがわしい場所への出入り、遊興による浪費、過度の飲酒その他の犯罪または非行に結びつくおそれのある特定の行動をしてはならないこと |
| ② | 労働に従事すること、通学することその他の再び犯罪をすることがなくまたは非行のない健全な生活態度を保持するために必要と認められる特定の行動を実行し、または継続すること |
| ③ | 7日未満の旅行、離職、身分関係の異動その他の指導監督を行うため事前に把握しておくことが特に重要と認められる生活上または身分上の特定の事項について、緊急の場合を除き、あらかじめ、保護観察官または保護司に申告すること |
| ④ | 医学、心理学、教育学、社会学その他の専門的知識に基づく特定の犯罪的傾向を改善するための体系化された手順による処遇として法務大臣が定めるものを受けること。薬物事犯累犯者は特別遵守事項として専門的処遇プログラムを実施 |
| ⑤ | **法務大臣**が指定する施設、保護観察対象者を監護すべき者の居宅その他の改善更生のために適当と認められる特定の場所であって、宿泊の用に供されるものに**一定の期間宿泊して指導監督**を受けること |
| ⑥ | 善良な社会の一員としての意識の涵養および規範意識の向上に資する地域社会の利益の増進に寄与する社会的活動を一定の時間行うこと |
| ⑦ | その他指導監督を行うため特に必要な事項 |

出 33-150-1

**法務大臣が指定する施設**
自立更生促進センターを想定。親族等の身寄りがなく、民間の更生保護施設では受入れが困難な受刑者を入所させる国立の施設。

いて、善良な社会の一員としての意識をもたせるため、公共の場所での清掃や社会福祉施設での介護補助活動などの社会貢献活動を義務づけることができる制度が導入された。

77 **補導援護**とは、保護観察のうち、援助的・福祉的な性格を有し、自立した生活を営むことができるよう、個々の問題について、ソーシャルワーク的に取り組むものをいう。

78 更生保護法第58条にいう補導援護の方法は、表11のとおりである。

### 表11　補導援護の方法

①適切な住居その他の宿泊場所を得ることおよび当該宿泊場所に帰住することを助ける
②医療および療養を受けることを助ける
③職業を補導し、および就職を助ける
④教養訓練の手段を得ることを助ける
⑤生活環境を改善し、および調整する
⑥社会生活に適応させるために必要な生活指導を行う
⑦保護観察対象者が健全な社会生活を営むために必要な助言その他の措置をとる

79 更生保護法第62条にいう**応急の救護**とは、保護観察対象者が、適切な

医療、食事、住居その他の健全な社会生活を営むために必要な手段を得ることができないため、その改善更生が妨げられるおそれがある場合には、当該保護観察対象者が公共の衛生福祉に関する機関その他の機関からその目的の範囲内で必要な応急の救護を得られるようこれを援護することである。

> ▶必要な応急の救護が得られない場合には、保護観察所の長は、予算の範囲内で自らその救護を行うこととなる。

80 特定の犯罪傾向が認められる者については、法務大臣の定める専門的処遇があり、一定の要件を満たす保護観察対象者については、**処遇プログラム**を受けることが義務づけられている（表12 参照）。

**表12　処遇プログラムの内容**

| | |
|---|---|
| 性犯罪者処遇プログラム | 認知行動療法の視点から性犯罪者の再犯を防ぐプログラム |
| 薬物再乱用防止プログラム | 覚せい剤所持から依存性の薬物の使用所持に拡大し、再乱用を防止するため教育課程と簡易薬物検出検査とを組み合わせて断薬の意思を強化しながら実施するプログラム |
| 暴力防止プログラム | 認知行動療法に基づき、怒りのコントロール方法を身につけ、再犯防止計画を立て、暴力行為に基づく思考法や行動をしないよう働きかける |
| 飲酒運転防止プログラム | 導入および5回の教育課題で構成され、飲酒が心身や運転に与える影響について考えさせ、酒害教育を行うことで、飲酒運転につながる「ひきがね」を特定し、再発防止計画を作成する |

出 33-150-2

81 2013（平成25）年6月、刑法等の改正で、**刑の一部執行猶予制度**が導入された。これは、施設内処遇と社会内処遇を連携させることにより、再犯防止・改善更生を図るうえで有用といえる場合があるため、**初入者**または**薬物事犯累犯者**で要件を満たす者について、1年以上5年以下の期間、その刑の一部について執行を猶予するものである。

82 刑の一部執行猶予制度において、**初入者**の場合の要件は、以前に禁錮以上の刑に処せられたことがない者、またはその執行終了の日から5年以内に禁錮以上の刑に処せられたことがない者等が3年以下の懲役または禁錮の言渡しを受けた場合において、犯情の軽重および犯人の境遇その他の情状を考慮して、再犯を防ぐために刑を一部執行猶予とすることが必要であり、かつ、相当であると認められる者であり、一部執行猶予の期間中は、保護観察に付すことができる。

83 刑の一部執行猶予制度において、**薬物事犯累犯者**の場合の要件は、規制薬物使用等の罪を犯した者で、3年以下の懲役または禁錮の言渡しを受

> 🔆 **注目！**
> 保護観察制度を拡大し、刑務所ではなく社会のなかで再犯防止を図る制度が創設された。

## 重要項目

けた場合において、犯情の軽重および犯人の境遇その他の情状を考慮して、施設内処遇に引き続き社会内において、規制薬物等に対する依存の改善に資する処遇を実施することが再犯を防ぐために刑を一部執行猶予とすることが必要であり、かつ、相当であると認められる者であり、一部執行猶予の期間中は、保護観察に付される。

84 2016（平成28）年6月から施行された**刑の一部執行猶予制度**の創設により、薬物事犯累犯者に対する保護観察が充実強化され、①規制薬物等に対する依存がある保護観察対象者に対して、医療・援助を行う機関等との緊密な連携を確保し医療や保健福祉機関の薬物再乱用防止プログラム（専門的援助）を受けるように指示することが可能となり、②薬物事犯累犯者は必ず保護観察に付され、特別遵守事項により専門的処遇プログラムが実施されることとなった。 　出 33-150-4

85 薬物事犯者は、精神症状をかかえている場合が少なくないが、保護観察官や保護司が受診を勧める場合、本人の意思に反しない限り受診の指示ができる。 　出 33-150-5

## 生活環境の調整

86 **生活環境**とは、対象となる者に対する住居、職場、学校、家族、地域などの状況を指し、直接または間接にその者に影響を及ぼすものをいう。こうした生活環境が整備されていないと再犯や非行に至る要因となることから、環境整備が重要となる。

87 更生保護法における**生活環境の調整**に関する規定は、保護観察における補導援護として「生活環境を改善し、及び調整すること」（更生保護法第58条第5号）、刑事施設または少年院に収容中の者に対する生活環境の調整（同法第82条）、保護観察付執行猶予者の裁判確定前の生活環境の調整（同法第83条）、更生緊急保護として「生活環境の改善又は調整を図ること」（同法第85条第1項）があげられる。

88 更生保護法第82条では、保護観察所の長は、刑の執行のために刑事施設に収容されている者または刑もしくは保護処分の執行のため少年院に収容されている者について、その社会復帰を円滑にするために必要があると認めるときは、その者の家族やその他の関係人を訪問して社会復帰への協力を求めることや、その他の方法によって、釈放後の住居、就業先、その他の生活環境の調整を行うものと規定している。 　出 32-150-1, 4, 5　34-148-1, 2

89 2013（平成25）年6月の改正により、更生保護法第82条が改正され、

収容中の者に対する**生活環境の調整**について、**地方更生保護委員会**は、保護観察所の長に対する必要な指導・助言、複数の保護観察所において並行して行われる場合の連絡調整を行うとともに、必要がある場合は、収容中の者との面接等の方法により調査を行うことができることとなった。

90 生活環境の調整を行うことで、刑事施設からの仮釈放、少年院からの仮退院後の保護観察、刑期満了による満期釈放等となった場合の**社会復帰の基礎**につながる。

91 生活環境の調整の状況については、保護観察所の長から地方更生保護委員会、刑事施設の長、少年院の長に**通知**され、仮釈放または仮退院などの審理における資料、刑事施設における処遇、少年院における矯正教育の参考資料とされる。

92 生活環境の調整は、刑事施設、少年院の長からその者の帰住予定地を管轄する保護観察所の長に対して**身上関係事項が通知**されることによって開始される。

93 更生保護法第37条第2項の規定により、**地方更生保護委員会**は仮釈放を許すか否かに関する審理において必要があると認めるときは、保護観察所の長に対し、事項を定めて審理対象者について**生活環境の調整**を行うことを求めることができる。

94 更生保護法第37条第2項の**生活環境の調整**を行うことを求める規定は、**少年院**からの仮退院の場合にも適用可能である（同法第42条）。　　出 34-148-1

95 収容中の者に対する**生活環境の調整**は、保護観察と同じく**保護観察官**または**保護司**が行う（更生保護法第61条第1項、第84条）。保護観察官は調整の計画を作成する。　　出 32-150-3　34-148-4

96 **犯罪をした者及び非行のある少年に対する社会内における処遇に関する規則**第112条第1項では、保護観察所の長は、釈放後に、健全な生活態度を保持し、自立した生活を営むことについて、必要となるものが確保でき、かつ、これを妨げるもののない生活環境が備わるよう、住居の確保、引受人等の確保、就業先または通学先の確保などの事項に関して必要な調整を行うものと規定している。　　出 34-148-3,5

97 犯罪をした者及び非行のある少年に対する社会内における処遇に関する規則第112条第2項は、生活環境調整対象者との面接または通信その他の方法により、**釈放後の生活の計画等**を把握し、必要な助言などを行うとともに、引受人等または関係人と必要な協議をし、官公署、学校、病院、公共の衛生福祉に関する機関などに、必要な援助および協力を求め

ることによって、継続的に生活環境の調整を行うものと規定している。

98 更生保護法第83条は、「保護観察所の長は、刑法第25条の2第1項の規定により保護観察に付する旨の言渡しを受け、その裁判が確定するまでの者について、保護観察を円滑に開始するため必要があると認めるときは、その者の同意を得て、前条第1項に規定する方法により、その者の**住居**、**就業先その他の生活環境の調整**を行うことができる」と規定している。

▶ 無職、住居の不安定、家族等との良好な関係が築かれていない、暴力団等との接触といったことがあげられる。

## 仮釈放等

99 **仮釈放等の制度**は、以下のような機能がある。

### 表13　仮釈放等の制度の機能

①刑事施設・少年院での良好な行状に対する褒賞として仮釈放等を行う施設内の秩序維持機能
②刑事施設・少年院に収容されている者の状況の変化に応じて仮釈放等を行い不必要または不適当となった拘禁を排除する調整機能
③拘禁状態から完全に拘束のない状態に釈放するのではなく、仮釈放によって保護観察を受けさせ、一定の規制のなかで社会生活に慣れさせる再犯防止機能
④刑事施設・少年院に収容されている者を仮釈放し、保護観察を受けさせて改善更生を促進する機能

100 **仮釈放等**とは、刑法第28条により、刑事施設、少年院や婦人補導院に収容され、懲役刑または禁錮刑に処せられている受刑者で更生が期待できる者につき、**刑期満了前**に一定の条件つきで釈放し、円滑な社会復帰を図ろうとする処分で、**地方更生保護委員会**が決定する。

▶仮釈放期間中保護観察に付され、その間、罰金以上の刑に処せられたときは、仮釈放が取り消され、刑事施設などに収容されることもある。

101 **仮釈放の要件**として、刑法第28条は「**改 悛の状があるとき**」としている。犯罪をした者及び非行のある少年に対する社会内における処遇に関する規則第28条では、「悔悟の情及び改善更生の意欲があり、再び犯罪をするおそれがなく、かつ、保護観察に付することが改善更生のために相当であると認めるとき」としている。有期刑についてはその刑の3分の1、無期刑については10年を経過したことが仮釈放の条件となる。

⊞ 34-149-2, 4

▶社会の感情がこれを是認すると認められないときは、この限りではないと、さらに細かく規定している。

102 仮釈放に身元引受人の存在は条件とされていない。家族以外の者が身元引受人となることもできる。

⊞ 34-149-5

103 **仮釈放の手続き**は、**矯正施設**の長から収容中の者の身上関係事項の通知を受け、**保護観察所**の長が生活環境の調整を行う。その間に法定期間が経過し、**地方更生保護委員会**にその通告がなされるか、あるいは**地方更**

⊞ 34-149-1

生保護委員会が申出によらない審理を行うか、矯正施設の長からの申出に基づく場合に審理を開始し、仮釈放等を許す旨の決定を行うという流れをとる。

104 **仮出場**は、刑法第30条の規定により、拘留の刑の執行のため刑事施設に収容されている者または刑事施設に附置された労役場に留置されている者について、拘留または留置の期間の満了前に釈放することをいう。なお、仮出場を許された者は、**保護観察には付されない**（取消しはない）。

105 刑法第30条第1項は、拘留に処せられた者は、情状により、いつでも行政官庁の処分によって**仮出場**を許すことができるとしている。また、同条第2項の規定により、罰金または科料を完納することができないために留置された者についても同様と規定している。

106 **少年院からの仮退院**は、**更生保護**法第41条の規定により保護処分の執行のため少年院に収容されている者について、仮に退院させることが改善更生のために相当であると認めるときなどに、**収容期間の満了前**に釈放することをいう。

107 **婦人補導院からの仮退院**は、**売春防止**法第25条第1項の規定により補導処分の執行のため婦人補導院に収容されている者について、**補導処分の期間の満了前**に釈放することをいう。

108 **地方更生保護委員会**は、**仮釈放等の許否を判断する機関**である。地方更生保護委員会は、法務省の地方支分部局として全国8か所に置かれ、3人以上、政令で定める人数（現在は15人）以内の委員をもって組織される。

▶委員の任期は3年である。

109 **仮釈放の判断**は、**地方更生保護委員会**の3人の委員の合議体で権限を行う場合やその他法令に特別の定めがある場合を除き、委員の全員をもって構成する会議の議決で決定する。許可基準に該当すれば、仮釈放を許す旨の決定が行われる。事務局がおかれ、保護観察官が配置されている。

110 更生保護法第34条第1項では、刑事施設または少年院の長は、被収容者について、法定期間が経過し、かつ、法務省令で定める基準に該当すると認めるときは、**地方更生保護委員会**に対し、**仮釈放を許すべき旨の申出**をしなければならないと規定している。

34-149-1

## 更生緊急保護

111 更生保護法第85条にいう**更生緊急保護**とは、刑務所からの**満期釈放者**、

32-148-2

**重要項目**

保護観察に付されない執行猶予者、起訴猶予者、少年院退院者などが、**親族からの援助**を受けることができず、もしくは公共の衛生福祉に関する機関やその他の機関から医療、宿泊、職業その他の保護を受けることができない場合、またはこれらの援助もしくは保護のみによっては改善更生することができないと認められる場合に行われる保護をいう。

112 更生緊急保護は、緊急にその者に対し、**金品を給与**し、または貸与し、**宿泊場所を供与**し、宿泊場所への帰住、医療、療養、就職または教養訓練を助け、職業を補導し、社会生活に適応させるために必要な生活指導を行い、生活環境の改善または調整を図ることなどによって、速やかな改善更生を保護することをいう（表14 参照）。

**表14　更生緊急保護の対象者と内容**

| 更生緊急保護の対象者 | ①懲役、禁錮または拘留の刑の執行を終わった者<br>②懲役、禁錮または拘留の刑の執行の免除を得た者<br>③懲役または禁錮につき刑の全部の執行猶予の言渡しを受け、その裁判が確定するまでの者<br>④③に掲げる者のほか、懲役または禁錮につき刑の全部の執行猶予の言渡しを受け、保護観察に付されなかった者<br>⑤懲役または禁錮につき刑の一部の執行猶予の言渡しを受け、その猶予期間中保護観察に付されなかった者であって、その刑のうち執行が猶予されなかった部分の期間の執行を終わったもの<br>⑥訴追を必要としないため公訴を提起しない処分を受けた者<br>⑦罰金または科料の言渡しを受けた者<br>⑧労役場から出場し、または仮出場を許された者<br>⑨少年院から退院し、または仮退院を許された者（保護観察に付されている者を除く） |
|---|---|
| 更生緊急保護の内容 | ①金品を給与し、または貸与すること<br>②宿泊場所を供与すること<br>③宿泊場所への帰住を助けること<br>④医療または療養を助けること<br>⑤就職を助けること<br>⑥教養訓練を助けること<br>⑦職業を補導すること<br>⑧社会生活に適応させるために必要な生活指導を行うこと<br>⑨生活環境の改善または調整を図ること |

113 更生緊急保護は、その対象となる者が刑事上の手続きまたは保護処分による身体の拘束を解かれた後 **6** か月を超えない範囲内において、その意思に反しない場合に限り行う。ただし、その者の改善更生を保護するために特に必要があると認められるときは、さらに **6** か月を超えない範囲内において、これを行うことができる。

出 32-148-3

114 更生緊急保護は、その対象となる者の改善更生のために必要な限度で、

国の責任において行う。

**115** 更生緊急保護は、対象者から**申出**があった場合に、**保護観察所の長が必要**と認めたときに限り行われ、**保護観察所長**が自ら行うか、または更生保護事業を営む者やその他の適当な者に委託して行う。

出 32-148-1, 4, 5

**116** 更生緊急保護を行うにあたっては、その対象となる者が公共の衛生福祉に関する機関その他の機関から必要な保護を受けることができるよう**あっせん**するとともに、更生緊急保護の**効率化**に努めて、その期間の短縮と費用の節減を図らなければならないとされている。

**117** 近年、**知的障害者や 65 歳以上の高齢者の刑務所出所後の帰住先**が問題となっている。2013（平成 25）年 10 月から一部の保護観察所で釈放後の住居確保などを事前調整することが試行的に行われていたが、2018（平成 30）年度からは、保護観察所に、高齢または障害のある更生緊急保護対象者等に対する支援等に特化した業務を行う特別支援ユニットが設置され、「保護観察所が行う入り口支援」が開始された。

# 2 更生保護制度の担い手

## 保護観察官

**118** **保護観察官**は、更生保護に関する専門的知識に基づき、法務省法務事務官として採用され、保護観察、調査、生活環境の調整その他犯罪者の更生保護および犯罪の予防に関する事務に従事し、保護観察所（全国に 50 か所）と**地方更生保護委員会**（全国に 8 か所）の更生保護に関する所掌事務を行う事務局に配置される国家公務員のことをいう。援助者と権力執行者という「ダブルロール」が課された存在である。

出 30-147-4
　30-148-1
　31-148-1
　33-147-1, 2

**119** 保護観察官は、**保護区**と呼ばれる一定地域に居住する保護観察対象者の保護観察を実施する者として指名され、**直接担当する場合は自ら**が、保護区に配属されている**保護司**が指名された場合は**協働態勢**をとっている。

**120** 保護観察を担当する保護観察官を**主任官**という。また、主任官と協働して保護観察を行う保護司を**担当保護司**と呼ぶ。

**121** 保護観察所に、**被害者担当官**および**被害者担当保護司**が配置され犯罪被害者等施策が実施されている。**被害者担当官**および**被害者担当保護司**は、保護観察事件および生活環境調整事件は担当しないこととされている。

出 33-147-5

更生保護制度

441

**重要項目**

# 保護司

**122** **保護司**は、社会奉仕の精神をもって、犯罪を犯した者および非行のある 〔出〕31-148-2
少年の改善更生を助け、犯罪予防のための世論啓発などを行うことを使
命とし、**法務大臣**から委嘱を受ける**民間のボランティア**で無報酬で従事
するので国家公務員法は全面的に適用されない。その職務を行うにあ
たって知り得た関係者の身上に関する秘密を尊重し、その名誉保持に努
めるなどの服務規定がある。

**123** 保護司の任期は**2**年で、再任を妨げない。

**124** 保護司の身分は**非常勤・一般職**の**国家公務員**で、活動中に災害を負った 〔出〕33-147-3
際には**国家公務員災害補償法**が適用される。

**125** 保護司に**給与**は支給されず、職務を行うために要する費用が**実費弁償費** 〔出〕30-148-2
として支払われる。 32-149-2

**126** **保護司の職務**は、保護観察官で十分でないところを**補う**こととされてい 〔出〕30-148-3
る。**地方更生保護委員会**または**保護観察所の長**の指揮監督を受け、保護 31-148-4
32-149-3
司法の定めるところに従い、それぞれ**地方更生保護委員会**または保護観 33-147-4
察所の所掌事務に従事する（更生保護法第32条）。

**127** **保護司の職務**は、①犯罪者および非行少年の**改善更生を助け**、または犯 〔出〕32-149-1, 4
罪予防のための**啓発および宣伝活動**、②犯罪者および非行少年の改善更
生を助け、または犯罪予防のための**民間団体の活動への協力**、③犯罪の
予防に寄与する地方公共団体の**施策への協力**、④その他犯罪者および非
行少年の改善更生を助け、または**犯罪予防に資する活動**で法務省令で定
めるものと定められている。また、定期的に保護観察対象者の来訪を受
けたり、住居を往訪して必要な指導・助言を行う。

**128** 保護司は、法務大臣が都道府県の区域を分けて定める**保護区**に配置され、 〔出〕32-149-5
全国を通じて5万2500人を超えないものとされている。**保護区**ごとの定
数は、人口、経済、犯罪状況などを考慮して法務大臣が定める。現在、
その平均年齢は65歳、女性保護司の割合は約26％となっている。

**129** **保護司の選任要件**は、①人格および行動について、**社会的信望**を有する、
②職務の遂行に必要な**熱意**および**時間的余裕**を有する、③生活が**安定**し 〔注目！〕
ている、④**健康**で**活動力**を有する、の4条件がそろっている者を**保護観** 成年被後見人等の欠格条
察所長が推薦し、**法務大臣**が委嘱する。 項の見直しがなされたの
で注意。

**130** 保護司の資格要件として、**禁錮**以上の刑に処せられた者等の欠格条項に
該当する場合、保護司にはなれないとされている。

442

## 2 更生保護制度の担い手

民間協力者

## 更生保護施設

**131** **更生保護施設**とは、被保護者の改善更生に必要な保護を行う施設のうち、被保護者を**宿泊**させることを目的とする建物およびそのための設備を有するものをいう（更生保護事業法第2条）。また、宿所や食事の提供だけでなく**社会復帰自立**を支援する。さらに、**酒害・薬害教育**や**SST**（**社会生活技能訓練**）などの処遇も行う。

**132** 2021（令和3）年8月1日現在、更生保護法人によって設置された更生保護施設は103施設ある。すべて民間団体である**更生保護法人**、**社会福祉法人**、**NPO法人**、**一般社団法人**によって運営されている。 出 30-148-5

**133** 更生保護施設は、主として保護観察所の長の**委託**を受け、**保護観察に付されている者**や**更生緊急保護の対象**となる者を保護している（委託を受けない保護、家庭裁判所からの補導委託（少年法第25条）もある）。 出 31-147-1

**134** 保護観察所の長が更生保護施設に保護を委託できる期間は、保護観察対象者の場合、保護観察に付されている期間内、更生緊急保護対象者の場合、原則として刑事上の手続きや保護処分による身体の拘束を解かれた後**6**か月を超えない範囲（特に必要があると認められたときは、さらに6か月以内の延長可能）である。 出 30-148-4

**135** **更生保護事業法**第49条の2は、更生保護施設における被保護者の処遇の基準として、①被保護者の人権に十分に配慮すること、②被保護者に対する処遇の計画を立て、常に被保護者の心身の状態、生活環境の推移等を把握し、その者の状況に応じた適切な保護を実施すること、③被保護者に対し、自助の責任の自覚を促し、社会生活に適応するために必要な能力を会得させるとともに、特に保護観察に付されている者に対しては、遵守すべき事項を守るよう適切な補導を行うことなどを規定している。

**136** 更生保護施設の職員は、実務の執行を統括する施設長、被保護者の生活指導を行いその相談に応ずる補導主任、補導員（**保護司**を兼ねることができる）、調理員などで構成されている。

## 民間協力者

**137** 日本の民間協力者ボランティアグループには、犯罪や非行のない明るい地域社会を実現する**更生保護女性会**、兄や姉のような存在として少年を支援する**BBS会**、保護観察対象者などを雇用し、更生に協力する**協力**

更生保護制度

443

雇用主などがある。

# 3 更生保護制度における関係機関・団体との連携

## 刑事司法・少年司法関係機関との連携

### ■ 裁判所との連携

138 **家庭裁判所**とは、非行を犯した少年の処分を行政機関が取り扱っていた戦前とは異なり、戦後の日本で**少年事件**や**家事事件**を専門的に取り扱う裁判所として設置（1949（昭和24）年）されたものである。

139 **家庭裁判所調査官**は、心理学、社会学、教育学、法律学などを専攻した者から採用され、家庭裁判所調査官補として家庭裁判所職員総合研修所において研修を受ける。その後、家庭裁判所調査官として**事実の調査**や**人間関係の調整**など、家庭裁判所の**科学的機能を担う専門的な仕事**を行う。その身分は**常勤の裁判所職員**である。

出 33-142-1（児童）

140 家庭裁判所は、事件に関する調査および観察のために、警察官、保護観察官、保護司、児童福祉司、児童委員に対して、**必要な援助**をさせることができる。

### ■ 検察庁との連携

141 **検察官**は、**刑の執行指揮**を行う。そのため、執行機関である保護観察所や地方更生保護委員会は、検察官の事務を統括する検察庁と連携する。これは、刑事事件の管理について、受理、再犯、取消し、終結などの情報を検察庁に集積させ、検察官は事件の状態を把握し包括的に刑の執行を監督するという意味であり、保護観察処遇などの指揮を意味するものではない。保護観察所や地方更生保護委員会は、ケースの状態に変化があったときには書面で通知する。

142 地方更生保護委員会は、社会的に重大な影響を与えた事件などについて、刑事施設または少年院からの**仮釈放**を許すか否かに関する審理にあたり必要があると認めるときは、**検察官から参考意見**を求める。

143 保護観察所の長は、保護観察付執行猶予者が遵守事項を遵守せず、その情状が重く、刑の執行猶予の言渡しを取り消すべきものと認めるときは、地方裁判所、家庭裁判所、簡易裁判所に対応する検察庁の検察官に対し、**書面で刑の執行猶予の取消しの申出**をする（更生保護法第79条）。

144 検察官は、保護観察所の長からの申出を受け、その者の遵守事項違反の

**3** 更生保護制度における関係機関・団体との連携

福祉機関・団体との連携

情状が重いと判断した場合には、その者の現在地または最後の住所地を管轄する地方裁判所、家庭裁判所または簡易裁判所に**刑の執行猶予の取消請求**をすることとなる（刑事訴訟法第349条）。

### ■ 矯正施設との連携

145 **刑事施設**とは、**刑務所**、**少年刑務所**および**拘置所**をいう。**刑務所**や**少年刑務所**は、刑の執行をするなかで、受刑者の改善更生と社会適応能力の育成を図るために、刑務作業を中心に教育活動、改善更生のための処遇プログラム、職業訓練などが行われている。

▶2020（令和2）年4月1日現在、全国に75施設（刑務支所、拘置支所は除く）。

## 就労支援機関・団体との連携

146 犯罪や非行を行った者が地域で生活していくためには、社会の**偏見**や**差別**といったなかでの困難さがつきまとう。このため、公共職業安定所、福祉事務所、企業、市民団体などと連携して支援を実施していくことが重要となる。

147 **矯正処遇**とは、受刑者、在院者の**改善更生**のための処遇に関する**国家的活動**をいう。

148 更生保護施設の職員は、職業経験の乏しさなどから自力での就労が困難な者に対して、**公共職業安定所**に職員が同行したり、**協力雇用主**の協力を得、刑務所出所者等総合的就労支援対策などを活用し、きめ細かな指導、援助を行う。

出31-149-4

**協力雇用主**
保護観察対象者や更生緊急保護の対象者を雇用し、更生に協力する事業主で保護観察所に登録されている。

## 福祉機関・団体との連携

149 2009（平成21）年から**地域生活定着促進事業**（旧・地域生活定着支援事業）が始まった。これは、**高齢**であり、または**障害**を有するため、**福祉的な支援**を必要とする**矯正施設**（刑務所、少年刑務所、拘置所、少年院）**退所予定者**が**矯正施設入所中**から退所後直ちに障害者手帳の発給や、社会福祉施設への入所などの福祉サービス等を利用するための準備を、司法と福祉が連携して、矯正施設退所者の社会復帰を支援し、再犯防止対策に資することを目的とする事業である。

▶各都道府県の保護観察所と協働して進める地域生活定着支援センターを都道府県に設置する。

150 **地域生活定着促進事業の実施主体**は、**都道府県**であるが、事業に必要な設備を備え、適切な運営が確保できると認められる社会福祉法人やNPO法人等の民間団体に、事業の全部または一部を委託することができる。

出31-149-2

445

重要項目

**151** **地域生活定着支援センター**は、保護観察所、矯正施設所在地を配慮し、原則として**都道府県に各 1 か所**設置される。

**152** 地域生活定着支援センターは、各都道府県の保護観察所と連携して、①退所後に必要な福祉サービスなどのニーズの把握、帰住予定地のセンターとの連絡などの**事前調整**を行う、矯正施設所在地において果たす役割と、②退所予定者の**福祉サービスなど利用の受入調整**を行う、帰住予定地において果たす役割の 2 つを併せもつ。

**153** 地域生活定着支援センターの職員は 6 人の配置を基本とし、**社会福祉士**、**精神保健福祉士**などの資格を有する者またはこれらと同等に業務を行うことが可能であると認められる職員を 1 人以上配置する。

**154** **地域生活定着支援センターの対象者**は、①**高齢**であり、または**障害**を有するため、福祉的な支援を必要とする矯正施設退所予定者、②入所中にセンターが相談に応じた矯正施設退所者等で、センターが福祉的な支援を必要とすると認めるものである。

**155** 地域生活定着支援センターの業務は、表 15 のとおりである。

**156** 2011（平成 23）年度から開始された**緊急的住居確保・自立支援対策**により、**自立準備ホーム**の制度が始まった。住居の確保が困難な者に NPO 法人や社会福祉法人等が管理する施設の空きベッド等を活用するものである。あらかじめ**保護観察所**に登録しておき、保護が必要なケースについて、**保護観察所**から事業者に対して宿泊場所、食事の提供とともに、毎日の生活指導等を委託する。

**157** 2015（平成 27）年施行の**生活困窮者自立支援制度**により、生活に困窮する更生保護対象者に対し、福祉事務所設置自治体が実施主体となり、保護観察所との連携により、**自立相談支援事業**などの事業が行われている。

出 31-149-1

## その他の民間団体との連携

**158** **日本司法支援センター（法テラス）**は、犯罪被害者支援のために、経験のある**弁護士**の紹介などを行っている。全国の**保護観察所**では、法テラスとの連携の強化に努め、その相談内容に応じ、犯罪被害者等に法テラスの紹介を行っている。

**159** 犯罪被害者等への施策を実施するため、全国の保護観察所において、**被害者担当官**および**被害者担当保護司**が配置されている。**被害者担当官**および**被害者担当保護司**は、犯罪被害者等の心情に配慮して、その任にあ

**3** 更生保護制度における関係機関・団体との連携

その他の民間団体との連携

**表15　地域生活定着支援センターの業務**

| |
|---|
| ①保護観察所からの依頼を受けて、保護観察所と共に矯正施設内で対象者と面接し、退所後に必要となる福祉サービス等の聞き取りを行う。 |
| ②帰住予定地が対象者の矯正施設と同一の都道府県内である場合は、必要となる福祉サービス等（※）の申請の事前準備を支援するとともに、地域における福祉のネットワークと連携し、グループホームや社会福祉施設など退所後の受入先を探す。なお、ほかの都道府県のセンターから当該都道府県内に帰住予定の対象者がいる旨の連絡が入った場合も同様とする。<br><br>　　（※）主な福祉サービス等<br>　　〔高齢者〕<br>　　　　老齢年金等、生活福祉資金、介護保険制度、医療保険制度　等<br>　　〔障害者〕<br>　　　　障害年金等、生活福祉資金、障害者手帳、障害保健福祉制度、医療保険制度　等 |
| ③帰住予定地がほかの都道府県である場合は、当該地の都道府県のセンターに連絡し、対応を依頼する。 |
| ④保護観察所からの依頼に基づき、対象者が退所した後に円滑に福祉サービス等を受けられるようにするための調整に関する計画（福祉サービス等調整計画）を作成し、保護観察所に提出する。 |
| ⑤センター、保護観察所、受入先となる関係機関等による連絡協議会等において、情報交換、対象者の退所後の生活についての検討を行うなど、恒常的な連携が確保できるよう努める。 |
| ⑥センターは、地域生活定着促進事業について、地域住民の理解が得られるよう普及啓発に努める。 |

たる間は被害者支援のみを行い、加害者の保護観察、生活環境の調整等は担当しない。

**160** **酒害・薬害教育**は、薬物やアルコールの問題を抱える者に対する、薬物等に依存しない生活を築かせるための教育である。各施設ごとで、地元の福祉・医療関係者、保健師、弁護士等の協力を得た健康講座、生活相談、金銭問題に関する講座、パソコン講座などの多様な取組みが実施されている。対象者自身の意欲が前提になるが、保護観察中に薬物依存症からの回復のための**自助グループ施設ダルク（DARC）**に入所する人も少なくない。

**161** **更生保護サポートセンター**は、2008（平成20）年度から整備された。企画調整保護司が配置され、**保護司**の処遇活動の支援、関係機関・団体との連携、犯罪・非行の予防活動、更生保護関係の情報提供などを行うほか、**保護司会**の事務運営にあたる。

出 31-148-5

> 重要項目

# 4 医療観察制度の概要

## 制度の概要

**162** 2003（平成15）年7月に、一般的な刑事責任を問うことが全くできない「心神喪失」や限定的に責任を問うことのできる「心神耗弱」者の社会復帰促進のための法律として、**心神喪失等の状態で重大な他害行為を行った者の医療及び観察等に関する法律（医療観察法）** が成立した（図3参照）。

### 図3 医療観察制度の概要

心神喪失者等医療観察制度における処遇の流れ

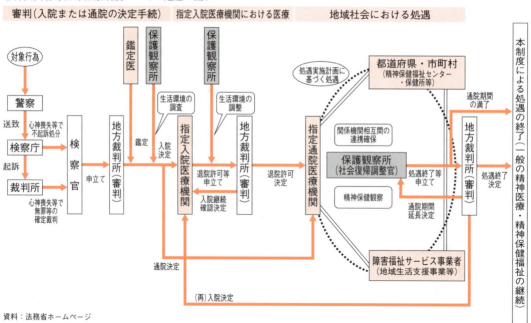

資料：法務省ホームページ

**163** 医療観察法は、**心神喪失**または**心神耗弱等**の状態で、**殺人、放火**などの**重大な他害行為**（他人に害を及ぼす行為）を行った者に対し、その適切な処遇を決定するための手続きなどを定めることによって、継続的かつ適切な医療ならびにその確保のために必要な観察および指導を行うことにより、その病状の改善およびこれに伴う同様の行為の再発の防止を図り、その社会復帰を促進することを目的としている。

出 32-62-3（障害）
33-149-1

**164** 医療観察制度による処遇に携わる者は、心神喪失等の状態で重大な他害行為を行った者が円滑に**社会復帰**することができるように努めなければ

出 33-149-3

ならない。

## 審判の手続きと処遇内容

**165** 医療観察法では、対象となる者の入院や通院は**地方裁判所**で行われる**審判で決定**する。心神喪失等の状態で重大な他害行為を行い、不起訴や無罪になった者については、検察官から**地方裁判所**に適切な処遇の決定を求める申立てによって手続きが開始される。

出 31-150-5
32-62-1（障害）

**166** 申立てを受けた地方裁判所では、**裁判官1名**と**精神保健審判員**（精神保健判定医）1名からなる**合議体**を構成し、両者がそれぞれの専門性を活かして審判を行う。

出 31-150-3

▶合議体による審判によって、これまで医師に過剰な責任を負わせていた状態が解消された。

**167** 審判の過程では、合議体の精神保健審判員とは別の**精神科医による鑑定**（鑑定入院期間は原則2か月、最長3か月）が行われる。その際、必ず対象者に弁護士をつけ、本人、弁護士からの意見陳述などを行う。

**168** 地方裁判所では鑑定の結果を基礎とし、生活環境を考慮する。必要に応じて**精神保健参与員**（精神保健福祉士などの専門家）の意見を聴き、この制度の必要性について判断する。

**169** 医療観察法における医療は、**厚生労働大臣**が指定する指定入院医療機関または指定通院医療機関で行われる。これらを**指定医療機関**という。指定医療機関が提供する医療については、いずれも全額、**国費**で賄われる。

出 31-150-5
33-149-2

**170** 入院の決定を受けた対象者は、厚生労働大臣が指定した**指定入院医療機関**で、専門的で手厚い医療を受けることになる。審判により入院によらない医療を受けさせる旨の決定を受けた対象者は、**指定通院医療機関**で医療を受けることになる。

出 32-62-4（障害）

▶指定入院医療機関の設置主体は国、都道府県、特定独立行政法人または特定地方独立行政法人に限られる。

**171** 指定入院医療機関の管理者は、裁判所に対し、原則として6か月が経過する日までに**入院継続の確認の申立て**をしなければならない。

**172** 指定入院医療機関の管理者による入院継続の確認、あるいは指定医療機関の管理者、対象者、保護者、付添人から退院許可などの申立てがあった場合、**裁判所はその要否**を決定する。

出 34-150-4,5

**173** 医療観察制度において保護観察所は、検察官の申立てによる裁判所での審判段階における**生活環境の調査**、指定入院医療機関入院段階における**生活環境の調整**、指定通院医療機関通院段階における**精神保健観察**の実施などの役割を果たしている。処遇の始まりから終わりまで一貫して関与し、地域社会における処遇のコーディネーター役として、処遇に携わる関係機関相互の緊密な連携の確保に努めている（図3参照）。

出 31-150-2

重要項目

**174** 医療観察法第107条に、**精神保健観察の対象者の「守るべき事項」**とし　出 33-149-4
て、一定の住居への居住、転居または2週間以上の長期旅行の事前届け　　34-150-2
出、保護観察所からの出頭や面接の求めに応じることが定められている。

**175** 精神保健観察のもとでの通院治療を行う期間は**3**年間とされている。た　出 32-62-5（障害）
だし、保護観察所等からの申立てにより、期間内で終了したり、2年を　　33-149-5
超えない範囲で延長することができるが、ともに裁判所の決定が必要と　　34-150-5
なる。

**176** 対象者、保護者、または付添人は、医療終了の申立てができる。

**177** 保護観察所の長は、医療観察法による医療を受けさせる必要が認められ　出 34-150-5
なくなったときは、直ちに医療の終了を裁判所に申し立てなければなら
ない。この場合、保護観察所の長は、指定通院医療機関の管理者の意見
を付さなければならない。

**178** 保護観察所の長は、指定医療機関の管理者と協議のうえ、対象行為を
行った際の精神障害を改善する。これに伴って、同様の行為を行うこと
なく、社会復帰を促進するために入院させて、この法律による医療を受
けさせる必要があると認めるに至った場合は、地方裁判所に法律に基づ
き再入院の申立てをしなければならない。

## 社会復帰調整官

**179** 保護観察所の**社会復帰調整官**（精神保健福祉士のほか、専門的知識を有　出 31-150-1
するもの）は、必要な医療を受けているかどうかや、本人の生活状況を　　32-62-2（障害）
見守り、必要な指導や助言（精神保健観察）を行う。保護観察所の長　　34-150
は、指定通院医療機関や都道府県知事等との協議のうえ、処遇に関する
実施計画を策定する（表16参照）。

## 関係機関・団体との連携

**180** 近年、社会的排除から社会的包含の考え方が強調されるようになってき
た。犯罪の前歴がある人々が抱える負の連鎖を断ち切るために、更生保
護が関係機関・団体と連携することによって司法と福祉をつなぎ、社会
復帰への支援を図ることが大切である。

## 表16　社会復帰調整官の業務

| ①生活環境調査 | 入院または通院による医療の決定等に際し、地方裁判所の求めに応じ、対象者の住居や家族の状況、利用可能な精神保健福祉サービスの現況など、その生活を取り巻く環境について調査する。 |
|---|---|
| ②生活環境調整 | 入院決定を受けた対象者の社会復帰の促進を図るため、入院当初から継続的にかかわり、対象者やその家族等の相談に応じ、関係機関と連携しながら、退院後の生活環境の調整を行う。 |
| ③精神保健観察 | 通院決定を受けた対象者に対し、その期間中、継続的な医療を確保することを目的に、本人との面接や関係機関からの報告などを通じて、対象者の通院状況や生活状況を見守り、必要な指導や助言を行う。 |
| ④関係機関相互間の連携の確保 | |

出 30-150
31-150-2, 4
32-62-4（障害）
34-150

# 5　更生保護における近年の動向と課題

## 近年の動向と課題

**181** 更生保護における課題として、社会復帰（改善更生）機能の充実と再犯防止機能の強化があげられる。そのためには、①プログラム処遇や福祉との連携などを充実させ、対象者の速やかな改善更生を図ること、②保護観察対象者の遵守事項違反が認められた場合に、不良措置を的確にとることにより、再犯を未然に防ぐことが必要である。

**182** 2006（平成18）年度から、法務省と厚生労働省が連携して、保護観察対象者や更生緊急保護対象者の再犯防止と円滑な社会復帰のための刑務所出所者等総合的就労支援対策を行っている。公共職業安定所窓口での職業相談・職業紹介、求人情報の提供、職業に関する情報提供のほか、保護観察対象者や更生緊急保護の対象者に対する①予約制のマンツーマンによる求人開拓から就職までの一貫した支援、②トライアル雇用や職場体験の紹介、③セミナーや事業所見学会の紹介など、特別な就職支援を行っている。

出 31-149-3, 5

**183** 保護観察所は、2009（平成21）年4月から厚生労働省と連携して特別調整を実施している。矯正施設に収容されている者であっておおむね65歳以上の高齢、知的もしくは精神障害があることによって釈放後の住居がない者などに介護、医療、年金などを受けることができるように配慮する制度をいう。矯正施設所在地、保護観察所において生活環境調整担

▶協力雇用主を核に、公共職業安定所の専門相談員を含めて就労支援チームが構成されている。

**重要項目**

当官を指名する。

184 更生保護の内容を拡充させる観点から、2013（平成25）年6月、更生保護法の改正により、**社会奉仕**を義務づける制度や**改善更生**以外の方法によって再犯防止を図る制度が導入された（2015（平成27）年6月および2016（平成28）年6月施行）。

---

欲求心理学に基づく学習意欲の高め方                    COLUMN

**目標の設定は適切に！**

　1日10時間という目標を立てても、逆に1日10分間という目標を立てても、勉強は長続きしない。また、試験日の直前に準備を始めても、逆に10年がかりで準備しても、やはり意欲は高まりにくい。つまり、目標は難しすぎてもやさしすぎても、やる気を減退させるのである。難しすぎもやさしすぎもしない適切な目標設定が、最も効果的にやる気を高め、意欲を持続させる。

# 実力チェック！ 一問一答

※解答の（　）は重要項目（P.420～452）の番号です。

●解答

① 犯罪者の処遇には「矯正」と呼ばれる施設内処遇と「更生保護」と呼ばれる何の処遇に大別されるか。

▶社会内処遇（ 1 ）

② 家庭裁判所や高等裁判所において、事件送致された少年や保護者についての調査などを行う、司法的機能と福祉的機能を併せ持った職を何というか。

▶家庭裁判所調査官（ 7 ）

③ 受刑者の人権を尊重しつつ、状況に応じた適切な処遇を行うことを目的とした、2006（平成18）年に施行された法律を何というか。

▶刑事収容施設及び被収容者等の処遇に関する法律（ 9 ）

④ 2007（平成19）年に成立し、犯罪者予防更生法と執行猶予者保護観察法が整理・統合された法律は何か。

▶更生保護法（ 17 ）

⑤ 2016（平成28）年の12月に成立し、再犯率の上昇のなかで、再犯防止のために成立した法律は何か。

▶再犯の防止等の推進に関する法律（ 19 ）

⑥ 少年法の改正によって、18・19歳の者は引き続き少年法が適用されるが、その名称は何というか。

▶特定少年（ 24 ）

⑦ 家庭裁判所は、触法少年については、どこから送致を受けた場合に限り審判に付することができるか。

▶都道府県知事または児童相談所長（ 33 ）

⑧ 在院者の人権を尊重し、その特性に応じた適切な矯正教育等により、改善更生、社会復帰を図る施設を何というか。

▶少年院（ 44 , 45 ）

⑨ 2014（平成26）年に制定され、対象者の状況に応じた適切な観護処遇および非行・犯罪防止の援助を行うための法律を何というか。

▶少年鑑別所法（ 49 ）

⑩ 犯罪被害者等のための施策に関し、基本理念を定め、国、地方公共団体および国民の責務を明らかにするとともに、犯罪被害者等のための施策を総合的かつ計画的に推進し、権利利益の保護を図ることなどを目的とする法律を何というか。

▶犯罪被害者等基本法（ 58 ）

⑪ 犯罪被害者等施策には、意見等聴取制度、被害者等通知制度、犯罪被害者等に対する相談・支援とあと何があるか。

▶心情等伝達制度（ 62 ）

⑫ 保護司が行う保護司会の計画に定める犯罪予防活動等は、誰の承認を必要とするか。

▶保護観察所の長（ 66 ）

⑬ 犯罪者や非行少年本人に、本来自助の責任があることを認め、就職または定住等に関する補導援護をするとともに、善行の保持などを指導監督しながら改善更生を図ることを何というか。

▶保護観察（ 71 ）

⑭ 特別遵守事項は、誰が定めるか。

▶保護観察所長または地方

更生保護制度

453

### 一問一答

⑮ 善良な社会の一員としての意識をもたせるために行われる清掃などの活動を何というか。

⑯ 保護観察のうち、援助的・福祉的な性格を有し、自立した生活を営むことができるようにソーシャルワーク的に取り組むことを何というか。

⑰ 薬物再乱用防止プログラムは、再乱用を防止するための教育課程と何を組み合わせて実施されるか。

⑱ 初入者、薬物事犯累犯者で要件を満たす者について、その刑の一部について執行を猶予する制度を何というか。

⑲ 刑事施設等に収容されている者に対する生活環境の調整は誰が行うか。

⑳ 懲役または禁錮の執行のため刑事施設または少年院に収容された者を、刑期満了前に一定の条件つきで施設から解放することを何というか。

㉑ 刑事施設または少年院の長は、被収容者について、法定期間が経過し、かつ、法務省令で定める基準に該当すると認めるとき、どこに対して仮釈放を許すべき旨の申出をするか。

㉒ 刑事上の手続きまたは保護処分による身体の拘束を解かれた後6か月を超えない範囲内において、緊急に金品の給与や貸与、宿泊場所の供与などの保護を、その意思に反しない場合に限り行うことを何というか。

㉓ 更生保護に関する専門的知識に基づいて、保護観察、人格考査、その他の犯罪者の更生保護、犯罪予防に関する事務を行う国家公務員を何というか。

㉔ 保護司に給与は支給されないが、事務を行うために要する費用はどのような形で支払われるか。

㉕ 被保護者の改善更生に必要な保護を行う施設のうち、被保護者を宿泊させることを目的とする建物およびそのための設備を有する施設を何というか。

㉖ 保護観察対象者などを雇用し、更生に協力する者を何というか。

㉗ 高齢や障害を有するため、福祉的支援を必要とする矯正施設退所予定者に対して、福祉サービスを利用するための準

### ●解答

更生保護委員会（ 75 ）

▶社会貢献活動（ 76 ）

▶補導援護（ 77 ）

▶簡易薬物検出検査（ 80 （表12））

▶刑の一部執行猶予制度（ 81 ）

▶保護観察官または保護司（ 95 ）

▶仮釈放等（ 100 ）

▶地方更生保護委員会（ 110 ）

▶更生緊急保護（ 112（表14）, 113 ）

▶保護観察官（ 118 ）

▶実費弁償費（ 125 ）

▶更生保護施設（ 131 ）

▶協力雇用主（ 148 ）

▶地域生活定着支援センター（ 149, 151〜155

備を行う施設を何というか。

28 あらかじめ保護観察所に登録された NPO 法人などが住居の確保が困難な者に提供する宿泊場所などとなる施設を何というか。

29 医療観察法により、対象となる者の入院や通院の審判はどこで行われるか。

30 入院によらない医療を受けている者に対して、精神保健及び精神障害者福祉に関する法律の規定による入院のための調整を行う者を何というか。

●解答

（表 15））

▶自立準備ホーム（ 156 ）

▶地方裁判所（ 165 ）

▶社会復帰調整官（ 179 ）

更生保護制度

# 索 引

## A～Z

| | |
|---|---|
| ABAB デザイン | 118 |
| ABA デザイン | 118 |
| AB デザイン | 118 |
| ACP | 241 |
| ADL | 110 |
| AED | 236 |
| AI | 227 |
| BBS 会 | 443 |
| BPSD | 237 |
| COS | 49 |
| COS 運動 | 49 |
| CSR | 180 |
| CSV | 181 |
| DARC | 447 |
| DCM | 143 |
| DV | 322, 355 |
| DV 防止法 | 355 |
| EPA | 187 |
| e-Stat | 27 |
| EU | 61 |
| GDP 統計 | 9 |
| GTA | 26 |
| IASSW | 46 |
| ICT | 148, 227 |
| IFSW | 46 |
| ISO | 181 |
| ISO 9001 | 181 |
| IT | 27, 148 |
| KJ 法 | 26 |
| MDS | 143 |
| OECD | 148 |
| OFF-JT | 194 |
| OJT | 194 |
| PDCA サイクル | 181, 191 |
| PIE | 143 |
| PM 理論 | 183 |
| QOL | 110 |
| RDD 法 | 18 |
| SDS | 194 |
| SD 法 | 17 |
| SL 理論 | 184 |
| SOAP 方式 | 142 |
| SST | 105, 443 |
| ST | 121 |
| SWOT 分析 | 179 |
| t 検定 | 23 |
| WAM NET | 148 |
| XY 理論 | 176 |
| X 理論 | 176 |
| YMCA | 48, 51 |
| YWCA | 48 |
| Y 理論 | 176 |

## あ

| | |
|---|---|
| アージリス, C. | 178 |
| 愛されぬ専門職 | 56 |
| 愛着 | 324 |
| アイビイ, A. E. | 111 |
| アウトカム評価 | 119 |
| アウトリーチ | 126, 127, 133 |
| アウトリーチ型サービス | 355 |
| …を可能にする要因 | 127 |
| アカウンタビリティ | 113, 117, 186 |
| 赤沢鍾美 | 324 |
| アクション・システム | 101, 121 |
| アクションリサーチ | 27 |
| アグレア, D. C. | 105, 107 |
| 浅賀ふさ | 47 |
| アセスメント | 112, 230 |
| アセスメントシート | 141 |
| アタッチメント | 324 |
| アダムス, J. | 50, 324 |
| 新しい少子化対策について | 364 |
| 新しいニーズ | 77 |
| …への対応 | 77 |
| アッシュ, S. | 182 |
| 圧縮叙述体 | 142 |
| アドバンス・ケア・プランニング | 241 |
| アドボカシー | 59, 120, 129 |
| アフターケア | 119 |
| アフターコーディング | 18 |
| アフターコード | 18 |
| アプティカー, H. | 56 |
| アプローチ | 106, 110 |
| アルツハイマー型認知症 | 237, 238 |
| 安全委員会 | 201 |

| | |
|---|---|
| 安全衛生委員会 | 201, 202 |
| 安全欲求 | 176 |
| アンゾフ, H. I. | 179 |
| アンダーソン, J. | 114 |
| アンドルーズ, K. | 179 |
| アンビバレンス | 121 |
| 暗黙知 | 195 |
| アンラーニング | 178 |

## い

| | |
|---|---|
| 医学モデル | 103 |
| 育児・介護休業法 | 198 |
| 育児休業 | 199 |
| …の対象となる子 | 199 |
| 育児休業、介護休業等育児又は家族介護を行う労働者の福祉に関する法律 | 198 |
| 育児休業給付 | 390 |
| 育児休業取得率 | 388 |
| 育児のための所定外労働の制限 | 199 |
| 育児のための短時間勤務 | 199 |
| 育成相談 | 372 |
| 意見等聴取制度 | 429 |
| 石井十次 | 324 |
| 石井亮一 | 324 |
| 意識化の原則 | 67 |
| いじめ | 320 |
| …の認知件数 | 320 |
| 移乗台 | 243 |
| 異常値 | 20 |
| 依存的自立 | 59 |
| 一元配置分散分析 | 23 |
| 一時預かり事業 | 335, 336, 342 |
| 一次判定 | 253, 281 |
| 一時保護 | 343, 344, 352, 370, 374 |
| …の解除後の児童の安全確保 | 374 |
| 位置取り戦略 | 180 |
| 1 年基準 | 188 |
| 一部事務組合 | 248 |
| 1 歳 6 か月児健康診査 | 359 |
| 1.57 ショック | 320 |
| 一般介護予防事業 | 266 |
| …の対象者 | 267 |

一般システム理論 ——— 100
一般就労 ——— 394
一般遵守事項 ——— 431
一般職業紹介状況 ——— 388
一般統計調査 ——— 10
移動等円滑化基準 ——— 298
移動等円滑化基本構想 ——— 298
移動等円滑化の促進に関する基本
方針 ——— 298
…の対象となる施設等 ——— 298
糸賀一雄 ——— 48, 324
委任的リーダーシップ ——— 184
イネーブラー ——— 129
異文化間ソーシャルワーク ——— 65
医療介護総合確保推進法 ——— 246
医療介護総合確保法 ——— 227
医療型児童発達支援 ——— 333
医療型児童発達支援センター ——— 329
医療型障害児入所施設 ——— 328
医療観察制度による処遇に携わる
者 ——— 448
医療観察法 ——— 421, 448, 449, 450
医療終了の申立て ——— 450
医療的ケア児及びその家族に対す
る支援に関する法律 ——— 323
医療的ケア児支援法 ——— 323
医療的ケアを要する障害児 ——— 334
医療法人 ——— 173, 174
医療法人会計基準 ——— 174
医療保険制度の適正かつ効果的な
運営を図るための健康保険法等の
一部を改正する法律 ——— 246
医療保険料 ——— 249
因子分析 ——— 24
飲酒運転防止プログラム ——— 435
インターネット ——— 27, 168
インターネット調査 ——— 15, 18, 19
インターフェイス ——— 109
インターベンション ——— 114, 118
インターベンション期 ——— 118
インターライ方式 ——— 143
インタビュー ——— 25
インテーク ——— 110, 111
…のねらい ——— 111
インテークワーカー ——— 111

インパーソナル質問 ——— 16
インフォーマルサポート ——— 119, 241
インフォーマルな援助 ——— 130
インフォーマルな資源 ——— 124
インフォームドコンセント ——— 111
陰部洗浄 ——— 232
インボランタリー ——— 102
インボランタリー・クライエント
——— 126

## う

ウィルソン, P. A. ——— 63
ヴィンター, R. ——— 54, 134, 135
ウェーバー, M. ——— 175, 183
ウェルビーイング ——— 47
ウェンガー, E. ——— 178
ヴォルフェンスベルガー, W. ——— 61
運営推進会議 ——— 289
運営適正化委員会 ——— 192
運動器の機能向上プログラム ——— 267

## え

影響作用 ——— 75
衛生委員会 ——— 201
営利性 ——— 166, 172, 174
営利法人 ——— 174, 274
エクソシステム ——— 151
エゴグラム ——— 143
エコシステム ——— 76
エコマップ ——— 143
エコロジカル・モデル ——— 109
エツィオーニ, A. ——— 63
エディティング ——— 20
エデュケーター ——— 129
エバリュエーション ——— 119
エビデンス ——— 103
エビデンス・ベースド・インター
ベンション ——— 115
エビデンス・ベースド・プラク
ティス ——— 117
エプスタイン, L. ——— 105, 107
エプストン, D. ——— 108
エリザベス救貧法 ——— 48

エルダー制度 ——— 194
エンカウンター・グループ ——— 121
遠隔地 ——— 253
嚥下障害 ——— 232
嚥下性肺炎 ——— 232
嚥下体操 ——— 232
援助者治療原則 ——— 138
エンゼルプラン ——— 364
延長保育事業 ——— 342
エンパワメント ——— 109, 124, 138
…の視点 ——— 76
エンパワメントアプローチ
——— 106, 108

## お

応急の救護 ——— 434
欧州連合 ——— 61
横断調査 ——— 14
横断データ ——— 14
応能負担 ——— 333
応募法 ——— 13
近江学園 ——— 48, 324
オーエン, R. ——— 324
オージオメーター ——— 235
オートポイエーシス論 ——— 101
オーバーラポール ——— 25
オープン・コーディング ——— 26
オールポート, F. H. ——— 182
岡山孤児院 ——— 324
小河滋次郎 ——— 51
オッズ比 ——— 23
大人が一人の世帯の相対的貧困率
——— 321
オハイオ大学の研究 ——— 183
オプトアウト ——— 145
オプトアウト規定 ——— 147
おむつ ——— 234
親 ——— 327
親子の再統合 ——— 349, 352, 353
オレンジプラン ——— 239
恩赦 ——— 420, 428

## か

カースト-アシュマン, K. K. ── 125
カーソンダース, A. ── 63
ガーディアン ── 129
回帰分析 ── 23
会計監査人 ── 169
会計責任 ── 186
会計帳簿 ── 169
解決志向アプローチ ─ 106, 108, 109
介護 ── 243
…が必要となった主な原因 ── 224
…が必要になった場合の費用 ─ 224
…における住環境の整備 ── 242
…に関する入門的研修 ── 187
…のための所定外労働の制限 ─ 199
…のための短時間勤務 ── 200
…を頼みたい人 ── 224
介護医療院 ─── 257, 259, 275
…の基準 ── 274
介護過程 ── 230
介護休暇 ── 199
介護休業 ── 199
…の対象となる家族 ── 199
介護給付 ── 254
介護給付費・地域支援事業支援納
付金 ── 249
介護給付費等審査委員会 ── 276
介護給付費の支払 ── 276
介護給付費の審査 ── 276
介護給付費の請求 ── 276
外国人 ── 43
介護サービス事業者の不正事案
── 275
介護サービス施設・事業所調査
── 174, 274
介護サービス情報公表システム
── 149
介護サービス情報の公表制度
── 192, 275
介護サービス情報の公表制度支援
事業 ── 275
介護サービス相談員 ── 280
介護サービス相談員派遣等事業
── 280

介護サービスの種類の指定 ── 254
介護サービスの利用状況 ── 225
介護支援専門員 ─── 277, 281
…の資質と専門性の向上 ── 278
介護支援専門員実務研修課程 ─ 278
介護支援専門員実務研修受講試験
── 278
介護時間 ── 224
介護者の続柄 ── 224
介護職員 ── 279
…による痰の吸引等の実施 ── 269
介護職員処遇改善加算 ── 269
介護職員等特定処遇改善加算 ─ 270
介護認定審査会 ── 243, 252, 281
…の意見 ─── 253, 274
介護福祉士 ── 43
介護福祉士等修学資金貸付制度
── 225
介護扶助 ── 250
介護報酬 ── 269
介護報酬改定 ─── 269, 270
介護保険給付の対象者 ── 250
介護保険サービス ── 113
介護保険事業計画 ─── 271, 273
介護保険事業者のための情報シス
テム ── 149
介護保険事業状況報告 ── 223
介護保険事業の適正な運営 ── 271
介護保険施設 ── 249, 273, 278
介護保険審査会 ── 268
介護保険制度の被保険者 ── 249
介護保険制度の保険者 ─ 248, 271
介護保険の財源構成 ── 246
介護保険の施設等給付費 ── 247
介護保険の適用からの除外者 ─ 250
介護保険被保険者証 ── 274
介護保険法 ── 243
…の改正 ── 278
…の目的 ── 243
介護予防 ─── 228, 261, 263
介護予防給付 ── 267
介護予防居宅療養管理指導 ── 264
介護予防ケアマネジメント ── 282
…の留意点 ── 229
介護予防サービス ── 263

…の指定 ── 271
…の種類の指定 ── 254
介護予防サービス計画 ─ 230, 265
介護予防サービス・支援計画 ─ 230
介護予防サービス・支援計画書
── 230
介護予防支援 ── 265
介護予防支援計画 ── 230
介護予防事業対象者 ── 266
介護予防住宅改修 ── 265
介護予防・生活支援サービス事業
── 230, 266, 267
…の対象者 ── 263
介護予防短期入所生活介護 ── 264
介護予防短期入所療養介護 ── 264
介護予防通所介護 ── 267
介護予防通所リハビリテーション
── 264
介護予防特定施設入居者生活介護
── 264
介護予防・日常生活支援総合事業
── 265
介護予防福祉用具貸与 ── 265
介護予防訪問介護 ── 267
介護予防訪問看護 ── 264
介護予防訪問入浴介護 ── 264
介護予防訪問リハビリテーション
── 264
介護療養型医療施設 ─── 259, 260
介護老人福祉施設 ─── 259, 269
介護老人保健施設 ─── 257, 259
…の開設 ── 274
開示 ─── 144, 146
改悛の状 ── 438
改善更生機能 ── 451
回想法 ── 238
外的キャリア ── 178
ガイドヘルプ ── 235
$\chi$（カイ）2乗検定 ── 23
介入 ─── 76, 114, 118, 126
…の技法 ── 115
外発的報酬 ── 177
外部環境 ── 179
外部監査 ── 186
開放グループ ── 137

459

索　引

| | | |
|---|---|---|
| 会話分析 ——— 27 | 過程叙述体 ——— 142 | 間接金融 ——— 185 |
| カウンセリング ——— 74 | 家庭的保育 ——— 340 | 間接差別 ——— 200 |
| 科学的管理 ——— 175 | 過程理論 ——— 176 | 間接的介入 ——— 115 |
| かかわり技法 ——— 111 | カテゴリー ——— 26 | 完全失業者 ——— 388 |
| 課業管理 ——— 175 | カデューシン, A. ——— 120, 121, 122 | 完全失業率 ——— 388 |
| 学習理論 ——— 105 | ガバナンス ——— 185 | 完全な観察者 ——— 24 |
| 喀痰吸引 ——— 228 | 寡婦 ——— 356 | 完全な参加者 ——— 24 |
| 学童 ——— 325 | 寡婦日常生活支援事業 ——— 358 | 寛大化傾向 ——— 196 |
| 確認義務 ——— 145 | 仮名加工情報 ——— 144 | 鑑定 ——— 449 |
| 確率標本抽出 ——— 13 | 仮名加工情報取扱事業者 ——— 144 | カンパニー制組織 ——— 175 |
| 家計調査 ——— 7 | 借入金 ——— 185 | 管理・運営機能 ——— 129 |
| 加工統計 ——— 9 | 仮釈放 ——— 420, 444 | 管理会計 ——— 187 |
| 家事事件 ——— 444 | …の手続き ——— 438 | 管理業務 ——— 141 |
| 家事使用人 ——— 390 | …の判断 ——— 439 | 管理権喪失の審判の請求 ——— 374 |
| 仮説構築型 ——— 150 | …の要件 ——— 438 | 管理的機能 ——— 139, 190 |
| 家族介護支援事業 ——— 268 | …を許すべき旨の申出 ——— 439 | 緩和ケア ——— 240, 241 |
| 家族支援 ——— 228 | 仮釈放者 ——— 433 | |
| 家族システム ——— 143 | 仮釈放等 ——— 438 | **き** |
| 家族システムアプローチ ——— 106, 108 | …の許否の判断をする機関 ——— 439 | |
| 家族システム論 ——— 101 | 仮出場 ——— 439 | キーパーソン ——— 228 |
| 課題 ——— 112 | カリスマ的支配 ——— 175, 183 | 機縁法 ——— 13 |
| 課題解決型アプローチ ——— 230 | カリスマ的リーダーシップ理論 | 記憶障害 ——— 237 |
| 課題志向型 ——— 184 | ——— 183 | 議会 ——— 128 |
| 課題中心アプローチ ——— 105, 107 | 仮認定特定非営利活動法人 ——— 172 | 機械的管理システム ——— 177 |
| 課題分析 ——— 112 | 川喜田二郎 ——— 26 | 基幹型センター ——— 284 |
| 片麻痺 ——— 230, 243 | 感音性難聴 ——— 235 | 基幹統計 ——— 9 |
| 価値 ——— 62, 67 | 間隔尺度 ——— 16 | 危機介入アプローチ ——— 105, 107 |
| 価値判断 ——— 62 | 環境 ——— 100 | 聞き取り調査 ——— 10 |
| 学校 ——— 339 | 環境的条件 ——— 184 | 基金拠出型医療法人 ——— 173 |
| 学校基本調査 ——— 390 | 環境要因 ——— 75 | 基準額 ——— 249 |
| 学校ソーシャルワーカー ——— 72 | 監護 ——— 328, 374 | 既存資源 ——— 128 |
| 葛藤 ——— 129 | 看護小規模多機能型居宅介護 ——— 263 | 期待理論 ——— 177 |
| 葛藤解決の原則 ——— 136 | 観護処遇 ——— 427 | ギッターマン, A. ——— 109 |
| 家庭学校 ——— 324 | 観護措置 ——— 426 | 機能横断型チーム ——— 193 |
| 家庭環境の調整 ——— 330 | 監査 ——— 171, 186 | 機能強化型センター ——— 284 |
| 過程記録 ——— 142 | 監査客体 ——— 186 | 機能訓練 ——— 257 |
| 家庭裁判所 ——— 344, 366, 373, 425, 444 | 監査主体 ——— 186 | 機能的アプローチ ——— 104, 107 |
| …に送致する措置 ——— 373 | 観察者としての参加者 ——— 24 | 機能派 ——— 55 |
| …の承認 ——— 344 | 観察法 ——— 24, 26, 123 | 機能別組織 ——— 175 |
| …への通告 ——— 421 | 監査役監査 ——— 186 | 寄附 ——— 170, 172 |
| 家庭裁判所送致 ——— 421 | 監事 ——— 168, 169, 171 | 寄附金控除 ——— 172 |
| …の措置 ——— 426 | 監事監査 ——— 186 | 基本給 ——— 201 |
| 家庭裁判所調査官 ——— 420, 444 | 感受性訓練 ——— 121 | 基本金 ——— 189 |
| 家庭支援専門相談員 ——— 369 | 感情の浄化 ——— 111 | 基本構想 ——— 298 |
| 家庭児童相談室 ——— 368 | 感情の転移 ——— 121 | 基本的応答技法 ——— 122 |

460

基本的コンピテンシー・モデル
――――――― 114

逆送 ――――――― 423, 425
虐待対応支援計画 ――――― 297
逆転移 ――――――――― 121
逆ピラミッド型組織 ―――― 175
客観的証拠 ―――――――― 103
キャノン, I. ――――――― 47
キャノン, W. B. ――――― 100
キャプラン, G. ―――――― 105
キャラバン・メイト ――――― 280
キャラバン・メイト養成研修 ― 280
キャリア ――――――――― 194
キャリアアンカー ―――――― 195
キャリア開発 ―――――――― 195
キャリア開発プログラム ――― 195
キャリア支援専門員 ―――― 225
キャリアプラトー ―――――― 195
キャリアプラン ―――――――― 195
キャリーオーバー効果 ―――― 16
キャロル, A. K. ――――― 324
吸引性肺炎 ―――――――― 236
休憩時間 ――――――――― 390
休日労働 ――――――――― 202
吸収合併存続社会福祉法人 ― 168
求職者支援法 ―――――――― 390
キューブラー–ロス, E. ― 105, 107
教育 ――――――― 340, 374
教育的機能 ―― 129, 139, 190
共感 ――――――― 121, 122
教示的リーダーシップ ―――― 184
共生型サービス ―――――― 333
行政機関 ――――――――― 128
行政機関個人情報保護法 ―― 146
行政機関等匿名加工情報 ―― 146
行政機関の保有する個人情報の保
護に関する法律 ―――――― 146
矯正施設 ――――――― 438, 439
矯正施設退所予定者 ―――― 445
矯正処遇 ――――――――― 445
強制性交等罪 ―――――――― 423
強制入所措置 ―――――――― 352
矯正モデル ――――――――― 134
競争戦略 ―――――――――― 179
共通基盤 ―――――――――― 50

協働 ――――――――――― 177
協同組合 ―――――――――― 174
協同面接 ―――――――――― 123
業務統計 ―――――――――― 9
業務独占 ――――――― 43, 47
協力雇用主 ――――― 443, 445
共労的行動 ―――――――――― 184
居住費 ―――――――――――― 269
居住費用の自己負担 ―――――― 245
居宅介護サービスの支給限度額
――――――――――――― 269
居宅介護支援 ――――― 227, 259
居宅介護住宅改修 ――――――― 258
居宅サービス ――――― 224, 256
…の指定 ――――――――――― 271
居宅サービス計画 ――――――― 259
…の作成 ――――――――――― 278
居宅サービス事業 ――――――― 256
居宅における介護等 ―――――― 286
居宅訪問型児童発達支援 ――― 333
居宅訪問型保育 ――――――― 340
居宅訪問面接 ――――――――― 123
居宅要介護者 ――――― 257, 262
居宅要支援被保険者 ―――――― 266
居宅療養管理指導 ――――――― 257
許容的雰囲気 ――――――――― 135
キリスト教女子青年会 ――――― 48
キリスト教青年会 ―――――――― 48
起立性低血圧 ――――――――― 236
記録 ―――― 116, 142, 143, 144, 279
…のコピー ――――――――― 148
…の目的 ――――――――――― 141
記録機器 ―――――――――――― 25
記録業務 ―――――――――――― 141
緊急的住居確保・自立支援対策
――――――――――――― 446
禁錮 ――――――――――――― 427
均等な機会 ――――――――――― 396
勤労 ―――――――――――――― 390

く

苦情 ――――――――――――― 146
…の解決 ――――――――――― 192
苦情解決 ――――――――――― 373

苦情処理 ―――――――――― 268
苦情処理・解決 ――――――― 192
苦情対応システム ―――――――― 71
グティエレス, L. ――――――― 106
国
166, 192, 271, 365, 400, 402, 420, 441
…の責務 ――――――――――― 349
国等による障害者就労施設等から
の物品等の調達の推進等に関する
法律 ――――――――――――― 396
虞犯少年 ――――――― 367, 425
クライエント ―――――――――― 141
…の個別化 ――――――――――― 135
…の自己決定権 ―――――――― 113
…の状況 ――――――――――――― 137
…の背景 ――――――――――――― 141
クライエント・システム ――――― 101
クライエント主体 ――――――――― 78
グラウンデッドセオリーアプロー
チ ――――――――――――――― 26
クラス・アドボカシー ―――――― 59
クラスター分析 ―――――――――― 24
グランプリ調査法 ――――――――― 118
グリーフケア ――――――――――― 240
グリーフワーク ――――――――――― 138
グリーンウッド, E. ―――――――― 63
グリッソ, T. ――――――――――― 59
クリル, D. ――――――― 108, 109
グループ・アプローチ ―――――― 140
グループインタビュー ――――――― 25
グループ規範 ――――――――――― 134
グループ記録 ――――――――――― 137
グループ・スーパービジョン ― 140
グループダイナミクス ― 138, 181
グループの個別化 ―――――――――― 135
グループワーカー ――――――――― 136
グループワーク ――――――― 51, 135
…の初期段階 ―――――――――― 136
…の展開過程 ―――――――――― 134
グループワーク講習会 ―――――― 51
『グループ・ワーク―小團（団）
指導入門』 ――――――――――― 51
グループワーク・メソッド ―― 137
車いすへの移乗 ―――――――――― 231
クロス集計 ――――――――――――― 22

461

| | | |
|---|---|---|
| クロス集計表 ——— 22 | 継続雇用制度 ——— 223 | 減刑 ——— 428 |
| クロスセクショナル事例研究法 | 継続性 ——— 125 | 権限の委任 ——— 62 |
| ——— 118 | 継続利用要介護者 ——— 266, 268 | 健康寿命 ——— 221 |
| クロスセクショナルデータ ——— 14 | 傾聴 ——— 122, 133 | 健康診査 ——— 225, 359 |
| クロック・ポジション ——— 235 | 系統抽出法 ——— 13 | 健康診断 ——— 202 |
| クロノシステム ——— 151 | 軽度認知障害者 ——— 225 | 言語障害 ——— 235 |
| | 刑の一部執行猶予制度 ——— 435, 436 | 言語的コミュニケーション ——— 123 |
| **け** | 刑の執行の免除 ——— 428 | 言語発達遅滞 ——— 235 |
| | 刑の執行猶予の取消請求 ——— 445 | 検察官 ——— 420, 444 |
| ケア ——— 124 | 刑の執行猶予の取消しの申出 — 444 | …への逆送 ——— 425 |
| ケア会議 ——— 132 | 軽費老人ホーム — 256, 257, 262, 286 | 検察庁 ——— 425 |
| ケアプラン ——— 243, 265 | …の基本方針 ——— 290 | 現住建造物等放火罪 ——— 423 |
| ケアプラン作成・管理用システム | 軽費老人ホームＡ型 ——— 291 | 見当識障害 ——— 237 |
| ——— 149 | 軽費老人ホームＢ型 ——— 291 | ケンプ, S.P. ——— 100 |
| ケアプラン作成の基本原則 —— 124 | 刑法の秘密漏示罪 ——— 350 | 権利擁護 ——— 59 |
| ケアマネジメント — 123, 227, 281 | 刑法犯検挙 ——— 420 | 権利擁護業務 ——— 283 |
| …の見直し ——— 278 | 刑務所 ——— 445 | |
| ケアマネジャー ——— 277 | 刑務所出所者等総合的就労支援対 | **こ** |
| ケアワーカー ——— 279 | 策 ——— 451 | |
| ケイ, E. ——— 324 | 契約 ——— 113, 136, 337 | コア・カテゴリー ——— 26 |
| 経営戦略 ——— 179 | ケーグル, J.D. ——— 141 | コイル, G. ——— 51, 54, 133 |
| 経営ビジョン ——— 179 | ケース・アドボカシー ——— 59 | 合意 ——— 113, 136 |
| 経営目標 ——— 179 | 「『ケースウォーク』としての人事 | 広域障害者職業センター ——— 400 |
| 経営理念 ——— 178 | 相談事業」 ——— 51 | 広域連合 ——— 248 |
| 経過観察 ——— 116 | 『ケース・ウォークの理論と實 | 公益事業 ——— 169 |
| 計画担当介護支援専門員 ——— 279 | （実）際』 ——— 56 | 公益性 ——— 166 |
| 経過措置型医療法人 ——— 174 | 『ケース・ウォーク要論』——— 56 | 公益通報者保護法 ——— 186 |
| 経過的軽費老人ホーム ——— 291 | ケースカンファレンス | 構音障害 ——— 235 |
| 経験学習モデル ——— 195 | ——— 113, 125, 132, 142 | 公課禁止 ——— 357 |
| 経済協力開発機構 ——— 148 | …の目的 ——— 132 | 高額障害児入所給付費 ——— 333 |
| 経済的自立 ——— 110 | ケースコミッティ ——— 125 | 考課者訓練 ——— 196 |
| 経済連携協定 ——— 43, 187 | ケース・ヒストリー ——— 141 | 効果測定 ——— 117, 137 |
| 警察 ——— 356, 425 | ケースマネジメント ——— 123, 124 | 後期高齢者 ——— 221 |
| …が検挙した事件 ——— 420 | …による援助の目的 ——— 125 | 合議体 ——— 449 |
| 警察官からの送致 ——— 371 | …の過程 ——— 123 | 公共交通事業者 ——— 298 |
| 警察署長 ——— 351 | ケースワーカー ——— 405 | 公共職業安定所 — 391, 402, 445, 451 |
| 計算書類 ——— 187, 188 | ケースワーク ——— 49, 50 | 公共職業訓練 ——— 408 |
| 計算書類等 ——— 168 | …の7原則 ——— 67 | 合計特殊出生率 ——— 320 |
| 形式知 ——— 195 | 血管性認知症 ——— 237, 238 | 公示 ——— 274 |
| 刑事施策 ——— 420 | 欠損値 ——— 20 | 公式組織 ——— 176 |
| 刑事施設 ——— 439, 445 | 原因論的診断 ——— 56 | 交渉 ——— 133 |
| 刑事収容施設及び被収容者等の処 | 幻覚 ——— 237 | …の構造 ——— 133 |
| 遇に関する法律 ——— 420 | 減価償却 ——— 189 | …のプロセス ——— 133 |
| 刑事処分 ——— 425 | 減価償却費 ——— 189 | 公私連携型保育所 ——— 342 |
| 刑事処分可能年齢 ——— 423 | 研究倫理指針 ——— 150 | 公私連携保育法人 ——— 342 |

| | | |
|---|---|---|
| 更新認定 ——— 254 | …の炊事 ——— 241 | コーピング ——— 109 |
| 更生緊急保護 | …の有訴者率 ——— 223 | コーピング・クエスチョン ——— 109 |
| ——— 420, 436, 439, 441, 443 | 高齢者円滑入居賃貸住宅 ——— 300 | ゴールドシュタイン, H. ——— 108, 109 |
| …の対象となる者 ——— 440 | 高齢社会対策基本法 ——— 226 | ゴールドプラン ——— 226 |
| 更生緊急保護法 ——— 421 | 高齢社会対策大綱 ——— 227 | ゴールドプラン21 ——— 226 |
| 更生保護 ——— 420, 451 | 高齢社会白書 ——— 222, 223, 224 | 呼吸停止 ——— 241 |
| 更生保護サポートセンター ——— 447 | 高齢者虐待 ——— 292 | 国外犯処罰規定 ——— 322 |
| 更生保護事業法 ——— 443 | 高齢者虐待対応 ——— 297 | 国際ソーシャルワーカー連盟 |
| 更生保護事業を営む者 ——— 441 | 高齢者虐待対応協力者 ——— 294 | ——— 45, 46, 61, 71 |
| 更生保護施設 ——— 443, 445 | 高齢者虐待の防止、高齢者の養護 | 国際ソーシャルワーク学校連盟 46 |
| …に保護を委託できる期間 ——— 443 | 者に対する支援等に関する法律 | 国際標準化機構 ——— 181 |
| …の職員 ——— 443 | ——— 292 | 国際福祉 ——— 65 |
| 更生保護女性会 ——— 443 | 高齢者虐待防止法 ——— 292 | 国勢調査 ——— 9, 27 |
| 更生保護法 ——— 421 | 高齢者居住安定確保計画 ——— 300 | 国勢統計 ——— 9 |
| 厚生労働省設置法 ——— 402 | 高齢者、障害者等の移動等の円滑 | 『国富論』 ——— 48 |
| 構造化面接 ——— 25 | 化の促進に関する法律 | 国保連 ——— 275, 276 |
| 拘置所 ——— 445 | ——— 297, 298, 299 | …の役割 ——— 276 |
| 「工賃向上計画」を推進するため | 高齢者、身体障害者等が円滑に利 | 国民経済計算 ——— 9 |
| の基本的な指針 ——— 404 | 用できる特定建築物の建築の促進 | 国民健康保険団体連合会 |
| 交通バリアフリー法 ——— 297 | に関する法律 ——— 297 | ——— 268, 269, 275, 276 |
| 公的統計 ——— 8, 9 | 高齢者、身体障害者等の公共交通 | 国民生活基礎調査 |
| 公的年金等の受給者等 ——— 361 | 機関を利用した移動の円滑化の促 | ——— 10, 222, 224, 321 |
| 行動規範 ——— 67 | 進に関する法律 ——— 297 | 国民生活基礎統計 ——— 10 |
| 行動グループワーク ——— 134 | 高齢者住まい法 ——— 300, 301 | 国民の共同連帯 ——— 243 |
| 行動計画 ——— 180 | 高齢者生活支援サービス ——— 300 | 個人関連情報取扱事業者 ——— 144 |
| 強盗罪 ——— 423 | 高齢者生活福祉センター ——— 291 | 個人識別符号 ——— 145 |
| 行動変容アプローチ ——— 105, 108 | 高齢者世帯 ——— 222 | 個人情報 ——— 11, 145 |
| 合同面接 ——— 123 | …の所得の種類別割合 ——— 222 | …の外国への第三者提供 ——— 147 |
| 行動療法アプローチ ——— 105 | 高齢者の居住の安定確保に関する | 個人情報取扱事業者 ——— 144, 145 |
| 行動理論アプローチ ——— 105 | 法律 ——— 300 | 個人情報の保護に関する法律 — 144 |
| 高年齢者等の雇用の安定等に関す | 高齢者保健福祉推進十か年戦略 | 個人情報の保護に関する法律につ |
| る法律 ——— 223 | ——— 226 | いてのガイドライン ——— 147 |
| 合法的支配 ——— 175 | 高齢者保健福祉推進十か年戦略の | 個人情報保護 ——— 144 |
| 公募債 ——— 173 | 見直しについて ——— 226 | 個人情報保護委員会 ——— 144, 145 |
| 公民権運動 ——— 128 | 高齢者向け優良賃貸住宅 ——— 300 | 個人情報保護法 ——— 144, 146 |
| 項目記録 ——— 142 | 高齢単身世帯 ——— 222 | …の基本理念 ——— 145 |
| 交流分析理論 ——— 143 | 誤嚥 ——— 232 | 個人スーパービジョン ——— 140 |
| 高齢化率 ——— 221 | 誤嚥性肺炎 ——— 232 | 個人的特性 ——— 184 |
| 高齢者 ——— 292 | コーチング ——— 196 | 個人の尊厳 ——— 243 |
| …が使う部屋 ——— 241 | コーディネーション ——— 131 | 個人を識別する情報 ——— 145 |
| …の刑務所出所後の帰住先 ——— 441 | …の構成要素 ——— 131 | ゴスチャ, R. ——— 103 |
| …の死因別の死亡率 ——— 221 | …の問題点 ——— 132 | コストリーダーシップ戦略 ——— 179 |
| …の就業率 ——— 222 | …の有効性 ——— 131 | 子育て援助活動支援事業 |
| …の終末期ケア ——— 240 | コーディング ——— 18 | ——— 335, 337, 342 |
| …の寝室 ——— 241 | コード ——— 26 | 子育て支援事業 ——— 335 |

子育て短期支援事業 — 335, 336, 342
子育てのための施設等利用給付
——————————————— 341
…の支給要件 ——————— 341
国家公務員災害補償法 —— 442
国庫負担 —————————— 249
国庫補助金等特別積立金 — 189
骨折 ——————————————— 236
骨粗鬆症 ——————————— 236
固定グループ ——————— 137
固定資産 ——————————— 188
固定負債 ——————————— 188
子ども ————————————— 325
子ども・家庭110番 ———— 368
子ども・子育て応援プラン — 364
子ども・子育て会議 ——— 340
子ども・子育て関連3法 — 322, 339
子ども・子育て支援制度 —— 339
子ども・子育てビジョン — 363, 364
「子どもと家族を応援する日本」
重点戦略検討会議 ——— 364
子どもの権利 ——————— 325
子どものための教育・保育給付
——————————————— 340
子どもの貧困対策の推進に関する
法律 ————————————— 321
子どもを守る地域ネットワーク機
能強化事業 ——————— 342
コトラー, P. ———————— 190
子の看護休暇 ——————— 199
「この子らを世の光に」— 48, 324
コノプカ, G. ————— 54, 133
小林提樹 ——————————— 324
個別インタビュー ————— 25
個別援助・支援機能 ——— 129
個別恩赦 ——————————— 428
個別化の原則 ——————— 135
個別化の原理 ——————— 102
個別支援計画 ——————— 406
個別支援プログラム ——— 392
個別性 ———————————— 125
個別の教育支援計画 ——— 409
個別面接 ——————————— 123
コミュニケーション ——— 120
…の交互作用 ——————— 120

…の目的 —————————— 122
コミュニティ・オーガニゼーショ
ン ————————————— 49
固有事例 ——————————— 151
固有事例研究 ——————— 150
雇用安定事業 ——————— 390
雇用均等基本調査 ——— 388
雇用計画の作成 ————— 402
雇用の分野における男女の均等な
機会及び待遇の確保等に関する法
律 ————————————— 200
雇用保険 ——————————— 390
雇用保険事業 ——————— 400
雇用保険二事業 ————— 390
雇用率未達成指導 ——— 402
コルチャック, J. ————— 324
コルブ, D. ————————— 195
根拠に基づく介入 ——— 115
混合研究法 ————————— 27
今後5か年間の高齢者保健福祉施
策の方向 ————————— 226
今後の子育て支援のための施策の
基本的方向について ——— 364
コンサルタント ————— 140
コンサルティー —————— 140
コンサルテーション ——— 140
コンティンジェンシー理論 — 177
コンピテンシー ————— 47, 196
コンビネーションアプローチ — 57
コンプトン, B. R. ————— 115
コンプライアンス ————— 185
コンフリクト ——————— 129
コンフリクト・マネジメント機能
——————————————— 129

さ

サーバン・リーダーシップ — 184
サービス ——————————— 75
サービス管理責任者 ——— 406
サービス計画 ——————— 278
サービス担当者会議 — 278, 281
…の開催 —————————— 279
サービス付き高齢者向け住宅 — 300
…の登録制度 ——————— 300

サービス提供過程における標準化
——————————————— 190
サービス提供事業者 ——— 243
サービス提供責任者 ——— 279
サービスの実施状況の把握 — 278
サービスの質の確保のための情報
の公表 —————————— 245
サービスの品質 —————— 191
サービス・プロフィット・チェー
ン ————————————— 191
サービス優先アプローチ — 124
再アセスメント —————— 116
財産目録等 ————————— 168
再出頭要求 ————————— 351
最小限モデル ——————— 125
財政安定化基金 ————— 247
済世顧問制度 ———————— 51
最大値 ————————————— 21
在宅医療・介護連携推進事業
————————————— 267, 283
在宅（老人）介護支援センター
——————————————— 286
財団 ——————————————— 166
最低賃金法 ————————— 391
再入院 ————————————— 450
サイバネティックス ——— 101
裁判官 ————————————— 449
裁判所 ————————————— 449
…による保護命令制度の拡充 — 356
再犯の防止等の推進に関する法律
————————————— 421, 423
再犯防止機能 ——————— 451
再犯防止推進計画 ——— 423
最頻値 ————————————— 21
サイポリン, M. ——————— 74
財務会計 ——————————— 187
財務諸表 ——————————— 187
財務諸表監査 ——————— 186
サイモン, H. A. —————— 177
再利用の受入準備 ——— 117
査察指導員 ————————— 405
里親 ————————— 345, 347, 348
…の定義 —————————— 345
里親委託優先の原則 ——— 345
里親支援専門相談員 ——— 348

里親制度 —— 345
差別化戦略 —— 179
差別的出来高給制度 —— 175
サポーズ・クエスチョン —— 109
サポートグループ —— 138,139
座間太郎 —— 127
サリービー, D. —— 76,103,107
サリバン, A. —— 50
サルコペニア —— 229
サレイベイ, D. —— 76,103,107
参加型マネジメント —— 191
参加・協力の原則 —— 135
参加者としての観察者 —— 24
産業カウンセラー —— 405
産後ケア事業 —— 358
3歳児健康診査 —— 359
3C分析 —— 179
三点歩行 —— 231
360度評価 —— 196
散布図 —— 22
散布度 —— 21
サンプリング —— 13
サンプル —— 13
サンプルサイズ —— 13
サンプル数 —— 13
参与観察法 —— 24
残余財産 —— 167,172

## し

シーニア, N.W. —— 48
シーファー, B.W. —— 47
シェアード・リーダーシップ —— 184
ジェネバ児童権利宣言 —— 323
ジェネラリストアプローチ —— 57
ジェネラリスト・ソーシャルワーク —— 58,110
ジェネリック —— 55
ジェネリック・ソーシャルケースワーク —— 55
ジェノグラム —— 143
シェリフ, M. —— 182
シェルター —— 365
支援終結後の援助 —— 119
支援の計画 —— 112

支援の実施 —— 113
支援の終結の条件 —— 117
支援目標の再設定 —— 116
視覚化 —— 143
資格要件 —— 65
時間外労働 —— 202
時間動作研究 —— 175
次期繰越活動増減差額 —— 189
自記式調査 —— 15
事業運営事務局 —— 280
事業活動計算書 —— 189
事業計画 —— 180
事業所内保育 —— 340
事業主が職場における優越的な関係を背景とした言動に起因する問題に関して雇用管理上講ずべき措置等についての指針 —— 200
事業主負担 —— 249
事業部制組織 —— 175
資金支出 —— 190
資金収支計算書 —— 189
資金収入 —— 190
軸足コーディング —— 26
市区町村子ども家庭総合支援拠点 —— 365
死刑 —— 423,425
自計式調査 —— 15
時系列データ —— 14
資源 —— 74,76
…のオアシス —— 103
資源配分モデル —— 125
資源ベース型戦略 —— 180
試行雇用 —— 392
自己覚知 —— 67,121
自己活用の原則 —— 136
自己観察記録法 —— 143
自己管理型チーム —— 193
自己金融機能 —— 189
自己決定 —— 59
…の原則 —— 59
自己実現欲求 —— 176
自己情報コントロール権 —— 147
自己診断測定 —— 119
自己組織化 —— 101
自己組織化論 —— 101

自己組織性 —— 101
仕事・子育て両立支援事業 —— 340
仕事の知識 —— 194
仕事のノウハウ —— 194
事故発生時の必要な対応 —— 193
事故発生の防止 —— 193
事後評価 —— 119
自己変革 —— 121
自己変容機能 —— 138
資産 —— 167,188
支持 —— 122
資質向上の責務 —— 44
支持的機能 —— 139,190
指示的行動 —— 184
四肢麻痺 —— 230
自主財源 —— 185
市場調査 —— 7
自助グループ —— 138
自助的自立 —— 59
自炊規定 —— 291
システム —— 100
システム指向モデル —— 125
システム理論 —— 100,101
次世代育成支援対策推進法 —— 362,364
施設型給付 —— 339,340
施設サービス —— 224,259
施設サービス計画 —— 259,279
施設長 —— 65
…のリーダーシップ —— 136
施設内虐待にあたる行為 —— 354
施設内虐待の禁止 —— 354
施設内処遇 —— 420
慈善組織化運動 —— 49,51
慈善組織協会 —— 49
自然発生的援助システム —— 77
肢体不自由児 —— 324
肢体不自由児通園施設 —— 332
自治会 —— 131,174
シチズンアドボカシー —— 129
市町村 —— 271,272,286,294,365,401
…の業務 —— 365
市町村介護保険事業計画 —— 261,271,273
市町村子ども・子育て支援事業計

画 ———————— 340
市町村整備計画 ———————— 341
市町村相互財政安定化事業 — 248
市町村賃貸住宅供給促進計画 — 302
市町村特別給付 ———————— 255
市町村老人福祉計画 ————— 291
市町村老人保健福祉計画 —— 226
失業 ———————————— 390
失業等給付 ———————— 390
失語 ———————————— 237
失行 ———————————— 237
執行猶予者保護観察法 —— 421
失語症 ———————————— 235
実証主義 ———————————— 103
実践共同体 ———————— 178
実践コミュニティ ———————— 178
実存主義アプローチ ——— 108, 109
質的研究 ———————————— 150
失認 ———————————— 237
実費徴収にかかる補足給付を行う
事業 ———————————— 342
実務者会議 ———————— 125
実名・写真等の報道 ————— 423
質問技術 ———————————— 122
質問紙 ———————————— 16
指定医療機関 ———————— 449
指定介護予防サービス事業者 — 273
指定介護予防支援基準 ——— 283
指定介護予防支援事業者 — 273, 283
指定介護老人福祉施設 ——— 274
指定居宅介護支援事業者 ——— 273
指定居宅介護支援事業所 ——— 279
指定居宅サービス事業者 — 273, 274
…の休止 ———————— 274
…の指定 ———————— 273
…の廃止 ———————— 274
指定居宅サービス事業所の責務
———————————— 274
指定居宅サービスの事業の取消し
———————————— 274
指定居宅サービスの質の評価 — 275
指定サービス ———————— 255
指定サービス事業者 ———— 273
指定市町村事務受託法人 ——— 253
指定障害者支援施設 ———— 408

指定障害福祉サービス事業者 — 408
指定情報公表センター ——— 273
指定地域密着型介護予防サービス
事業者 ———————————— 273
指定地域密着型サービス事業者
———————————— 273
指定通院医療機関 ———— 449
指定特定相談支援事業者 ——— 408
指定都市 ———————————— 371
指定入院医療機関 ———— 449
指定の更新 ———————— 274
児童 ———————————— 325
児童委員 ———————— 367, 368
…の職務 ———————— 367
児童買春・児童ポルノ禁止法 — 322
児童買春、児童ポルノに係る行為
等の規制及び処罰並びに児童の保
護等に関する法律 ———— 322
児童買春、児童ポルノに係る行為
等の処罰及び児童の保護等に関す
る法律 ———————————— 322
児童家庭支援センター ——— 329, 331
児童館 ———————— 329, 330
指導監督 ———————————— 431
児童虐待の安全確認を行う時間
ルールの設定 ———————— 373
児童虐待の早期発見 ———— 349
児童虐待の相談対応件数 ——— 321
児童虐待の定義 ———————— 349
児童虐待の防止等に関する法律
———————————— 348
児童虐待の予防 ———————— 349
児童虐待防止法 ———————— 348
…の目的 ———————— 348
児童虐待を受けた児童の住所の移
転 ———————————— 350
指導教育担当児童福祉司 ——— 371
児童憲章 ———————————— 323
児童厚生施設 ———————— 329, 330
児童自立支援施設
—— 329, 331, 332, 366, 373, 425, 426
児童自立生活援助事業 ——— 331
児童心理司 ———————— 371
児童心理治療施設 —— 329, 331, 332
児童相談所 — 343, 350, 356, 370, 425

…が行う在宅指導 ———— 372
…における児童虐待の相談対応件
数 ———————————— 321
…の職員 ———————— 370
…の所長適格者 ———— 370
…の相談の種類 ———— 372
…の相談の対応総数 ———— 372
…の役割 ———————— 371
…を設置する市 ———— 371
児童相談所運営指針 ———— 373
児童相談所長
—— 352, 355, 367, 372, 373, 374, 426
自動体外式除細動器 ———— 236
児童手当の支給 ———————— 360
児童手当法 ———————— 327, 360
児童デイサービス ———————— 332
児童に対する虐待の禁止 ——— 349
児童の遊びを指導する者 ——— 330
児童の安全の確認 ———— 353
児童の安全の確保 ———— 370
児童の権利宣言 ———————— 324
児童の権利に関する条約
———————— 324, 326, 328
児童の最善の利益 ———— 328, 347
児童の里親 ———————— 372
児童の親権を行う者 ———— 350
児童の世紀 ———————— 324
児童発達支援 ———————— 333
児童発達支援センター ——— 329
児童福祉司 ——— 352, 353, 354, 371
児童福祉施設
—— 328, 329, 339, 365, 366
児童福祉施設等の設備、運営に関
する基準 ———————— 366
児童福祉施設への入所措置
———————————— 372, 373
児童福祉審議会 ———————— 366
児童福祉法 — 325, 327, 367, 371, 421
…の改正 ———————— 327
…の措置 ———————— 374, 425
児童福祉六法 ———————— 327
児童扶養手当の支払回数 ——— 361
児童扶養手当法 — 325, 327, 360, 361
児童への主な虐待者 ———— 322
児童遊園 ———————— 329, 330

児童養護施設 ——— 329, 330, 332, 334, 373
…の児童の居室1室の定員 ——— 330
…の職員配置基準 ——— 330
…の入所児童の数 ——— 334
児童養護施設入所児童の進学 ——— 335
四分位数 ——— 21
四分位範囲 ——— 21
死への準備教育 ——— 240
司法関与 ——— 344
死亡診断 ——— 241
司法福祉 ——— 65, 420
司法保護事業法 ——— 421
島田療育園 ——— 324
市民アドボカシー ——— 129
市民活動団体 ——— 174
市民・行政協同型 ——— 128
市民団体 ——— 174
使命 ——— 178
ジャーメイン, C. ——— 53, 57, 103, 109
シャイン, E. ——— 178
社員総会 ——— 171
社会医療法人 ——— 173
…の認定の要件 ——— 173
社会医療法人債 ——— 173
社会改良 ——— 50
社会貢献活動 ——— 434
社会資源 ——— 74, 127, 128, 132, 143, 151
…の開発 ——— 128
…の活用 ——— 128
…の調整 ——— 124
社会資源開発 ——— 75
『社会診断』 ——— 50
社会診断 ——— 50
社会生活技能訓練 ——— 105, 443
社会生活自立支援 ——— 391
社会正義 ——— 71
社会性の欠如 ——— 190
社会調査 ——— 7
…に関する倫理 ——— 10
…の対象 ——— 7
社会調査協会の倫理規程 ——— 11
社会的支援介入 ——— 114
社会的（諸）目標モデル ——— 134

社会的促進 ——— 182
社会的手抜き ——— 182
社会的な援護を要する人々に対する社会福祉のあり方に関する検討会 ——— 61
社会的排除 ——— 60, 61
社会的包含 ——— 61
社会的包摂 ——— 60
社会的抑制 ——— 182
社会的欲求 ——— 176
社会踏査 ——— 7
社会内処遇 ——— 65, 420
社会福祉協議会の職員 ——— 65
社会福祉士 ——— 43, 186, 283, 355, 420
…の業務 ——— 284
…の行動規範 ——— 149
…の定義規定の見直し ——— 43
…の倫理綱領 ——— 10, 68, 148
…の倫理綱領の倫理基準 ——— 71
社会福祉士及び介護福祉士法 ——— 186
社会福祉士及び介護福祉士法等の一部を改正する法律 ——— 43
社会福祉事業 ——— 167, 169
…の経営者 ——— 191, 192
社会福祉事業に従事する者の確保を図るための措置に関する基本的な指針 ——— 187
社会福祉事業法 ——— 166
社会福祉士試験 ——— 44
社会福祉施設 ——— 167
『社会福祉実践の共通基盤』 ——— 56
社会福祉士登録簿 ——— 44
社会福祉住居施設 ——— 167
社会福祉充実計画 ——— 170
社会福祉充実残額 ——— 170
社会福祉充実事業 ——— 170
社会福祉主事制度 ——— 65
社会福祉法 ——— 166
社会福祉法人 ——— 166, 174
…の財源 ——— 185
…の所轄庁 ——— 167
…の税制優遇措置 ——— 170
社会福祉法人会計基準 ——— 187
社会福祉連携推進法人制度 ——— 170
社会福祉を目的とする事業 ——— 166

…を経営する者 ——— 166
社会復帰 ——— 448
…の基礎 ——— 437
…への支援 ——— 450
社会復帰機能 ——— 451
社会復帰自立 ——— 443
社会復帰調整官 ——— 450
社会変革機能 ——— 138
社会奉仕 ——— 452
社会保障審議会 ——— 269, 365
社会保障生計調査 ——— 7
社会連帯の思想 ——— 102
社会を明るくする運動 ——— 430
弱視難聴 ——— 235
弱視ろう ——— 235
若年性認知症施策 ——— 239
若年無業者 ——— 389
釈放後の生活の計画 ——— 437
社団 ——— 166
ジャニス, I. L. ——— 182
収益 ——— 189
収益事業 ——— 169, 172, 173
重回帰分析 ——— 24
自由回答法 ——— 16
就学 ——— 332
就学前の子どもに関する教育、保育等の総合的な提供の推進に関する法律 ——— 325, 339
住環境の整備 ——— 242
就業規則 ——— 197, 390
就業者 ——— 388
終結 ——— 117
集合調査 ——— 18, 19
就職支援ナビゲーター ——— 405
就職面接会 ——— 403
住所地特例 ——— 249
住所要件 ——— 249
住所リスト ——— 12
終身建物賃貸借制度 ——— 300
住生活基本法 ——— 298
重層システム ——— 78
重層的支援体制整備事業 ——— 266, 268
重大な他害行為 ——— 448
住宅改修の種類 ——— 258
住宅改修費 ——— 242

住宅確保要配慮者 ————— 302
住宅確保要配慮者居宅支援法人
————————————————— 302
住宅確保要配慮者に対する賃貸住
宅の供給の促進に関する法律 301
集団圧力 ————————— 181, 182
集団維持 ————————————— 183
集団規範 ————————————— 134
集団思考 ————————————— 182
集団浅慮 ————————————— 182
集団調査 ——————————————— 18
縦断調査 ——————————————— 14
集団の凝集性 ————————— 181
集団のなかの個 ————————— 136
集団の発達過程 ————————— 137
集団比較実験計画法 ——————— 117
集団力学 ————————————— 138
集中戦略 ————————————— 179
重度身体障害者 ————————— 398
重度知的障害者 ————————— 398
周辺症状 ————————————— 237
…を起こしやすい要因 ————— 237
周辺度数 ——————————————— 22
終末期ケア ——————————— 240
住民基本台帳 ——————————— 11
住民・行政パートナーシップ型
————————————————— 128
自由面接法 ——————————— 25
就労移行支援事業 ———— 395, 404
就労意欲形成プログラム ——— 392
就労継続支援A型事業者 ——— 409
就労継続支援事業（A型）
————————————————— 395, 404
就労継続支援事業（B型）
————————————————— 395, 404
就労継続支援B型事業所 ——— 404
就労支援員 —— 392, 394, 405, 406
就労支援チーム ————————— 408
就労支援プログラム ————— 392
就労自立支援 ————————— 391
就労定着支援事業 ———— 395, 404
就労的活動支援員 ——————— 267
就労的活動支援コーディネーター
————————————————— 267
酒害・薬害教育 ———— 443, 447

受刑者 ——————————————— 43
主治医の意見書 ————————— 253
主訴 ———————————————— 111
主体性尊重の原理 ——————— 102
手段的事例 ——————————— 151
手段的事例研究 ————————— 150
出資額限度法人 ————————— 173
出頭要求 ————————————— 351
受動的権利 ——————————— 326
主任介護支援専門員 ——— 278, 283
主任官 ————————————— 441
主任ケアマネジャー ————— 283
主任児童委員 ————————— 367
ジュネーブ児童権利宣言 ——— 323
守秘義務 ———— 113, 283, 331, 350
守秘義務違反 ——————————— 73
受容 ——————————————— 134
受容・共感の原則 ——————— 135
手話 ——————————————— 236
シュワルツ, W. ——— 54, 134, 136
純資産 ————————————— 188
順序尺度 ——————————————— 16
準則主義 ————————————— 166
小1の壁 ————————————— 335
障害児 ————————————— 325
障害児施設 ———————— 328, 334
障害児相談支援事業 ————— 337
障害児通所給付費 ——————— 333
障害児通所支援 ————— 332, 333
障害児入所給付費 ——————— 333
障害児入所施設 ——— 328, 329, 332
障害児福祉計画 ————————— 334
障害児福祉手当 ————————— 362
障害者 ———————————— 43, 396
障害者基本計画（第4次）
————————————————— 395, 396
障害者雇用状況の集計 ————— 389
障害者雇用促進法 ——— 396, 403, 407
障害者雇用調整金 ——————— 398
障害者雇用納付金 ——————— 398
障害者雇用納付金制度 ——— 396, 398
障害者雇用率制度 ——————— 396
障害者就業・生活支援センター
————————————————— 403
…の就業支援担当職員 ———— 407

障害者就労アドバイザー ——— 409
障害者就労支援チーム ————— 409
障害者職業カウンセラー ——— 407
障害者職業生活相談員 ————— 407
障害者職業センター ————— 399
障害者職業総合センター — 400, 403
障害者職業能力開発校 ————— 403
障害者総合支援法 —— 265, 403, 406
障害者短時間トライアル雇用 — 402
障害者短時間トライアル雇用助成
金 ——————————————— 402
障害者トライアル雇用 ————— 402
障害者トライアル雇用助成金 — 402
障害者の雇用の促進等に関する法
律 ———————————— 396, 403, 407
障害者の態様に応じた多様な委託
訓練事業 ——————————— 408
障害者の日常生活及び社会生活を
総合的に支援するための法律
————————————————— 265, 403, 406
障害者福祉サービス機関 ——— 409
障害者優先調達推進法 ————— 396
障害種別等で分かれている施設の
一元化 ———————————— 327
障害相談 ————————————— 372
障害年金等 ——————————— 361
障害福祉サービス ——————— 265
消化管ストーマ ————————— 234
昇格 ——————————————— 201
止揚学園 ————————————— 324
償還払い ————————————— 256
小規模グループケア ————— 332
小規模住居型児童養育事業 — 348
小規模多機能型居宅介護 — 260, 262
小規模多機能型居宅介護事業 — 291
小規模保育 ——————————— 340
状況のなかにある人 ——————— 75
状況のなかの人 ————————— 104
条件適合理論 ————————— 177
少子化社会対策基本法 ——— 363, 364
少子化社会対策大綱 ——— 363, 364
少子化社会対策大綱〜新しい令和
の時代にふさわしい少子化対策へ
〜 ——————————————— 364
少子化社会対策大綱〜結婚、妊娠、

子供・子育てに温かい社会の実現
をめざして～ ——————— 363, 364
少子化対策推進基本方針 – 362, 364
少子化対策プラスワン ——————— 364
使用者 ——————————————— 390
小地域ネットワーク活動 ——————— 131
小地域福祉活動 ————————————— 131
情緒障害児 ————————————————— 51
情緒障害児短期治療施設 ——————— 331
聖徳太子 ————————————————— 324
小児慢性特定疾病 ——————————— 328
小児慢性特定疾病医療費 – 328, 359
少年 ——————————————————— 325
少年院 ——————————— 426, 427, 439
…からの仮退院 ———————— 437, 439
少年院仮退院者 ————————————— 433
少年院視察委員会 ——————————— 427
少年院送致 ————————————— 425, 426
少年院法 ——————————————— 421, 426
…の目的 ———————————————— 427
少年鑑別所視察委員会 ——————— 428
少年鑑別所法 ——————————— 421, 427
…の目的 ———————————————— 427
少年刑務所 ———————————————— 445
少年事件 ———————————————— 444
少年法 ——————————— 421, 423, 425
…の保護処分 ————————————— 372
消費者庁 ———————————————— 186
情報関連技術 ——————————————— 27
情報技術 ———————————————— 148
情報・記録の共有 ——————————— 144
情報弱者 ———————————————— 149
情報収集 ———————————————— 111
情報通信技術 ——————————— 148, 227
省令 ——————————————————— 270
条例 ———————————————— 290, 366
ジョーダン, C. ——————————————— 75
ショートステイ ————————————— 336
ショーン, D. A. ————————————— 178
諸外国の合計特殊出生率 ——————— 320
処遇プログラム ————————————— 435
職業安定法 ———————————————— 402
職業訓練受講給付金 ——————————— 391
職業指導員 ———————————————— 406
職業準備支援 ——————————————— 403

職業能力開発促進法 ——————— 403, 408
職業リハビリテーション
————————————— 394, 396, 399
食行動異常 ———————————————— 237
食事 ——————————————————— 232
褥瘡 ——————————————————— 233
褥瘡予防 ———————————————— 233
職能給 ———————————————————— 201
職能資格制度 ——————————————— 201
職能別組織 ———————————————— 175
職場研修 ———————————————— 194
職場適応援助者 ——————— 403, 406, 407
職場のパワーハラスメントの予
防・解決に向けた提言 ——————— 200
食費 ——————————————————— 269
…の自己負担 ————————————— 245
触法少年 ——————————— 367, 425, 426
職務給 ———————————————————— 201
助産施設 ———————————————— 329, 330
助産の実施 ———————————————— 332
所得控除 ———————————————— 170, 172
初入者 ———————————————————— 435
ジョブコーチ ——————— 403, 406, 407
ジョブコーチ支援計画書 ——————— 407
ジョブ・ローテーション —————— 194
ジョンソン, L. C.
——————— 62, 63, 75, 76, 114, 122
自立 ——————————————————————— 59
自立援助ホーム ————————————— 331
自立活動確認書 ————————————— 391
自立支援 ———————————————————— 59
自立支援給付 ——————————————— 252
自立支援計画 ——————————————— 332
自立支援プログラム ————— 391, 405
自立した日常生活 ——————————— 243
自立準備ホーム ————————————— 446
私立静修学校 ——————————————— 324
自立相談支援機関 ——————————— 394
自立相談支援事業 ——————— 401, 446
私立保育所の運営費 ——————————— 338
シルバーサービス ——————————— 291
シルバーサービス振興会 ——————— 291
シルバーハウジング —————————— 300
事例研究 ———————————————————— 150
事例研究法 ———————————————————— 27

事例調査 —————————————————————— 27
事例分析 ———————————————————— 150
新エンゼルプラン ——————————— 364
新オレンジプラン ——————— 227, 239
新型特養 ———————————————————— 289
新規資源 ———————————————————— 128
新救貧法 ———————————————————— 48
シングル・システム・デザイン
——————————————— 117, 118
親権 ——————————— 328, 343, 344, 374
…の一時停止制度 ——————————— 343
人権 ——————————————————————— 58
親権者 ———————————————————— 344
親権喪失 ———————————————— 354, 373
…の審判の請求 ————————————— 374
親権喪失制度 ——————————————— 343
親権停止 ———————————————————— 343
…の審判の請求 ————————————— 374
人工肛門 ———————————————————— 234
人工知能 ———————————————————— 227
人工透析療法 ——————————————— 235
人口動態統計 ——————————————— 320
『人口の原理』 ———————————————— 48
人工膀胱 ———————————————————— 234
新ゴールドプラン ——————————— 226
新子育て安心プラン —————————— 343
人材の価値 ———————————————— 194
審査請求 ———————————————————— 268
人事異動 ———————————————————— 194
人事考課 ———————————————— 194, 196
人事システム ——————————————— 194
身上関係事項 ——————————————— 437
心情等伝達制度 ————————————— 429
人事・労務管理 ————————————— 194
心神耗弱 ———————————————————— 448
新人材確保指針 ————————————— 187
心神喪失 ———————————————————— 448
心神喪失等の状態で重大な他害行
為を行った者の医療及び観察等に
関する法律 ——————— 421, 448, 449, 450
新生児 ———————————————————— 325
新生児マススクリーニング検査
——————————————————————— 359
申請者 ———————————————————— 110
人生の最終段階における医療・ケ

469

索引

アの決定プロセスに関するガイド
ライン ―――――――― 241
心臓ペースメーカー ――― 234
親族 ――――――――――― 346
親族里親 ――――――――― 346
身体拘束 ――――――――― 260
身体的虐待 ―――――――― 349
診断主義 ――――――――― 141
診断主義ケースワーク ―― 104
診断派 ―――――――― 55, 104
…と機能派の統合 ――――― 56
人道主義 ――――――――― 102
心拍停止 ――――――――― 241
審判 ――――――――――― 367
…に付すべき少年 ―――― 425
腎不全 ―――――――――― 235
新・放課後子ども総合プラン
―――――――――― 335, 336
信用失墜行為の禁止 ――― 44
信頼関係 ――――――――― 121
信頼性係数 ―――――――― 15
心理社会的アプローチ 104, 107
心理的虐待 ―――――――― 349
心理的負荷 ―――――――― 202
心理的負荷による精神障害の認定
基準 ―――――――――― 202
診療所 ―――――――――― 257

す

推進委員会 ―――――――― 430
睡眠 ――――――――――― 236
スーパーバイザー 132, 140, 190
スーパーバイジー ― 140, 190
スーパービジョン 132, 139, 202
…の管理的機能 ――――― 139
…の教育的機能 ――――― 139
…の支持的機能 ――――― 139
…の目的 ―――――――― 139
スーパービジョン体制 ―― 190
スクールソーシャルワーカー
―――――――――――― 65, 72
スクールソーシャルワーク
―――――――――――― 72, 369
スクリーニング ―――――― 111

スケーリング・クエスチョン ― 109
健やか親子21 ―――――― 358
健やか親子21（第2次）――― 358
ステレオタイプ ―――――― 18
ストーカー, G. M. ―――― 177
ストーマ ――――――――― 234
ストーリーライン ――――― 26
ストレスチェック ――――― 202
ストレングス ――――――― 103
ストレングス視点 ――――― 76
ストレングス・パースペクティブ
―――――――――――――― 76
ストレングスモデル ― 103, 107
スノーボール法 ――――――― 13
スペシフィック ―――――― 55
スペシフィック・ソーシャルケー
スワーク ――――――――― 55
スミス, A. ――――――――― 48
スモーリー, R. ―――――― 107

せ

成育医療等 ―――――――― 323
成育医療等協議会 ――――― 323
成育医療等の提供に関する施策の
総合的な推進に関する基本的な方
針 ――――――――――― 323
成育過程 ――――――――― 323
成育過程にある者及びその保護者
並びに妊産婦に対し必要な成育医
療等を切れ目なく提供するための
施策の総合的な推進に関する法律
――――――――――――― 322
成育基本法 ―――――――― 322
税額控除 ――――――――― 172
税額控除制度 ――――――― 170
生活意識の状況 ―――――― 222
生活環境 ――――――――― 436
…の調査 ―――――――― 449
…の調整 ―― 436, 437, 438, 449
生活環境調査 ――――――― 451
生活環境調整 ――――――― 451
生活機能 ――――――――― 228
生活困窮者 ―――――――― 392
生活困窮者就労訓練事業 ―― 394

生活困窮者就労準備支援事業 ― 394
生活困窮者自立支援制度 ―― 446
生活困窮者自立支援法 ――― 393
生活困窮者自立相談支援事業 393
生活史 ―――――――――― 141
生活支援員 ―――――――― 406
生活支援体制整備事業 ― 267, 283
生活支援ハウス ―――――― 291
生活相談員 ―――――――― 65
生活の質 ――――――――― 110
生活の全体性 ――――――― 125
生活の本拠をともにする交際 ― 356
生活場面面接 ―――――― 116, 123
生活福祉・就労支援協議会 ― 402
生活扶助費の介護保険料加算 ― 250
生活保護 ――――――――― 250
生活保護ケースワーカー ―― 405
生活保護受給者 ―――――― 392
生活保護受給者等就労自立促進事
業 ――――― 392, 401, 405, 408
生活モデル ― 75, 103, 110, 116, 125
正規以外の職員・従業員 ―― 388
請求権 ―――――――――― 147
正規労働者 ―――――――― 199
制限 ――――――――――― 134
…のある合理性 ―――――― 177
…の原則 ――――――― 58, 135
制限回答法 ―――――――― 16
政策融資制度 ――――――― 185
生産性 ―――――――――― 176
生産年齢人口 ――――――― 221
清拭 ――――――――――― 232
誠実義務 ――――――――― 44
政治的はたらきかけ ―――― 114
正常営業循環基準 ――――― 188
整肢療護園 ―――――――― 324
精神衛生プログラム ―――― 123
精神障害 ――――――――― 202
精神障害者 ―――――――― 105, 397
精神保健観察 ――――― 449, 450, 451
…の対象者 ――――――― 450
…のもとでの通院治療 ―― 450
精神保健参与員 ―――――― 449
精神保健審判員 ―――――― 449
精神保健福祉士 ―――――― 45, 420

| | | |
|---|---|---|
| …の倫理綱領 ————— 10 | 全身清拭法 ————— 232 | ————— 60 |
| 精神保健福祉士法 —— 45, 186 | 全人的ケア ————— 240 | ソーシャルグループワーク —— 133 |
| 税制優遇措置 ————— 172 | 全身的な合併症 ———— 236 | 『ソーシャル・ケース・ワークと |
| 生態学的アプローチ ——— 57 | 全数調査 —————— 12 | は何か』 ————— 50 |
| 生態学的視点 ————— 143 | 全体的調和 ————— 112 | ソーシャルサポート ——— 130 |
| 生態学理論 ————— 106 | 全体的モデル ————— 100 | ソーシャルサポートネットワーク |
| 性的虐待 —————— 349 | 選択肢法 —————— 16 | ——— 110, 119, 130, 143 |
| 成年被後見人 ————— 278 | 選択的コーディング ——— 26 | …のプロセス ————— 130 |
| 正の相関 —————— 22 | 先天性甲状腺機能低下症 — 359 | ソーシャル・セツルメント運動 |
| 性犯罪者処遇プログラム —— 435 | 先天性代謝異常等検査 —— 359 | ————— 49 |
| 生理的欲求 ————— 176 | 先天性副腎過形成症 —— 359 | ソーシャル・ニーズ ——— 127 |
| 政令 —————— 270 | 尖度 —————— 22 | ソーシャルネットワーク —— 130 |
| 政令恩赦 —————— 428 | 全盲ろう ————— 235 | ソーシャル・ビジネス —— 181 |
| セオドア・ルーズベルト —— 323 | 専門里親 ————— 346 | ソーシャル・ベンチャー —— 77 |
| 世界人権宣言 ————— 324 | 専門職 ——— 51, 64, 138 | ソーシャル・マーケティング — 190 |
| 責任 —————— 72 | …としての価値 ——— 71, 78 | ソーシャルワーカー |
| …の所在 —————— 144 | …の属性 ————— 63 | ——— 47, 59, 77, 119 |
| 世帯人員 —————— 222 | 専門的援助 ————— 120 | …の役割 ————— 128 |
| 接近禁止命令 ——— 352, 356 | 専門的処遇プログラム —— 436 | …の倫理基準 ———— 73 |
| 接近困難なクライエント —— 126 | 専門的信頼関係の形成 —— 121 | …の倫理綱領 ———— 61 |
| 接合 —————— 126 | 戦略 ——— 178, 179 | ソーシャルワーク ——— 74 |
| 切片化 —————— 26 | 戦略マップ ——— 179, 180 | …の援助計画 ——— 112 |
| 説明責任 ——— 113, 117, 186 | | …の過程 ————— 64 |
| 説明体 —————— 142 | **そ** | …の間接的機能 ——— 74 |
| セツルメント ————— 49 | | …の機能 ————— 64 |
| セツルメント運動 ——— 324 | 層化抽出法 ————— 13 | …の技能 ————— 63 |
| セツルメント活動 ——— 51 | 相関 —————— 23 | …の基本原理 ——— 120 |
| セルビイ, E. A. ——— 105, 107 | 争議権 —————— 201 | …の対象 ————— 63 |
| セルフアクション、セルフリアク | 総合相談支援業務 —— 267, 283 | …の直接的機能 ——— 74 |
| ション型 ————— 128 | 総合的支援 ————— 78 | …の定義 ———— 45, 61 |
| セルフアドボカシー ——— 129 | 総合的支援機能 ———— 78 | …の面接の目的 —— 121 |
| セルフ・スーパービジョン — 140 | 相互援助 —————— 135 | …の歴史 ————— 52 |
| セルフヘルプ ————— 110 | 相互作用モデル ———— 134 | …は専門職業か ——— 63 |
| セルフヘルプ・クリアリングハウ | 相互支援機能 ————— 138 | ソーシャルワーク過程持続能力 |
| ス —————— 139 | 捜索 —————— 351 | ————— 115 |
| セルフヘルプグループ —— 138 | 相対度数 —————— 20 | 『ソーシャルワーク教育と実践に |
| セルフヘルプ支援センター — 139 | 相談員 —————— 371 | おけるジェネリック─スペシ |
| 前期高齢者 ————— 221 | 相談援助 ——— 76, 151, 186 | フィック概念』 ——— 56 |
| 選挙人名簿 —————— 11 | …の展開原理 ——— 121 | ソーシャルワーク実践 —— 128 |
| 全国ひとり親世帯等調査 —— 321 | 相談援助専門職 ———— 66 | ソーシャルワーク実践介入のター |
| 全国ベビーシッター協会 —— 343 | ソーシャルアクション | ゲット ————— 114 |
| 全国保育サービス協会 —— 343 | ——— 77, 120, 128, 138 | ソーシャルワーク専門職のグロー |
| 全国老人クラブ連合会 —— 225 | ソーシャル・インクルージョン | バル定義 ——— 45, 46, 61 |
| 潜在化しているニーズ —— 119 | ————— 60, 61 | ソーシャルワーク面接の特性 — 122 |
| センサス —————— 7 | ソーシャル・エクスクルージョン | ソーシャルワーク理論 —— 102 |

索引

| | |
|---|---|
| 測定 | 15 |
| …の信頼性 | 15 |
| …の妥当性 | 15 |
| 測定誤差 | 14 |
| ソシオグラム | 143 |
| 組織 | 177 |
| …のサービスに対する考え | 191 |
| 組織的詐欺罪 | 423 |
| 措置 | 332, 337, 351, 374 |
| 措置制度 | 58 |
| ソロモン, B. | 54, 106, 108 |
| 尊厳の保持 | 58 |
| 尊厳欲求 | 176 |

## た

| | |
|---|---|
| ターゲット・システム | 101 |
| 第1号介護予防支援事業 | 282, 283 |
| 第1号通所事業 | 267 |
| 第1号被保険者 | 224, 248, 249, 252 |
| 第1号訪問事業 | 267 |
| 第1次貧困線 | 50 |
| 第1次予防 | 76 |
| 第一種社会福祉事業 | 167, 173 |
| 第1種少年院 | 427 |
| 体位変換 | 233 |
| 退院支援 | 65 |
| 待機児童 | 335 |
| 第三者委員 | 192 |
| 第三者提供の制限 | 146 |
| 第三者提供の特例 | 145 |
| 第3種少年院 | 427 |
| 第3次予防 | 76 |
| 大赦 | 428 |
| 貸借対照表 | 188 |
| 退所した者についての相談援助 | 332 |
| 対人関係の傾向 | 121 |
| 第2号被保険者 | 249, 250 |
| 第2次貧困線 | 50 |
| 第二種社会福祉事業 | 167, 335, 339, 358 |
| 第2種少年院 | 427 |
| 第2次予防 | 76 |
| ダイバーシティ | 196 |

| | |
|---|---|
| ダイバーシティ・マネジメント | 196 |
| 第8期介護保険事業計画 | 187 |
| 体罰 | 332, 354, 374 |
| 対比誤差 | 196 |
| 代表者会議 | 125 |
| 代表値 | 21 |
| 代弁 | 59, 129 |
| 代弁的機能 | 129 |
| 第4次犯罪被害者等基本計画 | 429 |
| 第4種少年院 | 427 |
| 代理受領 | 256 |
| 代理申請 | 252 |
| 高木憲次 | 324 |
| 他記式調査 | 15 |
| 滝乃川学園 | 324 |
| 他計式調査 | 15 |
| 竹内愛二 | 56 |
| 多肢選択法 | 17 |
| 多職種チーム | 78, 149 |
| 多職種の協働 | 284 |
| 多職種の連携 | 77, 241 |
| 多職種連携 | 194, 369 |
| タスク機能 | 78 |
| 多段抽出法 | 13 |
| 立入調査 | 351, 354 |
| 谷川貞夫 | 56 |
| タフト, J. | 104, 107 |
| ダブルカウント | 398 |
| ダブルバーレル質問 | 17 |
| 多変量解析 | 23 |
| 試しの機制 | 59 |
| 多様な主体が本制度に参入することを促進するための事業 | 342 |
| ダルク | 447 |
| 単位数 | 269 |
| 単一事例研究 | 150 |
| 単一事例実験計画法 | 117 |
| 単回帰分析 | 24 |
| 短期処遇 | 105 |
| 短期入所生活援助事業 | 336 |
| 短期入所生活介護 | 257 |
| 短期入所療養介護 | 257 |
| 短期療法 | 106 |
| 団結権 | 201 |

| | |
|---|---|
| 短時間労働者 | 200, 397 |
| 短時間労働者及び有期雇用労働者の雇用管理の改善等に関する法律 | 201 |
| 短時間労働者の雇用管理の改善等に関する法律 | 200 |
| 単純観察法 | 24 |
| 単純無作為抽出法 | 13 |
| 男女雇用機会均等法 | 200 |
| 単数回答方式 | 17 |
| 男性へのセクシュアルハラスメント防止対策 | 200 |
| 団体交渉 | 201 |
| 団体交渉権 | 201 |
| タンデムマス法 | 359 |
| 担当者会議 | 116 |
| 担当保護司 | 441 |
| 痰の吸引 | 269 |
| 単麻痺 | 230 |
| 断面的事例研究法 | 118 |

## ち

| | |
|---|---|
| 地域医療連携推進法人 | 174 |
| 地域型保育 | 340 |
| 地域型保育給付 | 340 |
| …の対象 | 340 |
| 地域ケア会議 | 284 |
| 地域ケア会議推進事業 | 267, 283 |
| 地域子育て支援拠点事業 | 335, 336, 342 |
| 地域子ども・子育て支援事業 | 340 |
| 地域支援事業 | 229, 244, 247, 263, 267, 283 |
| …の目的 | 265 |
| 地域障害者就労支援事業 | 409 |
| 地域障害者職業センター | 400, 403, 407 |
| 地域小規模児童養護施設 | 331 |
| 地域性 | 125 |
| 地域生活定着支援センター | 446 |
| …の業務 | 446 |
| …の職員 | 446 |
| …の対象者 | 446 |
| 地域生活定着促進事業 | 445 |

…の実施主体 —— 445
地域団体 —— 174
地域における医療及び介護の総合的な確保の促進に関する法律 —— 227
地域における医療及び介護の総合的な確保を推進するための関係法律の整備等に関する法律 —— 246
地域における公益的な取組み —— 169
地域に即した創意と工夫 —— 44
地域ネットワーク —— 132
地域の自主性及び自立性を高めるための改革の推進を図るための関係法律の整備に関する法律 —— 246, 290
地域分析と対応 —— 271
地域別最低賃金 —— 391
地域包括ケアシステム —— 245
地域包括支援センター —— 230, 244, 277, 278, 282, 283, 284, 285, 297
…の情報の公表 —— 275
…の職員 —— 65
地域包括支援センター運営協議会 —— 283
…の構成員 —— 283
地域密着型介護サービス費 —— 261
地域密着型介護予防サービス —— 263
地域密着型介護老人福祉施設 —— 262
地域密着型介護老人福祉施設入所者生活介護 —— 263
地域密着型サービス —— 224, 244, 246, 255, 260
地域密着型通所介護 —— 262
地域密着型特定施設 —— 262
地域密着型特定施設入居者生活介護 —— 262
地域密着型特別養護老人ホーム —— 289
地域若者サポートステーション —— 408
チーム —— 193
チームアプローチ —— 194
チームメンタルモデル —— 182
チェンジ・エージェント・システム —— 101

逐語化 —— 26
逐語記録 —— 142
知的障害児通園施設 —— 332
知的障害者 —— 60
…の刑務所出所後の帰住先 —— 441
地方公共団体 —— 166
…の責務 —— 349
地方更生保護委員会 —— 431, 438, 441, 442, 444
地方裁判所 —— 449, 450
地方再犯防止推進計画 —— 423
地方自治体（保険者）のための情報システム —— 149
チャイルドレス, J. F. —— 73
着脱の介助 —— 233
チャドウィック, E. —— 48
チャルマーズ, T. —— 49
チャンドラー, A. D. —— 178
中央更生保護審査会 —— 428
中央値 —— 21
仲介者としての機能 —— 57
中間的就労 —— 394
中心化傾向 —— 196
中断 —— 117
懲役 —— 423, 427
懲戒 —— 71, 354, 374
懲戒権 —— 344
聴覚・言語障害者 —— 235
…のコミュニケーション —— 236
調査員 —— 281
調査統計 —— 9
調整機能 —— 131
調整交付金 —— 246
町内会 —— 174
聴力検査 —— 235
直接的介入 —— 115
治療 —— 125
治療的グループワーク —— 51
治療的な行動グループワーク —— 134
治療モデル —— 103, 134
沈下性肺炎 —— 236
賃金 —— 197, 201
沈黙 —— 123

つ

対麻痺 —— 230
通告 —— 343, 348, 350, 368
通告義務 —— 354
通所介護 —— 257
通所型サービス —— 267
通所サービス —— 327
通所リハビリテーション —— 257
通知 —— 270
通報義務 —— 293, 297
杖歩行 —— 231
…の安全 —— 231
積立金 —— 189

て

ディーセント・ワーク —— 388
低栄養状態 —— 232
定款 —— 166, 167
定期巡回・随時対応型訪問介護看護 —— 260, 262
定期的要約記録 —— 142
ディスクロージャー —— 186
定年制の廃止 —— 223
定年の引上げ —— 223
テイラー, F. W. —— 175
デーケン, A. —— 240
データ管理 —— 11
デシ, E. —— 177
手順書 —— 195
デス・エデュケーション —— 240
手すり —— 243
デニスン, E. —— 49
デミングサイクル —— 181
デュボイス, B. —— 108
転移 —— 121
伝統的支配 —— 175
転入 —— 254
電話調査 —— 18, 19

と

トインビー・ホール —— 49, 324
同意 —— 353

473

動機づけ ── 126, 176
当期末支払資金残高 ── 190
統計委員会 ── 8
統計調査 ── 7
統計法 ── 8
統計法及び独立行政法人統計セン
ター法の一部を改正する法律 ── 8
統計法改正の目的 ── 8
瞳孔反射の消失 ── 241
ドゥ・シェイザー, S. D. ── 106, 108
当事者 ── 138
当事者組織 ── 138
投射効果 ── 196
統制群実験計画法 ── 117
統制的観察法 ── 24
トータルペイン ── 240
トーマス, E. ── 108
トール, C. ── 63, 104
ドキュメント分析 ── 26
特赦 ── 428
特殊児童学校 ── 324
特性理論 ── 183
独善的専門集団 ── 65
特定医療法人 ── 173
特定介護予防福祉用具 ── 265
特定介護予防福祉用具販売 ── 265
特定求職者 ── 390
特定施設 ── 249, 257
特定施設入居者生活介護
── 257, 287, 290
特定疾病 ── 251
特定社会福祉法人 ── 169
特定少年 ── 423, 425
特定入所者介護サービス費
── 250, 265
特定入所者介護予防サービス費
── 265
特定入所障害児食費等給付費 ── 333
特定妊婦 ── 336, 343
特定非営利活動促進法 ── 171
特定非営利活動法人 ── 170
…の役員 ── 172
特定非営利活動法人に関する実態
調査 ── 171
特定福祉用具 ── 258

特定福祉用具販売 ── 257
特別会計 ── 248, 271
特別区 ── 271, 371
特別支援学校 ── 409
特別支援学校高等部 ── 390
特別児童扶養手当 ── 362
特別児童扶養手当等の支給に関す
る法律 ── 327, 362
特別児童扶養手当法 ── 362
特別遵守事項 ── 431, 436
特別障害者手当 ── 362
特別調整 ── 451
特別養護老人ホーム
── 259, 262, 274, 285, 286, 294
…に必ずおかなければならない職
員 ── 289
…の入所要件 ── 288
特別養護老人ホームの基本方針
── 289
特別養子縁組 ── 199
特別養子縁組あっせん法 ── 347
匿名加工情報 ── 144, 146
匿名加工情報取扱事業者 ── 144
独立型社会福祉士 ── 72
独立行政法人等個人情報保護法
── 146
独立行政法人等の保有する個人情
報の保護に関する法律 ── 146
独立変数 ── 15
特例子会社制度 ── 399
特例サービス ── 256
特例認定制度 ── 362
特例認定特定非営利活動法人 ── 172
読話 ── 236
閉ざされた質問 ── 123
都市型軽費老人ホーム ── 291
閉じた質問 ── 123
度数 ── 20
度数分布 ── 20
度数分布表 ── 20
特許主義 ── 166
トップダウン型 ── 175
都道府県 ── 272, 273, 371, 402
…の業務 ── 366
都道府県介護保険事業支援計画

── 273
都道府県交付金 ── 247
都道府県児童福祉審議会 ── 345, 353
都道府県社会福祉協議会 ── 192
都道府県知事 ── 367
都道府県賃貸住宅供給促進計画
── 302
都道府県福祉人材センター ── 225
都道府県労働局 ── 401, 409
ドナベディアン, A. ── 191
ドミネリ, L. ── 108, 109
ドメイン ── 180
留岡幸助 ── 324
ドメスティック・バイオレンス
── 322, 355
トライアル雇用 ── 392
トライアンギュレーション ── 27
ドラッカー, P. F. ── 196
トランスクリプト ── 26
ドルゴフ, R. ── 73
トレーサビリティの確保 ── 147
トレッカー, H. B. ── 51, 54, 133
トレンド調査 ── 14
ドロール, R. ── 100
トロッター, C. ── 127
泥棒洞窟実験 ── 182
トワイライトステイ ── 336

## な

内閣府国民生活局 ── 186
内的キャリア ── 178
内発的報酬 ── 177
内発的モチベーション ── 177
内部環境 ── 179
内部監査 ── 186
内部統制 ── 203
内部留保 ── 189
内容理論 ── 176
永井三郎 ── 51
ナラティブ・アプローチ ── 106, 108
ナレッジマネジメント ── 195
難聴者とのコミュニケーション
── 235

## に

| | |
|---|---|
| ニーズ | 47, 75, 112, 119 |
| ニーズ優先アプローチ | 124 |
| ニート | 43 |
| ニィリエ，B. | 60 |
| 二元配置分散分析 | 23 |
| 二次判定 | 253, 281 |
| 二重否定文 | 18 |

2015年の高齢者介護～高齢者の尊
厳を支えるケアの確立に向けて～
― 227

2025年に向けた介護人材の確保
― 225

| | |
|---|---|
| 日常生活自立支援 | 391 |
| 日常生活自立支援事業 | 284 |
| 日常生活動作 | 110 |
| ニッポン一億総活躍プラン | 227 |
| 二点歩行 | 231 |
| 2年間の保護観察 | 425 |

日本医療ソーシャルワーカー協会
― 72

| | |
|---|---|
| 日本国憲法 | 390 |
| 日本司法支援センター | 446 |
| 日本社会福祉士会 | 72 |
| …の倫理綱領 | 61, 67 |

日本スクールソーシャルワーク協
会 ― 72

| | |
|---|---|
| 日本精神保健福祉士協会 | 45 |
| 日本ソーシャルワーカー協会 | 71 |
| 日本の世帯数の将来推計 | 221 |
| 乳児 | 325, 358 |
| 乳児院 | 329, 369 |
| …の職員 | 330 |

乳児家庭全戸訪問事業
― 335, 336, 342

| | |
|---|---|
| 乳児死亡の原因 | 320 |
| 乳児死亡率 | 320 |
| ニューステッター，W. | 51 |
| ニュー・ディール政策 | 50 |
| 入浴 | 232 |
| 入浴介助 | 232 |
| 二要因理論 | 176 |
| 尿路感染症 | 236 |
| ニルジェ，B. | 60 |

| | |
|---|---|
| 認可外保育施設 | 342 |
| 認可主義 | 166, 173 |
| 認可保育所の設置者 | 338 |
| 人間関係志向型 | 184 |
| 人間尊重 | 102 |
| 人間の社会性 | 102 |
| 人間の尊厳 | 70 |
| 人間の福利 | 47 |
| 妊産婦 | 328 |
| 妊産婦死亡率 | 320 |
| 妊産婦等の特則 | 197 |
| 認識論 | 106 |
| 認証主義 | 166, 170 |
| 認知行動療法 | 105 |
| 認知症 | 237 |
| …の行動・心理症状 | 237 |
| …の中核症状 | 237 |
| 認知症介護の目標 | 237 |
| 認知症カフェ | 239 |
| 認知症居宅要介護者 | 262 |
| 認知症ケアパス | 239 |
| 認知症高齢者 | 43, 237 |
| …の家族へのケア | 239 |
| 認知症サポーター | 239, 268, 280 |

認知症サポーター活動促進・地域
づくり推進事業 ― 268

認知症サポーター等養成事業実施
要綱 ― 239

認知症サポーター100万人キャラ
バン ― 227

| | |
|---|---|
| 認知症サポーター養成研修 | 280 |
| 認知症サポーター養成事業 | 239 |
| 認知症施策推進5か年計画 | 239 |
| 認知症施策推進総合戦略 | 227 |

認知症施策推進総合戦略～認知症
高齢者等にやさしい地域づくりに
向けて～ ― 239

| | |
|---|---|
| 認知症施策推進大綱 | 240, 268 |
| 認知症者 | 225 |
| 認知症初期集中支援チーム | 239 |
| 認知症総合支援事業 | 239, 267, 283 |
| 認知症対応型共同生活介護 | 262 |
| 認知症対応型通所介護 | 262 |

認知症対応型老人共同生活援助事
業 ― 291

| | |
|---|---|
| 認知症地域支援・ケア向上事業 | |
| | 239 |
| 認知症地域支援推進員 | 239 |
| 認知症日常生活自立度Ⅱ | 294 |

認知症の人の日常生活・社会生活
における意思決定支援ガイドライ
ン ― 227

| | |
|---|---|
| 認定結果通知 | 254 |
| 認定個人情報保護団体制度 | 147 |
| 認定こども園 | 339 |
| 認定こども園法 | 325, 339 |
| 認定社会福祉士 | 44 |
| 認定上級社会福祉士 | 44 |
| 認定調査 | 243 |
| …の項目 | 253 |
| 認定調査員 | 281 |
| 認定特定非営利活動法人 | 172 |

認定特定非営利活動法人制度
― 171, 172

| | |
|---|---|
| 妊婦健康診査 | 342 |

## ね

| | |
|---|---|
| ネイバーフッド・ギルド | 50 |
| ネグレクト | 349 |
| ネゴシエーター | 128 |
| 寝たきり | 236 |
| ネットワーキング | 130 |
| ネットワーク | 129 |
| ネットワークづくり | 125, 127 |
| 年間収入 | 321 |
| 年功給 | 201 |
| 年少人口 | 221, 320 |

## の

| | |
|---|---|
| 能動的権利 | 326 |
| 能力開発事業 | 390 |
| ノーマライゼーション | 60, 102 |
| …の原理 | 60 |

「ノーマライゼーション原則の人
間的施設管理への応用」 ― 60

『ノーマリゼーション―福祉サー
ビスの本質』 ― 61

| | |
|---|---|
| 野口幽香 | 324 |

野中郁次郎 ——— 195
ノンレム睡眠 ——— 236, 237

## は

バーカー, R. L. ——— 47
パーキンソン病 ——— 232
バーグ, I. K. ——— 106, 108
ハーシー, P. ——— 183, 184
ハーズバーグ, F. ——— 176
パーセンタイル ——— 21
パーソナル質問 ——— 16
パートタイム・有期雇用労働法
——— 201
パートタイム労働法 ——— 200, 201
パートナーシップ ——— 121
ハートビル法 ——— 297
ハートマン, A. ——— 54, 106, 108, 143
バートレット, H. ——— 53, 56
バーナード, C. I. ——— 177
バーナード, T. J. ——— 324
バーナードホーム ——— 324
バーネット, S. ——— 324
バーネット夫妻 ——— 49
ハーフカウント ——— 398
パールマン, H. H. ——— 53, 56, 104, 107
バーンアウト ——— 139, 202
バーンアウト・シンドローム ——— 140
バーン, E. ——— 143
バーンズ, T. ——— 177
バイアス質問 ——— 18
徘徊 ——— 237
媒介的機能 ——— 129
媒介モデル ——— 134
倍加年数 ——— 221
廃業の届出 ——— 274
配偶者からの暴力 ——— 322, 355
配偶者からの暴力の防止及び被害
者の保護等に関する法律 ——— 355
配偶者暴力相談支援センター ——— 356
売春防止法 ——— 364
バイステック, F. P. ——— 53, 67
排泄 ——— 234
…の介護 ——— 234
配置換え ——— 194

配票調査 ——— 18, 19
ハインリッヒの法則 ——— 193
ハウス, R. ——— 183, 184
博愛事業に関する講習会 ——— 51
白亜館会議 ——— 323
パス・ゴール理論 ——— 183
外れ値 ——— 20
パターナリズム ——— 102
働き方改革関連法 ——— 201
働き方改革を推進するための関係
法律の整備に関する法律 ——— 201
波長合わせ ——— 115, 136
発声障害 ——— 236
パネル調査 ——— 14
パネルデータ ——— 14
パネルの消耗 ——— 14
ハミルトン, G.
——— 53, 75, 104, 107, 141
パラレルプロセス ——— 140
バランス・スコアカード ——— 179
バリアフリー ——— 297
バリアフリー基本構想 ——— 298
バリアフリー新法 ——— 297, 298
バリデーション ——— 238
ハル・ハウス ——— 50, 324
ハロー効果 ——— 196
ハローワーク
391, 392, 398, 401, 402, 403, 405,
408, 409
…の職員 ——— 406
パワーハラスメント ——— 200
範囲 ——— 21
バンク-ミケルセン, N. ——— 60
半構造化面接 ——— 25
犯罪 ——— 67
犯罪者の処遇 ——— 420
犯罪者予防更生法 ——— 421, 430
犯罪少年 ——— 425
犯罪被害者等基本法の基本理念
——— 429
犯罪被害者等基本計画 ——— 429
犯罪被害者等基本法 ——— 429
犯罪被害者等給付金の支給等によ
る犯罪被害者等の支援に関する法
律 ——— 429

犯罪被害者等施策 ——— 429
犯罪被害者等の権利利益の保護を
図るための刑事手続に付随する措
置に関する法律 ——— 429
犯罪予防活動 ——— 420, 430
犯罪をした者及び非行のある少年
に対する社会内における処遇に関
する規則 ——— 437
判断力の障害 ——— 237
反復実験計画法 ——— 118

## ひ

ピアカウンセリング ——— 110
ピア・スーパービジョン ——— 140
ピアソンの積率相関係数 ——— 22
ヒートショック ——— 241
非営利法人 ——— 173, 174
被害者担当官 ——— 441, 446
被害者担当保護司 ——— 441, 446
被害者等通知制度 ——— 429
非確率標本抽出 ——— 13
被虐待児童の年齢 ——— 322
非言語的コミュニケーション ——— 123
非行 ——— 425
非公式組織 ——— 176
非構造化面接 ——— 25
非行相談 ——— 372
非参与観察法 ——— 24
ビジネスコーチング ——— 196
非自発的クライエント ——— 126
非正規雇用者 ——— 223
非正規社員 ——— 388
被措置児童虐待 ——— 354
筆談 ——— 236
否定疑問文 ——— 18
悲田院 ——— 324
非統制的観察法 ——— 24
人—環境のソーシャルワーク実践
——— 100
人と環境との関係 ——— 74
ひとり親家庭 ——— 360
一人暮らし高齢者世帯 ——— 222
一人暮らし高齢者率 ——— 222
一人暮らしの女性高齢者 ——— 222

| | |
|---|---|
| 泌尿器系ストーマ | 234 |
| 非標本誤差 | 14 |
| 被保険者 | 249 |
| 被保険者資格の取得 | 249 |
| 被保険者資格の喪失 | 249 |
| 被保険者証 | 253 |
| 被保護者就労支援事業 | 391 |
| 被保護者就労準備支援事業 | 391 |
| 被保佐人 | 278 |
| 秘密の保護 | 8 |
| 秘密の保持 | 10 |
| 秘密保持義務 | 44, 350 |
| ビューチャンプ, T. L. | 73 |
| ヒューマニズム的モデル | 136 |
| 費用 | 189 |
| 病院 | 249, 257 |
| 評価 | 116, 117, 137 |
| …を行う場合の問題 | 196 |
| 評議員 | 168, 169 |
| 評議員会 | 168 |
| 病児保育事業 | 335, 337, 342 |
| 標準偏差 | 21 |
| 表側項目 | 22 |
| 表頭項目 | 22 |
| 平等主義・機会均等の思想 | 102 |
| 費用の配分 | 189 |
| 標本 | 13 |
| 標本誤差 | 13 |
| 標本抽出 | 13 |
| 標本調査 | 12 |
| 標本標準偏差 | 22 |
| 標本平均 | 21 |
| 開かれた質問 | 123 |
| ピラミッド型組織 | 175 |
| 比率尺度 | 16 |
| 比例尺度 | 16 |
| びわこ学園 | 324 |
| ピンカス, A. | 64, 75, 101 |
| 『貧困―都市生活の研究』 | 49 |
| 貧困の再発見 | 56 |
| 貧困問題 | 126 |
| 品質マネジメントシステム | 181 |

## ふ

| | |
|---|---|
| ファミリー・サポート・センター事業 | 335, 342 |
| ファミリーソーシャルワーカー | 369 |
| ファミリーホーム | 348 |
| ファミリーマップ | 143 |
| フィードバック面談 | 196 |
| フィードラー, F. E. | 183, 184 |
| フィールド・ソーシャルワーカー | 65 |
| ブース, C. | 49 |
| ブース, W. | 49 |
| フェイスシート | 16, 141 |
| フェデリ, R. | 63 |
| フェミニストアプローチ | 108, 109 |
| フォーカスグループインタビュー | 25 |
| フォーマルな援助 | 130 |
| フォローアップ | 119 |
| フォロワー | 139 |
| フォロワーシップ理論 | 183 |
| 部下の成熟度 | 184 |
| 賦課率 | 250 |
| 福井達雨 | 324 |
| 複合型サービス | 263 |
| 複合型サービス福祉事業 | 291 |
| 複合技術実験計画法 | 118 |
| 複合ベースライン実験計画法 | 118 |
| 福祉医療機構 | 148 |
| 福祉型児童発達支援センター | 329 |
| 福祉型障害児入所施設 | 328 |
| 福祉活動専門員 | 67 |
| 福祉、教育、医療から雇用への移行推進事業 | 409 |
| 福祉行政報告例 | 334 |
| 福祉サービス | 166 |
| 福祉サービス第三者評価 | 191 |
| 福祉サービス第三者評価事業に関する指針 | 191 |
| 福祉サービス第三者評価制度 | 191 |
| 福祉サービスにおける危機管理（リスクマネジメント）に関する取り組み指針 | 193 |

| | |
|---|---|
| 福祉サービスにおける第三者評価事業に関する報告書 | 191 |
| 福祉事務所 | 343, 350, 356, 368, 391, 392, 401, 405 |
| 福祉事務所における就労支援員を活用した就労支援プログラム | 405 |
| 福祉専門職との連携支援事業 | 391 |
| 福祉的就労 | 394 |
| 福祉の措置の実施者 | 226 |
| 福祉のまちづくり活動 | 131 |
| 福祉部門担当コーディネーター | 405 |
| 福祉分野における個人情報保護に関するガイドライン | 147 |
| 福祉分野における情報 | 148 |
| 福祉用具 | 258 |
| 福祉用具情報システム | 149 |
| 福祉用具専門相談員 | 280 |
| 福祉用具貸与 | 257 |
| 福祉用具の研究開発及び普及の促進に関する法律 | 280 |
| 複数回答方式 | 17 |
| 複数事例研究 | 150 |
| 複数選択法 | 17 |
| 不合理な労働条件 | 198 |
| 負債 | 188 |
| 父子家庭 | 357 |
| 父子家庭日常生活支援事業 | 358 |
| 父子家庭の父 | 361 |
| 父子世帯数 | 321 |
| 父子福祉資金制度 | 357 |
| 婦人相談所 | 364 |
| 婦人相談所長 | 365 |
| 婦人保護施設 | 249, 364 |
| 婦人補導院からの仮退院 | 439 |
| 婦人補導院仮退院者 | 433 |
| 不正 | 274 |
| 二葉幼稚園 | 324 |
| 普通徴収 | 249 |
| 復権 | 428 |
| 不当な差別的扱いの禁止 | 396 |
| ブトゥリム, Z. | 102 |
| 負の相関 | 22 |
| 部分化 | 104 |
| 部分清拭法 | 232 |

| | | |
|---|---|---|
| 不偏標本分散 —— 21 | 平行過程の原則 —— 136 | …の委託 —— 282 |
| 不満足促進要因 —— 176 | 平行的観察記録法 —— 143 | 包括的モデル —— 125 |
| 扶養義務者 —— 346 | 並行面接 —— 123 | 報酬 —— 177 |
| プライバシー権 —— 147 | ベイトマン, N. —— 59 | 報奨金 —— 398 |
| プライバシーの尊重 —— 10 | ベースライン期 —— 118 | 法人 —— 185 |
| プライバシー保護と個人データの国際流通に関するガイドライン —— 148 | ベーデン-パウエル, R. —— 48 | 法定雇用障害者数 —— 398 |
| | ベーム, W. W. —— 57 | 法定雇用率 —— 396 |
| フランクリン, C. —— 75 | ヘスケット, J. S. —— 191 | 法定雇用率達成企業割合 —— 389 |
| ブランチャード, K. —— 183, 184 | ヘップワース, D. H. —— 73 | 法定代理受領 —— 185 |
| プランニング —— 112 | ヘドバーグ, B. —— 178 | 法定労働時間 —— 197 |
| プランニングシート —— 141 | ベルタランフィ, L. von —— 100 | 法テラス —— 446 |
| フリーター —— 389 | ヘルパー・セラピー原則 —— 138 | 法務省 —— 431 |
| ブリーフセラピー —— 106 | 変革型リーダーシップ理論 —— 183 | 法務大臣が指定する施設 —— 434 |
| プリコーディング —— 18 | 変化の可能性の尊重の原理 —— 102 | 方面委員制度 —— 51 |
| プリコード —— 18 | 弁護士 —— 371, 446 | 訪問介護 —— 256 |
| 不良行為少年 —— 321 | 弁護的機能 —— 56 | 訪問介護員 —— 279 |
| 浮力 —— 232 | 変数 —— 15 | 訪問介護サービス —— 279 |
| ブルーム, V. —— 177 | 便秘 —— 234 | 訪問型サービス —— 267, 355 |
| ブレイク, R. R. —— 183 | 変量 —— 15 | 訪問看護 —— 256 |
| フレイル —— 229 | | 訪問入浴介護 —— 256 |
| フレーベル, F. —— 324 | **ほ** | 訪問面接調査 —— 15, 18, 19 |
| フレキシキュリティ —— 388 | | 訪問リハビリテーション —— 256 |
| プレゼンテーション —— 133 | 保育 —— 340 | 暴力防止プログラム —— 435 |
| フレックスナー, A. —— 51, 63 | …を必要とする場合 —— 337 | ボウルビィ, J. —— 324 |
| フロイト, S. —— 55 | 保育士 —— 186 | 法令 —— 197 |
| ブローカー —— 128 | …の資格 —— 368 | ボーイスカウト —— 48, 51 |
| プログラム —— 137 | …の定義 —— 368 | ボーエン, M. —— 143 |
| プログラム活動 —— 137 | 保育時間 —— 338 | ボーザンキット, H. —— 49 |
| プログラム計画 —— 137 | 保育士試験 —— 368 | ホーソン実験 —— 176 |
| プロジェクト組織 —— 175 | 保育所 —— 329, 337, 340 | ポーター, M. E. —— 179 |
| プロセス評価 —— 119 | …の人員基準 —— 337 | ポーター, L. W. —— 177 |
| フロランド, C. —— 130 | …の設置者 —— 338 | ポータブルトイレ —— 241 |
| フロントシート —— 141 | …の利用児童数 —— 339 | 保健師 —— 283 |
| ブロンフェンブレンナー, U. —— 151 | …への入所の仕組み —— 337 | 保健事業 —— 226, 229 |
| 分散 —— 21 | 保育所等訪問支援 —— 327, 333 | 保健所 —— 368 |
| 分散分析 —— 23 | 保育短時間 —— 338 | 保健相談 —— 372 |
| 文書化 —— 114, 141 | 保育標準時間 —— 338 | 保健福祉事業 —— 271 |
| | 保育料の収納事務 —— 338 | 保険料の徴収 —— 248 |
| **へ** | 放課後子供教室 —— 336 | 保険料の連帯納付義務 —— 249 |
| | 放課後児童クラブ —— 335, 336, 342 | 保護観察 —— 420, 426, 430, 439, 443 |
| ベア, B. —— 63 | 放課後児童健全育成事業 —— 335, 342 | 保護観察官 —— 437, 441 |
| 平均寿命 —— 221 | 放課後等デイサービス —— 327, 333 | 保護観察所 |
| 平均所得金額 —— 222 | 包括的・継続的ケアマネジメント支援業務 —— 267, 283 | —— 430, 431, 438, 441, 446, 449 |
| 平均値 —— 21 | 包括的支援事業 —— 247, 283 | …による犯罪予防活動 —— 430 |
| | | …の長 —— 431, 441, 442, 443, 444, 450 |

保護観察処分少年 —— 433
保護観察対象者 —— 431
保護観察付執行猶予者 —— 433
保護区 —— 441, 442
保護司 —— 420, 437, 441, 442, 447
…の給与 —— 442
…の資格要件 —— 442
…の職務 —— 442
…の選任要件 —— 442
…の任期 —— 442
…の身分 —— 442
保護司会 —— 447
保護司法 —— 430
保護者 —— 328
…に対する指導 —— 352
…による児童虐待 —— 366
…の同意 —— 352
…への指導 —— 352
保護処分 —— 426, 427
保護的機能 —— 129
保護命令 —— 356
保護を要する児童 —— 326
母子及び寡婦福祉法 —— 356
母子及び父子並びに寡婦福祉法
—— 325, 327, 357
母子家庭等就業・自立支援セン
ター —— 402
母子家庭等就業・自立支援セン
ター事業 —— 357
母子家庭日常生活支援事業 —— 358
母子家庭の母及び父子家庭の父の
就業の支援に関する特別措置法
—— 321
母子健康手帳 —— 358, 359
母子健康包括支援センター —— 358
ポジションベース型戦略 —— 180
母子生活支援施設 —— 329, 330, 332
母子世帯数 —— 321
母子世帯のひとり親になった理由
—— 321
母子福祉資金 —— 357
母子福祉法 —— 356
母子・父子休養ホーム —— 357
母子・父子自立支援員 —— 357
母子・父子福祉施設 —— 357

母子・父子福祉センター —— 357
母子・父子福祉団体 —— 357
母子保健法 —— 325, 327, 358
母子保護の実施 —— 332
母集団 —— 12
母子寮 —— 330
ポストモダン —— 57
ホスピタリズム —— 324
補聴器 —— 235
ボディメカニクス —— 230
補導援護 —— 430, 434, 436
ホメオスタシス —— 100
保有個人データ —— 146
ボランタリー —— 102
ホリス, F. —— 53, 75, 104, 107
ホリステックアプローチ —— 75
ホレッシ, C. R. —— 47
ホワイト, M. —— 108
ホワイトハウス会議 —— 323

## ま

マーケティング —— 190
マイヤー, C. H. —— 112
マイルズ, A. —— 56
マクスリー, D. P. —— 124
マクリード, E. —— 108, 109
マグレガー, D. —— 176
マクレランド, D. —— 176
マクロ・ソーシャルワーク —— 63
マクロレベル —— 141, 151
マグワァイア, L. —— 130
マズロー, A. —— 176
マックゴーワン, B. G. —— 62
マッピング —— 143
マッピング技法 —— 143
マティソン, M. —— 62
マトリックス組織 —— 175
マニュアル —— 195
マネジャー —— 129
マネジリアル・グリッド —— 183
マネジリアル・グリッド論 —— 183
麻痺 —— 230, 231, 233
守るべき事項 —— 450
マルサス, T. —— 48

マルシオ, A. N. —— 47
マルチシステム —— 77
マルチパーソン援助システム —— 77
マルチパーソンクライエントシス
テム —— 77
マルチメソッドアプローチ —— 57
満足促進要因 —— 176

## み

見えざる手 —— 48
ミクロ・ソーシャルワーク —— 63
ミクロレベル —— 141, 151
未熟児 —— 325
未熟児訪問指導 —— 359
未熟児養育医療 —— 359
水上勉 —— 324
三隅二不二 —— 183
未成年後見人 —— 328, 344
…の解任 —— 373
…の選任 —— 373
…の選任の請求 —— 374
ミックス法 —— 27
ミッション —— 179
ミナハン, A. —— 64, 75, 101
身元保証人確保対策事業 —— 337
三好豊太郎 —— 51
ミラーソン, G. —— 64
ミラクル・クエスチョン —— 109
ミルフォード会議 —— 55
ミルン, D. L. —— 114
ミレイ, K. —— 76, 108
民間あっせん機関による養子縁組
のあっせんに係る児童の保護等に
関する法律 —— 347
民間企業 —— 389
…における障害者の実雇用率 —— 389
民間協力者 —— 443
民主社会の思想 —— 102
民主主義 —— 102
民生委員 —— 292, 367
民生委員・児童委員選任要領 —— 367
ミンツバーグ, H. —— 179

## む

| | |
|---|---|
| ムートン, J. S. | 183 |
| 無期刑 | 425 |
| 無期労働契約 | 198 |
| 無作為抽出法 | 13 |

## め

| | |
|---|---|
| 名義尺度 | 16 |
| 名称独占 | 43 |
| メイヨー, G. E. | 176 |
| メズィック, J. M. | 105, 107 |
| メゾ・ソーシャルワーク | 63 |
| メゾレベル | 141, 151 |
| メタ・アナリシス法 | 118 |
| メディエーター | 128 |
| 面会 | 294 |
| 面会等の制限 | 352 |
| 面接 | 116, 121, 122 |
| …の形態 | 123 |
| 面接技術 | 122 |
| 面接法 | 25 |
| メンター | 196 |
| メンタリング | 196 |
| メンタルケアの原則 | 238 |
| メンタルヘルス対策 | 202 |
| メンタルヘルス不全 | 202 |
| メンタルモデル | 182 |
| 面談 | 196 |
| メンティ | 196 |
| メンテナンス機能 | 78 |

## も

| | |
|---|---|
| 妄想 | 237 |
| 盲難聴 | 235 |
| 盲ろう者 | 235 |
| 燃えつき症候群 | 139 |
| 目標管理制度 | 196 |
| 目標達成 | 183 |
| 目標の設定 | 113 |
| 持分 | 166 |
| 持分の定めのある社団医療法人 | 173 |

| | |
|---|---|
| モチベーション | 176, 177 |
| モデル | 110 |
| モニター調査 | 19 |
| モニタリング | 116, 278 |
| …の手続きの流れ | 116 |
| 物語モデル | 106 |
| モラルハザードを予防する機能 | 73 |
| 森島峰 | 324 |
| 問題解決アプローチ | 104, 107 |
| 問題解決型チーム | 193 |
| モンテッソーリ, M. | 324 |

## や

| | |
|---|---|
| 夜間対応型訪問介護 | 262 |
| 夜間養護等事業 | 336 |
| 薬剤の服用 | 234 |
| 約束 | 136 |
| 薬物再乱用防止プログラム | 435 |
| 薬物事犯累犯者 | 435, 436 |
| 雇止め法理 | 198 |
| 山室軍平 | 49 |

## ゆ

| | |
|---|---|
| 友愛訪問 | 49, 51 |
| 有意抽出法 | 13 |
| 有期契約労働者 | 199 |
| 有機的管理システム | 177 |
| 有効求人倍率 | 388 |
| 郵送調査 | 15, 18, 19 |
| 誘導質問 | 17 |
| 有料老人ホーム | 256, 257, 262, 287, 300 |
| …の入居者保護 | 287 |
| ユニタリーアプローチ | 108, 109 |
| ユニバーサルデザイン | 297 |
| ユニバーサルデザイン政策大綱 | 298 |
| ユヌス, M. | 181 |

## よ

| | |
|---|---|
| 養育里親 | 345, 346 |

| | |
|---|---|
| 養育支援訪問事業 | 335, 336, 342 |
| 養育者 | 361 |
| 要員計画 | 194 |
| 要介護更新認定 | 254 |
| 養介護事業 | 292 |
| 養介護施設 | 292 |
| 養介護施設従事者等による虐待 | 294 |
| …の種別・類型 | 294 |
| 養介護施設従事者等による高齢者虐待 | 294 |
| …の防止 | 297 |
| 要介護者 | 251 |
| 要介護者等のいる世帯 | 224 |
| 要介護状態 | 199, 250 |
| …の区分 | 271 |
| 要介護度の変更の認定 | 254 |
| 要介護認定 | 243, 252 |
| …の取消し | 254 |
| …の有効期間 | 254 |
| 要介護認定等基準時間 | 253 |
| 養護者に対する支援 | 292 |
| 養護者による虐待 | 294 |
| …の発生要因 | 294 |
| 養護受託 | 286 |
| 養護相談 | 372 |
| 養護老人ホーム | 249, 256, 257, 262, 286, 289 |
| …の入所措置基準 | 289 |
| …の入所年齢 | 290 |
| …の入所要件 | 288 |
| 幼児 | 325, 358 |
| 養子縁組里親 | 199, 345, 346 |
| 養子縁組の届出 | 347 |
| 養子縁組を前提としない里親 | 345 |
| 要支援更新認定 | 254 |
| 要支援児童 | 336, 343 |
| 要支援者 | 252, 266 |
| 要支援状態 | 250 |
| 要支援度の変更の認定 | 254 |
| 要支援認定 | 243, 252 |
| …の取消し | 254 |
| …の有効期間 | 254 |
| 要素的賃率決定制度 | 175 |
| 幼稚園 | 325, 340 |

要配慮個人情報 —————— 146
要保護児童 ———— 326, 343, 368
要保護児童対策地域協議会
———————————— 343, 355
…のモデル —————————— 369
要保護児童対策調整機関 ——— 343
幼保連携型認定こども園 — 329, 339
…の設置者 —————————— 339
要約記録 ————————————— 142
要約体 ——————————————— 142
ヨーク市貧困調査 ——————— 49
『ヨーロッパの労働者』 ——— 49
抑うつ ——————————————— 237
欲求5段階説 ————————— 176
欲求理論 ————————————— 176
予定調和の原則 ———————— 102
予防機能 ——————————————— 76
予防給付 ————————————— 254
予防重視型システム ————— 244
予防的な活動 ————————— 119
与薬方法 ————————————— 234
世論調査 ——————————————— 7

## ら

ライフイベント ———————— 151
ライフサポートアドバイザー — 300
ライブ・スーパービジョン — 140
ライン・アンド・スタッフ組織
———————————————————— 175
ライン組織 ——————————— 175
ラウントリー, B. S. ————— 49
ラップ, C. ——————————— 103
ラベル ——————————————— 26
ラポート ————————————— 121
ラポール ————————— 25, 121
…の形成 ————————————— 121
ラポポート, L. ———————— 107
ランク, O. ————————— 55, 104
ランバート, M. J. ——————— 47

## り

リーガルアドボカシー ——— 129
リースマン, F. ———————— 138

リーダーシップ ———————— 183
…の行動理論 ————————— 183
…の条件適合理論 —————— 183
リーダーシップM行動 ——— 184
リーダーシップP行動 ——— 184
リーダーシップ理論 ————— 183
リード, W. J. ————— 105, 107
リーマー, F. G. ———————— 73
力動的診断 ——————————— 56
理事 ———— 166, 168, 169, 171
理事会 ————— 166, 168, 171
理事長 ————————— 168, 173
離職した介護福祉士 ————— 225
リスク ——————————————— 192
リスクコントロール ————— 192
リスクファイナンス ——— 192, 193
リスクマネジメント ——— 151, 192
リッカート尺度 ————————— 17
リッカート法 ——————————— 17
リッチモンド, M. E. ——— 50, 53
リップナック・スタンプス夫妻
———————————————————— 130
リバーマン, R. P. —————— 105
リファーラル ————————— 126
留置調査 ——————— 15, 18, 19
流動資産 ————————————— 188
流動負債 ————————————— 188
利用者 ——————————————— 281
…の権利擁護 ——————————— 78
…の尊厳を支える介護 ——— 228
…の同意 ————————————— 278
利用者支援事業 ———————— 342
利用者指向モデル —————— 125
利用者本位 ——————————— 58
利用制度 ————————————— 58
量的研究 ————————————— 150
量的調査 ——————————————— 12
両面価値 ————————————— 121
療養病床 ————————————— 260
理論・概念主導型 —————— 150
理論生成型 ——————————— 150
理論的飽和 ——————————— 26
リンケージ ——————————— 126
臨検 ——————————————— 351
臨床型モデル ————————— 125

臨床診断 ————————————— 56
リンデマン, E. ———————— 105
隣保館活動 ——————————— 51
隣友運動 ————————————— 49
倫理 ——————————————— 67
倫理基準 ——————————————— 71
倫理規程 ——————————————— 10
倫理綱領 ————— 58, 65, 67, 73
倫理的指針選別順位 ————— 73
倫理的ジレンマ ————— 72, 73
倫理に反する行為 —————— 67

## る

累積相対度数 ————————— 20
累積度数 ————————————— 20
ルーズベルト, F. ——————— 50
ルソー, J. J. ————————— 324
ル・プレー, F. ———————— 49

## れ

レイヴ, J. ——————————— 178
レイザー, W. ————————— 190
レヴィ, C. ——————————— 64
レヴィン, K. ————— 138, 181
レジデンシャル・ソーシャルワー
カー ——————————————— 65
レスパイトケア ———————— 348
レスポンス ——————————— 109
レスリスバーガー, F. J. ——— 176
劣等処遇の原則 ———————— 48
レビー小体型認知症 ——— 237, 238
レム睡眠 ————————— 236, 237
連携 ———————— 44, 131, 132
連帯感 ——————————————— 135

## ろ

労災保険 ————————————— 202
老人憩の家 ——————————— 287
老人医療費 ——————————— 226
…の無料化 ——————————— 285
老人医療費支給制度 ————— 226
老人医療無料化 ———————— 226

老人家庭奉仕員派遣制度 ——— 226
老人休養ホーム ——— 287
老人居宅介護等事業 ——— 286, 291
老人居宅生活支援事業 ——— 291
老人クラブ ——— 287
老人週間 ——— 286
老人性難聴 ——— 235
老人短期入所事業 ——— 291
老人短期入所施設 ——— 286
老人デイサービス事業 ——— 291
老人デイサービスセンター ——— 286
老人の日 ——— 286
老人福祉事業 ——— 291
…の量 ——— 292
老人福祉施設 ——— 249, 286
老人福祉センター ——— 286
老人福祉に関する基本原理 ——— 285
老人福祉法 ——— 225, 284, 292
…の基本的理念の改正 ——— 286
…の措置 ——— 291, 294
…の措置の実施者 ——— 286
…の措置の対象 ——— 286
…の目的 ——— 285
…の有料老人ホーム ——— 300
老人訪問看護制度 ——— 226

老人ホームの入所 ——— 286
老人保健制度 ——— 226
老人保健法 ——— 226, 285
労働基準監督署 ——— 197, 202
労働基準法 ——— 197, 390
労働基本権 ——— 201
労働協約 ——— 197, 390
労働組合 ——— 201, 390
労働組合法 ——— 201
労働契約 ——— 197
労働契約法 ——— 198
労働時間 ——— 197
労働施策総合推進法 ——— 200
労働者 ——— 390
…の不利益 ——— 198
労働者災害補償保険 ——— 202
労働条件 ——— 197, 198
労働力人口 ——— 223, 388
労働力人口比率 ——— 223
労働力調査 ——— 7, 388, 389
老年人口 ——— 221
老夫婦世帯 ——— 222
労務管理 ——— 197
ローラー, E. E. ——— 177
ロス, M. ——— 54

ロスマン, J. ——— 54
6か月の保護観察 ——— 425
ロック, E. ——— 176
ロック, C. ——— 49
ロビンソン, V. ——— 53, 104, 107
ロボット技術の介護利用における
重点分野 ——— 228
『ロンドン民衆の生活と労働』 ——— 49
論理誤差 ——— 196

## わ

ワーカー・システム ——— 101
ワーカビリティ ——— 56
ワーキングプア ——— 43
ワーク・エンゲージメント ——— 202
ワークフェア ——— 388
ワーク・ライフ・バランス ——— 388
歪度 ——— 22
割当法 ——— 13
ワルテール, F. ——— 100
われわれ感情 ——— 134
ワンストップ型 ——— 392

# 参考文献

新・社会福祉士養成講座①人体の構造と機能及び疾病〈第 3 版〉
新・社会福祉士養成講座②心理学理論と心理的支援〈第 3 版〉
新・社会福祉士養成講座③社会理論と社会システム〈第 3 版〉
新・社会福祉士養成講座④現代社会と福祉〈第 4 版〉
新・社会福祉士養成講座⑤社会調査の基礎〈第 3 版〉
新・社会福祉士養成講座⑥相談援助の基盤と専門職〈第 3 版〉
新・社会福祉士養成講座⑦相談援助の理論と方法Ⅰ〈第 3 版〉
新・社会福祉士養成講座⑧相談援助の理論と方法Ⅱ〈第 3 版〉
新・社会福祉士養成講座⑨地域福祉の理論と方法〈第 3 版〉
新・社会福祉士養成講座⑩福祉行財政と福祉計画〈第 5 版〉
新・社会福祉士養成講座⑪福祉サービスの組織と経営〈第 5 版〉
新・社会福祉士養成講座⑫社会保障〈第 6 版〉
新・社会福祉士養成講座⑬高齢者に対する支援と介護保険制度〈第 6 版〉
新・社会福祉士養成講座⑭障害者に対する支援と障害者自立支援制度〈第 6 版〉
新・社会福祉士養成講座⑮児童や家庭に対する支援と児童・家庭福祉制度〈第 7 版〉
新・社会福祉士養成講座⑯低所得者に対する支援と生活保護制度〈第 5 版〉
新・社会福祉士養成講座⑰保健医療サービス〈第 5 版〉
新・社会福祉士養成講座⑱就労支援サービス〈第 4 版〉
新・社会福祉士養成講座⑲権利擁護と成年後見制度〈第 4 版〉
新・社会福祉士養成講座⑳更生保護制度〈第 4 版〉
新・社会福祉士養成講座㉑資料編〈第 10 版〉

最新・社会福祉士養成講座／精神保健福祉士養成講座①医学概論
最新・社会福祉士養成講座／精神保健福祉士養成講座②心理学と心理的支援
最新・社会福祉士養成講座／精神保健福祉士養成講座③社会学と社会システム
最新・社会福祉士養成講座／精神保健福祉士養成講座④社会福祉の原理と政策
最新・社会福祉士養成講座／精神保健福祉士養成講座⑤社会福祉調査の基礎
最新・社会福祉士養成講座／精神保健福祉士養成講座⑥地域福祉と包括的支援体制
最新・社会福祉士養成講座／精神保健福祉士養成講座⑦社会保障
最新・社会福祉士養成講座／精神保健福祉士養成講座⑧障害者福祉
最新・社会福祉士養成講座／精神保健福祉士養成講座⑨権利擁護を支える法制度
最新・社会福祉士養成講座／精神保健福祉士養成講座⑩刑事司法と福祉
最新・社会福祉士養成講座／精神保健福祉士養成講座⑪ソーシャルワークの基盤と専門職（共通・社会専門）
最新・社会福祉士養成講座／精神保健福祉士養成講座⑫ソーシャルワークの理論と方法（共通科目）
最新・社会福祉士養成講座／精神保健福祉士養成講座⑬ソーシャルワーク演習（共通科目）

最新・社会福祉士養成講座①福祉サービスの組織と経営
最新・社会福祉士養成講座②高齢者福祉
最新・社会福祉士養成講座③児童・家庭福祉
最新・社会福祉士養成講座④貧困に対する支援
最新・社会福祉士養成講座⑤保健医療と福祉
最新・社会福祉士養成講座⑥ソーシャルワークの理論と方法（社会専門）
最新・社会福祉士養成講座⑦ソーシャルワーク演習（社会専門）
最新・社会福祉士養成講座⑧ソーシャルワーク実習指導・ソーシャルワーク実習（社会専門）

（以上、中央法規出版）

■本書に関する訂正情報等について

弊社ホームページ（下記URL）にて随時お知らせいたします。
https://www.chuohoki.co.jp/foruser/social/

■本書へのご質問について

下記のURLから「お問い合わせフォーム」にご入力ください。
https://www.chuohoki.co.jp/contact/

■読者アンケートのお願い

本書へのご感想やご意見、ご要望をぜひお聞かせください。
右のQRコードより、ご回答いただけます。

社会福祉士国家試験受験ワークブック2023
[専門科目編]

2022年6月10日　発行

編　集………社会福祉士国家試験受験ワークブック編集委員会

発行者………荘村明彦

発行所………中央法規出版株式会社
　　　　　　〒110-0016　東京都台東区台東3-29-1　中央法規ビル
　　　　　　TEL 03-6387-3196
　　　　　　https://www.chuohoki.co.jp/

印刷・製本…株式会社太洋社
本文デザイン…TYPEFACE
装幀デザイン…株式会社ジャパンマテリアル

定価はカバーに表示してあります。
ISBN 978-4-8058-8471-3

本書のコピー、スキャン、デジタル化等の無断複製は、著作権法上での例外を除き禁じられています。
また、本書を代行業者等の第三者に依頼してコピー、スキャン、デジタル化することは、たとえ個人や家庭内での利用であっても著作権法違反です。
落丁本・乱丁本はお取替えいたします。